Psychologie van de adolescentie

Basisboek

Psychologie van de adolescentie

Basisboek

Vijfentwintigste druk

Wim Slot, Marcel van Aken (redactie)

Auteur
Wim Slot
Marcel van Aken
Frits Boer
Wim Beyers
Kirsten Buist
Eveline Crone
Maja Deković
Judith Dubas
Rutger Engels
Hanneke de Graaf
Luc Goossens
Lydia Krabbendam
Ramón Lindauer
Koen Luyckx
Anna van der Meulen
Tjeert Olthof
Ron Scholte
Hedy Stegge
Bart Soenens
Han Spanjaard
Maarten Vansteenkiste

Inhoudelijke redactie
Wim Slot
Marcel van Aken

Taalredactie
Singeling Tekstproducties, Amersfoort

Ontwerp
Studio Pietje Precies, Hilversum

Opmaak
Imago MediaBuilders, Amersfoort

Fotografie
Shutterstock, Pressmaster

Over ThiemeMeulenhoff
ThiemeMeulenhoff ontwikkelt zich van educatieve uitgeverij tot een learning design company. We brengen content, leerontwerp en technologie samen. Met onze groeiende expertise, ervaring en leeroplossingen zijn we een partner voor scholen bij het vernieuwen en verbeteren van onderwijs. Zo kunnen we samen beter recht doen aan de verschillen tussen lerenden en scholen en ervoor zorgen dat leren steeds persoonlijker, effectiever en efficiënter wordt.

Samen leren vernieuwen.

www.thiememeulenhoff.nl

ISBN 978 90 06 95142 4
Vijfentwintigste druk, negende oplage, 2020

© ThiemeMeulenhoff, Amersfoort, 2013

Alle rechten voorbehouden. Niets uit deze uitgave mag worden verveelvoudigd, opgeslagen in een geautomatiseerd gegevensbestand, of openbaar gemaakt, in enige vorm of op enige wijze, hetzij elektronisch, mechanisch, door fotokopieën, opnamen, of enig andere manier, zonder voorafgaande schriftelijke toestemming van de uitgever.

Voor zover het maken van kopieën uit deze uitgave is toegestaan op grond van artikel 16B Auteurswet 1912 j° het Besluit van 23 augustus 1985, Stbl. 471 en artikel 17 Auteurswet 1912, dient men de daarvoor wettelijk verschuldigde vergoedingen te voldoen aan Stichting Publicatie- en Reproductierechten Organisatie (PRO), Postbus 3060, 2130 KB Hoofddorp (www.stichting-pro.nl). Voor het overnemen van gedeelte(n) uit deze uitgave in bloemlezingen, readers en andere compilatiewerken (artikel 16 Auteurswet) dient men zich tot de uitgever te wenden. Voor meer informatie over het gebruik van muziek, film en het maken van kopieën in het onderwijs zie www.auteursrechtenonderwijs.nl.

De uitgever heeft ernaar gestreefd de auteursrechten te regelen volgens de wettelijke bepalingen. Degenen die desondanks menen zekere rechten te kunnen doen gelden, kunnen zich alsnog tot de uitgever wenden.

Deze uitgave is volledig CO_2-neutraal geproduceerd.
Het voor deze uitgave gebruikte papier is voorzien van het FSC®-keurmerk.
Dit betekent dat de bosbouw op een verantwoorde wijze heeft plaatsgevonden.

Inhoudsopgave

Woord vooraf 13

1	**Inleiding**	15
1.1	Adolescentie: een eerste typering	15
1.2	Puberteit en adolescentie	17
1.2.1	*Begin en einde van de adolescentie, verschillen per cultuur en sekse*	*18*
1.3	Een moeilijke leeftijd?	19
1.3.1	*Altijd problematisch?*	*20*
1.4	Een ontwikkelingspsychologisch uitgangspunt	21
1.4.1	*De adolescentie als een karakteristieke ontwikkelingsperiode, met daaraan verbonden specifieke ontwikkelingstaken*	*22*
1.4.2	*De adolescentie als onderdeel van een ontwikkelingsproces met continue en discontinue momenten*	*23*
1.4.3	*Ontwikkelingspsychopathologie: het samenspel tussen individu en omgeving*	*26*
1.5	De opzet van dit boek: adolescentie als periode van transities	28
2	**Theorieën over de adolescentie**	31
2.1	Inleiding	31
2.2	De rol van theorieën over de ontwikkeling	32
2.2.1	*Ontwikkelingstaken*	*32*
2.3	Drie typen van theorieën over de adolescentie	35
2.3.1	*Psycho-analytische theorieën over de adolescentie*	*35*
2.3.2	*Sociaal-culturele theorieën over de adolescentie*	*37*
2.3.3	*Cognitieve theorieën over de adolescentie*	*38*
2.3.4	*Integratie en wederzijdse aanvulling*	*39*
2.4	Contextuele theorieën	40
2.4.1	*De structuur van de omgeving*	*41*
2.4.2	*De rol van de geschiedenis*	*42*
2.4.3	*Aansluiting tussen kenmerken van het individu en de omgeving*	*45*
2.4.4	*Het belang van contextuele theorieën*	*46*
2.5	Toegepaste ontwikkelingspsychologie en positieve ontwikkeling van jongeren	47
2.6	Besluit	48
3	**Lichamelijke ontwikkeling en rijping**	49
3.1	Inleiding	49
3.2	De lichamelijke veranderingen tijdens de adolescentie	50
3.2.1	*De hormonale regelsystemen achter de lichamelijke veranderingen*	*51*
3.2.2	*Lichamelijke veranderingen*	*54*

3.2.3	Verschillen in lichamelijke ontwikkeling als gevolg van omgevingsfactoren	56
3.3	Rijping en lichamelijke ontwikkeling en het functioneren van adolescenten	58
3.3.1	*Status en het functioneren*	59
3.3.2	*Timing en het functioneren*	62
3.3.3	*Tempo van de lichamelijke ontwikkeling en het functioneren*	67
3.4	Verklaringen voor de invloed van de lichamelijke ontwikkeling op het functioneren	68
3.4.1	*De hypothese van de stressvolle verandering*	68
3.4.2	*De hypothese van de hormooninvloeden*	69
3.4.3	*De hypothese van de afwijkende timing*	70
3.4.4	*De contextuele versterkingshypothese*	71
3.4.5	*De accentueringshypothese*	72
3.4.6	*De rijpingsdichtheidhypothese*	72
3.5	Besluit	72
4	**Hersenontwikkeling**	**75**
4.1	Inleiding	75
4.2	Hersenontwikkeling	76
4.3	Puberteit	78
4.4	Hersenontwikkeling en gedrag	80
4.5	Executieve functies	80
4.6	Risico's en beloningen	82
4.7	Gezichten en emoties	82
4.8	Sociale interacties	84
4.9	Besluit	85
5	**Cognitieve ontwikkeling**	**87**
5.1	Inleiding	87
5.2	Benaderingen van cognitieve ontwikkeling	87
5.3	De Piagetiaanse benadering	88
5.3.1	*Adaptatie*	89
5.3.2	*Structuren*	90
5.3.3	*Ontwikkelingsfasen*	90
5.3.4	*Ontwikkeling in en na de adolescentie?*	94
5.3.5	*Verbanden met het psychosociale functioneren*	95
5.4	De informatieverwerkingsbenadering	97
5.4.1	*Een klassiek informatieverwerkingsmodel van het cognitieve systeem*	98
5.4.2	*Informatieverwerking bij adolescenten*	99
5.4.3	*Sociale informatieverwerking*	102
5.5	De psychometrische benadering	103
5.6	Besluit	107

6	**Emotionele ontwikkeling**	109
6.1	Inleiding	109
6.2	Functionalistisch perspectief op emoties	109
6.3	De ontwikkeling van emotionele competentie	111
6.3.1	*Oorzaken van emoties: wat voel ik en waarom?*	112
6.3.2	*Strategisch emotioneel gedrag: hoe reageer ik in deze situatie?*	113
6.3.3	*Emotioneel bewustzijn: woorden voor gevoelens*	114
6.4	Emoties in de adolescentie	116
6.4.1	*Emotionele turbulentie*	117
6.4.2	*Gedrag in emotionele situaties*	118
6.5	Schaamte	119
6.6	Emotieregulatie en probleemgedrag in de adolescentie	122
6.6.1	*Regulatieproblemen en depressie*	122
6.6.2	*Agressie, narcisme en emotieregulatie*	125
6.7	Besluit	128
7	**Ontwikkeling van het zelf en de identiteit**	129
7.1	Inleiding	129
7.1.1	*Wie ben ik?*	129
7.1.2	*Begripsbepaling*	130
7.2	Zelfpsychologie	131
7.2.1	*Theorieën over ontwikkeling van het zelf*	131
7.3	Ontwikkeling van het zelf	132
7.3.1	*Normatieve ontwikkeling*	132
7.3.2	*Contextfactoren*	134
7.3.3	*Niet-adaptieve ontwikkeling*	137
7.4	De ego-ontwikkelingstheorie van Loevinger	137
7.5	De identiteitstheorie van Erikson	139
7.5.1	*De identiteitsbepaling van Marcia*	139
7.5.2	*Kritiek op het Identiteit Status Paradigma van Marcia*	141
7.5.3	*Aanpassingen en toevoegingen bij het Identiteit Status Paradigma en andere theorieën*	141
7.6	Ontwikkeling van identiteitsvorming	142
7.6.1	*Normatieve ontwikkeling*	142
7.6.2	*Contextfactoren*	143
7.6.3	*Niet-adaptieve ontwikkeling*	146
7.7	Besluit	147
8	**Autonomie-ontwikkeling**	149
8.1	Inleiding	149
8.2	Het paraplubegrip autonomie: onafhankelijkheid versus vrijwillig functioneren	149

8.2.1	Autonomie als onafhankelijkheid of separatie	150
8.2.2	Autonomie als vrijwillig of zelfgedetermineerd functioneren	151
8.2.3	De twee definities van autonomie nader vergeleken	154
8.3	Ontwikkeling van autonomie	156
8.3.1	Autonomie als separatie of loskomen van de ouders	156
8.3.2	Autonomie als vrijwillig of zelfgedetermineerd functioneren	159
8.4	Autonomie als bron van welbevinden en basis voor latere ontwikkeling	161
8.4.1	Gevolgen van separatie en het ontwikkelen van onafhankelijkheid	161
8.4.2	Gevolgen van zelfgedetermineerd of vrijwillig functioneren	163
8.5	Contexten die bijdragen tot de ontwikkeling van autonomie, of die ontwikkeling juist hinderen	164
8.5.1	Opvoedingsprocessen vanuit het separatie-individuatie perspectief	164
8.5.2	Opvoedingsprocessen vanuit het zelfdeterminatie perspectief	166
8.5.3	Invloeden van buiten het gezin	169
8.6	Besluit	170
9	**Morele ontwikkeling**	**171**
9.1	Inleiding	171
9.2	Morele ontwikkeling	171
9.3	Morele oordelen en andere oordelen	171
9.4	De biologische basis van het vermogen tot moreel oordelen	172
9.5	Morele ontwikkeling en de ontwikkeling van moreel affect	173
9.6	Morele ontwikkeling en morele internalisatie	174
9.7	De ontwikkeling van moreel redeneren	175
9.8	Moraliteit en sekse	179
9.9	Moraliteit en cultuur	180
9.10	Moreel gedrag: relaties met oordelen, affect en identiteit	182
9.11	Besluit	184
10	**Psychosociale ontwikkeling: de rol van het gezin**	**187**
10.1	Inleiding	187
10.2	Gezinnen met adolescenten	187
10.3	Opvoeding in de adolescentie	189
10.4	Opvoeder-kindrelatie: gehechtheid en conflicten	193
10.4.1	Gehechtheid	193
10.4.2	Conflicten	195
10.5	Het gezin als systeem van relaties	196
10.5.1	De relatie tussen broers en zussen	196
10.5.2	Het gezin als geheel	197
10.6	Gezin en maatschappij	202
10.7	Gezinnen van allochtone afkomst	205
10.8	Besluit	209
11	**Psychosociale ontwikkeling: de invloed van leeftijdgenoten**	**211**

11.1	Inleiding	211
11.2	Vriendschappen van adolescenten: kenmerken, dynamiek, effecten en invloeden	211
11.2.1	*Kenmerken van vriendschappen*	*211*
11.2.2	*Dynamiek van vriendschappen: ontstaan, stabiliteit en beëindiging*	*213*
11.2.3	*Effecten van vriendschappen*	*214*
11.2.4	*Invloeden van vriendschappen: sociale, emotionele en cognitieve ontwikkeling*	*216*
11.3	Vriendengroepen: kenmerken en invloeden	217
11.3.1	*Kenmerken van vriendengroepen*	*218*
11.3.2	*Invloeden van vriendengroepen*	*219*
11.3.3	*Vrienden en etniciteit in Nederland*	*221*
11.4	Groepen op school: sociale status, sociale verwerping en pesten	222
11.4.1	*Sociale status*	*222*
11.4.2	*Sociale verwerping*	*224*
11.4.3	*Pesten*	*225*
11.5	Ouder-adolescentrelaties	228
11.6	Besluit	231
12	**Psychoseksuele ontwikkeling**	**233**
12.1	Inleiding	233
12.2	Ontwikkelingen in het denken over seksuele ontwikkeling	234
12.3	Genderidentiteit en genderrol	235
12.4	Soloseks	237
12.5	Relatievorming	238
12.6	Seksuele contacten met anderen	240
12.7	Opvattingen over seksualiteit	241
12.8	Seksuele oriëntatie	241
12.9	Problemen tijdens de seksuele ontwikkeling	243
12.9.1	*Ongeplande zwangerschappen en soa's*	*243*
12.9.2	*Seksueel misbruik en seksueel geweld*	*245*
12.9.3	*Problemen met de genderidentiteit*	*246*
12.9.4	*Problemen rondom de seksuele oriëntatie*	*247*
12.9.5	*Seksuele disfuncties*	*248*
12.10	Seksuele opvoeding en vorming	249
12.11	Besluit	251
13	**Internaliserende problematiek**	**253**
13.1	Inleiding	253
13.2	Ontwikkelingstaken/-kenmerken van de adolescentie	253
13.3	Normale ontwikkeling angst, verdriet en lichamelijke klachten	255
13.3.1	*Angst in normale ontwikkeling*	*255*
13.3.2	*Verdriet in normale ontwikkeling*	*256*
13.3.3	*Lichamelijke klachten in normale ontwikkeling*	*256*

13.4	Problemen of stoornissen in de levensloop	256
13.4.1	*Categoriaal versus dimensionaal*	258
13.4.2	*De categoriale benadering*	258
13.4.3	*Voordelen en bezwaren*	258
13.4.4	*De dimensionale benadering*	259
13.5	Angststoornissen	260
13.5.1	*Paniekstoornis*	261
13.5.2	*Specifieke fobie*	261
13.5.3	*Sociale-angststoornis*	261
13.5.4	*Obsessieve-compulsieve stoornis*	262
13.5.5	*Posttraumatische stressstoornis*	263
13.5.6	*Gegeneraliseerde angststoornis*	265
13.6	Stemmingsstoornissen	265
13.6.1	*Depressieve stoornis*	266
13.6.2	*Dysthyme stoornis*	266
13.6.3	*Bipolaire stoornis*	267
13.7	Eetstoornissen	267
13.7.1	*Anorexia nervosa*	267
13.7.2	*Boulimia nervosa*	268
13.7.3	*Onduidelijk ontstaan van anorexia nervosa*	268
13.7.4	*Gevolgen van vasten*	269
13.8	Besluit	270
14	**Crimineel gedrag en externaliserende stoornissen**	**271**
14.1	Inleiding	271
14.2	'Normale' jeugdcriminaliteit	271
14.3	De omvang van jeugdcriminaliteit	271
14.4	Wordt jeugdcriminaliteit een groter probleem?	274
14.5	Deviante ontwikkelingstrajecten	275
14.5.1	*Loeber: trajecten waarlangs crimineel gedrag zich van kwaad tot erger ontwikkelt*	275
14.5.2	*Moffitt: trajecten als typology*	277
14.5.3	*Tremblay: een traject als afwijking van de normale ontwikkeling*	278
14.5.4	*Patterson, Coie en collega's en Hirschi: een traject op basis van opeenvolgende modellen*	279
14.6	Afnemende criminaliteit na de adolescentie	280
14.7	Factoren die het stoppen met crimineel gedrag bevorderen	281
14.8	Meisjescriminaliteit	282
14.9	Seksuele delicten	284
14.10	Externaliserende stoornissen	285
14.10.1	*ODD en CD*	285
14.10.2	*Kenmerken en prevalentie van ODD*	286
14.10.3	*Kenmerken en prevalentie van CD*	286

14.11	Risico's	287
14.11.1	Inleiding: risico's en bescherming	288
14.11.2	Biologische factoren als risico	288
14.11.3	Riskante erfelijke invloeden	289
14.11.4	Riskante individuele kenmerken	291
14.11.5	Riskante invloeden van ouders	293
14.11.6	Etniciteit en risico's	294
14.11.7	Riskante vrienden	295
14.12	Alcohol-, tabak- en drugsgebruik in de adolescentie	297
14.12.1	Inleiding	297
14.12.2	Soorten drugs en cijfers over het gebruik	297
14.12.3	Zorgen over problematisch gebruik	299
14.12.4	Drugsgebruik in relatie tot antisociaal gedrag	302
14.13	Besluit	302
15	**Hulpverlening aan adolescenten**	**303**
15.1	Inleiding	303
15.2	Ontwikkelingstaken en problemen van jongeren	304
15.3	Waar zoeken jongeren hulp?	305
15.4	Hulp in verschillende soorten en maten	306
15.5	Wat vinden jongeren belangrijk als ze hulp krijgen?	310
15.6	Wat werkt?	310
15.7	De basis: werkrelatie en motivatie	312
15.7.1	*Hoe werkt motiverende gespreksvoering?*	312
15.7.2	*Houding van de hulpverlener bij adolescenten*	313
15.7.3	*Sekse- en cultuurverschillen*	314
15.8	Informatie verzamelen en analyseren en doelen stellen	315
15.8.1	*Hulpmiddelen*	316
15.8.2	*Vragenlijsten*	316
15.8.3	*Diagnostisch onderzoek*	317
15.9	Programma's voor jongeren met externaliserende problemen	317
15.10	Programma's voor jongeren met internaliserende problemen	320
15.11	Andere vormen van hulp	322
15.12	Besluit	325

Literatuur   326

Persoonsregister   385

Zakenregister   387

Personalia   391

Woord vooraf

De belangstelling voor de adolescentie is de afgelopen decennia enorm toegenomen. Dit blijkt uit een toevloed van boeken, talloze publicaties in wetenschappelijke tijdschriften en de komst van een nieuwe tijdschriften over de adolescentie. Diverse longitudinale onderzoeken naar de wijze waarop kinderen zich tot adolescenten ontwikkelen, hebben de afgelopen jaren een schat aan gegevens opgeleverd. Ook in de media is er aandacht voor de adolescentie. Regelmatig wordt de vraag gesteld of adolescenten de laatste jaren moeilijker zijn geworden. En de vraag of ouders nog wel invloed hebben op de ontwikkeling van hun kinderen als die de adolescentie bereikt hebben. Worden adolescenten niet veel meer beïnvloed door hun leeftijdgenoten dan door ouders? Op de achtergrond van deze vragen speelt de zorg dat de adolescentie voor ouders en kinderen een turbulente periode is waarin veel kan misgaan. Wetenschappelijk onderzoek laat zien dat het met die turbulentie wel meevalt. Lang niet alle jongeren ervaren deze periode als een moeilijke levensfase. Voor ouders ligt het waarschijnlijk iets anders. Sommigen van hen hebben moeite met de wijze waarop hun kind in deze fase een eigen levensstijl en toekomstperspectief gaat vormen. Onderzoek laat ook zien dat ouders wel degelijk een positieve invloed kunnen hebben op adolescenten. Vrienden en vriendengroepen spelen een grote, maar niet de enige rol. Globaal gesproken zijn adolescenten ook niet moeilijker geworden de laatste jaren.

Het wetenschappelijk onderzoek naar de adolescentie heeft de laatste jaren een grote ontwikkeling doorgemaakt. In deze 25e druk is de *Psychologie van de adolescentie* daarom grondig vernieuwd en geactualiseerd aan de hand van recente onderzoeksuitkomsten. De redactie mocht een aantal nieuwe auteurs verwelkomen. Eveline Crone, verbonden aan de Universiteit Leiden en de Universiteit van Amsterdam, breidde haar eerdere tekst over de hersenontwikkeling in de adolescentie uit tot een nieuw hoofdstuk. Anna van der Meulen en Lydia Krabbendam, beiden verbonden aan de Vrije Universiteit, schreven een geheel nieuw hoofdstuk over de ontwikkeling van het zelf en de identiteit. Judith Dubas en Marcel van Aken (Universiteit Utrecht) schreven een nieuw hoofdstuk over de lichamelijke ontwikkeling en rijping. Ramón Lindauer, werkzaam bij kinder- en jeugdpsychiatrisch centrum De Bascule, maakte een revisie van het oorspronkelijke hoofdstuk van Frits Boer over internaliserende stoornissen. Han Spanjaard (PI Research) nam een geheel nieuw hoofdstuk voor zijn rekening over hulpverlening aan adolescenten.

Onderzoek naar de ontwikkeling in de adolescentie laat zien dat biologische en erfelijke factoren van grotere invloed zijn dan vroeger werd aangenomen. Steeds duidelijker wordt ook dat de interactie tussen de biologische en omgevingsfactoren de uiteindelijke uitkomst van de ontwikkeling bepaalt. Deze kennis komt in deze nieuwe editie uitgebreid aan bod. Dit is bijvoorbeeld het geval bij de bespreking van de wijze waarop externaliserend probleemgedrag en criminaliteit in de adolescentie kunnen ontstaan en bij het beantwoorden van de vraag hoe het komt dat broers en zussen zich op geheel verschillende wijze kunnen ontwikkelen terwijl zij met dezelfde gezinsfactoren te maken hebben.

In deze nieuwe editie wordt ook verwezen naar recente uitkomsten van longitudinaal onderzoek. Zo is er aandacht voor de langetermijneffecten van internaliserende en externaliserende stoornissen en aandacht voor factoren die maken dat veel jongeren aan het einde van de adolescentie stoppen met crimineel gedrag, terwijl anderen dit gedrag juist voorzetten. Longitudinaal onderzoek relativeert ook het idee van een scherp af te bakenen adolescentie. De hoofdstukken over de lichamelijke rijping en de hersenontwikkeling laten zien dat deze ontwikkeling tot in de jongvolwassenheid doorloopt.

In deze nieuwe editie besteden we extra aandacht aan de ontwikkeling van allochtone adolescenten. Ook sekseverschillen komen regelmatig aan bod. Niet alleen in het hernieuwde hoofdstuk over het zelf en de identiteit, maar ook bij de behandeling van gezinsprocessen, invloed van leeftijdgenoten, seksualiteit en internaliserende en externaliserende stoornissen. De snelle veranderingen in de jeugdzorg, de justitiële jeugdzorg en de jeugd-ggz maakten het nodig het hoofdstuk over hulpverlening aan adolescenten geheel te vernieuwen.

Bij al deze vernieuwingen hebben we in samenwerking met de auteurs steeds getracht *Psychologie van de adolescentie* tot een coherent en goed leesbaar geheel te maken.

Juni 2013

Wim Slot
Marcel van Aken

1 Inleiding

Marcel van Aken en Wim Slot

De grenzen van de adolescentie zijn volgens sommigen aan het vervagen. Het kopen van eigen kleren en de eerste intieme ervaringen bijvoorbeeld waren ervaringen waar jongeren vroeger pas in de adolescentie aan toekwamen. Tegenwoordig zijn jongeren daar vaak al ver vóór de adolescentie mee bezig. Omgekeerd uiten (jong)volwassenen zich soms in kleding en gedrag op een manier die voorheen typerend was voor adolescenten of zelfs kinderen. Vroeger zou geen volwassene het in zijn hoofd halen op rolschaatsen naar het werk te gaan, terwijl dit tegenwoordig – op skeelers weliswaar – niet geheel ondenkbaar is.

Anderen menen zelfs dat de adolescentie een kunstmatig begrip is omdat veel van de mijlpalen die het begin of het eind van de adolescentie markeren op afspraken berusten die men binnen een bepaalde cultuur op een zeker moment in de geschiedenis maakt. Denk aan het eindigen van de adolescentie met 18 jaar, omdat iemand dan wettelijk volledig verantwoordelijk is. Vaak is het inderdaad zo, dat dergelijke afspraken er zijn, maar dit wil niet zeggen dat de adolescentie daarom geen aparte periode is. In dit hoofdstuk komen tal van ontwikkelingen aan bod die het onderscheiden van de adolescentie als specifieke levensperiode rechtvaardigen.

Het hoofdstuk begint met een karakterschets van de adolescentie (1.1), gevolgd door een bespreking van de begrippen puberteit en adolescentie (1.2). Vervolgens komt de vraag aan de orde of de adolescentieperiode als een moeilijke leeftijd kan worden beschouwd en worden enkele stereotiepe opvattingen ten aanzien van de adolescentie ter discussie gesteld (1.3). Daarna wordt ingegaan op de ontwikkelingspsychologische vooronderstellingen waarop de theorievorming over de adolescentieperiode is gebaseerd (1.4). Ten slotte wordt de opzet van het boek kort aangegeven (1.5).

1.1 Adolescentie: een eerste typering

Het woord *adolescentie* wordt gebruikt voor de periode tussen de kinderjaren en de volwassenheid. Dit is een periode van overgang, waarin zich veel ontwikkelingen voordoen op verschillende terreinen. Jongeren krijgen met diverse uitdagingen te maken en doen nieuwe ontdekkingen. Er is ook verhoogde kwetsbaarheid en er zijn spanningen. Sommige jongeren beleven deze periode als prettig en als een tijd zonder veel extra problemen, andere hebben er moeite mee.

In de adolescentieperiode voltrekt zich een biologisch rijpingsproces dat zowel de hormoonhuishouding als de hersenen betreft. Er vinden ontwikkelingen plaats in het verstandelijk functioneren en het denken over morele kwesties. Door groei, spier- en vetontwikkeling verandert het uiterlijk. De relatie met de ouders krijgt een andere kwaliteit en door de psychoseksuele ontwikkeling krijgt het leven er nieuwe dimensies bij. Al deze ontwikkelingen staan niet los van elkaar. Ze werken door in de manier waarop de jongere zichzelf ziet en ervaart. De diverse ontwikkelingen worden geïntegreerd in het beeld dat de jongere heeft van zichzelf en van anderen met wie relaties worden aangegaan. De diversiteit aan veranderingen stelt de jongere steeds weer voor vragen: wie ben ik eigenlijk? Wat vinden anderen van mij? Hoe wil ik zijn?

De centrale ontwikkelingstaak in de adolescentie is in navolging van Erikson (1968) te typeren als het ontwikkelen van een eigen identiteit. In de adolescentie gaan jongeren zich heroriënteren. Vaak gebeurt dit op kritische wijze. Al experimenterend verkennen ze hun nieuwe mogelijkheden en leren ze hun beperkingen te accepteren. Een belangrijke rol spelen daarbij de reacties van mensen met wie jongeren relaties onderhouden, zoals ouders en zeker ook vrienden en leeftijdgenoten. Ze willen zich erkend en herkend voelen door volwassenen en door jongeren die voor hen belangrijk zijn. In de voortdurende interactie met anderen komen jongeren tot keuzes en gaan ze verplichtingen aan die grote consequenties kunnen hebben voor de toekomst. Deze keuzes en verplichtingen hebben betrekking op persoonlijke relaties, levensovertuiging en maatschappelijke positie. Op deze wijze ontstaat geleidelijk aan een besef van identiteit, dat wil zeggen dat de persoon zichzelf beleeft als iemand met een eigen herkenbare levensstijl die, ondanks allerlei veranderingen, consistent is en voor de mensen om hem heen als zodanig herkenbaar is.

Men is het er in het algemeen over eens dat leeftijd geen waterdicht criterium is om de periode van de adolescentie te definiëren of om te bepalen welke bij de ontwikkeling horende problemen een jongere op een bepaald moment tegenkomt: binnen de adolescentie kunnen jongeren verschillen in het moment waarop bepaalde ontwikkelingstaken (zie hoofdstuk 2) voor hen centraal staan of zijn opgelost. Aan de andere kant is leeftijd vaak wel de enige maatstaf die beschikbaar is om een maatschappelijke status aan te geven. Zo zien we dat in de westerse wereld het toekennen van verantwoordelijkheden doorgaans toch is gekoppeld aan leeftijdsgrenzen, die niet voor alle rechten en plichten gelijk zijn. Zo is het jeugdstrafrecht in Nederland vanaf 12 jaar van toepassing en geldt het volwassenenstrafrecht vanaf 18 jaar. In enkele uitzonderingsgevallen wordt het volwassenenstrafrecht echter al vanaf 16 jaar toegepast, terwijl het jeugdstrafrecht soms tot 23 jaar van kracht is. Wat betreft het bioscoopbezoek ligt de leeftijdsgrens voor het bekijken van bepaalde films op 12 jaar en voor andere films op 16 jaar; voor het werken op zaterdag of in de vakantie gelden strikte leeftijdsgrenzen die echter weer anders zijn dan die voor een volledige werkweek, terwijl het minimumloon nog per leeftijd verschilt en pas op 23 jaar het maximum bereikt, enzovoort.

Sommige leeftijdsgrenzen liggen al vrij vroeg in de adolescentie en lijken steeds verder naar voren te schuiven. Tegelijkertijd lijkt de maatschappij steeds gecompliceerder te worden waardoor het zelfstandig worden meer tijd vergt. Vooral bij jongeren met een hogere opleiding zien we dat de overgang naar de geïnstitutionaliseerde volwassenheid vrij lang duurt, omdat ze langer studeren en daardoor ook langer thuis blijven wonen. Er is een discrepantie tussen enerzijds geacht worden al vroeg zelfstandig te zijn, maar anderzijds pas laat echt de middelen hiervoor te hebben. Sommige theoretici (bijvoorbeeld Moffitt, 1993) veronderstellen dat juist deze discrepantie tot probleemgedrag leidt. Jongeren moeten bijvoorbeeld over alles meepraten en van alles op de hoogte zijn terwijl ze over het algemeen pas laat verdienen, of althans zoveel verdienen dat alle verworvenheden van de volwassenheid te betalen zijn.

Ook Arnett (2007) signaleert dat jongeren in westerse, geïndustrialiseerde landen steeds langer deelnemen aan het onderwijs en later gaan werken. Zij blijven langer thuis wonen en gaan ook steeds later een vaste relatie of huwelijk aan. In tegenstelling tot Moffitt meent hij niet dat dit tot spanningen hoeft te leiden. Het is eerder omgekeerd: de jonge twintigers lijken het niet onprettig te vinden dat zij nog geen volwassen rollen op zich moeten nemen. Het geeft ruimte om nog te experimenteren, voordat er keuzes met betrekking tot liefde en werk gemaakt worden. Men spreekt in dit verband weleens van een verlengde adolescentie. Arnett spreekt over 'emerging adulthood', ofwel 'ontluikende volwassenheid'.

Het idee dat de leeftijdsgrens van 18 jaar niet zonder meer betekent dat iemand volwassen is, wordt steeds breder geaccepteerd. Dat blijkt bijvoorbeeld uit het feit dat in Nederland mannen tot de leeftijd van 23 jaar volgens het jeugdstrafrecht veroordeeld kunnen worden als er tekenen zijn dat zij nog niet echt op een volwassen niveau functioneren. Ook in de lichamelijke en geestelijke gezondheidszorg wordt in toenemende mate benadrukt dat er sprake moet zijn van 'transitional care', waarbij 'jeugd' wordt gedefinieerd als de periode tussen 15 en 24 jaar (Van Amelsvoort, 2013). De leeftijd van 18 wordt niet gehanteerd als een scherpe grens waarop een jongere bijvoorbeeld van de kinder- en jeugdpsychiatrie naar de volwassenpsychiatrie doorverwezen wordt.

Deze verlengde adolescentie geldt echter zeker niet voor alle jongeren. Sommigen beginnen bijvoorbeeld al in de vroege adolescentie met experimenteren, terwijl anderen daar juist lang mee wachten. Er zijn jongeren die het zoeken van een baan wel erg lang uitstellen, terwijl anderen na een beroepsopleiding aan de slag gaan. Jongeren die onder risicovolle omstandigheden opgroeien, kunnen zich geen verlengde adolescentie veroorloven. Veel meisjes in justitiële instellingen bijvoorbeeld zijn al op zeer jonge leeftijd moeder en worden daarmee voor volwassen opgaven gesteld, temeer als er sprake is van armoede en een laag opleidingsniveau.

Leeftijdsaanduidingen zijn dus altijd slechts benaderingen. De typering van een periode kan daarom het beste worden ontleend aan de aard en het karakter van de ontwikkeling die in deze periode plaatsvindt. Wat er gebeurt met de jongere zegt meer over de fase waarin hij zich bevindt dan de precieze leeftijd. Wanneer er om praktische redenen toch leeftijdsgrenzen moeten worden aangegeven, is de periode van ongeveer 10 tot 22 jaar de adolescentieleeftijd. De vroege adolescentie ligt tussen 10 en 13 jaar, de middenadolescentie tussen 14 en 18 en de late adolescentie tussen 19 en 22 jaar. De 'emerging adulthood' eindigt per definitie pas als volwassen rollen zijn opgenomen, hetgeen bij de meesten zo rond het 25e jaar wel gebeurd is.

1.2 Puberteit en adolescentie

Het begrip puberteit heeft betrekking op het proces van geslachtsrijp worden, inclusief de hormonale ontwikkeling die de geslachtsrijping en tal van andere rijpings- en ontwikkelingsprocessen aanstuurt. Als gevolg van deze processen treedt er verandering op in gedrag en stemmingen: het puberen. De adolescentie is de fase waarin de jongeren de veranderingen gaan integreren die zich ten gevolge van rijping en ontwikkeling voordoen. Ze gaan zich bezighouden met de vraag: 'In hoeverre ben ik aan het veranderen, wat zegt dit over wie ik ben, wat ik zou willen bereiken en wat anderen van mij verwachten?'

Wat hierboven werd gezegd over de grenzen tussen de adolescentie en de volwassenheid geldt in zekere mate ook voor de grens tussen de puberteit en de adolescentie. Dat komt omdat de kennis over de interactie tussen biologische veranderingen en gedragsveranderingen de laatste jaren enorm is toegenomen. Het beeld dat de hormonen in de puberteit gaan opspelen en dat dit leidt tot gedragsveranderingen die dan in de adolescentie tot persoonskenmerken geïntegreerd worden, is wellicht te simpel. In hoofdstuk 3 komt bijvoorbeeld aan de orde dat hormonale veranderingen leiden tot ander gedrag en dat dit gedrag vervolgens weer aanleiding kan zijn tot veranderingen in de hormoonhuishouding. Het is een cyclisch proces dat tot ver in de adolescentie en zelfs tot de jongvolwassenheid kan duren. Bovendien is het te simpel gedacht dat de hormonale processen en de daarbij behorende gedragsveranderingen de puber als het ware 'overkomen' en dat deze pas later in de adolescentie overdacht worden en geïntegreerd in het zelfbeeld en de identiteit. Sommige pubers zijn aardig in staat om onder woorden te brengen welke veranderingen zij bij zichzelf ervaren en wat dit betekent voor het beeld dat zij van zichzelf en de omgeving hebben.

1.2.1 Begin en einde van de adolescentie, verschillen per cultuur en sekse

De adolescentie is een periode die moet worden gezien binnen het kader van de gehele levensloop. Wat in de adolescentie gebeurt, wordt enerzijds beïnvloed door wat er in de kinderjaren heeft plaatsgevonden en anderzijds door het perspectief dat de volwassenheid biedt. Uitgaande van de gedachte dat de adolescentie een overgangsperiode vormt tussen de kinderjaren en de volwassenheid, ligt het voor de hand het begin van de adolescentie te koppelen aan de overgang van kinderjaren naar adolescentie en het eind aan de overgang van adolescentie naar volwassenheid. Deze overgangen zijn vaak echter niet zo duidelijk. Er worden dan ook verschillende definities gehanteerd.

Vaak wordt gezegd dat de adolescentie begint in de biologie en eindigt in de cultuur. Daarmee wordt bedoeld dat het begin van de adolescentie dikwijls wordt afgemeten aan objectief waarneembare biologische verschijnselen, zoals de fysiologische veranderingen die uiteindelijk de geslachtsrijpheid veroorzaken, de lichamelijke verschijnselen waaruit geslachtsrijpheid blijkt of de versnelling van de lengtegroei. Toch is het eenzijdig om het begin uitsluitend in verband te brengen met deze biologische veranderingen. Ten eerste weten we inmiddels dat de hormonale veranderingen al veel vroeger beginnen, al ver voor er lichamelijke verschijnselen zijn waar te nemen. Ten tweede loopt het psychisch ontwikkelingsproces niet altijd synchroon met de lichamelijke rijping: kinderen kunnen lichamelijk al verder zijn dan psychisch, of andersom. Ten derde zien we aan het begin van de adolescentie ook al belangrijke veranderingen die sociaal en cultureel zijn bepaald. De overgang van het basisonderwijs naar het voortgezet onderwijs is

daarvan een voorbeeld. Mede door de verschillen in het klimaat op deze onderwijsniveaus ervaren de meeste jongeren de overstap naar het vervolgonderwijs als een ingrijpende ervaring. Er is dus meer dan alleen een biologisch begin van de adolescentie.
Het einde van de adolescentie wordt meestal getypeerd als het bereiken van de volwassenheid, waarin weer nieuwe taken centraal staan: het aangaan van persoonlijke, intieme relaties en de zorg voor de volgende generatie. Volwassenheid is echter niet het bereiken van een soort eindstadium. Ook bij volwassenen (zelfs tot aan de laatste levensfasen) is er sprake van een voortdurend ontwikkelingsproces, waarbij het steeds weer gaat om een optimale afstemming van de eigen mogelijkheden en wensen op de condities die de omgeving en de levensfase stelt. Er zijn dan ook diverse vormen en momenten van volwassenheid denkbaar, al naargelang de persoonlijke, maatschappelijke of culturele ontwikkeling. Er zijn dus verschillende afrondingen van de adolescentie denkbaar.
Sociale en culturele aspecten bepalen in grote mate hoe de adolescentie wordt afgebakend. De verschijningsvorm van de adolescentie kan per tijdperk en per cultuur dan ook sterk verschillen. In onze westerse samenleving zijn we bijvoorbeeld geneigd om bij een begrip als *identiteit* vooral aan 'eigenheid' en *autonomie* te denken, terwijl in andere culturen het zekere gevoel om deel uit te maken van een groep, een breed vertakte familie of een stam een belangrijker aspect van identiteit vormt. Naast culturele invloeden zijn ook sekseverschillen van invloed op de wijze waarop de ontwikkeling zich gedurende de adolescentie manifesteert. Daarom wordt in dit boek regelmatig stilgestaan bij de verschillen tussen meisjes en jongens.

1.3 Een moeilijke leeftijd?

Vroeger werd vaak gezegd dat de adolescentie een periode is van grote emotionele beroering en opstandigheid. Het begrip 'Storm and Stress', ook wel 'Sturm und Drang' genoemd, verheugt zich sinds de dagen van Hall (1904) in een grote populariteit. Ook in het gewone spraakgebruik wordt de adolescentie soms als 'de moeilijke leeftijd' aangeduid. Deze zienswijze wordt echter ook steeds meer bestreden. Zo wordt wel gesteld dat de opvatting als zou de adolescentie een periode van opstandigheid vormen, voortleeft doordat aan allerlei vrij oppervlakkige uitingen van nonconformisme, zoals opvallende kleding en haardracht, te veel gewicht wordt toegekend. Het lijkt dus meer een opstandige periode dan het in werkelijkheid is. Bovendien hebben de massamedia, de literatuur en de film de neiging jongeren als opstandig en onberekenbaar af te schilderen. Het gebeurt ook dat men aan extreem gedrag van bepaalde kleine groepen jongeren ten onrechte bepaalde generaliserende conclusies verbindt ten aanzien van alle adolescenten. Ook wetenschappelijk onderzoek kan hier trouwens aanleiding toe geven, wanneer men bijvoorbeeld bij het schrijven over problematische ontwikkelingen bij bepaalde jongeren meer algemene geldigheid suggereert. In werkelijkheid lijkt het toch meer zo te zijn dat het een periode is die voor bijna iedereen wel wat stress oplevert, maar waar ook bijna iedereen uiteindelijk goed doorheen komt. Uiteraard wil dit niet zeggen dat de ontwikkeling van een jongere geen aandacht en zorg behoeft: het 'bijna' in de vorige zin betekent helaas ook dat sommige jongeren wel grote problemen tijdens de adolescentie kunnen krijgen. Ook aan die problemen zal in dit boek aandacht worden besteed.

1.3.1 Altijd problematisch?

In hoeverre zijn emotionele onrust en moeilijk gedrag in de adolescentie nu een algemeen voorkomend verschijnsel? Of hebben we hier te maken met stereotiepe opvattingen over jongeren? Bij de discussie over deze kwestie komt de vraag aan de orde hoe ruim verspreid emotionele onrust en moeilijk gedrag tijdens de adolescentie zijn. Een tweede vraag: moeten de emotionele verwarring en het problematische gedrag van (sommige) jongeren worden opgevat als een normaal verschijnsel of als een indicatie voor een stoornis in de ontwikkeling? Bij het beantwoorden van deze vragen moeten drie zaken aan de orde komen (zie ook Steinberg, 2008a).

1 Het is belangrijk een onderscheid te maken tussen eenmalige stemmingen of gedragingen en meer langdurende patronen. Zoals in dit boek zal blijken, is de adolescentie ook een periode van experimenteren, van uitproberen. Dit uitproberen (met alcohol, met drugs, maar ook met kleine antisociale gedragingen) is meestal onschadelijk en leidt niet per se tot langdurige problemen. Ook is de adolescentie een periode van snelle stemmingswisselingen, met hoge toppen en diepe dalen. Ook dit is niet noodzakelijkerwijs gekoppeld aan ingrijpende en langdurige emotionele problematiek, zoals die bij een depressie of bij een eetstoornis hoort. Empirisch onderzoek geeft dus weinig steun aan de veronderstelling dat de meeste jongeren een periode doormaken met ernstige gedragsproblemen of een grote emotionele onevenwichtigheid (vergelijk Elmen & Offer, 1993).
Zo heeft bijvoorbeeld het nieuwe idee van de 'emerging adulthood', zoals eerder beschreven, zelfs geleid tot het formuleren van een nieuwe crisis, de 'quarterlife crisis', waarin jongeren van die leeftijd moeilijkheden ervaren bij het vinden van een plaats in de volwassen wereld (ga ik een baan zoeken en samenwonen, of toch eerst nog een jaar backpacken in Australië?). Het meeste onderzoek spreekt het bestaan van zo'n crisis tegen: met de meeste jongeren gaat het prima tijdens deze periode en neemt het welzijn zelfs toe (Arnett, 2007).
2 Aan de andere kant zal uit de hoofdstukken over probleemgedrag in dit boek duidelijk worden dat bij sommige jongeren wel degelijk ernstige emotionele problemen of ernstige gedragsstoornissen voorkomen. Er moet dus een onderscheid worden gemaakt tussen spanningen en de daarmee gepaard gaande onevenwichtigheden die jongeren in het algemeen ervaren wanneer zij voor nieuwe taken worden gesteld, en spanningen die we moeten beschouwen als signalen dat de ontwikkeling gestoord dreigt te raken. Als dit onderscheid niet goed wordt gemaakt, loopt men het gevaar aan dreigende stoornissen in de ontwikkeling te weinig aandacht te besteden en ten onrechte te menen dat ernstige problemen ook wel vanzelf zullen overgaan (Rutter, 1990).

3 Bij de vraag naar het al dan niet problematische karakter van de adolescentie moet aandacht worden besteed aan het onderscheid tussen problemen die echt uit de adolescentie voortkomen en problemen die hun wortels hebben in de periode vóór de adolescentie. Zo wordt in diverse theorieën over antisociaal gedrag tijdens de adolescentie (zie bijvoorbeeld Moffitt, 1993) een onderscheid gemaakt tussen jongeren die al gedurende hun hele leven antisociaal of problematisch gedrag vertonen (de 'life-course-persistent'-antisocialen) en jongeren bij wie het antisociaal gedrag beperkt blijft tot de adolescentie en bij wie voordien geen problemen waren (de 'adolescence-limited'-antisocialen). Bij de laatstgenoemden verdwijnt het antisociale gedrag na de adolescentie ook weer (zie ook hoofdstuk 15). Eenzelfde soort onderscheid kan worden gemaakt op het gebied van emotionele problemen bij adolescenten, zoals bij depressie, waarbij de depressieve gevoelens die veel jongeren van tijd tot tijd ervaren, niet zijn te vergelijken met de depressieve gevoelens van een kind dat al van jongs af aan klachten van depressieve aard heeft. Het is daarom ook van belang te bedenken dat veel van de problemen tijdens de adolescentie weer overgaan, zonder directe consequenties voor het verdere functioneren. Bij de jongeren bij wie dit niet het geval is, blijkt vaak ook de periode vóór de adolescentie al enige problematiek met zich te hebben meegebracht. Voor het beoordelen van de mate van problemen tijdens de adolescentie lijkt het dus belangrijk een ontwikkelingspsychologische kijk te hebben: de voorgeschiedenis van een kind zegt veel over hoe de problemen tijdens de adolescentie moeten worden ingeschat.

In hoofdstuk 3 (over de lichamelijke ontwikkeling en rijping) zal bijvoorbeeld blijken dat meisjes die vroeg in de puberteit komen, een hogere kans hebben probleemgedrag te ontwikkelen, maar dat dit vooral zo is bij meisjes die ook vóór hun puberteit al problemen hadden. Dit onderzoek is een voorbeeld van het feit dat de adolescentie soms al bestaande problemen uitvergroot of op de spits drijft, maar niet noodzakelijkerwijs veroorzaakt.

Bij al het bovenstaande kan worden geconcludeerd dat ingrijpende, emotionele onrust of ernstig probleemgedrag bijna nooit het directe of logische gevolg is van de veranderingen tijdens de adolescentie. Dit heeft echter ook als consequentie dat als er wél problemen zijn tijdens deze periode, dit ook als een serieus signaal moet worden opgevat. Als een jongere ernstige problemen ervaart of vertoont, is het niet verstandig dit toe te schrijven aan het normale proces van opgroeien. Het is waarschijnlijker dat er in zo'n geval ook echt iets fout gaat in de ontwikkeling van die jongere (Steinberg, 2008a).

1.4 Een ontwikkelingspsychologisch uitgangspunt

Hiervoor is duidelijk geworden dat een ontwikkelingspsychologische oriëntatie gewenst is bij het bestuderen van de adolescentie. In hoofdstuk 2 wordt verder ingegaan op wat deze oriëntatie precies inhoudt. Daar zal blijken dat het ontwikkelingspsychologisch onderzoek primair is gericht op het opsporen van veranderingen die zich binnen de persoon in het verloop van de tijd voltrekken: de intra-individuele veranderingen. Daarnaast is men echter ook geïnteresseerd in verschillen die zich daarbij in het verloop van de ontwikkeling tussen onderscheiden individuen voordoen: de inter-individuele verschillen. Het longitudinaal onderzoek (een vergelijking van verschillende individuen met zichzelf op verschillende momenten van de levensloop door individuen te volgen over de tijd) is een belangrijke methode om verschillen die met de leeftijd samenhangen, op te sporen.

Het ontwikkelingsproces wordt door verschillende factoren beïnvloed en is op te vatten als het resultaat van een langdurige wisselwerking (interactie) tussen aanleg en omgevingsfactoren: net zoals omgevingsfactoren de persoon zelf kunnen veranderen, kunnen persoonskenmerken leiden tot bepaalde veranderingen in de omgeving. In deze paragraaf bespreken we drie invalshoeken van een ontwikkelingspsychologische benadering van de adolescentieperiode.

1.4.1 De adolescentie als een karakteristieke ontwikkelingsperiode, met daaraan verbonden specifieke ontwikkelingstaken

Een ontwikkelingspsychologisch gezichtspunt houdt in dat men zich onder andere richt op het bestuderen van intraindividuele veranderingen, dus veranderingen binnen de persoon. Vaak worden deze veranderingen opgevat als een opeenvolging van stadia of fasen. Het begrip *fase* vooronderstelt dat er gedragswijzen en attituden zijn die typerend zijn voor een bepaald niveau van psychische ontwikkeling en dat deze karakteristieken ontstaan in de loop van een proces dat een vaste volgorde vertoont. Soms voegt men daar nog aan toe dat het karakteristieke functioneren in een bepaalde fase samenhangt met structurele veranderingen en met de structuur van het denken. Men veronderstelt daarbij meestal ook dat de overgangen tussen de fasen duidelijk waarneembaar zijn, bijvoorbeeld door tijdelijk toegenomen onevenwichtigheid.

Als karakteristiek voor de fase van de adolescentie worden vooral gezien:
- het vormen van een eigen identiteit en het bereiken van autonomie ten opzichte van de ouders;
- de manieren van omgaan met bepaalde innerlijk beleefde conflicten (bijvoorbeeld in verband met ambivalente gevoelens ten opzichte van de ouders);
- een bepaald niveau van cognitief functioneren (bijvoorbeeld wat betreft het denken over morele vraagstukken).

Het denken over ontwikkeling in termen van opeenvolgende fasen is wat controversieel. Enerzijds blijft het een grote invloed uitoefenen op het denken over het verloop van de ontwikkeling en kan het nodig zijn een periode in de ontwikkeling met bepaalde kenmerken of bepaalde niveaus aan te duiden. Anderzijds hoeft het onderscheiden van deze niveaus echter niet te betekenen dat gedrag van individuen met eenzelfde ontwikkelingsniveau over de hele linie uniformiteit vertoont. Niet iedereen van dezelfde leeftijd zit in dezelfde fase en in een bepaalde fase zitten niet alleen individuen van dezelfde leeftijd. Over het algemeen is men het erover eens dat het zinvol is kwalitatief verschillende ontwikkelingsniveaus te onderscheiden, maar mét de genoemde kanttekening over de algemene geldigheid van de fasen.

Daar waar sommigen spreken van *ontwikkelingsniveaus* die in de verschillende domeinen kenmerkend zijn voor een bepaalde fase, wordt in hoofdstuk 2 ook gesproken van *ontwikkelingstaken.* Ontwikkelingstaken verwijzen naar de eisen en verwachtingen die binnen een bepaalde cultuur voor een bepaalde leeftijdsgroep gelden. Ontwikkelingstaken voor jongeren zijn dus kwalitatief verschillend van die van kinderen. Het vervullen van een bepaalde ontwikkelingstaak wordt als een belangrijke voorwaarde gezien voor een goed verloop van de verdere ontwikkeling (vergelijk Baltes, Reese & Lipsitt, 1980). Sommige van deze taken hebben een universeel karakter: ze gelden voor iedereen. Jongeren kunnen zich bijvoorbeeld niet onttrekken aan het zoeken naar een nieuwe manier van omgaan met hun seksuele gevoelens. Andere ontwikkelingstaken hangen meer samen met concrete maatschappelijke verwachtingen, zoals de keuze voor en het volgen van voortgezet onderwijs.

Slot (1994) komt tot een nadere uitwerking van ontwikkelingstaken voor de adolescentie op basis van onderzoek naar de ontwikkeling van antisociaal gedrag (Le Blanc & Fréchette, 1989; Jagers, 1992) en van jeugdonderzoek van Compas, Davis en Forsythe (1985). In laatstgenoemd onderzoek werd middelbare scholieren gevraagd wat zij zelf als de belangrijkste aspecten van hun dagelijkse leven ervoeren. Deze onderzoeken gaven aanleiding tot het formuleren van zeven ontwikkelingstaken voor jongeren, namelijk:

- vormgeven aan veranderende relaties binnen het gezin;
- zorgdragen voor de gezondheid en het uiterlijk;
- zinvol invullen van vrije tijd;
- vormgeven aan intimiteit en seksualiteit;
- participeren in onderwijs of werk;
- vriendschappen en sociale contacten onderhouden;
- omgaan met autoriteit.

Soms wordt bij de formulering van ontwikkelingstaken een bepaald aspect van de ontwikkeling geaccentueerd. Deze zeven ontwikkelingstaken zijn bijvoorbeeld vooral geformuleerd ten behoeve van de hulpverlening voor jongeren met antisociaal gedrag, met de bedoeling hulpverleners – die geneigd zijn de aandacht hoofdzakelijk op problemen te richten – ertoe te stimuleren bij diagnostiek en behandeling meer vanuit een ontwikkelingsperspectief te denken. Het 'omgaan met autoriteit' is in dit overzicht een aparte taak geworden, omdat dit aspect bij het al of niet ontwikkelen van antisociaal gedrag een belangrijke rol speelt.

1.4.2 De adolescentie als onderdeel van een ontwikkelingsproces met continue en discontinue momenten

Centraal in het begrip *ontwikkeling* staat het uitgangspunt dat er een samenhang bestaat tussen vroegere en latere momenten in de ontwikkeling. Over de aard van deze samenhang kan men echter verschillende visies hebben. Men kan wijzen op de continuïteit in het ontwikkelingsproces: de ontwikkeling gaat meestal voort in de richting die er al lang in zit. Jongeren met wie het tot een bepaald moment vrij goed ging, blijven zich ook wel goed ontwikkelen, en hetzelfde voor jongeren die al langer op een verkeerd spoor zaten. Maar soms doen zich ook momenten voor waarop dit proces lijkt te worden onderbroken en er eerder sprake lijkt van discontinuïteit lijkt: met jongeren met wie het tot een bepaald moment vrij goed ging, gaat het ineens minder goed. De discussie over deze vragen is gecompliceerd, mede doordat er verschillende definities mogelijk zijn.

- Een eerste omschrijving van continuïteit heeft betrekking op processen en mechanismen. Men denkt hier aan variabelen die op verschillende leeftijden weliswaar dezelfde functie hebben, maar die zich wat betreft de vorm verschillend uiten, al naar gelang de leeftijd. Hechte persoonlijke relaties hebben een belangrijke positieve en stabiliserende functie gedurende de gehele levensloop, maar de jongere geeft deze op andere wijze vorm dan een kleuter. De hypothese van continuïteit houdt in dit geval in dat, ook al is de vorm van het gedrag verschillend, in feite dezelfde psychologische mechanismen een rol spelen: relaties zijn belangrijk, maar dit uit zich verschillend op verschillende leeftijden. Evenzo gedraagt een opvliegende kleuter zich anders dan een opvliegende adolescent. Continuïteit zit hier dus meer in de kern van een psychologisch verschijnsel, de gedragingen aan de oppervlakte kunnen verschillen. Dat hoeft niet altijd zo te zijn: het kan ook zijn dat eenzelfde soort gedragingen juist uitingen zijn van een heel andere kern. Het vaak huilen van een baby wordt gezien als karakteristiek voor een kind met een wat moeilijk, snel geïrriteerd temperament. Het vaak huilen van een adolescent ziet men juist eerder als karakteristiek voor een wat timide, snel uit het veld geslagen temperament.
- Een tweede vorm van continuïteit veronderstelt een voorspelbaar patroon van relaties tussen gebeurtenissen en ervaringen in een eerdere levensfase en een bepaalde uitkomst later. Continuïteit zit hier meer in de kern van de persoon: vroegere ervaringen van een persoon voorspellen het latere functioneren. Over deze vorm van continuïteit is veel discussie, vooral over de vraag in hoeverre ervaringen uit de eerste levensjaren het verloop van de verdere ontwikkeling bepalen. Over het algemeen is men het erover eens dat al in de vroege levensjaren zich een bepaald stramien ontwikkelt dat medebepalend is voor de wijze waarop de persoon met latere ervaringen omgaat. Zo vond recent onderzoek dat de vroege persoonlijkheid van kinderen een aantal zaken aan het begin van de volwassenheid voorspelde. De leeftijd waarop iemand een partner vindt of voor het eerst een parttime baan neemt, bleek bijvoorbeeld afhankelijk van impulscontrole op vier- tot zesjarige leeftijd (zie Denissen, Asendorpf & Van Aken, 2008).

Tegelijkertijd wijst men erop dat het gedrag in de eerste levensjaren slechts beperkte voorspellingsmogelijkheden oplevert voor het gedrag op latere leeftijd en dat er in de jaren die daarop volgen zich diverse nieuwe invloeden kunnen aandienen. Deze discussie is interessant voor de psychologie van de adolescentie, omdat hiermee de relatieve invloed van vroegere ervaringen op wat er in de adolescentie gebeurt aan de orde komt (zie ook eerder dit hoofdstuk: de discussie over de adolescentie als een periode van emotionele onrust).

Koerswijzigingen
Gedurende de ontwikkeling zijn er echter ook allerlei discontinue momenten te onderscheiden. Deze treden onder andere op als er sprake is van koerswijzigingen die zich in psychosociaal opzicht op verschillende momenten in de levensloop kunnen voordoen. Een ondersteuning voor het belang van deze koerswijzigingen vindt men bij het onderzoek naar de zogenaamde protectieve factoren (Garmezy, 1987), waarbij men werd verrast door de veerkracht waarmee kinderen en jongeren zich kunnen herstellen van ongunstige ervaringen. In haar onderzoek naar de levensloop van alle kinderen die in 1955 op het Hawaïeiland Kauai geboren zijn, vond Werner (1993) een aantal centrale protectieve factoren in het leven van veerkrachtige individuen. Zowel sociale ondersteuning (goede relaties binnen het gezin, positieve schoolervaringen) als bepaalde persoonlijkheidskarakteristieken (een positief zelfbeeld of een gemakkelijk humeur bijvoorbeeld) blijken individuen te wapenen en te beschermen tegen ervaren moeilijkheden gedurende de ontwikkeling en hen tegelijkertijd te helpen een nieuwe koers uit te zetten. Deze factoren dragen bij aan een gevoel van vertrouwen dat moeilijkheden kunnen worden overwonnen. En dat vertrouwen in eigen mogelijkheden bleek weer nauw samen te hangen met het 'toevallig' ontmoeten van iemand die mogelijkheden wist aan te reiken en die in staat was zin aan hun leven te geven en zo een positiever zelfbeeld te bewerkstelligen.
Vroege ervaringen en latere ontwikkeling kunnen dus op zeer verschillende wijze met elkaar in verband staan. Nieuwe mogelijkheden kunnen de effecten van eerdere ongunstige condities veranderen. Dit wijst op een belangrijke *plasticiteit* van het individu gedurende het ontwikkelingsproces. Het is vanuit deze optiek begrijpelijk dat allerlei ervaringen – men spreekt ook wel van *life events* of *levensgebeurtenissen* – op diverse momenten in de levensgeschiedenis een belangrijke bijdrage kunnen leveren aan de ontwikkeling van jongeren. Gebeurtenissen zoals echtscheiding van de ouders, een verhuizing naar een andere plaats of het vinden van een vriendje of vriendinnetje kunnen belangrijke wendingen betekenen in het leven van de jongere.

Het is van belang aandacht te besteden aan zowel continuïteit als discontinuïteit in de ontwikkeling. Soms zien we continuïteit, bijvoorbeeld wanneer latere ervaringen consistent zijn met eerdere ervaringen of met sommige eigenschappen van het individu. Soms echter zien we discontinuïteit, waarbij er belangrijke wendingen in de levensloop optreden.
De opvatting dat de ontwikkeling gedurende de adolescentie continue en discontinue momenten vertoont, heeft geleid tot een sterkere nadruk op de variaties die zich gedurende het ontwikkelingsproces kunnen voordoen. Dit komt naar voren in het beschrijven en analyseren van *levenslooptrajecten* ('lifetrajectories'), waarbij wordt nagegaan welke samenhang tussen opeenvolgende gebeurtenissen in een mensenleven te traceren valt. Bijvoorbeeld: hoe groot is de kans dat vroegrijpe meisjes, wanneer zij vriendschap sluiten met een oudere jongen, voortijdig de school verlaten? Of: welk soort

gedrag ontwikkelen jongens die, naast gedragsproblemen, ook aandachtstekorten en hyperactiviteit vertonen? (vergelijk Farrington, Loeber & Van Kammen, 1990). Uit de analyse van ontwikkelingstrajecten blijkt een grote variëteit, als gevolg van de mogelijkheden die zich op een bepaald moment voordoen en de keuzes die de jongere maakt. Tevens blijkt dat gedurende de levensloop keerpunten mogelijk zijn waarop een aanvankelijk ongunstig verlopende ontwikkeling positief wordt beïnvloed. En ook het omgekeerde is mogelijk. Bij trajecten die tot delinquentie leiden, kan soms sprake zijn van 'acceleratie': een ongunstig verlopende ontwikkeling zet zich onder invloed van bepaalde factoren versneld in negatieve richting voort (Loeber et al., 1991). Voor de hulpverlening kan het belangrijk zijn met dergelijke wendingen in de ontwikkeling rekening te houden. Levenslooptrajecten worden ook door andere auteurs en met betrekking tot andere problemen onderscheiden (Goudena, Prins & De Wit, 1994), en ook op niet-problematische gebieden kunnen verschillende ontwikkelingstrajecten worden onderscheiden (zoals op het gebied van de identiteit, zie hoofdstuk 7).

1.4.3 Ontwikkelingspsychopathologie: het samenspel tussen individu en omgeving

Een belangrijke en wat meer recente stroming binnen het onderzoek naar problematische ontwikkelingen gedurende de levensloop is de zogenoemde *ontwikkelingspsychopathologie* (Wenar & Kerig, 2000). We geven hieronder een korte introductie en besteden vooral aandacht aan de manier waarop de persoon en de omgeving elkaar wederzijds beïnvloeden.

De ontwikkelingspsychopathologie richt zich op onderzoek naar de condities waaronder stoornissen in de ontwikkeling optreden, in stand blijven of verdwijnen, en naar de individuele verschillen in aanpassing die daarbij voorkomen Deze condities zijn onder meer situaties die een verhoogd risico inhouden. Bijvoorbeeld: vroegtijdig schoolverlaten levert in de adolescentie extra risico op om in randgroepen terecht te komen. Risicofactoren leiden echter niet onvermijdelijk tot een minder goed verloop van de ontwikkeling. Er blijkt bij kinderen en jongeren een groot onderscheid in weerstand tegen en vatbaarheid voor beïnvloeding door moeilijke levensomstandigheden, crisissituaties of traumatische gebeurtenissen (Masten, Best & Garmezy, 1990; Cicchetti & Garmezy, 1993). In de vorige paragraaf noemden we verschillende protectieve factoren die hierbij een rol kunnen spelen.

Naast deze risico- en protectieve factoren, wordt er vanuit de ontwikkelingspsychopathologie door verschillende auteurs (onder andere Rutter, 1989; Sameroff, 2010; Werner, 1993) op gewezen dat een complex samenspel tussen individu en omgeving de richting van een ontwikkelingstraject bepaalt. Belangrijk daarbij is de gedachte dat levensomstandigheden deels samenhangen met stappen die men zelf onderneemt en dat deze stappen op hun beurt weer van invloed zijn op latere ervaringen. Quinton et al. (1993) gingen na in hoeverre tienjarige meisjes met gedragsproblemen later, op jongvolwassen leeftijd, al dan niet problematisch zouden functioneren. Hun onderzoek wees uit dat

vier opeenvolgende factoren bepaalden in hoeverre de ontwikkeling van de meisjes in gunstige dan wel ongunstige richting zou verlopen. Deze factoren waren:
- het gezinsklimaat;
- het kunnen maken van concrete toekomstplannen;
- de keuze van vrienden;
- de partnerkeuze.

Sommige meisjes die zich aanvankelijk goed ontwikkelden, bijvoorbeeld als gevolg van een gunstig gezinsklimaat en het kunnen maken van toekomstplannen, eindigden toch ongunstig, omdat ze delinquente vrienden of een deviante partner hadden. Maar omgekeerd bleek ook dat meisjes bij wie de ontwikkeling aanvankelijk ongunstig inzette, later toch 'goed terechtkwamen' onder invloed van vrienden of een partner. Dit onderzoek illustreert niet alleen dat kwetsbaarheidverhogende en protectieve factoren van grote invloed kunnen zijn op het verloop van de ontwikkeling, het toont ook aan dat het niet slechts invloeden van buitenaf zijn die het verloop van de ontwikkeling bepalen. In dit geval beïnvloedden de meisjes zelf hun toekomst door de keus voor vrienden of een partner. Deze gedachte sluit nauw aan bij de theorieën uit het dynamisch interactionisme (Magnusson, 1990) die benadrukken dat mensen hun eigen omgeving vormgeven, maar op hun beurt ook door hun omgeving worden vormgegeven. In de literatuur worden dit *transactionele modellen* genoemd (zie Sameroff, 2010).

Hoe beïnvloedt iemand zijn omgeving?

Er is redelijk veel bekend over de manier waarop de omgeving de ontwikkelingstrajecten van individuen kan beïnvloeden. In dit boek wordt daar vooral in hoofdstuk 10 (over de invloed van het gezin) en in hoofdstuk 11 (over de invloed van leeftijdgenoten) aandacht aan besteed. Minder is er bekend over de manier waarop de persoon de omgeving kan beïnvloeden.
In recente literatuur (zie bijvoorbeeld Caspi & Shiner, 2006) worden drie manieren onderscheiden waarop het genotype (de verschijningsvorm voor zover bepaald door erfelijke aanleg) samenhangt met de omgeving. Men spreekt over verschillende manieren van *persoonomgeving interactie*.
- de *passieve interactie*: het individu krijgt de omgeving die door biologische verwanten, namelijk de ouders, wordt aangeboden. Hierbij is er uiteraard niet duidelijk sprake van het beïnvloeden van de omgeving door de persoon;
- de *evocatieve interactie*: het individu beïnvloedt een omgeving door reacties die men bij anderen oproept. Bepaalde kenmerken van de persoon (bijvoorbeeld verlegenheid of juist extraversie) hebben bepaalde reacties van de omgeving tot gevolg. De omgeving verandert dus als gevolg van de reacties die de persoon uitlokt;
- de *actieve interactie*: het individu selecteert een omgeving. Individuen zoeken bijvoorbeeld vrienden die bij hen passen, of een werkkring waarin zij zich thuis voelen. De omgeving verandert dus als gevolg van bepaalde acties van de persoon.

Tijdens de adolescentie lijkt er een verandering van passieve interacties naar actieve te constateren. Dit komt doordat het belang van acties of keuzes van een individu over de levensloop toeneemt (zie ook de derde bron van ontwikkelingstaken in hoofdstuk 2). Zo kunnen jongeren gemakkelijker buiten het gezin een omgeving vinden, zoals school, studie, of werk. Deze nieuwe omgeving kan dan een negatieve invloed op het ontwikkelingstraject hebben, bijvoorbeeld wanneer een jongere in een groep delinquente vrienden terechtkomt. Maar de nieuwe omgeving kan ook een positieve invloed hebben, bijvoorbeeld wanneer de jongere een problematische gezinssituatie ontvlucht door op kamers te gaan wonen. Het evocatieve interactietype is gedurende alle levensfasen te vinden – al naar gelang uiterlijk, temperament en intelligentie blijken individuen verschillende reacties van anderen op te roepen – maar lijkt in de adolescentie een belangrijkere plaats te gaan innemen.

Ook blijkt in toenemende mate dat de effecten van een bepaalde (al dan niet negatieve) omgeving afhangen van persoonskenmerken van de jongere. Dit geldt voor de effecten van opvoeding, van leeftijdgenoten, maar zelfs ook voor de effecten van de buurt. Al langere tijd had men het idee dat jongeren met een bepaald soort temperament of persoonlijkheid extra vatbaar waren voor negatieve omgevingsinvloeden (het zogenoemde 'diathesis-stress' model), maar meer recentelijk vindt men resultaten die erop lijken te wijzen dat diezelfde 'kwetsbare' jongeren ook vatbaarder zijn voor positieve omgevingsinvloeden. Dit noemt men 'differential susceptibility' (te vertalen met 'individueel verschillende vatbaarheid'). Hoewel veel van dit onderzoek voortkomt uit het temperamentonderzoek bij jonge kinderen (voor een overzicht zie Belsky & Pluess, 2009), lijkt dit verschijnsel ook van belang te zijn voor adolescenten. Zo werd bijvoorbeeld gevonden dat het omgaan met antisociale leeftijdgenoten voor sommige jongeren wel tot eigen antisociaal gedrag leidde, maar bij andere jongeren niet (Latendresse et al., 2011). Deze twee groepen jongeren verschillen van elkaar in een bepaalde genetische factor die te maken heeft met het zelf reguleren van gedrag.

1.5 De opzet van dit boek: adolescentie als periode van transities

De adolescentieperiode is een periode van ontwikkeling en groei die een eigen karakter heeft wat betreft de taken waarvoor de persoon wordt gesteld. De adolescentie is een periode van veel veranderingen. Zoals eerder beschreven, gaat het om twee groepen veranderingen: veranderingen binnen de adolescent zelf en veranderingen in relatie tot zijn of haar omgeving. Het zal duidelijk worden dat deze veranderingen met elkaar te maken hebben: zoals uit de vorige paragraaf bleek, beïnvloeden de jongere en zijn omgeving elkaar voortdurend: veranderingen in de jongere beïnvloeden veranderingen in de omgeving, en omgekeerd.

De veranderingen binnen de jongere vinden plaats op een aantal domeinen (zie ook Steinberg, 2008a):
- Allereerst is er het *biologische domein*: de adolescentie is de periode van (snelle) veranderingen in het uiterlijk (inclusief de primaire en secundaire geslachtskenmerken) en

van seksuele ontwikkeling. Deze biologische veranderingen tijdens de adolescentie worden beschreven in de hoofdstukken 3 en 4, terwijl in hoofdstuk 12 nog eens apart wordt ingegaan op de zich ontwikkelende seksualiteit tijdens de adolescentie.
- Een tweede domein waarop veranderingen plaatsvinden, is dat van de *cognities*: het denken van jongeren. In vergelijking met jongere kinderen kunnen jongeren abstract en in hypothetische termen denken. Ze kunnen daarmee ook beter het perspectief van anderen nemen, daardoor anderen beter begrijpen, maar ook eerder de acties van anderen goed- of afkeuren. In hoofdstuk 5 wordt nader ingegaan op deze cognitieve veranderingen, waarna hoofdstuk 6 aandacht besteedt aan de veranderingen in emoties tijdens de adolescentie, een domein dat duidelijk gerelateerd is aan dat van de cognities. De veranderingen in cognitie tijdens de adolescentie hebben ook consequenties voor hun morele ontwikkeling, die in hoofdstuk 9 aan de orde komt.
- Een derde domein waarop veranderingen plaatsvinden, is het *sociale* domein. Jongeren verwerven een andere sociale status omdat ze van rol veranderen (ze gaan bijvoorbeeld deelnemen aan het arbeidsproces), maar ook omdat ze, als gevolg van biologische, cognitieve, of emotionele veranderingen, andere interesses krijgen in hun relaties (bijvoorbeeld de behoefte aan romantische of seksuele relaties) of andere eisen stellen aan hun relaties (bijvoorbeeld meer autonomie in de relatie met ouders). In hoofdstuk 8 wordt speciaal ingegaan op de ontwikkeling van autonomie tijdens de adolescentie.

Al deze veranderingen op deze domeinen leveren een bijdrage aan de ontwikkeling van het zelf en de identiteit, waarbij de beleving een unieke persoon te zijn centraal staat. Vandaar dat in hoofdstuk 7 het zelf en de identiteit tijdens de adolescentie wordt beschreven.
Daarnaast hebben al deze veranderingen een directe samenhang met veranderingen in de sociale context waarin jongeren functioneren. In dit boek worden twee van deze contexten meer in detail behandeld. In hoofdstuk 10 wordt ingegaan op de gezinscontext. Er wordt beschreven hoe bovengenoemde veranderingen in de jongere veranderingen in het gezin beïnvloeden, maar ook hoe hij er zelf door wordt beïnvloed. In hoofdstuk 11 wordt hetzelfde gedaan voor de context van leeftijdgenoten.
In de adolescentieperiode kan zich een aantal specifieke problemen voordoen. Kennis van deze zaken kan nuttig zijn indien men in de opvoeding, bij het onderwijs of op het terrein van de hulpverlening jongeren wil begeleiden of in de samenleving voorzieningen voor hen wil scheppen. In hoofdstuk 13 en 14 wordt ingegaan op twee typen problemen die bij jongeren voorkomen, namelijk problemen die meer naar binnen gericht zijn (de *internaliserende problemen*) en problemen die zich meer naar buiten vertalen (de *externaliserende problemen*). In hoofdstuk 15 wordt aandacht besteed aan verschillende mogelijkheden om adolescenten te helpen bij deze problemen. Echter, om wat meer achtergrond te geven bij het denken over en het beschrijven van de adolescentie, gaan we in hoofdstuk 2 eerst in op verschillende theorieën die gebruikt zijn en/of nog steeds worden gebruikt bij de bestudering van de adolescentie.

2 Theorieën over de adolescentie

Luc Goossens & Koen Luyckx

2.1 Inleiding

Met de term 'ontwikkeling' wordt verwezen naar alle veranderingen in het menselijk gedrag die samenhangen met de leeftijd (Lerner, 2002; Miller, 2009; Newman & Newman, 2007). Ontwikkelingspsychologen die deze veranderingen in kaart willen brengen, proberen drie dingen te doen. Ten eerste willen zij de veranderingen die zich voordoen in de loop van de ontwikkeling beschrijven. Ten tweede willen zij deze veranderingen verklaren door aan te tonen welke gebeurtenissen aan de basis liggen van een bepaald verloop van het ontwikkelingsproces. Ten derde willen zij, zodra het verloop van de ontwikkeling en de onderliggende oorzaken daarvan bekend zijn, de ontwikkeling ook optimaliseren door bijvoorbeeld interventieprogramma's op te zetten (Baltes, Reese & Lipsitt, 1980).

De geschiedenis van de adolescentiepsychologie, die pas aanvangt rond 1900 (Arnett & Cravens, 2006; Shanahan, Erickson & Bauer, 2005) kan in drie grote fasen ingedeeld worden die aansluiten bij deze drie doelstellingen. In de opeenvolgende fasen werden verschillende soorten van theorieën ontwikkeld en kwam de klemtoon telkens op een andere doelstelling te liggen (Lerner & Steinberg, 2009). In een eerste fase (1900-1970) werd een aantal klassieke theorieën geformuleerd over de ontwikkeling tijdens de adolescentie, maar bleef het onderzoek meestal beperkt tot de beschrijving van de ontwikkeling. In een tweede fase (1970-2000) werd dieper ingegaan op een specifiek element dat weinig aandacht krijgt in de klassieke theorieën over de adolescentie: de invloed van de omgeving of de context op de ontwikkeling. Deze invloed komt uitgebreid aan bod in de contextuele theorieën die een verklaring van de ontwikkeling in de adolescentie willen geven. In een derde en laatste fase, die vooral recent tot volle ontplooiing is gekomen, proberen onderzoekers in nauwe samenwerking met collega's uit de praktijk tot een toegepaste ontwikkelingspsychologie te komen die de klemtoon legt op de positieve kwaliteiten van jongeren en hen wil helpen om op deze mogelijkheden verder te bouwen om zo hun ontwikkeling te optimaliseren (de zogenaamde 'positive youth development' beweging).

In dit hoofdstuk bespreken we de theorieën uit deze drie verschillende fasen. Eerst wordt de rol van algemene theorieën over de ontwikkeling beschreven (2.2). Daarna komen drie klassieke theorieën over de adolescentie aan bod (2.3). Vervolgens worden de contextuele theorieën beschreven (2.4) en de toegepaste ontwikkelingspsychologie van de adolescentie met aandacht voor de positieve ontwikkeling van jongeren die daarbij aansluit (2.5).

2.2 De rol van theorieën over de ontwikkeling

Theorieën over de ontwikkeling bieden, door middel van een schematische voorstelling of een analogie, een benadering van de werkelijkheid. Die schematisering maakt het mogelijk de vele uitkomsten van wetenschappelijk onderzoek (die anders geïsoleerde feiten zouden blijven) in een verband te zien. Ook geven zij een betekenis aan deze uitkomsten (Miller, 2009).

Alle theorieën over de psychologische ontwikkeling richten zich, expliciet of impliciet, op de volgende vier hoofdvragen (Miller, 2009).

1 Wat is de onderliggende opvatting over de ontwikkeling en het onderliggende mensbeeld?
2 Is de ontwikkeling vooral kwantitatief of kwalitatief van aard?
3 Op welke manier dragen het individu ('nature') en de omgeving ('nurture') bij tot de ontwikkeling?
4 Wat is het eigenlijk dat zich ontwikkelt?

Wat deze laatste vraag betreft, is het opvallend dat de meeste theorieën zich richten op de ontwikkeling van een enkel aspect van het menselijk functioneren, zoals de emoties of het denken. De theorie van de ontwikkelingstaken, die we hierna bespreken, vormt een uitzondering op deze regel.

2.2.1 Ontwikkelingstaken

De theorie van de ontwikkelingstaken biedt een goed voorbeeld van een ontwikkelingstheorie (Van Aken, 2004). Deze taken verwijzen naar een reeks van opgaven die zich aandienen op een bepaald tijdstip in het leven en die de persoon moet volbrengen in relatie tot zijn omgeving. Dit houdt in dat de persoon zich vaardigheden moet eigen maken om de taken te vervullen. Als deze taken goed worden vervuld, voelt de opgroeiende persoon zich tevreden over zichzelf, krijgt hij positieve reacties vanuit de omgeving en heeft hij meer succes bij het aanpakken van taken die zich later in het leven aandienen. Als diezelfde taken niet goed worden aangepakt, voelt de opgroeiende persoon zich ongelukkig, krijgt hij negatieve reacties van de omgeving en wordt de kans groter dat hij het ook met latere taken moeilijk zal krijgen (Havighurst, 1967). Volgens Slot (1999) moet een persoon zich voortdurend nieuwe vaardigheden eigen maken als ontwikkelingstaken zich aandienen. Daardoor kunnen ze inderdaad als een hele opgave worden ervaren. De veranderingen die aan de taken ten grondslag liggen, kunnen echter heel positief zijn en kansen bieden. Denk aan het lelijke eendje, dat uitgroeit tot een zwaan of aan het puisterige meisje dat uitgroeit tot een prachtige vrouw. Als mooie vrouw moet je leren omgaan met het gegeven dat je veel aandacht krijgt van anderen, maar het verwerven van de vaardigheden die daarvoor nodig zijn, is niet per definitie een opgave.

Verschillende invloeden
Ontwikkelingstaken worden door verschillende soorten invloeden bepaald. Dit kunnen zowel biologische veranderingen zijn in de persoon zelf als verwachtingen van de maatschappij. Dit betekent dat ontwikkelingstaken kunnen voortkomen uit de lichamelijke ontwikkeling van jongeren (ze zijn biologisch 'ergens aan toe', zoals het bereiken van de geslachtsrijpheid in de puberteit) of uit de verwachtingen vanuit de omgeving (die vindt dat de jongere ergens aan toe is, zoals de voorbereiding op het latere leven als volwassene). 'Leren aanvaarden hoe je lichaam eruitziet na de veranderingen van de puberteit' is een voorbeeld van het eerste type ontwikkelingstaken en 'je voorbereiden op je latere beroep' is een voorbeeld van het tweede type.

Een derde invloed is de persoon zelf, met zijn eigen waarden en aspiraties (Havighurst, 1967). Naarmate de persoon zich ontwikkelt, wordt deze derde bron steeds belangrijker en in de adolescentie kan men de invloed van persoonlijke keuzen al duidelijk merken. De theorie van de ontwikkelingstaken geeft dus een eigen antwoord op de vier klassieke vragen die elke theorie over de ontwikkeling stelt.

1 Het antwoord op de eerste vraag is dat biologie en maatschappij in onderlinge wisselwerking het verloop van de ontwikkeling bepalen. Dit leidt tot een mensbeeld waarbij de persoon, zeker vanaf de adolescentie, actief bijdraagt tot zijn eigen ontwikkeling.
2 Het antwoord op de tweede vraag luidt dat de ontwikkeling kwalitatief van aard is. In elke fase (zoals de kindertijd, de adolescentie en de volwassenheid) dienen zich telkens andere ontwikkelingstaken aan (op basis van biologische veranderingen en maatschappelijke verwachtingen die dan aan de orde zijn). Iedere fase is dus kwalitatief verschillend van de vorige en van degene die erop volgt.
3 Het antwoord op de derde vraag is dat zowel het individu ('nature') als de omgeving ('nurture') bijdragen tot de ontwikkeling.
4 Ten aanzien van de vierde geldt dat de theorie van de ontwikkelingstaken zich niet richt op de ontwikkeling van één bepaald aspect van de persoon. De biologische veranderingen en maatschappelijke verwachtingen oefenen hun invloed immers uit op alle aspecten van het psychologisch functioneren. Ontwikkelingstaken bestrijken dan ook het gehele psychologisch functioneren (zoals de lichaamsbeleving, het gevoelsleven, het denken en de integratie in de maatschappij).

Men kan de theorie van de ontwikkelingstaken uitbreiden door ervan uit te gaan dat deze taken niet alleen een opeenvolging vormen van opgaven die gekoppeld zijn aan de leeftijd, maar ook kunnen voortkomen uit andere invloeden die niet gekoppeld zijn aan de leeftijd. Baltes et al. (1980) bieden een theoretisch kader dat men kan beschouwen als een uitbreiding van de theorie van de ontwikkelingstaken. Ook zij gaan ervan uit dat de ontwikkeling wordt bepaald door invloeden die gekoppeld zijn aan leeftijd. Deze normatieve invloeden omvatten biologische of omgevingsfactoren. Klassieke voorbeelden daarvan zijn biologische rijping of maatschappelijke verwachtingen over aangepast gedrag. Beide aspecten hangen nauw met de leeftijd samen. De opgaven die voortvloeien uit dit soort invloeden lijken het meest op de taken zoals die in de klassieke theorie van de ontwikkelingstaken worden beschreven. Deze invloeden worden 'normatief' genoemd, omdat ze in aanvang en duur vergelijkbaar zijn voor alle mensen die behoren tot eenzelfde cultuur.

Naast deze algemene normatieve invloeden onderscheiden deze auteurs twee andere soorten invloeden: invloeden gekoppeld aan de geschiedenis en invloeden die uitgaan van niet-normatieve levensgebeurtenissen. De invloeden die samenhangen met de historische context (zoals epidemieën, economische depressies, oorlogen of grote sociale veranderingen) zijn ook normatief, omdat ze vergelijkbaar zijn voor alle mensen die behoren tot eenzelfde generatie, dat wil zeggen: een groep van mensen die een specifiek geheel van historische gebeurtenissen heeft meegemaakt. Denk aan de invloed die de economische crisis in de jaren dertig van de vorige eeuw en de daarop aansluitende Tweede Wereldoorlog had op de ontwikkeling van de adolescent in die tijd. Later in dit hoofdstuk komt die invloed uitgebreid ter sprake.

De invloeden die voortkomen uit niet-normatieve levensgebeurtenissen omvatten biologische of omgevingsfactoren die voor de meeste mensen niet zijn gekoppeld aan leeftijd of de historische context. Denk aan een ernstige ziekte, zware ongevallen, echtscheiding of werkloosheid. Deze invloeden zijn niet-normatief, omdat sommige mensen ermee te maken krijgen en anderen niet.

Deze uitbreiding van de theorie van de ontwikkelingstaken komt er dus op neer dat er drie soorten ontwikkelingstaken zijn.

1. De eerste soort zijn de opgaven die gelden voor alle jongeren en voor alle tijden (zoals de vorming van de identiteit of het afstand nemen van de ouders).
2. Een tweede soort zijn de opgaven die enkel gelden voor jongeren die leven in een bepaalde periode van de geschiedenis. In tijden van economische neergang moet je als jongere vaardigheden ontwikkelen om de gevolgen van deze economische problemen het hoofd te bieden.
3. Een derde soort zijn de opgaven die enkel gelden voor een beperkt aantal jongeren dat met grote persoonlijke veranderingen wordt geconfronteerd in hun leven. Zij moeten zich ook aanpassen aan de gevolgen van de echtscheiding van hun ouders of worstelen met de beperkingen die hun opgelegd worden door een chronische ziekte. Het feit dat deze opgaven slechts voor een beperkt aantal jongeren gelden, maakt ze niet uniek. Alle jongeren hebben met dit soort opgaven te maken, maar per individu kan het om geheel verschillende soorten invloeden gaan.

Het relatieve belang van de drie groepen invloeden op de ontwikkeling verandert ook over de levensloop. De normatieve invloeden die aan de leeftijd zijn gekoppeld, zouden het belangrijkst zijn voor kinderen. De normatieve invloeden die zijn gekoppeld aan de historische context, zouden het belangrijkst zijn in de adolescentie en de jongvolwassenheid. In deze fasen van het leven wordt namelijk de basis voor de volwassenheid gelegd en wordt die beïnvloed door het heersende sociale klimaat. Niet-normatieve levensgebeurtenissen ten slotte worden verondersteld steeds meer invloed te krijgen naarmate de persoon ouder wordt. Daardoor gaat de levensloop ook een grotere verscheidenheid vertonen, waarbij ook persoonlijke keuzen een invloed hebben op het verloop van de individuele ontwikkeling.

2.3 Drie typen van theorieën over de adolescentie

Ontwikkelingstheorieën die zich specifiek op de adolescentie richten, stellen de vraag aan de orde of deze periode een eigenheid heeft en of de gedragingen van jongeren overeenkomen met het stereotiepe beeld dat de leek daarvan heeft. Volgens dat stereotiepe beeld, dat ingang heeft gevonden sinds de jaren twintig van de vorige eeuw, vertonen jongeren een grote mate van emotionele onrust, de zogenaamde 'Storm and Stress'. Dit houdt in dat ze vaak schommelingen in stemming vertonen, op gespannen voet leven met hun ouders en geneigd zijn om risicogedrag te vertonen dat tot meer delinquentie zou leiden (Arnett, 1999; Coleman, 2011). Kortom, theorieën over de ontwikkeling van adolescenten richten zich op de vragen: 'Is de adolescentie een afgescheiden fase in de ontwikkeling?' en 'Wordt de periode van de adolescentie gekenmerkt door "Storm and Stress", dat wil zeggen door verhoogde niveaus van emotionele onrust?' (Miller, 1989).

De verschillende theorieën die antwoord kunnen geven op deze twee vragen worden meestal in drie categorieën opgedeeld: de psychoanalytische, de sociaal-culturele en de cognitieve theorieën over de adolescentie (Berzonsky, 2000; Goossens, 2006a; Miller, 1989; Muuss, 1996). Al deze theorieën richten zich op twee van de bovengenoemde vier vragen waarover ontwikkelingstheorieën handelen. Zij geven aan wat er zich ontwikkelt in de adolescentie (vraag 4) en wat de bijdrage daarbij is van het individu en van de omgeving (vraag 3). De ontwikkelingstaken die ze daarbij onderscheiden, zijn uitsluitend van het klassieke type. Het gaat om normatieve opgaven die samenhangen met de leeftijd en dus in principe gelden voor alle adolescenten.

2.3.1 Psycho-analytische theorieën over de adolescentie

Wat zich ontwikkelt tijdens de adolescentie, volgens de aanhangers van psychoanalytische theorieën, zijn de emoties. Sigmund Freud, de stichter van de psychoanalyse, besteedde vooral aandacht aan de ontwikkeling in de kinderjaren, maar schreef toch af en toe ook over de adolescentie (Newman & Newman, 2007). Een belangrijk idee in het psychoanalytische denken is dat de ontwikkeling wordt gestuurd door onbewuste strevingen of driften. Deze driften komen overigens voortdurend in conflict met beperkingen vanuit de sociale omgeving. Gedurende de eerste jaren van het leven (de orale en anale fasen volgens de psychoanalytici) ervaren kinderen verschillende soorten van seksuele impulsen of primitieve vormen van lustbeleving (zoals zuigen aan de moederborst). In de vroege adolescentie (met de biologische veranderingen van de puberteit en de geslachtsrijping) treedt de volwassen (of genitale) vorm van seksualiteit naar voren. Al de vroegere seksuele impulsen (de orale en anale driften) moeten dan worden ondergebracht onder de heerschappij van de volwassen seksualiteit (Freud, 1905/1953).

De psychoanalyse kent een bijzondere betekenis toe aan de kleuterperiode (de oedipale periode) waarin het kind seksuele impulsen ontwikkelt die gericht zijn op de ouder van het andere geslacht en agressieve impulsen die gericht zijn op de ouder van hetzelfde geslacht. Deze gevaarlijke gevoelens worden tijdens de basisschoolperiode (de latentiefase) onderdrukt. Maar zij worden opnieuw tot leven gewekt door de biologische veranderingen van de puberteit die volgens de analytici een periode is van toegenomen activiteit van de driften ('Storm and Stress'). Het gevaar dat deze impulsen in daden worden omgezet, is nu veel reëler omdat de jongere zijn volledige seksuele volwassenheid en lichamelijke kracht heeft bereikt. Daarom moeten er sterke afweermechanismen in werking treden om deze impulsen in te tomen en te verdringen.

De jongste dochter van Sigmund Freud, Anna Freud, werkte deze opvatting over de adolescentie verder uit (Gallatin, 1975). Naast de bekende Freudiaanse afweermechanismen (zoals verdringing) beschreef zij twee speciale mechanismen die ze respectievelijk *ascetisme* en *intellectualisering* noemde. Ascetisme houdt in dat adolescenten zichzelf alle plezier ontzeggen uit schrik om de controle over hun seksuele impulsen te verliezen. Het zich opleggen van een strikte studieplanning of intens aan sport doen, kunnen voorbeelden zijn van dit specifieke afweermechanisme. Intellectualisering houdt in dat belangrijke emotionele en persoonlijke conflicten ontdaan worden van elke emotie en zo een abstract of zelfs filosofisch karakter krijgen (Miller, 1989). Zo kunnen jongens in de adolescentie onomwonden verklaren dat alle tirannen over de gehele wereld moeten worden afgezet, terwijl het in feite gaat om een gespannen relatie met hun vader die ze te streng vinden (Freud, 1936/1966).

In haar latere werk over de adolescentie zag Anna Freud de 'Storm and Stress' van de adolescentie als een normaal verschijnsel. Het niet ervaren van deze 'Storm and Stress' moet dus niet worden gezien als een teken van aangepast functioneren. Men moet dan eerder aannemen dat de afweermechanismen te sterk zijn omdat, normaal gezien, bepaalde driften onvermijdelijk tot uiting komen (Freud, 1958/1969; 1969/1971). Deze driftmatige visie werd de hoeksteen van de klassieke psychoanalytische theorie over de adolescentie (Adelson & Doehrman, 1980; Blos, 1962).

Latere inzichten die de psychoanalytische ideeën aanvulden, worden getypeerd als de relationele visie. Deze benadering stelt dat de ontwikkeling wordt gestuurd door interne voorstellingen die we opbouwen van de belangrijke personen in ons leven en van de ouders in het bijzonder. Met deze interne ouderfiguren – 'objecten' genoemd – gaan we dan relaties aan. Opnieuw zijn de vroege kinderjaren hierbij belangrijker dan de adolescentie.

In een eerste fase wordt afstand genomen van de reële ouders door het opbouwen van interne voorstellingen van de ouderfiguren. Dit gebeurt in de eerste twee tot drie levensjaren die de *eerste separatie-individuatiefase* worden genoemd. In deze fase, beschreven door Margaret Mahler en haar medewerkers (Mahler, Pine & Bergman, 1975), nemen jonge kinderen fysiek afstand van hun moeder. In dit proces worden ze eerst geheel in beslag genomen door hun eigen autonome functioneren (de 'oefenfase'), maar nadien zoeken ze opnieuw de nabijheid van hun moeder op (de 'toenaderingsfase'). Uiteindelijk ontwikkelen ze een interne voorstelling van hun ouderfiguren (en daarmee ook een primitief zelfbewustzijn) (Crain, 2010).

In een volgende fase wordt psychologisch of emotioneel afstand genomen van de interne voorstellingen van de ouders door de omgang met mensen buiten het gezin (vooral leeftijdgenoten van het andere geslacht). Dit gebeurt tijdens de adolescentie, die de *tweede separatie-individuatiefase* wordt genoemd (Blos, 1979). In dit proces ervaren jongeren tegenstrijdige tendensen om afstand te nemen van de ouderfiguren en opnieuw toenadering te zoeken op manieren die analoog zijn aan de oefenfase en de toenaderingsfase die Mahler beschreef bij jonge kinderen. De jongere trekt zich bijvoorbeeld regelmatig in zijn eigen wereld terug, maar ervaart tevens een behoefte de ouder op te zoeken om – bijvoorbeeld tijdens een meningsverschil – zijn eigenheid te tonen en te ervaren.

Tot slot moet worden vermeld dat de klassieke drift-afweervisie en de meer recente relationele visie elkaar niet tegenspreken, maar eerder aanvullen. Het is namelijk in de relaties met de interne voorstellingen van de ouders dat men de intense emoties ervaart die afweerreacties oproepen. Uiteindelijk zou men daarom moeten komen tot een integratie van deze twee complementaire visies (Lerner, 1987).

2.3.2 Sociaal-culturele theorieën over de adolescentie

De psychoanalytische auteurs beweren dat de psychische ontwikkeling zich vooral voordoet in het individu (dat worstelt met driften en interne voorstellingen van de ouderfiguren). Andere theorieën over de adolescentie kennen een veel grotere rol toe aan de omgeving. Sommige theorieën beweren dat het gedrag van de adolescent in belangrijke mate wordt gevormd door de reacties van de onmiddellijke sociale omgeving, zoals ouders en leeftijdgenoten. Weer andere theorieën richten zich eerder op de invloed van de bredere sociale context, zoals de cultuur waarin de jongere leeft.

Het bekendste voorbeeld daarvan is de theorie van Margaret Mead (1928). Zij dacht, net als de psychoanalytische auteurs, dat het de emoties zijn die zich ontwikkelen en dat jongeren een periode van 'Storm and Stress' doormaken die samenhing met de biologische veranderingen van de puberteit. Maar zij was ervan overtuigd dat de manier waarop onze westerse maatschappij omging met jongeren ook een belangrijke invloed had op deze emotionele onrust. De 'Storm and Stress'-periode van de adolescentie die men in het westen kent, was volgens Mead geen universeel gegeven. Om dat aan te tonen ging zij op zoek naar een niet-westerse cultuur die op dat moment nog maar weinig contact had gehad met de westerse wereld. In die ene cultuur hoopte ze dan aan te tonen dat de ervaring van de adolescentie daar sterk verschilde van de typische beleving in de Amerikaanse cultuur op dat moment.

Mead (1928) vond deze cultuur op een afgelegen eiland in Samoa (Polynesië). Daar interviewde ze vijftig meisjes. Sommigen zaten volop in de periode van lichamelijke veranderingen van de puberteit en anderen hadden die veranderingen al enkele jaren achter de rug. In haar interviews vond Mead weinig tekens van de zogenaamde 'Storm en Stress'. Omdat de biologische veranderingen van de puberteit als universeel werden beschouwd en aangezien alle Amerikaanse adolescenten verondersteld werden te lijden onder dezelfde emotionele verwarring, besloot Mead dat er zich verschillen moesten voordoen tussen de twee culturen (die van Samoa en van de Verenigde Staten). Deze verschillen tussen de culturen zouden dan een verklaring kunnen geven voor de verschillen in de ervaren 'Storm and Stress'.

Om deze verschillen te duiden kwam Mead (1928) tot twee verschillende verklaringen. Ten eerste stelde ze dat het leven op Samoa eenvoudiger was omdat jongeren niet met moeilijke, diepgaande beslissingen over hun studie en hun latere beroep werden geconfronteerd (zoals wel het geval was in de Verenigde Staten). Ten tweede verwees ze naar de ontspannen levensstijl van de inwoners van Samoa die vooral tot uiting kwam in hun minder afwijzende houding ten opzichte van seksualiteit vóór het huwelijk. Het werk van Mead over Samoa hield dus een belangrijke boodschap in voor de westerse beschaving, wat terugkomt in veel van haar boeken (McDermott, 2001). Haar conclusie was dat de mate van 'Storm and Stress' die jongeren ervaren, tot op zekere hoogte afhankelijk is van de bredere culturele context.

Enkele jaren na de dood van Mead werden haar ideeën ernstig in twijfel getrokken door Derek Freeman, een van haar collega's uit de sociale en culturele antropologie, die op een ander eiland in Samoa wel aanwijzingen gevonden had voor een aanzienlijke 'Storm and Stress' (Freeman, 1983; 1999). Een nauwgezette heranalyse van het originele werk van Mead en van de gehele Mead-Freeman controverse (Côté, 1994; 2000) geeft echter aan dat Meads belangrijkste conclusies nog steeds kloppen. De idee dat de 'Storm and Stress' van de adolescentie niet universeel is en mede bepaald wordt door culturele factoren, blijft dus, ondanks de kritiek, overeind (Shankman, 2009).

2.3.3 Cognitieve theorieën over de adolescentie

Volgens aanhangers van cognitieve theorieën ontwikkelt zich tijdens de adolescentie vooral het denken. Piaget, die de bekendste van deze theorieën heeft uitgewerkt, meende dat kinderen en adolescenten elk op een eigen manier denken (Inhelder & Piaget, 1955/1958). Kinderen denken op een concrete manier ('concreet-operationeel denken' volgens Piaget), terwijl jongeren op een abstracte manier redeneren ('formeel-operationeel denken' volgens Piaget). De overgang naar het formele denken zorgt ervoor dat jongeren kunnen nadenken over hun eigen denken. Bovendien wordt de realiteit ondergeschikt aan wat mogelijk is, omdat ze beseffen dat de huidige wereld waarin wij leven, slechts een van de vele mogelijkheden is.

Door deze nieuwe mogelijkheden neigen jongeren tot idealisme. Zij ontwikkelen filosofische, ethische en politieke denkkaders in een poging de wereld te verbeteren. Deze oplossingen zijn per definitie naïef, omdat de mogelijkheden om belangrijke sociale problemen door logisch redeneren op te lossen, eerder beperkt zijn. Zodra jongeren dat gaan inzien, nemen ze een belangrijke stap in de richting van de volwassenheid (Inhelder & Piaget, 1955/1958; Moshman, 2009).

De opkomst van het formele denken leidt er ook toe dat jongeren bepaalde misvattingen ontwikkelen die betrekking hebben op hun eigen persoon. Dit zogenaamde 'egocentrisme van de adolescent' (Elkind, 1967) kan de 'Storm and Stress' van jongeren verklaren. Zo denken jongeren dat hun gevoelens uniek zijn en dat daarom niemand hen kan begrijpen, wat bijdraagt tot hun emotionele onrust. Ze denken ook dat hen niets kan overkomen, wat hen ertoe brengt om onnodige risico's te nemen in het verkeer of onveilige seks te hebben. (Zie hoofdstuk 5 voor een uitgebreidere beschrijving van cognitieve theorieën over de adolescentie en over het egocentrisme van de adolescent.)

2.3.4 Integratie en wederzijdse aanvulling

Bij wijze van terugblik is het nuttig om te verwijzen naar de twee klassieke vragen waarop theorieën over de adolescentie zich richten.

De eerste vraag luidde of de adolescentie een afzonderlijke fase in de ontwikkeling is. De hier besproken theorieën geven hierop een bevestigend antwoord. Zij omschrijven specifieke opgaven die jongeren moeten vervullen. Voor de psychoanalytische auteurs gaat het om twee taken die parallel lopen. Volgens de drift-afweervisie moet de jongere de volwassen seksualiteit integreren in de persoonlijkheid die zich ontwikkelt. Volgens de relationele visie moet de jongere loskomen van vroegere vormen van afhankelijkheid ten opzichte van de ouders en een niveau van autonomie bereiken dat aangepast is aan de leeftijd. Volgens de cognitieve theorieën moet de jongere zich een nieuwe vorm van denken eigen maken wat tijdelijk leidt tot een vertekende perceptie van de maatschappij en van de eigen persoon (idealisme en egocentrisme). Deze vertekeningen verdwijnen geleidelijk aan.

De tweede vraag luidde of de adolescentie wordt gekenmerkt door een toegenomen emotionele verwarring ('Storm and Stress'). Hierop geven alle theorieën opnieuw een bevestigend antwoord. Enkel over de onderliggende oorzaak van de emotionele onrust verschillen de meningen. Deze oorsprong ligt bij de emoties (psychoanalytische theorieën), het denken (cognitieve theorieën) of de cultuur (sociaal-culturele theorieën).

De klassieke theorieën over de adolescentie vertonen een aantal beperkingen. Elk type theorie legt de nadruk op een verschillend aspect van de zich ontwikkelende persoon, zoals de gevoelens of het denken. Door deze eenzijdigheid kan geen enkele theorie een volledig beeld schetsen van de ontwikkeling in de adolescentie. Daarom worden theorieën soms uitgebreid. Een voorbeeld daarvan werd in paragraaf 2.2.1 beschreven. De theorie over de ontwikkelingstaken is uitgebreid met het theoretische kader van Baltes en diens collega's. Die aanvulling hield in dat de historische context en de levensgebeurtenissen eveneens van invloed zijn op de ontwikkeling.

Dat een enkele op zichzelf staande theorie een beperkt beeld biedt, kan men ook ondervangen door verschillende theorieën met elkaar in verband te brengen om tot een wederzijdse aanvulling te komen. Veel auteurs (Berzonsky, 2000; Miller, 1989) raden aan verschillende theoretische perspectieven te combineren om zo tot een volledig beeld van de zich ontwikkelende jongeren te komen. De emotionele onrust die jongeren kenmerkt, heeft waarschijnlijk zowel met de opkomende driften van de puberteit (psychoanalytische theorieën) als met de opkomst van het formele denken (cognitieve theorieën) te maken. Bovendien kan men de ontwikkeling niet uitsluitend zien als een proces dat zich in het individu voltrekt, zoals de psychoanalytische en de cognitieve theorieën doen vermoeden. Er is namelijk altijd ook een rol weggelegd voor de onmiddellijke sociale omgeving, vaak leeftijdgenoten die reageren op jongeren en hun gedrag beïnvloeden. Het geleidelijk overwinnen van egocentrische voorstellingen gebeurt bijvoorbeeld in interactie met anderen. Door gesprekken met leeftijdgenoten zullen jongeren zich realiseren dat de meeste mensen vaak net zulke gevoelens hebben als zijzelf en dat ze dus niet uniek zijn wat betreft hun gevoelsleven.

Men kan zich voorstellen dat elementen van al de belangrijke theorieën over de adolescentie worden samengebracht in een omvattend theoretisch kader. Zo'n kader kan men vinden in de theorie van Erikson (1968) over de vorming van de identiteit. In deze theorie bracht Erikson de verschillende invloeden samen die hij tijdens zijn opleiding had ondergaan. Hij had enige tijd gewerkt bij Anna Freud, had cultuur-antropologisch veldwerk gedaan bij de Indianen van Noord-Amerika en had enige tijd samengewerkt met Havighurst in een werkgroep die normatieve ontwikkelingstaken probeerde te formuleren voor verschillende fasen van het leven.

In Eriksons theorie kan men drie dimensies onderscheiden (Gallatin, 1975) die naar deze invloeden verwijzen:

- de *biologische dimensie* (zoals de driften die een centrale plaats innemen in psychoanalytische theorieën);
- de *sociale dimensie* (zoals de culturele invloeden die benadrukt worden in sociaal-culturele theorieën);
- de *persoonlijke dimensie*. Met deze laatste dimensie wordt bedoeld dat iedereen tot een persoonlijke integratie moet komen van de invloeden vanuit het individu en vanuit de omgeving.

Op het eerste gezicht lijkt het of cognitieve elementen niet zijn opgenomen in Eriksons theorie over de adolescentie. Erikson kende echter wel een belangrijke rol toe aan de cognitieve veranderingen gedurende de adolescentie en vooral aan het vermogen van de jongere om te denken vanuit het mogelijke. Op die manier ontstaat het tijdsperspectief, dat wil zeggen: de mogelijkheid om actief plannen te maken voor de toekomst. Dit tijdsperspectief helpt jongeren om vorm te geven aan hun identiteit. Zie ook hoofdstuk 7 voor een uitgebreidere beschrijving van de theorieën over identiteit.

2.4 Contextuele theorieën

De klassieke theorieën over de ontwikkeling in de adolescentie besteden allemaal op een of andere manier aandacht aan de invloed van de omgeving. Daarbij richten zij zich zowel op de cultuur als op de onmiddellijke sociale omgeving (het gezin en de leeftijdgenoten). Een belangrijke tekortkoming van deze theorieën is echter dat zij deze rol van de omgeving niet in detail hebben beschreven. Dat laatste gebeurt wel in de zogenaamde contextuele theorieën (Lerner, 2002). Met de term 'context' wordt verwezen naar de relaties van een persoon met een groep anderen die belangrijk voor hem zijn (Van Aken, 2004).

Recente contextuele theorieën willen de volledige omgeving waarin de jongere zich ontwikkelt en die een hele reeks van contexten omvat, in kaart brengen. Zij beschouwen ook het tijdperk in de geschiedenis waarin jongeren leven, als een context voor hun ontwikkeling. Ze spreken van de historische context. Ten slotte besteden contextuele theorieën ook aandacht aan de wijze waarop de kenmerken van de jongere en de kenmerken van de omgeving op elkaar aansluiten.

2.4.1 De structuur van de omgeving

De ecologische theorie van Bronfenbrenner (1995, 2005; Bronfenbrenner & Morris, 2006) biedt in essentie een gedetailleerde beschrijving van de omgeving waarin de psychosociale ontwikkeling plaatsvindt. De theorie beschrijft vier niveaus in de interactie tussen individu en omgeving, die elk op een directe of minder directe manier invloed uitoefenen op de ontwikkeling van de jongere (Muuss, 1996). Deze vier niveaus – ook wel 'systemen' genoemd – zijn hiërarchisch georganiseerd: ze kunnen worden voorgesteld als vier concentrische cirkels.

- De kleinste cirkel in het midden is het systeem dat de jongere het meest direct beïnvloedt en wordt het *microsysteem* genoemd. Het is een verzameling van activiteiten en relaties in de onmiddellijke, persoonlijke omgeving van de jongere. Typische microsystemen zijn het gezin, de groep van leeftijdgenoten en de school.
- De volgende, wat grotere concentrische cirkel verwijst naar het volgende systeem in de hiërarchie en wordt het *mesosysteem* genoemd. Dit systeem omvat de wederzijdse verbindingen en processen die optreden tussen twee of meer onderdelen van het microsysteem. Pogingen die de ouders ondernemen om de relaties tussen de jongere en zijn of haar vrienden te sturen, vormen een voorbeeld van zo'n verbinding tussen de microsystemen van het gezin en van de leeftijdgenoten.
- De derde, weer iets ruimere cirkel, verwijst naar het volgende niveau in de hiërarchie en wordt het *exosysteem* genoemd. Het gaat hier om systemen waarmee jongeren zelf niet rechtstreeks in contact komen, maar die toch een invloed hebben op hun gedrag en hun ontwikkeling. De plaats waar de ouders werken is een klassiek voorbeeld van zo'n exosysteem. Als er conflicten op het werk zijn, kan dat van invloed zijn op de wijze waarop de vader of de moeder de opvoederrol vervult.
- De vierde en ruimste cirkel staat voor het hoogste niveau in de hiërarchie en wordt het *macrosysteem* genoemd. Het omvat alle andere systemen (dus de micro-, meso-, en exosystemen). Dit is het niveau dat het verst is verwijderd van de onmiddellijke ervaring van de jongere en kan worden omschreven als de cultuur waartoe de adolescent behoort. Belangrijke maatschappelijke instellingen, zoals de regering van een land, oefenen hier hun invloed uit en hebben daardoor niet rechtstreeks een effect op de jongere.

Bronfenbrenner (1995) is ervan overtuigd dat de historische context een belangrijke invloed kan uitoefenen op de psychologische ontwikkeling. Maar dat aspect van zijn theorie heeft hij zelf niet uitgewerkt. Het komt wel sterk aan bod in andere contextuele theorieën, zoals de 'theorie van de levensloop'.

2.4.2 De rol van de geschiedenis

De theorie van de levensloop ('life course'; Shanahan, 2008; Newman & Newman, 2007) werd uitgewerkt om historische invloeden mee te nemen in het onderzoek over de ontwikkeling. De theorie stelt dat alle jongeren in hun overgang naar de volwassenheid een eigen ontwikkelingstraject afleggen in een omgeving die door de maatschappij is voorgestructeerd. Die ontwikkelingstrajecten worden op hun beurt sterk beïnvloed door de historische context: de periode in de geschiedenis waarin de jongere leeft.

Ontwikkelingstrajecten in de maatschappij
In iedere fase van de ontwikkeling geldt een aantal ontwikkelingstaken. Als opgroeiende kinderen en jongeren deze opeenvolgende reeksen van taken aanpakken, doen ze dat niet allemaal op dezelfde wijze. Er zijn verschillende zogeheten 'ontwikkelingstrajecten'. Bij iedere ontwikkelingstaak zijn er namelijk verschillende mogelijkheden voor het vervolgtraject. Sommige kinderen die goed konden opschieten met leeftijdgenoten op de basisschool, kunnen als jongeren gemakkelijk nieuwe relaties met leeftijdgenoten van beide geslachten opbouwen. Het ontwikkelingstraject gaat dan verder in de verwachte, positieve richting. Andere kinderen die het op sociaal vlak even goed deden op de basisschool slagen er niet in te worden opgenomen in een groep van leeftijdgenoten tijdens de adolescentie. Hun ontwikkelingstraject verloopt dan in de niet-verwachte, negatieve richting.

Dit voorbeeld geeft meteen aan dat de ontwikkeling verschillende vormen kan aannemen en diverse routes kan volgen. De ontwikkeling kent 'herkansingen'. Bij meisjes die in de adolescentie onvoldoende autonomie ontwikkelen ten opzichte van hun moeder en regelmatig in conflicten terechtkomen, kan op een later moment in de ontwikkeling de geboorte van een eerste kind een ommekeer betekenen. De kersverse grootmoeder en de nieuwe moeder maken opnieuw het proces mee van verzorgen en afstand nemen, wat alsnog ruimte biedt een ontwikkelingstaak uit de adolescentie af te ronden.

De flexibiliteit van de levensloop wordt ook beïnvloed door de plasticiteit en veerkracht van de persoon. 'Plasticiteit' duidt ook op het vermogen om de oude vorm weer aan te nemen nadat men een deuk heeft opgelopen. Het begrip veronderstelt (verborgen) reserves bij individu en omgeving die in geval van nood een gunstig verloop van de ontwikkeling kunnen bevorderen.

De ontwikkelingstrajecten worden ook bepaald door risico- en beschermende factoren. Wat hun werking betreft, zijn deze factoren goed te vergelijken met de belemmerende en stimulerende condities, zoals stress en steun, die eerder werden besproken voor het welzijn van jongeren. Stress in het gezin kan ervoor zorgen dat de jongere een minder gunstige richting uitgaat en bijvoorbeeld de aansluiting met de groep van leeftijdgenoten mist in de vroege adolescentie. Steun van een goede vriend kan er dan weer voor zorgen dat diezelfde jongere later weer de goede richting uitgaat en helemaal wordt opgenomen in een bredere groep van (bijvoorbeeld) medestudenten aan de universiteit. De ontwikkelingstrajecten zijn niet alleen afhankelijk van individuele factoren, risico's en beschermende factoren. De maatschappij heeft eveneens een sterke invloed als gevolg van het feit dat verschillende 'tussenstations' in een ontwikkelingstraject maatschappelijk zijn bepaald. In dit verband spreekt men ook wel van 'sociale paden'. De klassieke volgorde is een voorbeeld van een dergelijk sociaal pad: opleiding afmaken, werk zoeken, trouwen, kinderen krijgen. Iedere jongere legt een specifiek ontwikkelingstraject af langs deze paden die door de maatschappij worden voorgeschreven. Sommige jongeren zoeken snel een weg langs deze paden naar de volwassenheid. Anderen doen daar veel langer over. Sommige jongeren mijden de sociale paden.

De invloed van de historische context
De theorie van de levensloop beklemtoont dat veel van de factoren die het ontwikkelingstraject beïnvloeden, zijn te vinden in de historische context. De periode van de geschiedenis waarin jongeren leven, legt namelijk beperkingen op aan jongeren die langs de voorgeschreven paden op weg zijn naar de volwassenheid, maar biedt hen tegelijkertijd ook nieuwe mogelijkheden aan.

De theorie heeft een stevige onderzoeksbasis. Zij is voor een groot deel gebaseerd op longitudinaal onderzoek van lange duur. In deze studies werden twee groepen voor de eerste maal bestudeerd in de jaren dertig van de vorige eeuw toen de deelnemers nog kinderen of jongeren waren en sindsdien werden ze gevolgd op geregelde tijdstippen. Een van deze groepen, de Oakland-groep (geboortejaar 1920), werd gevolgd vanaf het moment dat ze jonge adolescenten waren (eerste jaar van het voortgezet onderwijs) totdat ze de middelbare leeftijd hadden bereikt. Een jongere groep, de Berkeley-groep (geboortejaar 1929), werd ook intensief opgevolgd over een lange tijdspanne. Hoewel de eerste publicaties over deze groepen verschenen in de jaren zeventig van de vorige eeuw (Elder, 1974/1999) werden de basisprincipes van de theorie van de levensloop pas veel later geformuleerd (Elder, 1998; Elder & Shanahan, 2006).

De invloed van de historische context op de ontwikkeling van het individu, die de kern vormt van de theorie van de levensloop, kan worden samengevat in vier basisprincipes.
- Het *eerste principe* stelt dat de levensloop van individuen is ingebed in en wordt vormgegeven door de historische context (Elder, 1998). In zijn werk toont Elder (1974/1999) aan hoe de historische omstandigheden van de economische depressie in de jaren dertig van de vorige eeuw en van de Tweede Wereldoorlog een uitgesproken invloed hebben gehad op de psychologische ontwikkeling van de jongeren uit zowel de Berkeley- als de Oakland-groep.
- Het *tweede principe* stelt dat de impact van bepaalde historische gebeurtenissen afhankelijk is van het moment waarop ze optreden in iemands leven (Elder, 1998). In zijn historische analyses toonde Elder aan dat de economische depressie een andere invloed had op mensen uit verschillende leeftijdscategorieën. De mensen uit de Oakland-groep (geboren in 1920) maakten deze economische terugval mee toen ze adolescenten waren, nadat ze dus al een welvarende kindertijd achter de rug hadden. De mensen uit de Berkeley-groep (geboren in 1929) maakten deze depressie mee toen ze nog kinderen waren. Bovendien waren zij adolescenten tijdens de Tweede Wereldoorlog. Dit verschil in timing leidde dus tot een verschillende ervaring van de adolescentie in de twee groepen.

Zo waren er weinig tekens dat de Oakland-groep de adolescentie als een stressvolle periode ervoeren. Adolescenten uit de Berkeley-groep daarentegen hadden weinig toekomstverwachtingen, voelden zich benadeeld en toonden zelfdestructief gedrag. Deze gevoelens van persoonlijke en sociale incompetentie waren naar alle waarschijnlijkheid een weerspiegeling van de gezamenlijke invloed van de economische moeilijkheden gedurende de jaren dertig van de vorige eeuw (de kindertijd) en de specifieke omstandigheden gedurende de oorlog (de adolescentie). Een positieve bevinding was dan weer dat de deelnemers uit de Berkeley-groep het aanzienlijk beter deden toen ze volwassen waren geworden. Deze groep beschikte dus over een aanzienlijke veerkracht, ondanks – of wellicht dankzij – de stressvolle levensomstandigheden.

- Het *derde principe* stelt dat sociale en historische invloeden tot uitdrukking komen in een netwerk van gedeelde relaties en levens die onderling zijn verbonden (Elder, 1998). Kinderen en adolescenten ervaren de invloed van historische gebeurtenissen via de oudere generatie, hun ouders. In alle gezinnen die het economisch moeilijk hadden, traden drie vormen van veranderingen op, onafhankelijk van de leeftijd van de kinderen. De eerste vorm betrof de veranderingen in de economische toestand van het huishouden. Wanneer vader zonder werk zat, bijvoorbeeld, moesten moeder en de oudere adolescenten in het gezin werk vinden. De tweede vorm betrof de veranderingen in de relaties binnen het gezin. Wanneer moeder uit werken ging, nam bijvoorbeeld haar macht in het gezin toe ten nadele van de werkloze vader. De derde vorm betrof de spanningen binnen het gezin, zoals toegenomen conflict en emotionele spanningen.
Om de invloed van economische moeilijkheden in kaart te brengen, werd een model ontwikkeld voor stress binnen het gezin. In dit model leiden inkomensverlies en financiële schulden tot toenames in depressieve gevoelens en tot een negatieve atmosfeer tussen de ouders. Deze gevoelens en die negatieve sfeer ondermijnen op hun beurt een efficiënte opvoeding. Als gevolg daarvan werd de kans dan weer groter dat gedragsproblemen optraden bij de kinderen (Elder, 1998). Dit model biedt een klassieke verklaring van niet-rechtstreekse effecten van de socio-economische status van het gezin op het welbevinden van kinderen (zie ook hoofdstuk 10 voor een uitgebreidere beschrijving van zulke effecten). Overigens worden zulke historische gebeurtenissen en de reactie van de ouders daarop niet door alle kinderen binnen eenzelfde gezin op dezelfde manier ervaren. Sommige kinderen hebben hier meer onder te lijden en vertonen dus meer gedragsproblemen dan andere kinderen.

- Het *vierde principe* ten slotte stelt dat individuen een invloed hebben op hun eigen leven door de keuzes die ze maken en de acties die ze ondernemen binnen de mogelijkheden en beperkingen van de historische en sociale context (Elder, 1998). Een voorbeeld hiervan is dat oudere adolescenten werk vinden en beslissen om, vroeger dan gepland, het ouderlijke huis te verlaten en zodoende het volwassen leven binnen te stappen. Dit vierde principe van Elder sluit helemaal aan bij de opvattingen van Havighurst over de rol van persoonlijke keuzen en bij de ideeën van Erikson over de persoonlijke integratie van verschillende invloeden op de ontwikkeling, waar eerder in dit hoofdstuk naar werd verwezen.

Hoewel het onderzoek op zich uitgebreid is, steunt de theorie van de levensloop voornamelijk op de analyse van één periode uit de recente geschiedenis (de genoemde jaren dertig). Naarmate ook andere perioden uit de geschiedenis op dezelfde manier worden bestudeerd, worden aanpassingen aan de theorie aangebracht en dan meer specifiek aan het voorgestelde model van stress in het gezin. De grote landbouwcrisis die de Verenigde Staten trof in de jaren tachtig van de vorige eeuw leidde tot aanzienlijk inkomensverlies, zoals eerder het geval was tijdens de jaren dertig. Volgens het stressmodel zouden jongeren die deze economische problemen aan den lijve hadden ondervonden (in hun omgang met hun ouders), meer gedragsproblemen moeten hebben. De eerste bevindingen bij jonge adolescenten die als kind de grote landbouwcrisis hadden meegemaakt, toonden inderdaad een toename in probleemgedragingen aan. Een paar jaar later echter, werden deze negatieve effecten niet langer gevonden. Deze bevindingen werden verklaard doordat mensen op het platteland een uitgebreid sociaal netwerk hebben en actief betrokken zijn op het leven op de boerderij en op de bredere gemeenschap. Blijkbaar treden er interacties op tussen historische gebeurtenissen en bepaalde kenmerken van de zich ontwikkelende persoon en zijn of haar sociale omgeving. Al deze factoren bepalen dan samen het uiteindelijke resultaat van de ontwikkeling (Elder & Conger, 2000).

2.4.3 Aansluiting tussen kenmerken van het individu en de omgeving

Voor het verloop van de ontwikkeling is ook de aansluiting ('fit' in het Engels) tussen de eigenschappen van het individu en de kenmerken van de omgeving van groot belang (Lerner, 2002; Muuss, 1996). Een goede aansluiting houdt in dat de kenmerken van de omgeving tegemoetkomen aan de behoeften van het individu. Als de sociale omgeving goed past bij hun wensen en mogelijkheden, zijn individuen sterk gemotiveerd en presteren ze goed. Maar als de sociale omgeving niet goed aansluit, zullen hun motivatie, interesses en prestaties dalen.

Een voorbeeld van een sociale context is de school en meer specifiek het geheel van relaties tussen jongeren aan de ene kant en leraren en opleidingsverantwoordelijken aan de andere kant. In de vroege adolescentie kan er op school een gebrek aan aansluiting optreden tussen jongeren en hun omgeving. In deze fase van de ontwikkeling streven jongeren ernaar om meer autonoom te zijn. In de eerste jaren van de middelbare school echter hebben ze minder controle over de schoolse activiteiten dan in de laatste jaren van de basisschool. Middelbare scholen zijn immers groter en onpersoonlijker en leraren hebben de neiging om met de gehele klasgroep te werken en niet meer in kleinere groepen. Dit zijn allemaal factoren die zorgen voor een afname van de autonomie in de vroege adolescentie (dus de eerste jaren van de middelbare school).

Onderzoek heeft aangetoond dat het feit dat de slechte afstemming van de schoolse context op de behoeften van het individu negatieve effecten heeft op de schoolse prestaties van deze jongeren. De meest overtuigende demonstratie daarvan komt uit een longitudinaal onderzoek waarbij jongeren een tijdlang werden gevolgd in de eerste jaren van het voortgezet onderwijs. Naarmate de discrepantie tussen de behoefte aan autonomie van de adolescent en de strakke organisatie van het onderwijs toenam, werden de schoolse prestaties steeds slechter (Eccles, Lord & Buchanan, 1996).

De invloed van de school mag men overigens niet te eenzijdig opvatten. De interactie tussen de kenmerken van de school en de eigenschappen van de jongere is te omschrijven als een wederzijdse beïnvloeding of wisselwerking, die men in de ontwikkelingspsychologie een 'transactie' noemt. Een transactionele beïnvloeding houdt in dat de school de jongere beïnvloedt en dat de jongere op zijn beurt weer de school beïnvloedt, bijvoorbeeld door ervoor te zorgen dat er vaker gebruik wordt gemaakt van werkvormen waarbij er meer ruimte is voor het zelfstandig optreden van de jongere.

2.4.4 Het belang van contextuele theorieën

De klassieke theorieën over de adolescentie kunnen op een aantal vlakken aangevuld worden door meer recente inzichten. Het opvallendst daarbij is de aanvulling die komt vanuit de contextuele theorieën. In eerste instantie hebben deze theorieën de omgeving waarin de adolescent zich ontwikkelt veel nauwkeuriger beschreven. De adolescentie wordt bijvoorbeeld gekenmerkt door een uniek mesosysteem (volgens de ecologische theorie). Ouders en leeftijdgenoten oefenen elk hun eigen invloed uit en bij de interpretatie van het effect van een van deze microsystemen moet men steeds met het andere microsysteem rekening houden. Bovendien schrijft de maatschappij aan de jongere een specifieke opeenvolging van sociale overgangen voor waarbij ze ook nog verwachtingen heeft omtrent de leeftijd waarop men deze opeenvolgende stappen het best zou kunnen zetten (volgens de levensloop- of 'life course'-theorie).

In tweede instantie hebben de contextuele theorieën het samenspel tussen individu en omgeving verder ontleed. Door begrippen in te voeren als 'risico- en beschermende factoren', 'plasticiteit' en 'transactie' hebben zij de traditionele opvattingen over omgevingsinvloeden op de ontwikkeling verder genuanceerd. Als gevolg daarvan wordt nu, sterker dan vroeger, de veelvormigheid van de ontwikkeling benadrukt. Deze inzichten hebben ook gevolgen voor de traditionele en stereotiepe opvatting dat alle adolescenten lijden aan emotionele verwarring ('Storm and Stress').

De mate waarin de adolescentie wordt ervaren als een moeilijke periode hangt af van de drie soorten van invloeden die in dit hoofdstuk werden onderscheiden. Niet alleen normatieve invloeden die gebonden zijn aan de leeftijd (zoals de puberteit of de toegenomen druk om zich volwassen te gedragen), maar ook normatieve invloeden vanuit de historische context waarin men leeft (zoals de economische neergang beschreven in de levenslooptheorie) en belangrijke levensgebeurtenissen (bijvoorbeeld echtscheiding van de ouders) spelen hierbij een rol.

Men moet het effect van al deze invloeden incalculeren om de belasting voor de jongere in te schatten. De bevindingen over het negatieve effect van cumulatieve veranderingen, eerder in dit hoofdstuk beschreven, kunnen daarbij model staan. Als adolescenten niet te veel onder druk worden gezet door hun ouders en andere volwassenen, als zij leven in een periode van economische voorspoed en niet worden geconfronteerd met ingrijpende gebeurtenissen in hun leven, dan kunnen opstandigheid en heftige emotionele reacties zelfs helemaal uitblijven. Kortom, of 'Storm and Stress' al dan niet optreedt en zo ja, hoe sterk die dan wel is, is afhankelijk van het volledige patroon van relaties dat jongeren hebben met hun omgeving. Sommige auteurs menen dat dit hele patroon van relaties een samenhangend systeem vormt dat over de tijd verandert en dat men in de ontwikkelingspsychologie dit systeem moet bestuderen. (Deze benadering wordt de 'developmental systems'-benadering genoemd; Lerner & Castellino, 2002.) Deze opvatting heeft echter ook interessante gevolgen voor de mogelijke toepassingen van de ontwikkelingspsychologie in de praktijk.

2.5 Toegepaste ontwikkelingspsychologie en positieve ontwikkeling van jongeren

Als de ontwikkeling wordt gezien als een systeem van relaties tussen het individu dat zich ontwikkelt en zijn of haar omgeving, dan kan men er ook aan denken om die relaties te veranderen in interventie-onderzoek om zo de ontwikkeling te optimaliseren (Sherrod, Busch-Rossnagel & Fisher, 2006). Om dit doel te bereiken, gaan onderzoekers samenwerken met specialisten uit de praktijk, zoals maatschappelijk werkers, en met verantwoordelijken uit de politiek en het jeugdbeleid. De aandacht gaat daarbij natuurlijk in eerste instantie naar jongeren die een minder gunstig ontwikkelingstraject volgen en de bedoeling is dan om hun ontwikkeling weer de goede richting op te sturen door een betere relatie met hun leeftijdgenoten of door een andere aanpak op school.

Deze interventiestudies worden vaak geïnspireerd door een nieuwe mensvisie die aansluit bij de positieve psychologie. In deze benadering wordt eerder de klemtoon gelegd op de meer positieve aspecten van het gedrag, zoals zelfregulering en zelfcontrole, en minder op de psychopathologie die vroeger alle aandacht opeiste (Csikszentmihalyi & Csikszentmihalyi, 2007). Deze nieuwe beweging heeft in de adolescentiepsychologie geleid tot een nadruk op de ontwikkeling van jongeren in gunstige zin ('positive youth development'). Aanhangers van deze beweging bestuderen hoe jongeren, uitgaand van hun eigen kracht en mede door de steun van de omgeving, op een constructieve manier kunnen bijdragen aan de maatschappij waartoe ze behoren en probleemgedrag kunnen vermijden (Lerner et al., 2009; Lerner, Lerner & Benson, 2011). Kortom, deze nieuwe benadering wil de talenten van jongeren tot ontwikkeling laten komen en ziet de adolescentie niet in de eerste plaats als een probleem dat men onder controle moet houden.

De positieve kwaliteiten van jongeren, die in onderzoek met aangepaste instrumenten worden gemeten, blijken inderdaad op termijn te voorspellen dat jongeren een grotere bijdrage leveren tot de maatschappij (bijvoorbeeld door vrijwilligerswerk te doen) en minder internaliserend probleemgedrag (zoals depressie) en minder externaliserende problemen (zoals delinquentie) vertonen (Jelicic et al., 2007). De beweging van de 'positive youth development' hecht ook veel belang aan het traditionele jeugdwerk (bijvoorbeeld sportvereniging, muziekclub, of jeugdbeweging) dat jongeren vele mogelijkheden biedt om hun positieve kwaliteiten (bijvoorbeeld inzet voor anderen en empathie) in de praktijk te brengen en verder in te oefenen (Busseri et al., 2006; Larson, 2000).

De theorieën over de adolescentie die vanuit het interventie-onderzoek en de positieve ontwikkeling van jongeren uitgewerkt worden, staan nog in hun kinderschoenen. Een eerste aanzet daartoe zijn theorieën die beklemtonen hoe jongeren kiezen, welke domeinen voor hen belangrijk zijn, zich daarin verder specialiseren en compensatie zoeken voor de vaardigheden die ze missen in andere domeinen (Jelicic et al., 2007). Maar het antwoord van deze theorieën op de twee centrale vragen over de adolescentie is wel duidelijk. De adolescentie is voor aanhangers van de positieve psychologie geen specifieke periode in de ontwikkeling. De processen van selectie, specialisatie en compensatie kan men ook bestuderen in andere fasen van de ontwikkeling. Maar de adolescentie heeft vooral een strategische betekenis, omdat jongeren dan meer vaardigheden ontwikkelen waardoor ze hun eigen ontwikkeling kunnen sturen. De adolescentieperiode wordt, steeds volgens de aanhangers van de positieve psychologie, niet gekenmerkt door 'Storm and Stress', maar wordt omschreven als een periode waarin jonge mensen in toenemende mate hun eigen ontwikkeling in handen kunnen nemen.

2.6 Besluit

De drie soorten theorieën die in verschillende fasen van de geschiedenis van de adolescentiepsychologie geformuleerd werden, zijn heel verschillend. Vaak wordt het voorgesteld alsof nieuwere inzichten oudere ideeën verdringen. Maar waarschijnlijk hebben alle types van theorieën hun waarde en moet men ze combineren om de ontwikkeling in de adolescentie echt te begrijpen. De klassieke theorieën geven een goed overzicht van de algemene ontwikkelingslijn in de adolescentie, die gaat over het versterken van de eigen identiteit en de toenemende autonomie in de relatie met de ouders. De contextuele theorieën beklemtonen vooral dat de concrete levensomstandigheden van jongeren deze algemene ontwikkeling een eigen kleur kunnen geven. De nieuwe theorieën die nu ontwikkeld worden door aanhangers van de toegepaste ontwikkelingspsychologie, met hun sterk geloof in de positieve mogelijkheden van jongeren, willen de levensomstandigheden van jonge mensen verbeteren en zo de ontwikkeling van jongeren in gunstige zin beïnvloeden.

3 Lichamelijke ontwikkeling en rijping

Judith Dubas & Marcel van Aken

3.1 Inleiding

Voorafgaand en aan het begin van de adolescentie verandert er veel op hormonaal en fysiek gebied. De adolescent wordt geslachtsrijp en er vinden veranderingen plaats in het uiterlijk. Dit is na de eerste twee levensjaren de periode waarin de meeste groei plaatsvindt in het leven van de jonge mens. Het verschil met die eerste twee jaren is dat jongeren die veranderingen nu heel duidelijk zelf waarnemen en beseffen, en zij niet alleen: ouders en leeftijdgenoten zien ook dat er veel verandert. Dit besef kan een effect hebben op de gedachtewereld, de gevoelens en gedragingen van de adolescent.

Bovendien vinden deze veranderingen niet in een vacuüm plaats: de adolescentie is een periode waarin cognitieve capaciteiten en emoties veranderen, en waarin relaties met ouders en leeftijdgenoten veranderen. De fysieke rijping is dus geen geïsoleerde gebeurtenis, maar een complex proces dat zich over een langere periode (soms wel zes jaar) afspeelt en samenhangt met alle biologische en psychologische systemen binnen een persoon en met sociale en omgevingsfactoren daarbuiten.

Sommige onderzoekers vergelijken deze periode wel met een loterij: de fysieke veranderingen kunnen een onaantrekkelijk kind heel populair maken, of andersom, een voorheen populair kind minder aantrekkelijk maken. En omdat het uiterlijk van kinderen een belangrijk onderdeel vormt van het zelfbeeld tijdens de vroege en middenadolescentie (Van den Berg et al., 2010) kunnen fysieke veranderingen erg belangrijk zijn. Kinderen moeten dus leren omgaan met het nieuwe beeld dat ze van zichzelf krijgen.

De meeste adolescenten lukt dit uiteindelijk goed, meestal zelfs zonder al te veel problemen, maar voor anderen levert dit toch een risico op voor hun lichamelijk of geestelijk welzijn. Dit hoofdstuk begint met een beschrijving van de lichamelijke veranderingen voorafgaand aan de adolescentie, gevolgd door een beschrijving van de wijze waarop deze veranderingen gemeten kunnen worden. Het tweede deel gaat over de relatie tussen lichamelijke rijping en het gedrag van adolescenten. In het derde deel komen verschillende hypothesen aan bod over de effecten van lichamelijke rijping, en hoe alles wat we tot dan toen gezien hebben daarin past.

Belangrijk bij het samenvatten van de literatuur over het begin van de lichamelijke veranderingen tijdens de adolescentie is dat er soms op verschillende manieren over gesproken wordt. Allereerst gaat het soms over de *volgorde* van de lichamelijke veranderingen. Daarnaast wordt er nog onderscheid gemaakt tussen status, timing en tempo. Onderzoek naar de *status* van de lichamelijke veranderingen gaat over het feit of het in de puberteit komen op zichzelf een effect heeft op de adolescent. Sommige lichamelijke veranderingen hebben direct al een effect op de adolescent. Onderzoek naar de *timing* van de lichamelijke veranderingen gaat na of een bepaalde adolescent vergeleken met leeftijdgenoten vroeg, gemiddeld of laat in de puberteit komt. Sommige jongeren zijn relatief vroeg en zijn op jonge leeftijd (vaak al op de basisschool) lichamelijk ver ontwikkeld, anderen zijn laat en beginnen pas in de derde of vierde klas van de middelbare school lichamelijke veranderingen te laten zien. Onderzoek naar het *tempo*, ten slotte, bestudeert hoe snel een adolescent door die lichamelijke veranderingen heen gaat. We zullen in de eerste paragrafen aandacht besteden aan de volgorde van de lichamelijke veranderingen. De status en timing komen vooral ter sprake als we het hebben over de effecten van de lichamelijke veranderingen op gedrag, omdat daar veel onderzoek over is. Het beperkte onderzoek naar het tempo zal daarbij ook kort worden besproken.

Zoals in hoofdstuk 1 al aangegeven is, worden de begrippen 'puberteit' en 'adolescentie' vaak door elkaar gebruikt, maar hebben soms ook specifieke betekenis. In het Engels heeft de term 'puberty' betrekking op het proces van geslachtsrijp worden De term 'adolescence' is breder en duidt op het geheel aan veranderingen die plaatsvinden tijdens de groei naar de volwassenheid. In het Nederlands heeft de term 'puberteit' vaak ook een wat bredere betekenis. Omdat veel van de literatuur in dit hoofdstuk uit de Verenigde Staten komt, maakt dat het af en toe ingewikkeld. We proberen vooral de Nederlandse betekenissen te gebruiken, maar heel af en toe is het onvermijdelijk dat we met 'puberteit' toch meer de lichamelijke kant van de ontwikkeling tijdens de adolescentie bedoelen.

3.2 De lichamelijke veranderingen tijdens de adolescentie

In veel culturen wordt de eerste ongesteldheid van een meisje (de 'menarche') gevierd als het begin van de volwassenheid. In werkelijkheid is de lichamelijke ontwikkeling tijdens de adolescentie niet één gebeurtenis, maar eerder een proces dat zo tussen de twee en vijf jaar kan duren. Hoewel dat begin van de menstruatie een belangrijke gebeurtenis is, weerspiegelt het maar een klein gedeelte van alle lichamelijke veranderingen. Het is bovendien een eenmalige gebeurtenis die niet zoveel zegt over het verloop en het tempo van de ontwikkeling. Wat voor de menarche geldt, zou in principe ook van toepassing kunnen zijn op de eerste zaadlozing bij jongens. Doorgaans krijgt dit echter minder aandacht omdat veel jongens er zich ongemakkelijk over voelen en er niet over praten, zeker als de lozing plaatsvond tijdens masturbatie (Brooks-Gunn & Reiter, 1990).

De lichamelijke veranderingen waarvan sommige zichtbaar zijn en andere niet, manifesteren zich op verschillende manieren:

1 Er treden veranderingen op in de hormonale systemen die de lichamelijke veranderingen reguleren en coördineren.
2 We zien een periode van versnelde groei van het lichaam (ook wel de 'groeispurt' genoemd).
3 Er is een toename en een andere verdeling van lichaamsvet en spierweefsel.
4 De systemen van bloedsomloop en ademhaling ontwikkelen zich, wat in combinatie met de veranderingen in spierweefsel kan leiden tot een toename van kracht en uithoudingsvermogen.

5   De rijping komt op gang van de primaire geslachtsorganen en van secundaire seksuele kenmerken.

Bovendien zijn er tijdens de adolescentie ook nog specifieke lichamelijke invloeden op de hersenen en het gedrag, zowel in termen van 'normaal' gedrag (zoals verliefdheden, relaties, en dergelijke) als in termen van problematisch functioneren of zelfs psychopathologie. Deze invloed op het gedrag wordt later in dit hoofdstuk besproken. Daarnaast komt de relatie met de ontwikkeling van de hersenen aan de orde. Deze relatie wordt uitgebreid besproken in hoofdstuk 4.

3.2.1   De hormonale regelsystemen achter de lichamelijke veranderingen

De lichamelijke veranderingen tijdens de adolescentie worden gereguleerd door drie verschillende regelsystemen. Dat zijn de zogeheten neuro-endocriene assen: de bijnier, de gonada, en de groeias. Hoewel het precieze mechanisme dat de lichamelijke veranderingen in gang zet niet helemaal bekend is, zijn onderzoekers het er wel over eens dat deze plaatsvinden onder invloed van het centrale zenuwstelsel (Central Nervous System, CNS). Signalen uit dat CNS leiden tot veranderingen in twee onafhankelijke (maar deels overlappende) neurologisch-endocrinologische regelsystemen, of assen. Allereerst is dat de Hypothalamic-Pituitary-Adrenal (HPA)-as, waarin de hypothalamus (in de hersenen), de hypofyse (aan de onderkant van de hersenen) en de bijnieren (aan de bovenkant van de nieren) samenwerken. Daarnaast de Hypothalamic-Pituitary-Gonadal (HPG)-as, waarin de hypothalamus, de hypofyse en de gonaden (eierstokken en testikels) samenwerken. Beide assen zijn te zien in figuur 3.1. Naast deze twee assen is er nog een derde, de groeias. Deze as is al actief tijdens de kinderjaren, maar wordt actiever omdat een toename in de hormonen als gevolg van de activiteit van de HPA en de HPG ook leidt tot een toename van het groeihormoon (en dat verklaart de groeispurt).

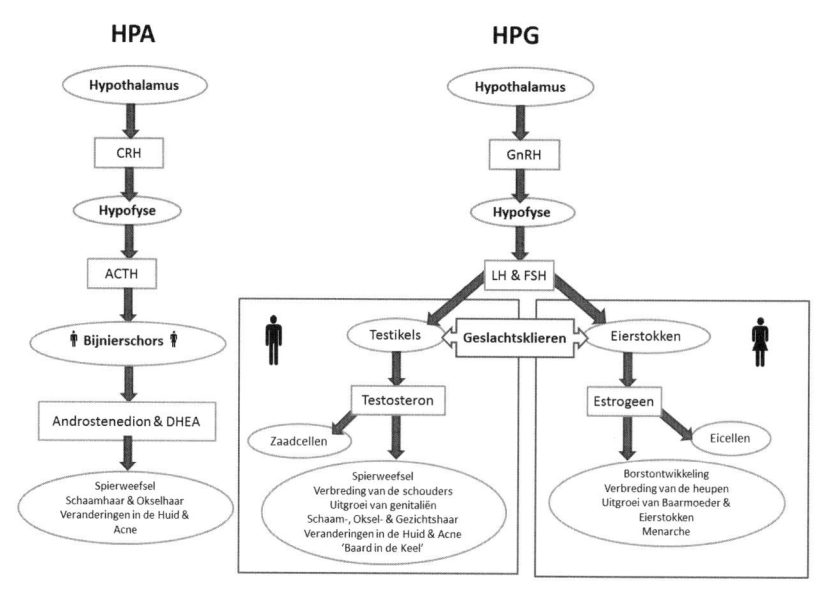

```
                HPA                                    HPG
          ┌─────────────┐                        ┌─────────────┐
          │ Hypothalamus│                        │ Hypothalamus│
          └──────┬──────┘                        └──────┬──────┘
                 ▼                                      ▼
              [ CRH ]                                [ GnRH ]
                 ▼                                      ▼
           [ Hypofyse ]                           [ Hypofyse ]
                 ▼                                      ▼
             [ ACTH ]                              [ LH & FSH ]
                 ▼                                      ▼
        ( Bijnierschors )           ( Testikels )⇄( Geslachtsklieren )⇄( Eierstokken )
                 ▼                        ▼                                  ▼
    [Androstenedion & DHEA]          [Testosteron]                       [Estrogeen]
                                     Zaadcellen                          Eicellen
```

Figuur 3.1 *Regulatie van de hormonale veranderingen tijdens de adolescentie*

De Hypothalamic-Pituitary-Adrenal (HPA)-as

De rijping van de HPA-as wordt ook wel de 'adrenarche' genoemd. De adrenarche wordt wel gezien als de allereerste fase van de lichamelijke veranderingen. Deze begint al tussen de zes en acht jaar bij meisjes en een jaar later bij jongens. We noemen kinderen in deze fase nog wel pre-pubertair. De hypothalamus geeft een adrenocorticotropin-uitlokkend hormoon af (CRH), dat op zijn buurt weer de afgifte van een adrenocorticotropisch hormoon (ACTH) van de hypofyse veroorzaakt. Dit ACTH activeert dan de bijnierschors om het androgeen dehydroepiandrosterone (DHEA), een afgeleide daarvan (dehydroepiandrosteronsulfaat, DHEAS), en androstenedione te produceren. Deze hormonen leiden tot haargroei in de oksels en de schaamstreek en tot veranderingen in de huid. Tijdens het begin van de rijping van HPA-as nemen de niveaus van de genoemde hormonen al wel toe, maar is er uiterlijk nog niet veel aan het kind te zien. Pas als de adrenale androgenen een bepaalde concentratie hebben bereikt, gaat weefsel in de haarzakjes pas reageren en begint de groei van schaamhaar (Dorn & Biro, 2011).

De Hypothalamic-Pituitary-Gonadal (HPG)-as

Volgens velen is de rijping van de HPG-as (de gonadarche) pas echt het teken voor de lichamelijke veranderingen. De hypothalamus geeft een gonadotropine-uitlokkend hormoon af (GnRH), waardoor de hypofyse het luteïniserend hormoon (LH) en het follikel stimulerend hormoon (FSH) gaat afgeven. LH en FSH stimuleren de gonaden om een sekshormoon te gaan afgeven (testosteron bij jongens en estrogeen bij meisjes) en deze sekshormonen zorgen vervolgens weer voor veranderingen in alle organen die met lichamelijke veranderingen te maken hebben.

Tijdens de gonadarche vindt de verdere rijping plaats van de primaire seksuele organen (de eierstokken en testikels) en de secondaire seksuele karakteristieken (schaamhaar, borstontwikkeling, ontwikkeling van de geslachtsorganen) en wordt de adolescent geslachtsrijp. De menarche (eerste ongesteldheid) voor meisjes en de spermarche (eerste zaadlozing) voor jongens zijn de enige heel duidelijke gebeurtenissen tijdens de lichamelijke veranderingen, en markeren het feit dat de adolescent geslachtsrijp is (dus in staat zich voort te planten). Maar zowel voor meisjes als voor jongens gaat de groei ook hierna nog wel even door.

De menarche (de eerste menstruatie) bij meisjes vindt relatief laat in de ontwikkeling plaats, meestal nadat borsten en schaamstreek al tamelijk ver ontwikkeld zijn, zo rond 12,5 jaar oud. De menstruatiecyclus komt voort uit de cyclische rijping van de ovariële follikels, wat weer leidt tot cyclische veranderingen in sekshormonen (Bordini & Rosenfeld, 2011). Hormonale veranderingen leiden dus tot rijping van de organen die de eicellen produceren, terwijl rijping van de eicel en eisprong weer leidt tot verschuivingen in de hormoonspiegel. Zo'n 18 maanden na de eerste menstruatie is er ook een ovulatie of eisprong en wordt de cyclus wat regelmatiger, met een gemiddelde duur van 28 dagen.

De spermarche, de eerste zaadlozing bij jongens vindt tijdens de vroege fasen van de lichamelijke veranderingen plaats, zo rond de elf tot veertien jaar. De precieze leeftijd hiervan is minder goed vast te stellen dan bij de menarche bij meisjes, omdat jongens – zoals eerder gezegd – niet altijd over de zaadlozing en masturbatie praten. Daarom wordt in onderzoek ook wel eens gebruikgemaakt van urinemonsters, om te kijken of daar sperma in te vinden is (Hirsch et al., 1985).

De groeihormoon (GH)-as

Het groeihormoon (GH) wordt traditioneel gezien als de voornaamste bepaler van groei. Afgifte van GH wordt gereguleerd door het samenspel van twee hormonen van de hypothalamus, één die de afgifte van GH stimuleert (het groeihormoon releasing hormoon, GHRH) en een andere die het juist afremt (somatostatin). Dit samenspel leidt ertoe dat de afgifte van GH vaak schoksgewijs gaat gedurende de ontwikkeling (Yakar, LeRoith & Brodt, 2005). Tijdens de lichamelijke veranderingen is er een toename van GHRH vanaf de hypothalamus, waardoor de hypofyse meer groeihormoon (GH) gaat afgeven. Dit GH stimuleert niet alleen de groei van spiermassa en van de botten, maar leidt er ook toe dat de lever meer IGF-1 (insulineachtige groeifactor-1) afgeeft. Dat leidt tot een sterke toename van lengte, gewicht, spiermassa en vetweefsel, die uiteindelijk leidt tot de typische mannelijke en vrouwelijke lichaamsvormen.

De relatie tussen androgenen en estrogenen en lichamelijke veranderingen

Zoals hierboven al aangegeven, spelen androgenen en estrogenen een belangrijke rol in de lichamelijke veranderingen die zo duidelijk zijn tijdens de rijping in de adolescentie. Estrogeen leidt tot typisch vrouwelijke veranderingen, zowel in de genitale regio (groei van het baarmoederslijmvlies en afstoting van dit slijmvlies) als in de borstontwikkeling.

Androgeen leidt tot typische mannelijke veranderingen (zoals groei van de testikels, de prostaat, haargroei en groei van talgklieren die kan leiden tot de bekende jeugdpuistjes (Bordini & Rosenfeld, 2011)).

3.2.2 Lichamelijke veranderingen

De hierboven beschreven hormonale veranderingen resulteren dus in flinke veranderingen in de vorm en het uiterlijk van adolescenten. Voor de puberteit groeien jongens en meisjes ongeveer zo'n 5 tot 6 centimeter per jaar. Tijdens de puberteit groeien meisjes ongeveer 9 centimeter per jaar en jongens 10,3 (Rogol, Rommich & Clark, 2002). Meisjes beginnen eerder aan hun groeispurt (op twaalfjarige leeftijd) dan jongens (op veertienjarige leeftijd) (Marshall & Tanner, 1969; 1970). Bij meisjes is deze toename in lengte vaak het eerste uiterlijke teken van het begin van de lichamelijke veranderingen (Parent et al., 2003).

Eerst groeien vooral de handen en de voeten en pas later de romp. Daarom lijkt het alsof kinderen op die leeftijd vaak helemaal bestaan uit handen en voeten en maken ouders zich vaak zorgen of hun kind er altijd zo slungelig en onhandig zal blijven uitzien. De groeispurt in de lengte kan ook tot verhitte discussies leiden over kleding, vooral als adolescenten weer eens uit kleding gegroeid zijn die ze nauwelijks hebben gedragen.

De timing en volgorde van de lichamelijke veranderingen verschillen voor jongens en meisjes. Bij jongens is er meestal sprake van een redelijk vaste volgorde. Eerst groeien de testikels en de balzak, daarna (zo'n één à twee jaar later) begint het schaamhaar te groeien. Vervolgens groeit de penis, en neemt de spiermassa toe. Er zit ongeveer twee jaar tussen het verschijnen van schaamhaar en van baardgroei. Samen met de groeispurt verschijnt okselhaar en wordt de stem dieper (de 'baard in de keel'). Ook vinden veranderingen plaats in huid en talgklieren, waarbij de huid wat taaier kan worden en puistjes en lichaamsgeur zich kan ontwikkelen. Gemiddeld groeien jongens zo'n dertig centimeter tijdens de puberteit en worden ze ongeveer twintig kilo zwaarder. De groeispurt vindt gemiddeld plaats op 14,2 jaar. Zowel spieren als vetweefsel nemen toe, aan het eind van de groeispurt is de verhouding 3:1. Uiteraard moet voor deze groeispurt de nodige energie beschikbaar zijn: de inname van calorieën tijdens de puberteit neemt bij jongens tussen de 10 en de 19 jaar met 90% toe. De chronologische volgorde van de veranderingen tijdens de puberteit bij jongens staat weergegeven in figuur 3.2. Tijdens deze ontwikkeling kan er trouwens ook even sprake zijn van borstgroei bij jongens, iets dat nogal eens schaamte en bezorgdheid oproept. Dit is echter vaak na twaalf tot achttien maanden weer verdwenen. Het begin van de groeispurt ligt bij jongens tussen de negen en veertien jaar, en het hele proces kan twee tot vierenhalf jaar duren. Er is dus nogal wat variatie als het gaat om de start van de groei en de ontwikkeling, het einde daarvan en de snelheid waarmee alle fasen doorlopen worden.

STADIUM	SCHAAMHAAR MEISJES EN JONGENS	BORSTONTWIKKELING MEISJES	ONTWIKKELING GENITALIËN JONGENS
1	geen beharing	alleen iets verheven tepel	geen ontwikkeling penis, scrotum of testikels
2	eerste (blonde) haartjes, alleen bij penis en langs labia	enige borstvorming	scrotum en testikels groeien, scrotum verkleurt
3	meer haar, donkerder, gekruld, over hele schaamstreek	wat meer borstvorming, maar nog geen duidelijke afgrenzing	penis wordt langer
4	volwassen haar maar nog steeds op beperkt gebied	tepel verheft zich boven borst	penis wordt dikker en eikel groeit mee, scrotum verkleurt verder
5	hoeveelheid en spreiding volwassen proporties	tepelhof volgt borstronding	genitaliën bereiken volwassen omvang en vorm

Figuur 3.2 Puberteitsontwikkelingsstadia volgens Tanner
Bron: Doreleijers et al, 2010

Bij meisjes kan de volgorde van de afzonderlijke ontwikkelingen nogal verschillen, omdat de androgenen (die voor de groei van schaamhaar zorgen) en de estrogenen (die voor de groei van de borsten zorgen) elk door een andere HP as gecontroleerd worden. Bij meisjes is vaak 'breast budding' (groei van de tepels en de tepelhof) het eerste lichamelijke teken van de puberteit, gevolgd door de groei van schaamhaar. De eerste tekenen van borstgroei verschijnen rond de leeftijd van negen jaar (maar met een range van acht tot dertien jaar). Maar bij zeker 20% van de meisjes is deze volgorde omgedraaid, en is het verschijnen van schaamhaar het eerste uiterlijke teken van de puberteit. Ook vindt er een herverdeling van lichaamsvet plaats, waarbij de vorm van het lichaam van het meisje steeds meer op die van een vrouw gaat lijken, met bredere heupen en een dunne laag vet onder de huid. Ook bij meisjes is er een toename van spiermassa en kracht tijdens de puberteit, maar in mindere mate dan bij jongens. Als de lichamelijke groei in de adolescentie is afgerond, is de verhouding tussen spieren en vetweefsel 5:4. Tevens vinden veranderingen van de primaire geslachtsorganen plaats, zoals groei van de baarmoeder, de vagina, de clitoris, en de schaamlippen. In zijn algemeenheid vindt de eerste menstruatie plaats ongeveer 24 maanden na het begin van de groei van de borsten, en relatief snel na de groeispurt in lengte.

Het systeem van stadia van lichamelijke groei en ontwikkeling dat het meest gebruikt wordt om de uiterlijke veranderingen in de puberteit te meten, is dat van Marshall en Tanner (1969; 1970), en wordt meestal de 'Tanner-stadia' genoemd (zie figuur 3.2). Deze stadia gelden als referentiekader bij medisch onderzoek door een arts of een verpleegkundige. In zijn algemeenheid wijst stadium 1 erop dat er nog geen sprake is van lichamelijke ontwikkeling, stadia 2 zegt dat de eerste signalen van ontwikkeling aanwezig zijn, en stadium 5 zegt dat de ontwikkeling is afgerond (dus dat de volwassen status bereikt is).

3.2.3 Verschillen in lichamelijke ontwikkeling als gevolg van omgevingsfactoren

Veranderingen in de loop der tijd

Hoewel genetische factoren een belangrijke rol spelen bij de timing van de puberteit, is er vanaf de eerste keer in de geschiedenis dat lichamelijke veranderingen in de puberteit en adolescentie gemeten worden (rond 1880) tot in het midden van de twintigste eeuw in de meeste industriële landen een afname te zien van de leeftijd waarop de menarche plaatsvindt. Men noemt dit verschijnsel wel de 'seculiere trend' (Secular Trend). Andere historische data uit Europa laten eveneens een duidelijke afname van die leeftijd zien, van rond de zeventien jaar in het begin van de negentiende eeuw, tot ongeveer dertien jaar in het midden van de twintigste eeuw (Tanner, 1973). Soortgelijke afnames zijn gerapporteerd uit de Verenigde Staten tijdens de eerste helft van de twintigste eeuw. Sinds ongeveer de jaren zestig van de vorige eeuw lijkt die afname een beetje tot stilstand te zijn gekomen, hoewel er nog steeds een kleine (maar statistisch significante) afname van zo'n tweeënhalf tot vier maanden wordt gerapporteerd voor de laatste 25 jaar (Euling et al, 2008).

In de jaren negentig van de vorige eeuw lieten twee Amerikaanse studies een nieuwe trend zien in de ontwikkeling van zowel jongens als meisjes zien (Sørensen et al., 2012). De leeftijd waarop de borstontwikkeling begint, lijkt de laatste twee decennia opnieuw lager te liggen. Voor de jaren tachtig van de vorige eeuw werd als gemiddelde leeftijd waarop de borstontwikkeling begon meestal elf jaar genoemd, zowel in Amerikaanse als in Europese studies. Maar gegevens van een in Amerika gehouden studie tussen 1988 en 1994 laten een gemiddelde leeftijd van het begin van de puberteit van ver onder de tien jaar bij meisjes zien (Sun et al., 2002). Hoewel de grootste verschuiving in leeftijd daarbij werd gevonden bij zwarte meisjes, werden de vroege leeftijden voor borstontwikkeling in alle etnische groepen gevonden. Ook de nieuwste gegevens uit de Verenigde Staten (Biro et al., 2010), laten zien dat de proportie blanke en zwarte meisjes die al borstontwikkeling hebben voor de leeftijd van acht jaar steeds groter wordt (respectievelijk 10,4 en 23,4%).

In Europa laten studies soortgelijke verandering in Europese meisjes zien, zij het minder uitgesproken dan in Amerikaans onderzoek. Deense onderzoekers vonden over een periode van vijftien jaar een afname van twaalf maanden in de gemiddelde leeftijd waarop de borstontwikkeling bij meisjes begint (Aksglaede et al., 2009). Dit zou erop kunnen wijzen dat de trend naar een vroegere start van de rijping en ontwikkeling in de puberteit zoals die in de Verenigde Staten in de jaren negentig werd gevonden, nu ook in Europa plaatsvindt.

Voor jongens zijn op dit gebied minder studies beschikbaar. Uit onderzoek in de jaren veertig kan worden opgemaakt dat de leeftijd van het begin van de genitale ontwikkeling zo ongeveer rond de 11,5 jaar lag, in zowel Amerikaanse als Europese studies (Euling et al., 2008; Marshall & Tanner, 1970). Amerikaanse studies hebben inmiddels laten zien dat bij jongens de genitale ontwikkeling (Herman-Giddens, Wang & Koch, 2001) en de groei van schaamhaar zich op jongere leeftijd aandienen. De eerder genoemde Deense studie liet een daling van drie maanden in leeftijd in de laatste vijftien jaar zien (Sorensen et al., 2010). Het lijkt dus alsof de leeftijd van het begin van de puberteit ook bij jongens afneemt, hoewel duidelijk minder dan bij meisjes.

Zowel voor meisjes als voor jongens lijkt de lichamelijke rijping en verandering steeds eerder plaats te vinden. In eerste instantie leek die afname in het midden van de vorige eeuw tot stilstand te zijn gekomen, waarschijnlijk doordat de socio-economische omstandigheden toen waren verbeterd (inclusief hygiëne en voeding). De meer recente hernieuwde afname is hier waarschijnlijk niet op terug te voeren en lijkt ook geen duidelijke hormonale redenen te hebben. Mogelijk spelen hierbij omgevingsfactoren zoals veranderingen in lichamelijke gezondheid, voeding, maar ook chemicaliën die het endocriene systeem verstoren, een rol.

Etnische verschillen en stress op jonge leeftijd

Zoals hierboven al genoemd, zijn er etnische verschillen waarbij zogeheten 'African American' meisjes vroeger rijpen dan hun blanke of latina leeftijdgenoten. Maar een verschil in etniciteit zegt nog niets over de oorzaak van die verschillen. Hoewel genetische factoren hierbij belangrijk zouden kunnen zijn, zijn het vaak ook verschillen in sociaaleconomische omstandigheden die een rol kunnen spelen. In de Verenigde Staten zijn meisjes of vrouwen met een Afrikaanse achtergrond oververtegenwoordigd in groepen met een lage sociaal-economische status, en/of laag inkomen, en blanke meisjes of vrouwen juist oververtegenwoordigd in de hoge groepen. Er wordt wel gezegd dat de ervaring van psychosociale of omgevingsstress een effect heeft op de timing van de puberteit bij meisjes. Verschillende studies vonden dat sociale stressoren, en vooral slechte gezinsomstandigheden een voorspeller waren van een vroege rijping en ontwikkeling (zie Susman & Dorn, 2009 voor een overzicht). Zowel de afwezigheid van een vader op jonge leeftijd als minder warmte in tweeoudergezinnen of veel conflicten in de moeder-dochterrelatie lijken te kunnen leiden tot een vroege start van de puberteit bij meisjes, zelfs als wordt gecontroleerd voor de leeftijd waarop de moeder in de puberteit kwam. Die controle is nodig om na te gaan of er eventuele genetische factoren een rol spelen (Belsky et al., 2007; Graber et al., 1995).

De 'life history theory' geeft een verklaring voor deze oorzaken. Volgens deze theorie is de mens van oudsher gevoelig voor bepaalde kenmerken van heel vroege omgevingen. Verschillen in die vroege omgevingen bij kinderen lijken te kunnen leiden tot verschillen in reproductieve strategieën, dat wil zeggen hoe een persoon omgaat met relatievorming en het krijgen van kinderen (Ellis & Essex, 2007). Vroege omgevingen die worden gekenmerkt door stress en conflicten tussen ouders en/of door de afwezigheid van een vader zouden een signaal zijn dat, vanwege een hoger sterfterisico, de tijd om kinderen te krijgen in dit geval niet zo heel erg lang is. Dit zou dan kunnen leiden tot een vroege puberteit, en een kortetermijnperspectief op relaties, vooral gericht op vroeg seksueel gedrag en veel korte relaties. Daarentegen zou een vroege omgeving met weinig stress en harmonie tussen de ouders niet zo'n druk zetten op het sneller voortplanten en leiden tot een latere lichamelijke rijping en meer langetermijnrelaties. Dit speelt uiteraard veel meer in het vroegere ontstaan van de mensheid dan in de meer recentere tijden, vandaar dat dit een evolutionaire ontwikkelingspsychologische theorie wordt genoemd.

3.3 Rijping en lichamelijke ontwikkeling en het functioneren van adolescenten

In dit hoofdstuk gaat het om de vraag hoe de lichamelijke veranderingen tijdens de puberteit en de adolescentie samenhangen met het functioneren van jongeren, met name waar het gaat om psychosociale problemen, al of niet in de vorm van internaliserende of externaliserende problematiek. Bij internaliserende problematiek gaat het om problemen die met innerlijke onrust gepaard gaan en niet altijd zichtbaar zijn voor anderen, waardoor ze soms onvoldoende worden herkend en adequaat worden behandeld. Angststoornissen en depressieve stoornissen vallen onder de internaliserende problematiek (zie hoofdstuk 13). Externaliserende problemen en stoornissen gaan gepaard met conflicten met andere mensen of met de maatschappij als geheel en zijn zichtbaar aan het uiterlijke gedrag. Er is een overlap met crimineel gedrag maar niet ieder crimineel gedrag is een stoornis en niet iedere stoornis brengt strafbaar handelen met zich mee (zie hoofdstuk 14).

Bij de bespreking van rijping en lichamelijke ontwikkeling komen drie begrippen steeds terug: status, timing en tempo. De *status van de lichamelijke ontwikkeling* verwijst naar het niveau van de lichamelijke rijping en ontwikkeling van de jongere (meestal aangegeven door een van de vijf stadia in het Tanner-schema hierboven). *De timing van de lichamelijke ontwikkeling* geeft weer in hoeverre de rijping en de lichamelijke ontwikkeling eerder, op hetzelfde moment, of later plaatsvindt dan bij leeftijdgenoten van dezelfde sekse. Een voorbeeld: men spreekt van 'vroegrijp' als meisjes een bepaalde mijlpaal (zoals de eerste menstruatie) bereiken op moment dat ze binnen het jongste 20% leeftijdssegment vallen. Dus als 80% van de adolescenten een bepaalde ontwikkelingsmijlpaal op leeftijd x nog niet heeft bereikt, worden de jongeren die op leeftijd x en eerder die mijlpaal wel bereikt hebben als vroegrijp beschouwd. Het voorbeeld geeft al aan dat je als jongere niet in algemene zin vroegrijp kunt zijn, maar dat het begrip gekoppeld is aan een bepaald aspect van de ontwikkeling (Mendle et al., 2007).

Omdat status van de lichamelijke ontwikkeling en timing van de lichamelijke ontwikkeling tijdens de vroege adolescentie met elkaar samenhangen, is het vaak moeilijk de effecten hiervan uit elkaar te halen (Steinberg, 1997). In die gevallen zijn longitudinale studies nodig waarbij de lichamelijke ontwikkeling over tijd gevolgd wordt en gekeken wordt met welk gedrag die ontwikkeling precies samenhangt. Een voorbeeld: als in een bepaalde onderzoeksgroep blijkt dat de meisjes die als eersten ongesteld zijn geworden een laag zelfbeeld hebben, weten we niet of dit beeld samenhangt met het ongesteld worden of met het feit dat deze meisjes er zo vroeg bij zijn. Als een jaar later het lage zelfbeeld ook wordt aangetroffen bij de meisjes die inmiddels ook ongesteld zijn geworden, ligt het voor de hand om het lage zelfbeeld toe te schrijven aan de status, namelijk het ongesteld worden. Maar als de latere groep geen problemen met het zelfbeeld heeft, was de (vroegtijdige) timing waarschijnlijk de oorzaak.

Nog complexer wordt het als ook het *tempo van de lichamelijke ontwikkeling* er bij wordt betrokken. Tempo van de lichamelijke ontwikkeling verwijst naar de snelheid waarmee een adolescent door de stadia van de rijping en de ontwikkeling heen gaat. Sommige kinderen beginnen hun puberteit vroeg, maar doen er langer over om deze af te ronden, terwijl andere kinderen laat beginnen, maar er snel doorheen gaan. Dat maakt het ook moeilijk om in onderzoek te werken met retrospectieve (=achteraf gegeven) schattingen van de timing van de lichamelijke ontwikkeling: sommige mensen zeggen dat ze vroeg waren omdat ze inderdaad vroeg begonnen, terwijl anderen zeggen dat ze vroeg waren omdat ze relatief vroeg volgroeid waren. Dit bewijst eens temeer dat longitudinale studies (waarbij er niet achteraf gevraagd wordt, maar jongeren echt gedurende die ontwikkeling gevolgd worden) nodig zijn om de effecten van status, timing en tempo goed los van elkaar te bestuderen.

3.3.1 Status en het functioneren

Zoals we hierboven al beschreven, gaat het bij de biologische veranderingen tijdens de puberteit en de adolescentie om een mix van lichamelijke en hormonale veranderingen. De vraag waarin onderzoekers geïnteresseerd zijn als ze kijken naar de effecten van de status van de lichamelijke ontwikkeling en rijping is hoe die veranderingen te maken hebben met de andere veranderingen die tijdens deze periode plaatsvinden. Zijn veranderingen in gedrag het gevolg van de toename van hormonen en zijn die effecten van hormonen dan onafhankelijk van de veranderingen in uiterlijk? En hoe hangen deze veranderingen dan weer samen met veranderingen in de hersenen gedurende deze periode? Hoe reageren ouders en vrienden op deze veranderingen en, op hun beurt, hoe reageren jongeren zelf als zij anders behandeld worden, of er andere reacties van hen verwacht worden? Daar komt nog bij dat deze veranderingen ook samenhangen met veranderingen in wat er wettelijk gezien op een bepaalde leeftijd is toegestaan (bijvoorbeeld als jongeren zestien worden, mogen ze alcohol drinken).

Biologisch onderzoek heeft al wel aangetoond dat de sterke hormonale verschuivingen die samenhangen met de lichamelijke veranderingen kunnen leiden tot meer emotionaliteit en opwinding. Negatieve emoties bereiken vooral een piek als het endocriene systeem in de gonadarche komt, of 'aangezet wordt' bij het begin van de puberteit (Angold, Costello & Worthman, 1998). Dit wordt nog eens versterkt door neurologische veranderingen (zie hoofdstuk 4) die leiden tot een toenemend risico- en sensatiezoekend gedrag in het begin van de adolescentie, terwijl de ontwikkeling van vaardigheden om dit soort impulsen te reguleren pas later tot rijping komen (Dahl, 2004).

Een van de eerste studies waarin het effect van status van de lichamelijke ontwikkeling werd bekeken, was die van Avshalom Caspi en Terrie Moffitt (1993). Zij onderzochten of de veranderingen in (zowel externaliserend als internaliserend) probleemgedrag bij meisjes het beste verklaard worden door de status van de menarche of de timing van de menarche. Zij volgden hiervoor een groep meisjes en keken naar het functioneren op negen-, dertien- en vijftienjarige leeftijd. De resultaten lieten zien dat vroegrijpe meisjes (die al voor de leeftijd van twaalf jaar ongesteld waren) op elk moment de meeste gedragsproblemen lieten zien, terwijl de problemen niet toenamen wanneer een meisje pas later ongesteld werd. Hieruit blijkt dus dat het vooral de timing is die met problemen samenhangt, niet de status (het ongesteld worden) zelf.

In een ander onderzoek werd gekeken of de status van de lichamelijke ontwikkeling dan wel de timing verantwoordelijk was voor een toename in depressie, vooral bij meisjes, tijdens de adolescentie. Deze studie liet zien dat zodra adolescenten verder zijn dan Tanners stadium 3 (zie boven), meisjes hoger scoren op depressie dan jongens (Angold et al., 1999). Dat wil zeggen: bij meisjes nemen depressieve stemmingen vanaf dit stadium iets toe, terwijl dit bij jongens gelijk blijft of zelfs iets afneemt. Om uit te vinden of deze effecten nu het gevolg waren van de uiterlijke veranderingen die bij dit stadium van Tanner horen, dan wel voortkwamen uit de hormonale verandering rondom die tijd, hebben de onderzoekers hun analyses ook gedaan met controle van de niveaus van de hormonen testosteron en estradiol. Deze resultaten wezen uit dat de effecten dan wegvielen. Dit betekent dat die toename in depressie bij meisjes niet zozeer het gevolg was van de uiterlijke veranderingen (met bijhorende reacties van anderen en zelf-percepties), maar toch echt werd veroorzaakt door de hormonale veranderingen. In een groep zwarte Amerikaanse vroege adolescenten werd ook gevonden dat op elfjarige leeftijd de status van de lichamelijke ontwikkeling samenhing met een toename in depressie, maar dat op dertienjarige leeftijd dit effect er alleen nog maar was voor meisjes, en niet meer voor jongens (Ge et al., 2006). Het lijkt dus zo te zijn dat voor jongens er een korte toename is van depressie aan het begin van de puberteit, maar dat dit weer verdwijnt over tijd, terwijl puberteit (zowel status als timing) bij meisjes een sterker effect heeft.

In een recente Nederlandse studie (TRAILS, Oldehinkel, Verhulst & Ormel, 2011) werd de samenhang onderzocht tussen status van de lichamelijke ontwikkeling en verschillende psychische problemen toen de deelnemers elf en dertien jaar oud waren. Onafhankelijk van de werkelijke leeftijd, hingen hogere Tanner-stadia samen met meer vermoeidheid, geïrriteerdheid, regelovertredend gedrag en druggebruik voor jongens en meisjes. Bij meisjes hing een hoger Tanner-stadium bovendien nog samen met een toename in sociale onzekerheid, depressieve stemming en zorgen.

In de meeste westerse landen is de ideale lichaamsvorm voor meisjes slank met grote borsten, en voor jongens groot en gespierd. Door de lichamelijke veranderingen tijdens de puberteit die vanuit een ontwikkelingsperspectief normaal zijn, komen meisjes wat verder weg van dat ideaal, maar jongens juist wat meer in de richting (Stice, 2003), met als gevolg dat vooral meisjes ontevreden worden over hun lichaam als ze in de puberteit komen (O'Dea & Abraham, 1999; Dorn, Crockett & Petersen, 1988). Denk in dit verband aan het verschil in de verhouding vet en spieren tussen meisjes en jongens (zie paragraaf 1.2). Nadat ze in de puberteit zijn gekomen, lijken meisjes zich vaker te dik te vinden, en willen op dieet. Toch is een directe relatie tussen het stadium van de lichamelijke ontwikkeling en ontevredenheid met het lichaam niet altijd aangetoond: sommige studies vinden dat ontevredenheid met het lichaam bij meisjes toeneemt met de lichamelijke ontwikkeling tijdens de adolescentie, terwijl andere studies die effecten niet vinden. Vooral als er rekening wordt gehouden met de kwaliteit van de relaties binnen het gezin, lijken er geen statuseffecten van de lichamelijke ontwikkeling te worden gevonden (Archibald, Graber & Brooks-Gunn, 1999). Op dezelfde manier is ook de link tussen de lichamelijke ontwikkeling tijdens de adolescentie en eetstoornissen niet consistent aangetoond.

Opvallend wordt er voor jongens weinig samenhang tussen de status van de lichamelijke ontwikkeling en het lichaamsbeeld gevonden. Als het al blijkt, dan is het verband juist anders dan verwacht: hoe verder een jongen is gevorderd qua lichamelijke ontwikkeling, hoe meer tevreden hij is met zijn gewicht, en hoe minder neiging hij heeft om iets aan het uiterlijk te willen veranderen (Dorn et al., 1988). Hoewel de lichamelijke ontwikkeling tijdens de adolescentie bij jongens dus tot een grotere tevredenheid met het lichaam lijkt te leiden (O'Dea & Abraham, 1999), kan er wel een risico zitten in het ideaal van een gespierd lichaam. Ook bij jongens kan dit leiden tot pogingen dat beeld te beïnvloeden (Muris et al., 2005). Bij jongens gaat het dan niet zozeer om eten of diëten, maar om het gebruik van steroïden en voedingssupplementen om het spierweefsel te laten toenemen.

Samenvattend kunnen we stellen dat verder voortgeschreden lichamelijke ontwikkeling tijdens de adolescentie bij meisjes vaker leidt tot ontevredenheid met hun lichaam. Dat kan tot gevolg hebben dat meisjes er met diëten iets aan willen doen, wat soms zelfs kan leiden tot eetstoornissen. Bij jongens leidt de lichamelijke ontwikkeling eerder tot meer tevredenheid met hun lichaam, hoewel de aandacht voor een gespierd lichaam ook een bepaald risico kan meebrengen.

De weinige studies die hebben gekeken naar de samenhang tussen status van de lichamelijke ontwikkeling en middelengebruik, suggereren dat lichamelijke ontwikkeling tijdens de adolescentie samenhangt met het begin en de mate van middelengebruik, zelfs als er gecontroleerd wordt voor leeftijd. Bij het begin van de puberteit gaan meer jongeren roken en drinken (ook soms zodanig drinken dat het zeer problematisch wordt en er sprake is van een stoornis, Costello et al., 2007) en stijgt het middelengebruik bij zowel meisjes als jongens (Oldehinkel et al., 2011).

Bij zowel jongens als meisjes hangt het vorderen van de lichamelijke ontwikkeling samen met toenemend regelovertredend gedrag, agressie en delinquentie (Oldehinkel et al., 2011). Overigens lijken die effecten voor jongens zwakker te zijn als men rekening houdt met de leeftijd (Flannery et al., 1993), waardoor het in dit geval toch meer een timing-effect zou kunnen zijn.

Dubas, Graber en Petersen (1991b) onderzochten de relatie tussen status van de lichamelijke ontwikkeling en schoolprestaties. Zij vonden geen samenhang tussen status van de lichamelijke ontwikkeling en schoolcijfers (op een aantal verschillende vakken), gerichtheid op prestaties (zoals houding op school), en opleidings- en carrièreaspiraties (het hoogste opleidingsniveau dat ze wilden bereiken en welk soort baan). Diezelfde studie vond trouwens wel effecten van timing van de lichamelijke ontwikkeling; deze komen later in dit hoofdstuk ter sprake.

De hormonale veranderingen die de start van de puberteit mede bepalen (dus de toename in de afscheiding van testosteron, DHEAS en estradiol) blijken ook te leiden tot een toename in seksueel verlangen en aandacht voor aantrekkelijkheid (Halpern, Udry & Suchindran, 1998). Ook de status van de lichamelijke ontwikkeling hangt samen met meer interesse en betrokkenheid bij verliefdheden. Bij jonge Amerikaanse adolescenten werd gevonden dat lichamelijk verder ontwikkelde meisjes vaker met jongens bellen, daten en zoenen en dat ze vaker een vriendje hebben. Lichamelijk verder ontwikkelde jongens bellen en zoenen ook meer (Crockett & Petersen, 1987). Voor zowel jongens als meisjes is ook in Nederland gevonden dat verdere lichamelijke ontwikkeling tijdens de adolescentie samenhangt met meer daten en vaker een verkering beginnen (Ivanova, Veenstra & Mills, 2012). De hormonen in de adolescentie lijken niet direct een effect te hebben op romantisch en seksueel gedrag, maar wel indirect, via het stimuleren van seksuele interesses, lichamelijke rijping en seksuele aantrekkingskracht. Als die lichamelijke veranderingen dan plaatsvinden, dan leiden ze in combinatie met sociale factoren tot meer initiatief tot vrijen en seks.

3.3.2 Timing en het functioneren

De interesse in de samenhang tussen timing van de lichamelijke ontwikkeling en allerlei aspecten van het gedrag van adolescenten komt vooral voort uit een klassiek werk van Paul Mussen en Mary Cover Jones (1957). Deze onderzoekers kwamen met een profiel van de karakteristieken van vroeg- en laatrijpe jongens en meisjes. Vroegrijpe jongens werden eerder behandeld als volwassen personen, waren populair en vaak leiders in hun peergroep. Bij vroegrijpe meisjes, aan de andere kant, waren de effecten minder duidelijk. Vroegrijpe meisjes hadden wel een beter zelfbeeld dan laatrijpe meisjes, maar ze waren ook minder populair, en minder betrokken bij school.

Dit vroege werk leidde tot veel interesse in de vraag hoe die lichamelijke ontwikkeling tijdens de adolescentie nu samenhangt met het functioneren. De effecten van de timing van de lichamelijke veranderingen op problemen bij adolescenten zijn het meest onderzocht bij meisjes. Voor een deel komt dit omdat vroege lichamelijke veranderingen bij meisjes makkelijker te meten zijn, door simpelweg te vragen wanneer ze voor het eerst ongesteld zijn geworden. Daarnaast gebruiken meer recente studies ook vaak zelfrapportages over de lichamelijke ontwikkeling tijdens de adolescentie (zoals eerder in dit hoofdstuk beschreven), of vragen ze adolescenten direct of ze vonden dat ze vroeg of laat waren. Vrij weinig studies in dit gebied gebruiken echt lichamelijke maten.

Omdat vroegrijpe meisjes vaak ook een vroegrijp lichaam hebben, hebben oudere personen (ouders, leerkrachten, oudere jongens) soms de neiging om de meisjes als te volwassen aan te spreken. De meisjes kunnen daardoor geneigd zijn om zich al volwassen te gaan gedragen voordat ze daar emotioneel of cognitief al helemaal aan toe zijn.

Ook leeftijdgenoten kunnen deze meisjes als te oud schatten en ze bijvoorbeeld pesten met hun uiterlijk. Laatrijpe meisjes kunnen trouwens ook last hebben van opmerkingen van leeftijdgenoten over het uitblijven van hun ontwikkeling.

In ieder geval hangt een vroege timing van de lichamelijke ontwikkeling bij meisjes samen met een groot aantal aspecten van het functioneren op het gebied van psychologische, schoolse en seksuele problemen. Daarentegen lijkt late timing van de lichamelijke ontwikkeling soms samen te hangen met een positief functioneren.

Het onderzoek naar de ontwikkeling bij jongens in relatie tot probleemgedrag heeft minder aandacht gekregen dan het onderzoek bij meisjes, en de resultaten zijn ook minder consistent (Ge & Natsuaki, 2009). Dit gebrek aan onderzoek wordt voornamelijk toegeschreven aan het feit dat het bij meisjes makkelijker is om het begin van de veranderingen vast te stellen. Bij meisjes kan redelijk betrouwbaar gevraagd worden naar de menarche, maar bij jongens is een dergelijke mijlpaal minder duidelijk. Hoewel de spemarche (de leeftijd van eerste ejaculatie) soms wel hiervoor gebruikt wordt, is dit bij jongens minder duidelijk gekoppeld aan bijvoorbeeld de Tanner-stadia. Ook praten jongens – zoals eerder gezegd – minder makkelijk over de eerste zaadlozing. Dit soort onderzoek is bij meisjes dus iets makkelijker (en iets betrouwbaarder) uit te voeren. Het meest gebruikt worden daarom zelfrapportages over de puberteitsontwikkeling, al dan niet met een schatting of de jongen eerder of later was dan zijn leeftijdgenoten.

Timing en psychosociale problemen
Met betrekking tot psychologische problemen blijken vroegrijpe meisjes een groter risico te lopen op zowel internaliseringsproblemen (zoals depressie, suïcidepogingen, lage zelfwaardering, angst, eetstoornissen) als externaliseringsproblemen (zoals delinquentie en agressie) dan meisjes die zich wat later ontwikkelen (zie bijvoorbeeld Graber et al., 2006) of dan jongens (zie bijvoorbeeld Petersen, Sargiani & Kennedy, 1991). Vergeleken met meisjes bij wie de ontwikkeling op een meer gemiddelde leeftijd begint, rapporteren ze meer suïcidepogingen en is er bij hen ook vaker sprake van een depressie. Die depressie zet zich soms voort tot in de vroege volwassenheid en kan dan uitmonden in een angststoornis (Graber et al., 2004). Ook kan een vroege start van de puberteit leiden tot een lager zelfbeeld (Reynolds & Juvonen, 2012) met meer paniekaanvallen (Hayward et al., 1992) en met psychosomatische klachten als buikpijn, slaapproblemen, hoofdpijn, benauwdheid, trillingen en hartstoornissen (Aro & Taipale, 1987). Later, als jongvolwassenen, rapporteren vroegrijpe meisjes nog steeds veel angst vergeleken met vrouwen bij wie de rijping destijds op een gemiddelde leeftijd of later inzette (Reardon, Leen-Feldner & Hayward, 2009; Zehr et al., 2007).

Bij het onderzoek naar de link tussen timing van de lichamelijke ontwikkeling en internaliserende problemen bij jongens worden minder duidelijke effecten van vroege timing gevonden dan bij meisjes. Hoewel sommige studies vinden dat vroegrijpe jongens een hoger risico lopen op symptomen van depressie en angst of meer algemene internaliseringsproblemen vinden anderen dat zowel de vroegrijpe als de laatrijpe jongens een hoger risico lopen. Nog weer anderen vinden dat vooral de laatrijpen meer risico lopen en nog weer anderen dat er helemaal geen effecten van de timing zijn (voor een review zie Reardon, Leen-Feldner & Hayward, 2009).

Timing en lichaamsbeeld; diëten en eetstoornissen
Daar de lichamelijke ontwikkeling tijdens de adolescentie bij de meeste meisjes zoals gezegd tot een toename van de ontevredenheid met het lichaam leidt, lijken vroegrijpe meisjes wel vaker overgewicht te hebben. Ze zijn vaker ontevreden met hun lichaam, hebben een laag lichamelijk zelfbeeld en zijn meer bezig met diëten. Vaak eten ze onregelmatig (Alsaker, 1992).

Als vroegrijpe, gemiddeld rijpe en laatrijpe meisjes met elkaar worden vergeleken, dan zijn de meisjes die zich op een gemiddeld moment ontwikkelen het meest positief over hun lichaam (Dubas, Graber & Petersen, 1991a). Zelfs in de jongvolwassenheid rapporteren vroegrijpe meisjes nog steeds hogere niveaus van zowel diëten als vreetbuien, en ook meer zorgen over hun figuur en gewicht (Zehr et al., 2007). De link tussen lichaamsbeeld en timing van de lichamelijke ontwikkeling blijkt te verschillen per etnische groep in Amerikaanse steekproeven (Siegel et al., 1999), maar die verschillen werden niet gevonden bij een vergelijking van autochtone en immigranten meisjes in Noorwegen (Lien et al., 2006). In de Amerikaanse steekproeven werd gevonden dat blanke vroegrijpe meisjes minder positief waren over hun lichaam dan normaalrijpe qua timing en laatrijpe meisjes, terwijl bij Hispanics de normaalrijpe meisjes het meest tevreden waren. Bij 'African-American' meisjes waren de laatrijpen het minst tevreden met hun lichaam. De timing van de lichamelijke veranderingen hadden bij 'Asian-Americans' geen samenhang met het lichaamsbeeld (Siegel et al. 1999). De culturele context blijkt dus van groot belang.

Zoals eerder in dit hoofdstuk opgemerkt, zorgt de lichamelijke ontwikkeling tijdens de adolescentie ervoor dat het lichaam van een jongen dichter bij het culturele ideaal van een gespierd lichaam komt en daarom ook zorgt voor meer tevredenheid met het lichaam bij de meeste jongens (O'Dea & Abraham, 1999). Toch kan de toenemende druk op het ideaal van een gespierd lichaam ook leiden tot veranderingen in het lichaamsbeeld, en tot minder gezonde initiatieven om het lichaam te veranderen (Muris et al., 2005). In de vroege adolescentie is het lichaamsbeeld minder afhankelijk van de lichamelijke ontwikkeling (Keel et al., 1999), maar later in de adolescentie rapporteren met name de laatrijpe jongens dat ze minder tevreden zijn met hun lichaam (Silbereisen & Kracke, 1997). Er zijn ook hier etnische verschillen. Laatrijpe jongens rapporteren een slechter lichaamsbeeld vergeleken met vroegrijpe en jongens met een normale ontwikkeling qua timing. Dit geldt vooral voor Hispanic en African-American jongens, maar niet voor blanke of Asian-American jongens (Siegel et al., 1999).

Bij jonge adolescente jongens (twaalf tot dertien jaar) hangt timing van de lichamelijke ontwikkeling niet samen met verstoord eetgedrag (Keel et al., 1999) maar op wat oudere leeftijd blijken zowel laatrijpe als vroegrijpe jongens een afwijkend eetpatroon te hebben (Michaud, Suris & Deppen, 2006). Onder Amerikaanse studenten vond men dat vroegrijpe jongens zich meer zorgen maken over gewicht en uiterlijk, en meer afwijkende eetpatronen hebben (Zehr et al., 2007). De link tussen timing van de lichamelijke ontwikkeling en ernstige niveaus van eetstoornissen varieert nogal per land. In een grote Amerikaanse steekproef van jongens bleek de timing van de lichamelijke ontwikkeling niet samen te hangen met anorexia en bulimia tijdens de adolescentie (Graber et al., 1997) of de jongvolwassenheid (Graber et al., 2004). Echter, in een grote Finse steekproef bleek subklinische bulimia nervosa wel samen te hangen met vroege lichamelijke veranderingen bij veertien- tot zestienjarige jongens (Kaltiala-Heino et al., 2003)

Timing en middelengebruik

Vroege rijping en lichamelijke ontwikkeling hangen samen met een eerder begin van roken en drinken (bijvoorbeeld Arim et al., 2011), met meer roken en drinken tijdens de adolescentie (bijvoorbeeld Knibbe, Engels & Burk, 2011) en met een hogere kans op marihuanagebruik en experimenten met andere drugs (bijvoorbeeld Downing & Bellis, 2009). Vroegrijpe meisjes lopen een groter risico middelen te gaan gebruiken (Stice et al., 2001) en zijn ook zwaardere gebruikers tijdens de late adolescentie en de jongvolwassenheid vergeleken met leeftijdgenoten (zie bijvoorbeeld Al- Sahab et al., 2012). Aan de andere kant blijkt een late rijping en ontwikkeling juist abstinentie te voorspellen (Stattin & Magnusson, 1990).

De effecten van timing van de lichamelijke ontwikkeling op middelengebruik kunnen niet verklaard worden door emotionele stress of depressieve symptomen (die vroegrijpe meisjes dus ook hebben, zie boven) (Wiesner & Ittel, 2002). Middelengebruik en -misbruik zijn dus echt een apart risico voor vroegrijpe meisjes, terwijl bij laatrijpe meisjes de timing van de lichamelijke ontwikkeling eerder een beschermende factor lijkt te zijn. Ook bij jongens hangt een vroege lichamelijke ontwikkeling samen met een vroeger begin van roken en drinken (bijvoorbeeld Costello et al., 2007), een langdurig hoger niveau en hogere frequentie van roken en alcoholgebruik tijdens de adolescentie (Schelleman-Offermans et al., 2011) en een verhoogde kans op het gebruik van marihuana en het experimenteren met andere middelen (Michaud, Suris & Deppen, 2006). Sommige onderzoeken laten zien dat laatrijpe jongens – in tegenstelling tot meisjes – ook meer drinken tijdens de adolescentie (Andersson & Magnusson, 1990) en ook een hoger risico lopen op alcoholmisbruik in de jongvolwassenheid. Bovendien zijn zowel laatrijpe als vroegrijpe jongens eerder geneigd te roken tijdens de adolescentie dan de gemiddelde jongens (Bratberg et al., 2007). Maar, ondanks dat vroegrijpe jongens in de meeste onderzoeken meer alcohol lijken te gebruiken tijdens de adolescentie en de jongvolwassenheid, hebben ze geen hogere kans op een diagnose van middelenmisbruik (Graber et al., 2004).

Timing, delinquentie en agressie

Een vroege lichamelijke ontwikkeling tijdens de adolescentie lijkt ook samen te hangen met regelovertedingen, zoals winkeldiefstallen, vandalisme, vechten, wapenbezit en illegaal middelengebruik (Laitinen-Krispijn et al., 1999). Bij meisjes zien we een vergelijkbare samenhang (De Rose et al., 2011). Stattin en Magnusson (1990) vonden dat vrouwen tussen de 18 en 33 met een veroordeling vaker al voor hun twaalfde ongesteld waren geworden. Vroegrijpe meisjes laten op jongvolwassen leeftijd vaker antisociale persoonlijkheidstrekken en een hogere mate van oppositionele gedragsstoornissen zien (Graber et al., 2004). Vroegrijpe meisjes laten meer geweld zien, maar zijn zelf ook vaak slachtoffer van geweld, pesten en ander gewelddadig gedrag van leeftijdgenoten (Schreck et al., 2007). Vroegrijpe meisjes lijken dus risico te lopen op een grotere betrokkenheid bij een range van externaliserende problemen, vooral tijdens de adolescentie.

De link tussen de timing van de lichamelijke veranderingen en externaliseringsproblemen wordt ook bij jongens heel consistent gevonden (Mendle & Ferrero, 2012). In een grote meerderheid van studies werd geconstateerd dat vroegrijpe jongens hogere niveaus van deviant gedrag vertonen, zoals vandalisme, inbreken, winkeldiefstallen, vechten en agressie, en ook een hoger algemeen niveau van externaliserende problemen (Ge et al., 2002; Susman et al., 2007).

Behalve dat ze meer agressief gedrag laten zien, lopen vroegrijpe jongens ook eerder de kans om slachtoffer te worden van geweld (zie bijvoorbeeld Schreck et al., 2007), Dit kan gebeuren wanneer hun agressie beantwoord wordt met wraakacties. Het kan ook zijn dat ze door hun vroegrijpe ontwikkeling minder supervisie en monitoring van hun ouders krijgen, en daardoor eerder in contact kunnen komen met andere delinquente jongeren.

Timing en schoolprestaties en latere carrières

Vroegrijpe meisjes melden vaker dat ze in de problemen komen op school, dat ze ook vaker afwezig zijn en spijbelen, minder interesse hebben in schoolse onderwerpen, en minder geneigd zijn verder te leren (Stattin & Magnusson, 1987). In vergelijking met gemiddeldrijpe meisjes halen laatrijpe meisjes hogere cijfers (Dubas et al., 1991a) en koesteren ze hogere opleidingsambities. Bij het bereiken van de jongvolwassenheid hebben ze vaker een universitaire (bachelor) opleiding afgerond (Graber et al., 2004). Vroegrijpe meisjes zijn op jongvolwassen leeftijd vaker moeder en hebben vaker een slechtbetaalde baan (Graber et al., 2004). Dus, vroegrijpe meisjes lijken risico te lopen op lagere schoolse prestaties, terwijl bij laatrijpe meisjes de timing van de lichamelijke ontwikkeling eerder een beschermende factor lijkt te zijn.

Hoewel vroegrijpe jongens een groter risico lopen op zowel internaliserende als externaliserende problemen, komen ze in het algemeen geen grote problemen tegen op school of in hun latere carrière. Als er op dit gebied al iets wordt gevonden, zijn het vaker de laatrijpe jongens die problemen hebben en lijken vroegrijpe jongens eerder in het voordeel. (Duke et al, 1982). Een veertigjaar durende longitudinale studie van jongens in de Terman-Life Cycle Study (begonnen in 1921-1922, waarin jongeren gevolgd werden die geboren waren tussen 1904 en 1915), liet zien dat vroegrijpe jongens meer succes in hun beroepscarrière hadden en meer tevredenheid in hun huwelijk dan gemiddeld- en laatrijpe jongens (Taga, Markey & Friedman, 2006).

Timing en seksuele activiteit
Meisjes die op jonge leeftijd hun menarche ervaren, beginnen ook eerder te daten met leeftijdgenoten (Kim & Smith, 1999). In vervolg daarop beginnen vroegrijpe meisjes ook eerder met seksuele gedragingen zoals zoenen en voelen en met seks (bijvoorbeeld Gaudineau et al., 2010).

Vroegrijpe meisjes rapporteren meer interesse dan laatrijpe meisjes in de seksueel getinte inhoud van tijdschriften, films, en televisieprogramma's en muziek (Brown, Halpern & L'Engle, 2005). Vroegrijpe meisjes hebben vaker onbeschermde seks (Downing & Bellis, 2009). Tegen de tijd dat ze achttien zijn, hebben meisjes die vroeg in de puberteit kwamen een twee keer zo grote kans om al moeder te zijn, of een zwangerschap vroegtijdig beëindigd te hebben (Udry, 1979). Vroege seks brengt gezondheidsrisico's met zich mee. Vroegrijpe meisjes zijn vaker positief op het humane papillomavirus (HPV), een virus dat een risico lijkt te vormen voor baarmoederhalskanker (Fisher, Rosenfeld & Burk, 1991). Vroegrijpe meisjes rapporteren ook een hogere frequentie van 'date rape': ongewenste seksuele intimiteiten en seksueel geweld (Watson, Taft & Lee, 2007). Vroege rijping hangt samen met allerlei activiteiten zoals flirten, strelen en voelen, en met de leeftijd waarop iemand voor het eerst seksuele gemeenschap heeft (bijvoorbeeld Negriff, Susman & Trickett, 2011). Vergeleken met laatrijpe jongens zijn vroegrijpe jongens meer geneigd om internetporno te bekijken en te downloaden (Skoog, Stattin & Kerr, 2009). Vroegrijpe jongens rapporteren ook vaker dat ze onveilige seks hebben (Downing & Bellis, 2009).

De samenhang tussen timing van de lichamelijke ontwikkeling wordt niet altijd gevonden. Soms kan die samenhang verklaard worden door andere factoren, zoals het opgroeien in een risicogezin, middelengebruik, of delinquentie. Dit wijst er nog maar eens op dat men zich moet realiseren dat de effecten van timing van de lichamelijke ontwikkeling niet altijd direct zijn, maar vaak geplaatst moeten worden in de bredere context van de ontwikkeling van de adolescent (vergelijk dit ook met de ecologische theorie van Bronfenbrenner, zoals die in hoofdstuk 2 beschreven is).

3.3.3 Tempo van de lichamelijke ontwikkeling en het functioneren

Vroege studies naar de lichamelijke ontwikkeling van adolescenten hebben al duidelijk gemaakt dat de snelheid waarmee lichamelijke veranderingen zich voltrekken per kind sterk kan variëren. Toch is er nog maar weinig onderzoek gedaan naar de vraag of verschillen in het tempo van de ontwikkeling van invloed zijn op het functioneren en de eventuele problematiek van adolescenten.

Twee Amerikaanse studies vonden dat jongens die zich sneller ontwikkelden dan hun leeftijdgenoten meer depressieve symptomen rapporteerden (Ge et al., 2003; Mendle et al., 2010). In een derde studie werd geen verband tussen het tempo en de internaliseringsproblemen gevonden, hoewel een snellere genitale ontwikkeling wel samenhing met externalisingsproblemen (Marceau et al., 2011). Het zou kunnen dat dit soort effecten verschillen voor verschillende etnische groepen, omdat de eerste twee studies helemaal of overwegend betrekking hadden op zwarte jongens, terwijl de laatste studie over blanke jongens ging. Dat context een rol kan spelen, kan ook de uitkomst van een studie naar Nederlandse jongens verklaren, namelijk dat zij die zich sneller ontwikkelden juist een lagere kans hadden op depressieve problemen (zoals aangegeven door ouders) en er geen samenhang gevonden werd met zelfgerapporteerde internaliserings- of externaliseringsproblemen (Laitinen-Krispijn, Van der Ende & Verhulst, 1999).

Bij meisjes is het effect van tempo niet altijd duidelijk. In sommige studies wordt wel een samenhang gevonden tussen het tempo van de lichamelijke ontwikkeling bij meisjes en met internaliserings- en externaliseringsproblemen, maar in andere studies niet. In een eerdere studie naar het roken en drinken van meisjes werd wel gevonden dat de snelheid van de lichamelijke veranderingen samenhing met de leeftijd waarop meisjes overgingen naar wat meer alcoholgebruik (Wilson et al., 1994).

3.4 Verklaringen voor de invloed van de lichamelijke ontwikkeling op het functioneren

Verschillende theorieën dragen verklaringen aan voor de invloed van rijping en lichamelijke ontwikkeling op het functioneren van adolescenten. Overigens zijn het vaak nog geen uitgewerkte theorieën, vandaar dat we ze liever hypothesen noemen. De hypothesen die hieronder ter sprake komen, benadrukken achtereenvolgens: de stress die gepaard gaat met veranderingen in de ontwikkeling, de rol van de hormonen, de impact van de afwijkende timing, de complexiteit die ontstaat als contextuele invloeden elkaar beïnvloeden, het verschijnsel dat zowel de positieve als de negatieve eigenschappen meer gewicht krijgen tijdens de veranderingen en de verhoogde druk als de ontwikkeling in kortere tijd moet plaatsvinden.

3.4.1 De hypothese van de stressvolle verandering

De hypothese van de stressvolle verandering ('stressful change hypothesis', Simmons & Blyth, 1987) stelt dat veranderingen in de ontwikkeling meestal stress opleveren. Ook de veranderingen tijdens de puberteit, met alle bijhorende veranderingen van lichaamsgrootte, lichaamsproporties en verschijning, worden als stressvol ervaren. Deze hypothese voorspelt dat alle adolescenten stress zullen ervaren als hun lichaam verandert, maar ook dat die stress het grootst is tijdens perioden met de grootste en snelste verandering. Zo bezien zouden de meeste problemen tijdens de lichamelijke ontwikkeling in de puberteit en de adolescentie zich moeten voordoen op het moment dat de meeste veranderingen plaatsvinden, het hoogtepunt van de lichamelijke rijping, zo rond Tannerstadium 3.

Deze hypothese richtte zich aanvankelijk vooral op coping en het omgaan met de sociale context op het moment dat stressvolle veranderingen in de adolescentie zich voordoen. Meer recente onderzoeken vanuit deze hypothese hebben een meer neurobiologische benadering gekozen om te begrijpen waarom adolescenten meer problemen hebben als ze de veranderingen in de ontwikkeling doormaken. De onderzoekers richten zich daarbij vooral op de link tussen de lichamelijke veranderingen en veranderingen in neurogedragssystemen, die vooral te maken hebben met emotionele reactiviteit, risico nemen, en spanning zoeken. Meer over dit soort veranderingen in de hersenen die te maken hebben met de adolescentie zijn te vinden in hoofdstuk 4.

In het begin en het midden van de adolescentie is er vooral sprake van affectieve en motivationele veranderingen, die leiden tot emotionele reactiviteit en spanning zoeken (bijvoorbeeld Forbes & Dahl, 2010). Tegelijkertijd ontwikkelt de prefrontale cortex zich en met name de gebieden die te maken hebben met executieve functies en zelfregulerende controle ontwikkelen zich nog ver voorbij de puberteit. De combinatie van affectieve en motivationele veranderingen met een trager verlopende ontwikkeling van controle- en sturingsmechanismen kan leiden tot een 'maturational gap': de adolescent voelt en wil allerlei zaken, maar is nog onvoldoende in staat dit streven te controleren en te sturen. Hierdoor kan het gedrag van adolescenten onvoorspelbaar en riskant worden (Dahl, 2004; Steinberg, 2007). Deze hypothese probeert dus vooral te verklaren waarom het nemen van meer risico's tamelijk algemeen is in de adolescentie. Als de genoemde ontwikkelingen zich dan ook nog eerder voordoen dan gemiddeld (bij een vroege timing), kunnen de problemen nog groter zijn. Dat zien we later in dit hoofdstuk ook terug in de hypothesen die verklaren waarom vroegrijpe adolescenten een groter risico lopen.

3.4.2 De hypothese van de hormooninvloeden

Theorieën over hormonen verklaren veranderingen in gedrag die zowel te maken hebben met status van de lichamelijke ontwikkeling als met timing ervan. Dat wil zeggen, een toename van de hormonen voorspelt veranderingen in het gedrag voor alle jongeren als ze verder in de adolescentie komen (een statuseffect tijdens de lichamelijke ontwikkeling). Maar daarnaast kunnen er nog extra effecten van de hormonen op gedrag optreden namelijk als dit soort veranderingen eerder of later dan gemiddeld zijn (een timingeffect tijdens de lichamelijke ontwikkeling).

Ge en Natsuaki (2009) onderscheiden verschillende trajecten waarlangs de hormonale invloeden op het gedrag van adolescenten zich kunnen doen gelden. Deze trajecten hebben betrekking op hoe de gonadale hormonen de zich ontwikkelende neuronale circuits in de hersenen van de adolescent beïnvloeden en zo tot een bepaald gedrag leiden (Sisk & Zehr, 2005); op de veranderingen in de stressgevoeligheid, waardoor adolescenten meer gevoelig worden voor stressoren (Gunnar et al., 2009); en op de veranderingen in het uiterlijk van het lichaam (lengte, gewicht, en secundaire geslachtskenmerken), wat leidt tot waargenomen of echte reacties vanuit de omgeving, wat weer tot een bepaald gedrag kan leiden.

Deze verschillende trajecten staan weergegeven in figuur 3.3. In dit figuur is te zien hoe de hormonale veranderingen tijdens de adolescentie op drie manieren tot veranderingen in gedrag (en dus ook tot probleemgedrag) kunnen leiden:
1 via neurologische veranderingen (zoals hierboven en ook in hoofdstuk 4 beschreven);
2 via een toegenomen vatbaarheid voor stress (zoals ook bij de bovenstaande hypothese van de stressvolle veranderingen beschreven);
3 via uiterlijke veranderingen als gevolg van die hormonen (zoals ook al eerder in dit hoofdstuk beschreven).

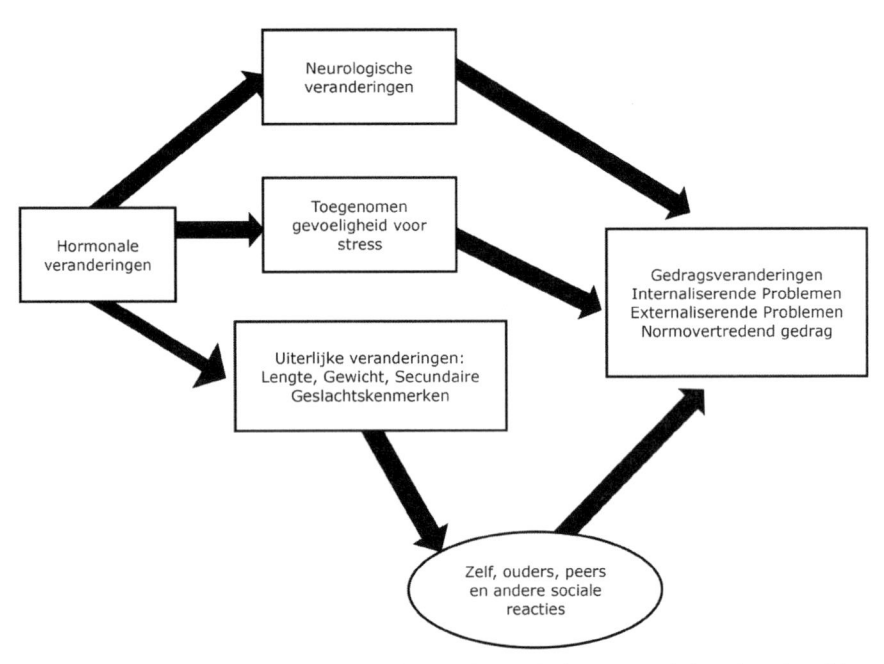

Figuur 3.3 Mogelijke paden waarlangs hormonale veranderingen leiden tot veranderingen in gedrag tijdens de adolescentie

3.4.3 De hypothese van de afwijkende timing

De hypothese van de 'afwijkende timing' stelt dat veranderingen die zich eerder of later voordoen dan gebruikelijk in de ontwikkeling tot een hoger niveau van stress kunnen leiden. Als veranderingen op een gebruikelijk moment plaatsvinden, kan een jongere zich erop voorbereiden en vervolgens leren om te gaan met de veranderende situatie; gebeurtenissen die onverwacht komen, brengen meer problemen met zich mee (Brim & Ryff, 1980; Neugarten, Moore & Lowe, 1965). Dat het vooral de vroegrijpe (in tegenstelling tot de laatrijpe) jongeren (meisjes) zijn die problemen ondervinden, is volgens deze theorie terug te voeren op het feit dat ze minder tijd hebben gehad zich coping skills te verwerven die nodig zijn om met de lichamelijke en sociale veranderingen in de puberteit om te gaan.

3.4.4 De contextuele versterkingshypothese

De contextuele versterkingshypothese richt zich op het samenspel van processen die gepaard gaan met veranderingen zowel op lichamelijk als op sociaal gebied. Sociale veranderingen kunnen betrekking hebben op het gezin (ouders en broers of zussen), de leeftijdgenoten (zowel vrienden als verliefdheden), maar ook de buurt of de school. Volgens deze theorie is de timing van de lichamelijke ontwikkeling op zichzelf niet echt een verklaring voor de grotere kwetsbaarheid van vroegrijpe of laatrijpe adolescenten; uiteindelijk krijgen ook niet alle vroegrijpe of laatrijpe adolescenten problemen. Het risico zit echter vooral in de samenloop van een 'off-time' rijping met omgevingen waarin ook risicofactoren zitten; anderzijds kunnen gunstige omgevingen de risico's van die timing juist tegengaan (Ge et al., 2009). Als de top van de lichamelijke groei bij een adolescent toevallig samenhangt met een andere grote verandering (zoals de overgang van basisschool naar voortgezet onderwijs), dan is het risico op problemen groter. Inderdaad werd gevonden dat de combinatie van grote lichamelijke veranderingen en die schoolovergang bij vroegrijpe meisjes een negatief effect had op hun geestelijke gezondheid (Ge et al., 1995)

Het belang van die risicofactoren in de omgeving blijkt ook uit onderzoek naar het effect van de groep leeftijdgenoten als invloed op de samenhang tussen de timing van de lichamelijke ontwikkeling en het probleemgedrag. Belangrijk in die groep leeftijdgenoten lijken dan vooral de 'deviante' peers te zijn. Deviante peers kunnen peers zijn van dezelfde leeftijd die zich deviant gedragen, of het kunnen wat oudere peers zijn, die gedrag laten zien dat misschien wel bij hun leeftijd hoort, maar niet bij de leeftijd van de vroegrijpe adolescent. Volgens de contextuele versterkingshypothese zou een vroege puberteit alleen dus niet genoeg zijn om de hogere kwetsbaarheid van vroegrijpe meisjes te verklaren, maar is het de combinatie van die vroege rijping met de blootstelling aan oudere en meer deviante peers die een risico voor die meisjes oplevert.

Enkele onderzoeken lijken deze hypothese te bevestigen. Bij meisjes bijvoorbeeld is er een verband tussen een vroegtijdige rijping en probleemgedrag. Als meisjes echter naar een school voor alleen meisjes gaan, is dat verband zwakker dan wanneer ze een gemengde school bezoeken. In het tweede geval gaan ze meer met delinquente leeftijdgenoten om en laten ze zelf ook meer delinquent gedrag zien (Caspi et al., 1993). Bij jongens is deze hypothese nog niet zo direct onderzocht.

Andere studies vanuit deze hypothese hebben onderzocht of deviante peers de link tussen timing van de lichamelijke ontwikkeling en probleemgedrag kunnen verklaren. Hier gaat het er dus niet om of het verband *sterker* is als een vroegrijpe adolescent tussen deviante peers verkeert, maar of het verband tussen die vroege lichamelijke veranderingen en probleemgedrag komt *omdat* die adolescenten met deviante peers omgaan. Vergeleken met laatrijpe adolescenten, rapporteren zowel vroegrijpe jongens als vroegrijpe meisjes meer devantie bij hun vrienden (bijvoorbeeld Ge et al., 2002). Dus, het verkeren tussen deviante peers zou het mechanisme kunnen zijn waardoor de timing van de lichamelijke ontwikkeling tot probleemgedrag leidt.

Andere omgevingseffecten zijn ook onderzocht. In plaats van te kijken naar deviante peers, is er ook gekeken of achtergestelde gezinnen of buurten als versterker van de link tussen timing van de lichamelijke ontwikkeling en het probleemgedrag werken. Ook dit werd gevonden: vroegrijpe adolescenten van achtergestelde gezinnen of uit achtergestelde buurten hebben meer risico op externaliseringsproblemen (bijvoorbeeld Ge et al., 2002).

3.4.5 De accentueringshypothese

De accentueringstheorie stelt dat veeleisende transities in het leven die gepaard gaan met nieuwigheid, ambiguïteit en onzekerheid (zoals een vroege puberteit) bestaande verschillen tussen mensen juist uitvergroten, in plaats van dat ze minder worden. Dit komt doordat dit soort gebeurtenissen mensen terugwerpt op hun basiskarakter en -persoonlijkheid (Caspi & Moffitt, 1991). Als we dit toepassen op de puberteit, dan stelt deze theorie dat vroegrijpe jongeren die voor de puberteit al problemen vertoonden meer problemen tijdens de adolescentie hebben dan vroegrijpe jongeren die voor de puberteit geen problemen vertoonden. Veel onderzoek naar de accentueringshypothese heeft zich gericht op probleemgedrag bij vroegrijpe meisjes, en laat zien dat de theorie in ieder geval hier lijkt te kloppen. Het op een relatief jonge leeftijd ongesteld worden leidde alleen tot probleemgedrag bij meisjes die ook ver voor die tijd al gedragsproblemen vertoonden, niet bij meisjes bij wie dat eerder niet het geval was (Caspi & Moffitt, 1991).

3.4.6 De rijpingsdichtheidhypothese

De rijpingsdichtheidhypothese (maturation compression hypothesis) houdt in dat er sprake is van een verhoogde druk als de ontwikkeling in kortere tijd plaatsvindt, en is afkomstig van Mendle et al. (2010). Zij stellen dat een hoog tempo in de lichamelijke veranderingen kan leiden tot het snel bereiken van biologische of sociale mijlpalen. Ouders, leeftijdgenoten en leerkrachten zijn dan geneigd sterker op deze veranderingen te reageren. Hierdoor, en door het feit dat de tijd om tot aanpassingen te komen beperkt is, komt er veel druk op de adolescent te staan. In een recent onderzoek hebben Mendle en anderen inderdaad gevonden dat een hoger tempo in de lichamelijke veranderingen te maken heeft met een achteruitgang in de kwaliteit van de peer relaties bij jongens, en dat deze de link tussen het tempo van de lichamelijke veranderingen en depressie zou kunnen verklaren. Deze resultaten laten nog een keer zien dat de puberteit en de adolescentie zich niet voltrekken in een sociaal vacuüm, en dat elk effect van de lichamelijke ontwikkeling dan ook gezien moet worden in een bredere sociale context.

3.5 Besluit

In dit hoofdstuk hebben we de hormonale en lichamelijke veranderingen tijdens de adolescentie beschreven. We hebben vooral aandacht besteed aan drie aspecten van de lichamelijke veranderingen: de status van de lichamelijke ontwikkeling, de timing van de lichamelijke ontwikkeling en het tempo van de lichamelijke ontwikkeling. Met betrekking tot de korte- en langetermijnconsequenties van de lichamelijke ontwikkeling tijdens de puberteit en de adolescentie op het gedrag en het functioneren van jongeren, blijkt er duidelijk bewijs dat een vroege rijping en ontwikkeling kan leiden tot zowel internaliserende als externaliserende problemen bij zowel jongens als meisjes. Hoewel het meeste onderzoek zich heeft gericht op kortetermijneffecten, zullen doorgaande longitudinale studies ons nog meer gaan leren over eventuele langetermijneffecten. En hoewel veel studies zich richten op de hoofdeffecten van de lichamelijke ontwikkeling tijdens de adolescentie, hebben verschillende studies ook al laten zien dat de sociale context een van de meest belangrijke moderatoren en mediatoren van deze effecten is. De sociale context werkt als een moderator, waar zij bepaalde verbanden tussen de ontwikkeling en het functioneren beïnvloedt (een verband is sterker in de ene context dan in de andere). Ze werkt als een mediator, als de lichamelijke ontwikkeling tot veranderingen in de sociale context leidt, die op hun beurt weer het functioneren van de adolescent beïnvloeden. Hoewel de lichamelijke ontwikkeling tijdens de adolescentie niet direct veranderd kan worden door interventies, moet juist daarom de relatie met de sociale context (waar interventies wel mogelijk zijn) goed in de gaten gehouden worden.

4 Hersenontwikkeling

Eveline Crone

4.1 Inleiding

De adolescentie is een periode van grote vooruitgang. In deze periode worden jongeren steeds beter in het verwerken van complexe informatie, het in gedachten houden van moeilijke rekensommen, het ordenen van informatie in de tijd en het plannen van toekomstige handelingen (Huizinga, Dolan & Van der Molen, 2006). Deze vaardigheden worden ook wel executieve functies, of cognitieve controlevaardigheden genoemd. In de adolescentie vindt er een grote vooruitgang plaats in al deze executieve functies/cognitieve controlevaardigheden. Dit betekent dat de adolescentie een tijd met veel mogelijkheden is.

Tegelijkertijd staat de adolescentie bekend als een periode van risico's (Steinberg, 2004). Jongeren gaan experimenteren en dingen uitproberen die niet altijd gunstig uitpakken, zoals het nemen van risico's in het verkeer of experimenteren met drank of verdovende middelen. Dit staat in schril contrast met de toename in executieve functies, op basis waarvan zou worden verondersteld dat adolescenten steeds beter zijn in het inschatten van risico's. De adolescentie wordt daarom vaak gezien als een paradox (Dahl, 2004). Terwijl zij lichamelijk waarschijnlijk op het sterkst zijn in hun leven (denk maar aan sportprestaties) en jongeren steeds beter kunnen plannen, argumenteren en vooruitzien, neemt desondanks het aantal ongelukken en zelfs sterfgevallen toe in vergelijking met de kindertijd (Dahl, 2004). Deze toename is te wijten aan een grotere hoeveelheid (dodelijke) ongelukken, risicovolle keuzes, drankmisbruik, enzovoort. Jongeren gaan meer risico's nemen onder invloed van leeftijdgenoten (Steinberg, 2008). Er is een toename in gevoeligheid voor de mening van leeftijdgenoten en een toenemende gevoeligheid voor sociale afwijzing. De adolescentie is ook een tijd waarin jongeren gevoeliger zijn voor het ontwikkelen van angst- en stemmingsstoornissen (Paus, Keshavan & Giedd, 2008).

Hoe valt deze paradox van de adolescentie te verklaren? Sommige neurobiologische modellen verklaren deze verschillende gevoeligheden vanuit de asynchrone ontwikkeling van de hersenen (Somerville, Jones & Casey, 2010). Deze 'dual-processing' modellen veronderstellen dat subcorticale hersengebieden (dit zijn de diep gelegen, evolutionair oudere delen van de hersenen), die direct gevoelig zijn voor de spanning van het nemen van risico's en het ervaren van primaire emoties als beloning, blijdschap of angst, bij de aanvang van de adolescentie extra gevoelig of actief zijn. Terwijl corticale hersengebieden (dit zijn de aan de oppervlakte gelegen en evolutionair jongere delen van de hersenen) die belangrijk zijn voor controle van emoties, een langzamer ontwikkelingstraject vertonen. Deze fragiele balans in hersenontwikkeling zou de toename van risicogedrag in de adolescentie en het zonder nadenken over toekomstige consequenties van gedrag kunnen verklaren (zie figuur 4.1).

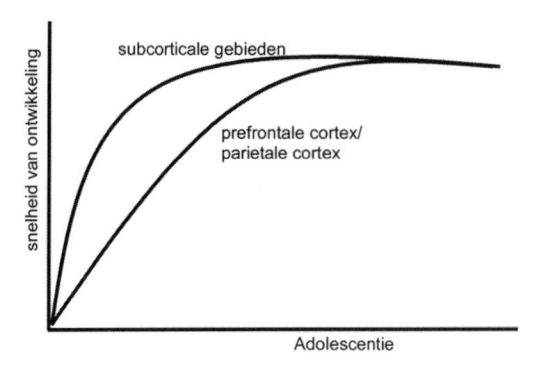

Figuur 4.1 Schematische ontwikkeling van subcorticale gebieden versus corticale gebieden in de adolescentie (zie Somerville et al., 2008)

In dit hoofdstuk nemen we deze modellen als uitgangspunt om veranderingen in cognities, emoties en sociale interacties beter te begrijpen. Het hoofdstuk begint met een beschrijving van structurele hersenontwikkeling en de relatie met de puberteit, gevolgd door een beschrijving van functionele hersenontwikkeling. In de conclusie komen we terug op het model van asynchrone hersenontwikkeling.

4.2 Hersenontwikkeling

Terwijl de grootste veranderingen in hersenvolume plaatsvinden voor de geboorte en in de eerste levensjaren, is de adolescentie een levensfase die gekenmerkt wordt door aanzienlijke veranderingen in de organisatie van de hersenen. Longitudinale onderzoeken hebben aangetoond dat vooral de dikte van grijze stof en connecties van witte stofbanen veranderen tot het twintigste levensjaar. Deze onderzoeken, uitgevoerd eind jaren negentig en in het eerste decennium van de eenentwintigste eeuw, waren baanbrekend. Voordien werd namelijk verondersteld dat hersenontwikkeling vooral plaatsvond voor het twaalfde levensjaar. Het nieuwe onderzoek laat zien dat de adolescentie een levensfase vol dynamiek is.

Een manier om de hersenontwikkeling in kaart te brengen, is door te onderzoeken hoe de hersenen zich structureel ontwikkelen. De hersenen zijn opgebouwd uit witte en grijze stof, die in kaart gebracht kunnen worden met hersenscantechnieken zoals Magnetic Resonance Imaging (MRI). De witte stofbanen zorgen voor snelle overdracht van signalen en zijn opgebouwd uit onder andere myeline, een vettige stof die de witte stofbanen omringt en die zorgt voor goede 'geleiding' (Paus, 2010). Onderzoek op basis van post mortem studies toonde aan dat de hoeveelheid witte stof toeneemt tot het twintigste levensjaar, een bevinding die later is bevestigd met neuroimaging (MRI) onderzoek (Ladouceur et al., 2011). Deze witte stof lijkt in alle hersengebieden toe te nemen met ongeveer dezelfde snelheid.

De grijze stof, die informatie geeft over de dichtheid van neuronen en het aantal connecties tussen neuronen, volgt een ander patroon. De grijze stof volgt een omgekeerd U-patroon, waarbij er na de geboorte eerst een grote toename is van het aantal grijze stofcellen, gevolgd door een gestage afname (Gogtay et al., 2004). Belangrijk hierbij is dat deze ontwikkeling niet voor alle hersengebieden even snel verloopt. Sommige hersengebieden hebben al vroeg in de ontwikkeling een toename en afname van grijze stof en bij andere hersengebieden verloopt dit relatief langzaam. Deze veranderingen zijn zeer precies in kaart gebracht voor de cortex, de buitenste gekronkelde laag van de hersenen waarvan wordt verondersteld dat hier de hogere cognitieprocessen plaatsvinden (figuur 4.2).

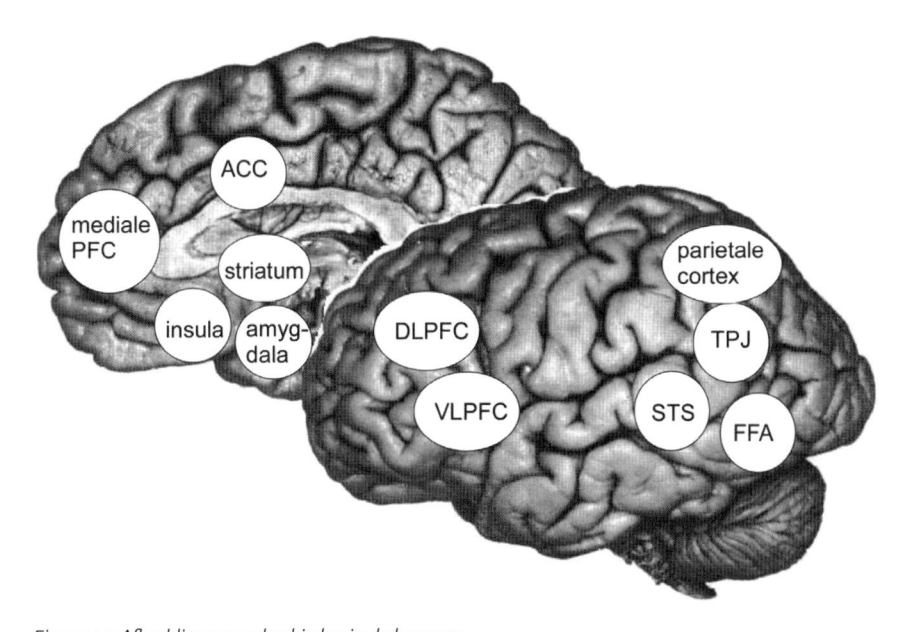

Figuur 4.2 Afbeelding van subgebieden in de hersenen.
DLPFC= dorsolaterale prefrontale cortex, VLPFC = ventrolaterale prefrontale cortex, mediale PFC = mediale prefrontale cortex, STS= superieure temporaal sulcus, TPJ= temporaal-parietale junctie, FFA = fusiform face area

Binnen de cortex vindt de langzaamste verandering in de hersenen plaats in de dorsolaterale prefrontale cortex (DLPFC), de temporaal-pariëtale junctie (TPJ), en de pariëtale cortex, waar afname van grijze stof plaatsvindt tot aan de twintiger levensjaren (Gogtay et al., 2004). We zullen later in dit hoofdstuk zien dat hier functies worden vertegenwoordigd die nog sterk veranderen in de adolescentie, zoals cognitieve controle en sociaal perspectief nemen (Blakemore, 2008).
Naast de cortex is ook onderzocht hoe de subcorticale hersengebieden veranderen in de adolescentie. Hier is nog geen eenduidig patroon gevonden. De belangrijkste subcorticale gebieden die zijn onderzocht, zijn de basale ganglia (bestaande uit de caudate en de

putamen), de amygdala, de thalamus en de hippocampus. Deze evolutionair oudere delen van de hersenen lijken ook lineaire en niet-lineaire veranderingen te vertonen. Een studie vond bijvoorbeeld dat de caudate en de putamen lineair afnamen in grootte gedurende de adolescentie, terwijl de amygdala en de hippocampus toenamen bij het begin van de puberteit en vervolgens niet meer veranderden in grootte (Ostby et al., 2009). Deze bevindingen zijn echter nog niet consistent gerepliceerd en er zijn inconsistenties tussen studies. Omdat deze studies nog grotendeels zijn gebaseerd op cross-sectionele studies (dat wil zeggen dat deelnemers maar één keer aan het onderzoek hebben meegedaan) is het belangrijk dat de bevindingen worden gerepliceerd in longitudinale studies (dat wil zeggen dat de deelnemers meerdere keren aan hetzelfde onderzoek meedoen en zo gevolgd kunnen worden).

Samengevat, longitudinale onderzoeken hebben aangetoond dat gebieden in de frontale en pariëtale cortex tot het einde van de adolescentie een afname laten zien in hoeveelheid grijze stof. Ook neemt de witte stof in de hersenen toe tot het einde van de adolescentie. De subcorticale gebieden van de hersenen laten een ingewikkeld patroon van toenamen en afnamen zien, die in de toekomst beter in kaart moeten worden gebracht.

4.3 Puberteit

De adolescentie wordt gedefinieerd als de levensfase tussen de kindertijd en de volwassenheid waarin jongeren opgroeien tot volwassen deelnemer aan de maatschappij. De adolescentie kan worden opgedeeld in verschillende fasen (Ladouceur et al., 2011). De eerste fase is de prepuberteit (meisjes: zes tot negen jaar, jongens: zeven tot tien jaar) wordt gekenmerkt door een toename in de afscheiding van hormonen uit de bijnierklieren, zoals dehydroepiandrosterone (DHEA), het sulfaat (DHEAS), en androstendione. Samen starten deze hormonen de andrenarche fase. De tweede fase is de vroege puberteit (negen tot dertien jaar). De puberteit wordt vaak gezien als het startpunt van de adolescentie wanneer groei- en geslachtshormonen, zoals het 'luteinizing hormone' (LH) en het 'follicle stimulating hormone' (FSH), invloed gaan uitoefenen op het lichaam en de hersenen. Bij meisjes start de puberteit gemiddeld tussen de acht en twaalf jaar en bij jongens tussen negen en dertien jaar (zie hoofdstuk 3). De puberteitshormonen zorgen ervoor dat jongeren geslachtsrijp worden, maar hebben ook grote invloed op hoe de hersenen reageren op prikkels uit de omgeving. Mogelijk hebben de hormonen niet alleen tot doel jongeren interesse te laten hebben in het andere of soms hetzelfde geslacht, maar hebben deze ook een bredere functie zoals het bevorderen van impulsieve keuzes om nieuwe wegen te durven bewandelen en status te verwerven binnen een vriendengroep. Men veronderstelt zelfs dat wrijvingen die in het gezin kunnen ontstaan door lastig pubergedrag een aanzet kunnen geven tot het losmakingsproces tussen ouders en kind (Nelson et al., 2005).

De volgende fase wordt de middenpuberteit genoemd (veertien tot zeventien jaar), waarna jongeren nog enkele jaren nodig hebben om op te groeien tot volwassen lid van de samenleving. Deze laatste periode (achttien tot tweeëntwintig jaar) wordt ook wel de midden- of late adolescentie genoemd. Het einde van deze periode wordt cultureel bepaald, namelijk wanneer jongeren mogen autorijden, stemmen, financieel afhankelijk zijn, enzovoort (Steinberg & Morris, 2001). In westerse culturen is het einde van de adolescentie rond de leeftijd van twintig-tweeëntwintig jaar, een leeftijd die overeenkomst met de hierboven genoemde bevindingen over grijze stof-ontwikkeling. (Hierbij moet worden opgemerkt dat er verschillende definities zijn van puberteit en adolescentie. Zie hoofdstuk 3 voor een uitgebreidere beschrijving.)

Aangezien er veel variatie is in het tijdstip waarop de puberteit begint, is het mogelijk om de invloed van puberteitsontwikkeling te onderzoeken terwijl de kalenderleeftijd van jongeren niet anders is. Zo zijn er in een schoolklas van dertienjarigen aanzienlijke verschillen in de lengte van jongeren en hoe 'volwassen' zij eruitzien. Sommige jongeren zullen nog speels gedrag vertonen, terwijl anderen al aan het zoeken zijn naar hun identiteit en zich volwassen en stoer proberen te gedragen. Onderzoekers hebben deze variatie onderzocht door bijvoorbeeld alleen jongens of meisjes te selecteren van een bepaalde leeftijd die alleen verschillen in de mate waarin zij al wel of nog niet kenmerken van de puberteit vertoonden (zoals de baard in de keel bij jongens, of beginnende borstgroei bij meisjes). Het is al langere tijd bekend dat witte stofbanen in de hersenen in een verschillend tempo ontwikkelen bij meisjes en jongens; witte stofvolume piekt eerder in meisjes dan in jongens (De Bellis et al., 2001; Lenroot & Giedd, 2010). Deze bevinding leidt tot de veronderstelling dat puberteitshormonen mogelijk een invloed hebben op de snelheid van de ontwikkeling van de hersenen, want meisjes raken immers gemiddeld eerder in de puberteit dan jongens. Deze veronderstelling werd onderzocht in een studie naar de relatie tussen witte stofbanen en de hoeveelheid luteinizing hormone (LH) die werd gevonden in de urine van meisjes. LH wordt gezien als de allereerste indicatie van puberteitsontwikkeling, omdat het kan worden waargenomen nog voordat meisjes in uiterlijk veranderen. In een grote studie met negenjarige meisjes vonden onderzoekers dat er een positief verband was tussen de hoeveelheid LH en het volume van de witte stof in verschillende delen van de hersenen (Peper et al., 2008). Dat deze relatie al zo vroeg in de puberteit is waar te nemen, is belangrijk omdat het de mogelijkheid uitsluit dat de hersenveranderingen het gevolg zijn van de omgeving die anders op jongeren gaat reageren zodra ze qua uiterlijk veranderen door de puberteit. Een studie met oudere adolescenten (twaalf tot achttien jaar) vond eenzelfde relatie tussen puberteitsontwikkeling en witte stof-ontwikkeling in jongens (Perrin et al., 2009).

Samengevat, de studies naar hersenontwikkeling in de adolescentie laten zien dat er een grote verandering is in de hersenontwikkeling van jongeren die niet even snel verloopt voor de verschillende hersengebieden. Ook blijkt dat puberteit een sturende rol heeft in hersenontwikkeling. Mogelijk speelt de puberteit een belangrijke rol bij de heroriëntatie van jongeren op het gebied van motivatie, leren en sociaal gedrag. Dit zou een verklaring kunnen zijn voor de vraag waarom sommige veertienjarigen zich opeens gaan uitsloven met een opgevoerde scooter terwijl ze het jaar ervoor nog spelletjes speelden met hun ouders.

4.4 Hersenontwikkeling en gedrag

Een van de grootste uitdagingen voor psychologen is om te begrijpen hoe de veranderingen in hersenontwikkeling in de adolescentie samenhangen met veranderingen in gedrag. Deze vraag kan steeds gedetailleerder onderzocht worden sinds de opkomst van functionele MRI in de jaren negentig, een techniek die het mogelijk maakt om veranderingen in zuurstofrijk bloed te detecteren als deelnemers een opdracht uitvoeren (Poldrack, 2011).

Deelnemers aan een fMRI-onderzoek voeren een computertaak uit in de scanner, waarbij ze via een knoppenkast keuzes kunnen maken en via een spiegel boven de ogen het projectiescherm buiten de scanner kunnen zien. De taken die worden aangeboden, moeten aan een aantal voorwaarden voldoen. De eerste voorwaarde is dat iedere experimentele conditie (bijvoorbeeld onthouden van een telefoonnummer, zoals 5735441) een controleconditie heeft (bijvoorbeeld het onthouden van een sequentiële getallenreeks, zoals 1234567). Het gemeten signaal is een verschilscore tussen de experimentele conditie en de controleconditie. Een tweede voorwaarde is dat de condities meerdere keren moeten worden aangeboden om een betrouwbare meting te krijgen. Deze voorwaarden leggen enkele beperkingen op de vragen die onderzocht kunnen worden, vooral met betrekking tot sociaal of onderzoekend gedrag. Als de onderzoeker in korte tijd tweemaal de vraag zou stellen wie de president van Frankrijk is, worden er bij de tweede keer dat de vraag gesteld wordt andere hersenactiviteiten gemobiliseerd dan bij de eerste keer. Ondanks deze beperkingen hebben wetenschappers grote stappen gemaakt in het ontrafelen van de relatie tussen hersenontwikkeling en gedrag in de adolescentie.

4.5 Executieve functies

Executieve functies is een parapluterm voor een aantal verschillende functies die er allemaal toe bijdragen dat iemand doelgerichte handelingen uitvoert (Miyake et al., 2000). Executieve functies zijn daarom belangrijk voor sturing van gedrag, het onder controle houden van gedachten en handelingen en het filteren van irrelevante informatie. Veelvuldig onderzochte executieve functies zijn werkgeheugen en inhibitie.

Werkgeheugen verwijst naar het gedurende korte tijd actief houden van informatie in het geheugen. Het werkgeheugen kan een beroep doen op het vasthouden van informatie, bijvoorbeeld een reeks getallen, letters, of locaties, die gedurende enkele seconden moeten worden vastgehouden in het geheugen om daarna weer opgeroepen te kunnen worden. Daarnaast kan het werkgeheugen een beroep doen op het manipuleren van informatie in gedachten, zoals het in gedachten kunnen ordenen van een reeks letters (bijvoorbeeld B-G-T-A-R) zodat zij kunnen worden teruggerapporteerd in alfabetische volgorde (dit wordt: A-B-G-R-T) (Miller & Cohen, 2001; Smith & Jonides, 1999). Het is duidelijk dat de laatste vorm van werkgeheugen veel moeilijker is. Deze vorm van werkgeheugenmanipulatie speelt een belangrijke rol bij allerlei schoolse vaardigheden, zoals het oplossen van een moeilijke rekensom of het begrijpen van een complexe tekst.

In studies met volwassenen is ontdekt dat het aanroepen van het werkgeheugen zorgt voor activiteit in de laterale prefrontale cortex en de pariëtale cortex (Miller & Cohen, 2001). Bij talige stimuli vindt deze activiteit meer plaats aan de linkerkant van de hersenen en bij ruimtelijke stimuli meer aan de rechterkant van de hersenen, maar over het algemeen worden beide helften (hemisferen) van de hersenen geactiveerd.

Het vasthouden en manipuleren van informatie blijkt een beroep te doen op verschillende delen van de laterale prefrontale cortex. Wanneer alleen informatie wordt vastgehouden, is deze activiteit meer ventraal (voorkant); wanneer informatie ook moet worden gemanipuleerd, is de activiteit meer dorsaal (achterkant) (Smith & Jonides, 1999). Mogelijk dragen verschillende subgebieden in de prefrontale cortex bij aan verschillende vormen van executieve functies.

Wanneer jongeren informatie moeten vasthouden in het werkgeheugen gaat dat gepaard met activiteit in de laterale prefrontale cortex en in de pariëtale cortex. In meerdere studies is aangetoond dat deze activiteit toeneemt gedurende de adolescentie (Klingberg, Forssberg & Westerberg, 2002). Deze verschuivingen in activiteit zijn vooral te zien in de vroege adolescentie, terwijl in de late adolescentie de activiteit al stabiliseert naar volwassenenniveau. Wanneer het niet alleen gaat om het vasthouden van informatie maar ook om het manipuleren van informatie in het werkgeheugen, zien we activiteit in de dorsolaterale prefrontale cortex. De ontwikkeling van deze activiteit verloopt trager dan de eerdergenoemde activiteit in de laterale prefrontale cortex en in de pariëtale cortex (Crone et al., 2006). Dat betekent: hoe moeilijker de werkgeheugentaak, hoe groter het verschil tussen kinderen en volwassenen in activiteit in de prefrontale en pariëtale cortex.

Response inhibitie, oftewel het kunnen remmen van ongewenst gedrag, laat een ingewikkelder patroon zien in hersenactiviteit. Response inhibitie doet bij volwassenen een beroep op de rechter ventrale prefrontale cortex en de pre-supplementary motor area (pre-SMA). Het laatste gebied ligt in het midden van de hersenen dicht tegen de motor cortex aan en is waarschijnlijk belangrijk voor de planning van motorisch gedrag. Gedurende de ontwikkeling laten kinderen en adolescenten minder activiteit zien in de rechter ventrale prefrontale cortex, wat erop duidt dat dit gebied in die fase nog in ontwikkeling is (Rubia et al., 2007). Echter, kinderen en adolescenten laten vaak meer activiteit zien in andere delen van de prefrontale cortex (Booth et al., 2003). Bij de interpretatie van dit patroon neemt men aan dat jongeren mogelijk op jongere leeftijd een diffuus patroon van hersenontwikkeling laten zien en naarmate ze ouder worden een meer gefocuste activiteit in hersengebieden die daadwerkelijk belangrijk zijn voor het uitvoeren van een taak (Durston et al., 2006).

Samengevat: fMRI-onderzoek naar werkgeheugen en response inhibitie laat zien dat er gedurende de adolescentie verschillen zijn in hoe jongeren de prefrontale cortex aanroepen voor gestuurd en doelgericht gedrag. Het idee dat adolescenten de prefrontale cortex simpelweg niet kunnen aanroepen, lijkt geen goede representatie van de huidige beschikbare data, want onder sommige omstandigheden activeren zij deze gebieden net zo goed als volwassenen en soms activeren zij deze gebieden terwijl het niet relevant is voor de taak die zij moeten uitvoeren. Waarschijnlijk verloopt de ontwikkeling van de prefrontale cortex van een diffuus naar een gespecialiseerd patroon.

4.6 Risico's en beloningen

Hoewel executieve functies gestaag toenemen in de adolescentie, nemen adolescenten meer risico's dan kinderen in de kindertijd, wat mogelijk te maken heeft met een grotere drang naar het zoeken van spanning (Steinberg et al., 2008). In laboratoriumsituaties wordt het risicogedrag vooral gezien onder spannende en onzekere omstandigheden (Figner et al., 2009).

In hersenonderzoek is veel aandacht besteed aan hersengebieden die gevoelig zijn voor risico's en beloningen bij volwassenen. Deze onderzoeken hebben aangetoond dat volwassenen vooral veel activiteit vertonen in het ventrale striatum als ze winnen nadat ze een risico hebben genomen (Delgado, 2007). Het ventrale striatum wordt ook wel gezien als het pleziergebied in de hersenen, het is onderdeel van het limbische circuit. Mogelijk speelt het ventrale striatum een belangrijke rol bij het aanwakkeren van interesses en dit is juist iets wat in de puberteit en adolescentie een belangrijke drijfveer is. Jongeren gaan bijvoorbeeld experimenteren met wat hun positie is binnen een groep en gaan dingen uitproberen om hun status te bepalen.

Dit idee werd bevestigd in fMRI-studies die kinderen, adolescenten en volwassenen vergeleken terwijl ze een risicotaak uitvoerden. Deze onderzoeken lieten consistent zien dat adolescenten meer activiteit hebben in het ventrale striatum op het moment dat ze een risico nemen of geld winnen in een risicospel (Van Leijenhorst et al., 2010). Blijkbaar reageert het ventrale striatum sterker op beloningen in het midden van de adolescentie. Een mogelijke reden hiervoor is dat puberteitshormonen deze gevoeligheid stimuleren. Om dit te onderzoeken werd bij jongeren tussen tien en dertien jaar hun puberteitshormonen gemeten (waaronder testosteron). De hoeveelheid testosteron in het speeksel bleek inderdaad een voorspeller voor activiteit in het ventrale striatum bij het winnen van geld. Hoe meer testosteron bij zowel jongens als meisjes, hoe sterker de activiteit in het ventrale striatum (Op de Macks et al., 2011).

Samengevat: deze resultaten tonen aan dat het ventrale striatum, een gebied in de hersenen dat sterk reageert op het krijgen van beloning, meer actief is bij adolescenten. Deze gevoeligheid hangt samen met de hoeveelheid testosteron. Dit geeft aan dat de puberteit mogelijk een periode is waarin we een toename zien van de beloningsgevoeligheid en de drang tot het nemen van risico's, zoals het uittesten van je positie in een groep, maar ook gevaarlijke risico's zoals skateboarden op een brug of experimenteren met drank.

4.7 Gezichten en emoties

Eerder in dit hoofdstuk werd al meermalen gesproken over het belang van de vriendengroep en de positie die jongeren hierin proberen te verwerven. De sociale ontwikkeling is mogelijk een van de grootste uitdagingen voor jongeren. Om deze sociale ontwikkeling beter te begrijpen, bekijken we de inzichten hierover vanuit de sociale basisvaardigheden (herkennen en begrijpen van gezichten) tot aan complexe sociale vaardigheden (zoals het begrijpen van intenties van anderen).

Een van de eerste sociale signalen die worden verwerkt in de hersenen is het waarnemen van gezichtsuitdrukkingen. Gezichten worden met een enorme snelheid verwerkt in de hersenen (er is slechts 50 milliseconden nodig om een gezicht waar te nemen) en ze hebben een grote communicatieve waarde. Gezichten geven uitingen van blijdschap, angst of boosheid, die vervolgens invloed hebben op hoe mensen hierop reageren (Scherf, Berman & Dahl, 2012).

Gezichten worden verwerkt in een specifiek gebied in de hersenen, de fusiform face area. Dit gebied van de hersenen reageert op de aanbieding van gezichten maar niet op andere complexe informatie zoals huizen of landschappen. De fusiform face area ontwikkelt zich al op jonge leeftijd, maar neemt in de kindertijd nog toe in specificiteit. In de adolescentie echter, is de fusiform face area net zo actief bij het zien van gezichten als bij volwassenen (Scherf et al., 2011).

Waarin adolescenten wel verschillen van volwassenen is de manier waarop emoties op gezichten worden verwerkt. Ook dit is een zeer snel proces en vindt niet alleen plaats in de fusiform face area, maar ook met samenwerkende hersengebieden zoals de amygdala. De amygdala (ook wel amandelkern genoemd) is een diep gelegen subcorticale kern in de hersenen die bekend staat als een gebied waar emoties worden verwerkt (Nelson et al., 2005). De amygdala reageert bijvoorbeeld sterk op het zien van angstige gezichten, maar ook op het zien van heel blije gezichten. Op basis van deze bevindingen is verondersteld dat de amygdala heel gevoelig is voor de intensiteit van een emotie, negatief of positief (Cunningham, Raye & Johnson, 2004).

In de adolescentie blijkt dat deze intensiteit van de amygdala-reactie op angstige gezichten is uitvergroot. In een onderzoek moesten kinderen, adolescenten en volwassenen reageren op het zien van een emotie op een gezicht, en niet reageren als er een andere emotie getoond werd. Het bleek dat de amygdala van adolescenten meer actief werd na het zien van angstige gezichten, in vergelijking tot kinderen en volwassenen (Hare et al., 2008). De onderzoekers concludeerden dat de emotionele kernen in de hersenen extra gevoelig zijn in de adolescentie. Dit idee werd versterkt door de bevinding dat het striatum (hierboven beschreven als het pleziergebied in de hersenen) extra actief werd op het moment dat adolescenten lachende gezichten zagen, in vergelijking met kinderen en volwassenen (Somerville, Hare & Casey, 2011). Tijdens de adolescentie leren jongeren hun status op basis van afwijzing en acceptatie en mogelijk speelt de emoties die af te lezen is van gezichten van anderen hierbij een grote rol.

Samengevat: bij het zien van emoties op gezichten reageren de emotionele hersengebieden (de amygdala bij het zien van angstige gezichten, het striatum bij het zien van lachende gezichten) sterker bij adolescenten dan bij kinderen en volwassenen. Het is bekend dat deze hersengebieden veel receptoren hebben voor puberteitshormonen en sterk gevoelig zijn voor wisselingen in hormonen. Mogelijk is de puberteit de veroorzaker voor de bevinding dat deze hersengebieden sterker reageren op emoties in de adolescentie (Nelson et al., 2005).

4.8 Sociale interacties

Terwijl de herkenning van sociale emoties en beloningen heel snel in de hersenen plaatsvindt, is het nadenken over intenties van anderen een langzamer proces waarbij verschillende 'hogere orde'-cognities samenwerken. In de adolescentie is er vooral een verandering in hersengebieden die betrokken zijn bij theory-of-mind en perspectief nemen (Blakemore, 2008). Onder theory-of-mind verstaan we de vaardigheid om na te denken over de gedachten en handelingen van iemand anders. Bij volwassenen is een netwerk aan hersengebieden betrokken bij theory-of-mind, waaronder de mediale prefrontale cortex, de temporaal-pariëtale junctie en de temporale cortex. Deze hersengebieden worden meer actief als iemand nadenkt over de gedachten, handelingen en intenties van anderen (Frith & Frith, 2003).

Het is wel bekend dat in de adolescentie nog grote veranderingen plaatsvinden in hoe jongeren nadenken over gedachten en intenties van anderen (Burnett et al., 2010). In een onderzoek werd aan deelnemers gevraagd om na te denken over sociale emoties in vergelijking met basale emoties. Adolescenten bleken meer activiteit te vertonen in de mediale prefrontale cortex en minder in de temporaal-pariëtale junctie en in de temporaal cortex (Burnett et al., 2009). Dit betekent dat er een niet-lineaire verandering plaatsvindt in hoe deze gebieden met elkaar samenwerken. Sommige hersengebieden gaan meer bijdragen aan sociale cognitie en andere gebieden minder.

Dit is verder onderzocht met sociale dilemmataken waarbij deelnemers worden gevraagd om na te denken over wat goed is voor henzelf en wat goed is voor iemand anders. Een kenmerk van deze taken is dat vooruitgang of voordeel voor de één leidt tot achteruitgang of nadeel voor de ander, en vice versa. In deze onderzoeken werd ontdekt dat de mediale prefrontale cortex vooral actief is wanneer mensen nadenken over wat voor henzelf gunstig is in vergelijking met iemand anders (Rilling & Sanfey, 2011). Dit gebied was meer actief bij adolescenten dan bij volwassenen (Van den Bos et al., 2011). De temporaal-pariëtale junctie echter was meer actief wanneer mensen nadenken over de intenties van iemand anders en dit gebied was minder actief bij adolescenten (Guroglu et al., 2011). Mogelijk betekent dit dat er in de adolescentie een verandering plaatsvindt van zelffocus naar de focus op het welzijn van anderen. Dit is mogelijk extra belangrijk in de adolescentie omdat jongeren hun identiteit ontdekken en daarmee meer op hun eigen zelfbeeld gericht zijn. Pas later zijn zij in staat om dit te bekijken vanuit het perspectief van anderen.

Naast het begrijpen van intenties is er in de adolescentie ook een grote gevoeligheid voor acceptatie en afwijzing door leeftijdgenoten (Sebastian et al., 2010). Ook dit is onderzocht met hersenonderzoek en hieruit werd duidelijk dat kinderen, adolescenten en volwassenen net zo'n sterke activiteit in beloningsgebieden in de hersenen (het striatum) hebben op het moment dat ze horen dat ze geaccepteerd worden door leeftijdgenoten (Gunther Moor et al., 2010). Wanneer deelnemers worden afgewezen of buitengesloten, is er ook voor alle deelnemers activiteit waar te nemen in sociale pijngebieden, zoals de insula. De deelnemers verschillen echter in activiteit in de prefrontale cortex op het moment dat ze werden afgewezen (Gunther Moor et al., 2010). In de adolescentie was een toename te zien in de prefrontale cortex als reactie op afwijzing.

Deze resultaten tonen aan dat acceptatie en afwijzing heel primaire emoties zijn die al op alle leeftijden worden gevoeld. Echter, naarmate deelnemers ouder zijn, vertonen ze ook meer activiteit in de prefrontale cortex, wat mogelijk aantoont dat volwassenen de afwijzing beter kunnen reguleren. Ook blijkt dat jongeren die meer tijd doorbrengen met vrienden minder activiteit in het sociale pijngebied in de hersenen, de insula, hebben tijdens sociale buitensluiting (Masten et al., 2012). Dit suggereert dat vrienden een beschermende functie kunnen hebben bij het ervaren van afwijzing en buitensluiting. Samengevat: sociale interacties doen een beroep op een veelvoud van hersengebieden, wat niet onverwacht is gezien de complexiteit van sociale relaties. Toch is er een aantal gebieden dat specifiek betrokken is bij het nadenken over jezelf in relatie tot anderen en bij het nadenken over intenties van anderen. Deze gebieden ontwikkelen zich met een verschillende snelheid in de adolescentie. Ook blijkt uit hersenonderzoek dat gevoelens van afwijzing en acceptatie al op jonge leeftijd in de hersenen worden waargenomen. Samen geven deze resultaten aan dat het vormen van vriendschappen en relaties in de adolescentie een belangrijke uitdaging is die verschillende fasen doorloopt.

4.9 Besluit

In dit hoofdstuk is de ontwikkeling van cognitieve controle- en executieve functies, primaire emoties en sociale relaties besproken vanuit het perspectief van hersenontwikkeling. Het uitgangspunt voor deze discussie was het dual-processing model dat veronderstelt dat de ontwikkeling van subcorticale hersengebieden (zoals het striatum en de amygdala) voorloopt op de ontwikkeling van corticale hersengebieden (zoals de prefrontale cortex en de pariëtale cortex). Het model wordt bevestigd door studies die aantonen dat het striatum en de amygdala meer actief zijn in de adolescentie dan in de kindertijd en de volwassenheid. Toch is er ook een aantal verbeterpunten te plaatsen bij deze modellen:

1 Het striatum en de amygdala zijn niet *altijd* meer actief in de adolescentie, want dit is afhankelijk van de manier waarop de taak is aangeboden. Het striatum is bijvoorbeeld extra actief wanneer jongeren een risicospel spelen waarbij zij worden aangemoedigd door leeftijdgenoten (Chein et al., 2011). In de toekomst zouden deze contextfactoren beter in kaart moeten worden gebracht.
2 De prefrontale cortex is weliswaar belangrijk voor executieve functies waarvan bekend is dat zij zich sterk ontwikkelen in de adolescentie; toch is het niet altijd zo dat de prefrontale cortex *meer* actief wordt in de adolescentie, Er zijn ook studies die aantonen dat bepaalde gebieden van de prefrontale cortex juist minder actief worden. Het patroon toont eerder aan dat de ontwikkeling van diffuus naar specifiek verloopt (Durston & Casey, 2006).
3 Hoewel de modellen een mooi uitgangspunt zijn voor het begrijpen van de ontwikkeling van emoties en controle over emoties, zijn zij weinig specifiek over de ontwikkeling van sociaal gedrag. Er is echter wel bekend dat de sociale hersengebieden, zoals

de mediale prefrontale cortex, de temporaal pariëtale junctie en de temporaal cortex, nog sterk veranderen in de adolescentie (Blakemore, 2008). In de toekomst zouden sociale processen ook moeten worden ondergebracht in het model.

4 Een van de grote uitdagingen voor de toekomst wordt ook om te onderzoeken hoe veranderingen in hersenfuncties samenhangen met de puberteitsontwikkeling (Forbes & Dahl, 2010). Er zijn enkele studies gedaan die interessante relaties hebben gevonden. Wanneer er specifiek op puberteitsontwikkeling wordt geselecteerd, zijn er ook verbanden te leggen met dieronderzoek waarin de organisatorische rol van puberteitshormonen duidelijker in kaart is gebracht (Spear, 2009; 2011). Uiteindelijk zal een meer *mechanistische* verklaring van gedrag, dat wil zeggen dat we beter weten welke factoren de *oorzaak* zijn van bepaald gedrag, hopelijk ook leiden tot het beter in kaart brengen van gevoeligheden in de adolescentie en uiteindelijk tot preventie van deviante ontwikkeling.

5 Cognitieve ontwikkeling[1]

Tjeert Olthof

5.1 Inleiding

Op het terrein van de ontwikkeling van het denken in de adolescentie zijn twee begrippen van belang, namelijk *cognitie* en *intelligentie*. Het begrip *cognitie* refereert aan verschillende denkactiviteiten. Het heeft niet alleen betrekking op typisch intellectuele vaardigheden als redeneren en problemen oplossen, maar het is op te vatten als aanduiding voor een breder en complex systeem van elkaar beïnvloedende processen die een rol spelen in het opdoen en gebruiken van kennis. Cognitie heeft dus betrekking op de handeling of het proces van het kennen. Het gaat daarbij vooral om de wijze waarop informatie wordt gerepresenteerd, georganiseerd en getransformeerd om richting te geven aan het handelen van een individu (Flavell, 1963).

Naast cognitie wordt ook het begrip *intelligentie* gebruikt. In het alledaagse spraakgebruik heeft dit woord betrekking op het vermogen kennis te verwerven en er nuttig gebruik van te maken, het zich verstandig en met gevoel voor verhoudingen in zijn omgeving gedragen, het doeltreffend gebruiken en combineren van verschillende gegevens om problemen op te lossen, enzovoort. In de psychologie wordt het woord 'intelligentie' vaak gebruikt in relatie tot het gebruik van tests. Intelligentie heeft dan betrekking op een verzameling vaardigheden die door die tests worden gemeten, dus op het *product* van cognitieve processen.

5.2 Benaderingen van cognitieve ontwikkeling

Bij het bestuderen van de cognitieve ontwikkeling kan er een indeling gemaakt worden in drie verschillende benaderingen. Deze benaderingen hebben ook elk hun eigen onderzoekstraditie. Zij verschillen op het punt van de theoretische uitgangspunten, de gestelde vragen en de gehanteerde onderzoeksmethoden. Overigens is deze driedeling nadrukkelijk globaal, niet alle onderzoek is precies in een van de tradities onder te brengen. Soms worden aspecten van verschillende benaderingen gecombineerd.

1 Bij de eerste benadering is men geïnteresseerd in de *ontwikkelingspsychologische veranderingen* die zich manifesteren in de wijze waarop de problemen worden aangepakt. Men heeft hierbij vooral belangstelling voor de soorten redeneringen die adolescenten gebruiken en de verschillen in denktrant met de voorafgaande periode. Bij deze benadering gaat men uit van de veronderstelling dat veranderingen in denktrant samenhangen met kwalitatieve veranderingen in de cognitieve structuren die karakteristiek zijn voor opeenvolgende stadia van het ontwikkelingsproces. Omdat het werk van de Zwitserse psycholoog Piaget een centrale plaats inneemt in deze benadering, zal deze traditie worden aangeduid als de *Piagetiaanse benadering*.

---

1 De paragrafen over de Piagetiaanse en psychometrische benaderingen bestaan uit enigszins geredigeerde en aangevulde versies van teksten uit een eerdere editie van dit boek (De Wit, Van der Veer en Slot, 1995).

2 Een tweede benadering richt zich vooral op veranderingen in de *capaciteit* van het cognitieve systeem en op veranderingen in de *efficiëntie en organisatie* van cognitieve processen. Deze benadering is vooral geïnteresseerd in de soort informatie die adolescenten uit hun omgeving opnemen, de wijze waarop ze informatie verwerken en de manieren waarop ze informatie gebruiken bij het oplossen van problemen. De verschillen tussen kinderen en adolescenten worden opgevat als voortkomend uit kwantitatieve groei van de capaciteit van het cognitieve systeem (in tegenstelling tot de kwalitatieve veranderingen bij Piaget). Ook wordt er een toenemende efficiëntie verondersteld in de wijze waarop informatie wordt verwerkt. In het vervolg zal deze benadering worden aangeduid als de *informatieverwerkingsbenadering*. Binnen de informatieverwerkingsbenadering zal nog weer onderscheid worden gemaakt tussen *klassieke* op de werking van een computer geïnspireerde modellen en meer recente *connectionistische* modellen die zijn geïnspireerd op wat we weten over hoe de hersenen werken.

3 Ten slotte is er de zogenaamde *psychometrische benadering*. Deze is vooral geïnteresseerd in het vaststellen van het niveau van cognitief functioneren van adolescenten en gebruikt daarbij tests als meetinstrumenten om de intellectuele capaciteiten van adolescenten zoals die op een bepaald moment aanwezig zijn zo betrouwbaar mogelijk vast te stellen. Meestal trekt men daarbij vergelijkingen met testprestaties van leeftijdgenoten, maar men kan ook komen tot vergelijking met vroegere prestaties van de adolescent. Het accent ligt bij deze benadering veel meer op *producten* dan op processen of ontwikkelingen en meer op *verschillen* tussen individuen dan op algemene wetmatigheden. Deze benadering wordt veel gebruikt wanneer het erom gaat vaardigheden op school en in het beroep te beoordelen.

5.3 De Piagetiaanse benadering

Piaget is een belangrijk theoreticus die het denken over de cognitieve ontwikkeling diepgaand heeft beïnvloed. Zoals we later zullen zien, worden sommige van zijn ideeën over het denken van adolescenten door hedendaagse onderzoekers niet meer aanvaard, maar op andere punten wordt zijn theorie nog steeds gezien als zeer waardevol en in essentie juist. Piaget gaat ervan uit dat zich gedurende de ontwikkeling *kwalitatieve* veranderingen voordoen in het cognitieve functioneren (dus veranderingen in de aard van het denken). Om deze veranderingen verder inzichtelijk te maken, gaat hij uit van drie vooronderstellingen, die terug te voeren zijn op een organismische visie (vergelijk hoofdstuk 2):

1 Cognitief functioneren behoort tot een biologisch proces van aanpassen (adaptatie).
2 Met het ouder worden ontwikkelen zich nieuwe cognitieve structuren.
3 In samenhang daarmee doen zich kwalitatieve veranderingen voor: de ontwikkeling verloopt in een opeenvolging van fasen.

5.3.1 Adaptatie

Piaget gaat ervan uit dat de situatie waarin een persoon verkeert voortdurend verandert en dat ook de persoon zelf verandert. Om zichzelf te ontwikkelen moet telkens een nieuw 'evenwicht' in de omgang van de persoon met zijn omgeving gevonden worden. Intelligent functioneren, maakt deel uit van dit biologisch adaptatieproces. Binnen het adaptatieproces kunnen twee aspecten worden onderscheiden, namelijk assimilatie en accommodatie.

Assimilatie wil zeggen dat de persoon de omgeving beïnvloedt, er veranderingen in aanbrengt om deze aan te passen aan zijn mogelijkheden. Nieuwe informatie wordt ingepast in bestaande kennis. Om een voorbeeld te geven: een middelbare scholier die gewend is aan computers met Windows, maar die tijdens een vakantiebaantje moet werken met computers die draaien onder een ander besturingssysteem, zal eerst proberen zoveel mogelijk te werken op de manier die hij gewend is.

Accommodatie betekent daarentegen dat de persoon zich voegt naar de omgeving, zich door de omgeving laat beïnvloeden en tot nieuw gedrag komt. Nieuwe informatie leidt tot een veranderde kijk op de dingen. Als die scholier de mogelijkheden van het voor hem nieuwe besturingssysteem gaat ontdekken en vervolgens zijn werkwijze verandert, is dat een voorbeeld van accommodatie.

Met andere woorden: assimilatie is het toevoegen van nieuwe elementen aan reeds bestaande structuren. Accommodatie is het veranderen van de structuur door middel van nieuwe elementen die worden opgenomen. Assimilatie en accommodatie zijn twee kanten van één zaak, die niet van elkaar kunnen worden losgekoppeld. Het zijn twee aspecten van het voortdurende aanpassingsproces in de wisselwerking tussen het individu en de mensen en dingen om hem heen.

Piaget stelt dat dit alles zo verloopt dat de interactie tussen individu en omgeving opnieuw in evenwicht komt. Hij spreekt daarom van een proces van 'equilibratie'. Na het bereiken van dat nieuwe evenwicht functioneert het individu echter op een hoger niveau dan daarvoor, dat wil zeggen het functioneren is flexibeler en beter aangepast aan de eisen die de taak of de situatie stelt.

Soms zijn assimilatie en accommodatie niet met elkaar in evenwicht. Een adolescent die gefascineerd raakt door een nieuw plan (assimilatie) kan zich volledig verliezen in het uitdenken van mogelijkheden en het bouwen van allerlei luchtkastelen, zonder een eerste stap van het plan in de realiteit uit te proberen en zonodig het plan aan te passen (accommodatie).

Van de kant van het individu gezien spelen in dit aanpassingsproces twee zaken een rol: zijn handelingen en zijn denken. Al doende komt een individu tot inzichten over de wijze waarop de wereld in elkaar zit. Denken wordt door Piaget bovendien beschouwd als een speciaal soort activiteit: bij denken gaat het om handelingen van een individu die niet feitelijk hoeven plaats te vinden, maar die zich in de voorstelling van de persoon afspelen. Piaget noemt gedachten daarom 'geïnternaliseerde' handelingen of wel denkoperaties.

5.3.2 Structuren

Volgens Piaget beperkt intelligentie zich niet tot een betrekkelijk passief registreren en combineren van informatie die van buitenaf komt. In het adaptatieproces is de activiteit van het individu uitermate belangrijk. Kennis wordt telkens opnieuw gestructureerd en georganiseerd. Nieuwe gegevens worden geïntegreerd in de al aanwezige kennis. Zo komt men tot een steeds genuanceerder inzicht in diverse samenhangen. Door actief met zijn omgeving om te gaan, ontwikkelt zich binnen het individu een onderling samenhangend geheel van begrippen en inzichten. Dit geheel wordt de *cognitieve structuur* of de structuur van de intelligentie genoemd.

De cognitieve structuur van een kind op een bepaald moment is bepalend voor de vraag welke informatie wel en welke niet verwerkt kan worden. Om een voorbeeld te geven: het is zinloos te proberen een kleuter uit te leggen wat de zwaartekrachttheorie inhoudt omdat een kleuter nu eenmaal nog niet in staat is de daarbij te gebruiken abstracte begrippen te hanteren. Een bestaande cognitieve structuur kan zich echter wel verder ontwikkelen door actieve interactie van de persoon met zijn omgeving: een kleuter die zijn knikkers telt en ze daarbij in steeds andere patronen neerlegt, leert al doende dat het aantal onafhankelijk is van de wijze waarop voorwerpen gegroepeerd zijn. Zo wordt het cognitieve functioneren doeltreffender; het adaptatieproces verloopt steeds evenwichtiger en flexibeler.

5.3.3 Ontwikkelingsfasen

Met het ouder worden ontwikkelen zich nieuwe cognitieve structuren. In samenhang daarmee treden kwalitatieve veranderingen op in het cognitieve functioneren, veranderingen in de aard van het denken. Deze kwalitatieve veranderingen hebben volgens Piaget een vaste volgorde. De cognitieve ontwikkeling kan daarom worden weergegeven door een indeling in fasen. In elke fase van de cognitieve ontwikkeling is het cognitief functioneren van een specifieke aard. De volgorde van de fasen is voor elk individu dezelfde.

- *De senso-motorische fase.* Een baby staat in contact met zijn omgeving door zijn zintuigen te gebruiken (bijvoorbeeld door naar een rammelaar te kijken) en de dingen om hem heen te manipuleren (bijvoorbeeld de rammelaar te grijpen en in de mond te stoppen). De ervaringswereld van baby's kan beschreven worden als een cyclus van zintuiglijke ervaringen en motorische handelingen.
- *De intuïtieve of preoperationele fase.* Bij peuters en kleuters (leeftijd van achttien maanden tot zeven jaar) kan men spreken van een ander type cognitief handelen: zij zijn in staat tot een innerlijke representatie van de dingen om hen heen. Het gebruik van de taal is daarvoor een belangrijk middel. Dat blijkt onder andere in hun spel; een kind kan bijvoorbeeld doen alsof het de dokter is bij wie het de vorige dag geweest is. Dergelijke representaties van de buitenwereld zijn echter nog sterk gebonden aan wat het kind rechtstreeks heeft waargenomen. Volgens Piaget kunnen kinderen van deze

leeftijd zich bijvoorbeeld niet voorstellen hoe een maquette van een berglandschap die zij bekijken eruitziet vanuit het perspectief van iemand die aan de andere kant van de maquette staat. Ze kunnen hun representatie van een bepaalde situatie niet veranderen zonder dat die situatie feitelijk verandert of zonder dat ze zelf de situatie daadwerkelijk van een andere kant gaan bekijken. Ze zijn niet in staat tot wat in de vakliteratuur wordt aangeduid met de termen *role taking* (rol nemen) of *perspective taking* (perspectief nemen) en ze worden daardoor gekenmerkt door een zeker egocentrisme.

- *De fase van de concrete denk-operaties.* Oudere kinderen (van ongeveer zeven tot twaalf jaar) hebben bredere mogelijkheden om de omgeving te representeren. Zij kunnen de representaties van de omgeving actief veranderen, denkhandelingen verrichten, ordenen en classificeren. Zij kunnen bijvoorbeeld een aantal door elkaar liggende voorwerpen in gedachten ordenen van groot naar klein zonder dat ze die voorwerpen in de handen hoeven te nemen, zoals in een voorafgaande fase nodig was. Of, om een ander voorbeeld te noemen, ze kunnen verschillende dieren niet alleen classificeren in soorten zoals honden, katten, koeien of geiten, maar ook aan de hand van de vraag of de betreffende dieren leven in bomen en bossen, in het open veld of in de bergen.
Het kind let in deze periode op oorzakelijke samenhangen en het kan conclusies trekken, maar alleen met betrekking tot dingen die in zijn omgeving direct waarneembaar zijn of rechtstreeks ervaren kunnen worden. Ook wanneer een kind fantaseert, knoopt het vooral aan bij concrete en zichtbare zaken in zijn omgeving ('later word ik trambestuurder'). Daarbij komt dat het bereik van het denken nog betrekkelijk klein is; van de eigenschappen van objecten en gebeurtenissen kan slechts een beperkt aantal tegelijk in aanmerking worden genomen.
- *De fase van de formele denk-operaties.* Volgens Piaget beginnen zich omstreeks de leeftijd van twaalf jaar, dus bij het begin van de adolescentieperiode, formele denkoperaties te vormen. Anders dan in de concreet operationele fase het geval was, hebben deze operaties geen betrekking op dingen die direct zichtbaar zijn en op gebeurtenissen die rechtstreeks worden ervaren. In plaats daarvan hebben die operaties betrekking op het denken zelf. Dat wil zeggen, de denkoperaties uit de concreet operationele fase zoals die in de vorige paragraaf zijn beschreven, worden zelf onderwerp van denken. Formele denkoperaties zijn dus operaties op operaties. Kuhn (2008) geeft als voorbeeld dat een formeel operationele denker kan denken over de samenhang tussen de beide in de vorige paragraaf genoemde concreet operationele denkhandelingen van het classificeren van diersoorten in termen van uiterlijk en verwantschap en in termen van leefomgeving. Hij zou zich, bijvoorbeeld, kunnen afvragen of verwante soorten misschien een bepaald soort leefomgeving gemeenschappelijk hebben. Wie zich dergelijke vragen stelt, denkt na over de eigen denkoperaties, in dit geval die van het classificeren, en dat is in Piagets gedachtegang de essentie van het formeel operationele denken.

Het 'denken over denken'-karakter van het formeel operationele denken maakt dat het niet gebonden is aan het hier en nu aanwezige, maar dat het *abstract* van aard is. Die abstractie komt naar voren in drie onderling verwante kenmerken van het formeel operationele denken die hieronder nader besproken zullen worden. Deze betreffen het *contrafactische*, het *hypothetisch-deductieve* en het *combinatorische* karakter van het formeel operationele denken.

Contrafactisch wil zeggen dat men in de formeel operationele fase kan denken over imaginaire situaties die radicaal afwijken van hoe ze op dit moment feitelijk zijn. Om een voorbeeld te geven: een formeel operationele denker is in staat naar aanleiding van de instructie 'laten we ervan uitgaan dat op dit moment alle winbare voorraden olie, aardgas en steenkool echt op zijn' een redenering op te zetten. In zo'n redenering komen dan niet enkel de concrete gevolgen voor het dagelijks leven aan de orde, maar ook en juist de algemeen maatschappelijke en geopolitieke implicaties. Een concreet operationele denker zal een dergelijke met de concreet-zichtbare werkelijkheid strijdige veronderstelling ofwel niet accepteren ('Maar bij ons thuis doet het gas het nog en als mijn moeder benzine tankt zit er genoeg in de pomp') ofwel antwoorden in termen van de directe gevolgen voor het dagelijks leven.

Het vermogen om contrafactische 'als... dan'-redeneringen op te zetten, komt de formeel operationele denker van pas bij het oplossen van problemen. Hij kan dan namelijk *hypothetisch-deductief* te werk gaan; dat wil zeggen dat hij kan denken door eerst hypothesen (vooronderstellingen) op te stellen en vervolgens deducties (gevolgtrekkingen) te maken. Het denken heeft niet meer uitsluitend betrekking op concrete situaties, maar in plaats daarvan vooral op proposities, op beweringen. Het denken wordt experimenterend denken; men kan vanuit vooronderstellingen gevolgtrekkingen maken, deze gevolgtrekkingen toetsen aan de concrete werkelijkheid en naargelang het resultaat van deze toetsing zijn vooronderstellingen behouden of wijzigen.

Het abstracte karakter van het formeel operationele denken komt ten slotte tot uiting in het vermogen tot *combinatorisch* denken. Men is in staat de voor een probleem relevante aspecten eerst uit elkaar te houden om ze vervolgens op alle mogelijke manieren te combineren en op basis van het wel of niet voorkomen van bepaalde combinaties causale verbanden af te leiden. Om een voorbeeld te geven: in een van de experimenten van Inhelder en Piaget (1958) ontvangt de proefpersoon vijf glazen met verschillende vloeistoffen. Bij een bepaalde combinatie van deze vloeistoffen ontstaat er een geel mengsel; de proefpersonen wordt gevraagd na te gaan welke combinatie dat is. Een kind in de concreet-operationele fase gaat dan onsystematisch allerlei combinaties proberen; als het al door toeval de juiste combinatie vindt, is het niet in staat direct die combinatie nog eens terug te vinden. Een formeel operationeel denkende adolescent gaat heel anders te werk. Hij bedenkt eerst welke combinaties van vloeistoffen er mogelijk zijn, gaat deze combinaties systematisch uitproberen en kan, als hij de juiste combinatie bereikt, deze ook direct weer terugvinden.

Eerder werd het formeel operationeel denken gekarakteriseerd als 'denken over denken'. Die op de eigen persoon gerichte reflectie beperkt zich echter niet tot de eigen denkprocessen, maar is ook gericht op andere aspecten van het eigen functioneren. Veel adolescenten gaan ook nadenken over de eigen persoonlijkheid en over het eigen sociale, emotionele en morele functioneren en, niet te vergeten, het eigen functioneren bij het aangaan van intieme relaties. In dat denken kunnen abstracte begrippen als liefde, vrijheid en menselijke waardigheid een belangrijke rol spelen. Het formeel operationele denken komt bij sommigen ook naar voren in een veranderende inhoudelijke belangstelling. Adolescenten kunnen diepgaand geïnteresseerd zijn in problemen als de opwarming van de aarde, de ongelijke verdeling van welvaart, het opraken van grondstoffen, milieuverontreiniging, oorlog, discriminatie, enzovoort, enzovoort. Veel adolescenten denken ook actief na over mogelijkheden om deze problemen op te lossen.

Concrete voorbeelden van de wijze waarop adolescenten nadenken over de hierboven genoemde en andere zaken zijn regelmatig te vinden in ingezonden brieven in jeugdrubrieken en jeugdbladen. Ter illustratie volgt hier een opsomming van onderwerpen uit een drietal willekeurig gekozen rubrieken: Het al dan niet problematische karakter van het uit nieuwsgierigheid kijken naar seksfilmpjes op internet (meisje, vijftien jaar); de verhouding tussen vrijheid en gebondenheid bij het aangaan van een intieme relatie (jongen, achttien jaar); de gevaren van drugsgebruik (meisje, twaalf jaar); de al dan niet respectabele motieven achter de afwijkende kleding- en muziekvoorkeuren van sommige jongeren (jongen, zeventien jaar); de verhoudingen tussen Israël en de Palestijnen (jongen, elf jaar); de gunstige en ongunstige kanten van het leven in vroeger eeuwen versus het leven van nu (jongen, veertien jaar); de eigen tegenstrijdige gevoelens en gedachten na het ondergaan van een abortus (meisje zestien jaar); de neiging van sommige jongeren om (in de ogen van de briefschrijver onnodig) zielig te doen (jongen zeventien jaar); de problemen van het als achttienjarige verliefd zijn op een dertienjarige (jongen, achttien jaar); argumenten voor en tegen een vegetarische levensstijl (jongen, negentien jaar; meisje dertien jaar) en, tenslotte, de kwestie van dierenwelzijn in de veeteelt (meisje, vijftien jaar). Stuk voor stuk illustreren deze brieven dat althans sommige adolescenten diepgaand nadenken over zichzelf, over de wereld waarin zij leven en over hun eigen positie in die wereld. De brieven geven uiteraard geen uitsluitsel over de vraag of *alle* zich normaal ontwikkelende adolescenten zo denken en ook niet over de vraag in hoeverre een adolescent die op een bepaald terrein formeel operationeel denkt, dat ook doet op andere terreinen. Op grond van het onderzoek naar de cognitieve ontwikkeling van adolescenten van de laatste decennia is over deze punten echter wel iets te zeggen.

Zoals gezegd ging Piaget er aanvankelijk vanuit dat adolescenten vanaf een jaar of twaalf formeel operationeel gaan denken. Hij dacht ook dat het formeel operationele denken zich op allerlei terreinen *tegelijk* zou manifesteren omdat de verschillende aspecten van dat denken één gestructureerd geheel zouden vormen (Inhelder & Piaget, 1958). Inmiddels is echter duidelijk geworden dat Piaget op deze beide punten ongelijk had (Kuhn, 2008). Zo is gebleken dat al veel jongere kinderen soms denkwijzen laten zien die formeel operationeel genoemd kunnen worden. Tegelijk is ook duidelijk geworden dat adolescenten en zelfs volwassenen lang niet altijd formeel operationeel denken. Bij beide leeftijdsgroepen is het formele denken gebonden aan bepaalde domeinen, namelijk die waarin zij zich in het kader van een opleiding of uit belangstelling speciaal hebben verdiept. Een middelbare scholier bijvoorbeeld, die zich in zijn vrije tijd heeft bekwaamd in het bouwen van geavanceerde websites, zal bij het ontwerpen, programmeren en testen van zo'n applicatie allicht formeel operationeel denken. Echter, diezelfde scholier zou wanneer hij geconfronteerd wordt met een probleem op een heel ander terrein, heel goed veel minder geavanceerde denkwijzen kunnen laten zien. Wanneer bijvoorbeeld zijn scooter het opeens niet doet en hij heeft zich nooit beziggehouden met de techniek van verbrandingsmotoren, dan is de kans groot dat hij terugvalt op denkwijzen die eerder concreet operationeel zijn dan formeel operationeel.

Hoewel veel hedendaagse onderzoekers kritisch staan ten opzichte van Piagets karakterisering van het denken van adolescenten omdat het formeel operationele denken minder algemeen is dan Piaget aanvankelijk dacht, wijst Kuhn (2008) er met nadruk op dat Piaget het op één wezenlijk punt wel degelijk bij het goede eind had. Dat punt betreft het 'denken over denken'- karakter van het formeel operationele denken. Zoals later in dit hoofdstuk aan de orde komt, karakteriseren ook hedendaagse onderzoekers het denken van adolescenten met behulp van begrippen als *metacognitie* en *executieve functies* die impliceren dat de adolescent denkt over het eigen denken (zie verder paragraaf 5.4). Samenvattend hebben veel, zo niet alle, zich normaal ontwikkelende adolescenten althans de mogelijkheid formeel operationeel te denken, hetgeen impliceert dat ze kunnen denken over denken. Als ze dat doen, is hun denken te karakteriseren als:

1 *contrafactisch* (de reëel aanwezige stand van zaken wordt afgezet tegen datgene wat mogelijkerwijs het geval zou kunnen zijn);
2 *hypothetisch-deductief* (vanuit vooronderstellingen worden gevolgtrekkingen gemaakt die vervolgens worden getoetst aan de concrete werkelijkheid);
3 *combinatorisch* (de voor een probleem relevante aspecten worden eerst uit elkaar gehouden en vervolgens systematisch gecombineerd zodat causale conclusies getrokken kunnen worden).

Niet alle adolescenten denken op alle terreinen formeel operationeel, maar wie dat op een bepaald terrein wel doet, denkt gemakkelijk in abstracte termen. Zo vormen veel adolescenten zich ideeën en opinies over zaken als liefde en vriendschap, democratie en samenleving, moraal en religie.

5.3.4 Ontwikkeling in en na de adolescentie?

Voor Piaget is met de fase van het formele denken het eindpunt van de cognitieve ontwikkeling bereikt en is er dus weinig reden om na de adolescentie nog veel vooruitgang te verwachten. Toch is er inmiddels een traditie ontstaan van onderzoek naar de ontwikkeling van het denken in de volwassenheid.

In deze traditie speelt het begrip *wijsheid* een belangrijke rol (Baltes, Smith & Staudinger, 1992). Volgens deze onderzoekers worden wijze mensen gekenmerkt door:

1 uitgebreide feitelijke kennis van de zaken die in een mensenleven belangrijk zijn;

2 uitgebreide procedurele kennis van diezelfde zaken, bijvoorbeeld hoe beslissingen te nemen, welke doelen te kiezen, wie te raadplegen en hoe advies te geven;
3 neiging om rekening te houden met de contexten en de omstandigheden in iemands vroegere, huidige en toekomstige leven;
4 neiging er enerzijds rekening mee te houden dat mensen verschillende waarden en prioriteiten hebben en dat iemands leven vanuit de eigen waarden en prioriteiten bezien moet worden, maar anderzijds ook uit te gaan van enkele universele waarden die specificeren wat goed is voor de eigen persoon en voor anderen;
5 sterk bewustzijn van hoe onzeker zowel interpretaties van het verleden als voorspellingen van de toekomst kunnen zijn, alsmede het vermogen om met dergelijke onzekerheden om te gaan.

In een onderzoek waarin adolescenten en volwassenen reageerden op dilemma's over bijvoorbeeld een tiener die net heeft vernomen dat haar ouders gaan scheiden, of over een volwassene wiens vriend aankondigt zelfmoord te willen plegen, beoordeelden Pasupathi, Staudinger en Baltes (2001) in hoeverre de reacties van veertien- tot twintigjarige adolescenten en van eenentwintig- tot zevenendertigjarige volwassenen getuigden van wijsheid volgens de hierboven genoemde criteria. Zij vonden dat de volwassenen als groep wijzer waren dan de adolescenten en dat er alleen binnen de groep adolescenten een duidelijk verband was tussen leeftijd en wijsheid. Voor de adolescenten gold *hoe ouder hoe wijzer*, maar bij de volwassenen was dat verband tussen leeftijd en wijsheid er niet. Pasupathi et al. concluderen dat de adolescentie bij uitstek de levensperiode is waarin de *seeds of wisdom* ontkiemen die later bij althans sommige volwassenen tot bloei komen. Al met al vormt dit en ander onderzoek in dezelfde traditie een aanwijzing dat ook adolescenten die Piagets formele stadium hebben bereikt, nog vooruitgang kunnen boeken op het vlak van de cognitieve ontwikkeling.

5.3.5 Verbanden met het psychosociale functioneren

Piagets observaties over het egocentrisme van kinderen in de preoperationele fase (zie eerder dit hoofdstuk) vormden in de jaren zeventig en tachtig de basis voor een belangrijke traditie van onderzoek naar de ontwikkeling van *sociale cognitie*, ofwel het denken over de sociale werkelijkheid. Die traditie vormde vervolgens weer de basis van hedendaags onderzoek naar de ontwikkeling van een *theory of mind*, dat wil zeggen van de voorstellingen en ideeën die kinderen zich vormen over de wensen, ideeën en emoties van anderen. Uit dit latere onderzoek blijkt trouwens dat jonge kinderen toch meer vaardigheden hebben dan Piaget schetste.
Onderzoek naar de ontwikkeling van sociale cognities heeft het mogelijk gemaakt een verband te leggen tussen de voor adolescenten kenmerkende wijze van denken en hun psychosociale ontwikkeling. Twee benaderingen worden hier besproken, die van Selman (1980) over het denken over de sociale werkelijkheid en die van Elkind (1967) over het egocentrisme van adolescenten.

Selman (1980) formuleerde net als Piaget een soort fasentheorie, waarin in dit geval verschillende elkaar soms overlappende niveaus van de sociaal-cognitieve ontwikkeling worden onderscheiden. Hier worden alleen de stadia besproken die betrekking hebben op adolescenten.

Al voor het twaalfde jaar zijn kinderen in staat om na te denken over het eigen gedrag en om wederkerigheid (reciprociteit) in gezichtspunten te onderkennen. Behalve dit nadenken over het eigen gedrag, kan een kind dat gedrag ook aanpassen aan de consequenties die het verwacht. Kinderen kunnen zich geleidelijk beter in de ander verplaatsen en realiseren zich dat anderen dat ook doen. In de *vroege adolescentie* komt daar nog de mogelijkheid bij om diverse standpunten meer van een afstand, vanuit het standpunt van een derde persoon, een neutrale buitenstaander, te gaan bezien. Jongeren kunnen zo naar zichzelf kijken, naar hoe ze doen en wat ze denken.

Jongeren voelen zich opgenomen in een gezamenlijk patroon van interacties, zoals spelers in een drama, waarbij men naar zichzelf kan kijken als naar een van die spelers. Dit noemt Selman het structurele perspectief. De mate van zelfbewustzijn neemt toe, men krijgt oog voor het soms tegenstrijdige karakter van de eigen gevoelens en kan daardoor het eigen gedrag ook beter controleren.

Later in de adolescentieperiode vindt er een verdieping en vermaatschappelijking plaats van het perspectief. Dit blijkt uit het groeiende besef bij de adolescent dat de kijk die mensen op elkaar hebben, beïnvloed wordt door de persoonlijke levensgeschiedenis en maatschappelijke positie. Verder ontstaat het inzicht dat op diverse niveaus gemeenschappelijke gezichtspunten ontwikkeld kunnen worden: zowel oppervlakkig op grond van beschikbare algemene informatie, als meer fundamenteel op basis van gedeelde morele of sociale waarden (mensen sluiten zich bij elkaar aan omdat ze dezelfde politieke standpunten hebben). Er komt ook besef van de relativiteit van standpunten die individuen of maatschappelijke groeperingen innemen (en besef dat die standpunten ingegeven worden door bepaalde belangen, en dat er ook andere standpunten mogelijk zijn).

De tweede benadering die het verband legt tussen cognitieve ontwikkeling en het psychosociaal functioneren van adolescenten is die van Elkind (1967). Volgens hem zijn niet alleen kinderen in de preoperationele fase egocentrisch, maar vertonen ook adolescenten die de nieuwe formele denkstructuren nog onvoldoende beheersen een bepaalde mate van *cognitief egocentrisme*. Dit wil zeggen dat adolescenten nog niet voldoende onderscheid maken tussen de zaken waarmee ze zelf intensief bezig zijn, en de dingen waar anderen vooral over nadenken. Dit is volgens Elkind in de eerste plaats te zien in het geloof dat anderen even sterk op hun uiterlijk en gedrag letten als zij dat zelf doen en dat anderen hen ook beoordelen zoals zij zichzelf beoordelen. Adolescenten hebben voortdurend het gevoel bekeken te worden, menen steeds dat anderen op hen letten: zij hebben een 'imaginair publiek'. Omdat zij denken dat iedereen op hen let, vragen zij zich telkens af wat anderen van hen zullen vinden en schamen zij zich dikwijls.

In de tweede plaats blijkt dat egocentrisme uit een overwaardering van de eigen gevoelens en opvattingen: adolescenten denken dat hun gevoelens en ideeën uniek zijn, en dat niemand is zoals zij zelf. Deze overschatting van het eigen uniek-zijn bij adolescenten kan leiden tot de overtuiging dat bepaalde dingen hen nooit zullen overkomen. Elkind spreekt in dit verband van een 'persoonlijke fabel'. Deze overschatting heeft belangrijke consequenties: het gegeven dat veel jongeren onveilig vrijen wordt wel verklaard vanuit het idee dat zij door hun cognitief egocentrisme de vaste overtuiging hebben dat een ongewenste zwangerschap of een ziekte hen niet zal treffen.

Latere onderzoekers (Lapsley, 1993) neigen ertoe om het cognitieve egocentrisme van adolescenten niet zo zeer op te vatten als een bijproduct van het formele denken, maar als voortkomend uit:

1 het streven van adolescenten om een zekere onafhankelijkheid ten opzichte van hun ouders te bereiken en tegelijk met anderen verbonden te blijven;
2 de ontwikkeling van hun vermogen tot perspectief nemen zoals die werd beschreven door Selman. In deze gedachtegang komt de persoonlijke fabel voort uit het streven naar onafhankelijkheid, terwijl het imaginaire publiek voortkomt uit het tegelijkertijd aanwezige streven toch ook met anderen verbonden te blijven. Het zou dus meer betreffen dan alleen de cognitieve ontwikkeling tijdens de adolescentie, maar ook te maken hebben met de spanning die adolescenten ervaren tussen afhankelijkheid en verbondenheid. Uit onderzoek naar deze wat nieuwere manier om naar beide vormen van egocentrisme te kijken, bleek dat dit inderdaad het geval is (Goossens et al., 2002).

5.4 De informatieverwerkingsbenadering

De informatieverwerkingsbenadering van cognitie stamt uit de jaren vijftig en zestig van de twintigste eeuw. In die periode vonden de eerste generaties computers steeds breder toepassing en onderzoekers begonnen zich af te vragen of de menselijke geest op een soortgelijke wijze zou kunnen werken als de computer. Volgens deze gedachtegang kan het cognitieve systeem, net als een computer, worden opgevat als een systeem dat achtereenvolgens een reeks bewerkingen uitvoert op in symbolische vorm opgeslagen gegevens, dat wil zeggen, als een systeem dat *informatie verwerkt*. Deze benadering leidde vervolgens tot op de computer geïnspireerde modellen van de componenten waaruit het cognitieve systeem zou kunnen bestaan. In een van de volgende paragrafen wordt een dergelijk model beschreven.

Inmiddels zijn er varianten van de informatieverwerkingsbenadering ontstaan die van de hierboven beschreven *klassieke* informatieverwerkingsbenadering afwijken doordat ze niet meer in de eerste plaats zijn geïnspireerd op de computers die op onze bureaus staan, maar eerder op de computers die we in ons hoofd met ons meedragen, namelijk onze hersenen. Kenmerkend voor dergelijke *connectionistische* modellen is dat het cognitieve systeem wordt opgevat als bestaande uit een aantal met elkaar verbonden eenheden of 'neuronen' die elk een bepaalde activatietoestand hebben en die voortdurend elkaars activatie beïnvloeden via exciterende of inhiberende verbindingen van wisselende sterkte (Bates & Elman, 1993). In dergelijke systemen verloopt de informatieverwerking niet *sequentieel* (op elkaar volgend) zoals in een klassiek informatieverwerkingsmodel, maar *parallel*. Bovendien wordt de informatie niet noodzakelijk in discrete symbolische vorm op één bepaalde plek in het systeem opgeslagen, maar verspreid over het hele netwerk van 'neuronen'. Connectionistische modellen zijn voor ontwikkelingspsychologen interessant omdat ze in staat zijn tot leren. Op een enkele uitzondering na (zie bijvoorbeeld het werk van Leech, Mareschal en Cooper, 2008 over redeneren op basis van analogieën) zijn de meeste ontwikkelingspsychologische toepassingen gericht op de ontwikkeling bij jonge kinderen. De beschrijving van het cognitieve functioneren van adolescenten in de volgende paragraaf is daarom nog voornamelijk gebaseerd op de klassieke informatieverwerkingsbenadering.

5.4.1 Een klassiek informatieverwerkingsmodel van het cognitieve systeem

Een goed voorbeeld van een informatieverwerkingsmodel is dat van Atkinson en Shiffrin (1968). Hoewel dit model bekend staat als een model van het geheugen heeft het niet enkel betrekking op hoe informatie voor langere tijd wordt onthouden, maar wordt in feite het complete cognitieve systeem erin beschreven. Volgens dit model worden van de zintuigen afkomstige gegevens ontvangen in het *sensorisch geheugen*. Daar worden de gegevens enkele seconden opgeslagen zodat ze beschikbaar zijn om verder verwerkt te worden. Op een deel van deze informatie wordt de aandacht gericht, hetgeen in dit model betekent dat de gegevens worden opgenomen in het *kortetermijn- of werkgeheugen*. Als er verder niets gebeurt, blijven ze daar enkele tientallen seconden aanwezig, zijn ze langer nodig dan moeten ze worden herhaald. Denk bijvoorbeeld aan een telefoonnummer dat in de periode tussen het opzoeken en het intoetsen ervan enkele keren moet worden herhaald om beschikbaar te blijven. In het werkgeheugen kunnen ook bewerkingen op de gegevens worden uitgevoerd, bijvoorbeeld om er een bepaald probleem mee op te lossen of om ze geschikt te maken voor opslag in het *langetermijngeheugen*. Een deel van het werkgeheugen heeft een speciale functie, het dient namelijk als *centrale besturingseenheid* die bepaalt wanneer welk stukje informatie op welke manier moet worden bewerkt of verplaatst. De centrale besturingseenheid doet dat deels op basis van bewuste kennis over hoe het cognitieve systeem werkt, de zogenaamde *metacognitie*. Later in dit hoofdstuk wordt nader ingegaan op de rol van deze metacognitieve kennis in het cognitieve functioneren van adolescenten.

Een belangrijk aspect van het model van Atkinson en Shiffrin is dat het vragen oproept omtrent de *capaciteit* van de verschillende componenten van het systeem. De capaciteit van het langetermijngeheugen geldt als onbeperkt, maar die van het werkgeheugen is aan flinke beperkingen onderhevig. In een beroemd artikel met de titel *The magical number seven, plus or minus two* stelde Miller (1956) al dat er ongeveer zeven eenheden in het werkgeheugen passen, tegenwoordig houdt men het er op dat het maximum eerder ligt op drie tot vijf (Cowan, 2010). Deze beperkte *structurele* capaciteit van het werkgeheugen heeft tot gevolg dat wie, bijvoorbeeld, een tiencijferig telefoonnummer een poosje in het werkgeheugen wil houden, al een probleem heeft. Eén oplossing is om de oorspronkelijke tien eenheden zo te hercoderen dat er minder overblijven. Bijvoorbeeld, wie het nummer 0205988950 in het werkgeheugen vast wil houden, zou dat nummer kunnen hercoderen in een kleiner aantal betekenisvolle eenheden door gebruik te maken van in het langetermijngeheugen opgeslagen informatie. Bijvoorbeeld, iemand die toevallig weet dat 020 het netnummer is van Amsterdam en dat de combinatie 598 duidt op een nummer aan de Vrije Universiteit, zou de eerste zes eenheden kunnen reduceren tot slechts twee. Wanneer die persoon verder nog bedenkt dat '89' kan staan voor het eigen geboortejaar en '50' voor het geboortejaar van haar vader, kan de oorspronkelijke tien eenheden opnieuw coderen als een combinatie van slechts vier eenheden namelijk 'Amsterdam', 'VU', 'eigen geboortejaar' en 'vaders geboortejaar'. Kortom, de beperkte structurele capaciteit van het werkgeheugen dwingt ons om slimme strategieën te gebruiken om de beschikbare capaciteit optimaal te benutten. De capaciteit die ontstaat wanneer dergelijke strategieën worden gebruikt, noemt men de *functionele* capaciteit.

5.4.2 Informatieverwerking bij adolescenten

Het in de vorige paragraaf gegeven voorbeeld illustreert ook meteen wat volgens de informatieverwerkingsbenadering de bronnen zouden kunnen zijn van verandering over de leeftijd, namelijk een toename van de structurele capaciteit van het werkgeheugen en het beter benutten van de beschikbare capaciteit. Veel onderzoek naar de cognitieve ontwikkeling vanuit een informatieverwerkingsbenadering is dan ook gericht op deze beide mogelijkheden. Zo vond Swanson (1999) dat de structurele capaciteit van het werkgeheugen toenam tot aan het bereiken van de middelbare leeftijd om daarna weer geleidelijk af te nemen.

Het is aannemelijk dat deze vergroting van de structurele capaciteit van het werkgeheugen deels te danken is aan een algehele verhoging van de snelheid waarmee het cognitieve systeem bewerkingen uitvoert. Zoals onze computers de laatste decennia steeds krachtiger zijn geworden door een voortdurende verhoging van de snelheid waarmee de processor bewerkingen uitvoert (de 'kloksnelheid'), zo zou ook de snelheid waarmee het cognitieve systeem bewerkingen uitvoert over de leeftijd kunnen toenemen. Uit onderzoek is inderdaad gebleken dat de verwerkingssnelheid in de periode tussen het vierde en het twaalfde jaar snel toeneemt, maar dat ook in de adolescentieperiode nog enige winst wordt geboekt, zij het veel minder dan in de basisschoolperiode (Kail, 1991).

Niet alleen beschikken adolescenten over een werkgeheugen met een grotere capaciteit dan kinderen in de basisschoolleeftijd, ze kunnen de beschikbare capaciteit ook beter benutten. Eén van de oorzaken is dat ze beter in staat zijn tot *cognitieve inhibitie*, dat wil zeggen tot het onderdrukken van voor een taak niet-relevante stimuli en van afleidende gedachten. Dankzij de groei van bepaalde delen van de prefrontale cortex neemt het vermogen tot cognitieve inhibitie in de basisschoolperiode en in de adolescentie sterk toe. Dit vermogen maakt deel uit van de zogeheten 'executieve functies' (Crone, 2009; zie ook hoofdstuk 4).

Een tweede oorzaak van het beter benutten van de capaciteit van het werkgeheugen in de adolescentie is dat de centrale besturingseenheid zijn taak steeds beter gaat vervullen doordat adolescenten (1) in staat zijn om bij te houden hoe het cognitieve systeem op een bepaald moment functioneert en (2) beschikken over een uitgebreide kennis van de werking van het cognitieve systeem en van de strategieën om dat systeem optimaal te benutten. Deze beide zaken worden gezien als twee componenten van 'cognitie over cognitie' ofwel *metacognitie*.

Een voorbeeld van de eerstgenoemde component van metacognitie is wat in de Engelstalige literatuur wordt aangeduid als *comprehension monitoring*, namelijk het registreren of men een tekst of verhandeling al dan niet begrijpt. Wie iets niet begrijpt en zich realiseert dat hij iets niet begrijpt, kan actie ondernemen om het probleem op te lossen, bijvoorbeeld door de passage nog eens over te lezen of door uitleg te vragen. Deze vorm van *cognitieve zelfregulering* – het op basis van een voortdurende registratie van de gang van zaken in het cognitieve systeem actief ingrijpen om een bepaald resultaat te bereiken – is bij adolescenten veel gebruikelijker dan bij kinderen in de basisschoolperiode.

Voorbeelden van de tweede component van metacognitie zijn eerder al genoemd in de vorm van twee strategieën om het werkgeheugen zo goed mogelijk te benutten, namelijk het herhalen van de inhoud van het werkgeheugen om te zorgen dat die informatie beschikbaar blijft en het samenvoegen van een (te) groot aantal eenheden tot een kleiner aantal. Een onderzoek van Cowan et al. (1999) waarin zes- en tienjarigen werden vergeleken met volwassenen, bevestigde niet alleen dat de structurele capaciteit van het werkgeheugen toeneemt met het ouder worden, maar ook dat volwassenen meer dan kinderen strategieën gebruiken om de beschikbare capaciteit zo goed mogelijk te benutten.

Tot de metacognitieve kennis behoren niet alleen strategieën om de capaciteit van het werkgeheugen optimaal te benutten, maar ook strategieën om gegevens zo in het langetermijngeheugen op te slaan dat ze ook weer gemakkelijk teruggehaald kunnen worden. Al in de basisschoolperiode leren kinderen dat het voor zichzelf herhalen en ordenen van de informatie gunstig is voor het onthouden ervan, maar in de adolescentie wordt steeds vaker de strategie van het *elaboreren* gebruikt, dat wil zeggen het zelf bewerken, of verrijken van de te onthouden informatie. Iemand die bijvoorbeeld probeert te onthouden dat *elaboratie* een effectieve geheugenstrategie is waarvan het gebruik in de adolescentie sterk toeneemt, zou kunnen bedenken hoe men deze strategie zelf als middelbare scholier gebruikte. Zo iemand verrijkt de te onthouden informatie (in dit geval met persoonlijke herinneringen) en vergroot daarmee de kans dat die ook weer teruggehaald kan worden uit het langetermijngeheugen (Schneider & Bjorklund, 1998).

Dat elaboratie met name in de adolescentie gebruikt wordt, komt enerzijds doordat het een veeleisende strategie is die veel vraagt van het werkgeheugen, maar anderzijds ook doordat adolescenten al een grotere hoeveelheid kennis in hun langetermijngeheugen hebben opgeslagen dan kinderen. Immers, hoe meer kennis men heeft, hoe gemakkelijker het is om nieuwe informatie te verrijken door verbanden te leggen met wat men al weet. Een voorbeeld: in Frankrijk kennen de meeste volwassenen heel wat departementnummers uit hun hoofd en door het combineren van twee departementnamen onthouden ze hun pincode.

De grotere metacognitieve kennis en vaardigheden van adolescenten stellen hen in staat om hun mentale vermogens gericht in te zetten voor het bereiken van de eigen doelen. Vanuit het perspectief van de informatieverwerkingsbenadering kan dan ook worden gesteld dat de cognitieve ontwikkeling van adolescenten voor een belangrijk deel bestaat uit de ontwikkeling van sterke *executieve functies* die het mogelijk maken om de eigen mentale vermogens optimaal te gebruiken. Adolescenten leren hun eigen cognitieve systeem als het ware zo te besturen dat de capaciteit ervan zo goed mogelijk wordt benut. Kuhn en Franklin (2008) sluiten hun gedetailleerde overzicht van de cognitieve ontwikkeling van adolescenten dan ook af met de conclusie dat de cognitieve ontwikkeling van adolescenten neer komt op 'learning to manage one's mind' (Kuhn & Franklin, 2008, p. 986).

Nog een andere bron van verandering over de leeftijd is verder dat sommige processen steeds meer *geautomatiseerd* worden uitgevoerd. Automatisering impliceert dat er geen aandacht meer nodig is om de betreffende bewerkingen uit te voeren en daardoor komt er capaciteit van het werkgeheugen vrij voor andere zaken. Tijdens de eerste autorijlessen heeft men nog alle aandacht nodig voor de bediening van de auto, wat ten koste gaat van de aandacht voor het verkeer. Naarmate men meer rijervaring opdoet, verloopt de bediening van de auto steeds meer geautomatiseerd en kan men de aandacht steeds beter richten op het verkeer. Na verloop van tijd raakt zelfs dat geautomatiseerd en wordt het steeds gemakkelijker om de aandacht deels te richten op een radioprogramma of op een gesprek met een passagier. Ditzelfde proces van automatisering vindt nu ook plaats voor het gebruik van cognitieve strategieën. Ze worden gebruikt zonder dat er nog veel capaciteit van het werkgeheugen voor nodig is en de vrijkomende capaciteit kan dus voor andere doelen worden gebruikt, bijvoorbeeld om na te denken over hoe een bepaald probleem opgelost kan worden.

De capaciteit van het werkgeheugen verschilt niet alleen afhankelijk van leeftijd, maar er zijn ook belangrijke verschillen tussen individuen. Die verschillen hangen bovendien samen met het cognitieve functioneren op allerlei terreinen, waaronder prestaties op school. Zo vonden St. Clair-Thompson en Gathercole (2006) dat een lage capaciteit van het werkgeheugen verband hield met problemen met rekenen en taal. Het is daarom geen wonder dat de laatste jaren veel onderzoek is verricht naar de mogelijkheid om de capaciteit van het werkgeheugen door training te vergroten. Sommige onderzoekers claimen al belangrijke successen op dat terrein (bijvoorbeeld Klingberg, 2010) en er is met enig succes commercieel verkrijgbare software uitgebracht waarmee mensen hun werkgeheugen kunnen trainen. Anderen achten de tot nu verkregen resultaten veelbelovend, maar vinden ook dat de effectiviteit van werkgeheugentrainingen nog niet afdoende is aangetoond (Shipstead, Redick & Engle, 2012).

Samenvattend kan men stellen dat adolescenten over meer en betere mogelijkheden beschikken om informatie te verwerken dan kinderen, maar dat ze op sommige punten nog vooruitgang kunnen boeken als ze volwassen worden. Verschillende aspecten van informatieverwerking dragen hieraan bij. In de eerste plaats beschikken adolescenten over een werkgeheugen met een grotere structurele capaciteit dan kinderen, hetgeen deels wordt veroorzaakt doordat de verwerkingsprocessen sneller verlopen. Verder zijn ze beter in staat tot cognitieve inhibitie en beschikken ze over meer strategieën om de informatie efficiënt te verwerken. Bovendien worden deze strategieën ook nog eens vaker automatisch uitgevoerd, hetgeen maakt dat er meer capaciteit van het werkgeheugen beschikbaar is voor andere zaken. Als volwassenen kunnen ze op minstens twee punten nog vooruitgang boeken. In de eerste plaats neemt de algemene capaciteit van het werkgeheugen tot ongeveer het 45^e jaar nog toe en verder neemt de hoeveelheid in het langetermijngeheugen opgeslagen kennis eveneens toe, hetgeen de mogelijkheden tot het toepassen van elaboratie vergroot. De resultaten van onderzoek naar de mogelijkheid om het werkgeheugen te trainen zijn veelbelovend, maar het definitieve bewijs dat dergelijke trainingen effectief zijn, moet nog geleverd worden.

5.4.3 Sociale informatieverwerking

De informatieverwerkingsbenadering heeft niet alleen grote invloed gehad op hoe gedacht wordt over de cognitieve ontwikkeling, maar ook op de theorievorming over en het onderzoek naar vrijwel alle andere aspecten van het psychologisch functioneren. Op de informatieverwerkingsbenadering geïnspireerde modellen zijn opgesteld voor zulke uiteenlopende zaken als emotie (Frijda, 1986), het zich bewust zijn van het eigen geslacht (Martin, 1993) en de sociale interactie met leeftijdgenoten (Crick & Dodge, 1994). Omdat met name het onderzoek dat voortkwam uit het werk van Dodge de afgelopen decennia heeft geleid tot een sterk verbeterd inzicht in wat er mis gaat bij kinderen en adolescenten die problemen hebben in de interactie met leeftijdgenoten, kan dat model hier goed dienen als voorbeeld van hoe de informatieverwerkingsbenadering ook op andere terreinen dan dat van de cognitieve ontwikkeling heeft geleid tot een vergroting van het inzicht.

Crick en Dodge beschrijven in hun model zes informatieverwerkingsstappen die worden doorlopen wanneer een kind reageert op een actie van een ander kind. Het model is van toepassing voor alle mogelijke acties van de ander, maar levert vooral interessante inzichten op voor die gevallen wanneer die acties als onaangenaam worden ervaren, terwijl onduidelijk is of die ander dat ook zo bedoelde. De zes stappen zijn[2]:

1 *encoding of cues*, waarin het kind de aandacht richt op voor hem of haar relevante aspecten van het gedrag van het andere kind;
2 *interpretation of cues*, waarin het kind, onder andere, vaststelt wat de oorzaak is van het gedrag van de ander en of het opzettelijk was en of er sprake was van goede of slechte bedoelingen;
3 *clarification of goals*, waarin het kind vaststelt wat het doel moet zijn van de eigen reactie. Zo'n doel zou kunnen zijn om geen moeilijkheden met de ander te krijgen, of om de ander iets betaald te zetten, of om vrienden met hem of haar te worden of te blijven;
4 *response access or construction*, waarin kinderen hun langetermijngeheugen doorzoeken op mogelijk geschikte reacties op het gedrag van de ander, of – wanneer het een nieuwe situatie betreft – waarin ze proberen een gepaste reactie te construeren;

---

2 Omdat vertaling van de terminologie van Crick en Dodge gemakkelijk tot verwarring leidt, worden de oorspronkelijke aanduidingen van de auteurs hier onvertaald gelaten.

5 *response decision*, waarin de in stap 4 gevonden en/of geconstrueerde reacties worden geëvalueerd op basis van het te verwachten resultaat, de eigen mogelijkheden om de response uit te voeren en of het een passende en geoorloofde response betreft;
6 *response enactment*, waarin de in stap 5 gekozen reactie ook daadwerkelijk wordt uitgevoerd.

Bij de eerdere bespreking van het cognitieve functioneren van adolescenten lag de nadruk op de betekenis van het informatieverwerkingsmodel voor ons begrip van verschillen tussen adolescenten en andere leeftijdsgroepen. Het sociale informatieverwerkingsmodel heeft echter vooral inzicht opgeleverd in de oorzaken van verschillen tussen individuen in eenzelfde leeftijdsgroep. In hun overzicht van deze literatuur laten Rubin et al. (2005) van twee typen kinderen zien dat ze bij bepaalde stappen van dit model afwijken van andere kinderen. De beide typen zijn (1) kinderen die en agressief zijn en die verworpen worden door hun leeftijdgenoten en (2) kinderen die sociaal teruggetrokken zijn. Vergeleken met andere kinderen worden verworpen agressieve kinderen daardoor gekenmerkt dat ze: (1) vaker veronderstellen dat de ander met opzet en met kwade bedoelingen handelde (zie ook Orobio de Castro et al. 2002); (2) vaker doelen hebben die relaties beschadigen in plaats van in stand houden; (3) over minder strategieën beschikken en (4) vaker kiezen voor antisociale strategieën als dwang of omkoping. Op al deze punten verschillen sociaal teruggetrokken kinderen niet van andere kinderen, maar kenmerkend voor hen is dat ze in de enactment fase niet komen tot uitvoering van reactie die resulteert uit de stappen 1-5.

Zoals blijkt uit het bovenstaande, is toepassing van de informatieverwerkingsbenadering op andere terreinen dan dat van de cognitieve ontwikkeling zeer vruchtbaar gebleken. Toch illustreert het sociale informatieverwerkingsmodel tegelijk ook de beperkingen van een strikt cognitieve interpretatie van sociaal gedrag. Dergelijk gedrag is namelijk niet alleen een uitvloeisel van een zuiver cognitieve analyse van de situatie en de eigen responsemogelijkheden zoals het sociale informatieverwerkingsmodel die beschrijft, maar ook van de emotionele reacties van de persoon in kwestie en van diens normatieve overtuigingen. Zo zijn sommige vormen van agressie onlosmakelijk verbonden met de emotie boosheid en/of met het morele oordeel dat de ander onrechtvaardig handelde (Ferguson & Rule, 1983; Miller, 2001; Olthof, 1990; Orobio de Castro, Verhulp & Runions, 2012) en die aspecten worden in het model van Crick en Dodge goeddeels genegeerd. In het volgende hoofdstuk wordt nader ingegaan op de emotionele ontwikkeling van adolescenten en zal duidelijk worden dat ook emoties belangrijk zijn bij het ontstaan van sociaal gedrag.

5.5 De psychometrische benadering

In de psychometrische benaderingswijze wordt intelligentie beschouwd als een min of meer duurzaam kenmerk van een persoon dat 'gemeten' kan worden. Dat kenmerk wordt door verschillende onderzoekers vrij praktisch beschreven. Zo omschrijft Wechsler (1944; 1952), de samensteller van een nog veel gebruikte intelligentietest,

intelligentie als volgt: 'de globale capaciteit van het individu om doelgericht te handelen, redelijk te denken en op doeltreffende wijze met zijn omgeving om te gaan'.
Intelligentie is niet een tastbaar kenmerk van een persoon, zoals lichaamslengte. Er bestaat geen manier om de intellectuele mogelijkheden van een individu rechtstreeks te meten. We kunnen slechts via diverse taken of tests vaststellen wat een individu op een zeker moment presteert. Intelligentie moet op die manier ergens uit afgeleid worden. Dat doet men door intelligentie te definiëren als een voor een persoon typerend complex van vaardigheden, om daarmee bepaalde gedragingen van die persoon te kunnen verklaren en voorspellen. Er kan dan ook niet gesproken worden van één juiste definitie van intelligentie. Hoe men intelligentie omschrijft, is afhankelijk van welke gedragingen men ermee wenst te verklaren. Men kan hooguit zeggen dat om een bepaald soort gedrag te verklaren, de ene definitie bruikbaarder is dan de andere.

Het 'meten' van intelligentie geschiedt onder meer met de bedoeling aan een persoon een kwantitatieve score toe te kennen, om op grond daarvan de prestaties van die persoon te vergelijken met de prestaties van andere personen van dezelfde leeftijdsgroep. Bij een intelligentietest, bijvoorbeeld, behaald een kind een bepaalde score, waarmee hij vergeleken kan worden met andere kinderen van die leeftijd. Deze vergelijking is echter alleen terecht, wanneer dit kind onder ongeveer dezelfde omstandigheden is opgegroeid als de groep waarmee hij wordt vergeleken. Deze omstandigheden hebben zowel betrekking op het leeftijdscohort als op de culturele achtergronden. Dit betekent dat men bij een intelligentiescore altijd rekening moet houden met de tijd waarin men opgroeit als ook met de cultuur waarbinnen men opgroeit. Om aan het eerste tegemoet te komen worden intelligentietests om de zoveel jaren opnieuw bekeken en genormeerd. Om aan het tweede tegemoet te komen tracht men tests te construeren die 'culture fair' zijn, dat wil zeggen dat de cultuur waarin men opgroeit zo weinig mogelijk effect op de score heeft. Dit blijkt echter slechts ten delen mogelijk te zijn.

De intelligentie wordt doorgaans bepaald door een persoon een aantal taken voor te leggen die kenmerkend en representatief wordt geacht voor intelligent handelen. Deze taken hebben onder meer betrekking op het oplossen van problemen, geheugenprestaties, taalkundige en perceptuele vaardigheden. Aangezien deze taken nogal heterogeen van aard zijn, is het niet gemakkelijk om het begrip intelligentie in een paar woorden samen te vatten. Daarom komt men wel tot een definiëring als 'intelligentie is datgene dat een goed gestandaardiseerde intelligentietest meet' (Hilgard, 1962).

Over het algemeen worden de prestaties op een intelligentietest wel gezien als een indicatie voor de mogelijkheden in algemene zin waarover een individu beschikt. Intelligentie wordt dan omschreven als een soort algemene slimheid bij gericht denken en probleem oplossen, die per persoon in een getal (het intelligentiequotiënt, iq) kan worden uitgedrukt (Spearman, 1927). Dit getal geeft aan welk niveau een persoon gemiddeld met uiteenlopende probleemoplossingstaken bereikt in vergelijking met anderen. Het iq geeft dus de relatieve positie aan ten opzichte van leeftijdgenoten. Dit verklaart waarom het iq van een individu ongeveer constant kan blijven, terwijl de intellectuele prestaties bij het opgroeien feitelijk toenemen.

Sommige auteurs beschouwen intelligentie echter niet als één algemeen kenmerk dat door één getal kan worden aangegeven. Zij gaan ervan uit dat intelligentie is opgebouwd uit verschillende factoren, zoals geheugencapaciteit, vermogen tot logisch denken, creativiteit, en dergelijke. Dit soort factoren is bij alle mensen in verschillende mate aanwezig. Voor elke factor kan met behulp van tests een afzonderlijke getalswaarde worden toegekend. Zo kan de intelligentie van een individu als een profiel van meer dan één intelligentiefactorscore worden uitgedrukt. Op deze wijze wordt aangegeven met welke taken een persoon waarschijnlijk moeite zal hebben en op welke gebieden hij zal kunnen uitblinken. Zo beschouwt Guilford (1976) intelligentie als een structuur van niet minder dan honderdtwintig factoren, waarvoor hij tests probeerde te ontwikkelen. Bij een dergelijke analyse van het begrip intelligentie wordt het mogelijk de veronderstelling te onderzoeken dat in een gegeven periode (bijvoorbeeld de adolescentiefase) de prestaties ten aanzien van bepaalde intelligentiefactoren toenemen, terwijl er voor wat betreft andere intelligentiefactoren geen sprake is van groei.

In het algemeen kan worden gesteld dat tijdens de adolescentie de capaciteit om met gecompliceerde problemen om te gaan groter wordt. Bovendien worden de verschillen tussen individuen, bijvoorbeeld wat het begrijpen van bepaalde leerstof betreft, duidelijker zichtbaar (Bayley, 1970). Als men vanuit de psychometrische benaderingswijze kijkt naar de ontwikkeling van de intelligentie in de adolescentie, vindt men geen meetbare versnellingen, zoals bij de lengtegroei het geval is. Uit onderzoek waarin dezelfde personen regelmatig opnieuw werden getest met een brede intelligentietest die bestond uit verschillende probleemoplossingstaken, blijkt echter dat de groei van de intellectuele prestaties ook in de jaren na de adolescentieperiode wordt voortgezet. Zo tonen de resultaten van de Berkeley Growth Study dat de ruwe scores op de Wechsler intelligentietest (dus niet in vergelijking met anderen, maar absoluut) toenemen vanaf het zestiende tot het zesentwintigste levensjaar. Daarna blijft de gemiddelde score constant tot het zesendertigste levensjaar (Bayley, 1970).

De aard van de intellectuele functie die men bestudeert, is echter ook een belangrijke variabele. Op bepaalde tests die snel reageren vereisen, bleken de prestaties aan het einde van de adolescentieperiode af te nemen (Schaie & Strother, 1968). Bij onderzoek van intellectuele prestaties waarbij flexibiliteit een grote rol speelt (bijvoorbeeld het oplossen van wiskundige problemen) of waarbij het gaat om snel waarnemen en snel reageren, lijken de prestaties aan het eind van de adolescentiefase op hun hoogtepunt te zijn. Bij onderzoek van bekwaamheden waarbij ervaring van belang is (bijvoorbeeld kennis van woordbetekenissen), kan een voortzetting van de ontwikkeling ook lang na de adolescentie worden geconstateerd (Dixon & Baltes, 1986).

Psychometrisch onderzoek heeft ook aangetoond dat bij adolescenten meer nauwkeurig definieerbare intelligentiefactoren kunnen worden onderscheiden dan bij jongere kinderen (Sternberg & Powell, 1982). Jongere kinderen zijn meer of minder intelligent in algemene zin, bij adolescenten kunnen verschillende soorten intelligentie beter worden onderscheiden en kunnen er grote verschillen optreden tussen de capaciteiten die men heeft op de verschillende terreinen.

Sternberg (1985) heeft naar aanleiding van een reeks onderzoeken belangrijke kritiek geleverd op de traditionele manier van intelligentie meten en de theorieën die daaraan ten grondslag liggen. Naar zijn mening meten de traditionele tests vooral de capaciteiten die nodig zijn in gestructureerde situaties, zoals op school en te weinig de capaciteiten die van belang zijn in veel alledaagse situaties waarin men op basis van weinig gegevens beslissingen moet nemen en allerlei sociale aspecten moet meewegen (Wagner & Sternberg, 1986). Op grond van dergelijke overwegingen komt hij tot een theorie (door hem 'hiërarchische theorie' genoemd) waarin hij drie dimensies van intelligent functioneren onderscheidt:

1 *componentiële intelligentie*: het vermogen tot redeneren en denken in abstracte termen, tot het scherp analyseren van een probleemstelling en tot het construeren van oplossingen;
2 *ervaringsintelligentie*: het vermogen om te leren en te profiteren van ervaringen, op een creatieve manier combinaties te maken van wat men al weet en dat toe te passen in nieuwe situaties;
3 *contextuele intelligentie*: de capaciteit zich praktisch aan te passen aan de veranderende eisen van de omgeving en snel en intuïtief door te hebben welk gedrag in een bepaalde (sociale) situatie adequaat is.

Deze verschillende soorten intelligentie zijn volgens Sternberg niet altijd even sterk ontwikkeld. Ze kunnen worden vergeleken met de zijden van een driehoek, waarbij de lengte van de zijden het niveau van de drie soorten intelligentie aanduidt. De driehoek is dikwijls niet gelijkzijdig; mensen hebben wat betreft de drie soorten intelligentie hun sterke en zwakke kanten. En de capaciteiten die deze drie soorten intelligentie in hun samenspel opleveren (te vergelijken met de oppervlakte van de driehoek) zijn voor de ene persoon meer omvattend dan voor de andere. Sternberg is van mening dat de maatschappij mensen nodig heeft die over de verschillende dimensies van intelligentie beschikken. Hij meent dat contextuele intelligentie vaak van meer belang is om in het leven te slagen dan de op school geleerde boekenkennis. Sternbergs benadering stimuleerde het onderzoek naar de verschillende adaptatieprocessen en de functionele aspecten van de intelligentie. Dit heeft geleid tot de constructie van tests die de door hem onderscheiden dimensies kunnen meten.

Sommige auteurs gaan verder dan Sternberg in het onderscheiden van verschillende soorten intelligentie. Zo claimde Howard Gardner (1983) op basis van een informatieverwerkingsbenadering van cognitie dat er minstens acht verschillende 'intelligenties' bestaan. Een type intelligentie dat sinds de jaren negentig zowel in de populaire (Goleman, 1995) als in de wetenschappelijke literatuur (Mayer, Roberts & Barsade, 2008; Salovey, Woolery & Mayer, 2001) veel aandacht heeft getrokken is *emotionele intelligentie*. Mayer en collega's definiëren emotionele intelligentie als het vermogen om accuraat te redeneren over emotie en om emoties en emotionele kennis te gebruiken om het eigen denken te verbeteren. Ze onderscheiden vier aspecten van emotionele intelligentie, namelijk:

a accuraat waarnemen van emotie;
b gebruik van emotie om het denken te verbeteren;
c begrip van emotie;
d omgaan met emotie.

Er zijn inmiddels verschillende tests beschikbaar om emotionele intelligentie te meten. Er is nog betrekkelijk weinig onderzoek gedaan naar de emotionele intelligentie van adolescenten, maar het onderzoek dat wel is gedaan, wijst erop dat emotioneel intelligente adolescenten relatief goede relaties hebben met ouders en leeftijdgenoten. Er zijn ook enkele aanwijzingen dat emotioneel intelligente adolescenten relatief minder alcohol en drugs gebruiken (Mayer et al., 2008).

5.6 Besluit

Samenvattend kunnen we zeggen dat de Piagetiaanse benadering van de cognitieve ontwikkeling ons veel inzicht heeft gegeven in de kwalitatieve verschillen tussen het denken van adolescenten en dat van kinderen. Zowel het onderzoek naar de ontwikkeling van wijsheid als dat naar fundamentele processen in het verwerken van informatie, levert echter aanwijzingen op dat het denken van adolescenten niet alleen verschilt van dat van kinderen, maar ook van dat van volwassenen. De informatieverwerkingsbenadering heeft ons bovendien laten zien in welke opzichten het cognitieve systeem van adolescenten anders werkt dan dat van andere leeftijdsgroepen. De psychometrische benadering heeft als zodanig weinig visie op de ontwikkeling van cognitieve processen, maar heeft door het werk van Sternberg wel een impuls in deze richting gekregen.

Zowel vanuit de Piagetiaanse als de informatieverwerkingsbenadering is er aandacht geweest voor de cognitieve aspecten van de psychosociale ontwikkeling. Deze uitwerkingen naar het psychosociale domein illustreren dat het cognitieve functioneren van adolescenten andere aspecten van het functioneren beïnvloedt. Omgekeerd hangen beslissingen die adolescenten nemen zelden alleen samen met het niveau van hun cognitieve ontwikkeling, maar ook met doelstellingen en motieven die voor hen belangrijk zijn en in deze doelstellingen en motieven spelen, onder andere, morele overwegingen, emotionele reacties en relaties met ouders en leeftijdgenoten een belangrijke rol. In dit hoofdstuk werd het cognitieve functioneren van adolescenten afzonderlijk belicht; in de volgende hoofdstukken komen de andere genoemde aspecten aan de orde.

6 Emotionele ontwikkeling

Hedy Stegge

6.1 Inleiding

Emoties zijn van grote invloed op de kwaliteit van ons leven. Ze kleuren onze persoonlijkheid en onze relaties met anderen. Ze maken ons tot wie we zijn en geven richting aan ons bestaan. Emoties kunnen ons leven veraangenamen en soms zelfs redden. Maar ze kunnen ook een bron van problemen zijn en onszelf of anderen in onze omgeving ernstig schade berokkenen. In dit hoofdstuk zullen we ingaan op deze twee gezichten van emoties in de adolescentie. We zullen een kort overzicht geven van de emotionele ontwikkeling tot aan de adolescentie en laten zien welke emotionele vaardigheden adolescenten zich doorgaans hebben eigen gemaakt. Vervolgens gaan we in op een aantal specifieke eisen en uitdagingen waarvoor adolescenten zich gesteld zien en geven voorbeelden van de wijze waarop emoties hun invloed doen gelden in verschillende ontwikkelingsdomeinen. Na deze schets van het normatieve ontwikkelingsverloop zullen we aandacht besteden aan individuele verschillen in emotionele competentie. We zullen de rol van emotieregulatie in internaliserend en externaliserend probleemgedrag illustreren aan de hand van een aantal recente empirische studies.

6.2 Functionalistisch perspectief op emoties

In de emotieliteratuur wordt tegenwoordig een functionalistisch perspectief op emoties gehanteerd, waarin de functie van emoties voor adaptief gedrag sterk wordt benadrukt. Het uitgangspunt is dat we beschikken over een emotioneel systeem. Dit systeem zorgt ervoor dat we snel en adequaat kunnen reageren op situaties die voor ons van belang zijn. De Nederlandse emotiepsycholoog Nico Frijda (1986; 2008) spreekt in dat verband over emoties als *belangenbehartigers*. Mensen worden geboren met het potentieel of de biologische toerusting voor een aantal basisemoties, zoals angst, boosheid of blijdschap. Deze emoties worden opgewekt in situaties waarin elementaire belangen van een persoon worden gediend of bedreigd en ze bereiden een passende gedragsmatige reactie op de betreffende situatie voor (Campos, Frankel & Camras, 2004; Izard, 2009; Levenson, 1999). Dreigend gevaar roept angst op en zet aan tot vluchten. Op iemand die ons hindert worden we boos, en we zullen er alles aan doen om het 'obstakel' dat ons belet ons doel te bereiken uit de weg te krijgen. Blijdschap ontstaat in situaties waarin iets wat we graag willen (bijna) binnen bereik is, en we reageren hierop met toenadering en het zoeken van nabijheid.

Complexe emoties kunnen worden gezien als (cultureel bepaalde) variaties op deze elementaire thema's. Zo kan het niet bereiken van een bepaald doel (een felbegeerde baan) leiden tot verdriet, maar ook tot schaamte, jaloezie, of teleurstelling. Welke emotie of combinatie van emoties in dat geval ontstaat, is afhankelijk van de manier waarop de situatie wordt waargenomen. Je kunt je gaan schamen als je de negatieve uitkomst toeschrijft aan een gebrek aan competentie of aan de onhandige opmerkingen die je tijdens het sollicitatiegesprek hebt gemaakt. Jaloezie wordt opgeroepen als je je aandacht richt op het feit dat iemand anders nu de baan heeft bemachtigd die jij graag had willen hebben. En teleurstelling ontstaat als je absoluut niet had verwacht dat je zou worden afgewezen en je je verwachtingen wellicht moet bijstellen.

De onmiddellijke reactie waartoe basale emoties aanzetten, is in onze complexe sociale omgeving niet altijd adequaat. Een leerling die angstig wordt als hij of zij in de klas een lastige vraag moet beantwoorden, doet er niet verstandig aan weg te lopen. En de adolescent die boos wordt over een niet nagekomen belofte, lost het probleem niet op door te gaan slaan. Het is evenmin verstandig om altijd toe te geven aan de gedragsimpuls die voortkomt uit een positief gevoel. De puber die ernstig en bij herhaling door haar ex-vriendje is gekwetst maar niettemin blij is als hij onverwacht weer voor de deur staat, kan beter nog eens goed nadenken voor ze hem weer in haar armen sluit. Emotie*regulatie* is dan ook een centraal onderdeel van het emotionele proces (Gross & Thompson, 2007; Stegge, Reijntjes & Meerum Terwogt, 1997; Stegge & Meerum Terwogt, 2007). We beïnvloeden voortdurend de aard en intensiteit van onze emoties, evenals de manier waarop een emotie uiteindelijk vorm krijgt in gedrag. Idealiter houden we daarbij verschillende – soms strijdige – belangen van onszelf en anderen in het oog en kijken we naar de gevolgen, niet alleen op korte, maar ook op langere termijn.

De aan emoties ten grondslag liggende belangen gelden al voor jonge kinderen. Elementaire emoties als boosheid, verdriet, angst en blijdschap zijn dan ook al vroeg in de ontwikkeling aanwezig. Complexe emoties als schuld, schaamte en trots verschijnen iets later, maar zelfs kleuters beschikken al over het hele scala aan emoties. De functionalistische benadering hanteert dan ook een zogenaamd prototypemodel, dat stelt dat (vereenvoudigde vormen van) de verschillende emoties op elke leeftijd aanwezig zijn. Ontwikkeling heeft in deze visie niet zozeer betrekking op het verschijnen van nieuwe emoties, maar veel meer op veranderingen die onder invloed van cognitieve processen optreden aan de input- en de output-zijde van het emotionele proces (Barrett, 1995; Mascolo & Fischer, 1995): de (waargenomen) situatie die de emotie uitlokt en de manier waarop uiting wordt gegeven aan de emotie.

Een centrale component van het emotionele proces is de thematiek waarop de emotie betrekking heeft. Dit wordt ook wel aangeduid met de term *core relational theme* (Lazarus, 1991). Of gebeurtenissen worden geïnterpreteerd in termen van een thema dat relevant is voor een specifieke emotie, bijvoorbeeld persoonlijke verantwoordelijkheid voor het leed van de ander in het geval van schuld, is onder andere afhankelijk van cognitieve vaardigheden. Schuldgevoelens zien we al op jonge leeftijd, bijvoorbeeld bij de tweejarige die van streek raakt als hij een ander pijn heeft gedaan en vervolgens een poging doet de aangerichte schade te herstellen. Het kind zegt 'sorry', of probeert de ander te troosten. Op wat latere leeftijd zien we een vergelijkbare emotionele reactie ook in situaties waarin het kind bijvoorbeeld heeft verzuimd een ander te helpen of met een ander te delen. Cognitief complexere situaties van benadeling (nalatigheid) kunnen nu eveneens aanleiding geven tot schuldgevoelens. Nog wat later zien we dat schuldgevoelens zelfs kunnen ontstaan in situaties waarin iemand een ander positief heeft bejegend. Een voorbeeld is de adolescent die een vriendin nu en dan heeft geholpen toen deze het moeilijk had. Vervolgens bedenkt zij wat de betreffende persoon allemaal voor haar heeft overgehad en voelt ze zich schuldig over het feit dat ze niet veel meer heeft gedaan. De situaties uit deze voorbeelden verschillen ten aanzien van de cognitieve vaardigheden die nodig zijn om de betreffende gebeurtenis te kunnen interpreteren in termen van een gevoel van verantwoordelijkheid voor het leed van de ander. Om die reden doen ze op verschillende leeftijden in verschillende mate een appel op het ervaren van schuld (Mascolo & Fischer, 1995; Ferguson & Stegge, 1998).

Ook de wijze waarop een emotie uiteindelijk vorm krijgt in gedrag, wordt sterk beïnvloed door cognitieve veranderingen. De ontwikkeling van verbale vaardigheid zorgt bijvoorbeeld voor een uitbreiding van het aantal mogelijkheden om boosheid te uiten. Een verbaal sterke adolescent kan behalve door middel van fysieke agressie ook in boze bewoordingen duidelijk maken dat het gedrag van de ander hem of haar niet zint, bijvoorbeeld door met sarcasme of bijtende vormen van ironie een ander op zijn plaats te zetten. Ook kunnen cognitieve vaardigheden zorgen voor een andere afweging van belangen in een emotionele situatie. Een kind of jongere kan zich bijvoorbeeld realiseren dat anderen je niet erg aardig zullen vinden en misschien niet meer met je willen omgaan als je al te vaak je eigen zin doordrijft. Om die reden kan hij ervoor kiezen de eigen belangen even opzij te zetten, ook al levert dit in eerste instantie een onprettig gevoel op. Ook de jongere die ervoor kiest hard te studeren voor het op handen zijnde proefwerk in plaats van uit te gaan met vrienden neemt de negatieve gevoelens die dit aanvankelijk oplevert voor lief. Langetermijndoelen (goede schoolprestaties) krijgen in dit voorbeeld de voorrang boven kortstondige behoeftebevrediging op de korte termijn (zie ook hoofdstuk 8).

6.3 De ontwikkeling van emotionele competentie

Om goed te kunnen functioneren, zowel op het persoonlijke vlak als in relaties met anderen, is het essentieel dat kinderen zich een aantal emotionele vaardigheden eigen maken. Samen kunnen die worden aangeduid met de term emotionele competentie. Een emotioneel competent individu is in staat de mogelijkheden die het emotionele systeem biedt zo goed mogelijk te benutten (Parrott, 2001). Centrale vaardigheden zijn hierbij de adequate verwerking van emotioneel geladen informatie, en het vinden van adequate, emotiegestuurde oplossingen voor situaties met een persoonlijk belang. Kennis van en inzicht in (de eigen) emotionele processen spelen daarbij een cruciale rol (Izard, 2009; Brenner & Salovey, 1997; Mayer & Salovey, 1997; Salovey, Mayer & Caruso, 2002).

Emotionele ervaringen veranderen onder invloed van zich ontwikkelende cognitieve vaardigheden. Om de emotionele ontwikkeling van adolescenten goed te begrijpen, is het van belang inzicht te hebben in de ontwikkeling van emoties bij kinderen. In de volgende paragraaf wordt kort de ontwikkeling van een aantal centrale kenniselementen

beschreven, die van belang zijn voor de verwerving van emotionele competentie:
- inzicht in de oorzaken van emoties;
- inzicht in de wijze waarop emoties kunnen worden gereguleerd;
- veranderingen in de subjectieve beleving van een emotie (*emotional awareness*).

6.3.1 Oorzaken van emoties: wat voel ik en waarom?

Al op twee en driejarige leeftijd verwijzen kinderen in hun alledaagse taalgebruik naar gevoelens en de bijbehorende situaties (Bretherton & Beegly, 1982). In eerste instantie gaat het daarbij nog om scriptachtige kennis, waarin specifieke gebeurtenissen worden gekoppeld aan elementaire emoties. Je bent blij als je een cadeautje krijgt, verdrietig als je hondje dood gaat en boos als je broertje je speelgoed stukmaakt. In de periode tussen het vierde en het zesde levensjaar zetten kinderen een cruciale stap in het redeneren over de relatie tussen gebeurtenis en emotie. Ze gaan beseffen dat emotionele reacties niet ontstaan in reactie op een objectieve werkelijkheid, maar afhankelijk zijn van individuele wensen (*desires*) en overtuigingen (*beliefs*) (Harris, 2000; Stegge & Meerum Terwogt, 2007). Op het meest basale niveau stelt dit kinderen in staat uitkomstafhankelijke emoties als blijdschap of verdriet goed te begrijpen: iemand is blij als hij (denkt dat hij) krijgt wat hij graag wil hebben en verdrietig als hij (denkt dat hij) niet krijgt wat hij graag wil hebben (Stein & Levine, 1989). In de jaren die volgen worden deze basale inzichten in de relatie tussen cognitie en emotie verder verfijnd. Kinderen gaan bijvoorbeeld rekening houden met de wijze waarop de uitkomst tot stand is gekomen. Dit leidt tot inzicht in meer complexe, attributieafhankelijke emoties. Iemand die iets krijgt wat hij graag wil hebben, maar dit doel bereikt door een ander te benadelen, voelt zich niet blij, maar schuldig (Nunner-Winkler & Sodian, 1988). Iemand die faalt, kan verschillende emoties ervaren: schuld als hij dit toeschrijft aan een gebrek aan inspanning, schaamte als hij denkt dat een gebrek aan competentie de belangrijkste oorzaak is, en boosheid als hij van mening is dat hem een te moeilijke taak is voorgelegd (Ferguson & Stegge, 1995; 1998; Thompson, 1989).

Een meer complexe cognitieve analyse van de situatie leidt er tevens toe dat kinderen gaan begrijpen dat een en dezelfde persoon verschillende emoties kan ervaren, afhankelijk van het perspectief van waaruit hij of zij de situatie bekijkt. Ook dit inzicht maken kinderen zich geleidelijk eigen. Op jonge leeftijd rapporteren kinderen verschillende emoties naar aanleiding van verschillende situaties, zonder te beseffen dat deze gevoelens tegelijkertijd kunnen optreden en elkaar kunnen beïnvloeden: ik was blij toen ik een cadeautje kreeg en verdrietig toen ik niet bij mijn zieke oma op bezoek kon. Vervolgens begrijpen zij dat een en dezelfde situatie twee verschillende gevoelens kan oproepen met dezelfde valentie: ik was boos en verdrietig toen mijn broertje mijn bouwwerk stukmaakte.

Rond het tiende of elfde jaar zetten kinderen de laatste en meest complexe stap. Ze onderkennen dat een bepaalde situatie gemengde gevoelens kan oproepen en dat positieve en negatieve gevoelens tegelijkertijd kunnen optreden: ik was blij toen ik de clown in het circus mocht helpen bij zijn act, maar ook een beetje bang en verlegen omdat iedereen naar me keek. Kinderen begrijpen op deze leeftijd ook dat de verschillende gevoelens elkaar wederzijds beïnvloeden. Het angstige aspect van de situatie zwakt je blijdschap af, maar omgekeerd kunnen positieve gevoelens je ook helpen om over die angst heen te stappen (Harris, 2000; Harter & Buddin, 1987). Deze wisselwerking tussen verschillende emoties (en de relatie met verschillende aspecten van de stimulussituatie) wordt in de adolescentie steeds beter begrepen. Kenmerkend voor deze periode is het besef dat de ene emotie de andere kan oproepen: je schaamt je voor je eigen angst, of voelt je schuldig over je eigen boosheid. Ciarrochi, Heaven en Supavadeeprasit (2008) spreken in dit verband over de ontwikkeling van het inzicht in zogenaamde *cycles of emotion*.

Toenemend inzicht in de oorzaken van verschillende emoties helpt kinderen om niet alleen hun eigen emoties beter te begrijpen, maar ook die van anderen. Als een kind wil weten hoe iemand anders zich voelt, kan het afgaan op uiterlijke kenmerken. Het kan letten op de gezichtsexpressie, houding of het gedrag van de betreffende persoon of op de situatie waarin deze zich bevindt. Deze aanwijzingen hebben echter hun beperkingen: niet iedereen ervaart in een bepaalde situatie dezelfde emotie en iemand kan trachten zijn ware gevoelens te verbergen zodat de uiterlijke expressie het kind op het verkeerde been zet. Voor vele emoties geldt bovendien dat zij niet gepaard gaan met een kenmerkende gelaatsexpressie of een eenduidige uitlokkende gebeurtenis. Inzicht in de relatie tussen wensen, gedachten en emoties (en het vermogen daarover te communiceren) is dus cruciaal om zowel je eigen reacties als die van een ander beter te begrijpen. Voor jonge kinderen is het daarbij nog lastig om het eigen perspectief op de situatie opzij te zetten, maar als kinderen ouder worden, zijn ze hier steeds beter toe in staat. Aan het begin van de adolescentie wordt bovendien gebruikgemaakt van unieke informatie over de ander bij het inschatten van diens emoties. De wetenschap dat de ander nogal bang is aangelegd, snel boos wordt of eerdere negatieve ervaringen heeft gehad met de betreffende stimulus, wordt dan meegenomen in het emotionele oordeel (Gnepp, 1989).

6.3.2 Strategisch emotioneel gedrag: hoe reageer ik in deze situatie?

Kennis over emotionele processen stelt kinderen in staat hun emotionele reacties te reguleren (Meerum Terwogt & Olthof, 1989; Stegge & Meerum Terwogt, 2007). Aangrijpingspunt voor regulatie is de emotionele expressie of de subjectieve emotionele belevingscomponent.

Tussen het vierde en het zesde jaar ontdekken kinderen dat er een verschil kan zijn tussen de innerlijke ervaring (de 'binnenkant') en de expressie (de 'buitenkant') van een emotie. Op die leeftijd kunnen kinderen bijvoorbeeld uitleggen dat iemand blij kan kijken, terwijl hij in werkelijkheid boos is. Ze begrijpen ook dat de getoonde emotie tot doel heeft de ander te misleiden (Banerjee, 1997; Dunn & Brown, 1994; Harris, 2000). In de jaren die volgen verwerven kinderen inzicht in cultureel bepaalde expressieregels (*display rules*), die tot doel hebben de eigen persoon of de ander te beschermen. Je verbergt je boosheid omdat je anders uitgelachen wordt of omdat je daarmee de gevoelens van een ander kwetst. Het gebruik van deze algemene regels wordt bij toename van de leeftijd steeds beter afgestemd op specifieke kenmerken van de sociale context. Adolescenten houden bijvoorbeeld rekening met de aard en kwaliteit van de relatie met de aanwezige ander. Een goede vriend of vriendin krijgt ook de kwetsbare gevoelens te zien (angst of verdriet) die voor een willekeurige klasgenoot verborgen worden gehouden (Saarni, 1999; Zeman & Garber, 1996; Zeman & Shipman, 1997).

Kinderen en jongeren leren daarnaast ook dat ze invloed kunnen uitoefenen op de manier waarop ze zelf hun emoties beleven. Onderzoek laat een aantal belangrijke veranderingen zien met de leeftijd. Waar jonge kinderen zich in de omgang met hun emoties vooral richten op het veranderen van de situatie, zien oudere kinderen in toenemende mate het belang van cognitieve strategieën. In eerste instantie gaat het bij zulke strategieën om afleidende gedachten of het selectief richten van je aandacht (ergens juist wel of juist niet op letten). Later in de ontwikkeling verschijnen ook (cognitief meer complexe) strategieën zoals cognitieve herwaardering. Het laatste wil zeggen dat het kind een redenering construeert die de emotionele beleving meer acceptabel maakt. Vanaf de leeftijd van ongeveer tien jaar begrijpen kinderen dat ze verschillende perspectieven op een en dezelfde situatie kunnen gebruiken om hun emoties te reguleren. Dit betekent een substantiële uitbreiding van hun coping repertoire. Tijdens de adolescentie wordt het gebruik van deze cognitieve strategieën verder verfijnd. Lange- en kortetermijndoelen worden tegen elkaar afgewogen en er is meer reflectie op de aard en de betekenis van het emotionele probleem. Is het een situatie waar ik zelf iets aan kan veranderen, heb ik de hulp van anderen nodig en wie kan ik daarvoor dan het best benaderen, hoe belangrijk is deze situatie voor mij? We zien dat vanaf de vroege adolescentie ook vaker bewust wordt gekozen voor het aangaan van de confrontatie met een emotionele gebeurtenis, bijvoorbeeld nadenken over de wijze waarop een ruzie is verlopen of stilstaan bij het verdriet dat je hebt om je overleden huisdier. De negatieve gevoelens die dit op de korte termijn oplevert, worden getolereerd omdat wordt verwacht dat een dergelijke aanpak op de langere termijn een positief effect zal hebben. Voor adolescenten geldt dat ze meer verantwoordelijkheid nemen voor het oplossen van emotionele problemen, dat ze hun eigen regulatiegedrag beter in de gaten houden en dat ze meer toekomstgericht zijn. (Connor-Smith et al., 2001; Skinner & Zimmer-Gembeck, 2007; Meerum Terwogt & Stegge, 1995; Stegge & Meerum Terwogt, 2007; Stegge, Reijntjes en Meerum Terwogt, 1997; Stegge et al., 2004).

6.3.3 Emotioneel bewustzijn: woorden voor gevoelens

Emoties zijn affectieve reacties op gebeurtenissen die van belang zijn voor een persoon en aanzetten tot gedrag. De term 'gevoelens' gebruiken we voor de bewuste beleving van die affectieve reacties (Frijda, 2008). Deze subjectieve ervaringscomponent wordt sterk beïnvloed door zich ontwikkelende cognitieve vaardigheden en door ervaringen die worden opgedaan in interacties met anderen. Gesprekken over emotionele gebeurtenissen bieden de mogelijkheid om cognitieve en affectieve elementen van het emotionele proces te integreren. Kinderen en jongeren krijgen op die manier steeds beter inzicht in wát ze precies voelen. Dit levert een belangrijke bijdrage aan de opbouw van een op ervaring gebaseerd kennisbestand over de aard en werking van emoties, hetgeen vervolgens behulpzaam is bij het adequaat hanteren van emotionele gebeurtenissen (Feldman Barrett et al., 2001; Izard, 2009; Lane & Pollerman, 2002; Stegge & Meerum Terwogt, 2007).

Al op heel jonge leeftijd praten kinderen over hun eigen emoties en gevoelstermen komen incidenteel al voor in de spontane taaluitingen van tweejarigen. Tussen het tweede en vijfde levensjaar komen verwijzingen naar de basale emoties blijdschap, verdriet, boosheid en angst regelmatig voor (Denham & Kochanoff, 2002). Gedurende de lagere schoolperiode breidt het emotierepertoire zich geleidelijk uit met meer complexe emotietermen, zoals zelfbewuste emoties als schuld, schaamte en trots. Vanaf het begin van de adolescentie worden ook emoties die gerelateerd zijn aan persoonlijke verwachtingen, zoals teleurstelling of opluchting, op adequate wijze gebruikt (Harris et al., 1987). Lane et al. (1990) beschrijven de ontwikkeling van emotioneel bewustzijn in een vijftal stappen.

1 Gevoelens worden beschreven in termen van lichamelijke sensaties: 'Ik ga huilen'.
2 Algemene aanduidingen worden gebruikt: 'Ik voel me rot'.
3 Specifieke gevoelstermen worden gehanteerd, zoals boos, verdrietig, of teleurgesteld.
4 Iemand rapporteert een mengeling van gevoelens: 'Ik voel me blij, maar ook een beetje verdrietig'.
5 Hierbij wordt ook nog eens expliciet onderscheid gemaakt tussen de eigen gevoelens en die van de ander: 'Ik ben verdrietig en ook een beetje boos; zij is blij, maar voelt zich ook een beetje schuldig'.

In dit model kenmerkt de ontwikkeling zich door een toenemende differentiatie en integratie met de leeftijd.

Andere onderzoekers hebben laten zien dat niet alleen de gebruikte gevoelstermen veranderen met de leeftijd, maar ook meer algemeen de opvattingen over de aard van emoties. Op de kleuterleeftijd zijn emoties nog sterk gebonden aan objectief waarneembare verschijnselen: de uitlokkende stimulussituatie en concreet waarneembare emotionele gedragingen zoals huilen, stampvoeten of slaan. Tijdens de lager schoolperiode ontstaat in toenemende mate het besef dat emoties vooral *mentale* verschijnselen zijn en treedt de subjectieve belevingscomponent meer op de voorgrond (Harris, 2000; Stegge & Meerum Terwogt, 2007): 'als je blij bent, voel je je blij van binnen'. In de adolescentie en de volwassenheid treden nog steeds systematische veranderingen op in de wijze waarop mensen emoties beschrijven (Labouvie-Vief, DeVoe & Bulka, 1989; Labouvie-Vief et al., 2007). In de vroege adolescentie worden vrij algemene, weinig persoonlijke termen gebruikt ('ik voelde me leeg') en gevoelens worden op eenvoudige wijze van elkaar onderscheiden ('ik was niet echt boos, maar voelde me hulpeloos'). Adolescenten leggen bovendien sterk de nadruk op (cognitieve) controle: 'Als je boos bent, wil je meteen iets doen aan de oorzaak van die boosheid'. Oudere adolescenten en volwassenen gebruiken een meer persoonlijke, doorleefde terminologie om emotionele ervaringen te beschrijven en onderkennen het duale karakter van emoties als een lichamelijk én een mentaal fenomeen. Angst kan in deze fase bijvoorbeeld als volgt worden omschreven: 'Alles ging steeds sneller, de adrenaline pompte door m'n lijf. Ik probeerde te bedenken wat ik moest doen. Er ging van alles door m'n hoofd, en m'n hartslag schoot omhoog. Ik was écht bang.' De objectieve, fysieke kant van emoties en de subjectieve, mentale kant vormen nu een geïntegreerd geheel. Er komt dan ook meer ruimte voor exploratie en acceptatie van de eigen gevoelens: 'Je voélt het verlies en accepteert je verdrietige gevoelens.'

6.4 Emoties in de adolescentie

Mensen ervaren niet alleen emoties in reactie op situatie die hun persoonlijke belangen raken, maar nemen deze reacties (ten dele) ook bewust waar en geven er betekenis aan. Gevoelens zijn sterk verbonden met lichamelijke sensaties en tegelijkertijd ook met de situatie die de affectieve reactie heeft uitgelokt (Feldman Barrett et al., 2007; Frijda, 2008). Daarnaast speelt de ervaren actiebereidheid een belangrijke rol. Gevoelens geven niet alleen een lichamelijk toestand weer, maar geven tevens aan hoe het lichaam zich verhoudt tot de omringende wereld: wat kan ik doen, welke mogelijkheden heb ik? Gevoelens zijn dus omgeven met cognities. Deze kunnen relatief beperkt zijn en betrekking hebben op de onmiddellijke situatie, maar zich ook uitbreiden naar het verleden (hoe is het allemaal zo gekomen?), de toekomst (wat zullen de gevolgen zijn?) of de achterliggende belangen (waarom voel ik mij eigenlijk bedreigd door deze situatie?). Als zodanig geven gevoelens betekenis aan persoonlijke ervaringen en dit heeft belangrijke consequenties voor je ideeën over wie je bent en voor je relaties met anderen.

In de identiteitsontwikkeling spelen emoties een rol omdat zij een verbindende schakel vormen tussen specifieke ervaringen (Haviland & Kahlbaugh, 2000) en aldus een bijdrage leveren aan het zelfgevoel van een individu. Dit kan op twee manieren vorm krijgen. Allereerst kan een specifiek thema (bijvoorbeeld iemands religieuze overtuiging) verbonden raken met verschillende emoties en om die reden een centraal onderdeel gaan vormen van iemands identiteit. Ten tweede kan een specifieke emotie, bijvoorbeeld boosheid of angst, centraal komen te staan in de persoonlijkheidsontwikkeling. Nieuwe gebeurtenissen en situaties zullen dan in toenemende mate worden benaderd vanuit deze centrale emotiedispositie. In beide gevallen geldt dat de ontstane emotionele verbindingen belangrijke implicaties hebben voor de verdere ontwikkeling van het individu.

Emoties spelen tevens een belangrijke rol in relaties met anderen. Niet alleen beïnvloeden de eigen emoties en de emoties die worden waargenomen bij anderen hoe sociale interacties verlopen, maar ook speelt de uitwisseling van emotionele ervaringen een belangrijke rol in zich ontwikkelende relaties (Bukowski, Adams & Santo, 2006; Rubin, Bukowski & Parker, 2006). In de adolescentie worden vriendschapsrelaties in toenemende mate gekenmerkt door intimiteit. Adolescenten, vooral meisjes, zoeken psychologische nabijheid en wederzijds begrip. Het delen van emoties komt aan deze behoefte tegemoet. Gesprekken over emotionele ervaringen zorgen voor een gevoel van verbondenheid, vergroten de perspectief-neem-vaardigheden, zijn behulpzaam bij het reguleren van emoties en hebben een positief effect op de kwaliteit van de relatie (Buhrmester, 1996; Smetana, Campione-Barr & Daddis, 2004; Zeman & Shipman, 1997).

Aan het begin van de adolescentie hebben (de meeste) jongeren zich essentiële emotionele vaardigheden eigen gemaakt. Ze hebben een goed begrip van de kenmerken van verschillende emoties (wat is boosheid, jaloezie, teleurstelling, schuld) en weten in welke situaties deze emoties zich voordoen. Het vermogen om verschillende elementen in een emotionele situatie (de uitkomst, de motieven van de betrokkenen, hun persoonlijke geschiedenis) te betrekken in een evaluatief oordeel, leidt tot meer specifieke en genuanceerde emotionele reacties. Cognitieve strategieën (selectieve aandacht, cognitieve herwaardering) zijn stevig verankerd in het regulatierepertoire en er is steeds meer kennis van de specifieke (cultuurgebonden) eisen die een bepaalde situatie stelt aan het emotionele gedrag.

Ondanks deze (cognitieve) verworvenheden staan adolescenten voor een lastige taak. Hieronder zullen enkele voor de adolescentie kenmerkende emotionele thema's worden besproken. Vervolgens zal worden ingegaan op een specifieke emotie die bij uitstek relevant is in de adolescentiefase, namelijk de emotie schaamte.

6.4.1 Emotionele turbulentie

In het leven van adolescenten doen zich snelle, ingrijpende veranderingen voor. Voor een deel betreft dit normatieve gebeurtenissen, zoals de lichamelijke veranderingen die optreden aan het begin van de puberteit, of de overstap van lager naar middelbaar onderwijs. Daarnaast doen zich specifieke situaties voor die per adolescent kunnen verschillen, zoals echtscheiding of ziekte van ouders, pesterijen op school of werk, een verbroken relatie of ongewenste zwangerschap (Graber, Brooks-Gunn & Petersen, 1996). Van al deze veranderingen mag worden verwacht dat ze gevolgen hebben voor het gevoelsleven van de adolescent.

Het algemene beeld van de adolescentie als een periode van conflict en instabiliteit (Hall, 1904) wordt niet langer onderschreven (Rutter & Rutter, 1993). Niettemin laten studies bij adolescenten zien dat zij verschillen van andere leeftijdsgroepen in de frequentie, de intensiteit en de stabiliteit van gevoelens. In dit type onderzoek wordt doorgaans aan adolescenten gevraagd om hun gevoelens te registreren door de dag heen op een handcomputer die op gezette tijden (bijvoorbeeld ongeveer elk uur) een signaal geeft. In een eerste onderzoek werden sterke stemmingswisselingen gevonden. Adolescenten bleken meer extreme gevoelens te rapporteren dan volwassenen (Larson, Csikszentmihalyi & Graef, 1980). Een studie waarin adolescenten vergeleken werden met kinderen liet de verwachte toename in de variabiliteit van gevoelens echter niet zien (Larson & Lampman-Petrais, 1989). Wel bleken adolescenten minder positieve en meer negatieve gevoelens te rapporteren dan kinderen. Larson en Ham (1993) toonden aan dat deze toename in negatief affect kon worden verklaard door een toename in het aantal stressvolle gebeurtenissen tijden de adolescentie. Een longitudinaal onderzoek

(Larson et al., 2002) leverde vergelijkbare resultaten op. Tussen het tiende en het veertiende jaar bleek een stemmingsverslechtering op te treden, die op latere leeftijd weer wat afvlakte. Deze stemmingsdaling in de vroege adolescentie was echter niet bij alle jongeren te zien. Voor ongeveer een derde van de onderzochte groep gold dat hun stemming gemiddeld flink verslechterde, terwijl bij ongeveer een zesde een aanmerkelijk positievere stemming werd geconstateerd. In een andere longitudinale studie (Weinstein et al., 2007) werd eveneens een stemmingsdaling geconstateerd. In deze studie was echter vooral sprake van een afname in positief affect en niet zozeer van een toename in negatief affect. Ook in deze studie bleken adolescenten aanzienlijk van elkaar te verschillen. Concluderend laat het tot dusver beschikbare onderzoek zien dat er weinig empirisch bewijs is voor de extreme stemmingswisselingen die kenmerkend zouden zijn voor de adolescentie. Adolescenten verschillen weliswaar van volwassenen in de intensiteit van hun gevoelens, maar niet van kinderen. Wel wordt in de vroege adolescentie systematisch een stemmingsverslechtering aangetoond. Onduidelijk is of deze vooral moet worden toegeschreven aan een afname in positief affect of aan een toename in milde negatieve gevoelens in reactie op stressvolle gebeurtenissen. Daarnaast moet worden opgemerkt dat deze stemmingsdaling niet voor alle adolescenten geldt. De adolescentie lijkt echter wel de enige periode in de ontwikkeling waarin negatieve gevoelens over het algemeen toenemen. De frequentie en intensiteit van negatieve gevoelens is lager in de kindertijd, en voor de volwassenheid geldt hetzelfde (Cartensen et al., 2003).

6.4.2 Gedrag in emotionele situaties

Van adolescenten wordt over het algemeen een zekere mate van zelfbeheersing verwacht. Zij hebben inzicht in complexe (sociale) situaties, beschikken over abstracte redeneervermogens, goede perspectief-neem-vaardigheden en kunnen de gevolgen van hun gedrag op de langere termijn overzien. Theoretisch is er dus alle reden om te veronderstellen dat adolescenten weloverwogen beslissingen kunnen nemen en daarnaar kunnen handelen. De praktijk ziet er echter anders uit. Risicovolle gedragingen (onveilig vrijen, te veel drinken, experimenteren met partydrugs) doen zich in de adolescentie veelvuldig voor. Recent onderzoek vanuit de neuropsychologie biedt een interessante verklaring voor deze discrepantie en suggereert dat het impulsieve, ondoordachte gedrag van adolescenten kan worden toegeschreven aan een verstoring van de balans tussen cognitieve en emotionele processen (Casey, Getz & Galvan, 2008; Steinberg, 2005; zie ook hoofdstuk 15).

In het voorafgaande is sterk de nadruk gelegd op de rol van cognitieve vaardigheden in de ontwikkeling van emotionele competentie. Emoties zijn echter ook van invloed op cognitieve processen, zoals het opnemen en verwerken van informatie en het nemen van beslissingen. Steinberg (2005) spreekt in dat verband over 'contextgebonden cognitie'. Bij het maken van keuzes spelen zowel cognitieve als emotionele processen een rol. Om het risicovolle gedrag van adolescenten goed te kunnen begrijpen, is het volgens Casey, Getz en Galvan (2008) dan ook essentieel om te kijken naar de ontwikkeling van zowel de cognitieve als de emotionele gebieden in het brein. Op basis van gegevens uit fMRI-onderzoek stellen deze onderzoekers dat de rijping van de prefrontale cortex, die zorgt voor impulscontrole en regulatie, achterblijft bij de rijping van de subcorticale, limbische structuren die iemand gevoelig maken voor beloning (zie ook hoofdstuk 3 en 4). Adolescenten zouden zich in hun keuzes en hun gedrag in alledaagse situaties daarom sterker laten leiden door kortetermijnwinst dan door eventuele negatieve gevolgen op de langere termijn. Het emotionele brein wint het in dergelijke situaties van het cognitieve brein (zie ook Steinberg, 2005). Verondersteld wordt dat de overgangsperiode naar een situatie waarin beide systemen meer in evenwicht zijn nuttig is. Het (tot op zekere hoogte) nemen van risico's onder invloed van soms heftige emoties zou functioneel zijn voor de voltooiing van de ontwikkelingstaken waarvoor de adolescent zich gesteld ziet, zoals het losmakingsproces van de ouders en het vinden van een partner. Verschillende studies ondersteunen de gedachte dat keuzes in het dagelijks leven beïnvloed worden door emotionele kenmerken van de context. Zo lieten Gardner en Steinberg (2005) proefpersonen een computerspel spelen, dat uitnodigde tot het nemen van risico's, bijvoorbeeld een auto laten doorrijden bij oranje licht om meer punten te kunnen halen. Adolescenten (13-16 jaar), jongvolwassenen (18-22) jaar en volwassenen (24 jaar en ouder) verschilden niet van elkaar als ze het spel alleen speelden. In aanwezigheid van twee leeftijdgenoten namen echter zowel de adolescenten als de jongvolwassenen meer risico's dan de volwassenen.

6.5 Schaamte

De adolescentie is een periode die wordt gekenmerkt door sociale veranderingen. Belangrijke ontwikkelingstaken betreffen het losmakingsproces van de ouders en de ontwikkeling van een eigen autonomie en identiteit. Hoofdstuk 8 over de ontwikkeling van autonomie en hoofdstuk 7 over de identiteitsontwikkeling gaan hier uitvoeriger op in. De omgang met leeftijdgenoten speelt in deze ontwikkelingsprocessen een centrale rol. De behoefte deel uit te maken van een sociale groep en je gesteund en gewaardeerd te voelen door anderen, is een basale menselijke drijfveer. Deze 'need to belong' (Baumeister & Leary, 1995) is op alle leeftijden van belang, maar krijgt in de adolescentie extra betekenis door de grote invloed die jongeren onderling op elkaar hebben. Adolescenten brengen steeds meer tijd door in gezelschap van leeftijdgenoten, wisselen ervaringen en ideeën uit en toetsen eigen opvattingen en vaardigheden aan die van anderen. Naast ouderlijke steun en waardering is de acceptatie door leeftijdgenoten meer dan ooit een cruciale factor in de psychosociale ontwikkeling (Harter, 2006). Het is dan ook niet voor niets dat de emotie schaamte in deze leeftijdsfase zo prominent op de voorgrond treedt (Reimer, 1996).
Schaamte is de emotie die onze sociale belangen veiligstelt. Wij willen graag dat anderen positief over ons denken en ons een aantrekkelijke interactiepartner vinden (Leary, 2007). Als we erin slagen deze reacties bij anderen op te roepen, voelen we ons een gerespecteerd lid van een sociale groep. Als anderen zich echter van ons dreigen af te

keren en onze positie in de groep gevaar loopt, treedt er een emotioneel waarschuwingssysteem in werking. Wij schamen ons en worden ons pijnlijk bewust van een ongewenste sociale situatie, waarin de relatie met de ander niet is zoals wij die graag zouden willen (Barrett, 1995; Mills, 2005).

Schaamte kan in veel verschillende situaties ontstaan. Je maakt een domme opmerking en anderen lachen je uit. Op een schoolfeest maakt iemand een grapje over je haar of over je kleding. Je hebt in een discussie op het schoolplein al een paar keer geprobeerd je mening naar voren te brengen, maar niemand luistert. Bij een sporttoernooi blijven je prestaties ver achter bij die van anderen en je klasgenoten kijken je wat meewarig aan. Je gaat shoppen met een vriendin en je gebruikelijke maat spijkerbroek blijkt opeens niet meer te passen. Je zoekt oogcontact met een meisje in de disco, maar ze negeert je. Je beste vrienden zijn erin geslaagd een leuke bijbaan te bemachtigen, maar jij komt niet verder dan vakken vullen in de plaatselijke supermarkt. Al deze situaties appelleren aan gevoelens van schaamte. Schaamte is de emotie die ons een spiegel voorhoudt. Je kijkt als het ware door de ogen van de ander naar jezelf en wat je weerspiegeld ziet in de blik van de ander is een onaantrekkelijk beeld van jezelf: je bent dom, onhandig, lelijk, onbelangrijk, niet de moeite waard. Je belichaamt een anti-ideaal, een ongewenste identiteit: je bent wie je niet wilt zijn (Olthof et al., 2000; Stegge & Ferguson, 2000).

Schaamte is een *zelfbewuste* emotie en adolescenten zijn om verschillende redenen extra kwetsbaar voor gevoelens van schaamte. Allereerst vergroten toegenomen cognitieve vermogens de kans op negatieve zelfevaluaties die een belangrijke bron van schaamte zijn (Gilbert, 1998). Adolescenten zijn sterk geneigd tot zelfreflectie: wie ben ik en wat vind ik eigenlijk van mezelf? Niet zelden valt het antwoord op deze vragen negatiever uit dan op jongere leeftijd. Adolescenten zijn namelijk meer geneigd hun werkelijke zelfbeeld te vergelijken met hun ideale zelfbeeld en beter in staat eventuele discrepanties waar te nemen. Dit kan leiden tot het voor schaamte kenmerkende gevoel van tekortschieten ten opzichte van een bepaalde standaard, in dit geval je eigen opvattingen over hoe je graag zou willen zijn (Ferguson & Stegge, 1995; Higgins, 2006). Daarnaast is er een aantal bijkomende factoren die de subjectieve beleving van schaamte versterken. De zelfbeschrijvingen van (pre-)adolescenten zijn abstracter en algemener dan die van (jongere) kinderen en schaamte-ervaringen worden sterker in verband gebracht met het gevoel van eigenwaarde en de eigen identiteit (Ferguson, Stegge & Damhuis, 1991; Mills, 2005).

Een tweede belangrijke bron van schaamte zijn negatieve reacties van anderen (Smith et al., 2002). De gevoeligheid van adolescenten voor deze negatieve reacties is het gevolg van een combinatie van cognitieve en motivationele factoren. Adolescenten zijn door hun toegenomen sociale perspectief-neem-vaardigheid beter in staat om subtiele negatieve reacties van anderen op te pikken (zie ook hoofdstuk 5 over de cognitieve ontwikkeling). Ze hechten er tevens meer belang aan vanwege de noodzaak zich een zelfstandige positie te verwerven in verschillende sociale groepen. Daarnaast wordt het denken van de adolescent gekenmerkt door een zeker cognitief egocentrisme (Elkind & Bowen, 1979; Harter, 2006). Adolescenten zijn zich sterk bewust van zichzelf en dit bezig zijn met de eigen persoon zou de adolescent ook toeschrijven aan anderen. Hij of zij heeft dan het gevoel als persoon voortdurend de aandacht te trekken van een denkbeeldig publiek en het risico te lopen op een mogelijk negatieve evaluatie. De toename van verlegenheid en sociale angst in de adolescentie kan vanuit deze gedachtegang begrepen worden (Wheems, 2008).

Schaamtevolle gebeurtenissen vragen om een oplossing. Je gevoel van eigenwaarde is aangetast en/of de relatie met anderen loopt gevaar, nu of in de toekomst. Schaamte is functioneel, omdat dit gevoel je attendeert op het probleem dat is ontstaan en aanzet tot gedrag dat voorkomt dat de situatie verergert. Door uiting te geven aan schaamte (blozen, je ogen neerslaan, wegkijken, je klein maken, weggaan uit de situatie) kun je de ander duidelijk maken dat je je conformeert aan diens oordeel en kan verdere blootstelling, kritiek of afwijzing worden voorkomen (Keltner & Bushwell, 1997). Schaamte kan vervolgens ook aanzetten tot zelfverbetering en/of tot pogingen om de relatie met anderen te verbeteren (Stegge, Ferguson & Braet, 1999). Aldus is schaamte de emotie die ons in staat stelt ons gevoel van eigenwaarde op peil te houden en acceptatie door anderen te waarborgen (Barrett, 1995; Mills, 2005).

Schaamtevolle situaties worden echter niet altijd op een adequate manier opgelost. Juist omdat schaamte een emotie is die nauw verbonden is met het gevoel van eigenwaarde en/of de reacties van anderen is het niet altijd eenvoudig om een gepaste oplossing te vinden. Ook zijn mensen niet altijd in staat om pijnlijke schaamtegevoelens te verdragen. Grofweg worden in de literatuur twee disfunctionele reactiepatronen op schaamte onderscheiden: een internaliserend en een externaliserend reactiepatroon. Een internaliserende reactie op schaamte houdt in dat je de aanval op het zelf en je daling in sociale status verinnerlijkt: je gaat negatief over jezelf oordelen, probeert je zoveel mogelijk aan te passen of trekt je terug uit sociale interacties. Je vindt jezelf niet de moeite waard, denkt dat anderen die zelfde mening zijn toegedaan, en je probeert op deze manier te voorkomen dat je opnieuw wordt beschaamd (Elison, Lennon & Pulos, 2006). Empirisch onderzoek bij verschillende leeftijdsgroepen laat zien dat internaliserende reacties op schaamte gerelateerd zijn aan verschillende vormen van psychopathologie, zoals angst, depressie en eetstoornissen (Ferguson et al., 1999; 2000; Tangney & Dearing, 2002). Dit zijn problemen die zich vooral in de adolescentie voordoen en die nauw verbonden zijn met een negatieve beoordeling door de persoon zelf of door anderen (Mills, 2005; zie ook hoofdstuk 13). Er is dus alle reden om meer aandacht te besteden aan de ontwikkeling van schaamtegevoeligheid en de rol die schaamte mogelijk speelt in het ontstaan van deze internaliserende problemen. In longitudinaal onderzoek onder jongeren tussen de elf en zestien jaar is een eerste begin gemaakt met een dergelijke aanpak. De Rubeis en Hollenstein (2009) toonden aan dat schaamtegevoeligheid een voorspeller was van depressieve symptomen die één jaar later optraden. Zij lieten eveneens zien dat deze relatie kon worden verklaard door vermijdende reacties van jongeren op schaamtegevoelige situaties. Niet het ervaren van schaamte als zodanig, maar de manier waarop met deze emotie werd omgegaan, bleek dus uiteindelijk bepalend voor de psychische consequenties.

Ook externaliserende reacties, zoals boosheid of agressie, kunnen geworteld zijn in schaamte. In de laatste paragraaf van dit hoofdstuk wordt deze gedachtegang nader uitgewerkt.

6.6 Emotieregulatie en probleemgedrag in de adolescentie

Adolescenten hebben zich tal van vaardigheden eigengemaakt die hen in staat stellen emotionele problemen het hoofd te bieden. In het voorgaande hebben we al gezien dat hun regulatievaardigheden soms tekortschieten. In het navolgende komen studies aan de orde waarin de relatie tussen emotieregulatie en probleemgedrag meer systematisch is onderzocht. We richten ons daarbij op twee voor de adolescentiefase kenmerkende vormen van probleemgedrag: depressieve klachten en in schaamte gewortelde agressie.

6.6.1 Regulatieproblemen en depressie

In de literatuur wordt op verschillende manieren aangekeken tegen de relatie tussen emotie en cognitie (Izard, 2009; Levenson, 1999). Cognitieve benaderingen benadrukken het belang van *appraisal*-processen: je gevoelens over een bepaalde situatie worden sterk beïnvloed door de wijze waarop je over de betreffende gebeurtenis denkt: zoals je denkt, zo voel je je! Vanuit een evolutionair perspectief (bijvoorbeeld Cosmides & Tooby, 2000) is de laatste jaren in toenemende mate ook het omgekeerde benadrukt: emoties zijn primair en sturen je cognitie. Als je boos bent, heb je vooral oog voor de vijandige bedoelingen van anderen en ben je geneigd te zoeken naar mogelijkheden om de eigen belangen veilig te stellen en de ander op zijn of haar plaats te zetten. Zoals je je voelt, zo denk je! In empirisch onderzoek is steun gevonden voor elk van beide opvattingen en tegenwoordig gaat men ervan uit dat er in de meeste gevallen sprake is van een tweerichtingsverkeer tussen cognitie en emotie (Lazarus, 1999; Power & Dalgleish, 1997; Scherer, 2003). Beide spelen dan ook een centrale rol in de oplossing die gevonden wordt in een emotionele situatie. De emotie zorgt ervoor dat bepaalde oplossingen toegankelijker worden dan andere. De cognitie kan deze uit de emotie voortkomende neiging verder versterken of juist afzwakken. Boosheid kan leiden tot wraakzuchtige gedachten die de neiging tot agressie verder aanwakkeren. Maar cognitieve processen kunnen ook worden aangewend om die natuurlijke neiging tegen te gaan, bijvoorbeeld als iemand zich de nadelige consequenties van een agressieve reactie realiseert. Of een emotionele reactie adaptief is, wordt dus uiteindelijk bepaald door de wijze waarop de emotie wordt gereguleerd. Emotionele problemen, zoals depressieve klachten, worden vanuit een dergelijk perspectief steeds vaker beschreven in termen van een falende emotieregulatie (Cole & Kaslow, 1988; Cole, Michel & O'Donnell Teti, 1994; Gross & Munoz, 1995).

Talloze studies hebben laten zien dat depressieve klachten in de adolescentie toenemen in ernst en frequentie (Abela & Hankin, 2008). Mogelijke oorzaken voor deze toename worden gezocht in biologische factoren (bijvoorbeeld hormonale veranderingen), psychologische factoren (bijvoorbeeld toenemende cognitieve vermogens) en sociale factoren (bijvoorbeeld de eisen die aan adolescenten worden gesteld). De veranderingen die met de adolescentie hun intrede doen, vragen het nodige van de emotionele competentie van jongeren. Zij moeten leren omgaan met hun veranderende lichaam, met verliefdheid en seksuele verlangens, met de grotere zelfstandigheid die door de omgeving wordt verwacht, met de soms strijdige verwachtingen van ouders en leeftijdgenoten, en met keuzes ten aanzien van opleiding, werk en levensovertuiging. Emotieregulatievaardigheden zijn in deze periode belangrijker dan ooit: zijn jongeren in staat zich flexibel aan te passen aan snel veranderende omstandigheden, zijn zij in staat teleurstellingen te verwerken en problemen die zich voordoen adequaat op te lossen. Tekortschietende vaardigheden kunnen leiden tot milde of soms ook meer ernstige emotionele problemen. In het navolgende zullen we ingaan op onderzoek naar de relatie tussen depressie en emotieregulatie. Het is niet de bedoeling om een uitputtend overzicht te geven van al het onderzoek dat op dit terrein is gedaan. In plaats daarvan bespreken we een aantal specifieke studies die verricht zijn onder (pre-)adolescenten met gebruik van verschillende onderzoekstechnieken.

In de eerste twee studies (Reijntjes et al., 2006a; 2006b) is gebruikgemaakt van emotionele vignetten en zijn tien tot twaalfjarigen ondervraagd over de wijze waarop ze zouden reageren op negatieve gebeurtenissen zoals een slechte prestatie of sociale afwijzing. Kinderen die hoog scoorden op een depressievragenlijst bleken minder geneigd te zijn tot een actieve aanpak van het probleem (ik zou vragen waarom ik niet mee mag doen) of tot het zoeken van afleiding (iets leuks gaan doen) en meer geneigd tot een passieve, afwachtende houding (ik zou eigenlijk gewoon niks doen). Ook ten aanzien van cognitieve regulatiestrategieën werden verschillen gevonden tussen hoge en lage scoorders. De hoge scoorders gaven aan meer te piekeren over de negatieve situatie en deze te verergeren (zie je wel, niemand vindt mij leuk) en minder gebruik te maken van positieve herwaardering (er waren al genoeg deelnemers, een volgende keer kan ik vast gewoon meedoen). Hoge scores op een depressievragenlijst gaan dus gepaard met een keuze voor regulatiestrategieën die de negatieve stemming in stand houden of verergeren (zie ook Garber, Braafladt & Weiss, 1995; Quiggle et al., 1992 voor vergelijkbare bevindingen bij kinderen en jeugdigen). Opmerkelijk was verder dat in reactie op sociale afwijzing (uitsluiting van een groepsactiviteit) vaker gekozen werd voor een wat afstandelijke, ontkennende houding: het kan me niets schelen. Een dergelijke reactie heeft mogelijk tot doel verdere afwijzing te voorkomen en het zelfgevoel te beschermen. Hoewel informatief, kent de vignettenaanpak de nodige nadelen. Allereerst zijn sociaal wenselijke antwoorden niet uit te sluiten. Maar belangrijker is dat er goede redenen zijn om aan te nemen dat mensen lang niet altijd in staat zijn om hun reacties op emotionele gebeurtenissen goed in te schatten (Robinson & Clore, 2002). Het is dus van belang om na te gaan hoe depressieve symptomen gerelateerd zijn aan daadwerkelijk regulatiegedrag. Deze vraag is onderzocht in een tweetal studies (Reijntjes et al., 2006a; 2006b), die eveneens werden verricht in een groep tien tot twaalfjarigen. In deze studie werd een 'echte' stemmingsverslechtering bewerkstelligd door kinderen in een experimentele situatie te confronteren met afwijzing door leeftijdgenoten (ze werden weggestemd tijdens een online computerspel). Kinderen die hoog scoorden op een depressievragenlijst bleken minder tijd te besteden aan probleem-georiënteerd gedrag (proberen erachter te komen waarom ze waren afgewezen), meer af te wachten en meer te catastroferen: zie je wel, niemand vindt mij leuk.

Silk, Steinberg en Morris (2003) onderzochten een groep adolescenten in de leeftijd van twaalf tot vijftien jaar en keken naar hun regulatiegedrag in alledaagse situaties. Zij maakten gebruik van handcomputers om emoties en regulatiegedrag te onderzoeken in reactie op specifieke situaties. In reactie op een signaal dat elk uur werd afgegeven, rapporteerden de jongeren over hun gevoelens en gedachten in reactie op een specifieke emotionele situatie die zich het laatste uur had voorgedaan. Depressieve klachten bleken gepaard te gaan met een ontkennende, afstandelijke houding en/of met catastroferende gedachten over wat zich had voorgedaan. Ook bleek dat adolescenten die aangaven dat ze hun negatieve gevoelens minder goed konden reguleren meer depressieve klachten hadden.

Vanaf de puberteit nemen depressieve klachten bij meisjes sterker toe dan bij jongens (Keenan & Hipwell, 2005; Crick & Zahn-Waxler, 2003). Verondersteld wordt dat dit mede veroorzaakt wordt door seksegebonden verschillen in de manier waarop gereageerd wordt op emotioneel geladen situaties. Meisjes zijn meer geneigd tot piekeren, terwijl jongens vaker kiezen voor het zoeken van afleiding. In de adolescentie nemen deze verschillen sterk toe. Het piekeren, kan leiden tot een vicieuze cirkel waarin de aandacht voortdurend uitgaat naar de eigen negatieve gevoelens, mogelijke oorzaken en gevolgen, zonder dat een constructieve oplossing in beeld komt (Nolen-Hoeksema, 1998). Verschillende studies onder adolescente meisjes hebben inderdaad aangetoond dat piekeren in reactie op negatieve gebeurtenissen gepaard gaat met depressieve klachten. Dit vergroot het risico op het ontstaan van een depressie. Dit geldt vooral voor situaties die relaties met anderen betreffen (Abela & Hankin, 2008; Garnefski & Kraaij, 2002; Papadakis et al., 2006).

Samenvattend laten de studies een consistent beeld zien, ondanks grote verschillen in de gehanteerde aanpak. Hoge scores op een depressievragenlijst gaan gepaard met het gebruik van regulatiestrategieën die de negatieve of depressieve stemming waarschijnlijk zullen verergeren: een passieve, afwachtende houding, piekeren en catastroferen. Strategieën waarvan mag worden verwacht dat ze een positief effect hebben op de jongere (een positieve interpretatie van het voorval, afleiding zoeken, het actief aanpakken van het probleem) worden juist minder gehanteerd door jongeren met depressieve klachten. Er zijn ook aanwijzingen dat kinderen en jeugdigen die niet goed in staat zijn een stemmingsverslechtering effectief te bestrijden, een verhoogd risico lopen op het ontwikkelen van een klinische depressie (Gross & Munoz, 1995). Het is bovendien waarschijnlijk dat inadequate emotieregulatievaardigheden leiden tot meer stressvolle gebeurtenissen. Jongeren die op lastige negatieve emotionele situaties reageren met piekeren, passiviteit en vermijding en die niet beschikken over adequate probleemoplossingstechnieken of de cognitieve flexibiliteit om problemen in een meer positief licht te zien, zijn niet erg aantrekkelijk voor hun leeftijdgenoten. Rockhill et al. (2007) lieten bijvoorbeeld zien dat zowel depressieve kinderen zelf, als hun beste vrienden minder plezier beleven aan hun interacties in een spelsituatie. Niet adequaat gereguleerde negatieve gevoelens kunnen dus de ontwikkeling van optimale vriendschappelijke relaties in de weg zitten en de kans op aanhoudende afwijzing en het verlies van sociale steun vergroten (zie bijvoorbeeld Feng et al., 2009).

6.6.2 Agressie, narcisme en emotieregulatie

Agressie kan veel verschillende vormen aannemen en om heel verschillende redenen worden vertoond. Een belangrijk onderscheid dat in de literatuur wordt gemaakt, is het onderscheid tussen *proactieve en reactieve agressie* (Card & Little, 2006). Proactieve of instrumentele agressie is koelbloedig, weloverwogen gedrag dat wordt vertoond om een bepaald doel te bereiken, bijvoorbeeld een ander intimideren of bedreigen om iets in je bezit te krijgen. Reactieve agressie is een emotionele, impulsieve reactie op een waargenomen bedreiging of geleden schade: iemand maakt iets van je stuk of zegt iets vervelends, je wordt woedend, hebt jezelf niet meer in de hand en geeft hem een klap (zie ook paragraaf 13.9.4). Aan het eind van de lagere schoolleeftijd en het begin van de adolescentie nemen conflicten over concrete bezittingen af en neemt de gevoeligheid voor persoonlijke krenkingen toe. Voor jongeren is het heel belangrijk om hun gevoel van eigenwaarde op peil te houden en situaties die hiervoor een bedreiging vormen, worden een belangrijke bron van reactieve agressie (Harter, 2006).

In de adolescentie wordt het gevoel van eigenwaarde voor een groot deel ontleend aan de sociale betekenis die de jongere zichzelf toeschrijft. Wat vinden anderen van mij? Welke positie heb ik in de groep? Nemen anderen mij serieus, vinden ze me aantrekkelijk en willen ze met me omgaan? Jongeren vergelijken zichzelf voortdurend met anderen, zijn cognitief in staat tot globale oordelen over hun gevoel van eigenwaarde, en uitermate gevoelig voor de mening van anderen. Meer dan in de kindertijd leidt afwijzing door leeftijdgenoten tot een verlaging van het zelfbeeld en meer dan in de kindertijd gaat afwijzing door anderen gepaard met agressie. Het is dan ook niet voor niets dat in de hulpverlening aan probleemjongeren grote belangstelling bestaat voor het zelfbeeld. Over de precieze rol van dit zelfbeeld bestaan echter nogal wat misverstanden. Van agressieve jongeren wordt vaak gezegd dat ze een ongunstig zelfbeeld hebben. Ze zouden negatief over zichzelf denken en zich vaak de mindere voelen ten opzichte van anderen. Er is echter weinig empirische evidentie voor deze claim (zie voor een overzicht Baumeister, Smart & Boden, 1996), hoewel recent onderzoek wel laat zien dat een laag zelfbeeld gepaard gaat met andere antisociale gedragingen (Donnellan et al., 2005; Kidd & Shahar, 2008; Trzesniewski et al., 2006). Agressie zou volgens nieuwe inzichten echter niet zozeer te maken hebben met een laag gevoel van eigenwaarde, maar veel meer met overdreven positieve gevoelens over het zelf. Baumeister en collega's spreken in dit verband over 'the dark side of high self-esteem'.

In de zelfbeeldliteratuur wordt onderscheid gemaakt tussen gezonde en ongezonde positieve zelfgevoelens (Kernis, 2003). Jongeren met een gezond gevoel van eigenwaarde zijn over het algemeen tevreden met zichzelf. Zij zijn intrinsiek gemotiveerd om goede prestaties te leveren, hun competenties te vergroten en gelijkwaardige relaties met anderen aan te gaan die gekenmerkt worden door wederzijds vertrouwen, respect en begrip. Positieve uitkomsten worden niet gezocht omwille van hun implicaties voor het zelfbeeld, maar zijn een afspiegeling van de eigen vaardigheden en interesses (Kernis, 2003). Adolescenten met een gezond gevoel van eigenwaarde zijn gevoelig voor negatieve ervaringen, onderkennen de bijbehorende gevoelens van schaamte en teleurstelling en gebruiken deze om hun vaardigheden te vergroten en hun relaties met anderen te verbeteren. Dat geldt niet voor jongeren met een narcistisch zelfbeeld. In extreme vorm is narcisme een persoonlijkheidsstoornis die wordt gekenmerkt door een opgeblazen gevoel van eigenwaarde, het gevoel speciale rechten en privileges te hebben, een preoccupatie met aanzien, roem en succes en een negatieve, neerbuigende houding naar anderen (DSM-IV, American Psychiatric Association, 1994). In minder extreme vorm is narcisme een persoonlijkheidstrek waarop mensen in de algemene populatie variëren (Morf & Rhodewalt, 2001). Recent empirisch onderzoek heeft laten zien dat narcistische trekken vanaf het begin van de adolescentie op betrouwbare en valide wijze kunnen worden vastgesteld (Thomaes, Stegge, & Olthof, 2007). Jongeren met narcistische trekken vinden zichzelf geweldig, denken dat ze heel belangrijk zijn en dat ze over uitzonderlijke talenten beschikken. Zij vinden zichzelf meer waard dan anderen en zijn om die reden van mening dat ze recht hebben op waardering, complimenten en bewondering van anderen. Een narcistisch zelfbeeld gaat gepaard met een sterk verlangen de eigen superioriteit te bewijzen (Baldwin & Baccus, 2004). Het is niet voldoende om goed te zijn en te worden geaccepteerd. Een jongere met narcistische trekken wil schitteren in een zelfgecreëerde sociale arena (Stegge & Thomaes, 2007). Lukt dit niet, en wordt zo iemand geconfronteerd met falen, mislukkingen of kritiek, dan wordt alles in het werk gesteld om de dreigende daling in sociale status af te wenden of te keren. Boosheid, vijandigheid of agressie zijn dan middelen die worden ingezet om in schaamtevolle situaties duidelijk te maken dat de ander pas op de plaats moet maken.

In onderzoek wordt op verschillende manieren gekeken naar de relatie tussen narcisme, schaamte en agressie in de vroege adolescentie (tien tot twaalf jaar). In een vragenlijststudie (Thomaes, Stegge & Olthof, 2007) is aan jongeren gevraagd hoe ze zouden reageren op schaamtevolle gebeurtenissen (een leeftijdgenoot laat blijken dat hij je muziekkeuze niet kan waarderen; je wordt genegeerd als je probeert iets te zeggen; je krijgt negatieve reacties op de kleding die je draagt). Gebleken is dat deze situaties niet alleen schaamte oproepen, maar ook boosheid en verbale of fysieke agressie. Deze laatste reacties werden vaker gerapporteerd door jongeren die hoog scoorden op narcisme. Een vergelijkbaar beeld komt naar voren als je in een schoolklas vraagt naar agressieve reacties van medeleerlingen in schaamtevolle situaties (je krijgt kritiek, iemand maakt een grapje over je). Jeugdigen met narcistische trekken zijn volgens hun leeftijdgenoten meer geneigd om in dergelijke situaties agressief te reageren.

In twee experimentele studies werd verdere evidentie verkregen voor de relatie tussen narcisme en agressie in reactie op schaamte. In beide studies verloren jongeren een reactietijdspelletje van een fictieve tegenstander. In de helft van de gevallen werd schaamte opgeroepen door het toevoegen van een aantal extra elementen aan de instructie. Proefpersonen in de schaamteconditie kregen te horen dat hun tegenstander een van de slechtste spelers tot dan toe was en dat ze gemakkelijk zouden moeten kunnen winnen. Vervolgens werd een ranglijst getoond, die zogenaamd te zien zou zijn op een veel bezochte website over het spel, met helemaal onderaan de naam van de beoogde tegenstander. Na het spelen van het spel verscheen de ranglijst opnieuw, met onderaan nu de naam van de jongere zelf. Hij of zij kreeg bovendien een e-mailberichtje van de tegenstander met de tekst: 'Huh, ik dacht dat ik sloom was, maar ik heb toch gewonnen'. De beschamende elementen uit deze instructie sluiten aan bij literatuur over de antecedenten van schaamte: je faalt op een gemakkelijke taak, je prestaties steken negatief af bij die van leeftijdgenoten en je falen is zichtbaar voor anderen. Bij proefpersonen in de controleconditie werden deze beschamende elementen achterwege gelaten. Zij kregen geen informatie over de tegenstander, er werd geen ranglijst getoond en de tegenstander stuurde een neutraal berichtje met de tekst: 'Huh, is het spel nu al afgelopen'.

In het eerste experiment (Thomaes et al., submitted) bleek dat de schaamtevolle situatie meer boosheid opriep dan de controleconditie en dat dit vooral het geval was voor jongeren die hoog scoorden op narcisme. Van belang is dat jongeren met narcistische trekken alleen meer boosheid rapporteerden in reactie op schaamte en niet in reactie op het verlies van een spelletje alleen. Dit bevestigt de gedachte dat gevoelens van boosheid een reactie kunnen zijn die dient om pijnlijke schaamtegevoelens te reguleren.

In het tweede experiment (Thomaes et al., 2008) werd dezelfde opzet gehanteerd, maar nu werd de mogelijkheid geboden tot een agressieve respons. In een nieuwe ronde van het spel konden jongeren de tegenstander herriestoten, *white noise*, toedienen op het moment dat ze hem of haar versloegen. Het spel was zo geprogrammeerd dat proefpersonen een aantal keren achter elkaar wonnen en met een volumeknop konden aangeven hoe hard het geluid moest zijn dat de tegenstander te horen zou krijgen (in werkelijkheid werden uiteraard geen herriestoten toegediend). In overeenstemming met onze verwachting bleek dat jongeren die hoog scoorden op narcisme meer geneigd waren tot agressie. Belangrijk is dat het ook in dit geval bleek te gaan om een specifieke reactie op schaamte. In de controleconditie werd geen verband gevonden tussen narcisme en agressie.

Van belang is dat in al deze studies alleen een relatie werd gevonden tussen een narcistisch zelfbeeld en een boze, vijandige of agressieve reactie op schaamte. Voor traditionele zelfbeeldmaten (bijvoorbeeld schalen die globale zelfwaardering meten) werd deze relatie niet gevonden, of bleek in een enkel geval de relatie met een externaliserend reactiepatroon juist negatief. Scores op narcisme bleken ook niet of nauwelijks gerelateerd te zijn aan reguliere zelfbeeldscores. Dit geeft overtuigend aan dat met narcisme een ander aspect van het zelfsysteem wordt gemeten dan alleen de mate waarin iemand zichzelf positief evalueert (zie ook Güldner et al., 2010).

Het zelfbeeld van kinderen en jongeren ondergaat in de loop van de ontwikkeling belangrijke veranderingen. Recent onderzoek, waaronder het hier beschreven, laat zien dat het van belang is om gezonde positieve zelfgevoelens te onderscheiden van meer problematische zelfgevoelens, zoals narcisme. In de adolescentie is het zelfbeeld van jongeren om verschillende redenen kwetsbaar. Globale zelfgevoelens, die zich uitstrekken over verschillende domeinen van het functioneren, zijn prominenter aanwezig dan in eerdere leeftijdsfasen en sociale situaties houden regelmatig een bedreiging van het gevoel van eigenwaarde in (Harter, 2006). Zelfgevoelens zijn in deze periode meer dan ooit 'zelfgevoelens in ontwikkeling', en regulatievaardigheden spelen hierbij een cruciale rol (Thomaes et al., 2009). Jongeren gebruiken verschillende strategieën om hun gevoel van eigenwaarde te reguleren. In het voorgaande hebben we beargumenteerd dat externaliserende reacties zoals boosheid en agressie een regulatiedoel kunnen dienen. Hetzelfde geldt voor internaliserende reacties (Güldner & Stegge, 2007). Sociaalangstige jongeren proberen bijvoorbeeld door systematische vermijding situaties uit de weg te gaan waarin het gevoel van eigenwaarde mogelijk bedregd wordt. Ook perfectionisme kan dit doel dienen. In het streven naar volkomenheid schuilt de angst voor de confrontatie met fouten en tekortkomingen die tot schaamte kunnen leiden. Een jongere stelt zich dan zeer terughoudend op, vertoont uitstelgedrag en wil zijn producten niet laten zien. Meer inzicht in de rol van schaamte en mogelijke manieren waarop bedreigingen voor het gevoel van eigenwaarde door jongeren ongedaan kunnen worden gemaakt, kan voor buitenstaanders soms moeilijk te doorgronden problematisch gedrag (onverwachte en buitenproportionele woede-uitbarstingen, chronische vermijding, uitstel- of weigerachtig gedrag) begrijpelijk en daardoor hopelijk beter hanteerbaar maken.

6.7 Besluit

Emoties zijn een belangrijke drijfveer achter het menselijk handelen, met implicaties voor zowel het persoonlijk welbevinden als de relaties met anderen. In de loop van de ontwikkeling worden kinderen zich bewust van hun eigen emoties en die van anderen, en leren zij omgaan met emotionele situaties die zich in het dagelijks leven voordoen. In de adolescentie wordt een sterk beroep gedaan op deze vaardigheden voor het voltooien van de ontwikkelingstaken waarvoor een jongere zich gesteld ziet. Er is dus alle reden om specifiek aandacht te besteden aan emotionele processen in deze leeftijdsfase. In deze bijdrage is daartoe een eerste aanzet gegeven. Onder invloed van toegenomen cognitieve vaardigheden, waaronder het vermogen tot reflectie en abstractie, zullen emoties juist in deze periode steviger verankerd raken in de persoonlijkheid, en zullen zich kenmerkende regulatiestijlen ontwikkelen. Meer kennis van deze processen kan bijdragen aan een beter begrip van de kansen en de risico's die zich in de adolescentie voordoen en handvatten bieden voor bijsturing of behandeling in situaties waarin de ontwikkeling wordt bedreigd.

7 Ontwikkeling van het zelf en de identiteit

Anna van der Meulen en Lydia Krabbendam

7.1 Inleiding

7.1.1 Wie ben ik?

Adolescenten kunnen heel verschillende antwoorden geven op de vraag: 'Wie ben je?'
- Ik ben iemand die graag sport en die daar heel goed in is. Maar ik ben niet zo goed op school en ik haal geen hoge cijfers. Ik denk dat ik later daarom misschien topsporter wil worden, maar ik weet dit ook niet zeker hoor. Misschien ga ik eigenlijk wel emigreren en dan ga ik veel geld verdienen in een ander land. Ik heb nu veel vrienden die ook van sporten houden.
- Ik ben heel serieus en vind mijn schoolwerk heel belangrijk. Maar ik denk dat mijn vrienden me eigenlijk niet zo serieus vinden, want meestal hang ik in de klas een beetje de clown uit. Vaak zeg ik ook dat ik mijn huiswerk niet zo goed geleerd heb. Als mijn vrienden zouden weten dat ik altijd zo goed mijn proefwerken leer, dan denk ik niet dat ze me nog aardig zouden vinden. Maar ik vind hen nu eigenlijk ook niet zo aardig, ze praten alleen maar over saaie dingen en maken stomme grappen. Toch ben ik liever niet alleen zonder hen. Ik denk dat ik medicijnen ga studeren en dan dokter word; dat willen mijn ouders graag. Eigenlijk wil ik misschien liever leraar worden. Of acteur kan ook, dat vind ik ook echt iets voor mij. Ik denk er veel over na, maar zo veel lijkt me leuk.
- Toen ik klein was, heb ik veel meegemaakt, veel dingen die niet zo leuk waren. Dat heeft veel invloed gehad op wie en hoe ik nu ben. Ik ben heel voorzichtig in sociale contacten en ben ook heel gevoelig. Veel vrienden heb ik niet, maar degenen die ik wel heb, zijn heel belangrijk voor me. Ik ben nu bijna klaar met een opleiding tot maatschappelijk werkster. Eerst twijfelde ik of ik hier wel geschikt voor zou zijn omdat ik zelf zo veel heb meegemaakt, maar nu weet ik juist zeker dat ik dit een belangrijk beroep vind waar ik goed in kan zijn en veel in kan betekenen.

Deze antwoorden verschillen duidelijk in bijvoorbeeld mate van detail en realisme, maar ook in de mate waarin het beeld dat de adolescent van zichzelf geeft samenhangend en zeker is. Het antwoord op de vraag: 'wie ben je', geeft zo informatie over de inhoud en de ontwikkeling van iemands zelfbeeld en identiteit.
In dit hoofdstuk omschrijven we de ontwikkeling van het zelf en de identiteit in de adolescentie. Hieronder lichten we eerst de begrippen zelf en identiteit toe. Dan bespreken we de ontwikkeling van het zelf en de ontwikkeling van de identiteit. Bij beide worden eerst kort theorieën over de ontwikkeling besproken, vervolgens bespreken we hoe volgens empirisch onderzoek deze ontwikkeling voor de meeste mensen verloopt. Daarbij

is ook aandacht voor verschillende contextfactoren die invloed kunnen hebben. Ten slotte concluderen we hoe een adolescent zijn zelf en identiteit ontwikkelt in samenhang met zijn omgeving.

7.1.2 Begripsbepaling

De begrippen zelf en identiteit worden op verschillende manieren en met verschillende betekenissen gebruikt (Dusek & McIntyre, 2003; Côté, 2006). Hieronder lichten we de begrippen kort toe en geven we aan wat in dit hoofdstuk de betekenis is van zelf en identiteit.

Zelf
De termen zelfconcept en zelfwaardering komen veel voor in de literatuur over het zelf (Dusek & McIntyre, 2003). Soms worden de begrippen door elkaar gebruikt, maar er wordt ook wel onderscheid gemaakt. Dan verwijst zelfconcept naar dimensies of categorieën waarin we onszelf zien (bijvoorbeeld student of vriend), terwijl zelfwaardering verwijst naar de evaluatie van onszelf op de verschillende dimensies of categorieën (we vinden onszelf een goede student of goede vriend). We kunnen *globaal* naar zelf, zelfconcept of zelfwaardering kijken, of *domeinspecifiek*. Het meeste onderzoek is gericht op het domeinspecifieke zelf, en gaat ervan uit dat er verschillende domeinen van het zelf onderscheiden kunnen worden, bijvoorbeeld een sociaal zelf en een schools zelf. De zelfwaardering van een adolescent kan per domein verschillen, hij of zij kan zichzelf een goede vriend vinden, maar niet zo'n goede student of scholier. Een belangrijk onderscheid is verder *baseline*-zelf en *barometer*-zelf (Rosenberg, 1986). *Baseline*-zelf is een langetermijnvisie op het zelf. Deze kan wel veranderen, maar dit gebeurt geleidelijk. Barometer-zelf is een visie op het zelf die verandert bij onmiddellijke ervaringen. Een slecht cijfer krijgen voor een toets of tentamen kan een direct gevolg hebben voor je barometer-zelf op het domein van studie, dit wordt negatiever. Eén slecht cijfer zal echter niet direct je *baseline*-zelf beïnvloeden.
We kunnen zelfconcept en de ontwikkeling van zelfconcept omschrijven, door gebruik te maken van zelfrepresentaties. Dit zijn representaties of beschrijvingen die iemand van zichzelf geeft, zoals de voorbeelden aan het begin van dit hoofdstuk (Harter, 1990).

Identiteit
Ook identiteit geeft aan hoe mensen zichzelf zien (Côté & Levine, 2002). Identiteit kan, net zoals zelf, globaal of domeinspecifiek gebruikt worden (Côté, 2006). Voorbeelden van specifieke aspecten van identiteit zijn etnische identiteit, culturele identiteit en persoonlijke identiteit. Theorieën en onderzoeken over identiteit kunnen zich bezighouden met een dergelijk domeinspecifiek onderdeel van identiteit, maar kunnen ook identiteit als globaal of overkoepelend begrip gebruiken. Dit laatste is het geval in de belangrijke en invloedrijke identiteitstheorie van Erikson. Erikson, pionier in het onderzoek naar identiteit, gebruikt de term 'ego-identity' om de globale of overkoepelende identiteit weer

te geven. Een 'ego-identity' ontwikkel je volgens Erikson in de adolescentie, nadat je in die periode in je leven een psychosociale crisis doormaakt (Marcia, 1966). Als je goed uit die crisis komt, ben je in het bezit van samenhangende waarden, doelen en ideeën die weergeven wie jij bent; een 'ego-identity' (Erikson, 1963; Schwartz, Zamboanga & Weisskirch, 2008). Marcia heeft de opvatting van Erikson van identiteit uitgebreid. Identiteit geeft volgens Marcia weer wie je bent, doordat in je identiteit je motieven, vaardigheden, ideeën en individuele geschiedenis samengebracht zijn (Marcia, 1980).

Om een identiteit te vormen moet een adolescent bindingen aangaan op verschillende gebieden, zoals beroepskeuze of relaties, nadat verschillende keuzemogelijkheden op deze gebieden zijn geprobeerd. Individuen bij wie een identiteit meer gevormd is, weten beter op welke punten ze verschillen van anderen en op welke punten ze juist op anderen lijken. Ze kennen ook beter hun eigen sterke en zwakke punten. Iemand met een goed ontwikkelde identiteit kan omgaan met veranderingen in de maatschappij en in relaties. Een nieuwe term die in het onderzoek naar identiteit wordt gebruikt is *identity-capital* (Côté & Schwarz, 2002). Met deze term wordt bedoeld dat de samenhangende waarden, doelen en ideeën die weergeven wie je bent (je identiteit), het mogelijk maken dat je zelfredzaam en onafhankelijk bent, dat je je eigen pad kunt kiezen en dat je als het nodig is voor jezelf kunt onderhandelen (Schwartz, 2007). Denk bijvoorbeeld aan de situatie waarin je aan het solliciteren bent voor een baan. Als je goed weet wie je bent, wat jouw waarden, doelen en ideeën zijn, kun je die kennis gebruiken om voor jezelf op te komen en duidelijk te maken waarom de baan waarop je solliciteert bij je past en waarom je er goed in zou zijn.

Concluderend, het zelf is een optelsom van representaties van onszelf, die een beeld geeft van onze kenmerken (zelfconcept) en onze evaluaties van die kenmerken (zelfwaardering). Identiteit geeft weer wie je bent, doordat in je identiteit samenhangende doelen of motieven, vaardigheden, waarden, ideeën en je individuele geschiedenis zijn samengebracht.

7.2 Zelfpsychologie

7.2.1 Theorieën over ontwikkeling van het zelf

Een centraal idee in de verschillende theoretische modellen over ontwikkeling van het zelf is dat individuen hun zelf zien zoals zij denken dat anderen dit zien. Dit idee is terug te voeren op de *looking glass theory* van Cooley (1902). Volgens deze theorie is het zelf het resultaat van een sociaal proces waarin we leren onszelf te zien zoals anderen ons zien (Yeung & Martin, 2003). Dit betekent dat iemand zich bijvoorbeeld voorstelt dat anderen in zijn omgeving het idee hebben dat hij een onzeker persoon is, waardoor hij of zij zichzelf ook als een onzeker persoon gaat zien. Vooral adolescenten zijn erg gevoelig voor de mening van anderen (Sebastian, Burnett & Blakemore, 2008). Dit hangt samen met de ontwikkeling van perspectiefinname, vindt plaats in de adolescentie en betekent dat adolescenten zich steeds beter kunnen voorstellen wat anderen denken. Het 'ingebeelde publiek'-verschijnsel dat ook bij adolescenten te zien is, is hieraan gerelateerd. Dit houdt in dat adolescenten voortdurend het gevoel hebben dat anderen hen observeren en beoordelen (zij beelden zich 'een publiek' om hen heen in); ook als dit niet zo is (Elkind, 1967; Sebastian, Burnett & Blakemore, 2008).

Het *reflected appraisals* model gaat hierop verder en geeft aan dat mensen hun zelfwaardering baseren op meningen en percepties van anderen (Gentile et al., 2009). Als adolescenten op school vooral positieve ervaringen hebben en daardoor het gevoel hebben dat anderen hen positief beoordelen op school, zullen zij ook een hoge zelfwaardering hebben voor dingen die met school te maken hebben. Als deze adolescenten echter vooral negatieve ervaringen met anderen hebben en zich negatief beoordeeld voelen op sociaal gebied, zullen zij een lagere sociale zelfwaardering hebben. Het *reflected appraisals* model voorspelt zo zelfwaardering voor specifieke domeinen.

Het competentiemodel[3] is anders dan deze modellen, omdat het aangeeft dat zelfwaardering verworven wordt door *prestaties* in verschillende domeinen (Gentile et al., 2009; James, 1980). Zelfwaardering is dan gebaseerd op wat je zelf daadwerkelijk doet, en niet op de manier waarop je denkt dat anderen je zien. Een belangrijke term is *self-efficacy* (het geloof in je eigen competenties, wat je zelf denkt te kunnen) (Bandura, 1977). Wat je zelf denkt dat je kunt, beïnvloedt je prestaties, maar wordt tegelijk ook door je prestaties beïnvloed. Als je zelf gelooft dat je erg goed in rekenen bent, ga je misschien ook beter presteren. Andersom, als je beter presteert in rekenen, ga je ook zelf geloven dat je er erg goed in bent. Ook het competentiemodel gaat uit van domeinspecifieke zelfwaardering. Zelfwaardering in specifieke domeinen geeft dan weer wat de daadwerkelijke prestaties in die domeinen zijn. Als je goede rekenprestaties levert, geloof je dat je goed in rekenen bent; je zelfwaardering voor rekenen is hoog. Tegelijk kan je slecht presteren tijdens sport, wat ervoor zorgt dat je gelooft dat je niet goed bent in sport; je zelfwaardering voor sport is laag.

7.3 Ontwikkeling van het zelf

7.3.1 Normatieve ontwikkeling

Zelfconcept
Zelfrepresentaties in de kindertijd zijn concreet en verwijzen naar kenmerken die direct te observeren zijn (Harter, 1990). Jonge kinderen omschrijven zichzelf met specifieke kenmerken als: 'Ik heb lang haar', 'Ik kan goed voetballen, 'Ik houd van ijs', en 'Ik ben een meisje'. Later in de kindertijd ontwikkelen zelfrepresentaties zich. Ze bestaan dan uit kenmerken die abstracter en niet meer direct te observeren zijn. Deze kenmerken zijn vastgesteld op basis van specifieke kenmerken die wel direct te observeren zijn. Een kind omschrijft zichzelf dan bijvoorbeeld met het abstracte kenmerk: 'Ik ben slim', wat hij vaststelt op basis van de concrete en te observeren kenmerken: 'Ik haal goede cijfers'

---

3 Niet te verwarren met het competentiemodel dat ten grondslag ligt aan diverse ambulante en residentiële interventies in de jeugdzorg.

en 'Ik werk snel'. In de adolescentie worden zelfrepresentaties vervolgens nog abstracter. Een zelfrepresentatie geeft dan de innerlijke ideeën, wensen, emoties en motieven van de adolescent weer. Een adolescent kan zichzelf bijvoorbeeld omschrijven met: 'Ik ben iemand die zijn schoolwerk heel serieus neemt en het belangrijk vindt zich goed voor te bereiden op de toekomst'. Dus, zelfrepresentaties ontwikkelen zich van concreet en direct observeerbaar in de kindertijd ('Ik haal goede cijfers op school') tot abstracter in de late kindertijd ('Ik ben slim') tot een nog abstractere weergave van innerlijke doelen en waarden in de adolescentie ('Ik vind het belangrijk mij voor te bereiden op de toekomst door hard te werken').

Een andere ontwikkeling van de kindertijd naar de adolescentie, is dat het zelfconcept steeds realistischer wordt. Het zelfconcept van jonge kinderen is meestal geïdealiseerd. Dat betekent dat kinderen zichzelf bijvoorbeeld omschrijven als heel goede renners en heel goede rekenaars (Harter & Pike, 1984). Kinderen overschatten zichzelf dus, wat volgens Harter (1990) vooral voortkomt uit een onvermogen van kinderen om realiteit en fantasie uit elkaar te houden. Bovendien passen kinderen nog geen sociale vergelijkingen toe in hun evaluatie van zichzelf. Zij vinden dat zijzelf een hele goede rekenaar zijn, zonder zichzelf te vergelijken met klasgenootjes die misschien wel veel beter in rekenen zijn. Met de ontwikkeling van cognitieve functies als perspectiefinname (die we hierboven bespraken), worden adolescenten gevoeliger voor de meningen van anderen en hebben ze bovendien meer informatie waarop ze hun zelfconcept kunnen baseren: niet alleen informatie over hoe zij zichzelf zien, maar ook informatie over hoe anderen hen zien en hoe goed anderen ergens in zijn (Sebastian, Burnett & Blakemore, 2008). Een kind zal zichzelf niet meer als heel goede rekenaar omschrijven als hij ziet dat zijn klasgenootjes veel beter zijn dan hij. Zo wordt zijn zelfconcept realistischer. Vooral in de vroege adolescentie is de gevoeligheid voor de invloed van leeftijdgenoten groot. Vanaf de leeftijd van ongeveer veertien jaar begint de weerstand tegen deze invloed te groeien, en zijn adolescenten geleidelijk in staat op te komen voor waar zijzelf voor staan (Steinberg & Monahan, 2007).

Zelfwaardering

De ontwikkeling van zelfwaardering heeft belangrijke gevolgen. Onderzoeken laten zien dat zelfwaardering zich tijdens de adolescentie niet bij iedereen op dezelfde manier ontwikkelt (Skogbrott Birkeland et al., 2012). Sommige adolescenten houden een stabiele hoge of lage zelfwaardering, bij andere adolescenten is een dal in zelfwaardering tijdens de adolescentie te zien. Bij deze laatsten is de zelfwaardering tijdens de adolescentie lager dan in de kindertijd, en lager dan in de volwassenheid. Een verlaging van de zelfwaardering tijdens de adolescentie kan verklaard worden door de ontwikkeling van het zelfconcept die in dezelfde periode plaatsvindt (Harter, 1990; Robins et al., 2002). Het zelfconcept wordt, zoals we gezien hebben, realistischer en meer gebaseerd op sociale vergelijkingen. Dit kan goed leiden tot een daling in zelfwaardering, bijvoorbeeld als je inziet dat je niet zo'n goede rekenaar bent als je tijdens je kindertijd dacht. Verschillende factoren kunnen verklaren waarom de ontwikkeling van zelfwaardering tijdens de adolescentie niet bij iedereen op dezelfde manier verloopt. Persoonlijkheidsfactoren zoals emotionele stabiliteit, extraversie en consciëntieusheid hebben gedurende de ontwikkeling een positieve relatie met zelfwaardering (Erol & Orth, 2011). Een adolescent die emotioneel stabieler is, heeft meestal ook een hogere zelfwaardering dan iemand die emotioneel niet stabiel is. Ook (timing van) de puberteit en daaraan gerelateerde lichamelijke ontwikkeling kan een rol spelen (Dusek & McIntyre, 2003). Zie ook hoofdstuk 3.

7.3.2 Contextfactoren

Hieronder bespreken we een aantal contextfactoren die zelfconcept en zelfwaardering kunnen beïnvloeden. We bespreken hoe deze factoren in het algemeen van invloed zijn. Het is belangrijk wel in gedachten te houden dat individuele verschillen in persoonsfactoren (zoals emotionele stabiliteit en extraversie) ook een rol kunnen spelen bij de invloed van contextfactoren.

Onderwijs
Verschillende onderzoeken laten een positieve relatie zien tussen zelfwaardering en prestaties op school (Dusek & McIntyre, 2003). Betere schoolse prestaties gaan samen met een hogere zelfwaardering. Dit verband gaat twee kanten op: betere prestaties op school leiden tot een hogere zelfwaardering en een hogere zelfwaardering leidt tot betere prestaties op school.
Het wisselen van school (van de basisschool naar de middelbare school bijvoorbeeld), gaat vaak samen met een verlaging van zelfwaardering, vooral bij meisjes (Blyth, Simmons & Cartlon-Ford, 1983). In de overgang van basisschool naar de middelbare school vinden veel veranderingen tegelijk plaats, waardoor dit een kwetsbare periode is (Dusek & McIntyer, 2003).

Gezin en leeftijdgenoten
Opvoeding is ook gerelateerd aan zelfconcept of zelfwaardering van adolescenten (Dusek & McIntyre, 2003). Een algemene positieve manier van opvoeden leidt ertoe dat adolescenten zichzelf meer waarderen, en dat er een positieve sfeer in huis is die adolescenten stimuleert in hun ontwikkeling en het mogelijk maakt voor hen om nieuwe dingen te leren (Deković & Meeus, 1997). Bemoeienis door ouders en het gebruiken van schuldgevoel om het gedrag van de adolescent te controleren gaan samen met een lagere zelfwaardering bij adolescenten (Litovsky & Dusek, 1985).
Ook de specifieke opvoedstijl die ouders gebruiken, hangt samen met zelfwaardering van adolescenten. De autoritatieve opvoedstijl, waarbij ouders zowel warm en ondersteunend zijn als grenzen stellen, leidt tot de meest positieve uitkomsten (Dusek & McIntyre, 2003). Dit kan samenhangen met het gebruik van inductieve discipline (Steinberg et al., 1992). Inductieve discipline betekent dat ouders bij onacceptabel gedrag uitleggen waarom het gedrag onacceptabel is, en wat de alternatieven zijn. Er

worden zo leermogelijkheden voor de adolescent gecreëerd. Bovendien wordt er een warme accepterende sfeer gecreëerd, waardoor de adolescent zich waardevol voelt, wat zijn of haar zelfwaardering ook bevordert (zie ook hoofdstuk 10).

De relatie tussen ouder en adolescent heeft gevolgen voor de relatie tussen adolescent en leeftijdgenoten (Deković & Meeus, 1999). Een betere relatie met ouders betekent vaak ook een betere relatie met leeftijdgenoten. Het zelfconcept van de adolescent kan dit verband deels verklaren. Als een ouder een adolescent accepteert, ziet een adolescent zichzelf vaak ook positiever, waardoor hij of zij zich ook meer tevreden voelt over zijn of haar relaties met leeftijdgenoten. Adolescenten die beter over zichzelf denken, verwachten ook dat anderen beter over hen denken (Bohrnstedt & Felson, 1983) en zullen anderen anders benaderen dan adolescenten die minder goed over zichzelf denken.

We zagen eerder al dat jonge adolescenten erg gevoelig zijn voor de invloed van leeftijdgenoten. Vooral de vriendengroepen waartoe een adolescent behoort, beïnvloeden zelfconcept en zelfwaardering (Brown, Von Bank & Steinberg, 2008). Vriendengroepen kunnen voorbeelden bieden van type identiteiten, die adolescenten kunnen gebruiken om zichzelf mee te vergelijken en om hun eigen identiteit vast te stellen. Zo besluit een adolescent bijvoorbeeld dat hij een nerd of studiebol is, door vergelijking met zijn eigen vriendengroep waarin andere studiebollen aanwezig zijn en een andere vriendengroep waarin geen studiebollen aanwezig zijn. Bovendien bevatten vriendengroepen in de adolescentie, en met name op de middelbare school, ook een statuselement. Adolescenten die behoren tot vriendschapsgroepen met een hogere sociale status, hebben over het algemeen ook een hogere zelfwaardering. Een lage zelfwaardering blijken adolescenten te hebben die (zowel door henzelf als door leeftijdgenoten aangegeven) niet tot bepaalde specifieke vriendengroepen behoren.

Sekse
Onderzoeken laten wisselende resultaten zien als het gaat om sekseverschillen in (de ontwikkeling van) zelfwaardering in de adolescentie. Sommige onderzoeken geven aan dat er kleine verschillen in hoogte van zelfwaardering in de adolescentie zijn, in het voordeel van jongens (Kling et al., 1999; Robins et al., 2002). Ook in de *ontwikkeling* van zelfwaardering tijdens de adolescentie zijn sekseverschillen te zien (Baldwin & Hoffmann, 2002). Bij jongens lijkt deze ontwikkeling stabieler te verlopen, meisjes laten grotere schommelingen zien. Vanaf de start van de puberteit neemt de zelfwaardering van meisjes substantieel af (Baldwin & Hoffmann, 2002; Robins et al., 2002). Lichamelijke veranderingen tijdens de puberteit kunnen voor meisjes tot een lagere zelfwaardering leiden (omdat het een minder 'ideaal' lichaamsbeeld tot gevolg kan hebben) en voor jongens juist tot een hogere zelfwaardering (omdat het een meer 'ideaal', mannelijker, lichaamsbeeld tot gevolg kan hebben) (Baldwin & Hoffmann, 2002).

Culturele, etnische en sociaaleconomische context
Verschillende factoren uit de culturele, etnische en sociaaleconomische context hangen samen met zelfwaardering en zelfconcept van adolescenten. Bij sociaaleconomische fac-

toren is vooral opleiding en beroep van ouders belangrijk, meer dan inkomen van ouders (Erol & Orth, 2011; Twenge & Campbell, 2002). Een hogere opleiding en beroep van ouders staat in verband met een hogere zelfwaardering in verschillende leeftijdsgroepen in de adolescentie.

Een consistente bevinding over de rol van culturele en etnische achtergrond, is dat adolescenten met een Afrikaans-Amerikaanse achtergrond een hogere zelfwaardering hebben dan westerse adolescenten (Erol & Orth, 2011; Robins et al., 2002). Vooral bij meisjes is dit duidelijk: tijdens de overgang van basisschool naar middelbare school wordt de zelfwaardering van Afrikaans-Amerikaanse meisjes hoger, terwijl in diezelfde periode de zelfwaardering van westerse meisjes daalt (Dusek & McIntyre, 2003; Baldwin & Hoffmann, 2002). Fysieke veranderingen in deze zelfde periode en lichaamsbeeld kunnen hierbij een rol spelen. Afrikaans-Amerikaanse meisjes hebben over het algemeen een positiever lichaamsbeeld, wat hun zelfwaardering bevordert. Het lichaamsbeeld van westerse meisjes wordt juist negatiever tijdens de adolescentie, wat hun zelfwaardering verlaagt. Een andere bevinding is dat adolescenten uit meer individualistische landen (westerse landen zoals Nederland) over het algemeen een hogere zelfwaardering hebben dan adolescenten uit collectivistische landen (bijvoorbeeld Azië) (Farrugia et al., 2004). In individualistische landen is het meer geaccepteerd om positieve dingen die over je gezegd worden te bevestigen en negatieve dingen over jezelf te verwerpen. Dit kan tot een hogere zelfwaardering leiden (Farrugia et al., 2004).

Maatschappelijke veranderingen
Kenmerkend voor de wereld waarin adolescenten nu opgroeien, is dat er veel gebruik wordt gemaakt van sociale media. Vooral het gebruik van internet blijkt samen te hangen met eenzaamheid, depressie en zelfwaardering (Jackson et al., 2010, Rohall; Cotten, & Morgan, 2002; Shaw & Gant, 2002; Valkenburg, Peter, & Schouten, 2006). Sociaal internetgebruik kan positieve gevolgen hebben. Zelfs anonieme chatsessies kunnen leiden tot een toename van zelfwaardering en sociale ondersteuning en een afname van eenzaamheid en depressie (Shaw & Gant, 2002). Dit verband is wel afhankelijk van specifieke kenmerken van het internetgebruik. Een onderzoek naar de gevolgen van sites voor vriendennetwerken bij adolescenten laat bijvoorbeeld zien dat zelfwaardering wordt beïnvloed door de toon van feedback die adolescenten krijgen op hun profielen op netwerksites, maar niet door de hoeveelheid feedback die verkregen wordt of door het aantal vriendschappen dat via netwerksites ontstaat (Valkenburg, Peter & Schouten, 2006). Positieve feedback bevordert zelfwaardering, negatieve feedback verlaagt zelfwaardering. Het gebruik van internet voor iets anders dan communicatie hangt samen met een minder positieve zelfwaardering (Rohall, Cotten & Morgan, 2002). Davis (2012) onderzocht hoe het bloggedrag van meisjes verandert tussen hun zeventiende en eenentwintigste. Zij vond dat jonge meisjes in hun blog vooral geen verkeerde indruk op de buitenwereld willen maken. Ze spelen 'op safe' met quizjes en leuke weetjes. Bij het ouder worden komt er meer openheid en spreken de meisjes regelmatig over hun stemming. Er wordt ook veel geklaagd, over ouders, leraren en vriendjes. Later wordt de toon

zelfbewuster en schrijven de meisjes over hun persoonlijke voorkeuren, bijvoorbeeld in muziek. Rond hun twintigste bloggen de jonge vrouwen minder vaak. De teksten gaan vaker over ambities op de langere termijn en maatschappelijke en soms politieke onderwerpen.

7.3.3 Niet-adaptieve ontwikkeling

Een lage zelfwaardering kan zowel op korte als op lange termijn negatieve gevolgen hebben (Boden, Ferguson & Horwood, 2008). Er bestaat bijvoorbeeld een verband tussen een lage zelfwaardering en het ontstaan van een depressie (Orth, Robins & Roberts, 2008). Zowel bij jongens als bij meisjes kan een lage zelfwaardering in de adolescentie leiden tot een depressie in de volwassenheid. Verschillende processen spelen hierbij een rol. Een adolescent met een lage zelfwaardering bevestigt bijvoorbeeld dit negatieve beeld dat hij of zij van zichzelf heeft, door bewust negatieve feedback van anderen op te zoeken, of door sociale contacten te vermijden of antisociaal gedrag te vertonen (Ottenbreit & Dobson, 2004; Swann, Wenzlaff & Tafarodi, 1992). Ook kan iemand voortdurend zijn negatieve ideeën over zichzelf herkauwen (Morrow & Nolen-Hoeksema, 1990).

Interessant is dat niet alleen een lage zelfwaardering, maar ook een hoge zelfwaardering negatieve gevolgen kan hebben. Een voorbeeld hiervan is agressief gedrag, dat vooral bij jongens het gevolg kan zijn van een te hoge zelfwaardering (Diamantopoulou, Rydell & Henricsson, 2007). Een verklaring hiervoor is dat iemand met een hogere zelfwaardering kwetsbaarder is voor belediging of bedreiging (Baumeister, Boden & Smart, 1996).

7.4 De ego-ontwikkelingstheorie van Loevinger

In de theorie van Loevinger staat het begrip ego centraal (Denison Redmore & Loevinger, 1979). Zij stelt dat het ego een aantal kwaliteiten omvat, die samen voor een sociaal referentiekader (een soort bril) zorgen waarmee iemand zichzelf, anderen en de relatie tussen zichzelf en anderen ziet (Westenberg, 2002). Eén kwaliteit van het ego is bijvoorbeeld de stijl van interactie die iemand heeft, de manier waarop hij of zij omgaat met anderen. De manier waarop je met anderen omgaat, bijvoorbeeld heel beleefd en netjes, zal samen met andere kwaliteiten beïnvloeden hoe je tegen jezelf en anderen aankijkt. Belangrijk in de theorie van Loevinger is dat de ontwikkeling van het ego in bepaalde stadia in een vaste volgorde plaatsvindt (Denison Redmore & Loevinger, 1979). Loevinger onderscheidt in totaal negen stadia (Westenberg, 2002). Onderzoek laat zien dat er individuele verschillen zijn in tempo en timing, dus hoe snel mensen de stadia doorlopen en op welke leeftijd zij in welke stadium zitten. Dit wordt beïnvloed door onder andere genetische factoren en gezinsinteracties. Omdat mensen met dezelfde leeftijd zich in verschillende stadia kunnen bevinden, is het moeilijk om in deze theorie leeftijdsnormen op te stellen die aangeven op welke leeftijd je in een bepaald stadium zou moeten zitten.

Hieronder beschrijven we kort de negen stadia die Loevinger onderscheidt (Denison Redmore & Loevinger, 1979; Hauser, 1976; Westenberg, 2002; Westenberg & Gjerder, 1999). Alleen stadia 2 tot en met 6 kunnen met de zinnenaanvullijst in kaart worden gebracht en omschreven worden (Denison Redmore & Loevinger, 1979; Westenberg, 2002).

1 *Presociale en symbiotische stadium.* Het ego ontstaat. Centraal staat dat iemand die zich in dit stadium bevindt, zich sterk hecht aan zijn moeder. Daarbij wordt nog geen onderscheid tussen het zelf en moeder gemaakt. Dit stadium eindigt ongeveer op het moment dat een kind leert praten.

2 *Impulsieve stadium.* Impulsiviteit en afhankelijkheid staan centraal. Dit betekent dat iemand die zich in dit stadium bevindt, aan de ene kant zijn eigen impulsen volgt, maar tegelijk afhankelijk is van anderen en verwacht dat anderen aangeven wat wel en niet mag.

3 *Zelfbeschermende stadium.* Individuen zijn bang betrapt te worden en beschermen zichzelf. Ze zijn manipulerend, gebruiken anderen en leggen de schuld bij anderen.

4 *Conformistische stadium.* Individuen proberen zich aan regels aan te passen, erbij te horen en sociaal geaccepteerd te worden. Individuen zijn erg bezig met hoe ze overkomen op anderen.

5 *Zelfbewuste stadium.* Individuen zijn, in tegenstelling tot het vorige stadium, minder bezig met wat anderen vinden en meer met wat ze zelf belangrijk vinden. Ze laten daarbij verantwoordelijkheid en gerichtheid op langetermijndoelen en idealen zien.

6 *Verantwoordelijke stadium.* Individuen hebben dezelfde kenmerken als in het vorige, zelfbewuste stadium, maar daarbij laten ze ook respect voor autonomie zien en laten ze zien goed te kunnen omgaan met verschillende behoeften en verlangens.

7 *Individualistische stadium.* Individuen hebben een sterk gevoel van individualiteit en persoonlijke identiteit. Zij hebben meer inzicht in de verschillende rollen die mensen innemen.

8 *Autonome stadium.* Individuen hebben respect voor de behoefte die anderen aan autonomie hebben (voortgaand op het verantwoordelijke stadium) en laten bovendien een wat te sterk verantwoordelijkheidsgevoel voor zichzelf en anderen los.

9 *Geïntegreerde stadium.* Niet veel mensen komen in dit stadium. Hierdoor is dit stadium vooral theoretisch; Loevinger geeft aan dat het goed kan worden samengevoegd met het vorige stadium. Een belangrijk punt van dit stadium is dat individuen verschillen tussen mensen niet alleen tolereren, maar deze verschillen zelfs waarderen.

De methode die door Loevinger ontworpen is om individuen in de stadia in te delen, is de zinnenaanvullijst, waarbij een aantal onafgemaakte zinnen worden aangevuld (zoals 'Ik vind leuk van mezelf dat...', 'Regels zijn...') (Denison Redmore & Loevinger, 1979; Westenberg, 2002). Hoewel er, zoals we al zeiden, geen leeftijdsnormen zijn voor de ego-ontwikkeling, kan het bijvoorbeeld wel problematisch zijn als iemand zich in een ander stadium bevindt dan de meeste van zijn leeftijdgenoten. De zinnenaanvullijst kan daarom een goede bijdrage leveren aan de diagnostiek (Westenberg, 2002). De ego-ontwikkelingstheorie van Loevinger biedt zo een goede manier om verschillen tussen mensen te beschrijven.

7.5 De identiteitstheorie van Erikson

Erikson stelt dat het ontwikkelen van een identiteit een belangrijke taak is tijdens de adolescentie. Een identiteit, of 'ego-identity' verwijst volgens Erikson naar samenhangende waarden, doelen en ideeën die weergeven wie jij bent.

De theoretische ideeën van Erikson over identiteit zijn door Marcia uitgewerkt en empirisch geoperationaliseerd (Marcia, 1966; 1980). Dit heeft geleid tot het zeer invloedrijke 'Identiteit Status Paradigma', dat hieronder wordt beschreven. Na een beschrijving van het Status Paradigma, enkele belangrijke kritiekpunten en aanvullingen, zal de normatieve identiteitsontwikkeling omschreven worden, die weergeeft hoe de identiteit zich tijdens de kindertijd en adolescentie normaal gesproken ontwikkelt. De nadruk ligt hierbij op de manier waarop factoren uit de context een rol bij deze ontwikkeling kunnen spelen.

7.5.1 De identiteitsbepaling van Marcia

Marcia (1966) geeft net als Erikson aan, dat het vormen van een identiteit een psychosociale taak is die in de adolescentie en vroege volwassenheid volbracht moet worden. Identiteit geeft volgens Marcia weer wie je bent, doordat in je identiteit je motieven, vaardigheden, ideeën en individuele geschiedenis samengebracht zijn (Marcia, 1980).

De adolescentie wordt gezien als een van de belangrijkste perioden waarin de identiteit zich sterk ontwikkelt. Volgens Marcia gaat dit niet vanzelf en is het ook niet vanzelfsprekend. Het vormen van een identiteit betekent dat er *bindingen* aangegaan moeten worden door de adolescent, op verschillende gebieden zoals school of beroepskeuze en ideologie. Om bindingen aan te gaan, moeten eerst verschillende keuzemogelijkheden uitgeprobeerd worden, door middel van wat Marcia *exploraties* noemt. Adolescenten die zich in een periode van exploraties bevinden, zijn bezig met het uitproberen van verschillende alternatieven om ten slotte een keuze te kunnen maken tussen deze alternatieven. Bindingen en exploraties zijn in het model van Marcia twee dimensies van identiteitsontwikkeling, die toegepast worden op de verschillende keuzes of identiteitskwesties die in de adolescentie plaatsvinden (zoals het kiezen van een studie of beroep bijvoorbeeld, maar ook het omgaan met vriendschappelijke en romantische relaties). Aan de hand van de twee dimensies binding en exploratie onderscheidt Marcia vier stijlen die aangeven hoe adolescenten met identiteitskwesties omgaan. Op basis van de aan- en afwezigheid van beide dimensies wordt een adolescent in een van de vier identiteitsstatussen geplaatst.

Identiteitsstatus 1: *Identity achievement* **status**

De *identity achievement* status (waarin een identiteit bereikt is) betekent dat de adolescent een periode heeft gehad met exploraties (een crisis) en daarna bindingen is aangegaan. Een voorbeeld met betrekking tot studiekeuze is een adolescent die eerst een tijd heeft nagedacht over de verschillende studies die hij of zij zou kunnen doen en heeft gekeken of deze studies bij hem of haar passen, bijvoorbeeld door open dagen te bezoeken of bij een studie mee te lopen. Misschien is de adolescent zelfs wel aan een studie begonnen en heeft vervolgens ontdekt dat dit toch niet iets voor hem of haar was en de studie niet afgemaakt. Uiteindelijk is de adolescent met *identity achievement* status wel een binding aangegaan en heeft hij of zij dus een studie gekozen waarmee hij tevreden is en die bij hem of haar past.

Identiteitsstatus 2: *Foreclosure* status

Een individu met een *foreclosure identity* status (waarin de identiteitsontwikkeling voortijdig, te vroeg, is afgesloten) is wel bindingen aangegaan, maar hieraan is geen periode van exploratie vooraf gegaan. De bindingen zijn niet het resultaat van een weloverwogen keuzeproces. De bindingen van een individu met deze status zijn bijvoorbeeld eerder het resultaat van de wens van de ouders. Een voorbeeld is een adolescent die geneeskunde is gaan studeren omdat zijn ouders verwachten dat hij arts wordt. De adolescent heeft geen andere mogelijkheden voor studie overwogen of bekeken en er niet over nagedacht of hij zelf geneeskunde wil studeren.

Identiteitsstatus 3: *Moratorium* status

Een individu met een *moratorium* status (waarin het bereiken van een volwassen identiteit nog uitgesteld is) is op dit moment aan het worstelen met identiteitskwesties en aan het exploreren. Bindingen kunnen wel aanwezig zijn, maar zijn nog vaag. Een jongen is bijvoorbeeld een beetje bevriend met iemand die net als hijzelf erg van computeren houdt, en helemaal niet van sport. Maar, in zijn klas houden de meeste jongens helemaal niet van computeren, en meer van voetbal. Omdat de jongen denkt dat het misschien wel belangrijk is voor hem om populair te zijn in de klas, gaat hij ook om met de jongens die van voetbal houden. Deze jongen weet dus nog niet zo goed wat hij belangrijk vindt in zijn vriendschappen en met wie hij goed bevriend wil zijn. Hij probeert nog verschillende dingen uit op dit gebied.

Identiteitsstatus 4: *Identity diffusion* status

Individuen met een *identity diffusion* status (waarin nog verwarring over de identiteit is) kunnen al dan niet een periode van exploratie gehad hebben, maar zijn in ieder geval geen bindingen aangegaan. Zij hebben op gebieden als studie- en beroepskeuze en ideologie geen richting bepaald. Een voorbeeld is een adolescent die verschillende studies heeft overwogen en mogelijk ook een studie heeft uitgeprobeerd, maar die niet tot een bepaalde keuze heeft kunnen komen. In tegenstelling tot de adolescent met *moratorium* status is deze adolescent niet meer bezig met exploraties, maar in tegenstelling tot de *achievement* en *foreclosure* status is hij ook geen bindingen aangegaan.

7.5.2 Kritiek op het Identiteit Status Paradigma van Marcia

Het paradigma van Marcia heeft lang op de voorgrond gestaan in het onderzoek naar identiteit, maar heeft ook kritiek gekregen (Côté & Levine, 1988; Bosma & Kunnen, 2008). Het belangrijkste kritiekpunt is dat het Identiteit Status Paradigma niet genoeg aandacht besteedt aan de context waarin de ontwikkeling van identiteit plaatsvindt, en aan de processen die daarbij een rol spelen (Côté & Levine, 1988; Yoder, 2000).
Het Identiteit Status Paradigma suggereert dat identiteitsontwikkeling vooral intern verloopt, binnen een kind of adolescent, zonder dat factoren uit de context de ontwikkeling positief of negatief kunnen beïnvloeden (Phillips & Pittman, 2003; Schachter, 2005). Marcia zou hiermee geen recht doen aan de oorspronkelijke theorie van Erikson. Erikson benadrukt namelijk wel de context om de adolescent heen. Volgens Erikson wordt identiteitsontwikkeling beïnvloed door de mensen in de omgeving van de adolescent, de religieuze context en de gemeenschapscontext (Beyers & Goossens, 2008; Hardy et al., 2010).

7.5.3 Aanpassingen en toevoegingen bij het Identiteit Status Paradigma en andere theorieën

Vanaf de jaren negentig is, mede op basis van de kritiek op het Status Paradigma, meer aandacht gekomen voor context en processen van identiteitsontwikkeling (Bosma & Kunnen, 2008). Sinds die tijd is er een aantal nieuwe theorieën over identiteit-ontwikkeling geïntroduceerd (zoals die van Berzonsky, Grotevant, Waterman, Kurtines, Adams, en Côté). Deze theorieën vullen de begrippen exploratie en binding uit de theorie van Marcia aan met andere aspecten uit de theorie van Erikson (Schwartz, 2001). Meeus (1996) onderscheidt daarbij twee soorten exploratie: 'exploratie in de breedte' (Marcia's oorspronkelijke opvatting van exploratie, deze gaat vooraf aan het maken van bindingen en zorgt er ook voor dat die bindingen gemaakt kunnen worden) en 'exploratie in de diepte' (waarbij bindingen die al aangegaan zijn, verder uitgezocht worden). Volgens het contextueel ontwikkelingsmodel van Luycxk et al. (2006) zijn er twee cycli in de ontwikkeling van de identiteit. In beide cycli komen verschillende processen van exploratie en binding voor. In de eerste cyclus, ('formatie van bindingen') komen exploratie in de diepte en het aangaan van bindingen voor, deze cyclus volgt Marcia. In de tweede cyclus ('evaluatie van bindingen'), komen exploratie in de breedte en identificatie met bindingen voor. In veel onderzoeken wordt tegenwoordig gebruikgemaakt van deze uitgebreide opvattingen van exploratie en binding, al dan niet in verband met de identiteitstatussen.

7.6 Ontwikkeling van identiteitsvorming

7.6.1 Normatieve ontwikkeling

Onderzoek naar identiteit laat duidelijk zien dat tijdens de adolescentie de ontwikkeling naar een *meer volwassen*-identiteit plaatsvindt (Erikson 1968; Stephen, Fraser & Marcia, 1992; Meeus et al., 1999; Luyckx, Goossens & Soenens, 2006; Schwartz et al., 2009). Deze meer volwassen-identiteit noemt Marcia de *identity achievement* status. Empirisch onderzoek laat zien dat er, zoals in de theorie van Marcia staat, een ontwikkeling plaatsvindt van *diffusion* status naar *achievement* status (Marcia, 1980; Kroger, Martinussen & Marcia, 2010). Tijdens de adolescentie en vroege-volwassenheid neemt het aantal adolescenten met een *diffusion en foreclosure* status af, het aantal adolescenten met een *achievement* status neemt toe. Dit betekent dat adolescenten zich ontwikkelen van geen bindingen (in de *diffusion* status) of verkennende bindingen (in de *foreclosure* status) naar waardevolle bindingen die weergeven wie iemand is (in de *achievement* status) (Erikson, 1968; Stephen, Fraser & Marcia, 1992). In de *achievement* status is dan een volwassen-identiteit bereikt. Deze volwassen-identiteit is flexibel en kan nog steeds veranderen. Er kan bijvoorbeeld iets gebeuren in het latere leven, waardoor een individu anders gaat aankijken tegen de bindingen die hij of zij was aangegaan, en nieuwe bindingen aangaat.

We kunnen nog twee opmerkingen maken bij de identiteitsontwikkeling. Ten eerste, hoewel de identiteitsontwikkeling meestal gaat van een *minder* volwassen naar een *meer* volwassen identiteit (een progressieve ontwikkeling), kan het soms ook andersom zijn. Dan is er sprake van terugval (regressieve ontwikkeling): een adolescent gaat van een *meer* volwassen identiteit terug naar een *minder* volwassen identiteit (Kroger, Martinussen & Marcia, 2010). Terugval in de identiteitsontwikkeling kan om verschillende redenen plaatsvinden. Exploraties kunnen bijvoorbeeld tot zoveel persoonlijke angst leiden, dat een individu terugvalt naar de *foreclosure* status (Kroger & Haslett, 1991). Ook kan de ervaring van een zware traumatische gebeurtenis, nadat exploraties zijn uitgevoerd en bindingen hebben plaatsgevonden, tot een algemene terugval in de identiteitsontwikkeling leiden (Kroger, 1996). Welke persoonlijkheidsfactoren en contextfactoren precies tot regressie leiden, is nog niet gedetailleerd onderzocht (Kroger, Martinussen & Marcia, 2010). Ten tweede, ook in de vroege volwassenheid heeft nog niet iedereen een volwassen identiteit bereikt (Kroger, 2007; Kroger, Martinussen & Marcia, 2010). Verschillende factoren kunnen dit veroorzaken, zowel persoonlijke factoren (een persoonlijkheidstrek zoals neuroticisme) als contextuele factoren (familieomstandigheden bijvoorbeeld) (Kroger, 2007). Hieronder zien we dat het ontwikkelen van een identiteit een proces van interacties tussen persoonlijke en contextuele factoren is (Bosma & Kunnen, 2008; Beyers & Goossens, 2008).

7.6.2 Contextfactoren

In onderzoek naar de ontwikkeling van identiteit wordt tegenwoordig steeds meer aandacht besteed aan factoren uit de context, die de ontwikkeling kunnen beïnvloeden. Hierbij kan je denken aan persoonlijke factoren, zoals sekse van de adolescent, maar ook factoren zoals school, religieuze of sociaaleconomische omgeving waarin de adolescent opgroeit (Solomontos, Kountouri & Hurry, 2008). Ook kijkt onderzoek steeds meer naar processen die de relatie tussen contextfactoren en identiteitsontwikkeling kunnen verklaren (Bosma & Kunnen, 2008). Wanneer onderzoek bijvoorbeeld, laat zien dat armoede, een factor uit de context, de ontwikkeling van identiteit kan beïnvloeden, wordt nu ook onderzocht *waarom* dat dan zo is.

Onderwijs
Onderzoek naar school en identiteitsontwikkeling, laat zien dat verschillende onderdelen van identiteit (domeinspecifieke identiteiten) in verband staan met prestaties op school. Twee voorbeelden noemen we hier. Ten eerste, in etnische minderheidsgroepen, blijkt dat adolescenten met een sterkere etnische identiteit (wat weergeeft dat deze adolescenten zich sterk verbonden voelen met hun etnische achtergrond) beter presteren op school (Altschul, Oyserman & Bybee, 2006; Meeus, 2010). Een tweede voorbeeld, bij meisjes is er een relatie tussen hun leerling- of studentidentiteit (die weergeeft hoe zeker zij zich voelen op school, en wat hun studie- en beroepsplannen zijn) en hun prestaties op school. Het is bij deze voorbeelden nog niet duidelijk wat de richting is van de verbanden (Meeus, 2010): voelen meisjes zich zekerder op school omdat ze hogere cijfers halen, of halen ze hogere cijfers omdat ze zich zekerder voelen op school?

Familie en leeftijdgenoten
Volgens verschillende theorieën over ontwikkeling (zoals de gehechtheidstheorie van Bowlby, 1988) hebben ouders invloed op identiteitsontwikkeling (Beyers & Goossens, 2008). Ouders kunnen exploratie ondersteunen, bijvoorbeeld door adolescenten aan te moedigen om informatie over studies te zoeken, als zij een studiekeuze moeten maken. Ook kunnen ouders bindingen ondersteunen, bijvoorbeeld door aan te geven dat het belangrijk is in een relatie eerlijk en duidelijk te zijn.
Onderzoek dat gebruikmaakt van het Status Paradigma, laat zien dat adolescenten vaker een gezonde identiteitsontwikkeling hebben als ze een hechte relatie hebben met hun ouders en als de ouders bovendien hun kinderen aanmoedigen onafhankelijk te zijn (Beyers & Goossens, 2008). Ander onderzoek (dat uitgaat van het model van Luyckx, Goossens & Soenens, 2006) laat zien dat vader en moeder een verschillende invloed kunnen hebben. Vaders moedigen brede exploratie aan (dat adolescenten veel verschillende dingen uitproberen), moeders juist niet. Moeders moedigen aan dat adolescenten vroeg bindingen aangaan (dat adolescenten een verstandige en duidelijke keuze maken in plaats van verschillende dingen te blijven uitproberen), maar vaders niet.
Ook broers en zussen kunnen binnen een gezin van invloed zijn op elkaars identiteits-

ontwikkeling (Wong et al., 2010). Dit gebeurt vooral doordat broers en zussen nieuw gedrag leren van elkaar, doordat ze elkaar observeren en imiteren. Het meest observeert en imiteert een adolescent zijn oudere broers of zussen van dezelfde sekse.

Een jongen kan bijvoorbeeld op voetbal gaan en sport belangrijk vinden, omdat zijn oudere broer dit ook doet. Je kunt je ook voorstellen dat een adolescent zich juist probeert te onderscheiden van zijn broers en zussen; hij benadrukt dat hij anders is. Dit is echter niet zo op het gebied van identiteitsformatie.

Sekse
Bij het ontwikkelen van de 'Identiteits Status theorie' ging Marcia ervan uit dat mannen en vrouwen een heel andere identiteit en identiteitsontwikkeling hebben (Marcia, 1980). De theorie zelf was ontwikkeld en in eerste instantie voornamelijk getest onder mannen. Onderzoek laat inderdaad verschillen zien tussen mannen en vrouwen wat betreft de ontwikkeling van domeinspecifieke identiteit. Vooral in domeinen van interpersoonlijke identiteit hebben in de adolescentie meer meisjes dan jongens de *achievement* status (Kroger, 1997; Meeus et al. 2010). Maar wat betreft globale identiteit zijn mannen en vrouwen erg vergelijkbaar. Recent is er weliswaar enige aanwijzing dat meisjes iets voorlopen op jongens in globale identiteitsontwikkeling (wat verklaard zou kunnen worden door het tijdstip van het begin van de puberteit en volwassen worden op fysiek en cognitief gebied), maar de meeste auteurs concluderen dat er weinig of geen bewijs is voor sekseverschillen in globale identiteit (Kroger, 1997; Schwartz, 2007). Onderzoek aan de hand van het Status Paradigma suggereert dat mannen en vrouwen vergelijkbaar zijn in de manier waarop ze identiteitskwesties aanpakken en dat ze zich ook op een vergelijkbare manier ontwikkelen door de verschillende statussen heen (Kroger, 1997).

Culturele, etnische, en sociaaleconomische context
Factoren uit de culturele, etnische en sociaaleconomische context van adolescenten hangen ook samen met identiteitsontwikkeling. Armoede kan op verschillende manieren identiteitsontwikkeling bij adolescenten beïnvloeden (Philips & Pittman, 2003). Armoede kan ervoor zorgen dat een adolescent minder mogelijkheden heeft in zijn leven. Hij of zij kan bijvoorbeeld niet door zijn ouders financieel ondersteund worden als hij zou willen studeren. Dit kan ervoor zorgen dat de adolescent lagere verwachtingen en ambities voor zichzelf heeft. Misschien denkt hij dat het helemaal niet mogelijk is om te gaan studeren. Dit kan er dan weer toe leiden dat hij minder exploreert; als hij niet verwacht aan de universiteit te kunnen studeren zal hij ook geen open dagen bezoeken of informatie over studies inwinnen. Armoede leidt ook tot stress. Een stressvolle familiecontext, waarin bijvoorbeeld veel conflict is, kan identiteitsontwikkeling beïnvloeden. Ten slotte kan armoede ook leiden tot het hebben van een stigma (negatief stempel) in de schoolcontext. Dit kan ervoor zorgen dat kinderen en adolescenten zelf negatieve verwachtingen hebben en ook negatieve feedback ontvangen. Negatieve verwachtingen kunnen, zoals boven uitgelegd, leiden tot minder exploraties, wat gevolgen heeft voor de identiteitsontwikkeling.

Betrokkenheid bij religie en gemeenschap kunnen ook de identiteitsontwikkeling beïnvloeden (Hardy et al., 2011). Adolescenten die meer betrokken zijn bij gestructureerde gemeenschappen ervaren hun identiteit vaak als meer volwassen dan adolescenten die minder betrokken zijn. Betrokkenheid bij de gemeenschap hangt samen met een verlaging in *diffusion* status en een verhoging in *achievement* status.

Een verklaring hiervoor is dat betrokkenheid bij gemeenschap, via verschillende processen, zowel exploraties als bindingen stimuleert. Een voorbeeld van zo'n proces: een adolescent die erg betrokken is bij de buurt waarin hij of zij opgroeit, kan veel sociale contacten en vriendschappen hebben in zijn buurt. Dit geeft de mogelijkheid op sociaal gebied te exploreren (uit te proberen en te ontdekken wat hij of zij belangrijk vindt in sociale relaties) en bindingen aan te gaan. Een tweede voorbeeld van een proces: in deze buurt waarin de adolescent opgroeit, worden mogelijk ook bepaalde waarden gedeeld; dat wil zeggen dat er bepaalde dingen zijn die mensen die daar wonen over het algemeen allemaal belangrijk vinden. Dit creëert de mogelijkheid voor de adolescent om te handelen naar die waarden waarmee hij of zij opgroeit, maar ook om erover na te denken of hij of zij deze waarden ook belangrijk vindt.

Religieuze betrokkenheid gaat samen met verlaging in *diffusion* en *moratorium* status en verhoging in *foreclosure* status. Religieuze betrokkenheid gaat niet, zoals bij betrokkenheid bij gemeenschap het geval is, samen met een verhoging in *achievement* status. Dit kan komen doordat betrokkenheid bij religie wel het aangaan van bindingen stimuleert, maar niet exploraties. Het aangaan van bindingen leidt tot een verlaging in *diffusion* en *moratorium* status en bovendien, als er geen sprake is van exploraties, tot een verhoging in *foreclosure*. Zonder exploraties leidt het aangaan van bindingen echter niet tot *achievement* status.

De invloed van etnische achtergrond op identiteitsontwikkeling (van de etnische identiteit) is vooral in specifieke groepen onderzocht, bijvoorbeeld adolescenten met een Marokkaanse etnische achtergrond die opgroeien in Nederland (Branch, Tayal & Triplett, 2000; Wissink et al., 2008). Bij etnische identiteit gaat het erom dat iemand weet dat hij of zij lid is van een bepaalde etnische groep, en dat dit lidmaatschap ook belangrijk en betekenisvol is voor hem of haar. Een onderzoek in drie groepen adolescenten (met een Marokkaans-Nederlandse, een Turks-Nederlandse en een Nederlandse etnische achtergrond) laat zien dat etnische achtergrond invloed heeft op de ontwikkeling van etnische identiteit (Wissink et al., 2008). De Marokkaans-Nederlandse en Turks-Nederlandse adolescenten exploreerden meer met betrekking tot hun etnische identiteit (zij probeerden bijvoorbeeld meer te weten te komen over de geschiedenis en tradities van hun etnische groep) en hadden ook meer binding met hun etnische groep dan de Nederlandse adolescenten (zij voelden zich bijvoorbeeld erg gehecht aan of erg trots op hun etnische groep).

Maatschappelijke veranderingen

Erikson benadrukte dat een volwassen en goed ontwikkelde identiteit belangrijk is om goed te kunnen functioneren in de maatschappij (Erikson, 1963). Verschillende recente maatschappelijke ontwikkelingen laten zien dat deze visie van Erikson nog steeds geldig is (Côté, 2006; Schwartz, 2007). Adolescenten kunnen nu steeds langer op school of aan het studeren blijven, en ook betrokkenheid bij sociale media (die we ook bij de ontwikkeling van het zelf hebben besproken) neemt toe (Côté, 2006). Deze beide ontwikkelingen leiden tot nieuwe bronnen in de context die de ontwikkeling van identiteit kunnen beïnvloeden. Een andere ontwikkeling is de overgangsfase tussen adolescentie en volwassenheid die in westerse geïndustrialiseerde landen te zien is (Arnett, 2000). Deze fase wordt als nieuwe ontwikkelingsfase gezien, aangeduid met de term ontluikende volwassenheid. Kenmerken van deze fase zijn dat er veel exploraties en veranderingen plaatsvinden en dat er bovendien instabiliteit en diversiteit is in werk, liefde en visie op de wereld.

Het gevolg van het ontstaan van deze nieuwe ontwikkelingsfase voor de ontwikkeling van identiteit, is dat er op een ander moment met identiteitskwesties wordt omgegaan. In de tijd van Erikson en Marcia was dit tijdens de adolescentie, nu is het tijdens de vroege volwassenheid (Schwartz, 2007) of ontluikende volwassenheid (Arnett, 2000). Ook blijken sommige moeilijke identiteitskwesties in de volwassenheid nog niet opgelost te zijn (Schwarz, 2007) en heeft niet iedereen (zoals we eerder al zagen) aan het einde van de vroege volwassenheid een volwassen identiteit bereikt (Kroger, Martinussen & Marcia, 2010).

7.6.3 Niet-adaptieve ontwikkeling

Het is te verwachten dat er tijdens de identiteitsontwikkeling enige stress, problemen en moeilijkheden worden ervaren over identiteitsgerelateerde kwesties (Hernandez, Montgomery & Kurtines, 2006). Sommige adolescenten ervaren echter zoveel stress en moeilijkheden over identiteitskwesties, dat hun normale ontwikkeling verstoord wordt. Verschillende versies van de DSM (Diagnostic and Statistical Manual of Mental Disorders, III-r en IV) definiëren dan ook respectievelijk een 'Identiteit Stoornis' (DSM-III-r, 1987) en een 'Identiteit Probleem' (DSM-IV, 1994). Een adolescent met een identiteitsstoornis of -probleem ervaart langdurig erg veel onzekerheid over kwesties die aan identiteit gerelateerd zijn, zoals beroepskeuze, vriendschappen, seksuele oriëntatie en gedrag en religieuze identificatie.

De identiteitsstoornis blijkt voor te komen onder jonge (veertien tot achttien jaar; Hernandez, Montgomery & Kurtines, 2006) en oudere adolescenten (gemiddeld twintig jaar; Berman, Montgomery & Kurtines, 2004). Bij jonge vrouwelijke adolescenten hangt een identiteitsstoornis samen met externaliserende problemen, bij jonge mannelijke adolescenten met internaliserende problemen (Hernandez, Montgomery & Kurtines, 2006). Hoewel hieraan nog geen sterke conclusie verbonden kunnen worden, is dit een interessante bevinding. Over het algemeen hebben meisjes namelijk meer internaliserende problemen, en jongens meer externaliserende problemen. Het zou kunnen dat er juist een verband bestaat tussen identiteitsproblemen en het ervaren van problemen die niet vaak voorkomen onder je eigen sekse (Hernandez, Montgomery &

Kurtines, 2006). Een jongen met internaliserende problemen bijvoorbeeld is erg verlegen, teruggetrokken en angstig. Hij vindt het moeilijk vriendschappen te sluiten, en dit wordt nog moeilijker doordat de meeste andere jongens die hij kent helemaal niet verlegen of angstig zijn. Omdat hij geen jongens of mannen in zijn omgeving kent die zijn zoals hij, vindt hij het ook moeilijk te ontdekken wie hij eigenlijk is, en zo zou hij een identiteitsprobleem kunnen ontwikkelen.

7.7 Besluit

Het bovenstaande schetst een uitgebreid beeld van de adolescent, zoals deze zijn zelfconcept en identiteit ontwikkelt in de context van zijn cultuur, maatschappij, zijn gemeenschap en religie, school, familie en vrienden. Het is duidelijk dat deze ontwikkeling niet los van de context te zien is. Vaak is de relatie wederzijds tussen zelf of identiteit en contextfactoren (zoals bij familie en vrienden) en spelen bovendien ook persoonsfactoren van de adolescent (zoals sekse) een rol.

Het zelfconcept van de adolescent heeft zich vanaf de kindertijd ontwikkeld tot een abstracte beschrijving van zijn innerlijke ideeën, wensen, emoties en motieven. Deze beschrijving is realistischer geworden omdat de adolescent beter is in perspectiefinname en zijn of haar eigen kenmerken kan vergelijken met de kenmerken van mensen om hem of haar heen. De adolescentie is bovendien een periode van grote gevoeligheid voor de mening van anderen, in het bijzonder van leeftijdgenoten. Zelfwaardering stijgt meestal tijdens de adolescentie, maar persoonsfactoren en contextfactoren hebben veel invloed. Een context die zelfwaardering stimuleert, bestaat uit positieve opvoedpraktijken, een autoritatieve opvoedingsstijl en een meer welvarend huishouden. Ook het halen van hoge cijfers beïnvloedt de zelfwaardering positief. Sekse en etnische achtergrond kunnen in interactie staan met deze factoren uit de context, voor westerse meisjes vormen schooltransities bijvoorbeeld een risicofactor voor een verlaging in zelfwaardering, voor Afrikaans-Amerikaanse meisjes juist niet.

Meestal vindt in de adolescentie een ontwikkeling naar een meer volwassen identiteit plaats. Tegenwoordig hebben echter lang niet alle individuen een volwassen identiteit bereikt in de vroege volwassenheid. Het bereikt hebben van een meer volwassen identiteit betekent dat individuen weloverwogen keuzes hebben gemaakt met betrekking tot hun opleiding en werk, hun ideologie en hun relaties. Deze keuzes zijn het gevolg van een eigen proces van het uitproberen en overdenken van de verschillende alternatieven. Interactieprocessen tussen persoon en context liggen ten grondslag aan deze ontwikkelingen en uitkomsten bij de adolescent. De context kan de adolescent mogelijkheden aanreiken om te exploreren en bindingen aan te gaan. De gezinsomgeving bijvoorbeeld kan de adolescent aanmoedigen verschillende opties op ideologisch of studiekeuze gebied te exploreren en kan de adolescent bewust maken van mogelijkheden die er op deze gebieden bestaan. Een religie of gemeenschap kan bijvoorbeeld de adolescent de mogelijkheid geven na te denken over waarden en idealen. Tegelijkertijd maken specifieke maatschappelijke ontwikkelingen het moeilijker voor de adolescent om een volwassen identiteit te bereiken.

8 Autonomie-ontwikkeling

Wim Beyers, Bart Soenens en Maarten Vansteenkiste

8.1 Inleiding

Niels is een vijftienjarige adolescent. De weg die hij dagelijks moet afleggen naar de middelbare school is behoorlijk gevaarlijk. Daarom wil zijn moeder hem, net zoals op de basisschool, dagelijks met de auto naar school brengen. Toch pakt Niels elke dag de fiets. Niet omdat hij de mening van zijn moeder niet respecteert, maar hij vindt zichzelf een veilige fietser en hij geniet echt van de dagelijkse fietstocht. Bovendien vindt Niels het persoonlijk erg belangrijk om op die manier zijn steentje bij te dragen aan een schoner milieu. En door met de fiets te gaan, kan Niels ook elke dinsdag een stuk met zijn nieuwe vriendinnetje naar school fietsen, maar dat hoeft zijn moeder natuurlijk (nog) niet te weten.

Laat het duidelijk zijn, Niels is behoorlijk autonoom. Maar, wat is autonomie? Wat betekent het in de adolescentie? In het gedrag van Niels ontwaren we alvast twee verschillende aspecten van autonomie. Enerzijds maakt Niels duidelijk dat hij zelf een beslissing kan nemen, los van zijn moeder. Hij vindt ook dat zijn moeder het niet moet weten dat hij een nieuw vriendinnetje heeft. Niels wordt geleidelijk meer onafhankelijk van zijn moeder. Anderzijds zien we dat Niels naar school fietst, niet om zich af te zetten tegen zijn moeder, maar gewoon omdat hij dit zelf persoonlijk belangrijk vindt en er bovendien van geniet. Niels ervaart in zijn gedrag een gevoel van vrijwilligheid en psychologische keuzevrijheid. Deze twee aspecten van autonomie in de adolescentie (onafhankelijkheid en vrijwillig functioneren) worden duidelijk van elkaar onderscheiden en gedefinieerd in het eerste deel van dit hoofdstuk (8.2). Vervolgens gaan we in 8.3 in op de ontwikkeling van beide aspecten van autonomie, door te verwijzen naar theorieën en empirisch onderzoek op dit gebied. In 8.4 bespreken we onderzoek waaruit blijkt dat autonomie en de ontwikkeling ervan mogelijk een bron is voor het welbevinden en positief functioneren van jongeren, zowel autonomie als onafhankelijkheid als autonomie als vrijwillig gedrag. Tot slot gaan we in 8.5 dieper in op contexten die de ontwikkeling van autonomie bij jongeren bevorderen, of juist hinderen. We focussen daarbij op de rol van het gezin en concreet de opvoeding van de ouders, maar ook op omgevingsinvloeden van buiten het gezin (zoals leeftijdgenoten).

8.2 Het paraplubegrip autonomie: onafhankelijkheid versus vrijwillig functioneren

Over de conceptualisering en de rol van autonomie gedurende de adolescentie bestaan er conflicterende opvattingen (Hill & Holmbeck, 1986; Silverberg & Gondoli, 1996; Zimmer-Gembeck & Collins, 2003). Enerzijds wordt autonomie vanuit de separatie-individuatie theorie (hierna: SIT) (Blos, 1967; 1979) vaak gedefinieerd als *onafhankelijk-*

heid of *separatie* (bijvoorbeeld Steinberg, 2002). Dit verwijst naar de toenemende interpersoonlijke afstand tussen de adolescent en zijn ouders en het feit dat de jongere in toenemende mate meer zelfstandig beslissingen gaat nemen, zonder de ouders. Vanuit de zelfdeterminatietheorie (hierna ZDT) (Ryan & Deci, 2000) wordt autonomie echter geconceptualiseerd als *vrijwillig functioneren*, de neiging om beslissingen te nemen op basis van authentieke persoonlijke waarden en interesses en met een gevoel van keuze en vrije wil.

8.2.1 Autonomie als onafhankelijkheid of separatie

Deze gedurende vele decennia dominante ontwikkelingspsychologische invulling van het concept autonomie vertrekt vanuit de psychoanalytische geschriften van Sigmund en Anna Freud (1958), Margareth Mahler (1972) en Peter Blos (1967; 1979). Binnen deze visie houdt de ontwikkeling van autonomie tijdens de adolescentie een tweevoudige taak in. Adolescenten maken zich eerst emotioneel los van de ouders (*separatie*) om vervolgens gradueel meer zelf verantwoordelijkheid te nemen om zo op eigen benen te staan, waarbij ze niet langer een beroep doen op hun ouders (*individuatie* of *onafhankelijkheid*).

Volgens psychoanalytici is dit separatie-individuatieproces tijdens de adolescentie een herhaling van een soortgelijk proces tijdens de kindertijd (drie tot zes jaar). Op die leeftijd maken kinderen zich los uit de knellende, symbiotische verhouding met de ouders en worden ze een zelfstandig individu. Mahler (1972) veronderstelt daarbij dat het kind het beeld van de ouders internaliseert. Dit maakt het mogelijk dat het kind het beeld van de ouders kan oproepen ook als zij fysiek niet aanwezig zijn. Hierdoor is het in staat zowel de ouders als zichzelf als afzonderlijke individuen te ervaren. Een gelijkaardig proces doet zich voor tijdens de adolescentie. Adolescenten zullen immers beginnen te rebelleren tegen hun ouders en verzorgingsfiguren. Volgens Blos (1979, p.77) wordt de relatie tussen ouders en adolescenten gekenmerkt door een 'normal conflictual condition', die aanleiding geeft tot een stelselmatig doorknippen van de band met de ouders. Adolescenten willen zich losmaken van de geïnternaliseerde beelden van de ouders om zich tot hun leeftijdgenoten te richten, waarmee ze emotionele banden willen ontwikkelen. Dit separatieproces wordt op gang gebracht door de seksuele rijping die adolescenten doormaken (zie hoofdstuk 12), waarbij (in psychoanalytische termen) het 'driftleven' zich gaat richten op relaties met leeftijdgenoten.

Blos omschrijft separatie of loskomen van de ouders als een ontwikkelingstaak van de adolescent die vooral *intrapsychisch* en *emotioneel* verloopt. Dit emotioneel loskomen, betekent afstand nemen van het kinderlijke beeld dat je van je ouders hebt (1979, p. 142). Terwijl de ouders in de kindertijd geïdealiseerd werden, lijken ze nu van hun voetstuk te tuimelen. Papa is niet langer de sterkste papa van de wereld en mama is niet langer de beste kokkin op aarde. Beiden kennen ook hun zwaktes. De vaststelling van deze gebreken kan soms zeer ontluisterend zijn. Sommige adolescenten zullen hierop reageren door al hun energie te investeren in een andere persoon, die dan even sterk wordt geïdealiseerd als de ouders. Zo zullen sommige adolescenten sport- of muziekidolen hebben (idolatrie) of ze zullen al hun tijd en energie stoppen in boezemvrienden of -vriendinnen. Uit deze deïdealisatie van de ouders volgt dat adolescenten geleidelijk aan meer zelf verantwoordelijkheid nemen voor hun gedrag en hun fouten, en minder dwangmatig een beroep doen op hun ouders als ze een probleem ervaren (Blos, 1979). Dit separatieproces verloopt echter niet bij alle adolescenten even moeiteloos. Sommige adolescenten ervaren een leegte tussen hun oude en nieuwe bindingen. Die leegte kan bij sommige adolescenten emotionele problemen (zoals depressie) veroorzaken, omdat het uitzicht op een toekomstig volwassen leven niet bemoedigend is. Andere jongeren zullen de ervaren leegte ten gevolge van de deïdealisatie van de ouders opvullen door zich bijna slaafs te onderwerpen aan bepaalde ideologieën, bewegingen of zelfs sektes (massificatie). Nog andere jongeren zullen op dit deïdealisatieproces reageren door de vroegere verheerlijkende gevoelens ten opzichte van de ouders om te keren. Deze worden nu afgedaan als ouderwets, burgerlijk en conservatief. Het zich afkeren van de ouders kan zich manifesteren via passieve communicatievormen als onverschilligheid, of kan zich ook meer actief uiten, bijvoorbeeld in verzet en directe openlijke oppositie tegen de ouders (rebellie). Dit laatste kan uitmonden in externaliserende gedragsproblemen (zie hoofdstuk 14) als spijbelen, stelen, vandalisme of bendevorming.

In ideale omstandigheden (Collins, Gleason & Sesma, 1997; Goossens, 2006; Hill & Holmbeck, 1986; Sessa & Steinberg, 1991; Steinberg & Silverberg, 1986) zullen adolescenten echter na deze tweede separatiefase meer op hun eigen benen gaan staan. Deze geslaagde *individuatie* uit zich vooral in een toegenomen gedragsmatige onafhankelijkheid, wat betekent dat adolescenten beter in staat zijn om zelfstandig beslissingen te nemen zonder de ouders (Bosma et al., 1996; Sessa & Steinberg, 1991; Steinberg, 2002). Meestal gaat het daarbij om beslissingen over persoonlijke zaken uit het leven van de adolescent (Jackson, Bosma & Zijsling, 1997), zoals het eigen uiterlijk, hoe de eigen kamer eruitziet, of wie de vrienden zijn. Over morele of conventionele zaken (zoals goede manieren, normoverschrijdend gedrag) of zaken die te maken hebben met veiligheid en gezondheid (zoals gebruik van drugs) blijven ouders grote inspraak behouden (Smetana & Asquith, 1994). Gedragsmatige onafhankelijkheid betekent dus niet dat jongeren op alle vlakken de banden met de ouders verbreken.

8.2.2 Autonomie als vrijwillig of zelfgedetermineerd functioneren

Deze definitie van autonomie als vrijwillig of zelfgedetermineerd functioneren kent zijn oorsprong in de zelfdeterminatietheorie (Deci & Ryan, 1985, 2000; Ryan & Deci, 2000). Binnen de ZDT wordt gesteld dat mensen de natuurlijke neiging hebben om gedragsregulaties, doelen, overtuigingen en emoties te internaliseren en te integreren binnen het 'zelf'. Het zelf is daarbij de drijvende instantie achter een natuurlijke menselijke tendens om te groeien en zich op een authentieke manier te ontwikkelen. De ontwikkeling naar autonomie wordt beschouwd als een van de belangrijkste uitingen van de werking van het zelf. Naarmate gedragsregulaties en overtuigingen meer verinnerlijkt worden en in lijn worden gebracht met het zelf, zal het betreffende gedrag met een groter gevoel van *autonomie* of psychologische vrijheid worden uitgevoerd. In dat geval kan men zich volledig en met zelfvertrouwen scharen achter de activiteit en de reden(en) voor dat gedrag. Deze autonomie veronderstelt een gevoel van *agency* (Zimmer-Gembeck & Collins, 2003). Het gaat hierbij om het gevoel dat je je gedrag stuurt en reguleert op een manier die trouw is aan het zelf, die dus bij je past (Ryan, Deci & Grolnick, 1995). ZDT veronderstelt dat deze vorm van autonomie een psychologische basisbehoefte is in het leven van elke mens (Deci & Ryan, 2000).

Om het internalisatieproces dat aan de basis ligt van deze autonomie beter te kunnen begrijpen, is het belangrijk om eerst het onderscheid tussen intrinsieke en extrinsieke motivatie toe te lichten (Vansteenkiste et al., 2004). Gedragingen zijn intrinsiek gemotiveerd als ze worden uitgevoerd omdat ze op zichzelf interessant en boeiend zijn en dus inherente bevrediging verschaffen (Deci, 1975; Lens & Rand, 1997; Ryan & Deci, 2000). Als een vijftienjarige jongen het leuk vindt om zijn huiswerk te maken, dan is hij intrinsiek gemotiveerd. Het plezier dat Niels beleeft aan het fietsen naar school is een ander voorbeeld van intrinsieke motivatie. Intrinsieke motivatie is het prototype van autonoom gemotiveerd gedrag, omdat je intrinsiek boeiende activiteiten volledig vrij en spontaan kan uitvoeren.

Vele regels en gedragingen zijn echter niet op zichzelf boeiend; ze zijn zelfs eerder vervelend. Adolescenten vinden het bijvoorbeeld meestal niet leuk om hun kamer op te ruimen. Als deze intrinsieke geboeidheid ontbreekt, is men extrinsiek gemotiveerd. Extrinsieke motivatie verwijst naar het uitvoeren van een activiteit om een uitkomst te bereiken buiten de activiteit zelf (Lens & Rand, 1997; Ryan & Deci, 2000). Als Marie haar kamer opruimt omdat haar moeder anders kritiek zal uiten (straf) of omdat ze dan uit mag op zaterdagavond (beloning), dan is haar opruimgedrag extrinsiek gemotiveerd, het dient immers een verder gelegen doel. Er bestaan ook andere soorten extrinsieke motieven. Zo ruimt de veertienjarige Karel zijn kamer op, omdat hij vindt dat hij het aan zichzelf verplicht is om alles netjes te ordenen. Hij voelt zich angstig en schuldig als hij niet alles onder controle heeft. En de achttienjarige Mieke ruimt haar studentenkamer op, omdat ze dan gemakkelijker haar spullen kan terugvinden. In deze voorbeelden is het opruimen telkens extrinsiek gemotiveerd, want niemand ruimt zijn kamer op, omdat dit op zichzelf leuk is. Marie, Karel en Mieke handelen echter vanuit verschillende extrinsieke motieven, die geassocieerd zijn met verschillende gevoelens. Terwijl Marie zich van buitenaf verplicht voelt om haar kamer op te ruimen (zij wil een beloning krijgen) en Karel intern gespannen is bij het opruimen van de kamer (hij is bang niet alles onder controle te hebben), handelt Mieke meer met een gevoel van vrijheid.

Hoe kan het opruimgedrag van Marie, dat aanvankelijk erg extrinsiek gemotiveerd was, meer autonoom verlopen? Welke processen spelen hier een cruciale rol? Deci en Ryan (1985) stellen dat *actieve internalisatie* hierin een belangrijke rol speelt. Dit is het proces waarbij individuen op een actieve wijze bepaalde extern aangereikte overtuigingen, attitudes of gedragsregulaties geleidelijk aan transformeren in persoonlijke waarden of gedragsstijlen (Ryan, Connell & Deci, 1985). Naarmate activiteiten die aanvankelijk oninteressant leken meer verinnerlijkt worden, zullen ze met een groter gevoel van autonomie en meer vrijwillig worden uitgevoerd (Vansteenkiste et al., 2008).

De ZDT onderscheidt vier stadia van internalisatie: *geen, partieel, bijna volledig* en *volledig*. Als er geen internalisatie is, spreken we over *externe regulatie*. Gedragingen worden uitgevoerd en regels worden opgevolgd om aan externe verplichtingen te voldoen, om een beloning te verkrijgen of om straf te vermijden (zie het voorbeeld van Marie). Bij partiële internalisatie wordt het gedrag niet zozeer door externe, maar wel door interne druk gestuurd. ZDT noemt dit *introjectie*, waarbij men zichzelf onder druk zet om de activiteit uit te voeren (zie het voorbeeld van Karel). Er is dus wel een beperkte interne gedragsregulatie, maar het gedrag is zeker nog niet volledig een onderdeel van het zelf, waardoor het een bron is van innerlijk conflict en spanning (Deci & Ryan, 2000). Het vermijden van gevoelens van schaamte, schuld of angst zijn goede voorbeelden van introjectie. Maar ook iets doen louter om het zelfwaardegevoel op te krikken of om trots te kunnen zijn op zichzelf, is introjectie.

Bij bijna volledige internalisatie vindt regulatie van het gedrag plaats via *identificatie*. De persoon heeft zich in dit geval geïdentificeerd met de waarde van, of de redenen voor, het gedrag en begrijpt het belang van het gedrag in het licht van de doelen die men persoonlijk belangrijk vindt en wil bereiken (zie het voorbeeld van Niels uit de inleiding van dit hoofdstuk, of Mieke die haar kamer opruimt om gemakkelijker haar spullen terug te vinden). Omdat het gedrag als persoonlijk relevant wordt ervaren, zal de persoon het gedrag uitvoeren met een sterk gevoel van psychologische vrijheid. Men kan zich immers helemaal scharen achter het gedrag. Een nog rijpere vorm is de volledige internalisatie die wordt bereikt wanneer men komt tot volledige *integratie* van het gedrag binnen de andere aspecten van het zelf. Daarbij zijn de verschillende identificaties niet langer gefragmenteerd, maar zijn ze verankerd of geïntegreerd binnen een coherent waardesysteem. Integratie vormt dan ook de meest volwaardige vorm van internalisatie. Als een adolescent het vanzelfsprekend vindt dat het opruimen van de kamer niet alleen zinvol kan zijn om de eigen spullen sneller terug te vinden (identificatie), maar ook bijdraagt tot het aanleren van de vaardigheden orde en netheid die men later in het beroepsleven ook zal moeten gebruiken, dan heeft de adolescent de gedragsregulatie geïntegreerd. In dat geval van volledige integratie ervaart de jongere zijn gedrag als spontaan en volledig vrijwillig.

Samenvattend: mensen zijn in staat tot het vrijwillig of autonoom naleven van een bepaald verzoek (gebod of verbod), als ze zich identificeren met het belang van het verzoek of het volledig geïntegreerd hebben. Omdat intrinsieke motivatie en gedragsregulatie op basis van identificatie of integratie gepaard gaan met een gevoel van keuze en vrijheid, worden ze binnen de ZDT vaak samen geplaatst onder de noemer *autonome regulatie* (bijvoorbeeld Vansteenkiste et al., 2004; 2008). Autonome regulatie wordt dan afgezet tegen gecontroleerde regulatie, waarbij het gedrag gestuurd wordt door extern verplichtende motieven (externe regulatie) of intern dwingende motieven (introjectie).

8.2.3 De twee definities van autonomie nader vergeleken

Het is duidelijk dat het concept autonomie binnen de psychoanalytische traditie een andere lading dekt dan binnen de ZDT. We bespreken hier drie fundamentele verschillen tussen beide benaderingen.

- Ten eerste houdt autonoom functioneren volgens ZDT de vrijheid in om keuzes te maken die gebaseerd zijn op de eigen behoeften, waarden en interesses, zodat men op een meer vrijwillige wijze handelt. Terwijl autonomie binnen het separatie-individuatie denken reactief van aard is (men zet zich immers af tegen de ouders), is autonomie binnen de ZDT eerder reflectief van aard. Men reflecteert immers over het eigen handelen en probeert zo via een toegenomen zelfbewustzijn beter te handelen volgens wat men voor zichzelf zinvol (internalisatie) of interessant en boeiend vindt (intrinsieke motivatie). Hierbij aansluitend is het ook duidelijk dat autonomie binnen de psychoanalytische traditie verwijst naar een relatie; de ouder-kindrelatie en verandering daarin zoals die beleefd wordt door het kind of de adolescent. Autonomie binnen de ZDT echter, verwijst naar een kenmerk van een persoon zelf, bijvoorbeeld de zich ontwikkelende adolescent.
- Ten tweede blijkt uit verschillende studies (Beyers et al., 2003; Chirkov et al., 2003; Hmel & Pincus, 2002; Kagitçibasi, 2005; Van Petegem et al., 2012) dat onafhankelijkheid ten opzichte van de ouders relatief los staat van vrijwillig functioneren. Het streven naar onafhankelijkheid of het vasthouden aan afhankelijkheid kan dus zowel uit vrije wil als onder druk verlopen. Een jongere kan bijvoorbeeld bij het maken van een studiekeuze geen raad of advies vragen aan zijn ouders (onafhankelijkheid), omdat hij het belangrijk vindt zelf te kiezen (autonoom) of omdat hij zich zou schamen als hij hiervoor een beroep zou doen op zijn ouders (gecontroleerd). Op dezelfde manier kan een adolescent afhankelijk blijven van zijn ouders en zich met raad en daad laten bijstaan bij het maken van een studiekeuze (afhankelijkheid), omdat hij hierover graag met zijn ouders overlegt (autonoom) of omdat hij het gevoel heeft dat hij rekening *moet* houden met het advies van zijn ouders (gecontroleerd). Een ander voorbeeld betreft de keuze van een achttienjarige student om zelfstandig te gaan wonen of nog thuis bij de ouders te blijven. Een jongere die zelfstandig gaat wonen, vertoont duidelijk meer onafhankelijkheid dan zijn leeftijdgenoot die bij zijn ouders blijft wonen. Deze keuze voor onafhankelijkheid of afhankelijkheid kan echter door verschillende motieven worden ingegeven (Kins et al., 2009). Een meisje wil bijvoorbeeld zelfstandig gaan wonen, omdat ze niet langer voor allerlei huishoudelijke taken wil opdraaien (gecontroleerd), of kiest ervoor om zelfstandig te wonen, omdat zij het gewoon leuker vindt om bij haar vrienden in te wonen (autonoom). Analoog kan een achttienjarige jongen bijvoorbeeld het gevoel hebben, dat hij bij zijn ouders moet blijven wonen omdat zijn moeder moeilijk kan los komen van haar kind en het voor zich opeist (gecontroleerd). Hij kan er ook voor kiezen om thuis te blijven wonen, omdat hij graag nog wat tijd met zijn broers en zussen wil delen (autonoom).

Kagitçibasi (2005) plaats deze tweedeling tussen (on)afhankelijkheid en vrijwillig functioneren in een cross-cultureel perspectief. Zij omschrijft autonomie met behulp van twee dimensies. De eerste dimensie verwijst naar de interpersoonlijke afstand tegenover anderen en gaat van verbondenheid tot separatie, waarbij separatie verwijst naar sterke onafhankelijkheid zoals ook Blos (1979) die definieerde. De tweede dimensie noemt Kagitçibasi (2005) agency, waarmee zoals in ZDT 'vrijwillig' wordt bedoeld. Uiteinden van agency zijn autonomie (zelfbestuur) en heteronomie (functioneren onder druk van buitenaf). Kagitçibasi (2005) stelt dat verschillende combinaties van deze twee dimensies anders verdeeld zijn bij jongeren in verschillende culturen. Zo zou volgens haar autonome verbondenheid het prototype zijn van relaties tussen ouders en kinderen in culturen waarin de nadruk ligt op familiewaarden en familietradities, zoals in haar geboorteland Turkije. Autonome separatie is volgens haar meer een kenmerk van culturen waarin de nadruk ligt op individuele waarden, zoals onze westerse cultuur.

- Een derde manier om deze twee verschillende vormen van autonomie te contrasteren met elkaar, ingegeven door het model van Kagitçibasi (2005), is door te kijken naar hun verband met relationele verbondenheid. Binnen de analytische omschrijving van autonomie als onafhankelijkheid, worden onafhankelijkheid en verbondenheid gezien als de twee uiteinden van eenzelfde continuüm. Dit betekent dat het verwerven van onafhankelijkheid tijdens de adolescentie samengaat met een afnemende verbondenheid met de ouders (zie hoofdstuk 10). Deze stelling wordt impliciet bevestigd door verschillende onderzoekers die afnemende ondersteuning door ouders interpreteerden als toenemende separatie en individuatie van jongeren (bijvoorbeeld De Goede, Branje & Meeus, 2009; Meeus et al., 2005). Hieruit volgt ook dat de ontwikkeling van toenemende onafhankelijkheid bij jongeren bijna noodzakelijk gepaard gaat met een verminderde kwaliteit van de ouder-kindrelatie (Steinberg, 2002; Steinberg, Elmen & Mounts, 1989). Deze visie op ontwikkeling van autonomie ten koste van de kwaliteit van de ouder-kindrelatie werd echter sterk bekritiseerd. Zoals in hoofdstuk 1 al werd beschreven, strookt het idee dat de adolescentie een crisisperiode zou zijn, met veel conflicten tussen adolescenten en hun ouders, niet met allerlei empirisch onderzoek waaruit blijkt dat jongeren zonder al te veel 'Sturm und Drang' volwassen worden. Hevige ouder-kindconflicten bijvoorbeeld zijn eerder de uitzondering dan de regel (Coleman, 1974). Grotevant en Cooper (1986) stelden dan ook dat autonomie-ontwikkeling niet noodzakelijk betekent dat jongeren zich losscheuren van hun ouders. Zij argumenteerden dat adolescenten een evenwicht of balans dienen te zoeken tussen het nastreven van onafhankelijkheid en het behouden van, of opbouwen van kwaliteitsvolle relaties. Het gaat niet om de grootst mogelijke onafhankelijkheid, maar om een gemiddeld niveau van onafhankelijkheid dat de goede band met de ouders niet in de weg staat.

Binnen de ZDT wordt benadrukt dat autonomie en relationele verbondenheid niet de uiteinden zijn van eenzelfde continuüm, maar veeleer twee belangrijke basisbehoeften vormen die elkaar wederzijds versterken (Hodgins, Koestner & Duncan, 1996). Het toewerken naar vrijwillig functioneren bij adolescenten kan tegelijk een toename in ouder-kindverbondenheid in de hand werken (Kagitçibasi, 1996; 2005; Ryan & Lynch, 1989). Als adolescenten hun ouders ervaren als een veilige uitvalsbasis, waarop ze een beroep kunnen doen voor raad en emotionele steun als dat nodig is, zullen ze zich meer vrij en zelfverzekerd voelen om de buitenwereld te exploreren en eigen keuzes te maken en een eigen identiteit te ontwikkelen (zie hoofdstuk 11). Deze toenemende exploratie zal dan door de ouders positief ontvangen worden, wat de ouder-kindrelatie versterkt (Soenens & Vansteenkiste, 2005). Hodgins et al. (1996) toonden bijvoorbeeld aan dat meer autonoom functioneren bij adolescenten gepaard gaat met een meer open en minder defensieve omgang met ouders.

8.3 Ontwikkeling van autonomie

Het definiëren van autonomie als onafhankelijkheid of als vrijwillig functioneren, brengt ook een andere opvatting over autonomie-*ontwikkeling* met zich mee.

8.3.1 Autonomie als separatie of loskomen van de ouders

Psychoanalytische auteurs zoals Blos (1967; 1979) en Levy-Warren (1999) stellen duidelijk dat een toenemende separatie of loskomen van je ouders tijdens de adolescentie een normatief aspect van de ontwikkeling is, een logisch gevolg van de biologische, cognitieve en emotionele ontwikkeling tijdens de puberteit. De sterke lichamelijke veranderingen in het begin van de adolescentie (zie hoofdstuk 3) maken dat adolescenten op een andere manier naar zichzelf beginnen te kijken, niet langer als kinderen. Die toegenomen aandacht voor het eigen lichaam, uit zich in een sterkere focus op zichzelf en leidt bij vele jongeren ook tot een voorkeur om soms alleen te zijn, zonder de ouders. Het is op deze leeftijd dat jongeren belang beginnen te hechten aan hun privacy. De andere kijk op zichzelf gaat echter ook samen met een andere kijk op de ouders. Dankzij toenemende cognitieve vaardigheden, denkt de adolescent bijvoorbeeld niet langer slechts in termen van feiten (concreet-operationeel denken) maar ook in termen van mogelijkheden (formeel-operationeel denken; zie hoofdstuk 5). Hierdoor leert de adolescent zichzelf en de ouders als afzonderlijke mensen te zien, ieder met eigen ideeën en opvattingen. Toenemende impliciete en expliciete kennis van emoties (zie hoofdstuk 6) maakt ook dat jongeren steeds beter emoties van zichzelf en van anderen herkennen, en ontdekken dat emoties van ouders niet noodzakelijk dezelfde zijn als emoties die ze zelf beleven bij een bepaalde gebeurtenis. Jongeren beseffen hierdoor ook dat hun ouders niet in alle omstandigheden het meest geschikt zijn om hen te helpen met hun emotionele of andere problemen en beginnen meer en meer sociale steun te zoeken bij vrienden en leeftijdgenoten (Meeus et al., 2005).

Verschillende onderzoeken (Beyers & Goossens, 1999; Lamborn & Steinberg, 1993; Levpuscek, 2006; Steinberg & Silverberg, 1986) hebben een toename van emotionele onafhankelijkheid laten zien. Dit bleek onder andere uit het optreden van deïdealisatie, gemeten met stellingen als: 'Mijn ouders maken soms wel eens fouten', of 'Als ik iets fout gedaan heb, reken ik niet enkel op mijn ouders om alles weer in orde te brengen'. Vooral in de vroege adolescentie bleek er een sterke toename te zijn, met in de jaren daarna een stabilisatie van de emotionele onafhankelijkheid ten opzichte van de ouders. Om de hypothese te toetsen dat de ontwikkeling van emotionele onafhankelijkheid een normatief proces is (Zimmer-Gembeck & Collins, 2003), en dus voorkomt bij alle jongeren, voerde Beyers (2001; 2004) een longitudinale studie uit, waarin een grote groep adolescenten vanaf dertien jaar gedurende vier jaar gevolgd werden in hun ontwikkeling. Dit onderzoek (zie figuur 8.1) toonde aan dat er *gemiddeld* genomen een sterke toename is van emotionele onafhankelijkheid tegenover de ouders tussen dertien en vijftien jaar, gevolgd door een minder sterke toename tussen vijftien en zeventien jaar. Deze niet-lineaire ontwikkeling bevestigt dat de ontwikkeling van emotionele onafhankelijkheid nauw verbonden is met de puberteitsontwikkeling in de eerste jaren van de adolescentie. Inspectie van de *individuele* ontwikkelingstrajecten in dit onderzoek toonde aan dat vrijwel alle jongeren in dit onderzoek een duidelijke toename van emotionele onafhankelijkheid toonden tussen dertien en zeventien jaar, wat het normatieve karakter van deze ontwikkeling bevestigt.

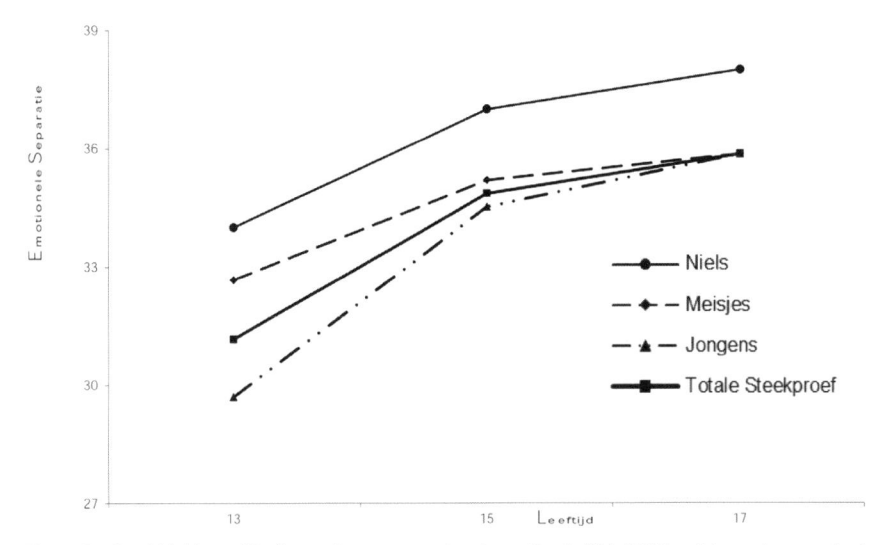

Figuur 8.1 Gemiddeld ontwikkelingstraject van emotionele onafhankelijkheid bij meisjes en jongens, in de Totale Longitudinale Steekproef (Beyers, 2001), en bij de fictieve adolescent Niels

Uit deze studie bleken echter ook belangrijke verschillen tussen jongeren in de timing van de ontwikkeling van onafhankelijkheid. Niels bijvoorbeeld, is inderdaad een vroegrijpe jongen, zoals zijn ouders al vermoedden. Andere jongeren zijn met dertien jaar nog sterk emotioneel verbonden met hun ouders. Een deel van deze verschillen zijn sekseverschillen (zie ook figuur 8.1). Samen met een vroegere puberteitsontwikkeling (zie hoofdstuk 3) zien we ook hier dat meisjes al op jongere leeftijd sterker emotioneel loskomen van hun ouders (Steinberg & Silverberg, 1986). Jongens beginnen iets later met dit separatieproces dan meisjes, maar doorlopen het ook iets sneller. Vergelijkbare sekseverschillen in de ontwikkeling naar een meer horizontale relatie tussen de adolescenten en hun ouders werden gevonden in recent Nederlands longitudinaal onderzoek (De Goede et al., 2009). Bij meisjes vindt het grootste deel van deze ontwikkeling al plaats voor de midden-adolescentie, terwijl er bij jongens ook daarna nog verdere toename in onafhankelijkheid is.

Gedragsmatige onafhankelijkheid wordt meestal onderzocht door jongeren en hun ouders te vragen naar de wijze waarop in het gezin beslissingen worden genomen over kwesties zoals het uitgeven van zakgeld, het kiezen van kleren, en tot hoe laat de adolescent mag uitgaan (Bosma et al., 1996; Lamborn, Dornbusch & Steinberg, 1996). Er wordt specifiek gevraagd of alleen de ouders hierover beslissen (unilaterale ouderlijke beslissing), of dat het besluit valt na gezamenlijk overleg tussen ouders en adolescenten (gezamenlijke beslissing), of dat de adolescenten alleen beslissen (unilaterale beslissing door de adolescent). Onderzoek toonde opnieuw belangrijke leeftijdsverschillen, die toenemende gedragsmatige onafhankelijkheid bij jongeren suggereren. Als adolescenten ouder worden, hechten ze meer belang aan onafhankelijkheid over persoonlijke zaken (Jackson et al., 1997), zoals het eigen uiterlijk, hoe de eigen kamer eruitziet, persoonlijk tijdsgebruik, of wie de vrienden zijn. Over morele of conventionele zaken (bijvoorbeeld goede manieren, normoverschrijdend gedrag) of zaken die te maken hebben met veiligheid en gezondheid (bijvoorbeeld gebruik van drugs) blijft de mening van de ouders belangrijk (Smetana & Asquith, 1994). Het onderzoek van Jackson et al. (1997) toonde duidelijk aan dat deze toenemende gedragsmatige onafhankelijkheid niet noodzakelijk gepaard gaat met toegenomen conflicten tussen ouders en jongeren. Smetana (1988) vond al eerder dat conflicten enkel voorkomen over zogenaamde meervoudige onderwerpen, onderwerpen waarvan adolescenten vinden dat ze tot het persoonlijke domein behoren, terwijl ouders vinden dat het om conventionele of zelfs morele zaken gaat, met als typische voorbeelden meehelpen in het huishouden of het maken van huiswerk. Ook in het longitudinale onderzoek van De Goede et al. (2009) werd aangetoond dat conflict met de ouders geenszins een rol speelt in het tot stand komen van een meer horizontale relatie tussen de adolescent en zijn of haar ouders. Longitudinaal onderzoek over de ontwikkeling van gedragsmatige onafhankelijkheid (Smetana, Campione-Barr & Daddis, 2004; Zani et al., 2001) bevestigde bovenstaande bevindingen. Met toenemende leeftijd beslissen jongeren over steeds meer zaken zelfstandig, ook meer conventionele zaken. Anders dan bij emotionele onafhankelijkheid lijken jongens en meisjes op vrijwel dezelfde leeftijd en in hetzelfde tempo meer gedragsmatig onafhankelijk te worden.

Toenames in gedragsmatige onafhankelijkheid van jongeren volgen, in tegenstelling tot de ontwikkeling van emotionele onafhankelijkheid, een constanter patroon (Zani et al., 2001) of zelfs sterkere toenames na vijftien jaar dan ervoor (Smetana et al., 2004). Onderzoek waarin tegelijkertijd emotionele en gedragsmatige onafhankelijkheid bij jongeren werd gemeten (Beyers & Goossens, 1999) bevestigde deze gegevens, en suggereerde dat jongeren gemiddeld genomen eerst een stuk emotionele onafhankelijkheid ontwikkelen en pas daarna ook meer gedragsmatig onafhankelijk worden. Met andere woorden, jongeren zullen onder normale omstandigheden pas meer zelfstandig beslissen als ze daar emotioneel ook klaar voor zijn, bijvoorbeeld zonder zich schuldig te voelen over het feit dat ze hun ouders niet raadplegen.

Bovenstaande resultaten van onderzoek in Vlaanderen, Nederland en andere Europese landen, alsook in de Verenigde Staten, bevestigen dat de ontwikkeling van emotionele en gedragsmatige onafhankelijkheid een centrale ontwikkelingstaak is in de adolescentie, met name voor jongeren in de westerse wereld. Onderzoek in andere, meer collectief georiënteerde culturen, bijvoorbeeld bij Chinese jongeren (Chang et al., 2003) bevestigt dat ook deze jongeren met toenemende leeftijd meer emotionele onafhankelijkheid ontwikkelen. Een vergelijking tussen Duitse en Turkse jongeren in longitudinaal onderzoek in Duitsland (Reinders, Sieler & Varadi, 2008) bevestigde dat het proces van de ontwikkeling van onafhankelijkheid bij beide groepen jongeren op vergelijkbare wijze verloopt (duidelijke toenames tijdens de adolescentie). Turkse jongeren echter, hechten gemiddeld wel minder belang aan onafhankelijkheid in vergelijking met hun Duitse leeftijdgenoten. Dit suggereert dat de ontwikkeling van onafhankelijkheid een normatieve ontwikkelingstaak is voor alle adolescenten, en een grotere gelijkenis vertoont tussen verschillende culturen dan we zouden verwachten (Helwig, 2006). Als we echter aannemen dat de ontwikkeling van onafhankelijkheid nauw samenhangt met de biologische ontwikkeling in de puberteit, wordt deze vastgestelde uniformiteit in de ontwikkeling beter begrijpelijk.

8.3.2 Autonomie als vrijwillig of zelfgedetermineerd functioneren

Als autonomie verwijst naar vrijwillig functioneren zoals bij ZDT, dan is de ontwikkeling van een meer vrijwillig functioneren niet enkel van cruciaal belang voor adolescenten, maar voor iedereen en dus op elke leeftijd. Alle personen zijn er immers bij gebaat om meer vrijwillig te functioneren, omdat het bijdraagt tot groei en welzijn (zie 8.4) in het héle leven. Autonomie-ontwikkeling volgens de ZDT is dus geen ontwikkelingstaak – beperkt tot een bepaalde fase in de ontwikkeling, bijvoorbeeld de adolescentie – maar een levenstaak (Vansteenkiste & Soenens, 2007). ZDT gaat er dus vanuit dat er geen specifieke ontwikkeling van autonomie is tijdens de adolescentie. Autonomie is een psychologische basisbehoefte van mensen (Deci & Ryan, 1985; 2000), wat betekent dat mensen een natuurlijke tendens hebben om op zoek te gaan naar autonome ervaringen. We kunnen veronderstellen dat met toenemende ervaring (leeftijd) mensen, en dus ook jongeren, beter worden in die zoektocht. Verwijzend naar het internalisatiecontinuüm betekent dit, dat met toenemende leeftijd mensen geleidelijk aan leren om het gedrag meer te reguleren op basis van autonome of intrinsieke motieven die plezier verschaffen en bijdragen tot welbevinden, en minder op basis van extern of intern verplichtende en gecontroleerde motieven die leiden tot interne spanning en conflicten (Deci & Ryan, 2000). Merk op dat deze stelling ook voorkomt in theorie en onderzoek over de morele ontwikkeling (zie hoofdstuk 9) en de identiteitsontwikkeling (zie hoofdstuk 7). Ook deze theorieën stellen dat we over een aangeboren tendens beschikken om te evolueren naar een meer geïntegreerde psychosociale moraliteit en identiteit. Dit vormt een betere uitdrukking van onze persoonlijke waarden en interesses waarbij we zelf beter sociaal verankerd raken. Net als bij de morele ontwikkeling kunnen we ook voor de ontwikkeling naar autonoom functioneren aannemen, dat bepaalde cognitieve of emotionele vaardigheden (zoals de capaciteit tot zelfkennis) vereist zijn, vaardigheden waarover kinderen en jonge adolescenten nog in onvoldoende mate beschikken (zie hoofdstuk 5, 6 en 9).

Verschillende studies bevestigden deze stelling van een natuurlijke tendens naar meer geïntegreerd functioneren en toonden aan dat naargelang mensen ouder worden, ze hun gedrag meer gaan reguleren op basis van autonome motieven. In een eerste studie (Chandler & Connell, 1987) werden kinderen en adolescenten van verschillende leeftijden (vijf tot zeven jaar, zeven tot negen jaar, negen tot elf jaar, elf tot dertien jaar) door de onderzoekers geïnterviewd over zaken waaraan veel kinderen een hekel hebben (zoals kamer opruimen, tanden poetsen, op tijd naar bed gaan). Er werd hen gevraagd waarom ze deze activiteiten uitvoerden en wat voor hen de meest belangrijke reden was. De antwoorden werden daarna door de onderzoekers gescoord als 'extern' (bijvoorbeeld: 'Ik ruim mijn kamer op omdat mama anders kwaad op me zal zijn'). Ofwel als geïnternaliseerd (bijvoorbeeld: 'Ik ruim mijn kamer op, omdat ik dan al mijn spullen sneller terugvind'), ofwel als intrinsiek (bijvoorbeeld: 'Ik ruim mijn kamer op, omdat ik dit leuk vind'). De resultaten toonden duidelijk aan dat er een afname is van externe motieven naarmate men ouder wordt. Daartegenover stond een toename in geïnternaliseerd gedrag met de leeftijd.

Vergelijkbaar onderzoek toonde aan dat de ontwikkeling naar meer autonoom en geïntegreerd functioneren duidelijk verder gaat na de adolescentie. Sheldon et al. (2005) onderzochten bijvoorbeeld de redenen die volwassenen (twintig- tot tachtigjarigen) aangaven om belastingen te betalen, fooien te geven of te stemmen bij verkiezingen. Hierbij werd het volledige continuüm bevraagd, van externe regulatie, introjectie, identificatie tot intrinsieke regulatie. Op basis hiervan werd een relatieve index van autonomie berekend. De resultaten waren volledig in lijn met bovengenoemde studie van Chandler en Connell (1987) en gaven aan dat naargelang mensen ouder worden, ze deze maatschappelijke relevante activiteiten op een meer vrijwillige en autonome wijze uitvoeren, omdat ze de gedragsregulatie sterker hebben geïnternaliseerd en een plaats gegeven hebben binnen hun zelf.

Bij deze algemene ontwikkelingstendens naar meer geïntegreerd en autonoom functioneren is een kleine nuancering echter op zijn plaats. De mate van vrijwillig functioneren wordt niet exclusief door deze tendens bepaald, maar tevens door omgevingsfactoren, de mate waarin de omgeving autonoom functioneren, ondersteunt en aanmoedigt (zie bij 8.5). Een mooi voorbeeld hiervan komt uit onderzoek naar de motivatie van kinderen en jongeren voor wiskunde. Uit tal van studies (bijvoorbeeld Gottfried et al., 2007) blijkt dat, in tegenstelling tot de hierboven geschetste ontwikkelingstendens, de intrinsieke motivatie voor rekenen en wiskunde (plezier hebben in het leren, zonder externe beloningen of druk) afneemt met toenemende leeftijd tijdens de lagere en middelbare school.

Zelf brengen deze onderzoekers deze afname in verband met tegelijkertijd afnemende autonomie-ondersteuning (zoals meer nadruk op de behaalde cijfers dan op het belang van, en het plezier in het leren rekenen), zowel door ouders als door leerkrachten.

8.4 Autonomie als bron van welbevinden en basis voor latere ontwikkeling

Autonomie wordt in onze cultuur gezien als een wenselijk kenmerk dat kan bijdragen tot welbevinden en aangepast gedrag. In de literatuur over autonomie als onafhankelijkheid en autonomie in de betekenis van vrijwillig functioneren, zien we dezelfde opvatting terug.

8.4.1 Gevolgen van separatie en het ontwikkelen van onafhankelijkheid

In de SIT (Blos, 1967; 1979; Levy-Warren, 1999) wordt gesteld dat loskomen van de geïnternaliseerde beelden van je ouders een belangrijke stap vormt op weg naar onafhankelijkheid. Deze onafhankelijkheid is nodig opdat er ruimte zou komen voor emotionele bindingen met andere mensen. Anders gesteld, om je te geven aan iemand (intimiteit) moet je jezelf eerst losmaken van je ouders (separatie-individuatie). Onafhankelijkheid zou in het algemeen een teken zijn van toenemende rijpheid en van een ontwikkeling naar een volwassen levensstijl. Separatie en onafhankelijkheid zouden daardoor bijdragen aan het welbevinden van jongeren (bijvoorbeeld Steinberg & Silverberg, 1986) terwijl stoornissen in het separatie-individuatieproces een kwetsbaarheid zouden vormen voor psychopathologie (bijvoorbeeld Blos, 1979; Kins, Beyers & Soenens, 2012).

Hoewel deze voorspellingen vanuit SIT logisch en plausibel mogen lijken, heeft onderzoek uitgewezen dat separatie en onafhankelijkheid niet onvoorwaardelijk met welbevinden en adaptief gedrag van adolescenten samenhangen. Sterke emotionele onafhankelijkheid bleek zelfs verrassend samen te hangen met allerlei negatieve aspecten van psychosociale aanpassing bij adolescenten, zoals een gebrek aan vertrouwen in de ouders (Ryan & Lynch, 1989) en in zichzelf (Steinberg & Silverberg, 1986), meer sociale angst (Chen & Dornbusch, 1998; Papini & Roggman, 1992), en probleemgedrag zoals druggebruik (Turner, Irwin & Millstein, 1991; Turner et al., 1993) en vandalisme (Turner et al., 1993). Een sterke onafhankelijkheid van jongeren bleek samen te gaan met deviant gedrag (bijvoorbeeld Dornbusch et al., 1990; Lamborn et al., 1996). Adolescenten die vaak helemaal zelf beslissingen nemen (in plaats van samen met de ouders te beslissen) laten meer probleemgedrag zien (Van Petegem et al., 2012).

Hoe kan deze bevinding dat sterke emotionele en gedragsmatige onafhankelijkheid – in tegenstelling tot de verwachtingen van de SIT (Blos, 1979) – samengaat met meer problemen worden verklaard? Eén verklaring is dat sterke onafhankelijkheid kenmerkend is voor adolescenten die geen goede of veilige band hebben met hun ouders (Ryan & Lynch, 1989). Het nastreven en tonen van onafhankelijk gedrag zou dan geen uiting zijn van een volwassen oriëntatie maar duiden op een onveilige relatie met de ouders, waaraan de adolescent zich wil onttrekken. Door zich te distantiëren van de ouders (separatie) en op eigen benen te gaan staan (onafhankelijkheid of individuatie) zouden sommige adolescenten zich verzetten tegen de ouders. Onafhankelijkheid zou met andere woorden meer een rebelse reactie zijn dan een ontwikkeling naar volwassenheid. Dit zou ook de samenhang tussen onafhankelijkheid en probleemgedrag kunnen verklaren. Onderzoek van Van Petegem et al. (2012) bevestigt deze stelling. Sterke onafhankelijkheid vanuit een gecontroleerde motivatie (interne of externe druk, bijvoorbeeld als rebelse reactie tegen de ouders) voorspelde bij jongeren meer probleemgedrag, een lager welbevinden en minder goede relaties met vrienden. Wanneer jongeren echter onafhankelijkheid vertoonden vanuit een autonome motivatie (identificatie of integratie, bijvoorbeeld omdat ze dit persoonlijk erg belangrijk vinden) hadden ze duidelijk betere relaties met vrienden en een beter welbevinden.

Een tweede verklaring voor het feit dat onafhankelijkheid bij sommige jongeren maladapatief kan zijn, betreft de timing van dit ontwikkelingsproces. Binnen de SIT (Blos, 1967; 1979; Levy-Warren, 1999) wordt de ontwikkeling van onafhankelijkheid inderdaad vooral beschreven als een *proces* dat zich gradueel ontvouwt over de tijd. Net zoals bij puberteitsontwikkeling verschillen jongeren in het tijdstip waarop dit proces begint en deze verschillen in timing kunnen gevolgen hebben voor hun aanpassing en welbevinden. Een sterke onafhankelijkheid op jongere leeftijd zou negatieve gevolgen kunnen hebben.

De vraag of, en hoe de timing van de ontwikkeling naar onafhankelijkheid van invloed is op de ontwikkeling van adolescenten kan het best worden onderzocht aan de hand van longitudinale studies, waarbij jongeren over tijd worden gevolgd. Beyers (2001; 2004) trof verschillende trajecten aan in de ontwikkeling van onafhankelijkheid. Eén traject betrof jongeren die al in de vroege adolescentie veel emotionele onafhankelijkheid ten opzichte van hun ouders lieten zien en die ook in de jaren daarna stabiel een hoge mate van onafhankelijkheid behielden. Deze jongeren doorliepen een vroege of versnelde ontwikkeling van emotionele onafhankelijkheid. Een ander traject betrof een grotere groep jongeren waarbij de ontwikkeling van emotionele onafhankelijkheid ten opzichte van de ouders veel geleidelijker verliep. Ze lieten in de vroege adolescentie afhankelijkheid zien die zich echter in de daaropvolgende jaren duidelijk richting onafhankelijkheid ontwikkelde. Deze tweede groep liet minder probleemgedrag zien in vergelijking met de jongeren die vroeger het proces van separatie en individuatie hadden ingezet. In een vergelijkbaar longitudinaal onderzoek over de ontwikkeling van gedragsmatige of beslissingsonafhankelijkheid tussen dertien en achttien jaar vonden Smetana et al. (2004) dat beslissingsonafhankelijkheid op jonge leeftijd (dertien jaar) samenhing met minder goede aanpassing (zoals *meer* depressieve gevoelens). Terwijl een toename van beslissingsonafhankelijkheid later in de adolescentie samenging met betere aanpassing en welbevinden bij jongeren (zoals *minder* depressieve gevoelens en meer zelfvertrouwen). Samenvattend kunnen we besluiten dat een sterke mate van onafhankelijkheid, emotioneel en gedragsmatig, in de vroege adolescentie samengaat met meer stress en probleemgedrag bij jongeren. Een geleidelijke ontwikkeling van onafhankelijkheid vanaf de adolescentie is beter voor jongeren.

8.4.2 Gevolgen van zelfgedetermineerd of vrijwillig functioneren

De ZDT beschouwt vrijwillig functioneren als een essentieel ingrediënt van optimale of adaptieve ontwikkeling. In de ZDT wordt autonomie zelfs als een aangeboren psychologische basisbehoefte gezien. Dit betekent dat alle mensen behoefte hebben aan vrijwillig functioneren en dat de bevrediging van deze behoefte zal samenhangen met meer welbevinden en betere gedragsmatige aanpassing (Deci & Ryan, 2000). Als de behoefte aan autonomie daarentegen gefrustreerd wordt, bijvoorbeeld bij jongeren die functioneren onder externe druk of uit schuldgevoel, verhoogt dit volgens ZDT onvermijdelijk de kans op een minder goed functioneren en psychopathologie (Ryan & Deci, 2000).

In lijn hiermee toont onderzoek aan, dat naarmate de motieven van adolescenten voor diverse activiteiten beter geïnternaliseerd worden en samengaan met vrijwillig functioneren, adolescenten een positiever aanpassingsprofiel vertonen (bijvoorbeeld Van Petegem et al., 2012). Adolescenten die het belang van een activiteit onvoldoende of weinig internaliseren, houden deze activiteit bijvoorbeeld niet lang vol. Illustratief in dit verband is onderzoek over de motivatie van jongeren om te studeren. Jongeren die studeren omwille van externe contingenties (bijvoorbeeld straf vermijden of een beloning verkrijgen) zullen dit slechts volhouden zolang die externe factoren aanwezig blijven. Wanneer jongeren het belang van studeren *deels* hebben geïnternaliseerd (introjectie) wordt de kans op het volhouden van studiegedrag al iets groter. Introjectie, het reguleren van gedrag op basis van schuld- of schaamtegevoelens, vergt echter heel wat mentale energie. Telkens opnieuw moet men zichzelf verplichten om het gedrag uit te voeren. Als er sprake is van meer geïnternaliseerde motieven (identificatie of integratie) leidt dat tot een meer stabiele vorm van gedragsregulatie, omdat deze verankerd is binnen het zelf en daardoor meer automatisch verloopt en minder energie vergt (Vansteenkiste & Soenens, 2007). Het uitvoeren van een activiteit zal dan ook geen energie vergen, maar eerder zelfs energie vrijmaken. Talrijke studies hebben aangetoond, dat gedrag op basis van geïntrojecteerde en geïnternaliseerde motieven langer volgehouden wordt, dan gedrag dat bepaald wordt door externe motieven (Pelletier et al, 2001; Vallerand, Fortier & Guay, 1997).

Externe en interne druk zullen volgens de ZDT niet enkel resulteren in een gebrek aan vasthoudendheid, maar ook het leren, presteren en welzijn in het algemeen ondermijnen. Indien leerlingen bijvoorbeeld onder druk studeren, zal de aandacht sneller van het studeren worden afgeleid. Ze zijn dan immers minder gericht op de activiteit op zich, maar meer op het inlossen van de externe of interne verwachtingen. Daarnaast zal druk ook leiden tot oppervlakkig en minder diepgaand leren. Ook krijgen leerlingen onvoldoende kans om hun eigen waarden en interesses te ontplooien, wat vanuit een humanistisch-psychologische benadering (Rogers, 1961) net de voorwaarde vormt voor optimaal welzijn. Bovendien brengt druk stress met zich mee. Ten slotte zal ook het zelfwaardengevoel van deze leerlingen zeer fragiel zijn. Hun zelfwaardengevoel hangt immers volledig af van de mate waarin ze in staat zijn om de interne of externe verwachtingen in te lossen. Het bereiken van de opgelegde standaarden zal opluchting met zich meebrengen, maar falen kan aanleiding zijn tot het zeer negatief beoordelen van zichzelf. Bij aanhoudende stress en voortdurend falen, leidt dit zelfs tot depressie bij sommige jongeren met gecontroleerde motivatie en dus een gebrek aan autonomie. In tegenstelling hiermee zullen autonoom gemotiveerde leerlingen constructiever omgaan met negatieve ervaringen (bijvoorbeeld een slechte toets). Zij beschouwen dit immers als een mogelijkheid om bij te leren en verder te groeien. Dit zal minder snel tot afhaken leiden. Daarnaast zullen autonoom gemotiveerde studenten sterker geboeid worden door de leerstof, meer gefocust zijn en minder afgeleid worden, zeker wanneer de leerstof aansluit bij hun persoonlijke interesses en waarden (identificatie). Mede hierdoor zal autonome motivatie kunnen leiden tot welzijn. Autonoom gemotiveerde studenten doen immers wat ze willen doen, ze hebben het gevoel zichzelf te ontplooien en zullen zich daar goed bij voelen.

Samenvattend kunnen we stellen dat autonomie, begrepen als vrijwillig functioneren, een erg systematische samenhang vertoont met indicatoren van aangepast functioneren op zowel gedragsmatig, cognitief, als emotioneel vlak. Vergeleken met de effecten van onafhankelijkheid lijken de positieve effecten van vrijwillig functioneren minder voorwaardelijk te zijn. Deze effecten zijn minder gebonden aan leeftijd of timing en worden bovendien niet gemodereerd door factoren zoals geslacht en cultuur. Deze vaststelling ligt in lijn met de assumptie in ZDT dat autonomie – begrepen als vrijwillig of welwillend functioneren – een fundamentele en universele basisnood representeert die essentieel is voor optimaal functioneren.

8.5 Contexten die bijdragen tot de ontwikkeling van autonomie, of die ontwikkeling juist hinderen

Zowel vanuit het perspectief op autonomie als onafhankelijkheid, als vanuit het perspectief op autonomie als vrijwillig functioneren, wordt gesteld dat processen in het gezin hier een belangrijke rol spelen. Deze processen hebben zowel betrekking op de relatie tussen ouder en kind en de specifieke ouderlijke opvoedingsstijl, als op de dynamiek die gaande is in het gezin als geheel.

Hoe belangrijk het is om beide perspectieven (onafhankelijkheid versus vrijwillig functioneren) te onderscheiden, blijkt uit onderzoek naar de wijze waarop ouders autonomie aanmoedigen. Het benadrukken van onafhankelijkheid blijkt heel andere effecten op het functioneren en welzijn van kinderen te hebben dan het bieden van ruimte voor vrijwillig functioneren.

8.5.1 Opvoedingsprocessen vanuit het separatie-individuatie perspectief

Uitgaande van het idee binnen de separatie-individuatie theorie dat autonomie-ontwikkeling in essentie een proces is van loskomen van de ouders (separatie) en het verwerven van een eigen, unieke positie in het leven (onafhankelijkheid), hebben onderzoekers onderzocht welke processen in het gezin hiermee verband houden. Onderzoek over beslissingsonafhankelijkheid (bijvoorbeeld Lamborn et al., 1996) wees bijvoorbeeld uit, dat naarmate de frequentie van zelfstandige beslissingen door adolescenten toeneemt, de onafhankelijkheid van de adolescent in sterkere mate getolereerd of zelfs aangemoedigd wordt door de ouders. Vanuit het separatie-individuatie perspectief kan gesteld worden, dat de ruimte die de adolescent krijgt om binnen het gezin onafhankelijk beslissingen te nemen de ontwikkeling naar meer separatie en onafhankelijkheid bevordert. Immers, wie binnen het gezin geleerd heeft om los van de ouders beslissingen te nemen, zou ook buiten het gezin een meer onafhankelijke houding aannemen, waarbij men zelfstandig nadenkt en knopen doorhakt zonder inmenging van anderen. Men zou dus kunnen verwachten dat beslissingsonafhankelijkheid binnen het gezin positief samenhangt met maturiteit en met een betere psychosociale aanpassing. Onderzoek heeft dit echter niet consistent aangetoond en we zagen al eerder (8.4) dat sterke beslissingsonafhankelijkheid samen lijkt te hangen met een meer problematische aanpassing.

Een mogelijke verklaring voor deze bevinding is dat beslissingsonafhankelijkheid vaak voorkomt in gezinnen met een permissief opvoedingsklimaat. In deze zogeheten 'loszandgezinnen' (Minuchin, 1974; Minuchin & Fishman, 1983) mogen jongeren alles en worden er geen grenzen gesteld voor gedrag. Bij afwezigheid van duidelijke regels en richtlijnen lopen jongeren een risico voor probleemgedrag. Er lijkt dus een inherent spanningsveld te zijn tussen het voorzien van regels en structuur door ouders en het toelaten van zelfstandige beslissingen. Je kunt als ouder met andere woorden niet tegelijkertijd structuur bieden voor gedrag, én autonomie (begrepen als zelfstandigheid of onafhankelijkheid) aanmoedigen.

Aansluitend bij dit onderzoek over onafhankelijk beslissen in het gezin ontwikkelden Silk et al. (2003) een vragenlijst die naging in welke mate ouders onafhankelijk functioneren aanmoedigen bij hun adolescenten. Hun meting voor het aanmoedigen van onafhankelijkheid, bevatte items als: 'Mijn ouders benadrukken dat elk gezinslid zijn eigen stem zou moeten hebben in beslissingen die het gezin aangaan', 'Mijn ouders benadrukken dat het belangrijk is dat ik mijn ideeën uit, zelfs als anderen deze niet goed vinden', en 'Mijn ouders zeggen me dat ik onafhankelijk moet handelen'. Net zoals vanuit separatie-individuatie theorie verwacht wordt dat onafhankelijkheid bijdraagt tot psychosociale aanpassing, veronderstelden Silk et al. (2003) dat de nadruk die ouders leggen op het bevorderen van onafhankelijkheid ook het welzijn van adolescenten ten goede zou moeten komen (voor gelijkaardige argumenten, zie Gray & Steinberg, 1999; Steinberg & Silk, 2002). Zo zouden ouders hun kinderen bijvoorbeeld moeten aanmoedigen om alleen naar huis te fietsen van school, of in discussies voor hun eigen mening op te komen. Tegenover het aanmoedigen van onafhankelijkheid staat het aanmoedigen van *afhankelijkheid*. Ouders willen in dit geval dat hun kinderen op hen een beroep (blijven) doen bij het nemen van beslissingen en hen dus om raad en advies (blijven) vragen. Silk et al. (2003) toonden aan dat ondersteuning van onafhankelijkheid inderdaad gerelateerd was aan een positief zelfbeeld. Omgekeerd toonden Holmbeck et al. (2002) aan dat overbescherming door de ouders (bijvoorbeeld excessieve ouderlijke controle en bescherming), waarbij ouders onafhankelijke beslissingen door jongeren ontmoedigen, duidelijk de ontwikkeling van gedragsmatige onafhankelijkheid bij deze jongeren verhindert, en ten koste gaat van hun welbevinden. Dit gold bij uitstek voor jongeren waarvoor het risico op overbescherming het grootst is, bijvoorbeeld chronisch zieke jongeren. Deze bevindingen leverden in lijn met de SIT, enige evidentie voor het idee dat ouderlijk aanmoedigen van onafhankelijkheid positieve gevolgen kan hebben voor het functioneren van adolescenten.

8.5.2 Opvoedingsprocessen vanuit het zelfdeterminatie perspectief

Naast het aanmoedigen van onafhankelijkheid kunnen we autonomieondersteuning echter ook conceptualiseren als het aanmoedigen van *vrijwillig* functioneren (Ryan et al., 1995; Soenens et al., 2007). Deze vorm van ouderlijke autonomie-ondersteuning kenmerkt zich door de volgende componenten. Ten eerste zijn autonomie-ondersteunende ouders *empathisch.* Ze proberen zo goed mogelijk rekening te houden met het perspectief van hun kinderen, zodat deze zich beter begrepen voelen. Zo zal een autonomie-ondersteunende moeder proberen mee te leven met haar dochter als die huilend thuis komt omdat ze op school wordt gepest. Deze moeder geeft duidelijk blijk van haar bezorgdheid (bijvoorbeeld: 'Ze moeten je echt wel pijn gedaan hebben!'; affectieve component van empathie) en verplaatst zich zo goed mogelijk in het standpunt van haar dochter (bijvoorbeeld: 'Vond je dat de juf goed reageerde?'; cognitieve component). Ten tweede zullen autonomie-ondersteunende ouders – waar mogelijk en wanneer gewenst – zoveel mogelijk *keuzemogelijkheden* aanbieden, zodat hun kinderen hun eigen persoonlijke waarden en interesses kunnen proberen waar te maken (Grolnick, 2003; Ryan et al., 1995). Autonomie-ondersteunende ouders zullen hun (adolescente) kinderen zelf de keuze laten of ze op voetbal gaan of op een volleybalclub, of ze thuis willen blijven wonen, of op kamers gaan om te studeren. Ten derde zullen autonomie-ondersteunende ouders een zinvolle verantwoording geven als ze een taak opleggen die het kind niet spontaan zou uitvoeren. Een dergelijke uitleg verhoogt het begrip en het inzicht in de noodzaak van de opgedragen taak (identificatie), waardoor het kind op een meer vrijwillige wijze de taak zal uitvoeren.

Gemeenschappelijk aan al deze elementen van autonomieondersteuning is dat ze ervoor zorgen dat de adolescent vaker achter zijn of haar keuzes en gedragingen kan staan. De keuzes die de adolescent maakt, maar soms ook de keuzes die door de ouders naar voren worden geschoven, worden als persoonlijk zinvol ervaren en brengen een gevoel van psychologische vrijheid met zich mee. Het omgekeerde van autonomie-ondersteuning is niet dat ouders afhankelijkheid gaan aanmoedigen, maar dat ze hun kinderen onder druk zetten om bepaalde zaken te doen. Autonomie-onderdrukkende ouders dwingen gedragingen af en leggen taken op zonder rekening te houden met wat het kind persoonlijk belangrijk of leuk vindt. Ze gebruiken daarbij dwingende en controlerende taal en doen geen moeite om uit te leggen waarom het zinvol of goed kan zijn om deze gedragingen of taken te volgen.

		'Hoe'	
		Vrijwillig Functioneren	*Gecontroleerd Functioneren*
'Wat'	*Onafhankelijkheid*	Begrip voor de toenemende zelfstandigheid van het kind. Ouders geven keuzes en tonen vertrouwen in de onafhankelijke keuzes die de adolescent maakt.	Ouders verplichten de adolescent om op eigen benen te staan, ook al is hij of zij daar nog niet klaar voor. Geen begrip voor de wens van de adolescent om nog beroep te doen op de ouders.
	Afhankelijkheid	Ouders tonen begrip voor de behoefte van hun kind om geregeld nog beroep te doen op de ouders en om advies aan de ouders te vragen. Ouders proberen in hun advies rekening te houden met de wensen en belangen van het kind zelf.	Verstikkende afhankelijkheid, gebrek aan grenzen tussen ouders en kind. Ouders zijn meer betrokken op de keuzes van het kind dan het kind zou willen en voeden het kind overbeschermend op.

Figuur 8.2 Schematische voorstelling van verschillende types autonomieondersteuning

Het aanmoedigen van onafhankelijkheid betekent dat kinderen worden aangemoedigd om onafhankelijk van de ouders keuzes te maken en beslissingen te nemen. Ouders die vrijwillig functioneren aanmoedigen, willen eerder dat hun kinderen beslissingen nemen die hun echte waarden en interesses weergeven en dergelijke beslissingen worden niet noodzakelijk genomen los van, of onafhankelijk van de ouders. Neem als voorbeeld een zestienjarige adolescent die in het laatste jaar van het middelbaar onderwijs dient te kiezen tussen twee studierichtingen. Ouders die *onafhankelijkheid* aanmoedigen, zullen iets zeggen als: 'Je bent oud en wijs genoeg om hierin zelf een beslissing te nemen' en ze zullen het belangrijk vinden dat hun zoon een beslissing neemt zonder advies of bijstand van de ouders. Het is voor dergelijke ouders belangrijk dat hun kind een onafhankelijke of zelfstandige beslissing neemt. Ouders die *vrijwillig functioneren* proberen aan te aanmoedigen, zullen het vooral belangrijk vinden dat hun zoon een keuze maakt die goed aansluit bij wat hij interessant vindt of waar hij ten volle achter staat. Deze ouders zullen niet verlangen dat de zoon deze keuze onafhankelijk van hen maakt. Integendeel, zij zullen, indien gewenst, hun mening meegeven en meedenken in het keuzeproces opdat hun zoon tot een keuze komt die goed aansluit op zijn interesses en waarden. Autonomie-ondersteunende ouders passen er dan ook voor op om hun eigen mening door te drukken, maar zullen tegelijk niet nalaten ouderlijke steun of raad aan te bieden, indien hun kinderen daar op aansturen.

Zoals kan worden opgemaakt uit figuur 8.2 kunnen ouders onafhankelijkheid of afhankelijkheid op een vrijwillige of op een controlerende wijze aanmoedigen. Het onderscheid onafhankelijkheid versus afhankelijkheid heeft betrekking op datgene *wat* ouders trachten aan te moedigen, terwijl het aanmoedigen van vrijwillig versus gedwongen functioneren eerder slaat op de *wijze* waarop (on)afhankelijkheid wordt aangemoedigd. Een vader kan bijvoorbeeld begrip tonen voor de wens van zijn adolescente kind om meer zelfstandig en onafhankelijk van hem beslissingen te nemen en zijn kind daarbij voldoende ruimte en keuzevrijheid geven om dit te doen. In dit geval wordt onafhankelijkheid op een autonomie-ondersteunende manier aangemoedigd. Een vader kan zijn kind echter ook dwingen om meer op eigen benen te staan en los te komen van de ouders, bijvoorbeeld door het kind te verplichten op kot te gaan, zelfs als het kind dit niet zelf wil. Ook door een echtscheiding worden kinderen soms verplicht om sneller dan gewenst op hun eigen benen te gaan staan. In dergelijke gevallen wordt de zelfstandigheid van het kind op een dwingende en niet-empathische manier aangebracht. Ook afhankelijkheid kan op een verplichtende wijze worden afgedwongen. Kinderen kunnen bijvoorbeeld het gevoel hebben dat ze bij belangrijke beslissingen het advies van hun ouders dienen te vragen, omdat deze anders teleurgesteld zouden reageren. Afhankelijkheid kan ten slotte ook op een vrijwillige manier worden gepromoot. Sommige adolescenten zijn er nog niet klaar voor om volledig op eigen benen te staan en vinden het zinvol om bij belangrijke beslissingen nog een beroep te doen op de ouders. Ouders die hiervoor begrip tonen en hun adolescenten ook emotioneel en materieel bijstaan, moedigen afhankelijkheid op een welwillende manier aan. Adolescenten die het advies van de ouders volgen, zullen eerder het gevoel hebben dat het om een persoonlijke keuze gaat.

Het stereotiepe beeld dat men in de media en de volksmond wel aantreft over ouderlijke opvoeding, namelijk dat ouders hun adolescente kinderen dienen aan te moedigen om meer zelfstandig te functioneren en van hen los te komen, lijkt dus niet helemaal op te gaan. Kinderen en adolescenten zijn daar immers enkel mee gebaat als ze dit zelf ook wensen en indien zo'n onafhankelijkheidsstreven adolescenten toelaat om beter hun eigen waarden, voorkeuren en interesses te realiseren. Sommige adolescenten willen immers liever nog een beroep doen op hun ouders voor raad en bijstand. Wanneer dergelijke meer afhankelijke adolescenten aangespoord worden om zich onafhankelijk te gedragen, zullen ze dit als druk ervaren, tegen hun persoonlijke wens en voorkeur. Het is dus van belang dat kinderen de ruimte krijgen zich in hun eigen tempo te ontwikkelen. In sommige gevallen zal het aanmoedigen van vrijwillig functioneren dan het ondersteunen van onafhankelijkheid en zelfstandigheid impliceren, terwijl het in andere gevallen het respecteren van afhankelijkheid inhoudt.

8.5.3 Invloeden van buiten het gezin

Als autonomie gedefinieerd wordt als vrijwillig functioneren, vrij van externe druk en beperkingen vanuit de omgeving, is het van belang ook te kijken naar invloeden van personen (zoals leeftijdgenoten, leerkrachten) en contexten (zoals school, sportclub) buiten het gezin. Het zijn immers niet alleen de ouders die bijdragen tot autonoom of vrijwillig functioneren bij jongeren, zeker als dat gaat om functioneren buiten de gezinscontext. Autonoom functioneren is immers een basisbehoefte in het leven van mensen, wat betekent dat adolescenten spontaan op zoek gaan naar allerlei situaties en contexten die hen helpen deze basisbehoefte te vervullen, ook buiten het gezin. Onderzoek van Pelletier et al. (2001) over het doorzettingsvermogen en het kunnen afzien van zwemmers toonde bijvoorbeeld aan dat sterke autonomie-ondersteuning van de coach in de zwemclub essentieel was voor het autonoom en vrijwillig functioneren van de zwemmers, wat zoals eerder gesteld sterk bijdroeg tot het doorzettingsvermogen. Coaches kunnen autonomie ondersteunen door bijvoorbeeld jongeren in de sportclub een keuze aan te bieden tussen verschillende trainingsvormen, of mogelijkheden te creëren voor zelfstandige beslissingen door de jongeren.

Deci et al. (2006) wezen op het belang van wederzijdse autonomie-ondersteuning in vriendschapsrelaties tijdens de adolescentie. Hun onderzoek toonde duidelijk aan dat het aanmoedigen van autonomie door een vriend, bijvoorbeeld doordat die vriend je laat kiezen bij activiteiten die samen worden uitgevoerd, duidelijk samenhangt met een betere eigen subjectieve beleving van de relatie en met een veiliger gevoel van hechting in de vriendschapsrelatie. Autonomie-ondersteuning bleek binnen vriendschapsrelaties ook duidelijk wederkerig, en het was vooral die wederkerige autonomie-ondersteuning die belangrijk bleek te zijn voor het welbevinden van jongeren in de vriendschapsrelatie. Dit wijst erop dat niet alleen autonomie ontvangen, maar ook het zelf ondersteunen en bieden van autonomie belangrijk is voor het welzijn van jongeren.

Andere studies vergeleken het belang van autonomie-ondersteuning door verschillende socialisatiefiguren voor het eigen autonoom functioneren van de adolescent. Twee studies (Soenens & Vansteenkiste, 2005; Vallerand et al., 1997) keken naar de mate van vrijwillig functioneren in de schoolcontext en de rol van ouders en leerkrachten hierin. Vallerand et al. (1997) toonden duidelijk aan dat naast ouders ook de individuele leerkracht (bijvoorbeeld door weinig druk te zetten op leerlingen, door weinig gebruik te maken van strikte deadlines, of door keuzes aan te bieden waar mogelijk) én de globale context van de school (bijvoorbeeld door leerlingen inspraak te geven als de schoolregels aangepast worden) belangrijk zijn voor het autonoom en vrijwillig functioneren van jongeren in de school. Dat functioneren was op zijn beurt (zie paragraaf 8.4) een belangrijke voorspeller van minder uitval uit de school. Soenens en Vansteenkiste (2005) vonden dat leerkrachten via een autonomie-ondersteunende stijl bijdragen tot autonoom functioneren op het *schoolse vlak* bij jongeren, terwijl autonomie-ondersteuning door ouders juist belangrijk is voor autonoom *sociaal* functioneren in de school. Uit deze studie bleek dan ook dat jongeren die autonoom functioneren betere resultaten halen en ook betere vriendschappen hebben op school.

8.6 Besluit

Zowel in de algemene als in de ontwikkelingspsychologie wordt erkend dat autonomie van groot belang is voor optimaal functioneren. We vinden in de literatuur echter een veelheid aan definities van het begrip autonomie terug. Er werden daarom in dit hoofdstuk twee belangrijke en centrale conceptualisaties van autonomie besproken en met elkaar vergeleken. In de eerste conceptualisatie, vanuit de traditionele ontwikkelingspsychologie, wordt autonomie vaak begrepen als onafhankelijkheid, of functioneren zonder inbreng van anderen en ouders in het bijzonder. In deze betekenis speelt onafhankelijkheid, specifiek tijdens de adolescentie, een belangrijke rol en is er tijdens de adolescentie een belangrijke ontwikkeling van onafhankelijkheid. Die ontwikkeling gaat tijdens deze levensperiode minstens tijdelijk gepaard met een daling in de mate van verbondenheid met de ouders. Het zijn dan ook vooral ouders die via hun opvoeding kunnen bijdragen tot een progressieve ontwikkeling van onafhankelijkheid bij hun adolescente kinderen. De effecten van onafhankelijkheid op de kwaliteit van ontwikkeling en aanpassing van jongeren is duidelijk afhankelijk van een aantal factoren zoals de timing en het soort ontwikkelingstraject van onafhankelijkheid, het domein waarbinnen onafhankelijkheid wordt nagestreefd, en misschien ook de culturele context (waarbij onafhankelijkheid vooral in westerse samenlevingen wordt gewaardeerd).

In de tweede conceptualisatie, vanuit humanistische theorieën over persoonlijkheidsontwikkeling, en ZDT in het bijzonder, wordt autonomie eerder gezien als vrijwillig functioneren op basis van authentieke interesses en voorkeuren. In deze visie is autonomie een fundamenteel menselijke basisbehoefte die niet enkel in de adolescentie belangrijk is voor optimale ontwikkeling, maar die gedurende de volledige levensloop een prominente rol speelt in de aanpassing en het welzijn van mensen. Autonomie als vrijwillig functioneren betekent niet dat individuen verbondenheid ten opzichte van anderen dienen op te geven. Het zijn ook niet alleen ouders, maar ook tal van andere mensen in de omgeving van jongeren die via autonomie-ondersteuning kunnen bijdragen tot het vrijwillig functioneren van jongeren. Onderzoek toont tot slot aan dat vrijwillig functioneren universeel en systematisch samenhangt met welzijn en een beter functioneren, ook bij adolescenten.

Op het einde van dit hoofdstuk kunnen we ons nog de vraag stellen of onafhankelijkheid en vrijwillig functioneren gezien moeten worden als twee volledig losstaande aspecten van autonomie. Hoewel in dit hoofdstuk vooral de verschillen tussen beide begrippen werden belicht, is het vermoedelijk zo dat deze processen elkaar onderling versterken. Wanneer adolescenten aangemoedigd worden om op een authentieke en vrijwillige manier te functioneren, zullen zij op termijn ook meer een interne, persoonlijke standaard ontwikkelen en vertrouwen krijgen om onafhankelijke beslissingen te nemen, zonder hiervoor voortdurend anderen te moeten raadplegen. Deze ontwikkeling naar onafhankelijkheid kan op zijn beurt ook de ruimte creëren om op een authentieke manier persoonlijke interesses en doelen te ontwikkelen en na te streven en zo op lange termijn een gevoel van psychologische keuzevrijheid te ervaren.

9 Morele ontwikkeling

Tjeert Olthof

9.1 Inleiding

In dit hoofdstuk ligt de nadruk op de morele ontwikkeling van adolescenten. Centraal staat de vraag hoe het voor adolescenten karakteristieke functioneren verschilt van dat van jongere kinderen enerzijds en van dat van volwassenen anderzijds. Eerst wordt een korte schets gegeven van *wat zich precies ontwikkelt* als we het hebben over morele ontwikkeling en vervolgens worden de voor de adolescentie meest relevante theorieën en empirische bevindingen besproken.

9.2 Morele ontwikkeling

Voordat de morele ontwikkeling van adolescenten aan de orde komt, is het nuttig om stil te staan bij de vraag welk soort gedragingen of vaardigheden een rol spelen in die ontwikkeling. Het is verleidelijk maar, zoals verderop in deze paragraaf zal blijken, niet verstandig al die gedragingen en vaardigheden onder de noemer van de morele ontwikkeling te scharen die *moreel relevant* zijn, dat wil zeggen, die zich goed lenen voor een beoordeling in termen van goed en kwaad. Met *morele ontwikkeling* wordt dan impliciet zoiets bedoeld als *de met de leeftijd toenemende neiging het goede te doen en het kwade na te laten*. Hoe problematisch deze benadering is, valt te illustreren aan de hand van hoe we oordelen over het gedrag van een blindengeleidehond. Dat oordeel zal zonder meer positief zijn, maar dat betekent nog niet dat we ook vinden dat een blindengeleidehond een hoger niveau van morele ontwikkeling heeft bereikt dan andere honden. We zijn niet geneigd het gedrag van honden toe te schrijven aan een *besef dat het goed is* om zich zo te gedragen. En die toeschrijving is wel nodig om het gedrag te kunnen beschouwen als een aanwijzing voor het bereikte niveau van morele ontwikkeling.

De conclusie kan zijn dat de voortgang van de morele ontwikkeling niet rechtstreeks kan worden afgeleid uit het al dan niet voorkomen van bepaald moreel lovenswaardig of juist laakbaar gedrag, maar alleen uit het bestaan van een *besef dat het (niet) goed is* om bepaalde dingen te doen en andere dingen na te laten. Zo komen we uit op een veel beperktere omschrijving van de morele ontwikkeling dan hierboven werd gegeven, namelijk een waarin het niet in de eerste plaats, en in elk geval niet rechtstreeks, gaat om het *gedrag* van het troosten, helpen of pesten, maar om een bepaalde manier van *oordelen* over situaties en gedragingen, namelijk in termen van goed en kwaad.

9.3 Morele oordelen en andere oordelen

Morele oordelen moeten worden onderscheiden van oordelen die zijn gebaseerd op persoonlijke voorkeuren of op arbitraire conventies. Wie een persoonlijk oordeel geeft, zegt zoiets als: 'Deze toestand of dit gedrag bevalt mij (niet)'. Wie een oordeel geeft dat naar het besef van beoordelaar is gebaseerd op een conventie zegt zoiets als: 'Gezien de plaats en/of het tijdstip en/of andere aspecten van de context, is deze toestand of dit gedrag (on)acceptabel'. Zo iemand sluit echter niet uit, dat hetzelfde gedrag onder andere omstandigheden anders beoordeeld zou moeten worden. Ook wie het volstrekt onacceptabel vindt als een tiener met gescheurde spijkerbroek verschijnt op de receptie ter gelegenheid van vaders ambtsjubileum, kan tegelijk vinden dat precies datzelfde gedrag in andere tijden en op andere plaatsen volstrekt geoorloofd zou kunnen zijn. Dat geldt echter niet voor *morele* oordelen. Wie een moreel oordeel geeft, pretendeert zich niet te baseren op een persoonlijke voorkeur of op een arbitraire en veranderbare conventie, maar op het gezag van een morele norm die altijd en overal geldt (Olthof & Brugman, 1994). Wie een moreel oordeel uitspreekt over een situatie of een gedraging zegt daarmee: '*Wat de omstandigheden ook zijn, deze toestand of dit gedrag hoort (niet) voor te komen*'. Om een actueel voorbeeld te noemen: wie een praktijk als vrouwenbesnijdenis *moreel* veroordeelt, vindt deze praktijk altijd en overal onacceptabel, ongeacht of die in overeenstemming is met ter plekke geldende geschreven of ongeschreven regels.

In de westerse cultuur worden morele oordelen vooral gegeven in situaties waarin, gezien vanuit het perspectief van degene die oordeelt, iets of iemand *slachtoffer* is en waarin een *dader* verantwoordelijk is voor het lijden van het slachtoffer, of waarin een *potentiële helper* het lijden van het slachtoffer zou kunnen verlichten (Olthof & Brugman, 1994). Wie deze rolverdeling op een bepaalde situatie van toepassing acht, hanteert een moreel perspectief op die situatie, hetgeen leidt tot morele oordelen en tot eventueel daaruit voortvloeiende handelingen. Zoals verderop in dit hoofdstuk zal blijken, is dit echter niet de enig mogelijke invulling van het morele domein en in niet-westerse culturen worden soms andere keuzen gemaakt.

9.4 De biologische basis van het vermogen tot moreel oordelen

Volgens een gedachtegang die de laatste jaren steeds invloedrijker wordt, moet de oorsprong van onze neiging om situaties of gebeurtenissen te beoordelen in termen van goed en kwaad worden gezocht in onze evolutionaire voorgeschiedenis. Zo bespreekt de etholoog Frans de Waal in zijn boek *Good natured: The origins of right and wrong in humans and other animals* (1996) voorbeelden van apen die elkaar troosten of die zich anderszins gedragen op een manier die we meestal moreel lovenswaardig vinden. Zoals in de vorige paragraaf werd besproken, is dergelijk gedrag op zichzelf nog geen indicatie van het bestaan van een besef van goed en kwaad. Bij sommige primatensoorten is echter gedrag aangetoond dat wel degelijk wijst op het bestaan van een dergelijk besef. Zo is van chimpansees bekend dat ze soms wraak nemen op wie zich heeft misdragen en dat ze verontwaardigd reageren als een groepslid dat zelf nooit voedsel wil delen, wel bij anderen om eten bedelt. Kapucijnaapjes kunnen eveneens verontwaardigd reageren als een ander voor dezelfde inspanning beter wordt beloond dan zijzelf (Brosnan & De Waal, 2003).

Deze voorbeelden tonen niet zozeer aan dat chimpansees en andere niet-menselijke primaten op precies dezelfde manier als mensen oordelen in termen van goed en kwaad, maar wel dat het onderscheid tussen onze eigen soort en verwante soorten ook op het vlak van het geven van morele oordelen niet erg scherp is. Deze gedachtegang heeft belangrijke consequenties voor wat we ons moeten voorstellen bij het begrip moreel oordeel. Als bij sommige diersoorten al iets is te zien wat lijkt op het geven van morele oordelen, dan zijn dergelijke oordelen kennelijk niet gebaseerd op complexe redeneringen. Inderdaad betoogt Haidt (2001) dat morele oordelen net als esthetische oordelen gegeven worden zonder dat er geavanceerde cognitieve vaardigheden aan ten grondslag liggen. Een tiener kan wel proberen te beredeneren waarom ze houdt van de muziek van een bepaalde popzanger, maar dat is dan duidelijk een rechtvaardiging achteraf. Eerst was er het oordeel en pas daarna de rechtvaardiging en niet andersom. Volgens de sociaal-intuïtionistische benadering van Haidt is het met morele oordelen precies zo. We kunnen wel proberen te beredeneren waarom we een handeling goed of slecht vinden, maar ook hier volgt de rechtvaardiging het oordeel in plaats van andersom. De feitelijke basis van het morele oordeel zoekt Haidt eerder in intuïtieve en emotionele reacties op een gebeurtenis, die overigens wel beïnvloed worden door eerdere sociale interacties naar aanleiding van soortgelijke gebeurtenissen.

De gedachte dat morele oordelen niet alleen een cognitieve, maar ook een intuïtieve en emotionele component hebben, vindt steun in onderzoek naar de rol van emotie in het morele functioneren en in recent onderzoek naar processen in de hersenen die een rol spelen in de vorming van morele oordelen. Zo stelt Hoffman (2000) dat de grondslag voor morele oordelen wordt gevormd door empathie (het reageren op de situatie waarin iemand anders verkeert met de emoties die passen bij die situatie) en door op empathie gebaseerd schuldgevoel. Ook de resultaten van recent neurologisch onderzoek suggereren dat morele oordelen tot stand komen in een complexe interactie tussen verschillende typen cognitieve processen die zijn gelokaliseerd in de prefrontale en temporale cortex en emotionele en motivationele processen in het limbisch systeem (Moll, De Oliveira-Souza & Zahn, 2008)

Al met al is het aannemelijk dat de menselijke neiging om gedragingen en situaties te beoordelen in termen van goed en kwaad een biologische basis heeft. Die neiging heeft zijn wortels in onze evolutionaire voorgeschiedenis. Het menselijk brein is als het ware voorgestructureerd om dergelijke oordelen te produceren. Het brein van een jong mensenkind is al toegerust voor de morele ontwikkeling.

9.5 Morele ontwikkeling en de ontwikkeling van moreel affect

Gezien de oorsprong van het vermogen tot moreel oordelen, is het niet verwonderlijk dat heel jonge kinderen al zaken beoordelen in termen van goed en kwaad (Kagan, 1984). Volgens onderzoekers die zich met de morele ontwikkeling van jonge kinderen bezighouden, bestaat die ontwikkeling grotendeels uit een toename van empathische vermogens, die zelf weer berust op de ontwikkeling van bepaalde sociaal-cognitieve

vaardigheden. Zo onderscheidt Hoffman (2000) vier fasen in het besef dat kinderen hebben van het onderscheid tussen zichzelf en anderen, namelijk:
1 Differentiatie tussen het zelf en anderen ontbreekt of is onduidelijk.
2 Het zelf en anderen worden onderscheiden als verschillende fysieke entiteiten.
3 Het zelf en anderen worden onderscheiden als individuen met verschillende wensen, ideeën en gevoelens.
4 Het zelf en anderen worden onderscheiden als individuen die door hun eigen persoonlijke achtergrond en geschiedenis verschillend kunnen reageren op dezelfde gebeurtenis.

Het doorlopen van deze fasen zorgt er volgens Hoffman voor, dat het kind steeds beter in staat is empathisch te reageren op het leed van een ander.

Al op jonge leeftijd ontwikkelt zich ook het vermogen om als het ware 'van buitenaf' naar de eigen persoon en het eigen handelen te kijken. Dat toenemende zelfbesef leidt ertoe dat kinderen zich gaan realiseren dat zij zelf de oorzaak kunnen zijn van de narigheid van een ander. In combinatie met het vermogen tot empathie vormt dat elementaire besef van verantwoordelijkheid de basis voor het vermogen zich schuldig te voelen, hoewel dat bij jonge kinderen nog moeilijk is te onderscheiden van schaamte (Kochanska & Aksan, 2006). Kochanska en haar collega's toonden aan dat peuters die deze morele emoties laten zien minder normovertredend gedrag tonen dan kinderen bij wie deze emoties minder duidelijk aanwezig zijn, wat plausibel maakt dat het vermogen moreel affect te ervaren een van de determinanten is van moreel gedrag (Kochanska & Aksan, 2006).

Aangezien empathie en morele emoties al bij peuters en kleuters waarneembaar zijn, zal duidelijk zijn dat er vanuit dit perspectief veel gezegd kan worden over de morele ontwikkeling van jonge kinderen, maar minder over die van adolescenten. Hoffman zegt dat pas in de adolescentie het besef opkomt dat mensen soms met andere dan de meest voor de hand liggende gevoelens op een gebeurtenis reageren. Zo beginnen adolescenten zich te realiseren dat gehandicapten het lang niet altijd op prijs stellen om geholpen te worden bij zaken die ze, zij het met moeite, ook zelf kunnen regelen. Uiteraard kunnen er ook bij adolescenten, net als bij peuters en kleuters, individuele verschillen bestaan in de neiging om moreel affect te ervaren. In paragraaf 9.10 wordt besproken in hoeverre dergelijke verschillen ook bij adolescenten samenhangen met gedrag.

9.6 Morele ontwikkeling en morele internalisatie

Volgens sommigen kan men de morele ontwikkeling zien als het resultaat van een toenemende internalisatie van buitenaf aangereikte regels en normen. Volgens deze gedachtegang verinnerlijken kinderen in de loop van hun ontwikkeling de regels die in hun culturele omgeving specificeren welk gedrag *goed* is en welk gedrag *slecht*. Deze benadering heeft veel te zeggen over culturele verschillen in moraliteit, maar minder over de morele ontwikkeling en nog minder over de morele ontwikkeling in de adolescentie. Gezien vanuit de internalisatiebenadering is eigenlijk helemaal geen speciale theorie van de morele ontwikkeling nodig: kinderen moeten allerlei zaken leren en er is geen principieel onderscheid tussen het leren van het abc en het leren dat het *niet goed* is om te liegen en dat het *wel goed* is om de waarheid te spreken.

9.7 De ontwikkeling van moreel redeneren

Anders dan in de internalisatiebenadering speelt het thema *ontwikkeling* een grote rol in de benadering van Piaget en Kohlberg. Piaget beschreef zijn onderzoek in *Le jugement moral chez l'enfant* (1932). In de jaren vijftig en zestig werd de theorie nader uitgewerkt en uitgebreid door Lawrence Kohlberg. Een vooraanstaande hedendaagse onderzoeker in deze traditie is John Gibbs. Zijn revisie van Kohlbergs theorie (Gibbs, 2007) zal later in deze paragraaf worden besproken. Kenmerkend voor het werk van al deze onderzoekers is dat de nadruk niet zozeer ligt op het beoordelen van een bepaalde situatie of een bepaald gedrag als goed of slecht, maar op moreel redeneren, dat wil zeggen op het rechtvaardigen van een dergelijk oordeel.

Uitgaande van het werk van Haidt en Hoffman, ligt het voor de hand om de ontwikkeling van die morele redeneringen niet zo belangrijk te vinden. Zo werd de eerder beschreven sociaal-intuïtionistische benadering van Haidt gepubliceerd onder de titel *The emotional dog and its rational tail*. De titel refereert aan de Amerikaanse uitdrukking 'wag the dog' (de hond laten kwispelen door zijn staart heen en weer te bewegen). Volgens Haidt verhouden (rationele) morele rechtvaardigingen zich tot (emotionele) morele oordelen zoals de staart zich verhoudt tot de hond. Het is de hond die de staart laat kwispelen en het is, volgens Haidt, het op emoties gebaseerde morele oordeel dat leidt tot de redenering die dat oordeel rechtvaardigt (in plaats van dat de redenering leidt tot het oordeel). Als de zaken er zo voorstaan, waarom is het dan nog de moeite waard om die achteraf opgestelde rechtvaardigingen van morele oordelen te bestuderen?

Op deze vraag zijn minstens twee antwoorden. In de eerste plaats spelen morele rechtvaardigingen ook volgens het model van Haidt een belangrijke rol in de communicatie met anderen over een gegeven moreel oordeel. We proberen anderen te overtuigen van de juistheid van ons oordeel door er een rechtvaardiging voor te geven. Er is een reële kans dat de discussie die dan ontstaat invloed heeft op de intuïties en emoties die de latere morele oordelen van de deelnemers aan de discussie over soortgelijke situaties bepalen.

In de tweede plaats leidt het rechtvaardigen van een moreel oordeel tot een zekere systematisering. Wie op grond van empathische betrokkenheid bij het lot van doodgeknuppelde zeehondjes een wet uitvaardigt die dat doodknuppelen verbiedt, zal de wet al snel zo formuleren dat niet alleen zielige zeehondjes worden beschermd, maar ook andere (jonge) dieren die mogelijk een minder rechtstreeks direct beroep doen op onze empathische vermogens. De rechtvaardiging beïnvloedt dus de reikwijdte van het morele oordeel.

Al met al blijft het bestuderen van morele rechtvaardigingen en de ontwikkeling daarvan een belangrijk onderdeel van het onderzoek naar de morele ontwikkeling. Dit geldt temeer voor wie geïnteresseerd is in de morele ontwikkeling van adolescenten, want zoals we zullen zien, doen zich juist in die leeftijdsfase op dit terrein belangrijke veranderingen voor.

In zijn boek maakte Piaget onderscheid tussen twee vormen van moreel denken, waarvan de ene uitgaat van een *heteronome moraliteit* en de andere van een *autonome* moraliteit. Voor het heteronome morele denken ligt de bron van moreel gezag buiten het individu zelf. In dit perspectief bestaat *goed doen* eruit datgene te doen wat een autoriteit opdraagt of wat de wet voorschrijft. Het feit *dat* een autoriteit iets opdraagt, of *dat* het in de wet staat, is voldoende reden om te vinden dat het goed is om zo te handelen. Regels worden gezien als objectief gegeven. Typerend voor het heteronome morele denken is ook dat het morele oordeel over het gedrag van een boosdoener die een ander benadeelt, vooral afhangt van de ernst van het veroorzaakte leed en niet van de bedoelingen van de boosdoener. Voor het heteronome morele denken begaat een kind dat meehelpt met tafel dekken maar al doende tien kopjes stuk laat vallen, een zwaardere morele overtreding dan een kind dat stiekem een snoepje uit de kast probeert te pakken en daarbij één kopje stuk gooit (Piaget, 1932).

Hoewel de overgang van het heteronome naar het autonome morele denken volgens Piaget heel geleidelijk verloopt, zag hij een heteronome moraliteit vooral als kenmerkend voor kinderen tot een jaar of tien. Volgens Piaget komt de heteronome moraal van jonge kinderen voort uit het feit dat zij vooral te maken hebben met hiërarchische volwassene-kindverhoudingen. Naarmate het kind meer omgaat met andere kinderen is de kans groter dat het heteronome morele denken plaatsmaakt voor autonoom moreel denken. Het kind krijgt namelijk steeds meer ervaring met de egalitaire en wederkerige kind-kindverhoudingen die ertoe uitdagen het perspectief van de ander in te nemen. Kenmerkend voor autonome morele denkers is ook dat morele oordelen over het gedrag van boosdoeners niet enkel worden gerechtvaardigd door te wijzen op de ernst van aangericht leed, maar ook op de bedoelingen van de boosdoener. Om zo te kunnen denken, moet men zich wel kunnen verplaatsen in het perspectief van een ander. Dit wordt sociaal perspectief nemen genoemd. Die bedoelingen zijn belangrijk omdat ze meebepalen hoe *verantwoordelijk* de boosdoener is voor het aangerichte leed. In later onderzoek is bevestigd dat het thema *verantwoordelijkheid* een grotere rol speelt in de morele oordelen van adolescenten dan in die van jonge kinderen (Olthof, Ferguson & Luiten, 1989). Piagets theorie over de ontwikkeling van het morele oordelen dateert van ver voor zijn meer bekende theorie over cognitieve ontwikkeling. Geïnspireerd door die laatstgenoemde theorie nam Lawrence Kohlberg in de jaren vijftig de draad weer op door Piagets oorspronkelijke tamelijk losjes geformuleerde twee-fasenbenadering van de morele ontwikkeling uit te werken tot een veel meer gedifferentieerde en strak geformuleerde stadiumtheorie. In die theorie handhaafde Kohlberg overigens Piagets nadruk op het belang van sociale interactie voor de voortgang van de ontwikkeling. Ook volgens Kohlberg zijn gelegenheden tot sociaal perspectiefnemen de stuwende kracht achter de morele ontwikkeling. Aangezien Kohlberg vooral meer differentiatie aanbracht in Piagets fase van de autonome moraliteit, is zijn theorie bij uitstek geschikt om de ontwikkeling van het rechtvaardigen van morele oordelen tijdens de adolescentie te bestuderen.

De empirische basis van Kohlbergs theorie bestaat uit de rechtvaardigingen die zijn respondenten gaven toen hij ze zogenaamde morele dilemma's voorlegde. Eerder in dit hoofdstuk is beschreven dat moreel relevante situaties in onze cultuur meestal te karakteriseren zijn in termen van een rollenspel voor drie actoren: dader, slachtoffer en potentiële helper. Zoals gezegd zijn kinderen al op zeer jonge leeftijd in staat om situaties met een dader of potentiële helper en een slachtoffer in morele termen te beoordelen. Kohlberg gebruikte echter veel complexere situaties om de ontwikkeling van het morele denken in kaart te brengen. Het beroemdste voorbeeld is dat van Heinz wiens zieke vrouw medicijnen nodig heeft:

'Een vrouw in Europa dreigde dood te gaan aan een zeldzame vorm van kanker. Volgens de artsen was er echter één medicijn dat haar zou kunnen redden. Het was een soort radium dat kort daarvoor was ontdekt door een apotheker die in diezelfde stad woonde. Het medicijn was duur om te maken, maar de apotheker vroeg zijn klanten het tienvoudige van wat het hem kostte om het te maken. Het radium kostte hem 200 dollar en hij vroeg 2000 dollar voor een kleine dosis van het medicijn. De man van de zieke vrouw, genaamd Heinz, ging bij iedereen die hij kende langs om het geld te lenen, maar hij kon maar ongeveer 1000 dollar bij elkaar krijgen, dus slechts de helft van wat het medicijn kostte. Hij zei tegen de apotheker dat zijn vrouw stervende was en vroeg hem het medicijn voor minder geld te leveren, of om hem het bedrag later te laten betalen. Maar de apotheker zei: 'Nee, ik heb dit medicijn ontdekt en ik ben van plan er goed aan te verdienen.' Heinz werd wanhopig en ging bij de apotheker inbreken om het medicijn voor zijn vrouw te stelen. Had Heinz dat wel moeten doen?' (Kohlberg, 1958; vertaling T.O.)

In deze situatie worden twee moreel relevante situaties tegelijk geschetst. In de eerste is de vrouw van Heinz het slachtoffer en is Heinz zelf een potentiële helper die iets kan doen om het leven van zijn vrouw te redden. Voor wie alleen naar deze kant van het dilemma kijkt, is het duidelijk wat Heinz moet doen, namelijk bij de apotheker inbreken. Echter, wanneer hij dat inderdaad doet, ontstaat er een tweede moreel relevante situatie waarin de apotheker de rol vervult van slachtoffer en Heinz die van dader. Voor wie het dilemma alleen van deze kant bekijkt, is het ook duidelijk wat Heinz moet doen, namelijk de medicijnen niet stelen. Het probleem van Heinz is dus dat zijn twee rollen tegenstrijdige gedragskeuzen impliceren.

Voor Kohlberg was niet zozeer van belang *wat* Heinz volgens de respondent zou moeten doen, maar wel *hoe* de respondent die keuze *rechtvaardigt*. Hij classificeerde de rechtvaardigingen in drie hoofdcategorieën die tegelijk niveaus van moreel denken representeren, namelijk *pre-conventioneel*, *conventioneel* en *post-conventioneel*. Binnen elke categorie maakte Kohlberg vervolgens weer onderscheid tussen twee stadia, zodat er uiteindelijk zes stadia van morele oordeelsvorming resulteerden. De beide eerste pre-conventionele stadia corresponderen met Piagets heteronome moraliteit, de conventionele en post-conventionele stadia vormen een nadere differentiatie van Piagets autonome moraliteit. De volgende beschrijving van de zes stadia is grotendeels ontleend aan Boom en Olthof (1994), waarbij de voorbeelden van rechtvaardigingen voornamelijk zijn gebaseerd op Kohlberg (1969) en Rest (1979).

- Het eerste pre-conventionele stadium is dat van de *heteronome moraliteit*. Iemand in dit stadium zou kunnen zeggen dat Heinz niet moet stelen omdat hij anders in de gevangenis terechtkomt. In een twintig jaar durend longitudinaal onderzoek naar de ontwikkeling van de morele oordeelsvorming onder jongens vonden Colby et al. (1983) dat ongeveer een kwart van de tienjarigen zich nog in dit stadium bevond, maar met het ouder worden nam dat aantal snel af.
- De morele rechtvaardigingen die worden gegeven in het tweede pre-conventionele stadium representeren een *individualistische instrumentele moraliteit*. Dit is de moraliteit van het leven en laten leven. Ieder heeft het recht zijn eigen belangen te behartigen en goed is wat voortkomt uit eerlijke uitwisseling en wederzijdse instemming. In dit stadium zou iemand kunnen zeggen dat Heinz zelf moet weten wat hij doet, want het is zijn leven en als hij het wil riskeren in het gevang te komen om het leven van zijn vrouw te redden, dan moet hij dat gewoon doen. Op tien- tot veertienjarige leeftijd bleek dit in het onderzoek van Colby et al. de meest voorkomende manier van moreel redeneren. Daarna nam deze wijze van redeneren langzaam af, hoewel een klein aantal respondenten ook als volwassene niet verder was gekomen dan dit stadium.
- Het derde stadium - en het eerste conventionele stadium - is dat van een *interpersoonlijke normatieve moraliteit*. In dit stadium is het goed of slecht zijn van een handeling afhankelijk van goede bedoelingen en van sociale goedkeuring. Goed is te doen wat er van je verwacht wordt, onder andere op basis van de rol die je vervult in de samenleving. In dit stadium zou iemand kunnen zeggen dat Heinz niet moet inbreken omdat iedereen anders zou denken dat hij een crimineel is, of dat hij juist wel moet stelen omdat mensen hem anders geen goede echtgenoot voor zijn vrouw zouden vinden. Bij adolescenten bleek dit de dominante manier van moreel redeneren.
- In het morele denken van het vierde stadium, namelijk dat van de *moraliteit van het sociale systeem*, is het perspectief uitgebreid tot dat van de maatschappij als geheel. Slecht is dat te doen wat de maatschappelijke orde in gevaar brengt, maar daarbinnen mag men de eigen doelen nastreven. Morele oordelen worden gerechtvaardigd door te verwijzen naar de regels zoals die gelden binnen instituties als de staat of de kerk. Iemand die vindt dat Heinz het medicijn moet stelen, zou kunnen zeggen dat het bij de instelling van het huwelijk hoort dat Heinz zich tot het uiterste inzet om zijn vrouw te redden. Maar ook dat hij zich wel moet voornemen om de apotheker uiteindelijk te betalen en dat hij maar voor lief moet nemen dat de samenleving hem zal straffen vanwege zijn diefstal. Wie vindt dat Heinz niet moet inbreken, zou kunnen zeggen dat Heinz burger is van een samenleving waar diefstal bij wet is verboden en dat hij zich dus aan die wet moet houden. Immers, als iedereen die wetten zomaar opzij zou zetten, dan zou de samenleving in chaos en geweld ten onder gaan. Dit stadium was dominant in het morele denken van volwassenen vanaf vierentwintig jaar.
- De twee volgende *post-conventionele* stadia worden in de meest recente versie van Kohlbergs theorie alleen nog conceptueel onderscheiden. Het vijfde stadium is dat van een *moraliteit gebaseerd op mensenrechten en maatschappelijk welzijn*. In dit stadium wordt een perspectief gehanteerd waarin de vraag gesteld kan worden wat een recht-

vaardige maatschappij is. De manier waarop zaken in een bepaalde samenleving via wetten en voorschriften worden geregeld, wordt beoordeeld op basis van de vraag in hoeverre fundamentele mensenrechten worden gewaarborgd. Het zesde stadium gaat uit van een *moraliteit van algemene en abstracte ethische principes*. In dit stadium wordt een rechtvaardiging van Heinz' diefstal bijvoorbeeld gebaseerd op het principe dat de belangen van elke betrokkene even zwaar dienen mee te wegen bij het nemen van een beslissing. Ieder mensenleven heeft namelijk een eigen onvervreemdbare en unieke waarde. Empirisch bleek stadium 6 zo weinig voor te komen, dat het onderscheid met stadium 5 niet meer is gemaakt. Iemand die op het post-conventionele niveau redeneert, zou de diefstal van Heinz kunnen verdedigen door te zeggen dat de wet weliswaar verbiedt om te stelen, maar dat het recht van Heinz' vrouw om te leven zwaarder zou moeten wegen dan het recht van de apotheker op eigendom en dat Heinz dus in dit geval geen blaam treft. In het onderzoek van Colby et al. (1983) werd deze manier van denken voor het eerst gevonden bij enkele zeventien- tot achttienjarigen, maar ook in de volwassenheid kwam het percentage respondenten dat op post-conventioneel niveau redeneerde nauwelijks uit boven de tien procent.

Dat laatste gegeven, samen met aanwijzingen dat redeneringen op postconventioneel niveau in sommige culturen helemaal niet voorkomen, was voor John Gibbs (2003) aanleiding om een belangrijke revisie van Kohlbergs theorie te formuleren. Volgens Gibbs representeren alleen Kohlbergs stadia 1-4 een echte ontwikkelingssequentie. In de beide eerste stadia wordt geredeneerd op basis van in het oog springende kenmerken van de betrokken individuen als macht en fysieke grootte (stadium 1) ofwel in termen van pragmatische ruilverhoudingen (stadium 2). Gibbs beschouwt deze beide stadia als onvolwassen. In de beide hogere stadia wordt geredeneerd op basis van volledige interpersoonlijke wederkerigheid (stadium 3) of in termen van complexe sociale systemen (stadium 4). Volgens Gibbs zijn beiden te beschouwen als volwassen vormen van moreel redeneren. Volgens deze theorie is dus vooral de overgang van stadium 2 naar stadium 3 van groot belang. Dit is namelijk de overgang van onvolwassen redeneringen naar volwassen vormen van moreel redeneren. Kohlbergs postconventionele stadia 5 en 6 representeren volgens Gibbs niet zozeer meer geavanceerde vormen van moreel redeneren dan stadia 3 en 4, maar zijn het resultaat van, door scholing gestimuleerde, nadere reflectie op het verschijnsel moraliteit.

9.8 Moraliteit en sekse

In de dilemma's die Kohlberg zijn respondenten voorlegde, speelt het thema *rechtvaardigheid* een belangrijke rol. Volgens een van Kohlbergs belangrijkste critici, Carol Gilligan, wordt een ander belangrijk moreel thema in die dilemma's onderbelicht, namelijk dat van de *zorg voor wie hulp nodig heeft* (Gilligan, 1982). Onder verwijzing naar de eerder genoemde 'morele rollen' kunnen we zeggen dat Kohlberg, volgens Gilligan, te veel nadruk legde op *dader-slachtoffer*relaties en te weinig op *(potentiële) helper-slachtoffer*relaties. Verder stelde Gilligan dat het denken in termen van rechtvaardigheid vooral kenmerkend is voor mannen en jongens, terwijl het denken in termen van zorg kenmerkend is voor vrouwen en meisjes. Het gevolg van dit alles is dat het gebruik van Kohlbergs procedure leidt tot een systematische onderschatting van het niveau van moreel denken van vrouwen en meisjes, aldus Gilligan.

Gilligans kritiek op Kohlberg sloot aan bij onderzoeksresultaten die aantoonden, of leken aan te tonen, dat vrouwen en meisjes meer empathisch zijn dan mannen en jongens. Daardoor zijn zij ook meer gericht op het helpen van degene die hulp nodig heeft. Na de publicatie van Gilligans kritiek is er veel nieuw onderzoek gedaan naar sekseverschillen in empathie en in het niveau van moreel redeneren. Dit latere onderzoek biedt in het algemeen weinig steun voor de stellingen van Gilligan. Weliswaar rapporteren meisjes en vrouwen inderdaad meer empathie en op empathie gebaseerd schuldgevoel dan jongens en mannen, maar die verschillen verdwijnen voor een groot deel als niet wordt afgegaan op wat de respondenten zeggen, maar op non-verbale tekenen dat men emotioneel geraakt is door het leed van de ander (Eisenberg, Spinrad & Sadovsky, 2006). Verder bleken de door Gilligan veronderstelde sekseverschillen in het niveau van moreel redeneren zoals gemeten met Kohlbergs procedure, niet of nauwelijks te bestaan (Gibbs, 2007; Walker, 1984).

Uiteindelijk is Gilligans benadering niet zozeer belangrijk gebleken voor de bestudering van sekseverschillen in moraliteit (die bleken minder groot dan zij veronderstelde), maar wel voor de theorievorming over het domein van de moraliteit. Mede dankzij haar werk zijn onderzoekers en theoretici zich er tegenwoordig nadrukkelijk van bewust dat het in morele situaties niet altijd gaat om *rechtvaardigheid*, maar ook om *zorg* voor wie hulp nodig heeft. Gilligans werk heeft ertoe geleid dat het denken over moraliteit en morele ontwikkeling niet langer alleen betrekking heeft op een *ethic of justice*, maar ook op een *ethic of care*.

9.9 Moraliteit en cultuur

Volgens Kohlberg is zijn benadering van de morele ontwikkeling onafhankelijk van de culturele context in die zin dat iedereen die in de juiste omstandigheden verkeert een hoog niveau van moreel redeneren kan bereiken. Gibbs (2007) maakt onderscheid tussen drie implicaties van Kohlbergs universaliteitsclaim:

1 De sequentie van stadia is universeel.
2 Overal vormen gelegenheden tot sociaal perspectiefnemen de stuwende kracht achter de ontwikkeling van het moreel redeneren.
3 De waarden waarop de theorie betrekking heeft, worden universeel erkend als centrale morele waarden.

Op basis van een uitgebreid overzicht van de literatuur concludeert Gibbs dat er voor alle drie claims empirische steun is. Echter, met betrekking tot de laatste claim maakt hij een interessant voorbehoud. Hij stelt namelijk, dat de universele erkenning van de morele relevantie van waarden als rechtvaardigheid, eerlijkheid en individuele keuze, niet uitsluit dat andere waarden die niet in Kohlbergs benadering zijn opgenomen, in althans sommige culturen wel degelijk als moreel relevant worden gezien.

Dat dit voorbehoud nodig is, blijkt uit het werk van onderzoekers die zich niet alleen hebben verdiept in de moraliteit die in de westerse wereld dominant is, maar ook in die van niet-westerse culturen. Zij duiden de eerder beschreven moraliteit rond slachtoffer, dader en helperschap waarin begrippen als rechtvaardigheid, eerlijkheid, schade, en pijn centraal staan, aan als de *morele code van de persoonlijke autonomie* (Shweder et al., 1997). Volgens deze onderzoekers bestaan er echter nog twee andere morele codes die weliswaar in het westen niet onbekend zijn, maar die relatief meer nadruk krijgen in sommige niet-westerse culturen. De ene morele code is die van de *gemeenschap* (community) en de andere die van de relaties met de wereld van het *transcendente* ofwel het *goddelijke* (divinity). In de morele code van de gemeenschap is vooral belangrijk dat het individu zich gedraagt conform zijn plaats in de gemeenschap. Volgens deze morele code overtreedt een tiener die een bejaarde aanspreekt, zoals hij leeftijdgenoten aanspreekt, niet zozeer een conventionele, maar een morele regel.

In de morele code van het goddelijke spelen begrippen als *reinheid* en *zuiverheid* een belangrijke rol. Voorbeelden van morele overtredingen volgens deze code zijn het nodeloos aanraken van dode lichamen van dieren of mensen, het oprapen en nuttigen van op de grond gevallen etenswaren, het eten van het vlees van onreine dieren, maar ook het met worm en al opeten van een wormstekige appel.

Als het gaat om de vraag of bepaalde voorschriften moeten worden beschouwd als moreel of als conventioneel van aard, vormen verschillen tussen (sub)culturen een potentiële bron van interculturele conflicten. Schendingen van de moraliteit van het goddelijke, zeker in het hoog opgeleide en seculier georiënteerde deel van de westerse wereld, hebben geen betrekking op het voorkomen of verlichten van het lijden van slachtoffers. Daarom worden ze al snel gezien als slechts conventionele overtredingen (Graham, Haidt & Nosek, 2009; Haidt, Koller & Diaz, 1993). Die visie wordt echter allerminst gedeeld door leden van de godsdienstige groeperingen waarin de betreffende regel wordt gehanteerd. Vanuit het perspectief van niet-moslims bijvoorbeeld, is de onder moslims geldende regel dat vrouwen in het openbaar een hoofddoek dragen, slechts een conventionele regel die voor buitenstaanders geen enkel gezag heeft. Zo voelt het echter niet voor leden van de betreffende geloofsgemeenschap. Voor hen gaat het allerminst om een arbitraire afspraak tussen mensen, maar om een gebod van de Allerhoogste waaraan iedereen zich eigenlijk zou moeten houden. Tegelijkertijd wordt dezelfde regel door veel niet-moslims gezien als onderdrukkend voor vrouwen en daarmee als een schending van de moraliteit van de autonomie.

Veel hedendaagse adolescenten krijgen te maken met de dilemma's die voortkomen uit deze en dergelijke tegenstellingen. Net als de eerder besproken Kohlbergiaanse dilemma's ontstaan deze doordat de toepassing van verschillende morele principes in een bepaalde situatie tot onderling strijdige resultaten leidt. Voor dit soort dilemma's bestaan geen gemakkelijke oplossingen. Het is echter wel aannemelijk dat de kans op onverzoenlijke conflicten kleiner wordt naarmate discussies over deze dilemma's sterker worden gekenmerkt door een besef van het in Kohlbergs stadium 6 verwoorde ideaal. Stadium 6 impliceert immers het besef dat de belangen van alle betrokkenen in beschouwing moeten worden genomen.

9.10 Moreel gedrag: relaties met oordelen, affect en identiteit

De belangrijkste reden waarom ouders en andere opvoeders zoveel waarde hechten aan de morele ontwikkeling van kinderen en adolescenten, is waarschijnlijk dat ze veronderstellen dat een geslaagde morele ontwikkeling leidt tot het vertonen van gedrag dat vanuit moreel perspectief gezien wenselijk is en tot het niet vertonen van moreel gezien onwenselijk gedrag. Zoals in het begin van dit hoofdstuk al uiteen is gezet, *kan* moreel wenselijk gedrag voortkomen uit een besef *dat het goed is* zo te handelen, maar dat hoeft niet het geval te zijn. Misschien wordt een zestienjarige vrijwilligster in een bejaardenhuis inderdaad gemotiveerd door de wens iets goeds te doen, maar misschien is ze ook wel gewoon verliefd op een leuke jongen die daar werkt. Evenmin komt het nalaten van moreel onwenselijk gedrag noodzakelijk voort uit het besef *dat het niet goed is* zo te handelen. Een adolescent die zich matigt in de consumptie van alcohol *kan* dat doen in het besef dat overmatig drinken *niet goed* is, maar misschien heeft hij er ook gewoon het geld niet voor. Kortom, moreel besef is slechts een van de mogelijke determinanten van moreel wenselijk gedrag. Te verwachten is daarom enerzijds dat er een verband is tussen een goed ontwikkeld moreel besef en moreel relevant gedrag, maar anderzijds ook dat dat verband niet heel sterk is. Empirische gegevens omtrent het verband tussen moreel besef en moreel relevant gedrag kunnen worden geordend met behulp van een al wat ouder, maar nog steeds goed bruikbaar schema dat in 1983 werd gepubliceerd door James Rest.

Volgens Rest (1983) zijn er vier soorten factoren die in een voorkomende potentieel moreel relevante situatie bepalen in hoeverre het morele besef van een individu van invloed is op hoe hij of zij zich gedraagt. Deze hebben betrekking op:
1 de wijze waarop de situatie wordt geïnterpreteerd;
2 het morele oordeel dat iemand heeft over een bepaalde situatie;
3 de mate waarin het morele oordeel wordt meegewogen in de uiteindelijke beslissing zich op een bepaalde manier te gedragen;
4 de vasthoudendheid waarmee men een eenmaal genomen besluit ook daadwerkelijk uitvoert (zie ook Boom & Olthof, 1994).

Neem bijvoorbeeld de dertienjarige brugklassers Hanna en Rosanne. Hanna is vrij populair in de klas, maar Rosanne wordt nogal eens gepest. Als Rosanne weer eens door iemand voor gek wordt gezet, zou Hanna op morele gronden kunnen besluiten om Rosanne te helpen. Of zij dat ook doet, hangt er volgens Rest in de eerste plaats vanaf of zij de situatie interpreteert als *moreel relevant*. Ziet zij Rosanne bijvoorbeeld als slachtoffer van pesten en niet als iemand met wie alleen maar een geintje wordt uitgehaald (de interpretatiecomponent)? Als Hanna de situatie interpreteert als moreel relevant, zou ze vervolgens kunnen oordelen dat Rosanne het pesten zelf heeft uitgelokt en dat het dus haar eigen schuld is. Ze zou echter ook kunnen vinden dat Rosanne gemeen wordt behandeld en dat het goed zou zijn om haar te helpen (de oordeelscomponent). In het laatste geval is relevant hoe belangrijk Hanna het vindt om zich te gedragen conform haar eigen morele oordeel. Mogelijk vindt ze dat heel belangrijk en wil ze graag het goede doen, maar het zou ook kunnen dat ze het veel belangrijker vindt om te zorgen dat ze zelf niet gepest wordt, of om in de smaak te vallen bij de pestende klasgenoten (de wegingscomponent). Ten slotte is het nog mogelijk dat, zelfs als het morele aspect van de zaak voor Hanna het zwaarst weegt, ze toch Rosanne niet echt gaat helpen. Dit gebeurt wanneer dat helpen moeite kost en Hanna niet vasthoudend genoeg is om door te zetten. Ze zou bijvoorbeeld al gauw weer kunnen stoppen met het beschermen van Rosanne, omdat het haar te veel inspanning kost (de vasthoudendheidscomponent).

Er is weinig empirisch onderzoek dat expliciet is bedoeld om na te gaan in hoeverre de interpretatiecomponent uit het schema van Rest moreel relevant gedrag beïnvloedt. Echter, de interpretatie van een situatie als moreel relevant zal vaak afhangen van de mate waarin de waarnemer in staat is tot empathie met een slachtoffer. Wanneer Hanna in het hierboven gegeven voorbeeld zich realiseert dat Rosanne lijdt onder het gedrag van haar klasgenoten en de situatie dus moreel relevant is, gebruikt ze haar vermogen tot empathie. In haar overzicht van de literatuur concludeert Eisenberg (2000) dat er inderdaad een zeker verband is tussen empathie en pro-sociaal gedrag, zij het dat dat verband meestal niet sterk is.

Onderzoek naar de relatie tussen de tweede component uit het schema van Rest, het eigenlijke morele oordeel, en moreel relevant gedrag heeft zich vooral toegespitst op de beide processen die in de literatuur worden genoemd als determinanten van morele oordelen, namelijk: (1) moreel redeneren in de zin van Kohlberg en Gibbs, zoals dat in paragraaf 9.7 is besproken, en (2) moreel affect. Het niveau van moreel redeneren blijkt inderdaad in zekere mate samen te hangen met vertoond moreel relevant gedrag, zeker wanneer qua gedrag duidelijk verschillende groepen met elkaar worden vergeleken. Zo blijken jeugdige delinquenten systematisch op een lager niveau te redeneren dan niet-delinquente jongeren (Stams et al., 2006). Wat betreft moreel affect is gebleken dat iemand die zich snel schuldig voelt na het begaan van een morele overtreding, minder vaak zo'n overtreding begaat dan iemand die niet zo geneigd is zich schuldig te voelen. Dit verband is gevonden bij jonge kinderen (Kochanska et al., 2002), kinderen in de basisschoolleeftijd (Menesini et al., 2003; Menesini & Camodeca, 2008; Olthof, in druk), adolescenten (Williams, 1998) en volwassenen (Tangney, Stuewig & Mashek, 2007). Ook hier geldt echter dat het gevonden verband meestal niet erg sterk is.

De laatste decennia is de derde component uit het model van Rest, namelijk die van het gewicht dat wordt toegekend aan morele motieven, nader uitgewerkt onder noemers als *morele identiteit, morele persoon* of *morele persoonlijkheid*. In dit hoofdstuk zal alleen de term *morele identiteit* worden gebruikt. Dit begrip verwijst naar de mate waarin morele ideeën en waarden centraal staan in het beeld dat het individu heeft van zichzelf. Voor individuen met een sterke morele identiteit is het zo belangrijk om een goed mens te zijn, dat er voor hen geen enkele discrepantie is tussen de eigen wensen en verlangens en datgene wat moreel gezien wenselijk is (Blasi, 1983; Hart, 2005). Omdat zij niets liever willen dan het goede te doen, hebben morele doelen voor hen een hogere prioriteit dan allerlei andere nastrevenswaardige zaken. Te verwachten is daarom dat het gedrag van mensen met een sterke identiteit nauw samenhangt met hun morele oordelen en dat ze zich in moreel opzicht voorbeeldig gedragen. Om deze hypothese te toetsen vergeleken Hart en Fegley (1995) jonge 'moral exemplars' (in moreel opzicht voorbeeldige jongeren) met 'gewone' jongeren. Ze vonden inderdaad dat de moreel voorbeeldige jongeren een sterkere morele identiteit hadden. Ook in onderzoek bij volwassenen (Hardy & Carlo, 2005) en basisschoolkinderen (Olthof, 2010) waarin maten van morele identiteit in verband werden gebracht met moreel relevant gedrag, is gevonden dat het gedrag van individuen met een sterke morele identiteit vaker conform morele standaarden is, zij het dat de gevonden verbanden ook hier niet sterk waren.

In de literatuur over morele ontwikkeling is weinig aandacht besteed aan de relatie tussen morele vasthoudendheid en moreel gedrag. In hun overzicht van hoe verschillende processen in het brein een rol spelen in het morele functioneren, brengen Narvaez en Vaydich (2008) het in de prefrontale cortex gelocaliseerde vermogen tot impulscontrole in verband met deze component uit het schema van Rest. Zonder dat vermogen zal een voornemen om zich te gedragen conform een bepaalde morele regel het al snel afleggen tegen impulsen om het directe eigenbelang na te jagen.

9.11 Besluit

Wie iets wil zeggen over de morele ontwikkeling van adolescenten moet zich bezighouden met hun vermogen om gebeurtenissen en situaties te beoordelen in termen van goed en kwaad. Op grond van aanwijzingen dat ook niet-menselijke primaten soms moreel gemotiveerd gedrag laten zien en dat onze hersenen voorgestructureerd zijn om morele oordelen te produceren, is aannemelijk dat dat vermogen een biologische basis heeft.

Hoewel morele oordelen impliceren dat men pretendeert zich te beroepen op het gezag van morele normen die altijd en overal gelden, wordt in verschillende (sub)culturen feitelijk een verschillende nadruk gelegd op de morele codes van *de persoonlijke autonomie, de gemeenschap en het goddelijke*. Veel hedendaagse adolescenten krijgen te maken met conflicten die ontstaan doordat situaties en gebeurtenissen volgens de ene morele code wel en volgens de andere niet moreel relevant zijn.

Morele oordelen zijn volgens recente theorieën niet enkel gebaseerd op complexe rationele afwegingen, maar ook, en misschien wel vooral, op intuïties en emoties. Met name empathie en op empathie gebaseerde schuldgevoelens zijn in dat opzicht belangrijk. Vergeleken met kinderen zijn adolescenten in staat tot meer geavanceerde vormen van empathie.

Adolescenten verschillen verder van kinderen doordat het thema verantwoordelijkheid een zwaardere rol speelt in hun morele oordelen, maar de belangrijkste verschillen liggen op het vlak van het *rechtvaardigen* van gegeven morele oordelen. Net als veel kinderen in de basisschoolleeftijd, rechtvaardigen sommige jonge adolescenten hun morele oordelen op een manier die auteurs als Kohlberg en Gibbs aanduiden als *pre-conventioneel en onvolwassen*, namelijk op grond van het principe van het *leven en laten leven*. Volgens deze manier van denken is alles in orde zolang de zaken eerlijk en met wederzijdse instemming worden geregeld.

Adolescenten die wat ouder zijn rechtvaardigen hun morele oordelen echter op basis van een manier die Kohlberg aanduidt als *conventioneel*, maar die volgens Gibbs zonder meer als *volwassen* is aan te merken. In een van deze volwassen vormen van moreel redeneren staan de verwachtingen van anderen, of van de samenleving als geheel centraal. Volgens deze manier van denken is het goed om te doen wat er van je verwacht wordt. Al wat zeldzamer onder adolescenten, maar dominant onder volwassenen, zijn rechtvaardigingen waarin geredeneerd wordt op het niveau van een systeem, bijvoorbeeld dat van de maatschappelijke orde die niet in gevaar mag worden gebracht.

Pas in de late adolescentie komen enkelen met rechtvaardigingen die Kohlberg aanduidt als *post-conventioneel*. In deze redeneringen is het perspectief zo verbreed dat de wijze waarop de samenleving is georganiseerd kritisch kan worden beoordeeld aan de hand van algemene principes. Over de status van dit type rechtvaardigingen zijn de meningen verdeeld. Volgens Kohlberg en zijn volgelingen weerspiegelen ze een meer geavanceerde manier van moreel redeneren dan die in het conventionele stadium. Gibbs ziet dit type rechtvaardigingen echter als een product van nadere reflectie op de al volwassen vormen van redeneren die Kohlberg aanmerkt als slechts conventioneel.

Een belangrijke kwestie is hoe morele oordelen en hun rechtvaardigingen samenhangen met moreel gedrag. Omdat moreel wenselijk gedrag oorzaken kan hebben die buiten het terrein van de morele ontwikkeling liggen, is niet te verwachten dat de samenhang perfect is. Uit empirisch onderzoek is echter gebleken dat er ook bij adolescenten wel degelijk verbanden zijn tussen moreel relevant gedrag en aspecten van het morele functioneren als moreel affect, het niveau van morele oordelen en morele identiteit.

10 Psychosociale ontwikkeling: de rol van het gezin

Maja Deković en Kirsten L. Buist

10.1 Inleiding

Tijdens de adolescentie treden er veel veranderingen op. Sommige van deze veranderingen zijn door de maatschappij gegeven en dus normatief voor alle adolescenten, zoals het moment van overgang van de basisschool naar het voortgezet onderwijs. Andere veranderingen voltrekken zich 'binnen' het individu. Denk aan biologische veranderingen en het begin van de puberteit (hoofdstuk 3) en veranderingen in de manier van denken en een toename van denkmogelijkheden (hoofdstuk 4 en 5). Uiteraard hebben deze veranderingen binnen de jongere ook gevolgen voor sociale processen: de manier waarop de jongere omgaat met anderen en omgekeerd, de manier waarop de sociale omgeving op de jongere reageert. In dit en het volgende hoofdstuk worden de twee belangrijkste sociale contexten behandeld: gezin en leeftijdgenoten. In hoofdstuk 11 wordt ook aandacht besteed aan de onderlinge verhouding tussen deze twee contexten. Maar we beginnen met het bespreken van de rol van het gezin in de psychosociale ontwikkeling van adolescenten. In dit hoofdstuk wordt eerst een algemeen beeld geschetst van gezinnen met jongeren (10.2). Daarna komt de opvoeding door de ouders aan bod (10.3), gevolgd door de ouder-jongererelatie (10.4) en het gezin als systeem (10.5). Vervolgens gaat de aandacht naar het gezin in een bredere maatschappelijke context, naar variaties op het kerngezin (10.6) en naar gezinnen met jongeren van allochtone afkomst (10.7).

10.2 Gezinnen met adolescenten

Een opvatting over de adolescentie die erg lang gangbaar is geweest en die hoofdzakelijk werd ondersteund vanuit het psychoanalytisch perspectief, is dat het een periode is van 'Storm en Stress'. Volgens deze benadering (Blos, 1979; Freud, 1958), waarin expliciet aandacht wordt geschonken aan de relatie tussen de adolescent en de ouders, staat deze ontwikkelingsperiode in het teken van het losmakingproces. Om autonomie en zelfstandigheid te bereiken en een eigen identiteit te ontwikkelen moeten adolescenten zich losmaken van de 'infantiele' ouderbanden. Dit proces van losmaking (door Blos de 'tweede separatie-individuatie' genoemd) zou gepaard gaan met conflicten tussen adolescenten en ouders, met opstandigheid en rebellie aan de kant van adolescenten. In deze visie is turbulentie in deze periode onvermijdelijk, natuurlijk en noodzakelijk voor verdere groei en dus een indicator van een normaal ontwikkelingsproces. Een te hechte en harmonieuze relatie met ouders in deze periode zou wijzen op intrapsychische problemen en een stagnerende groei naar volwassenheid.

Ook in de populaire meningsvorming komt de adolescentie nogal eens naar voren als een moeilijke periode. Jongeren worden vaak afgeschilderd als onrustig en wispelturig. Deze opvattingen worden niet alleen gepresenteerd door de media of vanuit de klinische praktijk, maar worden vaak ook door ouders gedeeld. Als kinderen in de puberteit komen, verwachten ouders, en vooral moeders, dat hun kinderen moeilijk in de omgang zullen worden, moeite krijgen met het accepteren van lichamelijke veranderingen en dat conflicten zullen toenemen (Whiteman & Buchanan, 2002).

In hoeverre kloppen deze opvattingen en verwachtingen? Uit empirisch onderzoek blijkt dat er inderdaad aanwijzingen zijn dat de adolescentie een gevoelige periode is. Bij jongeren wordt in deze ontwikkelingsperiode een toenemende prevalentie (mate waarin een stoornis voorkomt) van klinische stoornissen (eetstoornissen, schizofrenie) en verschillende typen psychosociale problemen (antisociaal gedrag, depressie, zelfmoordpogingen) gevonden (zie verder hoofdstuk 13 en 14). Ook voor ouders blijkt de adolescentie een stressvolle periode te zijn. In een onderzoek over opvoeden in Nederland blijkt dat meer dan 65% van de ouders deze periode beschouwen als de allermoeilijkste voor opvoeders. In vergelijking met ouders van jongere kinderen voelen ouders van adolescenten zich meer depressief en minder tevreden met de opvoeding en minder competent in hun ouderlijke rol (Deković, 2000). De behoefte van jongeren om ouderlijke autoriteit in twijfel te trekken kan verwarrend zijn voor ouders. Sommige ouders kunnen de ontwikkeling van autonomie bij hun adolescente kinderen opvatten als een aanval op het gezinssysteem en op hun rol als opvoeder. Deze rol als opvoeder is voor vele ouders een belangrijk onderdeel van hun zelfdefinitie en dus kunnen conflicten met kinderen gepaard gaan met gevoelens van verlies, gevoelens van minder waardevol en invloedrijk te zijn. Bovendien bevinden de meeste ouders van jongeren zich in een leeftijdsfase die 'midlife' word genoemd. Terwijl hun adolescente kinderen bezig zijn met de ontwikkeling van identiteit, autonomie en zelfstandigheid, staan de ouders voor hun eigen ontwikkelingstaken: (opnieuw) evalueren van eigen levenssituatie en gemaakte keuzes, beseffend dat sommige van deze keuzes definitief zijn (Steinberg, 2001).

Maar ondanks deze aanwijzingen dat zowel adolescenten als ouders in deze ontwikkelingsperiode een zekere mate van stress ervaren, hebben onderzoeksgegevens het idee van 'Storm and Stress' sterk gerelativeerd. Hoewel het waar is dat het begin van de puberteit en de seksuele rijping vaak gepaard gaan met een toename van conflicten, afname van cohesie in het gezin en vergroting van de emotionele afstand tussen ouder en kind, is het ook waar dat voor het grootste gedeelte van de jongeren en hun ouders geen sprake is van ernstige en langdurige conflicten. Nederlandse gegevens (Van Doorn, 2008; Reitz, Deković & Meijer, 2006) laten zien dat de meeste adolescenten hun relaties met ouders als warm en ondersteunend ervaren en dat ze in het algemeen tevreden zijn met hun ouders. Alleen een klein percentage gezinnen – tussen de 5% en 10% – ervaart een dramatische verslechtering van de kwaliteit van de ouder-kindrelaties tijdens de adolescentie. Bovendien blijkt dat veruit de meeste gezinnen die problemen ervaren in de adolescentie, al problemen hadden toen het kind jonger was. Het gaat dus niet om een plotselinge verslechtering, maar om een continuering van problemen uit eerdere leeftijdsperioden.

Kortom, voor de meeste gezinnen is de adolescentie niet zo turbulent als werd verondersteld, maar het is wel een overgangsperiode waarin duidelijk sprake is van een geleidelijke transformatie van de ouder-kindrelatie. Deze relatie verandert in deze periode langzaam van een unilaterale, hiërarchische relatie naar een meer gelijkwaardige relatie, een relatie tussen 'twee gelijken'. De manier waarop ouders en adolescenten vorm geven aan de transformatie van hun relatie, kan belangrijke gevolgen hebben voor hun welzijn en hun relatie, zowel op de korte als op de lange termijn.

10.3 Opvoeding in de adolescentie

'Opvoeding' wordt opgevat als ouderlijk gedrag in de dagelijkse omgang met het kind en wordt vaak getypeerd met behulp van twee centrale dimensies: ondersteuning en controle (Maccoby, 2000; O'Connor, 2002). Deze twee dimensies sluiten aan bij de belangrijkste functies die ouders vervullen: (1) het bieden van een verzorgende, beschermende omgeving waarin het kind zich kan ontwikkelen (*ondersteuning*) en (2) overdracht van kennis, waarden en normen en het bieden van structuur (*ouderlijke controle*). De afzonderlijke gedragingen van ouders in uiteenlopende opvoedingssituaties kunnen dan worden opgevat als een specifieke invulling van deze twee dimensies.

De eerste dimensie (*ondersteuning*) verwijst naar gedrag dat liefde en zorg voor het kind uitdrukt en op fysiek en emotioneel welzijn van het kind is gericht, waardoor het kind zich begrepen en geaccepteerd voelt. Voorbeelden zijn: bemoedigen, accepteren, helpen, samenwerken, affectie tonen, en prompt en adequaat reageren op de signalen van het kind.

Over de betekenis van de tweede dimensie (*ouderlijke controle*: het sturen van het gedrag van het kind), bestaan tegenstrijdige opvattingen die samenhangen met de manier waarop controle wordt gedefinieerd (zie voor een overzicht Deković, Reitz & Prinzie, 2008). Sommige auteurs benadrukken de negatieve aspecten van controle: het stellen van strikte regels die het kind geen bewegingsvrijheid toelaten, het toepassen van macht bijvoorbeeld in de vorm van straf en verbieden. Dit soort controle wordt met de termen *machtsuitoefening, restrictiviteit* en *autoritaire controle* aangeduid. Controle kan echter ook op een andere wijze worden uitgeoefend, bijvoorbeeld door het kind reden en uitleg te geven waarom iets moet of niet mag, door informatie en aanwijzingen te geven (*inductie*) en door een beroep te doen op de verantwoordelijkheid en zelfstandigheid van het kind (*demandingness*). Deze vormen van controle worden gewoonlijk *autoritatieve controle* genoemd. De twee onderscheiden vormen van controlegedrag blijken ook een verschillend effect te hebben: terwijl autoritaire controle negatief samenhangt met de sociale en cognitieve competentie van het kind, blijkt autoritatieve controle een positief effect te hebben op de ontwikkeling van het kind.

In recentere literatuur (Barber, 2002; Soenens et al., 2005) wordt verder een onderscheid gemaakt in psychologische controle en gedragscontrole. Het verschil tussen deze twee types controle ligt in het object van de controle. Met *psychologische controle*, dat refereert naar gedrag van ouders waarbij de ontwikkeling van de autonomie van het kind wordt geremd/belemmerd, probeert de ouder het kind als persoon te veranderen. Met *gedragscontrole* proberen ouders vooral het gedrag van het kind te reguleren en zodanig te beïnvloeden dat het kind leert omgaan met structuur en regels in het alledaagse leven. Het gebruik van psychologische controle lijkt negatief samen te hangen met het adequaat psychosociaal functioneren van een adolescent. Deze vorm van controle is voornamelijk een risicofactor voor internaliserende problemen bij adolescenten. Doordat de ouder het kind manipuleert en probeert te veranderen, wordt het proces van autonomieontwikkeling verstoord en kan de adolescent onzeker en bang worden om zichzelf te zijn en om de liefde van de ouder te verliezen (Barber, 2002). Gedragscontrole daarentegen heeft een ander effect. Een belangrijke component van controle is om als ouder te weten waar de adolescent is, welke activiteit hij/zij onderneemt en met wie (Kerr & Stattin, 2000). Bij te weinig gedragscontrole kunnen er problemen ontstaan als ongehoorzaamheid, agressie, delinquentie en drugsgebruik.

Sommige auteurs (Baumrind, 1991; Steinberg & Morris, 2001) gebruiken een andere benadering om opvoeding te beschrijven, namelijk in termen van stijlen in plaats van dimensies. Er wordt dan onderscheid gemaakt tussen autoritatieve, autoritaire, permissieve en onverschillige opvoedingsstijlen. Deze indeling is gebaseerd op de twee bovengenoemde dimensies (zie figuur 10.1). *Autoritatieve* ouders zijn warm en ondersteunend naar hun kinderen, maar tegelijkertijd stellen ze ook grenzen en controleren ze het gedrag van het kind. Daarbij erkennen ze de individualiteit van het kind en proberen ze het te sturen op een rationele en democratische manier. Ze stimuleren zelfstandigheid en het gezamenlijk nemen van beslissingen. *Autoritaire* ouders daarentegen overleggen weinig, stellen veel regels en beperkingen zonder uitleg te geven en verwachten directe gehoorzaamheid. Ze zijn ook minder warm en minder sensitief voor de behoeften van hun kind. *Permissieve* ouders zijn wel warm, accepterend en betrokken bij het kind. Ze stellen echter nauwelijks eisen aan het gedrag van het kind. Ze straffen niet, zijn tolerant en laten het aan het kind over om zijn/haar gedrag en activiteiten te reguleren. Ten slotte zijn ouders die een *onverschillige* opvoedingsstijl hanteren weinig betrokken en geïnteresseerd in het kind. Zij zijn niet ondersteunend en ook niet controlerend: ze laten het kind eigenlijk aan zijn/haar lot over (Darling & Steinberg, 1993).

		RESPONSIVITEIT/STEUN	
		hoog	laag
EISEN STELLEN/ CONTROLE	hoog	autoritatief	autoritair
	laag	permissief	onverschillig

Figuur 10.1 Een tweedimensionale classificatie van opvoedingspatronen (Maccoby & Martin, 1983)

Soms wordt verondersteld dat ouderlijke opvoeding minder belangrijk wordt naarmate kinderen ouder worden. In de adolescentie brengen kinderen steeds meer tijd buitenshuis door in interactie met leeftijdgenoten. Zij beginnen een steeds belangrijker referentiekader te worden en nemen in de beleving van de jongere de centrale positie in, die in de kinderjaren voor de ouders was gereserveerd. Daarnaast zijn er natuurlijk ook invloeden van bredere omgevingen zoals buurt, school en media. Al deze 'buitengezinsinvloeden' zouden de rol van ouders naar de achtergrond dringen. Onderzoeksresultaten laten echter zien dat opvoeding in de adolescentieperiode nog steeds van belang is en een samenhang vertoont met de ontwikkeling van jongeren. Ook in de adolescentie is een belangrijke taak voor ouders het scheppen van een veilige, warme, affectieve omgeving waarin de individualiteit en de zelfstandigheid van het kind wordt ondersteund en waarin de jongere de gelegenheid krijgt in te gaan op nieuwe fysieke, cognitieve en sociale uitdagingen. De sturende, controlerende taak blijft ook bestaan: ouders moeten afspraken maken over redelijke regels en normen waaraan de jongere zich moet houden en erop toezien dat die regels worden nageleefd.

Toch verandert het opvoedingsgedrag van ouders als een kind de adolescentie nadert (Smetana, Campione-Barr & Metzger, 2006). Met jongeren moet bijvoorbeeld meer worden onderhandeld. De behoefte van een jongere aan meer autonomie vereist een aanpassing in de ouderlijke controle, niet alleen in de hoeveelheid controle, maar ook in de manier waarop de controle wordt uitgeoefend. Onderzoeksgegevens laten zien dat ouderlijke controle gedefinieerd als inductie (dat wil zeggen, uitleg geven, wijzen op de gevolgen van het gedrag) wel goed aansluit op de behoeften van het kind in de basisschoolperiode, maar minder goed op de behoeften van de jongere (Barnes & Farrell, 1992). In de adolescentie spelen andere aspecten van controle een belangrijkere rol: de mate waarin de jongere participeert in gezamenlijke beslissingen en de mate waarin de ouder toezicht houdt op hem of haar. Naarmate jongeren ouder worden, wordt het steeds belangrijker dat ouders de zelfstandigheid van hun kind stimuleren. Wel blijven daarbij duidelijke regels en normen van belang. Het uitoefenen van ouderlijke controle vindt in deze periode veelal plaats door middel van 'monitoring': het toezicht houden en op de hoogte zijn van het dagelijks reilen en zeilen van de jongere en het weten wat de jongere interesseert en bezighoudt. Het gebrek aan toezicht door ouders is een van de belangrijkste voorspellers van delinquent gedrag in de adolescentie gebleken (Hill, 2002).

Kinderen ontwikkelen zich tijdens hun adolescentieperiode het positiefst als het opvoedingsgedrag van ouders wordt gekenmerkt door een hoge mate van warmte en ondersteuning, door democratische controle en monitoring (Buist, Deković & Gerris, 2011; Steinberg, 2001). Te weinig ouderlijke ondersteuning en warmte gaat samen met een negatief zelfbeeld van jongeren, slechtere schoolprestaties, een gebrek aan empathie, het weinig rekening houden met anderen, en negatieve verwachtingen ten aanzien van anderen in sociale contacten. Te weinig duidelijke regels en te weinig consistente controle en supervisie door ouders kan leiden tot een zwakke controle van impulsen, gebrek aan sociale vaardigheden en probleemgedrag van kinderen (Van As, 1999). Autoritaire, restrictieve controle door ouders en frequent straffen daarentegen vergroot de kans op probleemgedrag en lagere sociale competentie (Van den Akker, Deković & Prinzie, 2010).

Een mogelijke verklaring voor de positieve effecten van ouderlijke ondersteuning is dat een warme, ondersteunende ouder een omgeving creëert waarin emotionele behoeften van jongeren worden bevredigd en waarin een positief zelfbeeld wordt gestimuleerd. Een ondersteunende ouder geeft de jongere de mogelijkheid om zijn/haar ideeën openlijk te uiten en dus communicatieve en sociale vaardigheden uit te proberen in een sociale context. Ouders die controle toepassen die wordt gekenmerkt door open onderhandelingen en onderlinge discussie, stimuleren sociale en cognitieve vaardigheden bij hun kinderen die ook nodig zijn voor het functioneren buiten het gezin. Dit betreft vaardigheden als: andermans perspectief kunnen nemen in een discussie, onderhandelen, conflicten kunnen hanteren en oplossen. Deze ouders stellen duidelijke grenzen en zorgen voor de naleving van de regels, waardoor zij de jongere een stabiele en voorspelbare omgeving verschaffen. Doordat ouders een beroep doen op de zelfstandigheid en leeftijdsadequate eisen stellen, leert de jongere dat híj verantwoordelijk is voor zijn eigen handelen. Door op een rationele manier het gedrag van de jongere te sturen, zorgen ouders ook voor een optimale leersituatie: jongeren zouden meer geneigd zijn om naar hun ouders te luisteren en te accepteren wat hun ouders zeggen dan in de situaties waarin jongeren boos zijn of bang zijn voor straf.

Dit laatste gebeurt vaak bij het toepassen van restrictieve controle. Jongeren gehoorzamen om straf te vermijden en niet omdat ze zich de normen en regels van hun ouders hebben eigen gemaakt. Negatieve gevoelens bij de jongere kunnen er ook toe leiden dat zij uit angst voor negatieve gevolgen weinig aan hun ouders vertellen, zodat ouders dan niet goed op de hoogte zijn van het doen en laten van hun kind. Daardoor is het voor ouders ook moeilijker om het gedrag van hun kind op tijd bij te sturen als dat nodig is. Een te strikte controle kan ook gevoelens van schuld en waardeloosheid oproepen bij de adolescent. In een restrictieve omgeving zijn er bovendien weinig mogelijkheden voor jongeren om initiatieven te nemen en wordt de groei naar zelfstandigheid en autonomie niet gestimuleerd. Deze negatieve effecten van een inadequate manier van het sturen van het kindgedrag worden nog versterkt wanneer de opvoeding ook gekenmerkt wordt door gebrek aan steun en affectie (Aunola & Nurmi, 2005).

Kortom, opvoeding die zowel warmte als democratisch gezag omvat, lijkt het meest tegemoet te komen aan de behoefte van jongeren om een evenwicht te vinden tussen individualiteit (de drang naar zelfstandigheid) en verbondenheid (een veilige thuishaven willen hebben).

Opvoeding moet echter niet als eenrichtingsverkeer worden opgevat. De jongere is een actieve participant die zijn/haar ontwikkeling en opvoeding mede stuurt. Opvoeding kan het beste worden opgevat als een dynamisch systeem van wederzijdse beïnvloeding, waardoor zowel de ouder als de jongere veranderen in de loop van de interactie. Dit noemt men een *transactionele beïnvloeding* (zie hoofdstuk 1 en 2). Op basis van ervaringen, opgedaan in voortdurende transacties met elkaar, bouwen zowel de ouders als de jongere wederzijdse verwachtingen op. Deze verwachtingen beïnvloeden vervolgens het gedrag in toekomstige situaties. Meerder studies hebben aangetoond dat de ouder-adolescentrelatie een bidirectionele relatie is, waarin de ouder en de adolescent elkaar wederzijds beïnvloeden. Zo liet Gault-Sherman (2012) zien dat er wederkerige relaties bestaan tussen hechting tussen adolescent en ouder aan de ene kant en delinquentie van de adolescent aan de andere kant. Jang en Smith (1997) vonden bidirectionele relaties tussen ouderlijke supervisie en delinquent gedrag van adolescenten: naarmate ouders meer supervisie uitoefenen, zijn adolescent delinquenter. Maar ook andersom: delinquentie bij adolescenten voorspelt minder supervisie van ouders. Daarentegen vonden Kerr en Stattin (2003) meer steun voor adolescent-effecten (delinquentie) op de mate waarin ouders toezicht houden dan andersom. Dit geldt overigens niet alleen voor externaliserend probleemgedrag, al is deze relatie veel vaker onderzocht (De Haan, Prinzie & Deković, 2012). Een Nederlandse studie (Buist et al., 2004) liet zien dat er wederkerige negatieve effecten bestaan tussen de hechtingsrelatie van ouder en adolescent en internaliserend probleemgedrag. Naast deze wederkerige invloeden tussen ouder en adolescent, zijn er uiteraard ook andere invloeden, zowel binnen als buiten het gezin (bijvoorbeeld de kwaliteit van de overige gezinsrelaties, de mate van sociale steun uit omgeving, school, leeftijdgenoten) die, in een complex proces van wederzijdse beïnvloeding, uiteindelijk bepalen hoe de opvoeding in een gezin vorm zal krijgen.

10.4 Opvoeder-kindrelatie: gehechtheid en conflicten

Zowel bij de dimensionale benadering als bij typologiebenadering is opvoeding steeds gedefinieerd als specifiek, doelgericht gedrag waardoor ouders hun opvoedingstaken vervullen. Dit opvoedingsgedrag doet zich voor in de context van een duurzame relatie met het kind. De kwaliteit van deze relatie kan de betekenis van een bepaald concreet opvoedingsgedrag beïnvloeden. Ouderlijk toezicht op huiswerk kan bijvoorbeeld in een context van een warme, hechte relatie door de jongeren worden geïnterpreteerd als positieve betrokkenheid. Hetzelfde ouderlijke gedrag in een vijandige, afstandelijke relatie kan echter door jongeren worden geïnterpreteerd als ouderlijke bemoeizucht en een poging om controle over alle aspecten van het leven van de jongere uit te oefenen. Twee veel bestudeerde indicatoren van de kwaliteit van de ouder-jongererelatie zijn de gehechtheid tussen de jongere en de ouders, en de conflicten in deze relatie.

10.4.1 Gehechtheid

Onder 'gehechtheid' wordt een langdurige, intense, gevoelsmatige band verstaan, van oorsprong vooral tussen baby's en jonge kinderen, en hun moeder. Volgens Bowlby (1982), de grondlegger van de gehechtheidstheorie, hebben baby's een aangeboren neiging om hechte relaties te vormen met volwassenen (gehechtheidsfiguren). Deze relaties zijn evolutionair gezien nuttig, omdat de aanwezigheid van een beschermende volwassene de overlevingskansen van een baby (en dus van de hele soort) vergroot. Het gehechtheidssysteem streeft daarom voortdurend naar de nabijheid van gehechtheidsfiguren. Het systeem wordt geactiveerd in tijden van stress, als een kind zich bang, moe, ziek, alleen of onveilig voelt. Het kind zal dan gehechtheidsgedrag vertonen, zoals huilen, met als gevolg dat de gehechtheidsfiguur in de nabijheid komt. Als het kind zich veilig voelt, wordt het gehechtheidssysteem gedeactiveerd en wordt de gehechtheidsfiguur gebruikt als een veilige basis voor exploratie van de wereld. Gehechtheidservaringen met verschillende gehechtheidsfiguren worden geïntegreerd tot een intern werkmodel van gehechtheid. Dit interne werkmodel van gehechtheid fungeert als blauwdruk voor nieuwe sociale relaties. Naast dit interne werkmodel van gehechtheid blijven de afzonderlijke gehechtheidsrelaties ook bestaan.

Gehechtheid is door de jaren heen uitgegroeid tot een concept dat tijdens de hele levensloop belangrijk wordt verondersteld. Naarmate kinderen ouder en meer volwassen worden, ziet deze band er natuurlijk wel anders uit. Baby's hebben hun ouders nodig om te overleven, maar als een kind opgroeit, is hij steeds beter in staat om op eigen benen te staan en voor zichzelf te zorgen. Losmaking ('onthechting') van ouders wordt gezien als een van de belangrijkste ontwikkelingstaken in de adolescentie, naast het opbouwen van een eigen identiteit. Wanneer wordt gekeken naar de hoeveelheid tijd die jongeren in het gezin doorbrengen, lijkt er inderdaad sprake te zijn van een minder hechte band. De hoeveelheid tijd die jongeren in het gezin doorbrengen, vermindert namelijk aanzienlijk in de loop van de adolescentie: van 35% van het totale aantal uren dat een kind wakker is op de leeftijd van elf jaar naar 14% van deze uren op de leeftijd van achttien jaar (Larson et al., 1996). De vraag is echter of dit inderdaad duidt op minder hechte relaties met de ouders. Uit hetzelfde onderzoek bleek namelijk dat de hoeveelheid tijd die jongeren doorbrengen in gesprek met ouders over intieme en belangrijke onderwerpen juist toeneemt.

Hoewel de affectieve band tijdens de adolescentie nog net zo relevant is als tijdens de kindertijd, is er een vermindering in kwaliteit van gehechtheid van jongeren aan hun ouders. Er is hierbij een verschil tussen jongens en meisjes, en tussen gehechtheid aan vaders en moeders. Meisjes hebben gemiddeld genomen een kwalitatief betere gehechtheidsrelatie met hun ouders dan jongens. Jongens hebben bovendien een kwalitatief betere gehechtheidsrelatie met hun moeder dan met hun vader. Ook de veranderingen tijdens de adolescentie verlopen anders voor deze relaties. De kwaliteit van hechting van jongens aan moeder en van meisjes aan vader vertoont een grillig patroon met pieken en dalen over de pubertijd heen. De hechtingsrelatie met de ouder van dezelfde sekse wordt tijdens de adolescentie langzaam maar zeker van mindere kwaliteit (Buist et al., 2002).

Deze verminderde kwaliteit van gehechtheid is echter niet noodzakelijkerwijs een negatief verschijnsel: enige losmaking van de ouders is nodig voor de ontwikkeling van de jongere tot jongvolwassene met een eigen identiteit en positieve relaties met leeftijdgenoten. Er is bij het overgrote deel van de jongeren geen sprake van een complete verbreking van de band. Het is echter wel zo, dat er een negatief verband bestaat tussen de kwaliteit van de affectieve relatie met ouders en het probleemgedrag van jongeren. Jongeren die een warme relatie hebben met hun ouders, rapporteren minder probleemgedrag en voelen zich beter. Als ze toch probleemgedrag vertonen, zoals delinquentie en agressiviteit, is het gedrag bij deze jongeren minder frequent en minder ernstig dan bij jongeren die een minder warme relatie hebben met hun ouders (Allen et al., 1998; Marcus & Betzer, 1996). Deze jongeren met een minder warme relatie met hun ouders, hebben ook vaker last van depressieve gevoelens (Laible, Carlo & Rafaelli, 2000), vertonen meer gedragsproblemen en gebruiken meer middelen (Elgar et al., 2003). Het moet wel benadrukt worden, dat hier sprake is van een wederzijdse beïnvloeding: een slechte relatie met ouders werkt probleemgedrag in de hand, maar probleemgedrag zorgt natuurlijk ook voor een slechte relatie met ouders.

10.4.2 Conflicten

Conflicten tussen ouders en jongeren zijn een andere indicator van de kwaliteit van de relatie tussen de jongere en zijn/haar ouder. Door de toenemende zelfstandigheid van de jongere kunnen meningsverschillen met ouders niet altijd worden vermeden. Terwijl voorheen veelal werd uitgegaan van een omgekeerd U-vormig verloop van conflicten tijdens de adolescentie, met een toename van de vroege naar de middenadolescentie, gevolgd door een afname naar de late adolescentie, blijkt uit een meta-analyse dat dit patroon niet helemaal opgaat (Laursen, Coy & Collins, 1998). Van de vroege naar de middenadolescentie nemen conflicten juist af in frequentie, maar toe in emotionele intensiteit. Na de middenadolescentie nemen de conflicten nog meer af in frequentie, maar de emotionele intensiteit blijft grotendeels gelijk (Laursen et al., 1998). In het algemeen blijkt dat moeders degenen zijn met wie jongeren (en dan vooral meisjes) de meeste conflicten hebben. Het is echter van belang om te kijken waarover deze conflicten in de ouder-kindrelatie gaan en wat de gevolgen ervan zijn.

Uit Amerikaans (Laursen & Collins, 1994) en Nederlands onderzoek (Deković, 1999) blijkt dat de onderwerpen die de meeste conflicten in gezinnen met adolescenten veroorzaken, zijn gerelateerd aan alledaagse aspecten van het gezinsleven: ruzies tussen broers en zussen, huisregels en het tijdstip van thuiskomen. Conflicten over ideologie, zoals normen en waarden, discussies over politiek, films, tv-programma's en onderwerpen die te maken hebben met het functioneren van de adolescent buiten het gezin (schoolprestatie, werkhouding) komen minder vaak voor. Ook rapporteren ouders heel weinig conflicten over persoonlijke zaken, zoals seksualiteit, keuze van de partner, keuze van vrienden en vrijetijdsbesteding. Met andere woorden: het gaat bij conflicten om alledaagse gedragsregels en veel minder om wezenlijke verschillen in de opvattingen of over onderwerpen met een sterke emotionele lading.

Dit soort conflicten ontstaat vaak omdat de jongere behoefte heeft om meer autonomie te ontwikkelen. Of een conflict dan ook daadwerkelijk ontstaat, is afhankelijk van de manier waarop de ouders reageren op de jongere. In gezinnen waarin de ouders door de jongere worden gezien als weinig ondersteunend en afwijzend, zijn meer conflicten aanwezig. De manier waarop de ouders controle uitoefenen is ook belangrijk, omdat vele conflicten in deze periode over de ouderlijke controle gaan: jongeren willen meestal meer vrijheid dan ouders bereid zijn om toe te staan (Deković, Noom & Meeus, 1997). Ouders die op het streven van de jongere naar meer autonomie reageren met een autoritaire opstelling, ontlokken meer negatieve uitwisseling en meer ongehoorzaamheid. De mate en de ernst van conflicten is groter in gezinnen met autoritaire ouders (Smetana, 1995).

Naast de vraag hoe vaak en waarom conflicten ontstaan, is het belangrijk wat voor gevolgen conflicten hebben. De meningen over de gevolgen van conflicten zijn erg verdeeld. Het hebben van conflicten wordt gezien als een normaal aspect van de ontwikkeling ('normatief'), als belangrijk voor psychologische groei ('gezond') of als een indicator van problemen in de ouder-kindrelaties ('ongezond'). Sommige auteurs (Laursen & Collins, 1994) beweren dat juist hechte relaties worden gekenmerkt door meer conflicten, omdat in zulke relaties meer mogelijkheid bestaat voor open communicatie en het uiten van onenigheid. Ook blijkt uit onderzoek dat de mate van conflict binnen de ouder-kindrelatie geen lange-termijn heeft op de ervaren kwaliteit van deze relatie (Smetana, Metzger & Campione-Barr, 2004).

Echter, het hebben van meer en ernstiger conflicten met ouders hangt samen met het externaliserende en internaliserende probleemgedrag: delinquentie, agressie, lage zelfwaardering en depressiviteit (Barber & Delfabbro, 2000; Beam et al., 2002; Burt et al., 2003). Deze gegevens lijken te wijzen op de negatieve gevolgen van ernstige conflicten voor jongeren. Deze conflicten hebben niet alleen een effect op de ontwikkeling en het welbevinden van de jongeren, maar ook op de rest van het gezin.

10.5 Het gezin als systeem van relaties

In paragraaf 10.3 werd de nadruk gelegd op de individuele kenmerken van de ouder: hoe gedraagt de ouder zich in interactie met de jongere, wat voor opvoedingsgedrag vertoont de ouder? In paragraaf 10.4 lag het accent op kenmerken van de relatie tussen de opvoeder en de jongere: hoe hecht of conflictueus is de band tussen de ouder en de jongere? De laatste decennia is er echter steeds meer belangstelling gekomen voor het gezin in bredere zin. Gekeken wordt naar andere relaties in het gezin dan die tussen ouder en kind, bijvoorbeeld die tussen broers en zussen en het gezin als systeem (Deković & Buist, 2005; Cox & Paley, 2003; Steinberg & Morris, 2001). In deze paragraaf gaat het eerst over de relaties tussen broers en zussen en daarna over het gezin als geheel.

10.5.1 De relatie tussen broers en zussen

De relatie tussen broers en zussen is uniek in de ontwikkeling van het kind, want ze is zowel gelijkwaardig als onvrijwillig. Daarin wijkt de relatie af van zowel de relaties met leeftijdgenoten (die gelijkwaardig en vrijwillig zijn) als van de relaties met ouders (die niet-gelijkwaardig en ook niet-vrijwillig zijn). Bovendien is de broer-zusrelatie een van de langstdurende relaties tijdens een mensenleven.

De broer-zusrelatie wordt in het algemeen gezien als een emotioneel geladen relatie, waarin conflict en rivaliteit hand in hand gaan met liefde en steun (Deater-Deckard, Dunn & Lussier, 2002; Kim et al., 2006; Noller, 2005). In vroeger onderzoek naar de broer-zusrelatie werd met name gekeken naar structurele aspecten, bijvoorbeeld de plaats van een kind in de kinderrij (Toman, 1994). Binnen deze onderzoeksstroming werd aangenomen dat belangrijke persoonlijkheidskenmerken en sociale relaties sterk beïnvloed werden door de gezinsconstellatie, dus het gehele netwerk van broers en zussen. De laatste jaren is deze stroming echter in onbruik geraakt omdat er weinig empirische onderbouwing voor gevonden is en omdat deze de inherente complexiteit van broer-zusrelaties ernstig tekort doet (Sanders, 2004). Tegenwoordig wordt met name gekeken naar kwaliteit van de broer-zusrelatie (conflict, warmte, rivaliteit, enzovoort), en gebruikt men een procesbenadering in plaats van een structuurbenadering.

Uitgaande van de structuurbenadering zou de broer-zusrelatie vrij stabiel moeten zijn, want de structuur (aantal en sekse) verandert immers voor de meeste jongeren niet. Er is echter uit onderzoek gebleken, dat de kwaliteit van de broer-zusrelatie tijdens de adolescentie veranderingen laat zien. In het algemeen blijkt een toename in het aantal conflicten tijdens de vroege adolescentie. In de late adolescentie neemt dat weer af (Brody, Stoneman & McCoy, 1994). Een verklaring hiervoor kan zijn dat kinderen zich in het begin van de adolescentie in verschillende ontwikkelingsfasen bevinden. De oudste zit al op de middelbare school en komt in een andere, in diens ogen meer volwassen, levensfase en beschouwt een jongere broer of zus wellicht als een kind. Dat verschil trekt echter weer bij als jongere broers en/of zussen ook in de adolescentie komen en als het ware een inhaalslag leveren. Deze verklaring is bevestigd in empirisch onderzoek (Buist et al., 2002).

De kwaliteit van relaties met broers en/of zussen blijkt van invloed te zijn op de relaties van jongeren met leeftijdgenoten. In de broer-zusrelatie leren kinderen en jongeren veel over sociale relaties en deze ervaring nemen ze weer mee in hun relaties buiten het gezin (Brody, 1998; Steinberg & Morris, 2001). Op deze manier hebben goede broer-zusrelaties een gunstige uitwerking op de sociale competentie van jongeren. Ook kan de relatie een beschermende factor zijn tegen het ontwikkelen van probleemgedrag. Een positieve broer-zusrelatie kan zorgen voor een positief zelfbeeld, wat weer beschermend werkt tegen het ontstaan van probleemgedrag, zoals delinquentie (Yeh & Lempers, 2004).

Naast deze positieve invloed is er echter ook een negatieve invloed mogelijk van de broer-zusrelatie. Zowel een gebrek aan positieve kenmerken als warmte en communicatie, als een teveel aan negatieve kenmerken als conflict en vijandigheid hangt samen met het ontstaan en voortduren van internaliserende en externaliserende problemen (Bank, Burraston & Snyder, 2004; Buist, 2010; Gass, Jenkins & Dunn, 2007; Kim et al., 2007; Pike, Coldwell & Dunn, 2005; Slomkowski et al., 2001).

De positieve invloed van de relatie met broers en/of zussen werkt beide kanten op, maar de negatieve invloed loopt in de regel van het oudste naar het jongste kind. Jongeren met een oudere broer of zus die probleemgedrag vertoont, hebben een grotere kans om zelf ook probleemgedrag te vertonen (Buist, 2010).

10.5.2 Het gezin als geheel

De broer-zusrelatie en de invloed van deze relatie kan worden gezien als ingebed in het geheel van alle gezinsrelaties. Binnen het *gezin als geheel* spelen onder andere: de verdeling van verantwoordelijkheden en macht, de emotionele betrokkenheid van gezinsleden op elkaar, de flexibiliteit van het gezin bij de aanpassing aan veranderende omstandigheden, en de normen en waarden die het gezin kent. Het functioneren van het *gezin als geheel* heeft zowel direct als indirect invloed op de ontwikkeling van de jongere. Met indirecte beïnvloeding wordt bedoeld dat het functioneren van het gezin de kwaliteit van het opvoedingsgedrag van de individuele ouders beïnvloedt, dat op zijn beurt weer van invloed is op het functioneren van de jongere.

Vanuit de klinische praktijk is een systeembenadering ontwikkeld die inzicht verschaft in de processen die zich afspelen in het gezin als geheel. Hierbij zijn de volgende processen een risico voor het functioneren van het gezin (Cox & Paley, 1997; Lange, 2000):
1 (in)adequate hiërarchische structuur binnen het gezin;
2 (gebrek aan) betrokkenheid tussen de gezinsleden onderling;
3 (dis)functionele communicatieprocessen;
4 (problemen met) loyaliteit tussen ouders en kinderen.

Deze risico's zijn niet specifiek voor gezinnen met jongeren, maar veel begrippen die hier worden gebruikt, zijn uitermate belangrijk om gezinsprocessen in de adolescentie te begrijpen.

De hiërarchische structuur binnen het gezin
Het uitgangspunt in sommige systeembenaderingen (Compernolle, 1991; Minuchin, 1974) is dat binnen een gezin een duidelijke hiërarchie moet bestaan. Een gezin bestaat uit verschillende subsystemen. Het ouderlijk subsysteem is het belangrijkste en hoort aan de top van de hiërarchie te staan. Dat wil zeggen dat de ouders de meeste macht en beslissingsbevoegdheid uitoefenen, maar ook dat ze de meeste verantwoordelijkheid dragen voor het dagelijks leven. Als het ouderlijk subsysteem niet goed functioneert, ontstaan er problemen in het gezin. Het disfunctioneren van het ouderlijk subsysteem kan verschillende vormen aannemen.

Ten eerste is het mogelijk dat de ouders niet op één lijn staan voor wat betreft de opvoeding van hun kinderen. Ze hanteren verschillende opvoedingsstijlen (bijvoorbeeld vader is veel permissiever dan moeder) en ze stellen tegenstrijdige eisen aan het kind. Soms zelfs ondermijnt de ene ouder de autoriteit van de andere ouder door diens beslissingen zonder overleg in te trekken. Daarbij moet worden opgemerkt dat het niet strikt noodzakelijk is dat ouders altijd één blok vormen. Met name oudere kinderen en jongeren kunnen verschillen in opvoeding tussen vader en moeder goed hanteren en zelfs waarderen (Steinberg, 2001). Echter, een te grote discrepantie tussen moeder en vader kan voor de jongere verwarrend zijn. Echt problematisch wordt het als de ouders elkaar in de wielen rijden en de jongere betrekken bij hun onderlinge machtsstrijd. De jongere kan dan de ouders tegen elkaar gaan uitspelen met als gevolg dat de jongere, en niet de ouders, de meeste macht in het gezin heeft. Zo'n onderlinge machtsstrijd tussen ouders is meestal een teken van meer of minder ernstige huwelijksdisharmonie die bijdraagt tot de ontwikkeling van problemen bij jongeren (Cummings & Davies, 2002; Erel & Burman, 1995).

In de tweede plaats kunnen problemen worden veroorzaakt doordat de grenzen tussen het ouderlijk subsysteem en andere systemen (bijvoorbeeld het subsysteem van het kind of systemen buiten het gezin) te vaag en onduidelijk zijn. Een van de ouders kan het kind bijvoorbeeld te veel gaan zien als een gelijke (als een broer, een zus of als een vriend(in)) en bij allerlei beslissingen gaan betrekken. Een ouder kan zelfs met het kind een coalitie aangaan tegen de andere ouder. Hiermee neemt het kind als het ware een plaats in binnen het ouderlijk subsysteem. Een ander voorbeeld is dat mensen van buiten het gezin zich met de opvoeding bemoeien, waardoor het gezag van de ouders ernstig wordt aangetast.

Ten slotte kan het ouderlijk subsysteem niet goed functioneren door een omgekeerde hiërarchie. Deze omgekeerde hiërarchie kan worden veroorzaakt doordat beide ouders zich incompetent en machteloos voelen. Als ouders niet weten hoe ze moeten handelen als opvoeders en als ze niet met genoeg autoriteit durven op te treden, kan een gezagsvacuüm ontstaan. In gezinnen met ontspoorde jongeren en jeugdige delinquenten is dit een vaak voorkomend patroon – jongeren maken in deze gezinnen vaak de dienst uit. Het is hier van belang om te beseffen dat een adequate hiërarchie niet synoniem is aan een autoritaire opstelling. Het gaat erom dat de ouders verantwoordelijkheid nemen die bij het ouderschap hoort, onder andere door het stellen van leeftijdsadequate regels en grenzen, en door het toepassen van sancties wanneer de jongere zich niet aan deze regels houdt. De manier waarop de regels worden gesteld, hoeft niet autoritair te zijn.

Betrokkenheid tussen de gezinsleden onderling
Naast de hiërarchie in het gezin is de emotionele betrokkenheid van gezinsleden op elkaar (gezinscohesie) een belangrijk aspect van het functioneren van het gezin als systeem (Kahn & Meier, 2001). In weinig betrokken gezinnen ('los-zandgezinnen') is er een grote emotionele afstand tussen de gezinsleden en een gebrek aan wederzijdse ondersteuning. Iedereen leeft langs elkaar heen. Dit gebrek aan onderlinge betrokkenheid kan ertoe leiden dat ouders nauwelijks controle uitoefenen op hun kind en hem/haar weinig aandacht geven, wat probleemgedrag bij het kind in de hand kan werken: het opvoedingspatroon komt immers onvoldoende tegemoet aan de behoeften van de jongere. De tegenpool van deze los-zandgezinnen zijn de zogenoemde 'kluwengezinnen': gezinnen waarin de leden zich te veel betrokken voelen met het gezin en waarin autonomie en individualiteit van gezinsleden in slechts beperkte mate wordt toegestaan. Een kenmerk van het gezin als systeem dat in de adolescentie van groot belang is, is de mate waarin het gezin zich kan aanpassen aan veranderende omstandigheden. Het begin van de puberteit, de overgang van de basisschool naar de middelbare school, de toenemende zelfstandigheid van de adolescent zijn voorbeelden van 'veranderende omstandigheden' die een beroep doen op het aanpassingsvermogen van het gezin. Het gezin moet de stap maken van de levensfase van 'ouders met een klein kind' naar 'ouders met een jongere'. De machtsstructuur, de onderlinge rolverdeling en de relatiepatronen in het gezin moeten worden gewijzigd. Gezinnen verschillen echter in de mate waarin ze zich soepel kunnen aanpassen. In gezinnen met een te laag aanpas-

singsvermogen ('rigide') wordt vastgehouden aan de bestaande regels en patronen, ook al zijn ze niet meer adequaat. Zo kunnen ouders bijvoorbeeld te lang dezelfde regels en sancties hanteren voor wat betreft bedtijd, het tijdstip van thuiskomen, het nemen van beslissingen die de adolescent ook aangaan, zonder rekening te houden met het feit dat hun kind inmiddels een 'jongere' is geworden. Het behoeft geen betoog dat dit kan leiden tot ernstige conflicten en opstandig gedrag van de jongere. De tegenpool van rigide gezinnen zijn gezinnen die juist te weinig structuur hebben, waarin de regels voortdurend veranderen – gezinnen met te veel aanpassingsvermogen ('chaotische' gezinnen). Ook dit is geen ideale omgeving voor een opgroeiende jongere, omdat zulke gezinnen te weinig veiligheid bieden in een periode waarin toch zoveel verandert, zowel binnen de jongere (puberale ontwikkeling) als in de sociale omgeving.

(Dis)functionele communicatieprocessen

In sommige andere systeembenaderingen (Haley, 1980; Watzlawick, Beavin, & Jackson, 1970) wordt weliswaar ook gelet op de machtsverhoudingen binnen het gezin, maar ligt het accent meer op de inhoud van interactieprocessen zelf: de manier waarop de gezinsleden met elkaar communiceren. Voorbeelden van disfunctionele communicatie zijn: elkaar niet laten uitspreken, het voortdurend verwijten maken naar elkaar toe, het niet naar elkaar luisteren en daardoor elkaar verkeerd begrijpen en interpreteren, het voortdurend teruggrijpen naar zaken uit verleden of zich terugtrekken (niet communiceren) uit angst dat conflicten zullen escaleren. Uit onderzoek van Janssens en Van As (1994) naar het functioneren van gezinnen met adolescenten die gedragsproblemen vertonen, bleek dat gezinscommunicatie nog belangrijker is dan gezinshiërarchie. Zij vonden dat in probleemgezinnen weliswaar sprake is van meer problematische gezinshiërarchie (minder cohesie, meer chaotisch verloop), maar de grootste verschillen tussen deze gezinnen en 'normale' gezinnen zaten juist in de kwaliteit van de communicatie in het gezin.

Loyaliteit tussen ouders en kinderen

Ten slotte zijn er systeembenaderingen waarin vooral de nadruk wordt gelegd op langetermijneffecten van verstoorde relaties tussen kinderen en ouders (Ackerman, 1968; Boszormenyi-Nagy, 1987). Deze verstoorde relaties zijn vaak projecties uit het verleden. De relaties van de ouders met hun eigen ouders, hun gezin van herkomst, beïnvloeden de manier waarop ze nu in hun huidig gezin functioneren. Indien het proces van losmaking ten opzichte van het gezin van herkomst niet goed is verlopen, heeft dat negatieve gevolgen voor de relaties in het huidige gezin. Daarbij speelt het begrip 'loyaliteit' een centrale rol (Delsing et al., 2005). Normaal gesproken zijn kinderen en ouders loyaal aan elkaar. Kinderen hebben hun leven aan hun ouders te danken en ze krijgen van hun ouders liefde en verzorging. Daarom heeft het kind vertrouwen in de ouder en probeert aan de eisen en de verwachtingen van de ouders te voldoen. Problemen ontstaan als dit normale geven en nemen tussen ouders en kinderen uit balans raakt. Dat kan gebeuren doordat er te veel van het kind wordt verwacht en het kind te veel verantwoordelijkheden krijgt die het nog niet aankan. In extreme gevallen kan er sprake zijn van 'parentificatie', dat wil zeggen dat het kind taken, verantwoordelijkheden en de rol van de ouder op zich neemt. Aan de andere kant kan het ook zijn dat ouders te weinig van het kind eisen. Het kind wordt 'overbeschermd', waardoor het geen gelegenheid krijgt om zich te bekwamen in zelfstandigheid en verantwoordelijkheid. In het geval dat ouders tegenstrijdige verwachtingen van het kind hebben (hij moet van vader voetballer worden, maar van moeder een pianist), kan dit leiden tot zogenaamde 'gespleten loyaliteiten'. Het kind bevindt zich tussen twee ouders en dat is een 'no-win'-situatie: het kind kan alleen loyaal zijn aan de ene ouder, en dat gaat ten koste van de andere. De enige manier voor het kind om het gezin bij elkaar te houden en de aandacht van de onenigheid tussen de ouders af te leiden, is om probleemgedrag te ontwikkelen. Het kind fungeert dan als bliksemafleider of zondebok.

De belangrijkste eigenschap van de benadering van het gezin als geheel is dat men ervan uitgaat dat het functioneren van elk individueel gezinslid onlosmakelijk is verbonden met het functioneren van overige leden van het gezin. Het probleemgedrag van de jongere kan in deze visie niet worden begrepen door slechts naar de jongere als individu te kijken. Naast individuele pathologie dragen disfunctionele patronen binnen het gezin bij tot het ontstaan, het handhaven en het versterken van individuele problematiek (Lange, 2000).

Gedeelde en ongedeelde ervaringen binnen het gezin
In veel onderzoek naar gezinsrelaties wordt slechts één kind en één ouder (meestal de moeder) bij het onderzoek betrokken en wordt gekeken naar de verschillen tussen kinderen uit *verschillende* gezinnen. Om de complexe verhoudingen tussen meerdere gezinsleden in hetzelfde gezin, zoals die hierboven zijn beschreven, te bestuderen is echter onderzoek nodig waarbij het accent ligt op het bestuderen van het gezin als geheel en waarbij wordt gekeken naar de verschillen binnen *hetzelfde* gezin (Boer, 1997; Van Aken, 2002; Engels, 2003). In recentere studies worden dan ook vaak meerdere gezinsleden in het onderzoek betrokken: beide ouders en broertjes en zusjes. Deze nieuwe studies zijn mede geïnspireerd door de simpele, maar treffende vraag die gedragsgenetisch onderzoek stelde: hoe komt het dat kinderen die in hetzelfde gezin opgroeien, toch zo verschillend zijn (Feinberg & Hetherington, 2000; Reiss, 1995)? Naast het voor de hand liggende antwoord dat die kinderen andere aangeboren eigenschappen hebben (genetische invloeden), is een ander mogelijk antwoord dat kinderen uit hetzelfde gezin toch verschillend worden opgevoed. In gedragsgenetisch onderzoek wordt hiervoor het onderscheid gemaakt tussen gedeelde ervaringen (die aspecten van een gezin die alle kinderen hetzelfde ervaren) en ongedeelde ervaringen (die aspecten van een gezin die de kinderen verschillend ervaren). De ongedeelde ervaringen zouden ertoe kunnen leiden, dat kinderen binnen één gezin toch zo verschillend kunnen worden.

Onderzoeken waarin meer dan één kind in het onderzoek participeert, hebben inderdaad laten zien dat ouders zich anders gedragen ten opzichte van de verschillende kinderen in het gezin, een verschijnsel dat bekendstaat onder de naam 'differential parental treatment' (differentiële behandeling). Een voorbeeld van ongelijke behandeling is wanneer een ouder in een gezin met twee kinderen het oudste kind veel strenger opvoedt en veel minder vrijheid geeft dan het jongste kind. Deze verschillen in ouderlijk gedrag kunnen samenhangen met verschillen in het gedrag van kinderen, een kind dat minder positief wordt benaderd en dat zich achtergesteld voelt, kan op den duur meer probleemgedrag vertonen dan zijn/haar broer of zus (Turkheimer & Waldron, 2000). Uit onderzoek blijkt dat kinderen die ervaren dat ze minder liefde krijgen (differentiële affectie) en/of strengere regels dan hun broer of zus (differentiële controle) meer angst, depressie, agressie en delinquentie rapporteren (Hetherington et al., 1999). Dit verband wordt echter beïnvloed door de mate waarin kinderen deze ongelijke behandeling als onrechtvaardig ervaren (Kowal & Kramer, 1997).

10.6 Gezin en maatschappij

Behalve de invloeden van individuele eigenschappen en van de onderlinge relaties tussen de gezinsleden op het gezin als geheel, is het zinvol te kijken naar de invloed van bredere contexten, zoals de maatschappij, op de ontwikkeling van het gezin in het algemeen en van jongeren in het bijzonder.

Er is veel onderzoek gedaan naar de invloed van het sociale milieu waarin het gezinssysteem zich bevindt. Daarbij is vaak gevonden dat jongeren uit gezinnen met minder inkomen en een lager opleidings- en beroepsniveau van ouders, meer probleemgedrag vertonen, minder goede schoolprestaties hebben en minder sociaal competent gedrag vertonen (Bradley & Corwyn, 2002). De veronderstelling is dat een laag sociaal milieu invloed heeft op het opvoedingsgedrag van ouders en op die manier indirect op het gedrag van kinderen. De overbelasting en stress die gepaard gaan met het leven in een laag milieu (slechte huisvesting, geldzorgen en schulden, weinig vooruitzichten), maken het moeilijker voor de ouder om zich op het kind te richten. Ouders uit lagere milieus voeden daardoor minder adequaat op en hebben meer kans dat hun kind ontspoort dan ouders uit hogere milieus. Conger, Conger en Martin (2010) stellen een door empirisch onderzoek ondersteund stressmodel voor, waarin financiële problemen zorgen voor meer emotionele en gedragsproblemen bij ouders, meer ouderlijke conflicten, hetgeen weer zou leiden tot hardvochtig, inconsistent en minder betrokken opvoedgedrag. Deze minder adequate opvoedingsstrategieën kunnen verklaren waarom jongeren uit lagere milieus meer gedragsproblemen vertonen.

De gezinssamenstelling kan eveneens de ontwikkeling van ouders en jongeren beïnvloeden (Weinraub, Horvath & Gringlas, 2002). Er is veel onderzoek gedaan naar de effecten van opgroeien in een zogenaamd 'kerngezin' (twee biologische ouders met één of meer kinderen, waarbij de vader werkt en de moeder zich primair op de opvoeding richt) versus opgroeien in alternatieven voor het kerngezin, zoals eenoudergezinnen (door scheiding of overlijden) en stief- en samengestelde gezinnen. Dit onderzoek is de laatste decennia sterk toegenomen, omdat het door maatschappelijke veranderingen op dit gebied als zeer relevant wordt beschouwd. Historisch gezien valt dat echter wel mee: het aantal eenoudergezinnen door scheiding is weliswaar ten opzichte van de vorige eeuw fors toegenomen, maar vroeger waren er, door vroegtijdig overlijden van een van de ouders, ook behoorlijk veel eenoudergezinnen. Ook waren er door hertrouwen na overlijden stief- en samengestelde gezinnen. Het eenoudergezin en samengestelde gezinnen zijn dus geen modern verschijnsel; het kerngezin was niet zo standaard als tegenwoordig weleens wordt gedacht.

Eenoudergezinnen zijn meestal door scheiding of het overlijden van een van de ouders ontstaan. Er is uiteraard een verschil tussen deze twee ontstaansredenen in emotionele impact en specifieke problematiek, maar er zijn ook overeenkomsten. Het alleenstaand ouderschap heeft een effect op de 'overblijvende' ouder die de dagelijkse verzorging en opvoeding voor zijn/haar rekening neemt. Dit beïnvloedt weer de ontwikkeling van de kinderen. Een paar factoren spelen hierbij mee, waarvan enkele meer praktisch en andere meer emotioneel. Een belangrijk praktisch probleem is het ontbreken van een tweede opvoeder. Het is voor alleenstaande ouders lastig dat ze tegelijkertijd vader en moeder moeten zijn. Ze missen een klankbord, iemand met wie ze dagelijks overleg kunnen plegen over opvoedkundige kwesties. Een goed sociaal netwerk kan dit probleem ondervangen en voorkomt bovendien dat alleenstaande ouders in een sociaal isolement komen, een isolement dat nog groter dreigt te worden als hun adolescente kinderen zich meer op leeftijdgenoten en minder op het gezin gaan richten. Ouders kunnen emotioneel ook nog met allerlei onverwerkte kwesties rondom hun huwelijk en de daaropvolgende scheiding of rondom het (al dan niet plotseling) overlijden van hun partner zitten, waardoor zij minder steun en aandacht kunnen geven aan hun kinderen. Juist in de adolescentie hebben kinderen hun ouders in dit opzicht hard nodig.

Al deze factoren kunnen dus de ontwikkeling van kinderen in het gezin beïnvloeden. De uitkomst wordt mede bepaald door het aantal verzwarende factoren en hoe de alleenstaande ouder en de kinderen zelf hiermee omgaan. Dit geldt algemeen voor eenoudergezinnen, maar er zijn ook verschillen tussen eenoudergezinnen die door scheiding zijn ontstaan en eenoudergezinnen die door het overlijden van een van de ouders zijn ontstaan.

Het merendeel van de onderzoeken naar eenoudergezinnen betreft *gezinnen die een scheiding achter de rug hebben*. In Nederland eindigt een op de vier huwelijken in een echtscheiding, waardoor veel kinderen en jongeren ermee te maken krijgen. Echtscheiding is altijd een emotionele belasting voor kinderen, waarbij de uitkomst sterk wordt beïnvloed door de omstandigheden rond de echtscheiding. Het meeste onderzoek heeft zich tot nu toe gericht op het effect van echtscheiding op jonge kinderen. Er zijn echter aanwijzingen dat een echtscheiding juist voor jongeren extra problematisch kan zijn of worden (Van der Valk et al., 2005). Daar is een aantal redenen voor. Zoals gezegd zijn jongeren bezig met het zich losmaken van de ouders. Dit losmakingsproces wordt uiteraard verstoord als een van de ouders het huis verlaat. Door deze situatie kunnen jongeren zich ten opzichte van de overblijvende ouder schuldig gaan voelen over hun behoefte aan autonomie en zelfstandigheid, waardoor de uiteindelijke losmaking kan worden vertraagd of uitgesteld. Bovendien richten jongeren zich tijdens de pubertijd steeds meer op leeftijdgenoten, proberen ze vriendschappen op te bouwen, alsmede intieme en seksuele relaties met de andere sekse. Als jongeren juist in deze

periode worden geconfronteerd met de disfunctionele en conflictueuze relaties van hun ouders, kan dat buitengewoon nadelig zijn voor hun eigen sociale ontwikkeling.
Jongeren kunnen op deze manier dus een behoorlijk negatief beeld krijgen van relaties. Een jongere die elke dag ziet en hoort hoe zijn/haar ouders elkaar in de haren vliegen, heeft waarschijnlijk zelf niet zo'n behoefte aan een vriendje of vriendinnetje. En als er wel sprake is van een relatie, kan een sterke fixatie op de wens 'het anders te doen dan de ouders' de verhouding met het vriendje of vriendinnetje onder druk zetten.
Praktisch gezien is het vaak zo, dat de voogdij bij echtscheiding aan moeders wordt gegeven, en dat kinderen na de scheiding bij hun moeder wonen, al dan niet met een bezoekregeling met hun vader. Door een scheiding gaan beide ouders er financieel op achteruit (Amato & Beattie, 2011). Dit kan voor de nodige kopzorgen en problemen bij de ouder zorgen, en al eerder in dit hoofdstuk bleek dat het hebben van beperkte financiële middelen nadelig kan zijn voor de ontwikkeling van kinderen en adolescenten.
Net als bij scheiding wordt vaak gedacht dat het *overlijden van een van de ouders* voor jongeren gemakkelijker is te verwerken dan voor jongere kinderen vanwege hun betere cognitieve capaciteiten. Met jongeren kan op een hoger niveau over deze onderwerpen worden gepraat en ze kunnen bepaalde problemen beter plaatsen en relativeren. Toch is het zo dat juist in de adolescentie een overlijden hard aankomt (Marwit & Carusa, 1998; Tyson-Rawson, 1996). Deze periode kenmerkt zich door veel belangrijke veranderingen en bij elk van deze veranderingen wordt het gemis van de ontbrekende ouder sterk gevoeld.
Een scheiding kan een rouwproces teweegbrengen, maar het verlies van de ouder bij overlijden is veelal ingrijpender en definitiever dan bij een scheiding. Zowel de overblijvende ouder als de kinderen doorlopen dit rouwproces, al dan niet gelijktijdig. Algemeen kan worden gezegd dat een gezin in het geval van overlijden meer de neiging heeft naar elkaar toe te trekken dan in het geval van een scheiding die door de verschillende partijen hiervoor te verschillend wordt ervaren.
Een nieuwe situatie ontstaat wanneer alleenstaande ouders een nieuwe partner krijgen en eventueel hertrouwen, en zo een *stief- of samengesteld gezin* wordt gevormd. Zeker als het overlijden of de scheiding zich relatief kort daarvoor heeft voltrokken, is het voor adolescenten lastig om aan zo'n nieuwe situatie te wennen (Steinberg, 1993). De jongere heeft dan eigenlijk te weinig tijd gehad om aan het gemis van zijn vader of moeder te wennen en zo'n nieuwe relatie of huwelijk kan als verraad worden gezien ten opzichte van de overleden of vertrokken ouder. Bovendien moeten door de komst van een stiefouder en/of stiefbroers en -zussen vaak de onderlinge posities, rollen en verantwoordelijkheden weer opnieuw worden bepaald. Concluderend kunnen we stellen, dat met name de adolescentie een moeilijke periode kan zijn voor kinderen uit gescheiden of samengestelde gezinnen, niet alleen als deze veranderingen in gezinsstructuur tijdens de adolescentie plaatsvinden, maar ook als deze al eerder hebben plaatsgevonden (Hetherington, 1999).
Al deze situaties (scheiding, overlijden, stiefgezin) kunnen tot problemen leiden bij de jongere, maar veel is afhankelijk van de specifieke omstandigheden en de manier waarop het gezin met deze situaties omgaat. Een aantal factoren kan de kans op een positieve

uitkomst vergroten. Als jongeren bijvoorbeeld als gevolg van een scheiding weinig contact hebben met de vertrokken ouder, te maken krijgen met een loyaliteitsprobleem en met nadelige financiële gevolgen van de scheiding, verhoogt dit de kans op problemen. Het ontbreken van deze factoren, en sensitiviteit van de overblijvende ouder ten aanzien van het effect van de scheiding op de adolescent, geven veelal een gunstiger prognose (Masten, 1994; De Wit, 1994).

10.7 Gezinnen van allochtone afkomst

Het percentage jongeren met allochtone achtergrond is in laatste jaren gestegen tot 38,9% in de vier grote steden (Amsterdam, Rotterdam, Den Haag, Utrecht) (Centraal Bureau voor de Statistiek, 2012). Onderzoek naar deze gezinnen is echter pas kort voor de eeuwwisseling goed van start gegaan (Bouwmeester, Deković, & Groenendaal, 1998; Distelbrink, 1998; Eldering, 2002; Geense, 1998; Nijsten, 1998; Pels, 1998). Deze onderzoeken hebben laten zien dat het stereotiepe en problematische beeld dat in de media overheerst over allochtone gezinnen, bijstelling verdient. Bovendien bestaan er grote verschillen tussen verschillende allochtone groepen in de mate waarin men gericht is op de integratie in de Nederlandse samenleving, afhankelijk van de generatie waartoe het gezin behoort. Denk daarbij aan eerste of tweede generatie, het land, maar ook de plaats van herkomst (stad of platteland), en het opleidingsniveau van de ouders (Deković, Pels & Model, 2006).

Gezinnen uit de eerste generatie waren meer georiënteerd op terugkeer naar het land waaruit het gezin vandaan komt dan op integratie. Dit bemoeilijkte uiteraard het acculturatieproces en plaatste jongeren uit deze gezinnen in een positie tussen twee werelden. In gezinnen uit de tweede generatie zijn ouders, die in Nederland zijn geboren en/of hier zijn opgeleid, veel beter bekend met de Nederlandse samenleving en daarom ook beter in staat om hun adolescente kinderen te begeleiden. Bij gezinnen die afkomstig zijn uit een van de voormalige Nederlandse koloniën, zoals Suriname, was er reeds vóór migratie sprake van cultuurcontact en beïnvloeding, onder andere via het onderwijs. Voor de gezinnen die in de jaren zestig en zeventig naar Nederland kwamen om economische redenen (Marokkanen en Turken) of die zich later in Nederland gingen vestigen in het kader van gezinshereniging, was de culturele kloof veel groter. Ze werden geconfronteerd met andere, vaak onbekende, culturele normen, tradities en religies. Tot slot vormen gezinnen van vluchtelingen en asielzoekers een aparte groep. Deze laatste groep heeft, naast de acculturatieproblemen en onbekendheid met het leven in Nederland, te kampen met speciale problemen die samenhangen met ballingschap, onzekerheid over de toekomst, en traumatische geweldservaringen.

Eerder werd opgemerkt dat de periode van adolescentie een zeker mate van turbulentie oplevert die te maken heeft met herstructurering van gezinsrelaties. Dit geldt nog meer voor gezinnen van allochtone afkomst. Bij allochtone jongeren is vaker sprake van externaliserend en internaliserend probleemgedrag dan bij Nederlandse jongeren (Stevens & Vollebergh, 2008). Dit geldt voor leer- en concentratiestoornissen, voor agressief of juist teruggetrokken gedrag, en voor identiteitsproblemen, lichamelijke klachten, slaapstoornissen, enzovoort (Eldering, 2002). Juist in de adolescentie ontstaan ook veel problemen rondom de opvoeding (Pels, Deković & Model, 2006). Factoren die bijdragen aan problemen in deze gezinnen, kunnen worden ingedeeld in problemen die samenhangen met de visie op adolescentie als ontwikkelingsfase, met opvattingen over doelen van opvoeding, met de rol en de positie van de ouders binnen het gezin, en met de maatschappelijke positie van de allochtone gezinnen.

Terwijl in de Nederlandse samenleving jongeren een specifieke positie innemen met zowel voordelen (meer faciliteiten en hulp, minder verantwoordelijkheden) als nadelen (in bepaalde opzichten minder 'vrijheid'), is er in veel culturen waar allochtone adolescenten uit afkomstig zijn geen sprake van een afzonderlijke adolescentiefase. Het meer tijd doorbrengen buitenhuis, het experimenteren met verschillende rollen en de ontwikkeling tot een gelijkwaardige partner in de interactie met de ouders horen, volgens Nederlandse ouders, bij deze fase van ontwikkeling. In allochtone gezinnen kunnen deze, voor westerse begrippen normale, gedragingen van de jongere als een bedreiging worden ervaren. Veel allochtone ouders ervaren Nederland als een 'vrijere' omgeving, waar bijvoorbeeld seksuele voorlichting op scholen wordt gegeven en waar jongeren 's avonds uitgaan en allerlei sociale activiteiten in en buiten school ondernemen. In de ogen van allochtone ouders staan de Nederlandse ouders hun kinderen een grotere mate van vrijheid toe en hebben zij weinig gezag over hun kinderen. Daarnaast is de opvoeding in deze culturen vaak een 'collectieve' zaak: niet alleen familieleden, maar ook andere volwassen op school of op straat kunnen kinderen op hun gedrag aanspreken. De individualistische cultuur in Nederland 'waar iedereen zich alleen maar met zijn of haar eigen kind bemoeit' wordt als vreemd en als onveilig voor het kind ervaren. Dit gevoel wordt versterkt als er geen of een slechte communicatie is met de omgeving, vanwege het gebrek aan kennis van de Nederlandse taal en van de opvoedingsgewoonten in Nederland.

Veel allochtone gezinnen in Nederland zijn afkomstig uit culturen die zich kenmerken door een grotere mate van groepsgerichtheid of collectivisme. Iemand wordt in de eerste plaats gezien als groepslid en minder als uniek individu met eigen rechten, wensen en talenten. Dit komt tot uitdrukking in de doelen van de opvoeding die deze ouders voor ogen staan. Uit onderzoek onder Turkse, Marokkaanse, Chinese, Somalische en Surinaams-Creoolse gezinnen (Janssens et al., 1999) bleek dat deze ouders vaak conformistische doelen nastreven in de opvoeding: gehoorzaamheid, respect hebben voor ouderen, zich aanpassen aan culturele en religieuze regels, en zich gedragen op een wijze die de families eer en aanzien geeft. Nederlandse ouders daarentegen leggen meer nadruk op de zelfbepaling en autonomie van het kind. Daardoor accepteren zij makkelijker het streven van jongeren naar meer zelfstandigheid dan allochtone ouders. Het opkomen voor de eigen mening en assertief gedrag van jongeren wordt door de Nederlandse ouders meestal gezien als een positief kenmerk, terwijl dit gedrag binnen allochtone culturen kan worden gezien als uitingen van brutaliteit en gebrek aan respect.

Deze verschillende opvoedingsdoelen hangen ook samen met verschillen in opvoedingsgedrag, met name voor wat betreft ouderlijke controle (Wissink et al., 2008). De jongeren uit allochtone gezinnen worden minder op zelfstandig en verantwoordelijk gedrag aangesproken. Het sturen van gedrag van jongeren gebeurt vaker dan in Nederlandse gezinnen op een autoritaire manier. De regels zijn strikt en jongeren moeten deze nauwkeurig volgen, zonder de autoriteit van de ouders in twijfel te trekken. De beslissingen worden door de ouders, met name vaders, als gezagdragers genomen. Straffen is een belangrijk onderdeel van de opvoeding. Ook fysiek straffen, het geven van een tik als het kind niet meewerkt of brutaal is, zonder eerst te praten, is niet ongewoon (Pels, 2000).

Als gevolg van traditionele normen wordt in de opvoeding veel scherper onderscheid gemaakt tussen jongens en meisjes dan in de Nederlandse gezinnen gebruikelijk is. Jongens krijgen meer vrijheid. Meisjes worden meer betrokken bij de huishoudelijke taken en bij het verzorgen van jongere kinderen. Zeker in de adolescentie worden meisjes aan veel meer beperkingen onderworpen voor wat betreft hun gedrag buiten het gezin. De zaken die voor Nederlandse jongeren, maar ook voor allochtone jongens, heel gewoon zijn, zoals het rondhangen met elkaar, het gaan naar klassenavonden, of het bezoek aan een zwembad, zijn voor sommige allochtone meisjes verboden. Het overtreden van deze regels kan ernstige conflicten en soms zelf afstoten van de dochter uit het gezin tot gevolg hebben. De laatste tijd blijkt ook juist bij deze groep jonge allochtone meisjes een toename van problemen (Eldering, 2002).

In het algemeen zijn allochtone jongeren meer georiënteerd op de Nederlandse samenleving dan hun ouders. Zij maken zich eerder de Nederlandse waarden en normen eigen dan hun ouders. In tegenstelling tot de ouders – die vaak slechts in geringe mate participeren in de Nederlandse samenleving – gaan de jongeren naar school, hebben meer contact met Nederlanders en daardoor leren ze de Nederlandse taal, cultuur en gewoonten sneller dan hun ouders. Dit verstoort een normale hiërarchische verhouding tussen ouder en kind. Ouders in deze culturen zijn gezagspersonen en gehoorzaamheid en respect zijn zeer belangrijk voor hen. Deze ongelijkmatige ontwikkeling in het aanpassingsproces leidt vaak tot conflicten. De ouders maken zich zorgen over 'vernederlandsing' van hun kinderen en zij zijn bang dat jongeren het contact met hun eigen taal, cultuur en religie verliezen. Situaties waarin jongeren iets willen dat in Nederland gebruikelijk is, maar in de eigen cultuur niet – bijvoorbeeld uitgaan of alcohol drinken – vormen vaak aanleiding tot conflicten tussen ouders en adolescenten in allochtone gezinnen (Bouwmeester et al., 1998).

Voor sommige allochtone gezinnen geldt dat er sprake is geweest van een langdurige scheiding tussen ouder(s) en kinderen. De vader is (meestal) als eerste naar Nederland gekomen en heeft pas later zijn gezin laten komen. Na de hereniging van het gezin kan het moeilijk zijn de onderlinge relaties weer vorm te geven en is het voor de vader soms moeilijk zijn positie als gezinshoofd te heroveren.

Naast deze risicofactoren die te maken hebben met relaties binnen het gezin, zijn er andere factoren die het functioneren van allochtone gezinnen negatief kunnen beïnvloeden. Veel allochtone gezinnen hebben een relatief ongunstige sociaaleconomische positie in vergelijking met de Nederlandse gezinnen. De kans is redelijk groot dat allochtone adolescenten opgroeien in een omgeving waarin de ouders en andere volwassenen werkloos zijn, of een beroep uitoefenen met een lage sociale waardering en weinig inkomen. Dat kan een negatieve invloed hebben op de status en het aanzien van de ouder als identificatiefiguur en op het beeld dat jongeren vormen over hun eigen kansen in de Nederlandse samenleving, alsmede op hun bereidheid om te investeren in hun eigen toekomst. De materiële problemen kunnen ook tot conflicten met jongeren leiden, omdat de ouders niet kunnen voldoen aan de wensen en behoeften van hun kinderen. Ongeveer 60% van de allochtone bevolking woont in de steden, vaak in een beperkt aantal wijken met een hoog percentage inwoners van allochtone herkomst. Deze achterstandswijken hebben een aantal kenmerken (gezinnen met een laag inkomen, kleine behuizing, veel werkloosheid in de buurt en een hoog criminaliteitscijfer) die ongunstig zijn voor een gezonde ontwikkeling van kinderen (Eldering, 2002).

Er zijn kortom verschillen tussen autochtone en allochtone gezinnen in de manier waarop ouders jongeren opvoeden en de mate waarin jongeren probleemgedrag vertonen. Daarmee is echter niet gezegd dat de patronen in de opvoeding die het probleemgedrag beïnvloeden verschillend zijn voor autochtone en allochtone jongeren. Er zijn twee modellen die van toepassing zouden kunnen zijn: het *culturele waardenmodel* en het *etnisch equivalentiemodel* (Lamborn & Felbab, 2003). Volgens het culturele waardenmodel zijn er culturele verschillen in de manier waarop over normen, waarden en opvoeding wordt gedacht en leiden deze culturele verschillen tot een ander effect van opvoedingsgedrag in etnische minderheidsgroeperingen. Het etnisch equivalentiemodel houdt juist in dat dezelfde opvoedingsstrategieën voor verschillende etnische groepen hetzelfde effect op probleemgedrag hebben. In een aantal Nederlandse studies is dit onderzocht en de resultaten van een aantal van deze studies sloten aan bij het etnisch equivalentiemodel: er zijn geen verschillen tussen autochtone en allochtone kinderen in het effect van ouderlijk opvoedingsgedrag op externaliserend probleemgedrag (Eichelsheim et al., 2010; Yaman, 2010). Zo is bijvoorbeeld ook gebleken in een onderzoek naar Nederlandse, Marokkaanse, Turkse en Surinaamse adolescenten die in Nederland opgroeien (Wissink, Deković & Meijer, 2008), dat een positieve relatie met ouders de belangrijkste voorspeller is van een hoge zelfwaardering van adolescenten, onafhankelijk van etniciteit.

Ondanks het bovengeschetste sombere beeld van allochtone gezinnen moet worden benadrukt dat de opvoeding een dynamisch proces is en dat veranderingen in waarden en opvattingen over opvoeding in zowel allochtone als Nederlandse gezinnen aan de orde van de dag zijn. In het algemeen blijkt in allochtone gezinnen een langzame verschuiving richting een meer autoritatieve manier van opvoeden (Deković et al., 2006). Daarnaast, zoals al is aangegeven, zijn er grote verschillen binnen de groep allochtone gezinnen. De bovengenoemde risicofactoren (discrepantie in opvattingen, traditionele denkbeelden en opvoedingsgedrag, slechtere socio-economische positie) zijn uiteraard niet in gelijk mate aanwezig in alle allochtone gezinnen. Vele jongeren uit allochtone gezinnen lukt het wel om een manier te vinden om de waarden en normen uit de twee culturen waar zij bijhoren te verenigen en in de Nederlandse samenleving een toekomst op te bouwen.

10.8 Besluit

In dit hoofdstuk zijn de veranderingen in gezinsrelaties tijdens de adolescentie aan de orde gekomen. Door de toenemende zelfstandigheid van de jongere krijgen de verhoudingen binnen het gezin een ander karakter. Hoewel deze transformatie gepaard gaat met een lichte toename van stress, zowel bij de jongere als bij de ouders, is er toch bij de meeste gezinnen sprake van een geleidelijke overgang, waarbij de positieve kwaliteit van de onderlinge relatie behouden blijft. Met andere woorden: veranderingen in gezinsrelaties tijdens de adolescentie worden gezien als processen die betrekking hebben op wijzigingen in de aard van de band met de ouders, en niet als processen die voornamelijk op separatie zijn gericht. Jongeren die opgroeien in gezinnen die een goede balans weten te vinden tussen enerzijds het toelaten (en stimuleren) van zelfstandigheid en anderzijds het betrokken blijven en toezicht houden, lijken de meeste kans te hebben op een evenwichtige ontwikkeling.

Ouders en het gezin blijven belangrijk ook in deze fase, maar het sociale netwerk van de jongere is groter dan in de kinderjaren. Jongeren besteden veel tijd met leeftijdgenoten zonder supervisie van hun ouders en die leeftijdgenoten worden voor jongeren de belangrijkste referentiegroep. Hierover gaat het volgende hoofdstuk. Het feit dat de rol van het gezin en de leeftijdgenoten in aparte hoofdstukken wordt behandeld, wil niet zeggen dat deze twee voor de jongere belangrijkste sociale contexten in de realiteit van het dagelijks leven los van elkaar staan. Het tegendeel is waar: het gezinssysteem en het systeem van leeftijdgenoten beïnvloeden elkaar en dragen gezamenlijk bij aan de ontwikkeling van competentie en/of problemen van de jongere. In hoofdstuk 11 zal dan ook aandacht worden besteed aan de vraag hoe de invloed van leeftijdgenoten in de adolescentie zich verhoudt tot de invloed van ouders.

11 Psychosociale ontwikkeling: de invloed van leeftijdgenoten

Ron Scholte en Rutger Engels

11.1 Inleiding

Jongeren zijn ingebed in een groot netwerk van sociale relaties, waarvan de relaties met leeftijdgenoten en ouders de belangrijkste zijn. Tijdens de adolescentie nemen de relaties met leeftijdgenoten een steeds grotere plaats in. De term 'leeftijdgenoten' moet breed opgevat worden. Het gaat hierbij niet noodzakelijkerwijs om exact dezelfde leeftijd, maar meer om hetzelfde niveau van sociale, emotionele en cognitieve ontwikkeling. Relaties met leeftijdgenoten zijn meestal gebaseerd op gelijkheid wat betreft kennis en sociale positie en zijn horizontaler dan ouderkindrelaties, die verticaler zijn. Relaties met leeftijdgenoten zijn van groot belang voor de normale groei en ontwikkeling, maar niet alle relaties zijn positief. Sommige relaties kunnen een verstorende invloed hebben op het functioneren en de ontwikkeling van de jongere.

In dit hoofdstuk wordt eerst ingegaan op de kenmerken en invloeden van vriendschappen van adolescenten (11.2). Vervolgens komen de verschillende soorten groepen van leeftijdgenoten aan bod waarvan jongeren deel kunnen uitmaken (11.3). Daarna is er aandacht voor relaties zoals die in groepen op school voorkomen. Dat gebeurt aan de hand van sociale status, sociale verwerping en betrokkenheid bij pesten (11.4). Ten slotte wordt weergegeven dat, hoewel relaties met leeftijdgenoten in toenemende mate belangrijk worden in de adolescentie, ouders nog steeds een grote invloed hebben (11.5).

11.2 Vriendschappen van adolescenten: kenmerken, dynamiek, effecten en invloeden

Een vriendschap is een speciaal soort relatie tussen twee mensen die elkaar graag mogen. Een vriendschap wordt gekenmerkt door wederkerigheid tussen en betrokkenheid van de twee personen die zichzelf als gelijke beschouwen wat betreft gevoelens en oriëntatie. Vriendschappen hebben een belangrijke functie in de adolescentie. Het opbouwen en het onderhouden van vriendschappen wordt wel als een aparte ontwikkelingstaak gezien (zie hoofdstuk 1). Vrienden kunnen echter ook een steun zijn en als voorbeeld fungeren bij het vervullen van andere ontwikkelingstaken.

11.2.1 Kenmerken van vriendschappen

De beste vrienden of vriendinnen nemen een specifieke positie in als het om vriendschappen gaat. Als aan jongeren wordt gevraagd aan te geven wie hun beste vrienden zijn, blijken zij meer vrienden te noemen dan ze in werkelijkheid hebben. Het hebben van beste vrienden wordt door jongeren kennelijk als iets sociaal wenselijks gezien.

Het is belangrijk onderscheid te maken tussen wederkerige en zogenaamde 'unilaterale' (of 'gewenste') beste vrienden. Wederkerige beste vrienden noemen elkaar als beste vriend. Bij een unilaterale beste vriend komt de vriendschap van één kant. Met name meisjes en jongens die populair zijn, worden door veel leeftijdgenoten als 'beste vriend(in)' omschreven, terwijl zij op hun beurt slechts enkelen van deze leeftijdgenoten als beste vriend(in) beschouwen. Dit onderscheid is van belang, omdat jongeren meer worden beïnvloed door unilaterale beste vrienden dan door wederkerige beste vrienden. De achterliggende verklaring voor dit verschil in invloed is dat unilaterale vrienden personen zijn met wie een jongere graag bevriend wil raken. In de beleving van de jongere wordt de kans daarop groter als hij of zij op die gewenste vriend lijkt. Daarom wordt zijn of haar gedrag aangepast aan het gedrag van de gewenste vriend.

In de loop van de adolescentie neemt het aantal beste vrienden af, van vier à vijf aan het begin, tot één à twee aan het einde van de adolescentie. In tegenstelling tot relaties binnen gezinnen worden vriendschappen vaker aangegaan, veranderd en verbroken. Vriendschappen spelen een grote rol bij het leren van waarden en normen, de ontwikkeling van perspectief nemen, dat wil zeggen: de vaardigheid om het standpunt en de beleving van anderen te zien, en de ontwikkeling van het zelf en de eigen identiteit (Erikson, 1968). Daarnaast leren jongeren door middel van de sociale interacties met leeftijdgenoten belangrijke sociale vaardigheden, zoals het hanteren van conflicten, het reguleren van agressie en het onder woorden brengen van meningen en opvattingen.

Hoewel er veel onderzoek is gedaan naar de kenmerken en de betekenis van vriendschappen voor de ontwikkeling van jongeren, zijn er maar weinig theoretische verklaringen over vriendschappen. Een van de bruikbaarste theorieën is Sullivans interpersoonlijke theorie van ontwikkeling (1953). Hij veronderstelt dat in de verschillende fasen van het leven, en op verschillende momenten van de ontwikkeling, sociale behoeften ontstaan die eigen zijn aan die fasen of tijdstippen. In elke nieuwe ontwikkelingsfase (bijvoorbeeld de kleutertijd of de adolescentie) ontstaat een nieuwe sociale behoefte die als het ware wordt toegevoegd aan de al bestaande behoeften. In de (pre)adolescentie ontstaat de behoefte aan interpersoonlijke intimiteit. Deze behoefte komt naast de behoefte aan tederheid, gezelschap en acceptatie die in eerdere ontwikkelingsfasen ontstonden. Volgens Sullivan is de samenwerking tussen vrienden om in interpersoonlijke intimiteit te voorzien, het belangrijkste kenmerk van echte vriendschap in de adolescentie. Overigens bestaan er duidelijke sekseverschillen in de intimiteit binnen vriendschappen van meisjes en jongens. Zo blijkt dat meisjes in hun vriendschappen meer warmte en nabijheid ervaren, en ook meer veiligheid en vertrouwen dan jongens. Desondanks blijken er weinig verschillen te bestaan in de ervaren kwaliteit van de vriendschappen tussen meisjes en jongens (Rose & Rudolf, 2006).

Een tweede theorie die bruikbaar is om vriendschap, met name in de adolescentie, te kunnen begrijpen, is de theorie van interpersoonlijk perspectief nemen van Selman (1980). In deze theorie ligt de nadruk op de sociaalcognitieve vaardigheden die zich ontwikkelen tijdens de adolescentie. In tegenstelling tot kinderen zijn jongeren in staat om kwalitatief goede relaties te onderhouden omdat ze beschikken over de cognitieve vaardigheden om na te denken over zichzelf, de ander en over de relatie tussen hen beiden. Jongeren zijn in staat niet alleen hun eigen gevoelens en standpunten te zien, maar kunnen zich bovendien verplaatsen in de gevoelens en de standpunten van de ander met wie ze een (vriendschaps)relatie onderhouden. Denk aan een jongen die tegen een vriend zegt: 'Ik vind het een heel aardig idee van je om samen bij jou die wedstrijd te bekijken. Maar realiseer je je dat de wedstrijd verlengd kan worden? Jij bent niet zo dol op voetbal, dus dan wordt het voor jou misschien een hele zit.' Deze opmerking is aardig bedoeld, maar dient ook eigenbelang: als de wedstrijd wordt bekeken bij de jongen die aan het woord is, kan zijn vriend bij eventuele verlenging eerder naar huis gaan en is iedereen tevreden. Deze cognitieve vaardigheden zijn onmisbaar om goede vriendschappen en sociale relaties te kunnen aangaan. En omgekeerd vormen deze vriendschappen en relaties een goede voedingsbodem om deze vaardigheden te ontwikkelen.

11.2.2   Dynamiek van vriendschappen: ontstaan, stabiliteit en beëindiging

Vriendschappen in de adolescentie onderscheiden zich van vriendschappen in de kindertijd onder andere door een grotere stabiliteit. Toch bestaat er een grote variatie in de duur van vriendschappen tijdens de adolescentie. Sommige vriendschappen duren maar enkele weken, terwijl andere een leven lang standhouden. Meer dan 70% van de adolescenten hebben vriendschappen die minstens een jaar duren (Hartup, 1993). Ondanks deze relatieve stabiliteit worden vriendschappen vaak beëindigd. Dit kan gebeuren om allerlei redenen. Hoewel vrienden elkaar kiezen op basis van gelijkheid op een aantal gebieden, speelt gelijkheid een minder belangrijke rol wanneer de vriendschap eenmaal gestalte heeft gekregen. In plaats daarvan zoeken jongeren sociale en emotionele steun of intimiteit binnen de vriendschap. Kwalitatief goede vriendschappen bieden deze zaken en zullen in het algemeen lang duren, terwijl vriendschappen waarbinnen geen steun wordt geboden, kwalitatief minder goed zijn en een grotere kans hebben vroeger te worden beëindigd. Overigens betekent het feit dat vriendschappen van jongens minder intimiteit kennen dan vriendschappen bij meisjes niet dat de kwaliteit van die vriendschappen lager is. Dat komt doordat vriendschappen van jongens vaak zijn gebaseerd op het samen uitvoeren van activiteiten en minder op het uitwisselen van innerlijke gevoelens en gedachten, zoals dat bij meisjes meer het geval is. Vriendschappen van lage kwaliteit blijken vaak samen te hangen met weinig intimiteit, steun en nabijheid, en met veel onenigheid, competitie en conflicten. Conflicten zijn niet per definitie nadelig voor vriendschappen, want ze kunnen ook positieve effecten hebben. Er wordt verondersteld dat de effecten van conflicten afhankelijk zijn van de emotionele afstand tussen mensen die een relatie met elkaar hebben. Zo zullen conflicten vaker voorkomen in relaties waarbij de afstand klein is, zoals ouderkindrelaties en vriendschappen. Tegelijkertijd zijn de effecten van conflicten geringer in dergelijke relaties en zullen de relaties blijven bestaan. Vanwege het belang van de vriendschap zijn vrienden meer geneigd het conflict of de onenigheid op te lossen, wat vaak leidt tot een betere kwaliteit van de relatie. Het leren oplossen van conflicten binnen vriendschappen levert belangrijke sociale vaardigheden op die kunnen worden toegepast in sociale interacties gedurende de rest van het leven.

11.2.3 Effecten van vriendschappen

Om de effecten van vriendschappen adequaat te kunnen beschrijven, moet er aandacht worden besteed aan de volgende drie aspecten:
1 de betekenis van het hebben van vrienden versus het niet hebben van vrienden;
2 de kenmerken van de vrienden;
3 de kwaliteit van de vriendschapsrelatie.

1 De betekenis van het (niet) hebben van vrienden
In diverse onderzoeken zijn adolescenten met vrienden vergeleken met adolescenten zonder vrienden (Newcomb & Bagwell, 1995). In het algemeen tonen deze studies aan dat adolescenten met vrienden sociaal competenter zijn en psychologisch gezien gezonder dan adolescenten zonder vrienden. Ze beschikken over betere sociale vaardigheden, werken meer en beter samen, hebben minder sociale problemen, hebben een hogere zelfwaardering en zijn minder eenzaam. Deze bevindingen gelden zowel voor jongens als voor meisjes. Het is echter niet duidelijk wat nu de oorzaak en wat het gevolg is tussen het wel of niet hebben van vrienden en het psychosociaal functioneren. Het hebben van vrienden kan leiden tot een hogere zelfwaardering en betere sociale vaardigheden, maar het kan ook zo zijn dat adolescenten met een lage zelfwaardering en minder sociale vaardigheden minder in staat zijn om vriendschappen aan te gaan of te onderhouden. Daarnaast is het zo dat adolescenten niet alleen relaties onderhouden met vrienden, maar een groot aantal andere sociale relaties hebben met ouders, broers en zussen, klasgenoten, en dergelijke. Elk van deze relaties oefent invloed uit op het functioneren en de ontwikkeling van een jongere, wat het moeilijk maakt de exacte betekenis van vriendschappen te beschrijven.

2 De kenmerken van de vrienden
Het tweede aspect waar aandacht aan moet worden besteed bij het beschrijven van de effecten van vriendschappen, is de vraag: 'Wie zijn de vrienden?' Met andere woorden: wat zijn de kenmerken van de vrienden? Vrienden blijken over veelal dezelfde kenmerken te beschikken. Zo lijken vrienden op elkaar wat betreft schoolgerelateerde attitudes, ambities en intellect (Hartup, 1996), zelfwaardering en waargenomen intelligentie. Ook zijn er grote overeenkomsten wat betreft het drinken van alcohol, het roken van tabak, maar ook in agressie en regelovertredend gedrag. Daarnaast wordt ook steeds duidelijker dat vrienden op elkaar lijken wat betreft emotionele problemen zoals depressie (Giletta et al., 2011).
Deze gelijkheid in bepaalde kenmerken tussen vrienden kan ontstaan via twee processen: selectie en wederzijdse socialisatie.
Selectie van vrienden is gebaseerd op de menselijke voorkeur of behoefte om relaties aan

te gaan met anderen die net zo zijn als wij. De onderliggende veronderstelling is dat gelijkheid leidt tot positieve bevestiging, omdat de ander dezelfde interesses heeft en dezelfde opvattingen en meningen koestert. Dit is zeker tijdens de adolescentie van groot belang, omdat jongeren zich in deze levensfase geconfronteerd zien met de ontwikkelingstaak om een eigen identiteit en zelfbeeld te ontwikkelen. Gelijkheid met vrienden in opvattingen, meningen en gedragingen leidt uiteindelijk tot bevestiging van de eigen identiteit, terwijl verschillen met vrienden een bedreiging kunnen vormen van de eigen identiteit en het zelfbeeld.

Een tweede belangrijke bron voor de gelijkheid tussen vrienden bestaat uit de *wederzijdse socialisatie of invloed*. Deze socialisatie kan plaatsvinden omdat vrienden elkaar als rolmodellen zien en elkaars gedrag imiteren en overnemen, of door verbale en nonverbale beloning en aanmoediging van gedrag. Socialisatie kan betrekking hebben op positieve en op negatieve gedragingen, afhankelijk van hun normen, waarden en voorkeuren. Onderzoek van Dishion, McCord en Poulin (1999) heeft aangetoond dat kinderen en jongeren met een verhoogd risico op antisociaal gedrag een toename in antisociaal gedrag laten zien wanneer ze een antisociale vriend hebben.

Er wordt veelal van uitgegaan dat de gelijkheid tussen vrienden meer het gevolg is van invloed dan van selectieprocessen. Ouders bijvoorbeeld veronderstellen vaak dat het negatieve gedrag van hun zoon of dochter *veroorzaakt* wordt door de vrienden (invloed), zonder zich daarbij te realiseren dat het heel goed mogelijk is dat hun zoon of dochter juist die vrienden zelf geselecteerd heeft omwille van dat gedrag (selectie). Recentelijk onderzoek (Jaccard, Blanton & Dodge, 2005) zet echter vraagtekens bij de mate waarin vrienden elkaar zouden beïnvloeden. Het blijkt namelijk dat de invloed van vrienden over tijd beperkter zijn dan vaak is aangenomen en dat veel van de gelijkheid tussen vrienden veroorzaakt wordt door selectie-effecten.

3 De kwaliteit van de vriendschapsrelatie

Het derde aspect dat we onderscheiden om de betekenis van vriendschappen voor de ontwikkeling van adolescenten te beschrijven, is de kwaliteit van de vriendschap. Terwijl gelijkheid tussen vrienden belangrijk is voor het ontstaan van vriendschappen, speelt gelijkheid nauwelijks een rol wanneer een vriendschap eenmaal is gerealiseerd. In plaats daarvan is de kwaliteit van de vriendschap bepalend voor de duur van de vriendschap en voor het effect dat van de vriendschap uitgaat. Verschillende onderzoeken hebben aangetoond dat de kwaliteit van de vriendschap samenhangt met sociaal functioneren, zelfwaardering en eenzaamheid (Hartup, 1993; Newcomb & Bagwell, 1995).

De kwaliteit van een vriendschap is niet eenvoudig te meten. De meeste beschrijvingen baseren zich op de zelfrapportage van de jongeren die weergeven hoe goed zij hun vriendschap ervaren. Deze percepties zijn op zich waardevol, maar zijn subjectief en geven slechts het beeld van één persoon. Toch kunnen vrienden verschillen in de perceptie die zij hebben van hun vriendschap: voor de een kan de vriendschap van hoge kwaliteit zijn, terwijl de ander dezelfde relatie veel minder positief ervaart. Het blijkt dat het niet de perceptie van één of beide vrienden is die samenhangt met het psychosociaal functioneren, maar meer het bestaan van een discrepantie tussen de percepties van beide vrienden (East, 1991). Met andere woorden, vrienden functioneren beter en hebben een hoger welbevinden wanneer ze beiden eenzelfde, positieve mening hebben over de kwaliteit van hun vriendschap.

11.2.4 Invloeden van vriendschappen: sociale, emotionele en cognitieve ontwikkeling

Zoals eerder gezegd verschillen jongeren met vrienden op een aantal gebieden van adolescenten zonder vrienden. Deze verschillen hebben effecten op de korte en de lange termijn. De directe kortetermijneffecten betreffen onder andere positieve effecten op het psychologische, sociale en emotionele functioneren van jongeren. Het is plezierig goede vrienden te hebben. Vriendschappen hebben langetermijneffecten doordat ze de loop van de ontwikkeling kunnen beïnvloeden. Volgens Sullivan (1953) bieden vriendschappen jongeren een unieke context om zich te ontwikkelen doordat wat er in vriendschappen wordt geleerd, in geen enkele andere relatie kan worden geleerd. Anders gezegd: vriendschappen leveren ontwikkelingsvoordelen op omdat ze de mogelijkheid bieden om specifieke vaardigheden te leren. Hierdoor kunnen positieve vriendschapservaringen langetermijneffecten hebben die de ontwikkeling op het sociale, emotionele en cognitieve domein gunstig beïnvloeden.

Wat betreft de *sociale ontwikkeling* bieden vriendschappen mogelijkheden om pro-sociale vaardigheden te leren en toe te passen. Jongeren kunnen leren hoe ze een affectieve band met een ander moeten onderhouden door zich open te stellen en samen te werken. Bovendien bieden vriendschappen de mogelijkheid om conflicten op te lossen via onderhandeling, uitwisseling en zelfreflectie. Deze vaardigheden zijn cruciaal voor het ontwikkelen van het vermogen tot conflictmanagement, wat noodzakelijk is om intieme (liefdes)relaties te kunnen aangaan in de late adolescentie en de jongvolwassenheid.

Vriendschappen bieden ook een context voor *emotionele ontwikkeling* doordat jongeren kunnen leren een veilige basis met een leeftijdgenoot te ontwikkelen, hetgeen hen in staat stelt intieme gevoelens en gedachten uit te wisselen. Binnen deze relaties leren jongeren hun emoties te uiten en te reguleren, en hun emoties om te zetten in gedragingen, zoals het helpen van vrienden of door een luisterend oor te bieden. Ten slotte zijn vriendschappen in de adolescentie op zichzelf vaak intense emotionele ervaringen. Vergeleken met de mogelijkheden die vriendschappen bieden voor de sociale en emotionele ontwikkeling, is er weinig bekend over de betekenis van vriendschappen voor de *cognitieve ontwikkeling*. Wel is bekend dat door intensieve gesprekken en discussies jongeren leren hun gedachten en cognities goed onder woorden te brengen en uit te wisselen. Daarnaast leveren vriendschappen een context waarbinnen jongeren de standpunten van anderen leren te zien, in te schatten en te bespreken, waardoor hun metacognitieve vaardigheden tot rijping kunnen komen. Bij deze vaardigheden gaat het om het denken over cognities. Een meisje merkt bijvoorbeeld dat haar ene vriendin voortdurend zwartwit redeneert, terwijl een andere vriendin juist vaak nuanceert. Voor het meisje kan deze observatie een aanleiding zijn om over haar eigen manier van redeneren na te denken of de vriendin met de nuances een beetje te plagen als die maar geen keuze kan maken bij het kopen van bijvoorbeeld kleren.

Een belangrijke vraag is of vriendschappen alleen positieve effecten hebben op het functioneren en de ontwikkeling van jongeren. Er wordt vaak impliciet uitgegaan van de veronderstelling dat vriendschappen uitsluitend positieve effecten hebben op het functioneren van jongeren en op hun ontwikkeling. Maar vriendschappen kunnen ook negatieve invloeden hebben. Dat hangt onder andere af van de kenmerken van de vrienden en van de kwaliteit van de vriendschapsrelatie. Vrienden die delinquent zijn, zullen eerder de ontwikkeling van afwijkend gedrag bevorderen, terwijl vrienden die middelen gebruiken als alcohol, sigaretten of drugs, anderen kunnen stimuleren hetzelfde te gaan doen. Vriendschappen die worden gekenmerkt door een lage kwaliteit, kunnen ook negatieve effecten hebben op het functioneren van jongeren. Een lage kwaliteit van de vriendschap is bijvoorbeeld een risicofactor voor emotionele problemen (Bagwell et al., 2005).

Maar zelfs vriendschappen van een goede kwaliteit kunnen ongewenste effecten hebben. Intieme relaties, speciaal in de adolescentie, zijn veelal gebaseerd op 'selfdisclosure', het uiten van persoonlijke gevoelens en gedachten. Door deze selfdisclosure kunnen er gevoelens van onzekerheid en afhankelijkheid ontstaan die gevoed worden door de angst dat de ander niet zorgvuldig omgaat met de persoonlijke informatie (Buhrmester, 1990). Omdat meisjes in hun vriendschappen in het algemeen meer selfdisclosure vertonen dan jongens, is de kans groot dat zij ook meer van dergelijke negatieve gevoelens ervaren. Een meisje dat bijvoorbeeld haar diepste geheimen vertelt over haar seksualiteit en haar onzekerheid daarover, kan zich achteraf erg kwetsbaar voelen, met name wanneer de vriendin niet goed reageert. Het gevoel van kwetsbaarheid kan worden versterkt wanneer ze vervolgens de vriendin ziet fluisteren en lachen met een andere vriendin. Daarnaast kan de goede kwaliteit van een vriendschap ook nog om een andere reden negatieve effecten hebben. Het blijkt namelijk dat wanneer meisjes een hechte vriendschap hebben, ze elkaar sterker beïnvloeden in hun depressie, dan wanneer de vriendschap minder hecht is. De reden is dat in dergelijke kwalitatief goede vriendschappen er veel meer uitwisseling van emoties zal zijn, en ook meer co-ruminatie (samen piekeren) (Rose, 2002).

Vriendschappen zijn geen geïsoleerde relaties, maar zijn normaal gesproken ingebed in een (uitgebreid) netwerk van andere sociale relaties, waarbij de relaties met leeftijdgenoten centraal staan. Het geheel van relaties met leeftijdgenoten wordt in de literatuur vaak omschreven als 'vriendengroep'.

11.3 Vriendengroepen: kenmerken en invloeden

De relaties in de adolescentie onderscheiden zich van de relaties in de kindertijd doordat ze meer zijn gebaseerd op psychologische eigenschappen (bijvoorbeeld persoonlijkheidskenmerken als vriendelijkheid of gevoeligheid) van de betrokkenen dan op materiele kenmerken (zoals speelgoed of een groot huis). Ze zijn stabieler over tijd en kunnen in het verloop van de adolescentie de vorm aannemen van liefdesrelaties. Typerend voor de adolescentie is bovendien het ontstaan van vriendengroepen.

11.3.1 Kenmerken van vriendengroepen

Sinds Colemans opzienbarende boek *The adolescent society* uit 1961 is over vriendengroepen lange tijd gedacht dat ze negatieve invloed uitoefenen op de jongeren en dat ze verschillen van goede vriendschappen met individuen. Coleman beschreef de opkomst van een sociaal subsysteem binnen de maatschappij dat werd gevormd door vriendengroepen van de jongeren die hun eigen normen en waarden hadden. Deze leken tegengesteld aan de normen en de waarden zoals die in de wereld van de volwassenen golden. De vriendengroepen leken los te staan van de volwassen maatschappij en werden verondersteld zich te verzetten tegen de druk van de algemeen geldende regels. Bovendien konden volwassenen niet doordringen binnen deze vriendengroepen, wat ze nog verdachter maakte.

Tegenwoordig erkennen onderzoekers dat dit beeld schromelijk overdreven is. De socialisatie die plaatsvindt binnen de vriendengroepen, is niet noodzakelijkerwijs negatief. De invloed van de vriendengroep is doorgaans positief, zoals in de volgende paragraaf zal blijken. De relaties binnen de vriendengroepen zijn horizontaal en gebaseerd op het principe van wederkerigheid en samenwerking tussen gelijkwaardige individuen. Daarin zit het verschil met de relaties tussen jongeren met hun ouders. Die zijn immers verticaal en worden per definitie gekenmerkt door ongelijkheid in macht, autoriteit en kennis. Hoewel het voorkomt dat een vriendengroep waarden hanteert die een bedreiging vormen voor de maatschappelijke orde, zoals een positieve houding ten opzichte van delinquentie en agressie, kan in het algemeen worden gesteld dat de vriendengroepen en de volwassen wereld geen aparte werelden zijn.

Binnen een vriendengroep bestaan grote verschillen in de vriendschappen: sommigen zijn elkaars beste vriend, anderen zijn goede vrienden van elkaar en weer anderen zijn oppervlakkige vrienden die verder weg staan. Soms meent men dat vriendengroepen exclusief en uitsluitend zijn qua structuur, in die zin dat de meeste jongeren lid zijn van slechts één groep. Het blijkt echter dat 20% tot 30% van de jongeren deel uitmaakt van twee of meer vriendengroepen.

Het onderzoek van Brown naar vriendengroepen (bijvoorbeeld Brown, 1990; Brown, Dolcini & Leventhal, 1997) laat zien dat iedere vriendengroep kan worden opgevat als een sociaal systeem met duidelijke grenzen waarin processen spelen die vaak zeer subtiel zijn. Denk aan het maken van afwijzende opmerkingen naar een groepsgenoot die een mening verkondigt die afwijkt van wat de meeste groepsleden vinden. Afwijzende opmerkingen, uitlachen en afkeurende blikken, maar ook bewonderende woorden en positieve aandacht maken duidelijk wat wel en niet wordt geaccepteerd binnen de groep. Deze processen houden de groepsleden als het ware bij elkaar. Door het hanteren van grenzen is het niet voor elke jongere mogelijk om deel uit te maken van een bepaalde vriendengroep. Het negeren of het actief buitensluiten van ongewenste leeftijdgenoten blijken effectieve methoden om het systeem in stand te houden. Zoals binnen elke sociale groep spelen ook binnen vriendengroepen acceptatie en verwerping een zekere rol, waardoor sommige jongeren een hogere status hebben en centraler staan, terwijl andere jongeren zich meer in de periferie van de groep bevinden. Ten slotte zorgen conformiteit en betrokkenheid voor de nodige stabiliteit binnen een vriendengroep. Ander onderzoek (Busch, 1998) laat zien dat vriendengroepen duidelijk kunnen verschillen wat betreft de processen die plaatsvinden binnen in de groep. Delinquente vriendengroepen bijvoorbeeld, hanteren strakkere grenzen dan een normale vriendengroep. Bovendien kennen ze een sterke hiërarchie en een hoge mate van sociale druk tot conformiteit en solidariteit.

11.3.2   Invloeden van vriendengroepen

De invloed van vriendengroepen op het functioneren van jongeren wordt door twee factoren bepaald. Enerzijds is de invloed afhankelijk van de normen en waarden die binnen de groep worden gehanteerd en de gedragingen die worden aangemoedigd, anderzijds van de mate waarin de jongere zich identificeert met de groep. Anders gezegd: het gaat om datgene wat een groep uitdraagt en de mate waarin de deelnemers daarvoor vatbaar zijn.

In het algemeen is de invloed van de vriendengroepen positief, omdat de vriendengroep unieke mogelijkheden biedt om sociale vaardigheden te leren die jongeren niet leren in relaties met volwassenen zoals ouders. Het is de sociale context bij uitstek waarbinnen jongeren intieme vriendschappen kunnen opbouwen en een identiteit en zelfbeeld kunnen ontwikkelen, en waarbinnen de jongeren een standpunt leren innemen ten opzichte van de maatschappij, haar normen en waarden. In tegenstelling tot wat vaak wordt aangenomen, komen de normen en waarden van de vriendengroepen vaak zeer sterk overeen met de normen en waarden van de volwassen maatschappij, en is er van een tegenbeweging meestal geen sprake (Youniss, McLellan & Strouse, 1994).

Een vriendengroep heeft meer invloed naarmate de jongere zich sterker identificeert met de groep. Jongeren die zich sterk identificeren met hun vriendengroep, ontvangen meer sociale, emotionele en instrumentele steun van die groep als ze worden geconfronteerd met problemen. Bovendien speelt de mate van identificatie een belangrijke rol in de ontwikkeling van een eigen sociale identiteit en het aangaan van vriendschappen binnen de groep.

Ondanks dat de meeste vriendengroepen een positief effect hebben op het functioneren van de betrokken jongeren, kan de invloed van vriendengroepen ook negatief zijn. Groepen die deviant gedrag aanmoedigen, vormen een risico voor een goed functioneren en een gezonde ontwikkeling. Het is daarbij vaak niet eenduidig wat de oorzaak is voor deviant gedrag, omdat selectie en socialisatie een rol spelen bij vriendengroepen, net als bij dyadische vriendschappen. Enerzijds zoeken agressieve en delinquente jongeren vaak vriendengroepen uit die hetzelfde gedrag vertonen (selectie). Deze keuze kan vrijwillig zijn en voortkomen uit persoonlijke voorkeur (vrijwillige selectie), maar kan ook worden veroorzaakt door de sociale uitsluiting (gedwongen selectie).

Jongeren die sociaal afwijkend gedrag vertonen, zoals agressie, zullen minder snel door leeftijdgenoten worden geaccepteerd. Het gevolg hiervan is dat ze niet vaak tot vriendengroepen zullen behoren die bestaan uit normaal functionerende jongeren, en zich dus gedwongen zien andere sociaal afwijkende leeftijdgenoten te 'selecteren' om relaties mee aan te gaan. Daarnaast oefenen vriendengroepen druk uit in de richting van specifiek gedrag (socialisatie), door de geldende groepsnormen en door de gehanteerde sancties bij afwijkingen van die normen.

Dat de socialisatie zeer subtiel kan zijn, is fraai aangetoond door onderzoek van Dishion et al. (1999). In dat onderzoek bleek dat wanneer delinquente jongeren in een groep werden geplaatst, bedoeld om hun deviante gedrag te verminderen, ze elkaar juist aanmoedigden om afwijkend gedrag te vertonen. Dat kon heel subtiel gebeuren door bijvoorbeeld te glimlachen en te knipogen wanneer er regelovertredend gedrag werd vertoond. Deze op subtiele bevestigingen gebaseerde 'deviantietraining' bleek een grote voorspellende waarde te hebben op later delinquent gedrag: jaren nadat de jongeren de groepsinvloeden hadden ondergaan, bleken ze nog steeds een verhoogd risico te hebben op probleemgedrag. Een mogelijke verklaring is dat jongeren die door hun vrienden op deze wijze worden beloond en aangemoedigd, meer geneigd zullen zijn dit gedrag te blijven vertonen. De 'deviantietraining' levert agressieve jongeren bovendien een set van normen en waarden op die als cognitieve basis en motivatie dienen voor toekomstig delinquent gedrag. In hoofdstuk 14 wordt een alternatieve verklaring gegeven voor het verschijnsel van de 'deviantietraining'.

Hoe het ook zij: ook hier geldt dat de mate waarin een jongere zich identificeert met de groep, van invloed is op de bereidheid gedrag te vertonen dat afwijkt van de maatschappelijke geldende normen en waarden. Wanneer jongeren zich sterk identificeren met hun vriendengroep en niet met hun ouders, zullen de groepsinvloeden sterker zijn. Dit mechanisme geldt voor zowel meisjes als jongens.

Overigens is het niet zo dat adolescenten daadwerkelijk deel moeten uitmaken van een vriendengroep om erdoor te worden beïnvloed. Wanneer jongeren de wens hebben om tot een vriendengroep te behoren, kunnen ze geneigd zijn bepaald gedrag dat gangbaar is in die groep over te nemen (dus zich te conformeren aan het gedrag van de groep), om zo hun kans tot opname te vergroten. Deel uitmaken van een groep vrienden is zo belangrijk voor hun zelfwaardering, dat jongeren bereid kunnen zijn riskant gedrag te vertonen, zoals roken en middelengebruik of bedreigend gedrag. Interessant genoeg is het de perceptie die jongeren hebben van het gedrag van de potentiële vrienden in de vriendengroep, en niet het daadwerkelijke gedrag van die vrienden waarnaar ze zich richten.

Conformiteit leidt echter niet altijd tot negatief gedrag. Wanneer de groep waar een jongere deel van wil uitmaken, wordt gekenmerkt door positief gedrag zoals sport of presteren op school, zal het gedrag in die richting worden beïnvloed. Deze neiging tot conformisme aan het gedrag van gewenste vrienden en een gewenste vriendengroep, en het vertonen van hetzelfde gedrag als de bewonderde vrienden, hebben vaak een grotere invloed op het gedrag van de jongere dan het daadwerkelijk deel uitmaken van de vriendengroep (AloiseYoung, Graham & Hansen, 1994). Een bekend voorbeeld is het meisje of de jongen die zich stoerder gaat gedragen, nonchalanter wordt tegen leraren (en ouders) en zich anders gaat kleden om bij de groep te horen die zich afzet tegen de school en de verantwoordelijkheden van de maatschappij. Wanneer deze jongere echter is opgenomen in de vriendengroep, zal het afwijkende gedrag weer kunnen afnemen. Met andere woorden: de effecten van de selectie van vrienden is vaak groter dan de effecten van socialisatie door die vrienden.

'Beste vrienden' en 'de vriendengroep' overlappen elkaar tot op zekere hoogte. Beste vrienden maken vaak deel uit van dezelfde groep, maar niet iedereen in die groep zal elkaar als goede of zelfs beste vriend ervaren. Een groot aantal leden van de groep bestaat uit oppervlakkige vrienden. Een interessante vraag is hoe de invloed van beste of goede vrienden zich verhoudt tot de invloed die uitgaat van de grotere vriendengroep. Oefent de totale vriendengroep een invloed uit die sterker is dan de invloed van de beste vriend? Of is de invloed wellicht afhankelijk van het soort gedrag, wat zou wijzen op een 'domein-specifieke invloed'? Een recente studie heeft aangetoond dat de relatieve invloed van beste vrienden versus de vriendengroep inderdaad te maken heeft met het soort gedrag: het alcoholgebruik van jongeren werd beïnvloed door de vriendengroep, terwijl depressieve klachten juist alleen beïnvloed werden door de beste vrienden (Giletta et al., 2012). De belangrijke implicatie van deze studie is dat de vraag wie de meeste invloed heeft (de vriendengroep of de beste vriend) niet algemeen beantwoord kan worden maar dat er telkens gekeken moet worden om welk gedrag het gaat.

In een ander onderzoek toonden Brendgen, Vitaro en Bukowski (2000) aan dat de deviantie van beste vrienden een sterk voorspellende waarde had op het delinquente gedrag van adolescenten. De aanwezigheid van andere vrienden, dat wil zeggen: de vriendengroep die niet delinquent was, verminderde die invloed niet. Deze bevindingen geven aan dat de vriendengroep op zich minder invloed heeft dan vaak wordt aangenomen en dat de invloed van de beste vriend groot is en wellicht wordt onderschat.

11.3.3   Vrienden en etniciteit in Nederland

Veel onderzoek naar de betekenis en de kenmerken van vriendschappen is gebaseerd op Amerikaans onderzoek. Wanneer in vriendschapsliteratuur wordt gesproken over culturele verschillen, heeft dat meestal dan ook betrekking op verschillen tussen jongeren uit de dominante blanke cultuur in de Verenigde Staten en uit de minderheidsculturen van AfroAmerikaanse en Hispanic jongeren. Deze gegevens zijn echter niet toepasbaar op de Nederlandse samenleving, vanwege de verschillen tussen de culturen in de Nederlandse samenleving en die in de VS. Hoewel uitgebreid onderzoek naar etniciteit en vriendschappen in Nederland grotendeels ontbreekt, is bekend dat twee aspecten van belang zijn bij het bestaan van vriendschappen tussen jongeren uit verschillende culturen (zie onder andere Naber, 2004). Het eerste aspect is het verschil tussen de schoolcontext en de buitenschoolcontext. Hoewel er gemengde vriendschappen voorkomen op school – een context waarin de keuzevrijheid van jongeren beperkter is – worden vriendschappen die buiten school bestaan, gekenmerkt door een duidelijker etnische scheiding. Deze scheiding wordt echter beïnvloed door het tweede aspect: het sociale milieu, met name opleiding, werk en inkomen. Het blijkt dat hoe beter het sociaal milieu van jongeren (en hun ouders) uit minderheidsculturen is, hoe groter de kans dat deze jongeren bevriend raken met jongeren die uit een vergelijkbaar sociaal milieu en uit andere culturen (inclusief de Nederlandse cultuur) komen. Concreet betekent dit, dat bij een hoger sociaal milieu de sociaaleconomische overeenkomsten belangrijker lijken te worden, terwijl de culturele verschillen minder belangrijk worden voor het aangaan van vriendschappen.

11.4 Groepen op school: sociale status, sociale verwerping en pesten

De meeste vriendengroepen waarvan jongeren deel uitmaken, zijn onderdeel van een grotere sociale context die gevormd wordt door de groep op school. Naast het gezin is de schoolgroep de context waarin jongeren de meeste tijd doorbrengen. Het is daarom niet verwonderlijk dat ervaringen op school een grote betekenis kunnen hebben in hun leven. Hierbij speelt de sociale status van een jongere een bijzondere rol.

11.4.1 Sociale status

Binnen elke sociale groep kunnen twee processen worden onderscheiden: *sociale acceptatie* en *sociale verwerping*. Sociale status is in de meeste onderzoeken gebaseerd op de vraag aan jongeren om groepsgenoten te nomineren die ze aardig vinden (acceptatie) of die ze niet aardig vinden (verwerping). Acceptatie en verwerping zijn niet noodzakelijk elkaars tegenpolen. Jongeren die niet erg geaccepteerd worden door hun leeftijdgenoten, worden niet noodzakelijkerwijs verworpen. Wel ligt het voor de hand dat ze worden genegeerd omdat zij de anderen koud laten. De sociale positie die jongeren innemen in een groep, is niet uitsluitend afhankelijk van individuele kenmerken, maar wordt mede bepaald door kenmerken van de groep. Het gedrag van een individu kan bijvoorbeeld in de ene groep worden gewaardeerd en leiden tot een positieve sociale status, terwijl hetzelfde gedrag in een andere groep kan worden afgewezen en daar dus zal leiden tot een lagere sociale status. In een bepaalde groep op een middelbare school kan een sfeer heersen waarin iedereen hard werkt, zijn best doet en gemotiveerd is om naar school te gaan. In een andere groep op dezelfde school zijn de leerlingen juist veel minder gemotiveerd om goed te presteren. Ze hebben andere interesses. Een jongere die erg goed zijn best doet in de eerstgenoemde groep, kan daardoor aanzien krijgen of zal in ieder geval niet negatief worden behandeld door de klasgenoten. Een jongere met exact hetzelfde gedrag zal echter in de tweede groep grote kans lopen om te worden genegeerd of zelfs verworpen, omdat het gedrag niet past binnen het groepsklimaat.

Er bestaat veel literatuur die aangeeft dat een positieve sociale status van jongeren samenhangt met positieve aspecten, zoals zelfwaardering, welbevinden en pro-sociaal gedrag, terwijl een negatieve status samenhangt met negatieve aspecten, zoals eenzaamheid en gevoelens van sociale isolatie, druggebruik, agressie en delinquentie. Newcomb en Bukowski (1983) onderscheiden vijf sociale statusgroepen op school.

1 *Populaire adolescenten*. Dit zijn jongeren die door veel leerlingen in de groep worden geaccepteerd en door weinigen worden verworpen. Vergeleken met anderen beschikken populaire jongeren over meer cognitieve vaardigheden en hebben ze minder last van agressie, verstorend gedrag, eenzaamheid en sociale isolatie. Populaire jongeren hebben een grotere sociale competentie, die ze toepassen om persoonlijke doelen te bereiken, maar zijn daarbij in staat positieve sociale relaties met anderen te onderhouden.

2 *Verworpen adolescenten*. Deze jongeren worden door veel leerlingen verworpen en door weinigen geaccepteerd. In vergelijking met nietverworpen leerlingen zijn verworpen jongeren agressiever en verstorender, overtreden sneller sociale regels en hebben meer conflicten met medeleerlingen en leerkrachten. Verworpen jongeren kunnen ook meer sociaal teruggetrokken en geïsoleerd zijn dan nietverworpen jongeren en meer last hebben van depressie en sociale angst. Hoewel de sociale isolatie waarschijnlijk eerder een gevolg dan een oorzaak van de verwerping is, kunnen depressie en sociale angst in belangrijke mate bijdragen aan het instandhouden van de verwerping. Twee duidelijk te onderscheiden factoren spelen een rol bij sociale verwerping: agressief, verstorend gedrag en sociaal teruggetrokken gedrag.

3 *Genegeerde adolescenten*. Dit zijn jongeren die niet worden geaccepteerd maar ook niet worden verworpen. Deze jongeren krijgen weinig aandacht van hun medeleerlingen en worden niet of nauwelijks opgemerkt. Het zijn rustige jongeren die soms verlegen en gereserveerd kunnen zijn, maar niet in de mate waarin dat geldt voor de verworpen jongeren. Hoewel de genegeerde jongeren over minder sociale vaardigheden beschikken dan de gemiddelde jongere, respecteren ze wel de sociale regels. Kortom, het zijn normaal functionerende jongeren die niemand ziet.

4 *Controversiële adolescenten*. Deze jongeren worden door veel leerlingen in de groep geaccepteerd, maar eveneens door veel verworpen. Controversiële jongeren vertonen relatief veel agressie, soms zelfs meer dan de verworpen jongeren. Hun agressie weten ze echter te koppelen aan een hoge mate van sociabiliteit die vergelijkbaar is met die van de populaire jongeren. Dergelijke jongeren worden meestal omschreven als actief, intelligent en sociaal vaardig, maar tegelijkertijd als regelovertredend. Het is waarschijnlijk dat ze zich ten opzichte van hun vrienden sociaal aangepast gedragen, maar zich tegenover de rest van hun leeftijdgenoten agressiever en negatiever uiten. Met andere woorden: het zijn jongeren die goed doorhebben hoe ze zich in bepaalde sociale situaties het beste kunnen gedragen om er baat bij te hebben, maar die in andere situaties heel ander gedrag kunnen tonen.

5 *Gemiddelde adolescenten*. Dit zijn jongeren die in vergelijking met alle andere jongeren niet hoog of laag scoren op acceptatie en verwerping. Ze beschikken niet over de positieve eigenschappen die kenmerkend zijn voor de populaire jongeren, maar evenmin over de negatieve eigenschappen van de verworpen jongeren. Ze onderscheiden zich van de genegeerde jongeren doordat ze meer zichtbaar of opvallender zijn.

Deze vijf sociale statusgroepen komen in veel westerse landen voor en bevatten min of meer vergelijkbare percentages van jongeren (Cillessen, Bukowski & Haselager, 2000). Ongeveer 15% van de jongeren is populair, 15% is verworpen, 5% controversieel, 7% genegeerd en de rest is gemiddeld.

De sociale status van een jongere is relatief stabiel over een bepaalde tijd. Dat ligt minder voor de hand dan het misschien lijkt. Het is namelijk zo, dat hetzelfde gedrag in de ene leeftijdsfase tot een heel andere sociale status kan leiden in een volgende leeftijdsfase. Wanneer kinderen ouder worden en de overgang maken naar de adolescentie, veranderen ze niet alleen hun gedrag, maar ook de waarden en normen die ze hebben over wat gepast en ongepast gedrag is. Specifieke eigenschappen die gewaardeerd werden in de kindertijd, kunnen die betekenis verliezen in de adolescentie, terwijl gedragingen die voorheen niet als afwijkend werden waargenomen, ineens zichtbaar worden en reden voor verwerping kunnen zijn. Verlegen kinderen worden op de basisschool lang niet altijd verworpen. Omdat het in de adolescentie echter belangrijk is om vrienden te kunnen maken en met leeftijdgenoten te kunnen omgaan, zullen verlegen jongeren (en die dus afwijken van wat gewenst is) eerder worden opgemerkt en een grotere kans lopen op sociale verwerping. Het is dus duidelijk dat hetzelfde gedrag tot een verschillende sociale status kan leiden in verschillende leeftijdsfasen. Dit zou juist tot discontinuïteit van de sociale status kunnen leiden.

Dat de sociale status toch betrekkelijk stabiel is in de loop der ontwikkeling, heeft te maken met het belang dat op alle leeftijden wordt gehecht aan pro-sociaal gedrag zoals samenwerken, betrokkenheid bij anderen, hulpvaardigheid en het respecteren van sociale regels. Pro-sociaal gedrag hangt samen met een positieve sociale status. Kinderen en jongeren die dit gedrag vertonen, zullen tot de populaire statusgroep blijven behoren, wat een verklaring is voor de hoge mate van stabiliteit van deze status. Daarnaast is de combinatie van agressie en ontbrekend pro-sociaal gedrag oorzaak voor blijvende sociale verwerping, ongeacht de leeftijdsfase. Kinderen en jongeren die dat gedragspatroon vertonen, zullen worden verworpen, ook al worden ze in een nieuwe sociale groep geplaatst. Omdat agressie en sociaal afwijkend gedrag vaak stabiel zijn over een bepaalde tijd, kan dit verklaren waarom de verworpen status ook stabiel is over een bepaalde tijd (Cillessen, Bukowski & Haselager, 2000).

11.4.2 Sociale verwerping

Recentelijk is de vraag gerezen of de vijf statusgroepen homogeen zijn of heterogeen in de zin dat er sprake is van mogelijke subgroepen binnen de groepen. De meeste aandacht gaat daarbij uit naar de verworpen adolescenten, omdat zij de meest problematische groep vormen. Aan de ene kant vormt hun status een risico voor henzelf, omdat sociale verwerping gerelateerd is aan internaliserend probleemgedrag. Aan de andere kant zijn met name de agressieve adolescenten een bedreiging voor de omgeving en de maatschappij, omdat deze adolescenten externaliserend probleemgedrag vertonen, zoals delinquentie en agressie. Er wordt tegenwoordig van uitgegaan dat de groep verworpen adolescenten bestaat uit twee subgroepen die duidelijk van elkaar verschillen wat betreft hun gedragspatroon. Aan de ene kant zijn er de agressiefverworpen adolescenten, aan de andere kant de onderworpen-verworpen adolescenten. Dit onderscheid is cruciaal, omdat het niet alleen iets zegt over de oorzaak van de sociale verwerping, maar ook over de gevolgen die de verwerping kan hebben. Bovendien kunnen interventies, gericht op de negatieve gevolgen van sociale verwerping, alleen zinvol zijn wanneer bekend is volgens welk mechanisme de verwerping zich heeft voltrokken. Het maakt immers verschil of een jongere door alle klasgenoten wordt verworpen omdat hij agressief en onhandelbaar is, of juist erg teruggetrokken en sociaal onzeker is. De subgroep van agressiefverworpen adolescenten vertoont een duidelijk patroon van erg verstorend gedrag en bevat meer jongens dan meisjes. De onderworpen-verworpen adolescenten worden gekenmerkt door een extreem laag niveau van assertiviteit en sociale interactie. Hoewel deze kenmerken in de kindertijd nog geen sociale problemen hoeven op te leveren, leiden ze tot een groter risico in de adolescentie. In deze periode spelen sociale interactie en sociale vaardigheden namelijk een essentiële rol in het leven van alledag, omdat jongeren moeten leren om vriendschappen aan te gaan en goede relaties te onderhouden met leeftijdgenoten.

Van cruciaal belang bij sociale verwerping is het al of niet ontbreken van pro-sociaal gedrag. Jongeren die in hoge mate negatief sociaal gedrag en weinig positief sociaal gedrag vertonen, zullen worden verworpen, terwijl jongeren die in dezelfde mate negatief gedrag vertonen, maar tegelijkertijd ook pro-sociale gedragingen uiten, niet zullen worden verworpen. Met andere woorden: jongeren die in de klas leeftijdgenoten pesten, agressief en erg verstorend zijn, zullen niet noodzakelijk worden verworpen, zolang ze ook soms vriendelijk zijn, of anderen helpen (op welke manier dan ook). Pas als dat positieve gedrag ontbreekt, zal hun agressie ervoor zorgen dat ze worden verworpen. Het is vaak zo, dat verworpen adolescenten de positieve sociale eigenschappen missen die ervoor kunnen zorgen dat de negatieve effecten van hun agressie worden gecompenseerd.

11.4.3 Pesten

Een fenomeen dat een grote impact heeft op het functioneren van jongeren, is betrokkenheid bij pesten, als dader of als slachtoffer. Pesten kan worden omschreven als een voortdurende reeks negatieve fysieke of verbale interacties van een of meer personen ten opzichte van een ander persoon. Pesten is een groot probleem en komt vrijwel in elke schoolklas voor, zowel op de basisschool als in het voortgezet onderwijs. Door andere kinderen te pesten kan een jongere aandacht krijgen en daardoor een bepaalde status en dominantie in de klas veroveren. En dergelijk proces speelt vaak in nieuwe groepen van jongeren die elkaar nog niet kennen; daarom is soms een toename in het pesten in het eerste leerjaar van het voortgezet onderwijs te zien (Pellegrini & Long, 2002).

Er bestaat een duidelijk verschil tussen pesten en sociale verwerping. Bij pesten is er sprake van duidelijke actieve handelingen die fysiek, verbaal en nonverbaal kunnen zijn, terwijl verwerping alleen is gebaseerd op een sociale voorkeur of afkeur zonder dat dit met negatief gedrag hoeft samen te hangen. Het kan voorkomen dat een jongere wordt verworpen, dus niet echt aardig wordt gevonden, zonder dat de andere leerlingen uit de groep die adolescent duwen of slaan, uitschelden, over hem of haar roddelen, of sociaal isoleren, wat vaak gebeurt bij pesten.

Betrokkenheid bij pesten wordt vaak gemeten door jongeren hun eigen ervaringen te laten weergeven of door de klasgenoten te vragen elkaar te beoordelen. Ongeacht de manier waarop pesten wordt gemeten, blijkt dat 15 tot 20% van alle jongeren wordt gepest door klasgenoten, terwijl rond de 10% van alle jongeren andere klasgenoten pest. Deze percentages zijn vergelijkbaar voor een groot aantal landen in Europa (zie Eslea, Menesini et al., 2003; Smith et al., 1999). Betrokkenheid bij pesten blijkt seksespecifiek te zijn: terwijl het bij slachtoffers even vaak om jongens als om meisjes gaat, zijn de daders vaker jongens. Jongens pesten vaker op fysieke wijze: duwen, slaan, dingen met geweld afpakken, enzovoort. Meisjes pesten meestal meer indirect. Zij roddelen meer, schelden meer of proberen anderen buiten te sluiten.

Betrokkenheid bij pesten, als dader of als slachtoffer, is gerelateerd aan verschillende vormen van probleemgedrag. In een overzicht van onderzoek, dat is uitgevoerd tussen 1978 en 1997, komen Hawker en Boulton (2000) tot de conclusie dat gepeste kinderen en jongeren een groter risico lopen op internaliserende problemen. Zo hebben slachtoffers een negatiever zelfbeeld wat betreft hun sociaal functioneren en vertonen ze meer sociale angst. Daarnaast blijken slachtoffers minder vrienden te hebben en zijn ze vaker sociaal verworpen. Daders daarentegen, vertonen een geheel andere problematiek. Zij zijn meestal agressiever dan andere adolescenten en vertonen meer delinquent gedrag. Ook zijn zij vaker sociaal verworpen en minder populair.

Olweus (1991) veronderstelt dat het pesten van anderen geen geïsoleerd gedrag is, maar een onderdeel vormt van een deviant gedragspatroon van een individu dat al ver vóór de adolescentie herkenbaar is. De afgelopen jaren is er echter een debat ontstaan over de vraag of daders minder sociale vaardigheden hebben dan andere kinderen, zoals uit bovenstaande schets geconcludeerd zou kunnen worden. Er komt namelijk steeds meer onderzoek, dat aantoont dat in ieder geval een deel van de daders sociaal zeer manipulatief is en in staat lijkt om het pestgedrag aan te wenden om er zelf beter van te worden. Zij willen bijvoorbeeld een dominantere positie in de groep krijgen, of populairder worden. Deze daders vertonen geen algemeen patroon van probleemgedrag, want zij kunnen hun gedrag aanpassen wanneer dat nodig is.

De tweedeling tussen daders en slachtoffers is mogelijk niet voldoende om de betrokkenheid volledig in kaart te brengen. Het blijkt namelijk dat wanneer er gepest wordt op school, ruim 75% van alle klasgenoten daar op de een of andere manier bij betrokken is, in verschillende rollen. Zo zijn er naast de dader en slachtoffer ook klasgenoten die de dader actief bijstaan en ondersteunen, klasgenoten die aanmoedigen, en klasgenoten die het slachtoffer helpen of zich afzijdig houden. Het aanwezig zijn van verschillende rollen zou belangrijke implicaties kunnen hebben voor anti-pestprogramma's. De aandacht zou zich namelijk niet alleen op de daders moeten richten, maar juist ook op alle klasgenoten die de daders op de een of andere manier aanmoedigen door ze actief te ondersteunen of door niet in te grijpen (Karna et al., 2011). Daarnaast is een indeling in daders of slachtoffers te eenvoudig, omdat er ook een groep jongeren bestaat die zowel dader als slachtoffer is.

In vergelijking met daders en slachtoffers zouden deze dadersslachtoffers het meest externaliserende probleemgedrag vertonen en bovendien de ongunstige verwachting hebben wat betreft toekomstig functioneren. Dus jongeren die zowel anderen (meestal direct) pesten als ook zelf worden gepest, hebben de grootste kans om later betrokken te raken bij ernstige vormen van agressie en geweldpleging, delinquentie en crimineel gedrag.

Ondanks dat pesten frequent wordt bestudeerd en er interventieprogramma's gebaseerd zijn op de onderzoeksgegevens, is een aantal zaken nog steeds niet helder. Hoewel iedereen het erover eens lijkt te zijn dat slachtoffers van pesten lijden, bestaat er nog onduidelijkheid over de causaliteit, dus over de vraag *wat* nu *wat* beïnvloedt. Het ligt voor de hand om te veronderstellen dat gepeste kinderen en adolescenten door het pesten sociale gedragsproblemen kunnen ontwikkelen. Een kind dat wordt gepest, kan daardoor (sociaal) onzeker worden, niet zo snel voor zichzelf durven opkomen en zich geïsoleerd en eenzaam voelen. Wanneer een kind over langere tijd wordt gepest, zal de onzekerheid toenemen en zal het kind steeds minder assertief en misschien meer onderdanig worden, wat er natuurlijk voor zorgt dat het kind of de jongere moeilijk uit de slachtofferpositie kan komen.

Omdat veel onderzoek maar op één moment het kind of de jongeren onderzoekt (dat wil zeggen: crosssectioneel van aard is), is op basis daarvan moeilijk na te gaan of inderdaad het gepest worden leidt tot sociale gedragsproblemen. Het kan, zoals sommige onderzoekers beweren, echter ook zo zijn dat kinderen of jongeren die een bepaald gedrag vertonen, juist daarom worden gepest (zie voor een recent overzicht Arseneault, Bowes & Shakoor, 2010).

Inderdaad lijkt het soms zo te zijn dat kinderen of jongeren, juist omdat ze bang of onzeker zijn, worden gepest. Met andere woorden: het pestgedrag van sommige daders kan worden opgeroepen door het ontbreken van bepaalde sociale vaardigheden van sommige jongeren. Uit dit voorbeeld komt naar voren dat de kenmerken van de slachtoffers soms niet los gezien kunnen worden van de kenmerken van de daders bij het in kaart brengen van oorzaken van betrokkenheid bij pesten.

Ook bij andere soorten slachtofferschap wordt een relatie gezien tussen persoonskenmerken of specifieke omstandigheden waarin de persoon verkeert en het slachtoffer worden. Kinderen die seksueel zijn misbruikt, lopen bijvoorbeeld in latere levensfasen een verhoogd risico opnieuw slachtoffer te worden van seksueel geweld (De Wit, Van der Veer & Slot, 1995). Tot slot moet niet uit het oog worden verloren dat betrokkenheid bij pesten niet helemaal door individuele kenmerken van de daders of slachtoffers kan worden verklaard. Ook de vriendengroepen van de daders of slachtoffers kunnen specifiek gedrag bij hen aanmoedigen. Van daders is bekend dat hun vrienden hun negatieve gedrag kunnen aanmoedigen door niet in te grijpen, door te lachen of zelfs mee te doen. In welke mate vrienden van slachtoffers een rol spelen bij het feit dat zij worden gepest, is nog vrijwel onduidelijk.

Omdat pesten een veelvoorkomend fenomeen is, met mogelijk grote gevolgen voor de betrokkenen, zijn er veel interventieprogramma's ontwikkeld om het pesten te verminderen. Hoewel veel van deze programma's goed bedoeld zijn, blijkt de effectiviteit redelijk beperkt (zie voor belangrijke overzichtsstudies Farrington & Ttofi, 2009; Vreeman & Carroll, 2007). De reden hiervoor is vaak dat een duidelijke theoretische basis voor de interventie ontbreekt, en dat de projecten zich richten op afzonderlijke aspecten van het pesten, zonder aandacht te besteden aan meerdere aspecten tegelijkertijd. De twee meest belovende interventies zijn het 'Bullying Prevention Programme' van Olweus (Smith, Pepler & Rigby, 2004) en het KiVA project (Karna et al., 2011), die zich beide richten op zowel de betrokken kinderen (dader, slachtoffer, klasgenoten), als op de klas als geheel, en op de school. Een dergelijke 'multi level' aanpak lijkt het meest geschikt om rekening te houden met de complexiteit van het fenomeen pesten.

11.5 Ouder-adolescentrelaties

Uit het voorgaande is duidelijk geworden, dat beste vrienden en de vriendengroep, maar ook sociale processen in de groep op school hun invloed hebben op het functioneren en de ontwikkeling van de jongere. Hoewel de opvatting dat de vrienden en vriendengroepen een tegenbeweging vormen tegen de volwassen wereld en dus een bedreiging zijn (Coleman, 1961), niet meer zoveel ondersteuning vindt, wordt de invloed van vrienden nog steeds vaak overschat. Zo stelt Harris (1995) in haar beroemd geworden artikel dat de ouders geen invloed op de lange termijn hebben op de ontwikkeling van kinderen en jongeren. Volgens haar zijn de ervaringen die kinderen en jongeren in vriendengroepen en schoolklassen hebben – dus buiten het gezin – verantwoordelijk voor hun socialisatie en ontwikkeling.

Er wordt echter getwijfeld aan deze visie. De meeste onderzoekers gaan ervan uit dat de ontwikkeling en het functioneren van jongeren worden bepaald door een samenspel van factoren. Daarbij spelen vrienden en vriendengroepen een grote, maar niet de enige rol. Hoewel bekend is dat leeftijdgenoten in toenemende mate belangrijk worden in het leven van jongeren, blijven ouders van belang voor hun functioneren. Men kan de rol van vrienden en leeftijdgenoten niet volledig beschrijven zonder daarbij aandacht te besteden aan de ouderkindrelaties. Doordat veel onderzoek naar de effecten van vrienden geen aandacht heeft besteed aan ouderlijke invloeden, is de rol van de vrienden vaak overschat, terwijl de rol van de ouders mogelijk onderschat is.

Theoretisch gezien bestaan er twee invalshoeken die zich met deze vergelijking bezighouden. De eerste invalshoek wordt gevormd door theorieën die de verschillen in functie en betekenis van ouders en leeftijdgenoten benadrukken. De tweede invalshoek betreft theorieën die juist de nadruk leggen op de overeenkomsten tussen ouders en leeftijdgenoten.

① Volgens de eerste invalshoek bieden verschillende relaties verschillende contexten voor ontwikkeling. De invloedrijkste theorie die dit standpunt verkondigt, is de interpersoonlijke theorie van Sullivan (1953). Zoals al kort besproken in paragraaf 11.2.1 veronderstelt deze theorie dat er in verschillende fasen van het leven behoeften ontstaan die eigen zijn aan de desbetreffende fase. Jongeren bevinden zich meestal in een netwerk van relaties en elk van deze relaties kan bepaalde sociale behoeften vervullen. Sommige relaties zijn bij uitstek geschikt voor het vervullen van specifieke behoeften, terwijl andere relaties daarin niet kunnen voorzien. Volgens Sullivan kunnen bijvoorbeeld goede vriendschappen tegemoetkomen aan de wens tot intimiteit en kameraadschap, terwijl de relaties met de ouders kunnen voldoen aan de behoefte aan zorg en gehechtheid.

De relaties met ouders en vrienden zijn niet statisch van aard tijdens de adolescentie, maar ondergaan belangrijke veranderingen. Zo streven jongeren in toenemende mate autonomie ten opzichte van hun ouders na, terwijl ze tegelijkertijd een eigen identiteit proberen te ontwikkelen, onafhankelijk van de ouders (Deci & Ryan, 2000). Deze ontwikkeling kan leiden tot een zekere afstand of onthechtheid tussen ouders en adolescenten, wat van invloed zal zijn op de aard van de ouderkindrelaties die uiteindelijk meer horizontaal zullen worden.

Wat betreft sekseverschillen in de relaties tussen adolescenten en hun ouders valt het volgende op. Jongens en meisjes hebben in het algemeen dezelfde relatie met hun ouders: ze ervaren ongeveer evenveel warmte en nabijheid, de kwaliteit van de communicatie is hetzelfde en ze hebben ongeveer evenveel conflicten met hun ouders. Opvallend is echter dat de sekse van de ouder er sterk toe doet: jongeren geven meestal aan een betere relatie met hun moeder dan met hun vader te hebben, terwijl de relatie tussen dochters en vaders in het bijzonder wordt gekenmerkt door een relatieve afstandelijkheid (Apter, 1990).

In de ouderkindrelaties tijdens de adolescentie treden verschuivingen op die suggereren dat jongeren onafhankelijker worden van hun ouders, terwijl ze afhankelijker lijken te worden van hun vrienden en leeftijdgenoten. Vriendschappen worden verondersteld een unieke context te bieden voor de verdere ontwikkeling van de jongere, omdat ze tegemoetkomen aan behoeften waarin ouders niet kunnen voorzien.

② De tweede theoretische invalshoek is gebaseerd op de gehechtheidstheorie en aanverwante theorieën. De gehechtheidstheorie gaat uit van de gedachte dat de competenties die ontwikkeld zijn in de ouderkindrelatie zich ook zullen manifesteren in de latere relaties met vrienden. Er wordt verondersteld dat de vroege ouderkindrelaties cruciaal zijn en dat er continuïteit bestaat in het functioneren in de relaties met ouders en met vrienden. De reden hiervoor is dat de vroege ouderkindrelaties als basis dienen voor het begrip dat kinderen hebben van sociale relaties, inclusief vriendschapsrelaties. De vroege ervaringen en percepties die kinderen hebben van hun relaties, alsmede de verwachtingen die ze ontwikkelen, worden opgenomen in een intern werkmodel (Bowlby, 1988). Dit interne werkmodel wordt verondersteld bepalend te zijn voor de manier waarop kinderen later in hun leven sociale relaties aangaan. Veilige gehechtheid in de kindertijd zal resulteren in interne werkmodellen die, mede door interactie met leeftijdgenoten en de daarin opgedane competenties, leiden tot de ontwikkeling van positieve relaties met vrienden in de adolescentie. Onveilige gehechtheid zal echter resulteren in een intern werkmodel, waarin interpersoonlijke relaties als bedreigend of negatief worden waargenomen. Hoewel de theorie uitgaat van de idee dat er continuïteit bestaat in de ontwikkeling en betekenis van relaties, is er in het modernere denken over gehechtheid ruimte voor unieke situaties en gebeurtenissen in de loop van de ontwikkeling die tot een aanpassing van het genoemde werkmodel kunnen leiden. Voor onveilig gehechte kinderen kunnen zich 'herkansingen' voordoen (Lavers & SonugaBarke, 1997).

Tot slot bestaan er theoretische veronderstellingen die tussen beide invalshoeken in liggen. Het werk van Buhrmester (1990; 1996) is een modificatie van Sullivans theorie en veronderstelt dat sommige relaties weliswaar zeer geschikt zijn om in bepaalde sociale behoeften te voorzien, maar dat dit niet wil zeggen dat andere relaties daartoe ongeschikt zijn. Jongeren wenden zich bijvoorbeeld wel meer en sneller tot hun vrienden voor het verkrijgen van intimiteit, maar ouders blijken ook in staat een zekere intimiteit te bieden. Dit roept de vraag op in hoeverre relaties met ouders compensatie kunnen bieden voor negatieve relaties met vrienden en vice versa.

De sociale steun die jongeren in hun relaties met vrienden en ouders ervaren, blijkt een belangrijke voorspeller te zijn voor hun welbevinden en probleemgedrag. Jongeren lijken ontbrekende steun in de ene relatie gedeeltelijk te kunnen compenseren door steun te zoeken in de andere relatie. Toch is het nog onduidelijk in hoeverre deze compensatie in de hoogte van de steun ook de effecten van de ontbrekende steun kunnen opheffen. Veel onderzoek naar de effecten van ouderlijke steun en steun van vrienden wijst erop dat – hoewel adolescenten zich meer tot hun vrienden wenden wanneer ze een weinig ondersteunende relatie met hun ouders hebben – de steun van vrienden niet kan voorkomen dat de jongeren probleemgedrag gaan vertonen. Het lijkt zelfs zo te zijn, dat bepaalde combinaties van ervaren steun risicofactoren zijn voor internaliserend en externaliserend probleemgedrag. Jongeren die weinig steun van beide ouders ervaren, maar relatief veel steun van hun vrienden, dat wil zeggen: ontbrekende ouderlijke steun compenseren, blijken soms meer probleemgedrag te vertonen dan jongeren die weinig steun ervaren van zowel ouders als vrienden (Scholte, Van Lieshout & Van Aken, 2001). Compensatie van ontbrekende steun van de ene ouder lijkt alleen mogelijk door zich te richten op de andere ouder, omdat relaties met vrienden in dit opzicht een ander effect hebben.

De gehechtheidsband van jongeren met hun ouders vertoont dezelfde functie als ervaren steun. In het reeds genoemde onderzoek van Brendgen et al. (2000) bleek dat de invloed van delinquente beste vrienden op de delinquentie van adolescenten werd gemodereerd door de gehechtheidsrelatie van de adolescenten met hun ouders. Wanneer de gehechtheid goed was, bleek de invloed van de beste vrienden minder te zijn dan bij een minder goede gehechtheid tussen de adolescent en de ouders.

Niet alleen via steun, maar ook via de opvoeding oefenen ouders invloed uit op het functioneren van jongeren en op de relaties die ze onderhouden met vrienden. Volgens het Sociale Interactie Model of coercivemodel (coercion = afdwingen) (Dishion et al., 1991) wordt delinquentie primair beïnvloed door zowel de ouders als de vrienden. Inadequaat opvoedingsgedrag, zoals een afstandelijke, inconsistente en negatieve opvoeding, zal leiden tot een antisociale houding en deviant gedrag bij de kinderen. Afwijkend gedrag van het kind wordt aangemoedigd via negatieve ouderkindinteracties, waardoor kinderen leren om controle te krijgen over het grenzen stellen van de ouders. Dit gebeurt door middel van afdwingend gedrag van het kind, wat inhoudt dat het kind escalerend negatief gedrag blijft vertonen tot het moment waarop ouders toegeven, en op die wijze het negatieve interactiepatroon van het kind belonen en daardoor bekrachtigen. De ouders bieden zodoende een speelplaats waar kinderen leren te overwinnen door negatief en antisociaal gedrag (zie ook hoofdstuk 15). Dat gedrag wordt vervolgens ook toegepast in relaties met vrienden en leeftijdgenoten, omdat het overwicht en macht oplevert. Bovendien zijn delinquente en agressieve jongeren geneigd vriendschap te sluiten met andere deviante jongeren en wordt het antisociale gedrag verder aangemoedigd.

Andere opvoedingspraktijken stellen ouders juist in staat positief bij te dragen aan de ontwikkeling en het functioneren van jongeren. Ouders die weinig zicht hebben op het gedrag van hun dochter of zoon, bieden haar/hem de mogelijkheid om te gaan en bevriend te raken met delinquente leeftijdgenoten. Door een duidelijke ouderlijke supervisie en het toezicht houden op het doen en laten van de jongeren kunnen ouders diens vriendschapskeuze beïnvloeden of een vriendschap met delinquente anderen zelfs beëindigen. Ook de opvoedingsstijl die ouders hanteren, heeft uitwerkingen op het functioneren en de effecten van vriendschapsrelaties van jongeren. Jongeren die autoritatief zijn opgevoed (dat wil zeggen: de ouders zijn responsief en hebben oog voor de behoeften van de jongere, maar stellen tegelijkertijd duidelijke grenzen, zie ook hoofdstuk 10), zijn minder vatbaar voor groepsinvloeden met betrekking tot middelengebruik dan jongeren die niet autoritatief zijn opgevoed. De kans is groot dat wanneer jongeren het gevoel hebben dat hun ouders hen te veel inperken en controleren, ze zich meer op hun vrienden zullen richten, wat hun vatbaarheid voor groepsinvloeden vergroot.

11.6 Besluit

Concluderend kan worden gezegd dat de relaties van jongeren met hun ouders en hun vrienden niet los staan van elkaar. Er is sprake van continuïteit tussen de verschillende relaties en het is deze continuïteit die effect heeft op het functioneren en de ontwikkeling van de jongere. Hoewel relaties met ouders en vrienden onafhankelijk van elkaar invloed hebben op het wel en wee van de jongere, zijn het nietgescheiden werelden. Daarom moeten ze in onderlinge samenhang worden bekeken om de effecten ervan werkelijk te kunnen begrijpen.

12 Psychoseksuele ontwikkeling

Hanneke de Graaf

12.1 Inleiding

De adolescentie is de levensfase waarin de seksuele ontwikkeling in een stroomversnelling komt. De hormonale veranderingen aan het begin van de puberteit zetten een proces in gang van lichamelijke ontwikkeling en groei, vooral van de secundaire geslachtskenmerken (zie hoofdstuk 3). Zowel voor de jongere zelf als voor zijn of haar omgeving wordt duidelijk dat het kind op weg is naar de volwassenheid, inclusief de belangstelling voor en ervaringen met seksualiteit. Daarnaast is een jongere door cognitieve ontwikkelingen steeds beter in staat na te denken over eigen seksuele gevoelens en de verwachtingen van anderen daarover (zie hoofdstuk 5), waardoor zij ook een seksueel zelfbeeld ontwikkelen.

De seksuele ontwikkeling tijdens de adolescentie staat niet los van ontwikkelingen op aan seksualiteit gerelateerde gebieden tijdens de kindertijd. Gedrag dat vanuit een volwassen perspectief 'seksueel' genoemd zou kunnen worden, zien we reeds vroeg in de kinderjaren. Onderzoekers zien bijvoorbeeld dat baby's de geslachtsorganen gericht aanraken vanaf het moment dat de motoriek voldoende is ontwikkeld om dit te doen (tegen het eind van het eerste jaar). Als kinderen ouder worden, stellen ze vragen over seksualiteit of spelen ze seksuele spelletjes. Zestig procent van een groep Nederlandse ouders zegt dat hun kind wel eens 'doktertje' speelt (Cohen-Kettenis & Sandfort, 1996). De belangrijkste motivatie voor seksuele contacten tussen kinderen is nieuwsgierigheid en dit blijft ook zo in het begin van de adolescentie.

Bancroft (2009) onderscheidt in het proces van de psychoseksuele ontwikkeling de volgende ontwikkelingslijnen:
- seksuele differentiatie tot man of vrouw en de ontwikkeling van een genderidentiteit (de mate waarin iemand zich jongen of meisje voelt);
- seksuele responsiviteit en seksueel gedrag;
- het vermogen om intieme relaties aan te gaan.

In de adolescentie begint de integratie van deze drie lijnen die uiteindelijk leidt tot een volwassen seksualiteit. Genderidentiteit en genderrol gaan (ook) een rol spelen in seksuele contacten, seksuele ervaringen gaan deel uitmaken van intieme relaties. De motivatie om seksuele contacten aan te gaan wordt (naast nieuwsgierigheid) steeds vaker bepaald door fysiek genot en intimiteit (De Graaf et al., 2012; Reynolds, Herbenick & Bancroft, 2003).

Dit hoofdstuk gaat eerst in op de ontwikkelingen in het denken over seksuele ontwikkeling (12.2). Vervolgens komt de eerste ontwikkelingslijn uit het model van Bancroft – de ontwikkeling van de genderidentiteit – aan bod (12.3). Daarna wordt aandacht besteed aan de ontwikkeling van soloseks (12.4), relatievorming (12.5), seksuele contacten met anderen (12.6) en opvattingen (12.7). Hierna komt de ontwikkeling van de seksuele identiteit bij homoseksuele jongeren ter sprake (12.8). Aan het eind van dit hoofdstuk worden problemen beschreven die zich kunnen voordoen in de psychoseksuele ontwikkeling van jongeren (12.9) en wordt aandacht geschonken aan seksuele opvoeding en voorlichting (12.10).

12.2 Ontwikkelingen in het denken over seksuele ontwikkeling

Tot het midden van de twintigste eeuw werd het denken over seksualiteit vooral beïnvloed door Freud (1905) en Kinsey en collega's (1948; 1953). Beiden benaderden seksualiteit als een zelfstandig ontwikkelingsfenomeen dat voornamelijk kan worden toegeschreven aan aangeboren factoren, die als vanzelf op een bepaalde leeftijd tot bepaald seksueel gedrag leiden. Zo doorloopt iedereen volgens het psychoanalytisch model van Freud de orale, anale, fallische, latentie- en genitale fase in de ontwikkeling tot een volwassen seksualiteit (zie ook hoofdstuk 2). Kinsey (van oorsprong bioloog) ging ervan uit dat verschillen in seksuele motivatie, of tussen jongens en meisjes, bepaald waren door biologische determinanten.

Vanaf de jaren zestig van de vorige eeuw kreeg de omgeving een steeds centralere rol in ontwikkelingstheorieën. Processen als het leren door observatie (modeling) en het leren door conditionering (het beloond dan wel bestraft worden van een bepaalde respons) werden gebruikt om verschillen in de seksuele ontwikkeling te verklaren. Biologische invloeden raakten in deze periode in het denken over (seksuele) ontwikkeling op de achtergrond. Aan het eind van de twintigste eeuw kregen deze – onder invloed van verschillende nieuwe onderzoeksmethoden – weer meer aandacht.

Vanaf de jaren zeventig was er meer aandacht voor de interactie tussen een individu en zijn omgeving. Men zette zich af tegen de idee dat iemand louter het object van biologische of omgevingsinvloeden zou zijn. Iemand wordt niet alleen gevormd door de omgeving, maar vormt deze ook door te kiezen uit de mogelijkheden die hij of zij tegenkomt. De eigen individuele keuzemogelijkheden worden dus centraal gesteld, zonder echter de invloeden daarop van buitenaf te ontkennen. Een voorbeeld van een theorie die uit deze onderzoekstraditie voortkomt, is de 'sexual script'theorie van Simon en Gagnon (1986). Seksuele scripts of scenario's zijn mentale representaties van de regels en betekenissen van seksualiteit. Een 'script' of scenario is een handelingsschema waarin wordt omschreven welk gedrag, met wie, in wat voor omstandigheden en in welke volgorde passend is. Daarnaast omschrijft een script wat de veronderstelde effecten van dat gedrag zijn en hoe men geacht wordt zichzelf te voelen bij de uitvoering ervan. Wanneer de eigen ervaring toeneemt en zelfreflectie over die ervaringen plaatsvindt, worden scripts persoonlijker.

Een ander belangrijk theoretisch model dat rekening houdt met de interactie tussen individu en omgeving is het bio-ecologische model van Bronfenbrenner (1998), zie ook hoofdstuk 2. De kern van dit model bestaat uit drie componenten: het evolutionaire erfgoed dat alle mensen delen, individuele genetische aanleg en de interactie tussen individu en omgeving. De neiging om sociale relaties aan te gaan, het vermogen tot complexe communicatie, de motivatie om te verkennen en ontdekken, en het vermogen om te leren, redeneren en problemen op te lossen, zijn voorbeelden van evolutionair bepaalde factoren die de kans op overleving vergroten. Bronfenbrenner gaat ervan uit dat biologische aanleg bepaalt hoe complex de ontwikkeling van het individu in potentie zou kunnen zijn. De interactie tussen individu en omgeving bepaalt vervolgens of deze complexiteit zich als zodanig zal manifesteren. In die zin kan de interactie tussen individu en omgeving ook in aanleg aanwezige beperkingen overwinnen.

Helaas wordt deze theoretische aandacht voor interacties en processen nog nauwelijks weerspiegeld in het huidige empirisch onderzoek naar seksualiteit van jongeren. Het overgrote deel van onderzoek op dit terrein is uitgevoerd in de (seksueel behoudende) Verenigde Staten, een land dat te kampen heeft met grote aantallen tienerzwangerschappen en seksueel overdraagbare aandoeningen (soa's). Mede hierdoor en door het behoudende seksuele klimaat in de Verenigde Staten is in Amerikaans onderzoek vooral aandacht voor geslachtsgemeenschap, de leeftijd waarop jongeren hiermee beginnen en de risico's hiervan. Ander seksueel gedrag, zoals masturbatie, zoenen en andere manieren van vrijen, krijgt veel minder aandacht. Dat geldt ook voor seksuele gevoelens en cognities, los van de relatie die deze hebben met het al dan niet seksueel actief zijn of het gebruiken van anticonceptie of condooms. Seksuele ontwikkeling hoort echter bij de adolescentie en kan een positieve rol spelen bij de ontwikkeling van autonomie en andere zelfregulerende capaciteiten, identiteit en de overgang naar volwassenheid. Het begrip 'seksuele gezondheid' kan hierbij een leidraad vormen. Volgens de werkdefinitie van de World Health Organisation is seksuele gezondheid: 'een staat van fysiek, emotioneel, mentaal en sociaal welzijn in relatie tot seksualiteit. Het is niet slechts de afwezigheid van ziekte, disfunctioneren of ongemak. Seksuele gezondheid vraagt om zowel een positieve en respectvolle benadering van seksualiteit en seksuele relaties, als om de mogelijkheid om plezierige en veilige seksuele contacten aan te gaan, vrij van dwang, discriminatie en geweld' (World Health Organisation, 2006). In Nederland is onderzoek gedaan naar seksuele gezondheid van jongeren in brede zin (De Graaf et al., 2012).

12.3 Genderidentiteit en genderrol

Genderidentiteit is de mate waarin iemand zich man of vrouw, jongen of meisje voelt. Onder genderrol wordt een complex van gedragingen verstaan die normaliter aan mannen of vrouwen worden toegeschreven, met andere woorden: wat binnen een bepaalde cultuur als 'mannelijk' of 'vrouwelijk' wordt gezien. Op beide terreinen zijn al vóór de adolescentie belangrijke ontwikkelingen waar te nemen.

Bij heel jonge kinderen worden in dit verband al verschillen tussen jongens en meisjes waargenomen. Zo is al snel duidelijk dat de sekse van een baby samenhangt met een voorkeur voor bepaalde spelletjes (jongens houden meer van stoeien) of speelgoed (meisjes houden meer van poppen, jongens houden meer van autootjes). Deze verschillen kunnen worden toegeschreven aan een combinatie van biologische en omgevingsfactoren. In de baarmoeder zijn al biologische factoren werkzaam en vanaf het moment dat de sekse bij de omgeving bekend is, wordt er verschillend met jongetjes en meisjes omgegaan.

Vanaf drie tot vier maanden kunnen baby's mannen- en vrouwenstemmen van elkaar onderscheiden en vanaf negen maanden mannen- en vrouwengezichten. Men kan dit zien aan de manier waarop baby's op stemmen of foto's van mannen en vrouwen reageren: ze verliezen interesse als ze steeds stemmen horen of foto's zien uit dezelfde categorie (bijvoorbeeld mannen) en reageren dan weer als er een stem of foto uit een nieuwe categorie (een vrouw) verschijnt. Vanaf achttien tot vierentwintig maanden kunnen kinderen van iemand anders het geslacht benoemen Meestal kijken ze hiervoor vooral naar iemands kapsel (vrouwen) of lichaamsbouw (mannen). Vanaf zevenentwintig tot dertig maanden weten kinderen of ze zelf een jongen of meisje zijn. Ze denken dan soms nog wel dat dit later kan veranderen. Met een jaar of vijf weten kinderen vaak wel dat sekse constant is (Ruble, Martin & Berenbaum, 2006).

Vanaf het moment dat kinderen weten dat ze een jongen of meisje zijn, gaan kinderen zich ook meer conform de eigen genderrol gedragen Kennis van genderrollen neemt tussen het vijfde en zesde jaar sterk toe. Vreemd genoeg kan dit soms tot een kleine terugval in het begrip van genderconstantie leiden. Kinderen gaan dan bijvoorbeeld twijfelen of een jongen met lipstick op nog wel een jongen is. Ideeën over genderrollen zijn vaak erg rigide in deze levensfase, met een piek in genderstereotypie rond vijf á zes jaar. Wanneer zij bijvoorbeeld een verhaaltje horen over een vrouw die gender-aspecifiek gedrag vertoont (bijvoorbeeld een vrouw die hout hakt), herinneren ze zich later dat het niet een vrouw, maar een man was die dit gedrag vertoonde. Ook kunnen ze negatief reageren op leeftijdgenoten die zich niet conform de eigen genderrol gedragen (Ruble, Martin & Berenbaum, 2006).

Tegen het eind van de kindertijd hebben kinderen een toenemende voorkeur voor vrienden van het eigen geslacht. Binnen jongens- en meisjesgroepen die op deze manier ontstaan, doen jongens en meisjes verschillende ervaringen op, die kunnen doorwerken in de omgang met seksualiteit en relaties tijdens de adolescentie. Jongens spelen graag in grotere groepen, die hiërarchisch georganiseerd en competitief zijn. Ze lopen graag te koop met wat ze allemaal weten op het gebied van seksualiteit. In contact met vrienden doen ze liever iets dan dat ze met elkaar praten. Meisjes spelen in kleinere groepen en in paren. Meisjes willen vooral aardig gevonden worden, vertellen elkaar persoonlijke dingen en stellen zich hierdoor kwetsbaar op. Daarnaast worden vriendschappen tussen meisjes soms ineens beëindigd en wordt een nieuwe 'beste vriendin' gezocht. Meisjes oefenen hierdoor in het vormen en verbreken van intieme verbintenissen (Thorne & Luria, 1986).

Tijdens de adolescentie gaan jongens en meisjes weer vaker met elkaar om, soms als 'stel', maar ook vaker in vriendschappen. Omdat interesse in en ervaring met seksualiteit toeneemt op deze leeftijd, gaan genderidentiteit en genderrol ook op dit terrein steeds meer een rol spelen. Baumeister en Blackhart (2007) geven aan dat er drie belangrijke terreinen zijn op seksueel gebied waarop jongens en meisjes verschillen. Ten eerste wordt de vrouwelijke seksualiteit sterker beïnvloed door de omgeving en minder sterk door biologische invloeden, dan mannelijke seksualiteit. Dit heeft tot gevolg dat de seksuele behoeftes van jongens zo rond de puberteit ontstaan en daarna redelijk constant blijven, terwijl de behoeftes van meisjes variëren al naar gelang de omstandigheden. Het is voor meisjes dan ook lastiger dan voor jongens om een beeld te krijgen van hun seksuele zelfbeeld, omdat deze veranderlijker is dan voor jongens.

② Een tweede belangrijk verschil tussen jongens en meisjes, is dat jongens een sterkere 'sex-drive' hebben: jongens denken vaker aan seks, zijn vaker opgewonden, fantaseren meer, willen eerder seks in de nieuwe relatie en vaker seks in een langere relatie en masturberen vaker. Het heteroseksuele script schrijft nog steeds voor dat jongens het initiatief nemen op het gebied van seksualiteit en meisjes terughoudend zijn. Voor jongens is veel seksuele ervaring goed voor de reputatie, voor meisjes slecht.

③ Het derde theoretisch perspectief op genderverschillen, het idee van de 'seksuele economie', bouwt hierop voort. In de meeste culturen is de vrouwelijke seksualiteit een 'gewaardeerd goed'. Als jongens seks willen, moeten ze hier iets tegenover stellen, bijvoorbeeld aandacht, respect, liefde of materiële middelen. Dit uit zich bijvoorbeeld in het veelvuldig aangetoonde gegeven dat jongens losse seksuele contacten vaker goedkeuren, terwijl meisjes het vaker belangrijk vinden dat seks plaatsvindt in de context van een (liefdes)relatie. In een Amerikaanse studie onder studenten werd bijvoorbeeld gevonden dat 75% van de jongens en 0% van de meisjes ingingen op een uitnodiging van een aantrekkelijke onbekende om seks te hebben (Clark & Hatfield, 1989).

12.4 Soloseks

Vaak komen de eerste gevoelens van seksuele opwinding al voor de puberteit. Jongens hebben dergelijke gevoelens iets eerder dan meisjes (Reynolds et al., 2003). Voor jongens worden de eerste gevoelens vaak opgewekt door een visuele stimulus, zoals seksueel expliciete beelden of het zien van een aantrekkelijk persoon. Voor meisjes is opwinding sterker gekoppeld aan eerste ervaringen met aanraking (Knoth, Boyd & Singer, 1988).

Het stimuleren van de geslachtsdelen, bijvoorbeeld met de hand of door tegen een knuffel aan te wrijven, wordt al bij kleine kinderen waargenomen. In de adolescentie krijgt masturbatie wel een andere betekenis. Het is dan sterker (bewust) gericht op lustgevoelens en orgasme, hoewel ook masturbatie tot orgasme al voor de puberteit wordt gerapporteerd. Jongens beginnen vaak met masturberen vlak vóór of na de eerste zaadlozing, zo rond hun twaalfde jaar. Juist de koppeling van de eerste zaadlozing met masturbatie maakt dat jongens veel moeilijker over hun eerste zaadlozing praten dan meisjes over de eerste keer dat ze ongesteld werden (BrooksGunn & Reiter, 1990) (zie hoofdstuk 3). Bij meisjes is de spreiding in de leeftijd van de eerste keer masturberen veel groter. Hierin kunnen we ook weer de grotere rol van hormonen bij jongens herkennen (Bancroft, Herbenick & Reynolds, 2003).

Van de twaalf- en dertienjarige jongens heeft 34% wel eens gemasturbeerd, tegenover 16% van de meisjes. Deze percentages stijgen geleidelijk tot 93% van de jongens en 73% van de meisjes van achttien tot twintig jaar. Negen procent van de jongens en 11% van de meisjes voelt zich wel eens schuldig na het masturberen (De Graaf e.a., 2012).

Mogelijk komen deze gevoelens voort uit de opvatting dat masturbatie een surrogaat is voor seks met een partner, zodat men hier geen behoefte meer aan zou moeten hebben wanneer men een relatie heeft. Daarmee wordt voorbijgegaan aan het feit dat masturbatie een manier kan zijn om uit te vinden welke vormen van vrijen en seks men het prettigst vindt. Juist voor jongeren die nog weinig seksuele ervaring hebben, kan dit van belang zijn. Jongeren die beter weten wat ze wel en niet prettig vinden – door ervaringen met masturbatie, seksuele spelletjes en vrijen – ervaren de eerste geslachtsgemeenschap positiever. Schuldgevoelens rond masturbatie nemen gedurende de adolescentie geleidelijk af (De Graaf et al., 2012).

Schuldgevoelens kunnen betrekking hebben op het masturberen zelf, maar ook op de fantasieën die daarmee gepaard gaan. Van de twaalf- tot veertienjarigen zegt al 80% van de jongens en 63% van de meisjes wel eens over seks te fantaseren, 18 tot 21jarigen fantaseren bijna allemaal weleens (De Graaf et al., 2005). Over de inhoud van de fantasieën van jongeren bestaat geen recent onderzoek, het meest recente van Hass dateert uit 1981. Uit dit onderzoek kwam naar voren dat meisjes vaak geromantiseerde fantasieën hebben, waarbij de context, de omgeving en de gevoelens die met seksueel samenzijn gepaard gaan, uitgebreid zijn beschreven. In de fantasieën van jongens komen ook wel romantische elementen voor, maar zij zijn vooral geneigd diep op de verschillende seksuele handelingen in de fantasie in te gaan. De fantasieën van seksueel onervaren jongeren zijn vaak meer geromantiseerd dan wanneer men enige ervaring heeft. Ook zijn de seksuele handelingen in de fantasieën van onervaren jongens minder uitgediept en wordt soms alleen aan een naakt lichaam gedacht. Fantasieën van minder ervaren jongeren richten zich daarnaast vaker op mensen die zij niet persoonlijk kennen, bijvoorbeeld op iemand uit de media.

Het is goed mogelijk dat de inhoud van seksuele fantasieën sinds 1981 veranderd is, vooral door de sterke opkomst van internet en de beschikbaarheid van erotische beelden. Vooral jongens komen veelvuldig in contact met beelden of teksten die bedoeld zijn om seksueel op te winden (porno). Twee derde van de twaalf- tot veertienjarige jongens en één op de vijf meisjes van deze leeftijd keek in een half jaar tijd naar porno, meestal op internet (De Graaf et al., 2012).

12.5 Relatievorming

In groep 7 en 8 van de basisschool zijn veel kinderen wel eens verliefd en sommige kinderen hebben dan ook al 'verkering', meestal met iemand uit de klas. Deze relatie bestaat vaak slechts uit het bij elkaar staan in de pauze of met een groep vrienden rondhangen. Er is nauwelijks lichamelijk contact (ook geen handen vasthouden of zoenen) en ze brengen ook zelden tijd met elkaar door zonder anderen erbij (O'Sullivan & Meyer-Bahlberg, 2003).

Vanaf de eerste seksuele interesse in anderen gaan jongeren gedrag vertonen dat de sociale status en aantrekkelijkheid voor anderen verhoogt: meisjes gaan zich opmaken

en anders kleden, jongens gaan stoer doen (Westenberg, 2008). In een Amerikaans onderzoek onder ruim vierhonderd jongeren, kwamen vier strategieën naar voren bij het maken van afspraakjes (Jackson et al., 2001):
1 informatie verzamelen en proberen de ander beter te leren kennen;
2 het gebruik van vrienden;
3 het impliciet benaderen van de ander (aandacht op je vestigen, humor gebruiken);
4 het aan laten komen op 'toevallige' ontmoetingen.

De klassieke opvatting dat jongens actiever te werk gaan bij het leggen van contacten en dat meisjes zich meer afwachtend opstellen, werd in dit onderzoek teruggevonden. Jongens stapten eerder dan meisjes op de ander af.
De meeste jongens (89%) en meisjes (88%) van twaalf tot en met veertien jaar zijn weleens verliefd geweest en ruim twee derde heeft ook wel eens 'verkering' gehad. Meisjes willen vaker dan jongens een relatie met iemand die wat ouder is, wellicht doordat meisjes aan het begin van de adolescentie wat voorliggen op de ontwikkeling van jongens. Aan het begin van de adolescentie is het hebben van een relatie nog belangrijker dan de kwaliteit ervan, het is dan vooral leuk om te ontdekken hoe het is om verkering te hebben. Het maakt nog niet zo heel veel uit met wie men 'verkering' heeft: partnerkeuze wordt bijvoorbeeld vooral gebaseerd op het feit of iemand populair of knap is. Er wordt nog steeds niet veel samen ondernomen, maar wel iets meer dan op de basisschool (Furman, Ho & Low, 2007; Rademakers & Straver, 1986). Ook moeten jongeren op deze leeftijd nog veel leren op relationeel gebied, bijvoorbeeld hoe ze in contact kunnen komen met iemand die ze leuk vinden, wat de eigen relationele behoeften zijn en hoe ze deze kunnen realiseren. En ze moeten gevoelig zijn voor en tegemoet kunnen komen aan de behoeften van de partner. Daarnaast is het zo dat relationele behoeften tijdens de adolescentie nog sterk aan verandering onderhevig zijn. Een relatie die in het begin nog wel bevredigend is, voldoet na een tijdje niet meer en wordt verbroken.
Met het ouder worden gaan relaties van jongeren steeds langer duren en worden ze ook vaker 'vast' genoemd (De Graaf et al., 2012). Jongeren gaan steeds beter leren wat ze willen van een relatie en hoe ze dit moeten realiseren. Jongeren zijn op deze leeftijd nog behoorlijk egocentrisch ingesteld en relaties worden dan ook primair getoetst aan het voordeel dat men er zelf van heeft (Westenberg, 2008). Langzamerhand wordt de kwaliteit steeds belangrijker en wordt men ook kritischer in de partnerkeuze, waarbij het karakter van de ander een steeds belangrijkere rol gaat spelen. Op negentienjarige leeftijd is de intieme partner voor veel jongeren de belangrijkste bron van steun, belangrijker dan ouders of vrienden (Furman, Ho & Low, 2007). Collins (2004) citeert auteurs die menen dat relaties belangrijker zijn voor jongeren voor wie de eisen die het leven stelt ingewikkelder zijn. De omgekeerde redenering kan echter ook waar zijn: met het krijgen van een vaste relatie wordt het leven ingewikkelder, omdat ze dan te maken krijgen met vragen en dilemma's die voorheen waren voorbehouden aan (jong)volwassenen.

12.6 Seksuele contacten met anderen

Wanneer adolescenten gaan vrijen, doorlopen ze vrijwel allemaal dezelfde stappen. Met 14,4 jaar heeft de helft van de jongeren wel eens getongzoend. Bijna een jaar later (met 15,2) heeft de helft wel eens gevoeld en gestreeld. Weer ruim een jaar later heeft de helft van de jongeren zich wel eens laten vingeren of aftrekken en een paar maanden later heeft de helft dit ook wel eens bij iemand anders gedaan. Vlak daarna (met 17,1 jaar) vindt voor de helft van de jongeren de eerste geslachtsgemeenschap plaats. Orale seks neemt in deze seksuele carrière een minder duidelijke plek in; dit kan zowel eerder als later dan geslachtsgemeenschap plaatsvinden.

Leerlingen op het vmbo doen over het algemeen eerder ervaring op met seks met een partner dan leerlingen op de havo en het vwo. Op het vmbo heeft bijvoorbeeld 22% van de jongeren van veertien en vijftien jaar ervaring met geslachtsgemeenschap, op de havo en het vwo is dat 7%. Allochtone jongens hebben iets meer seksuele ervaring dan autochtone jongens. Bij de meisjes hebben Nederlandse meisjes en de meisjes van Antilliaanse afkomst relatief veel en meisjes van Marokkaanse en Turkse afkomst relatief weinig seksuele ervaring (De Graaf et al., 2012).

De laatste jaren klinken er geluiden dat jongeren er tegenwoordig 'steeds eerder bij zijn'. In 2005 bleek inderdaad dat onder schoolgaande jongeren een groter deel ervaring had met geslachtsgemeenschap (30%) dan in 1995 (24%). De leeftijd waarop de helft van de schoolgaande jongeren ervaring had met geslachtsgemeenschap was afgenomen van 17,7 naar 17,3 (De Graaf et al., 2005). De trend dat jongeren er 'steeds eerder bij zijn' lijkt echter inmiddels te zijn gestabiliseerd. In 2012 was de leeftijd waarop jongeren voor het eerst geslachtsgemeenschap hebben, precies hetzelfde als in 2005.

Seksuele en relationele ontwikkeling hangt nauw met elkaar samen. Seksuele ervaring wordt vrijwel altijd voorafgegaan door ervaring met verkering en romantische relaties vormen de primaire context voor geslachtsgemeenschap (Furman & Shaffer, 2003). Naast lichamelijke motieven om te vrijen (het bevredigen van seksuele behoeftes) zijn relationele aspecten (verliefdheid, dicht bij elkaar zijn) een belangrijke reden om te vrijen. Meisjes vinden deze aspecten van seks iets belangrijker dan jongens, maar jongens vinden dit evengoed belangrijk. Voor de overgrote meerderheid van de jongeren was de laatste partner dan ook een vaste partner op wie ze (erg) verliefd zijn.

Zoals eerder gezegd weten jongeren met het ouder worden steeds beter wat ze willen op relationeel gebied en kunnen ze dit ook beter realiseren. Dat geldt ook voor de seksuele aspecten van deze relaties. Met het ouder worden kunnen jongeren beter met de partner praten over seks, kunnen ze beter wensen en grenzen aangeven, naar de wensen van de ander vragen en zijn of haar grenzen respecteren, en voelen ze zich minder onzeker tijdens seksuele interacties (De Graaf et al., 2012).

12.7 Opvattingen over seksualiteit

Aan jongeren is gevraagd wat zij voorwaarden vinden voor een jongen en een meisje om geslachtsgemeenschap te mogen hebben. Een minderheid van de jongeren, maar meer jongens (44%) dan meisjes (25%) keurt het goed als een jongen en een meisje geslachtsgemeenschap met elkaar hebben zonder verliefd te zijn. Als aan de voorwaarde van verliefdheid voldaan is, vinden vijf van de zes jongens en drie van de vier meisjes het in orde als een jongen en een meisje seks hebben. Bij vaste verkering keuren negen van de tien jongens en meisjes dit goed. Deze groep is zelfs iets groter dan de groep die geslachtsgemeenschap voor het huwelijk goedkeurt. Kennelijk zijn er jongeren die seks voor het huwelijk afkeuren, maar dit bij vaste verkering toch door de vingers zien.
Opvattingen over seks hangen sterk samen met religie. Onder niet gelovige jongens en meisjes keurt vrijwel iedereen seks voor het huwelijk goed, in een vaste relatie of bij verliefdheid. Onder christelijke en islamitische jongeren die veel belang hechten aan het geloof vindt een minderheid het in orde als een jongen en een meisje seks hebben voor het huwelijk. Seks zonder liefde keuren zeer christelijke en islamitische meisjes vrijwel unaniem af.
Ook etnische achtergrond speelt een rol met betrekking tot seksuele opvattingen. Turkse en Marokkaanse jongens en meisjes keuren seks voor het huwelijk over het algemeen af. Dat geldt sterker voor meisjes dan voor jongens. Surinaamse jongeren zitten wat deze opvattingen betreft tussen de Nederlandse en de Turkse en Marokkaanse jongeren in. Dit valt toe te schrijven aan de heterogeniteit aan culturen en daarmee opvattingen binnen deze groep. Hindoestaans Surinaamse jongeren denken overwegend behoudend over seksualiteit, terwijl dit bij Creools Surinaamse jongeren veel minder het geval is (De Graaf et al., 2012).
De groep die seks zonder gevoelens voor de partner goedkeurt, was tussen 1995 en 2005 (onder de schoolgaande jeugd) flink gegroeid: van een op de zes jongeren in 1995 naar een op de vier jongeren in 2005 (De Graaf et al., 2005). Tussen 2005 en 2012 werd deze groep bij jongens nog een klein beetje groter. Het is belangrijk om hier te bedenken, dat deze mening wellicht los staat van de norm die jongeren voor zichzelf hanteren. Het kan goed zijn dat deze houding ook een bepaalde mate van (toegenomen) tolerantie reflecteert: deze jongeren vinden dat anderen vooral zélf moeten weten wat ze doen en laten op seksueel gebied.

12.8 Seksuele oriëntatie

In 2006 gaf in een representatief onderzoek onder volwassen Nederlanders 7,1% van de mannen en 5,9% van de vrouwen aan zichzelf biseksueel, homoseksueel of lesbisch te noemen (Bakker & Vanwesenbeeck, 2006). Aan deze zelfbenoeming gaat een heel proces vooraf. Veel jongeren die zichzelf later homo of biseksueel gaan noemen, doen dit nog niet tijdens de adolescentie. Hun oriëntatie is nog niet zo uitgekristalliseerd. Ze zijn bijvoorbeeld wel eens verliefd geweest op iemand van de andere sekse, maar voelen zich ook seksueel aangetrokken tot jongeren van dezelfde sekse. Het duurt een tijd voordat iemand de aantrekking tot personen van hetzelfde geslacht gaat herkennen en erkennen.

In de literatuur is een aantal modellen voor de ontwikkeling van seksuele oriëntatie beschreven waarin wordt uitgegaan van verschillende fasen die (door iedereen) doorlopen worden. Een van de bekendste modellen is van Troiden (1988). Hij onderscheidt vier fasen: sensitisatie, dissociatie, identiteitsaanname en commitment. In de sensitisatiefase heeft men het gevoel 'anders' te zijn dan leeftijdgenoten. Sommige homoseksuele mannen en vrouwen herinneren zich dit gevoel al heel jong (rond het vijfde of zesde levensjaar). Dit 'anders' zijn, kan dan bijvoorbeeld zitten in een verliefdheid op iemand van de eigen sekse, een opvallende (nietseksuele) interesse in de eigen sekse of het vertonen van gedrag dat niet bij de eigen genderrol past. Het gevoel 'anders' te zijn wordt langzamerhand aangevuld met gevoelens van seksuele aantrekking tot seksegenoten en fantasieën over seks met iemand van het zelfde geslacht. Fantasieën en gevoelens van aantrekking ontstaan doorgaans rond het begin van de puberteit. Later komen hier ook seksuele contacten met seksegenoten bij. Wanneer een jongere na een tijdje gaat beseffen dat zijn of haar gevoelens en gedrag 'homoseksueel' worden genoemd, volgt vaak verwarring over de eigen seksuele oriëntatie (de dissociatiefase). Deze twijfels zijn sterker als er naast homoseksuele ook heteroseksuele interesses en contacten zijn. Ook het zich bewust zijn van de negatieve betekenis van homoseksualiteit, of een gebrek aan kennis over homoseksualiteit, kan twijfel veroorzaken. Pas na een tijdje komt de zekerheid over de eigen homoseksuele oriëntatie (identiteitsaanname). Het duurt dan vaak nog even voordat deze aan anderen wordt onthuld (de *coming-out*) (Van Steenderen, 1987). Daarna neemt men meer een homoseksuele leefstijl aan (commitment). Iemand gaat dan meer deelnemen aan activiteiten die gerelateerd zijn aan de homoscene, bijvoorbeeld chatten in homo-fora of het bezoeken van homo-uitgaansgelegenheden. Dit laatste wordt ook wel de *coming-in* genoemd.

De laatste tijd is er veel kritiek op het hierboven beschreven deterministische model van Troiden. Dit model is vooral gebaseerd op onderzoek onder jongens en mannen. Bij vrouwen lijkt de seksuele oriëntatie – net zoals andere aspecten van seksualiteit – veranderlijker te zijn dan bij mannen. Bij vrouwen wordt de seksuele oriëntatie minder door biologische en sterker door omgevingsfactoren beïnvloed, bijvoorbeeld doordat ze 'toevallig' die ene vrouw ontmoeten waar ze vreselijk verliefd op worden (Baumeister & Blackhart, 2007). Van een groep Australische jonge vrouwen die gedurende tien jaar werd gevolgd en die zichzelf bij het eerste interview lesbisch of biseksueel noemde, of die zichzelf geen label wilden opplakken, wisselde twee derde gedurende die tien jaar van oriëntatie, waarvan de helft meerdere keren (Diamond, 2008). Daarnaast ervaart niet iedere homojongere een periode van twijfel en verwarring of ontkenning in aanloop tot de coming-out. Sommigen beseffen van het ene op het andere moment dat ze homoseksueel zijn, anderen trekken die conclusie na verschillende verliefdheden op personen van het eigen geslacht en vinden dit eigenlijk direct wel in orde (De Graaf et al., 2005).

Bovendien is het model van Troiden al wat ouder. De komst van internet heeft contact tussen homojongeren een stuk makkelijker gemaakt en in de media is homoseksualiteit een stuk zichtbaarder geworden. Tussen 2005 en 2012 zijn, wellicht hierdoor, kleine verschuivingen zichtbaar in de leeftijden waarop jongeren beseffen dat ze op seksegenoten vallen en hiervoor uitkomen. Het aantal jongeren van 12 tot 25 jaar dat zegt op seksegenoten te vallen, is bij jongens tussen 2005 en 2012 toegenomen van 2,1% naar 3,1% en bij meisjes van 1,4% naar 2,4%. Onder jongeren van 12 tot 14 jaar neemt het percentage dat zegt hierover te twijfelen iets af. Ook is de leeftijd waarop jongens voor het eerst aan iemand verteld hebben dat ze (ook) op seksegenoten vallen in zeven jaar tijd afgenomen van gemiddeld 17,8 jaar naar gemiddeld 16,6 jaar. Bij meisjes is de verschuiving van 16,3 naar 15,9 jaar veel kleiner.

Wanneer verder wordt gekeken dan naar zelfbenoeming (of iemand zich homo- of biseksueel noemt) of seksuele aantrekking, blijken homoseksuele gevoelens en verlangens – vooral bij meisjes – veel vaker voor te komen. Drie procent van de jongens en 3,6% van de meisjes zegt (ook) verliefd te kunnen worden op seksegenoten. Een groter deel – respectievelijk 5,4% en 13,1% – fantaseert weleens over personen van dezelfde sekse. Vier en een half procent van de jongens en 6,1% van de meisjes heeft ervaring met seks met een seksegenoot en respectievelijk 5,7% en 13,1% heeft dit nog niet gedaan, maar wil dit wel eens proberen. Er zit zeker overlap tussen deze aspecten van seksuele oriëntatie, maar toch ook grote verschillen. Het fantaseren over iemand van het eigen geslacht, of weleens willen vrijen met iemand van het eigen geslacht of dat zelfs al eens gedaan hebben, hangt nauwelijks samen met maten als verliefdheid, aantrekking tot, of ervaring met een relatie met iemand van het eigen geslacht (De Graaf et al., 2005).

12.9 Problemen tijdens de seksuele ontwikkeling

Het hebben van een (seksuele) relatie kan een positief effect hebben op andere aspecten van de ontwikkeling. Binnen een dergelijke relatie kunnen jongeren oefenen met seks, sociale vaardigheden ontwikkelen en oefenen voor latere relaties. Daarnaast neemt de autonomie toe en draagt het bij aan de ontwikkeling van verschillende aspecten van de identiteit, zoals seksuele identiteit, genderidentiteit en seksueel zelfbeeld (Furman, Ho & Low, 2007). Er zitten echter ook (potentieel) problematische kanten aan seksualiteit. Ten eerste lopen adolescenten die seksueel actief zijn, het risico op een seksueel overdraagbare aandoening (soa) of een ongeplande zwangerschap. Daarnaast lopen ze het risico ervaringen mee te maken die in mindere of meerdere mate ongewenst zijn. Ook kunnen zich tijdens de adolescentie problemen rondom de genderidentiteit of seksuele oriëntatie voordoen. Ten slotte kunnen jongeren, net als volwassenen, te maken krijgen met seksueel disfunctioneren (zoals pijn bij het vrijen of te snel klaarkomen).

12.9.1 Ongeplande zwangerschappen en soa's

Wanneer jongeren geslachtsgemeenschap hebben en niet consequent anticonceptie gebruiken, lopen zij risico op zwangerschap. Van een representatieve groep jongeren met seksuele ervaring gebruikte 9% van de meisjes en 13% van de jongens geen enkel voorbehoedsmiddel bij de eerste geslachtsgemeenschap (De Graaf et al., 2012). Het pilgebruik onder seksueel actieve meisjes is hoog, maar 69% van deze pilgebruiksters vergeet wel eens een pil, bij 10% gebeurt dit regelmatig en bij 4% zelfs (heel) vaak (De Graaf et al., 2005). Een zwangerschap is op deze leeftijd vrijwel altijd ongepland: de abortusratio is dan het hoogst. In 2008 werden 11 op de 1000 meisjes van vijftien tot en met negentien jaar zwanger, waarvan 65% de zwangerschap liet afbreken. Het merendeel van deze groep is zeventien jaar of ouder (Kruijer, Van Lee & Wijsen, 2009). Het zwangerschapscijfer is naar verhouding nog behoorlijk hoog, als we ons bedenken dat tieners in de leeftijd van vijftien tot negentien jaar minder vaak seksueel actief zijn dan volwassenen.

Vergeleken met andere landen beschermen Nederlandse jongeren zich echter goed tegen zwangerschap en er is sprake van vooruitgang. In een onderzoek naar anticonceptiegebruik onder vijftienjarigen in 24 verschillende landen kwam Nederland als beste uit de bus (Godeau et al., 2008). Vergeleken met westerse landen heeft Nederland een van de laagste zwangerschapscijfers onder tieners. Daar komt nog eens bij dat zowel de zwangerschaps- als abortuscijfers de laatste jaren aan het dalen zijn. In 2002 werden nog 16,2 per 1.000 meisjes zwanger en lieten nog 10,2 per 1000 meisjes een abortus uitvoeren (Kruijer, Van Lee & Wijsen, 2009).

Ook wat de bescherming tegen soa betreft, zijn de cijfers redelijk gunstig. Bij de eerste geslachtsgemeenschap gebruikt bijna driekwart van zowel de jongens als de meisjes een condoom. Ook heeft een redelijk groot deel van de seksueel actieve jongeren (15% van de jongens en 20% van de meisjes) zich het afgelopen jaar laten testen op soa en/of hiv. Bij jongens is dit percentage tussen 2005 en 2012 iets toegenomen. Jongeren die relatief veel risico lopen op soa en/of hiv (bijvoorbeeld jongeren met veel wisselende partners), laten zich vaker testen.

Aan de andere kant heeft een minderheid van de jongeren (45% van de jongens en 48% van de meisjes) met de laatste partner gesproken over manieren om soa's te voorkomen voordat ze seks met elkaar hadden. De rest durfde dit niet, heeft hier niet aan gedacht of vond het niet nodig. Tweeëntwintig procent van de jongens en 34% van de meisjes geeft aan dat ze aan het begin van de relatie met de laatste sekspartner condooms gebruikten, maar slechts 22% van deze jongeren volgt het advies om dit minstens drie maanden te doen en 13% is zelfs al binnen een week gestopt met het gebruiken van condooms. Bovendien geeft twee derde van deze jongeren aan dat ze zich bij het stoppen met condooms niet hebben laten testen op soa en/of hiv (De Graaf et al., 2012). Voor deze jongeren is het – mits een van beiden in voorgaande relaties ook onveilig heeft gevreeën – niet zeker of het veilig is om te stoppen met condooms. Volgens het RIVM (Rijksinstituut voor Volksgezondheid en Milieu) lieten in 2010 een kleine 9000 jongeren van vijftien tot en met negentien jaar zich testen op een soa. Van de heterojongens die zich lieten testen bleek 17% en van de meisjes 19% een soa te hebben, vrijwel altijd chlamydia, een enkele keer (ook) gonorroea of genitale wratten. Het totale soa-percentage en het percentage chlamydia is onder meisjes in deze leeftijdsgroep hoger dan in andere leeftijdsgroepen (Vriend et al., 2011).

12.9.2 Seksueel misbruik en seksueel geweld

Onder seksueel misbruik worden seksuele contacten van (jong)volwassenen met kinderen of jongeren onder de zestien jaar verstaan, die plaatsvinden tegen de zin van het kind. Het kind of de jongere wordt hierbij gedwongen, onder druk gezet of overgehaald tot het seksuele contact. Ervaringen van seksueel misbruik variëren in ernst. Hierbij wordt de volgende indeling gehanteerd:
- *licht*: een eenmalig relatief 'onschuldig' incident, bijvoorbeeld aanraken van de geslachtsdelen. Hierbij wordt geen dwang gebruikt.
- *matig*: een of meer keren aanraken van geslachtsdelen of masturberen in bijzijn van het kind. Er is een geringe afhankelijkheid van de dader en deze gebruikt geen lichamelijke dwang, maar zet het kind wel onder druk.
- *ernstig*: (pogingen tot) penetratie of wederzijdse masturbatie. Er is afhankelijkheid van de dader, het misbruik duurt minimaal een jaar en er wordt lichamelijke dwang of psychische manipulatie gebruikt.
- *zeer ernstig*: meermalig, langdurig (minimaal een jaar) misbruik met penetratie. Het kind is afhankelijk van de dader die chantage of lichamelijke dwang gebruikt.
- Wanneer de dader een familielid is van het kind, wordt het misbruik *incest* genoemd.

Onder seksueel geweld verstaan we alle seksuele contacten die onder druk of dwang hebben plaatsgevonden. Hierbij wordt dus geen leeftijdsgrens aangegeven, maar het risico op seksueel geweld is wel groter wanneer er een groot leeftijdsverschil is tussen dader en slachtoffer. Seksuele contacten tussen jongeren vinden meestal plaats in een sfeer van wederzijdse goedkeuring en vertrouwen. Toch geeft van alle twaalf- tot vijfentwintigjarigen 17% van de meisjes en 4% van de jongens aan wel eens gedwongen te zijn om seksuele dingen te doen die ze eigenlijk niet wilden. Onder jongeren van zeventien jaar en ouder geldt dat voor 4% van de heteroseksuele jongens, 16% van de homo- en biseksuele jongens, 21% van de heteroseksuele meisjes en 33% van de homo- en biseksuele meisjes. Ruim 7% van de meisjes heeft wel eens geslachtsgemeenschap gehad tegen haar wil, tegenover bijna 2% van de jongens. Ook zegt 6% van de jongens en 12% van de meisjes dat er wel eens iemand boos op hen is geworden om seks met hen te kunnen hebben en 2% van de jongens en 6% van de meisjes geeft aan dat er fysiek geweld tegen hen is gebruikt (vasthouden, slaan of een wapen gebruiken).
Jongeren die tijdens de kindertijd of adolescentie negatieve seksuele ervaringen hebben meegemaakt, kunnen hier last van krijgen. Soms blijven deze negatieve gevolgen ook tijdens de (jong)volwassenheid bestaan. Of en welke klachten iemand ontwikkelt, heeft te maken met de ernst van het misbruik. Bij lichte vormen van misbruik zijn er meestal geen gevolgen, bij ernstig misbruik wel. De gevolgen zijn over het algemeen ernstiger wanneer het misbruik op jongere leeftijd plaatsvond, wanneer de contacten vaker en langduriger plaatsvonden, wanneer de dader familie was, wanneer er dwang, chantage of geweld werd gebruikt, wanneer er sprake was van penetratie en wanneer het kind slecht werd opgevangen door de ouders. Mogelijke problemen die dan kunnen ontstaan zijn:

- psychische problemen: angsten, paniek, depressiviteit, suïcidale gedachten en slaapproblemen;
- relationele problemen: moeilijk mensen kunnen vertrouwen, onzeker in relaties, eenzaamheid, problemen met het opvoeden van de eigen kinderen;
- seksuele problemen: afkeer van aanraking en seksuele contacten, afkeer van het eigen lichaam, grotere kans om opnieuw slachtoffer te worden van seksueel geweld;
- lichamelijke problemen: lichamelijke klachten zonder aanwijsbare lichamelijke oorzaak, zoals hoofdpijn, buikpijn, rugpijn, hyperventilatie.

12.9.3 Problemen met de genderidentiteit

Wanneer iemand een sterk gevoel van onbehagen heeft over het eigen biologische geslacht kan gesproken worden van genderdysforie. Kinderen vertonen dan atypisch genderrolgedrag (bijvoorbeeld in voorkeur voor kleding, spel of vrienden) en geven soms zelf aan dat ze zich voelen als het andere geslacht of liever van het andere geslacht willen zijn. Ze kunnen ook een hekel hebben aan de eigen geslachtsorganen. Jaarlijks komen ongeveer veertig kinderen tussen de vier en de twaalf jaar, drie keer zoveel jongens als meisjes, naar het zorgcentrum voor genderdysforie in het VU Medisch centrum. Hun gender-atypische gedrag kan tot gevolg hebben dat ze buitengesloten of gepest worden door leeftijdgenoten. Ook hebben sommige ouders er moeite mee als hun kind zich niet conform de eigen genderrol gedraagt. Mede door deze reacties kunnen kinderen met genderdysforie ook emotionele en sociale problemen ontwikkelen (Gort, 2011).

Vaak wordt tussen het tiende en dertiende jaar duidelijk of de genderdysforie blijvend is of niet. In 73 tot 94% van de gevallen verdwijnt de onvrede over het eigen geslacht voor het begin van de puberteit. In de periode dat de scheiding tussen de seksen sterker wordt, merken deze kinderen dat ze toch meer de behoefte krijgen om met kinderen van het eigen (biologische) geslacht op te trekken. Ook zien ze niet op tegen de lichamelijke veranderingen in de puberteit die eraan komen. Blijvend genderdysfore kinderen houden in deze levensfase een voorkeur voor vrienden van het andere geslacht en bij deze kinderen neemt de onvrede met het eigen lichaam toe door de (geanticipeerde) lichamelijke veranderingen van de puberteit. Omdat genderdysfore gevoelens in de meeste gevallen voor het begin van de puberteit verdwijnen, wordt geadviseerd om geslachtsrolwisseling (bijvoorbeeld het veranderen van de naam of het dragen van kleding van de andere sekse) uit te stellen tot duidelijk is of de genderdysforie blijvend is. Het is dan minder moeilijk om weer terug te gaan naar de genderrol die bij de biologische sekse hoort wanneer de genderdysfore gevoelens verdwijnen. Met de overgang naar de middelbare school kan dan weer een nieuwe start worden gemaakt (Gort, 2011).

Voor een kleine groep blijven de genderdysfore gevoelens bestaan tijdens de overgang naar de puberteit. Ook komt het voor dat adolescenten op deze leeftijd voor het eerst onvrede met het eigen geslacht ervaren. Na de puberteit zijn er ongeveer even veel jongens als meisjes met genderdysfore gevoelens. Zodra ze in de puberteit komen, kunnen deze jongeren puberteitsremmers krijgen (bijvoorbeeld Gonadotrofine Releasing Hormoon (GnRH) agonisten). Voor het maken van een weloverwogen beslissing door het kind en zijn ouders wordt aanbevolen om te wachten met puberteitsremmers tot de lichamelijke ontwikkeling ten minste tot het tweede Tanner-stadium gevorderd is (zie hoofdstuk 3). Puberteitsremmers remmen de ontwikkeling van secundaire geslachtskenmerken, zoals borstgroei en menstrueren bij meisjes en baardgroei en een lagere stem bij jongens. De jongere en zijn of haar ouders hebben dan meer tijd om te kijken hoe de genderidentiteit verder ontwikkelt en een eventuele geslachtsaanpassing zal later soepeler verlopen. Iemand komt pas in aanmerking voor puberteitsremmers wanneer er gedurende langere tijd sprake is van ernstige genderdysfore gevoelens, wanneer deze gevoelens toegenomen of begonnen zijn rond de puberteit, wanneer de situatie en het functioneren van de adolescent stabiel genoeg is en wanneer de familie de behandeling ondersteunt (WPATH, 2011).

12.9.4 Problemen rondom de seksuele oriëntatie

Homoseksuele jongens en meisjes hebben vaak meer emotionele problemen tijdens de adolescentie dan heteroseksuele jongeren. 30% van de homo- en biseksuele jongens zegt dat ze liever niet homo zouden zijn en 22% zegt dat het niet fijn is om als homo te leven. Bij lesbische en biseksuele meisjes is dat respectievelijk 10% en 8% (De Graaf et al., 2012). Veel homoseksuele en lesbische jongeren hebben te maken met een periode van isolement en eenzaamheid. Met klasgenoten kunnen ze nauwelijks over hun gevoelens praten. Heteroseksualiteit is onder jongeren de vanzelfsprekende norm, ze gaan ervan uit dat jongens op meisjes vallen en andersom. Het is voor homoseksuele jongeren dan erg moeilijk mee te praten over relaties en seks, terwijl dit onder jongeren toch een belangrijk gespreksonderwerp is. Verder hebben ze nauwelijks voorbeelden in hun omgeving van mensen die ook dergelijke gevoelens hebben en bij wie ze wel herkenning zouden kunnen vinden. In de rolmodellen van homoseksuele mannen en vrouwen die er wel zijn (bijvoorbeeld in de media) herkennen ze zich vaak niet. Door de komst van internet kunnen homoseksuele jongens en meisjes nu gelukkig wel veel makkelijker in contact komen met jongeren die dezelfde gevoelens hebben (De Graaf et al., 2005).
Sommige homoseksuele jongeren krijgen daarnaast te maken met negatieve reacties uit de omgeving. Veel jongeren denken negatief over homoseksualiteit. Zo vinden bijna alle jongeren het (helemaal) goed als een jongen en een meisje elkaar zoenen op straat, maar keurt 16% van de jongens en 24% van de meisjes dit af als het om twee meisjes gaat en maar liefst 51% van de jongens en 25% van de meisjes als het twee jongens betreft. Ook zegt 12% van de jongens en 3% van de meisjes dat ze een vriendschap zouden verbreken als één van hun vrienden homoseksueel of lesbisch zou zijn. Homonegativiteit is vooral hoog bij jongens, in de jongste leeftijdsgroepen, bij jongeren met een Turkse of Marokkaanse achtergrond, bij streng christelijke en islamitische jongeren en bij lager opgeleide jongeren (De Graaf et al., 2012). Daarnaast reageren nog

lang niet alle ouders 'goed' op de coming-out van hun zoon of dochter. Soms wordt de seksuele oriëntatie door de ouders ontkend of doodgezwegen, in uitzonderlijke gevallen worden homojongeren zelfs het huis uitgezet. En zelfs wanneer de ouders 'goed' reageren, moeten ze vaak wel even 'aan het idee wennen', hetgeen impliceert dat de homoseksuele oriëntatie van hun kind niet zonder meer positief is (De Graaf et al., 2005). Homonegativiteit kan zich in extreme gevallen uiten als antihomoseksueel geweld. In Amsterdam is onderzoek gedaan onder daders van dergelijk geweld (Buijs, Hekma & Duyvendak, 2009). Dit zijn meestal jongens tussen de zeventien en vijfentwintig jaar. Ze zijn vaak laag opgeleid, werkloos en afkomstig uit probleemgezinnen. In 36% van de gevallen was de verdachte van Marokkaanse afkomst, terwijl deze maar 16% van de Amsterdamse bevolking onder de vijfentwintig jaar uitmaken. Toch is ook in 36% van de gevallen de verdachte van autochtone afkomst. Daders noemen de afkeer van anale seks, vrouwelijk gedrag, de zichtbaarheid van homoseksualiteit en de angst om door een homo versierd te worden vaak als verklaringen voor hun gedrag. Dit laatste zou in bijna 40% van de incidenten de trigger zijn geweest. Religieuze overwegingen spelen nauwelijks een rol.

12.9.5 Seksuele disfuncties

Er bestaan verschillende mogelijke problemen met het seksueel functioneren (American Psychiatric Association, 2000). Problemen met het seksuele verlangen hebben te maken met weinig of geen zin in seks, angst voor of een afkeer van seks, een verlangen dat niet op een persoon gericht is maar op een object (fetisjisme) of een verlangen – bij personen van zestien jaar en ouder – dat op kleine kinderen gericht is (pedofilie). Soms is niet de mate van het verlangen problematisch of het object waarop het verlangen gericht is, maar de wijze waarop het verlangen wordt geuit, disfunctioneel. Denk aan exhibitionisme, masochisme, sadisme en travestie. Op dit moment ligt er een voorstel voor opname van 'hypersexual disorder' in de DSM-V. Naast de mate waarin men tijd besteedt aan (denken over) seks, zijn andere criteria voor deze disfunctie dat men niet in staat is om het gedrag te stoppen, doorgaat ondanks de negatieve gevolgen voor zichzelf of anderen en seks gebruikt als reactie op een negatieve stemming of stress.

Naast problemen met het verlangen zijn er de problemen met de opwinding. Deze zijn onderverdeeld in:
- een genitale opwindingsstoornis (penis niet stijf of vagina niet vochtig (genoeg));
- een seksuele opwindingsstoornis (moeite hebben om opgewonden te worden of te blijven);
- een orgasmestoornis (vertraagd of uitblijvend orgasme);
- een anhedonisch orgasme (wel de fysiologische reacties, maar niet het gevoel);
- een ejaculatiestoornis (wel een orgasme, maar geen of zwakke zaadlozing);
- een voortijdig orgasme (te snel klaarkomen);
- dyspareunie (pijn bij het vrijen);
- vaginisme (samentrekking van de vagina, waardoor penetratie niet mogelijk is).

Problemen rondom opwinding, verlangen, pijn en uitblijven van orgasme hangen sterk met elkaar samen. Meisjes hebben hier vaker mee te maken dan jongens. 13% van de meisjes met minstens enige seksuele ervaring ervaart problemen met opwinding en 11% heeft regelmatig of vaker pijn tijdens het vrijen. Een kwart van de meisjes heeft er minstens regelmatig last van dat ze niet klaarkomt en 17% van de meisjes heeft er regelmatig of vaker last van dat ze geen zin heeft in seks. Bij jongens varieert het voorkomen van deze problemen tussen de 2% en 6%. Jongens komen wel vaker te snel klaar naar hun zin: 19% heeft dit regelmatig of vaker, tegenover 5% van de meisjes. Naarmate jongeren ouder worden, nemen seksuele problemen bij zowel de jongens als de meisjes toe, waarschijnlijk parallel aan de toename in seksuele ervaring (De Graaf et al., 2012). Van de achttien- tot twintigjarigen geeft 30% van de jongens en 41% van de meisjes met minstens enige ervaring met vrijen aan dat ze regelmatig een probleem hebben met het seksueel functioneren. Bij vrouwen komen problemen met het seksueel functioneren (vooral orgasmeproblemen, lubricatieproblemen en dyspareunie) vooral op jonge leeftijd voor. Na het vijfentwintigste jaar neemt de prevalentie van deze problemen af (Kedde, 2012).

12.10 Seksuele opvoeding en vorming

Nederlandse ouders hebben over het algemeen een permissieve houding ten aanzien van seksualiteit, zeker als deze wordt afgezet tegen die van Amerikaanse ouders. De meeste Nederlandse ouders vinden dat seksuele activiteit van hun kind (vanaf een bepaalde leeftijd) in orde is, zolang dit maar gebeurt met iemand die ze al een tijdje kennen en om wie ze echt geven en zolang ze het maar veilig doen. Ouders gaan er over het algemeen van uit dat hun kind zelf goed kan bepalen wanneer hij of zij aan seks toe is; er wordt een grote mate van zelfsturing en zelfcontrole van hen verwacht. Van de thuiswonende jongeren zegt 68% van de jongens en 57% van de meisjes dat ze van hun ouders de nacht mogen doorbrengen met hun vriend of vriendin (De Graaf et al., 2012). Negen van de tien Amerikaanse ouders zouden dit nooit toestaan. Amerikaanse ouders zijn van mening dat seksualiteit bij jongeren grotendeels wordt gestuurd door hormonen en dat jongeren de emotionele en cognitieve vaardigheden missen om deze in bedwang te houden. Het is dan ook een taak voor de ouders om ervoor te zorgen dat jongeren niet in situaties terechtkomen waar ze 'in de verleiding' kunnen komen. Amerikaanse ouders denken dat jongeren nog niet in staat zijn tot het vormen van een liefdevolle verbintenis. Elk seksueel contact is in hun ogen daarom per definitie 'immoreel' en de gevaren zijn niet te overzien. Veel ouders vermoeden wel dat hun kinderen dingen doen op seksueel gebied, maar ze willen dit liever niet weten en zeker niet dat dit in hun eigen huis plaatsvindt. Nederlandse ouders hebben juist liever dat hun kinderen vertellen wat ze doen, ook al is dit iets waar ze niet achterstaan, dan dat ze het stiekem doen (Schalet, 2012).

Toch staan ook in Nederland lang niet alle volwassenen er positief tegenover dat jongeren seksueel actief zijn. De reserves kunnen te maken hebben met al dan niet religieuze normen. Zo zegt 18% van de twaalf- tot vijfentwintigjarige niet-gelovige meisjes dat ze geen seks mogen hebben van hun ouders, tegenover 61% van de streng christelijke meisjes en 80% van de islamitische meisjes (De Graaf et al., 2012). Daarnaast kan er bij de ouders sprake zijn van bezorgdheid, vooral als hun kind op betrekkelijk jonge leeftijd met seks begint. Deze zorg kan betrekking hebben op een mogelijke zwangerschap of een seksueel overdraagbare aandoening (soa) of op het risico dat hun kind in een ongelijkwaardige en bedreigende relatie terechtkomt.

Als we kijken naar de kennis die Nederlandse jongeren hebben van seksualiteit, lijken de zorgen van sommige ouders niet onterecht. 40% van de jongeren weet bijvoorbeeld niet dat een meisje ook zwanger kan worden als een jongen bij geslachtsgemeenschap niet klaarkomt. 37% van de jongens en 29% van de meisjes denkt dat je minder snel hiv of een andere soa oploopt als je je goed wast, of weet niet hoe dit zit. 32% van de jongens en 24% van de meisjes weet niet dat er soa's zijn waar je onvruchtbaar van kunt worden. Ook denkt 36% van de jongens en 22% van de meisjes dat meisjes altijd bloeden bij de eerste geslachtsgemeenschap of weet niet hoe dit zit. Op een aantal punten zijn meisjes iets beter op de hoogte dan jongens. Ze weten vooral beter dan jongens dat er soa's zijn waarvan ze onvruchtbaar kunnen worden en dat meisjes niet altijd bloeden bij de eerste keer. Islamitische jongens en meisjes zijn relatief slecht op de hoogte van anticonceptie, voortplanting, soa en maagdelijkheid. Daarnaast hebben hoogopgeleide jongens en meisjes meer kennis dan hun lager opgeleide seksegenoten. Kennis van seksualiteit is vooral van belang voor jongeren die seksueel actief zijn. Gelukkig is het binnen deze groep veel beter gesteld met de kennis van seksualiteit.

De matige kennis van seksualiteit van jongeren is opvallend, omdat jongeren tegenwoordig alles wat ze willen weten op internet kunnen vinden. Hierdoor wordt informatie over seksualiteit heel toegankelijk. Vooral jongens (65%) maar ook meisjes (55%) gaan op zoek op internet als ze een vraag hebben op het gebied van seksualiteit. Veel jongeren weten hun weg naar goede informatie te vinden. Op de open vraag welke websites goede informatie geven over seksualiteit, worden vooral websites genoemd die inderdaad betrouwbare informatie geven.

De ouders en de school blijven daarnaast belangrijk om jongeren die informatie te geven die nodig is voor plezierige en veilige seksuele contacten. Vrijwel alle jongeren hebben op school minstens enige informatie over seksualiteit en relaties gekregen. Vooral anticonceptie, soa en voortplanting zijn veelbesproken thema's: driekwart tot vier vijfde van de jongeren heeft hierover informatie gekregen. Andere thema's, zoals homoseksualiteit, het aangeven van wensen en grenzen, maagdelijkheid en seks in de media blijven veel vaker onderbelicht. Ook de ouders worden door jongeren veel genoemd als bron van informatie of hulp bij problemen. Dat is vooral zo in de jongste groepen, maar ook onder 21- tot en met 24-jarigen gaat nog een kwart van de jongeren te rade bij hun moeder als ze iets willen weten op het gebied van seks. Bij problemen op het gebied van seksualiteit gaan zowel jongens als meisjes eerder naar hun moeder, maar jongens gaan wel eerder naar hun vader dan meisjes. 24% van de jongens zegt dat hij bij problemen op seksueel gebied naar zijn vader zou gaan. Zowel jongens als meisjes geven vaak aan, weleens met de ouders over seksualiteit te praten. Deze gesprekken gaan vooral over verliefdheid en relaties: 78% van de jongens en 88% van de meisjes praat hier weleens of vaker met de ouders over. Een kwart van de jongens en meisjes praat met hun ouders over wat ze willen op seksueel gebied. De meeste jongeren zijn daarnaast heel tevreden over de mate waarin ze dit doen.

Spanjaard (1998) maakt onderscheid tussen geplande en ongeplande voorlichting. Het tweede gebeurt naar aanleiding van een toevallige gebeurtenis. Een moeder ziet bijvoorbeeld op de computer dat haar zoon talloze malen op een pornosite heeft ingelogd en begint er een gesprek over. Juist de ongeplande voorlichtingsmomenten bieden door hun terloopse karakter goede mogelijkheden om onderwerpen ter sprake te brengen die voor de jongere of voor de opvoeder gevoelig liggen. Sommige ongeplande momenten kunnen het karakter krijgen van een confrontatie. Ouders maken zich bijvoorbeeld zorgen om hun dochter. Zij gaat regelmatig uit met een jongen voor wie ze niet zo veel voelt, maar die ze spannend vindt omdat hij in dure auto's rijdt en in de meest chique gelegenheden komt. Als ze op een keer met een peperdure leren broek thuiskomt die ze van het vriendje heeft gekregen, is dat voor de ouders aanleiding haar te confronteren met hun zorgen. Zij brengen naar voren dat ze bang zijn dat ze door het accepteren van dure cadeaus haar onafhankelijkheid kwijtraakt en misschien dingen gaat doen – ook op seksueel terrein – die ze eigenlijk niet wil.

Dit voorbeeld gaat verder dan het geven van voorlichting, de ouders geven hun dochters namelijk ook uitleg waarom iets riskant is. Deze benadering wordt *inductie* genoemd. Inductie past bij een autoritatieve opvoedingsstijl. Autoritatieve ouders zijn warm en ondersteunend naar hun kinderen, maar tegelijkertijd stellen ze ook grenzen en controleren ze het gedrag van het kind. Daarbij erkennen ze de individualiteit van het kind en proberen ze het kind te sturen op een rationele en democratische manier (zie ook hoofdstuk 10).

Ouders kunnen er echter niet van uitgaan dat de voorlichting wel grotendeels via dit soort ongeplande gesprekken zal plaatsvinden. Geplande voorlichting is daarom ook nodig. De ouders spelen hierin een belangrijke rol, maar ook op school dient hiervoor aandacht te zijn. Vanaf 2012 is seksuele vorming ook opgenomen in de kerndoelen van zowel het basis- als voortgezet onderwijs, waardoor leerlingen nu op school dienen te leren om respectvol om te gaan met seksualiteit en seksuele diversiteit. In 2010 heeft de World Health Organisation richtlijnen opgesteld voor het geven van seksuele vorming (WHO, BZgA, 2010). Hierin staat beschreven welke kennis, vaardigheden en attitudes kinderen en jongeren op welke leeftijd zouden moeten verwerven. En dat begint al bij de geboorte.

12.11 Besluit

De integratie van de seksualiteit met andere aspecten van de persoonlijkheid en de relaties met anderen is een belangrijke ontwikkelingstaak voor jongeren. Hoewel in Nederland tegenwoordig over het algemeen een open houding bestaat tegenover seksualiteit, betekent dit niet dat het vervullen van deze taak gemakkelijker is geworden. Juist door een grotere variëteit aan mogelijkheden wordt een sterker appel gedaan op individuele keuzes en beslissingen. Dit geldt nog sterker voor jongeren uit andere culturen die ervaren dat de opvattingen en verwachtingen over seksualiteit die zij van huis hebben meegekregen, niet stroken met wat ze op straat en op school horen en ervaren. Door de grotere openheid is de laatste decennia veel meer bekend geworden over de aard en de omvang van seksueel misbruik. Ook door de komst van aids is seksualiteit minder onbezorgd geworden. Voor de adolescent is seksualiteit daarom geen vanzelfsprekende zaak. Juist over de aspecten van seksualiteit waarover nog zorgen bestaan, zoals seksueel geweld, homonegativiteit en problemen met het seksueel functioneren, wordt in de voorlichting op scholen nauwelijks aandacht besteed. Hierin is nog veel verbetering mogelijk.

13 Internaliserende problematiek 1 u 20

Ramón Lindauer en Frits Boer

13.1 Inleiding

Angst, verdriet, blijheid, boosheid zijn emoties die bij het leven horen en vinden plaats in de normale ontwikkeling. In een gevaarlijke situatie is er sprake van angst. Bij verlies van een vriend is er verdriet. Als iemand je uitnodigt voor een feest geeft dit een blij gevoel. Bij het stelen van je fiets reageer je boos. Soms zijn de emoties zo intens dat het leidt tot beperkingen in het psychosociale functioneren, zoals angst voor het maken van fouten en hierdoor niet meer naar school durven, of passen de emoties niet bij de context waarin zij zich voordoen, zoals somber voelen terwijl je op stap bent met vrienden. Dit hoofdstuk bespreekt de rol van angst en verdriet in de normale ontwikkeling. Vervolgens komen de psychische stoornissen aan bod die hiermee samenhangen, zoals de sociale angststoornis, obsessieve-compulsieve stoornis, posttraumatische stress-stoornis, gegeneraliseerde angststoornis, paniekstoornis en tot slot de depressieve, bipolaire en dysthyme stoornis. Tot slot wordt ingegaan op de eetstoornissen, anorexia nervosa en boulimia nervosa. Daarbij worden factoren genoemd die bepalend zijn voor de ontwikkeling van een stoornis: de gedragsinhibitie ofwel geremd zijn in het gedrag bij nieuwe situaties, gehechtheid, ouderlijke psychopathologie, ouderschap- en kindfactoren. Aan de hand van voorbeelden wordt verduidelijkt in hoeverre de stoornis het functioneren in het dagelijks leven bemoeilijkt.

Maar eerst wordt beschreven welke taken de jongere wacht wanneer hij of zij de puberteit bereikt. In dit hoofdstuk worden de internaliserende stoornissen besproken van de adolescentie tot de vroegvolwassen leeftijd. De jeugdzorg en de jeugd-ggz reikt doorgaans niet verder dan het achttiende levensjaar. Daarna komt de volwassenzorg in beeld. Dit doet vermoeden dat dit onderscheid logisch is, maar steeds meer wordt duidelijk dat psychische stoornissen van jongeren zich zelden tot de adolescentie beperken. Vaak beginnen ze eerder en in veel gevallen lopen ze door tot in de volwassenheid. Psychische problemen moeten dan ook worden gezien vanuit een levensloopperspectief en zijn multifactorieel van aard, risicofactoren en beschermende factoren zijn van invloed op het wel of niet ontwikkelen van een stoornis.

13.2 Ontwikkelingstaken/-kenmerken van de adolescentie

De adolescentie is de levensfase tussen kindertijd en volwassenheid, waarbij er allerlei veranderingen optreden. Hierbij valt te denken aan fysiologische, psychologische en sociale veranderingen.

Onder invloed van hormonale veranderingen vinden er lichamelijke rijpingsprocessen plaats. Die treden voor meisjes en jongens op verschillende momenten in. Daarnaast kan de timing per individu behoorlijk verschillen. In navolging van de Amerikaans-Engelse terminologie wordt met het woord *puberteit* de periode aangeduid waarin deze rijpingsprocessen zich voltrekken. Dit in tegenstelling tot het bredere Nederlandse spraakgebruik dat vooral 'de moeilijke leeftijd' benadrukt. In de puberteit ontwikkelen de geslachtskenmerken zich, vindt er een groeispurt plaats met een snelle toename van lengte en gewicht. Bij meisjes begint de lengtegroei gemiddeld op tienjarige leeftijd en bij jongens tussen de elf en twaalf jaar. Deze lichamelijke veranderingen hebben psychologische gevolgen. Het lichaam van het kind verandert in dat van een volwassene. Voor adolescenten worden uiterlijke kenmerken steeds belangrijker. In die periode neemt de belangstelling voor het andere – en soms hetzelfde – geslacht immers toe. Zij experimenteren met toenaderingsgedrag en intieme relaties. In hun beleving speelt het uiterlijk daarbij een cruciale rol. De angst voor afwijzing kan optreden. Lichamelijke veranderingen hebben ook invloed op het zelfbeeld, doordat bijvoorbeeld leeftijdgenoten reageren op het uiterlijk. Het blijkt dat bij vroegrijpe meisjes meer psychopathologie voorkomt en dat zij ook minder tevreden zijn over hun uiterlijk in vergelijking met meisjes die laat rijp zijn. Bij jongens daarentegen is vroegrijp worden gunstig, omdat zij over het algemeen genomen meer tevreden zijn over hun uiterlijk en meer aanzien hebben bij leeftijdgenoten (Huisman, 2006). Een negatief zelfbeeld, 'ik ben niet de moeite waard' of 'ik ben lelijk' of 'iemand vindt mij aantrekkelijk', kan leiden tot depressieve klachten of een stoornis.

In deze fase verandert ook het cognitieve functioneren. De adolescent gaat meer reflexief en abstract denken. Voor hypothetische problemen en morele dilemma's kunnen mogelijke oplossingen worden bedacht. Ook het nadenken over de eigen toekomst en over de eigen situatie behoort tot de mogelijkheden (Huisman, 2006).

In de adolescentie zullen persoonlijke ervaringen en problemen minder snel met ouders worden besproken en krijgen de vriendschappen met leeftijdgenoten, peergroup, een prominentere rol. Thuis zijn adolescenten meer gericht op hun privacy. Hun slaapkamer is hun eigen domein waar ze zich kunnen terugtrekken en de badkamer gaat op slot. Het leggen van contact met anderen, het maken van afspraken en het aangaan van verkering zijn vaardigheden die jongeren in deze fase leren (Huisman, 2006). Adolescenten die deze vaardigheden minder goed beheersen, lopen een verhoogd risico op het ontwikkelen van psychische klachten.

Onder invloed van hormonen ontstaan er lichamelijke veranderingen en die uiterlijke kenmerken roepen reacties op bij leeftijdgenoten die weer van invloed zijn op het beeld dat de adolescent van zichzelf ontwikkelt. Adolescenten gaan zichzelf ook vergelijken met anderen qua uiterlijk, kleding, interesses, talenten. De adolescentie biedt een goede gelegenheid om op allerlei terrein te oefenen met vaardigheden zonder definitieve keuzes te hoeven maken (Huisman, 2006; zie ook hoofdstuk 7).

De adolescentie wordt door sommigen beschouwd als een moeilijke en zware periode voor zowel adolescent als ouders. De adolescent wordt volwassen, ontwikkelt zich fysiek, gaat autonomer functioneren, heeft ouders minder hard nodig en deelt niet meer alle ervaringen. Zo'n periode kan gepaard gaan met conflicten, maar meestal verloopt het zonder noemenswaardige problemen en blijft de jongere normaal functioneren thuis, op school en met vrienden (Huisman, 2006).

Sommige psychische stoornissen doen zich juist voor in de adolescentie. Dit kan komen omdat de stoornis in deze fase ontstaat, of misschien al langer sluimerend aanwezig was en door de specifieke ontwikkelingstaken meer zichtbaar worden.

13.3 Normale ontwikkeling angst, verdriet en lichamelijke klachten

13.3.1 Angst in normale ontwikkeling

Angst is een belangrijke emotie en een normaal verschijnsel. De meeste kinderen en adolescenten zijn weleens bang of angstig, maar dit is vaak van korte duur. De wijze waarop angst en verdriet zich manifesteren, hangt samen met de ontwikkelingsfase. Kleuters hebben separatieangst als zij voor het eerst naar school gaan, op de lagere school worden prestaties belangrijk en gaan kinderen hierover piekeren en zich zorgen maken. In de adolescentie, zijn de reacties van de peergroup belangrijk, wat kan leiden tot angst voor afwijzing (Muris, 2007).

In gevaarlijke of ogenschijnlijk gevaarlijke situaties is het nuttig om angstig te zijn en vergroot het de kans op overleven. Angst bestaat uit drie componenten. De eerste is de fysiologische component. Er treden allerlei verschijnselen in werking, zoals een verhoogde hartslag en een snellere ademhaling. De tweede is de gedragsmatige component. In reactie op het gevaar vlucht, vecht of vermijdt iemand het gevaar. De laatste component is de cognitieve component, waarbij iemand kan denken: 'Help, ik ben in gevaar' of 'Ik ga dood'.

Wat gebeurt er in het brein? Hoe werkt het vreessysteem? Joseph LeDoux doet al jarenlang dierexperimenteel onderzoek naar de werking van dit vreessysteem. In zijn boeken *Emotional Brain* (1996) en *Brain Self* (2002) beschrijft hij hoe dit systeem werkt. Er zijn drie hersenstructuren die hierbij een rol spelen: de amygdala, hippocampus en mediaal prefrontale cortex. De amygdala detecteert ogenschijnlijk gevaar. De informatie komt binnen via de thalamus en gaat direct naar de amygdala. De amygdala wordt geactiveerd en zorgt voor een emotionele en fysiologische respons. De vecht-, vlucht- of verdovingsrespons treedt in werking. Dit alles zijn we ons nauwelijks bewust, want het gebeurt in een fractie van een seconde. De andere route loopt via de thalamus naar de mediaal prefrontale cortex. De mediaal prefrontale cortex remt de geactiveerde amygdala. Via deze route, die meer tijd kost, worden we ons bewust van onze reactie. Als het gevaar onterecht was, wordt dit vreessysteem weer gedeactiveerd en komen we tot rust. Een andere belangrijke structuur is de hippocampus. De hippocampus speelt een rol bij het leren en geheugen. Eerdere ervaringen worden via deze structuur opgeslagen en weer opgehaald, maar ook in hun context geplaatst. Eerdere vervelende angstaanjagende gebeurtenissen worden weer opgehaald en als gevaarlijk gesignaleerde stimuli worden door deze structuur contextueel beoordeeld. De hippocampus kan ook de geactiveerde amygdala remmen. De korte route is snel, maar tegelijkertijd minder secuur. De andere, wat langere route is meer accuraat. Met andere woorden, overleven vraagt een snelle reactie en dit gaat ten koste van de accuratesse.

Van jongs af aan is het vreessysteem, de korte route, aangelegd in de hersenen. Gaandeweg leert een kind tot in de vroegvolwassenheid dit vreessysteem in regie te krijgen. Dit betekent dat de prefrontale cortex, die zich tot in de leeftijd van twintig jaar ontwikkelt, steeds meer grip krijgt op de manier waarop er omgegaan wordt met angstige situaties (zie ook hoofdstuk 4).

De mate waarin iemand angstig reageert op een dreigende situatie hangt onder meer af van genetische variatie, de een heeft een gevoeliger vreessysteem dan de ander. Iemand met meer negatieve levenservaringen heeft een gevoeliger afgesteld systeem. De disfunctionele veranderingen in de hersenen zullen worden besproken in de paragraaf van de angststoornissen.

13.3.2 Verdriet in normale ontwikkeling

Verdriet is een andere emotie die zich normaal voordoet als iemand iets verliest. Dit verlies kan een persoon zijn, zoals het verlies van een dierbare, maar ook een bepaalde situatie of ambitie. Liefdesverdriet komt vaak voor in de adolescentie en over de effecten hiervan op de adolescent moet niet geringschattend worden gedacht. Verdriet heeft twee nuttige functies. De eerste is dat iemand die verdriet heeft, zich juist focust op zijn of haar verdriet en hierdoor soms op nuttige copingreacties kan komen, waardoor de situatie weer in een gunstige richting kan worden omgebogen. De tweede is dat een verdrietige aanblik reacties uit de omgeving teweegbrengen, zoals meer aandacht en sociale steun. Troost uit de omgeving helpt de teleurstelling te boven te komen.

13.3.3 Lichamelijke klachten in normale ontwikkeling

Lichamelijke klachten hangen vaak samen met ziekte of verwonding. Ook bij angstklachten ontstaan er lichamelijk verschijnselen, zoals een verhoogde hartslag, zweten en een snellere ademhaling. Bij verdriet doen zich eveneens lichamelijke sensaties voor. Soms doen zich lichamelijke klachten voor, waarvoor geen duidelijke oorzaak te vinden is. Denk aan vermoeidheid, buikpijn of hoofdpijn. De klachten hebben soms een invaliderend effect. Deze lichamelijke klachten zonder duidelijke medische oorzaak worden somatoforme stoornissen genoemd.

13.4 Problemen of stoornissen in de levensloop

Bij internaliserende problematiek gaat het om problemen die met innerlijke onrust gepaard gaan en niet altijd zichtbaar zijn voor anderen, waardoor ze onvoldoende worden herkend en adequaat worden behandeld. Angststoornissen en depressieve stoornissen vallen onder de internaliserende problematiek.

Angsten komen regelmatig voor tijdens de ontwikkeling van het kind. Angsten kunnen intensief zijn, maar gaan meestal ook weer vanzelf over. Als angsten blijven bestaan en het dagelijks leven negatief beïnvloeden, dan is er sprake van abnormale angst of een

angststoornis (Muris, 2010). Bijvoorbeeld een meisje van tien jaar dat niet meer naar school gaat, omdat ze bang is voor wat anderen van haar vinden.
Beidel en Alfano (2011) formuleren een aantal klinische vragen om te onderzoeken of er sprake is van normale angst of een angststoornis. Is er buitenproportionele angst gezien de omstandigheid? Kan de angst verklaard worden? Is de angst niet meer zelf onder controle te houden? Blijft de angstreactie onveranderd en een periode bestaan? Leidt de angst tot vermijdingsreacties? Is de adolescent bevangen door de angst, zodanig dat het leidt tot problemen? Is de angst te relateren aan de leeftijdsontwikkeling? Beïnvloedt de angst het sociale, emotionele, en school functioneren?
Bij meisjes is er sprake van toenemende internaliserende problematiek in de loop van de adolescentie. Bij jongens daarentegen is de toename minder sterk en is er tussen de zestien en achttien jaar zelfs een lichte teruggang van deze problematiek (Verhulst, 2000).
Uit longitudinaal onderzoek blijkt uit diagnostische interviews dat 5% van de adolescenten tussen de dertien en achttien jaar een ernstige psychische stoornis heeft. Uit de informatie van ouders ligt dit percentage rond de 6%. Als de informatie van adolescenten en ouders worden gecombineerd ligt dit percentage rond de 8%.
Angststoornissen blijken het meeste voor te komen, namelijk 5,3%. Omdat er soms sprake is van comorbiditeit ligt de som van de afzonderlijke stoornissen hoger dan het genoemde totaal van 8% (Verhulst, 2000). Bij comorbiditeit gaat het om het samenvallen van twee stoornissen.
Uit longitudinaal onderzoek blijkt dat van de kindertijd naar de adolescentie de prevalentie van de volgende stoornissen toeneemt: paniekstoornis, agorafobie, depressieve stoornis en middelenmisbruik. Daarentegen nemen de prevalentiecijfers van de separatieangststoornis en ADHD af. Van de adolescentie naar de vroegvolwassenheid nemen de aantallen van de paniekstoornis, agorafobie en middelenmisbruik verder toe en dalen de cijfers voor de separatieangststoornis en ADHD verder. Ook de fobieën nemen af (Costello et al., 2011).
Angststoornissen kunnen hardnekkig zijn. Uit longitudinaal onderzoek blijkt dat 40 tot 50% van de kinderen en adolescenten met een angststoornis, deze stoornis na zes maanden tot zes jaar nog heeft. Ongeveer 25 tot 30% ontwikkelde een andere angststoornis of een depressieve stoornis (Beidel & Alfano, 2011; Essau et al., 2002). In de loop van de ontwikkeling kunnen de stoornissen dus van karakter veranderen. Een kind dat op de basisschoolleeftijd een angststoornis heeft, kan in de adolescentieperiode een depressie ontwikkelen (Boer, 2006). Een angststoornis kan ook sluimerend aanwezig blijven en op die wijze een chronisch beloop krijgen. De sociale angstklachten zijn over de adolescentieperiode heen het meest stabiel vergeleken met de andere angststoornissen (Beidel & Alfano, 2011). Angststoornissen bij volwassenen hebben hun oorsprong gemiddeld rond het elfde jaar (Kessler et al., 2005).
Of zich bij adolescenten wel of geen stoornis ontwikkelt, heeft met meerdere en verschillende factoren te maken, zoals erfelijkheid, temperament, biologische kwetsbaarheid, psychologische aspecten, opvoeding. Er zijn verschillende modellen ontwikkeld

om de invloed van deze factoren beter te begrijpen en te onderzoeken. Het transactionele model is een model dat inzichtelijk maakt op welke manier de verschillende kwetsbaarheids- en beschermende factoren elkaar beïnvloeden (Muris, 2010). Het gaat dus om meerdere factoren die van invloed zijn, een aanpassing die wel of niet succesvol is; de psychopathologie treedt op in een ontwikkeling.

13.4.1 Categoriaal versus dimensionaal

In het spreken over stoornissen kunnen twee benaderingen worden gevolgd. In de *categoriale benadering* worden stoornissen gezien als duidelijk begrensde afzonderlijke eenheden (categorieën). In de *dimensionale benadering* bestaat de mogelijkheid om in individueel wisselende combinaties aan te geven op welke gebieden (dimensies) sprake is van een zekere mate van problemen, milder of ernstiger.

13.4.2 De categoriale benadering

Het bekendste voorbeeld van de categoriale benadering van psychische stoornissen is de DSM-IV het eerder genoemde classificatiesysteem van de Amerikaanse vereniging van psychiaters, inmiddels opgevolgd door de DSM-IV-TR (American Psychiatric Association, 2000). Hierin worden stoornissen gecategoriseerd op grond van bepaalde combinaties van verschijnselen. Wanneer bij een jongere een dergelijke combinatie wordt aangetroffen, wordt gezegd dat hij of zij aan deze stoornis lijdt. Wanneer het de combinatie betreft van een prikkelbare stemming, verlies van plezier aan activiteiten, verlies van eetlust en moeite met inslapen, wordt gesproken van een depressieve stoornis. Bij de combinatie van druk gedrag, impulsiviteit en concentratieproblemen wordt gesproken van een aandachtstekortstoornis met hyperactiviteit (*Attention Deficit Hyperactivity Disorder, ADHD*). In de geneeskunde wordt voor een dergelijke combinatie van verschijnselen of *symptomen* het woord *syndroom* gebruikt. Wanneer blijkt dat een syndroom een duidelijke oorzaak kent (bijvoorbeeld een infectie met een bepaalde bacterie), wordt gesproken van een *ziekte*. Van vrijwel geen enkele psychische stoornis is een duidelijke oorzaak bekend. Vandaar dat daarvoor de term 'ziekte' nog niet wordt gebruikt, maar van 'syndroom' of 'stoornis' wordt gesproken.

13.4.3 Voordelen en bezwaren

De categoriale benadering heeft als groot voordeel dat het mogelijk wordt om binnen de wetenschap en binnen de praktijk van de behandeling met elkaar te communiceren. Door af te spreken om pas van een depressie te spreken wanneer bepaalde criteria aanwezig en andere criteria afwezig zijn, kan men nagaan of een behandeling die elders is ontwikkeld voor depressieve jongeren ook werkzaam is voor de jeugdige patiënten van het eigen centrum. Zonder zulke afspraken zou men niet zeker weten of de patiënten die elders de diagnose depressie krijgen, wel vergelijkbaar zijn met die welke men zelf

ziet. Een ander voordeel van de categoriale benadering is de mogelijkheid om systematisch te onderzoeken welke behandeling bij een stoornis het meest werkzaam is.
Maar er kleven ook bezwaren aan de categoriale benadering. Om te beginnen is deze erg zwartwit. Wanneer iemand zes van de zeven kenmerken heeft die voor het vaststellen van een bepaalde stoornis nodig zijn, wordt vastgesteld dat hij de stoornis niet heeft. Dat de overgang tussen het wel of niet aanwezig zijn van een stoornis veel geleidelijker is, blijft zo buiten beeld. Daarnaast is het nog maar de vraag of de gekozen categorieën wel de juiste zijn. Wanneer in de geneeskunde de ziekteverwekker van een bepaald syndroom wordt gevonden, is dat de bevestiging van het feit dat de in het syndroom verenigde symptomen echt iets met elkaar te maken hebben. Maar zolang de oorzaak van het syndroom of de stoornis niet bekend is, valt nog te bezien of de veronderstelde kenmerken wel de juiste zijn – of er niet enkele af zouden kunnen of andere bij zouden moeten. De werkelijkheid leert dat de opvallende verschijnselen die adolescenten met ernstig probleemgedrag vertonen vaker niet dan wel precies in het 'rijtje' passen van een bepaalde stoornis. Soms leidt dat ertoe dat geen stoornis wordt vastgesteld, omdat er wel veel problemen zijn, maar te divers om ook maar één enkele stoornis te kunnen vaststellen. Vaker leidt het ertoe dat er twee of meer stoornissen tegelijk worden vastgesteld (comorbiditeit). De vraag is of er dan echt meer dan één verschillende stoornis tegelijk aanwezig is, of dat er in feite maar één enkele stoornis is die nog niet is onderkend en daardoor qua verschijnselen bij twee verschillende 'rijtjes' uitkomt.

13.4.4 De dimensionale benadering

Het aantrekkelijke van de dimensionale benadering is de mogelijkheid om op een glijdende schaal (de dimensie) aan te geven in welke mate er sprake is van bepaalde probleemgedragingen, zoals angst, gedragsproblemen of lichamelijke symptomen. Het bekendste voorbeeld van deze benadering wordt gevormd door de vragenlijsten die zijn ontwikkeld door de Amerikaan Achenbach en die in Nederland zijn ingevoerd door Verhulst: de *Child Behavior Checklist* (CBCL), de *Teacher's Report Form* (TRF) en de *Youth SelfReport* (YSR) (Verhulst, 2000). Deze benadering doet meer recht aan het graduele verschil dat er bestaat in de ernst van problemen en dwingt niet tot een beschrijving binnen een enkele categorie. Daardoor kan men op individueel niveau allerlei combinaties beschrijven.

Het is goed om bovenstaande kanttekeningen in gedachten te houden bij het lezen over de internaliserende problemen in dit hoofdstuk en de externaliserende problemen in het volgende hoofdstuk. Ofschoon er jongeren zijn met slechts een enkel internaliserend probleem, is dit eerder uitzondering dan regel. Sommigen kunnen naast internaliserende ook externaliserende problematiek vertonen. De werkelijkheid is ingewikkelder dan de indelingen die gedragswetenschappers maken. In dit hoofdstuk worden beide benaderingen gevolgd.

13.5 Angststoornissen

Bij een angststoornis zijn er angstklachten die gepaard gaan met lichamelijke symptomen en cognitieve vertekeningen, waarbij er sprake is van problemen in het psychosociaal functioneren (Furr et al., 2009).
De prevalentie van angststoornissen bij kinderen en adolescenten varieert van 2 tot 18% en is afhankelijk van het soort angststoornis (Beidel & Alfano, 2011). Angststoornissen komen vaker voor bij meisjes dan bij jongens. Voor het zestiende levensjaar voldeden ongeveer 12% van de meisjes op enig moment aan de symptomen van een angststoornis en bij de jongens was dit bijna 8% (Costello, 2003).
De separatieangststoornis komt meestal voor op de kinderleeftijd en wordt om deze reden niet behandeld in dit hoofdstuk. De prevalentiecijfers van de afzonderlijke angststoornissen worden in onderstaande paragrafen genoemd.
Als een adolescent voldoet aan de criteria van een angststoornis, dan is er een grote kans dat er sprake is van comorbiditeit, een andere angststoornis en/of depressie (Costello et al., 2003; Beidel & Alfano, 2011). Als er sprake is van een enkelvoudige angststoornis zonder comorbiditeit, dan kan de angststoornis van voorbijgaande aard zijn. Als er sprake is van comorbide angststoornissen, dan is er een veel grotere kans op een chronisch beloop (Boer, 2006).
De genetische bijdrage aan het ontstaan van een angststoornis wordt geschat op ongeveer 30 tot 40% (Beidel & Alfano, 2011; Eley et al., 2003). De manier waarop kinderen en adolescenten zich gedragen, verschilt per individu. Dit verschillend reageren heet wel het temperament. Bij kinderen en adolescenten die terughoudend reageren op een situatie of persoon die zij niet kennen, heet dit temperamentskenmerk gedragsinhibitie ('behavioral inhibition'). Gedragsinhibitie is een risicofactor voor de ontwikkeling van een angststoornis. Een ander temperamentskenmerk is doelbewuste controle, 'effortful control'. Hierbij gaat het om het onderdrukken van een krachtige emotionele reactie om daarmee het gedrag beter te kunnen plannen. Adolescenten die dit temperamentskenmerk hebben, ontwikkelen minder gauw een angststoornis (Boer, 2011a). Levensbedreigende levensgebeurtenissen verhogen de kans om een angststoornis te ontwikkelen (Rapee et al., 2009). Ook de opvoedingsstijl van ouders speelt een rol, maar geen oorzakelijke. Kinderen en adolescenten met een angststoornis hebben vaak ouders die een overbeschermende opvoedingsstijl hebben. Deze ouders zijn vaak heel zorgzaam en zien veel gevaren waarvoor zij hun kind willen beschermen. Overbescherming kan op twee manieren bijdragen aan de ontwikkeling van een angststoornis. Ten eerste brengen angstige ouders op hun kind over dat de wereld vol gevaren is. Ten tweede ontnemen de ouders hun kind de gelegenheid om te leren omgaan met dreigende situaties. Dit laatste heeft het kind nodig om zijn copingmechanismen te ontwikkelen (Boer, 2011a).
In de onderstaande paragrafen worden de diverse internaliserende psychische stoornissen beschreven.

13.5.1 Paniekstoornis

De paniekstoornis wordt beschreven met en zonder agorafobie. Er is sprake van een paniekstoornis als er recidiverende onverwachte paniekaanvallen zijn, waarbij er na ten minste één van de aanvallen één maand of langer sprake is van een of meer van de volgende symptomen:
1 voortdurende ongerustheid over het krijgen van een volgende aanval;
2 bezorgdheid over de verwikkelingen of de consequenties van de aanval;
3 een belangrijke gedragsverandering in samenhang met de aanvallen.

De paniekaanvallen zijn niet het gevolg van de directe fysiologische effecten van een middel of een lichamelijke aandoening. Ook zijn de aanvallen niet toe te schrijven aan een andere psychische stoornis.
De angst die optreedt ontstaat plotseling, is intens, en gaat gepaard met lichamelijke sensaties zoals hartkloppingen, zweten, sneller en oppervlakkiger ademhalen, misselijkheid en trillen. Ook is er sprake van cognitieve gewaarwordingen zoals een gevoel van onwerkelijkheid (derealisatie), het gevoel los te staan van zichzelf (depersonalisatie), angst de controle te verliezen, gek te worden of dood te gaan. De paniekstoornis komt vrijwel alleen voor bij oudere adolescenten (Boer, 2006a).

13.5.2 Specifieke fobie

Specifieke fobieën kunnen op alle leeftijd voorkomen. Er is sprake van een specifieke fobie als er sprake is van een duidelijke en aanhoudende angst die overdreven en onredelijk is en wordt uitgelokt door de aanwezigheid van of het anticiperen op een specifiek voorwerp of situatie, zoals hoogten, dieren, bloed zien. De blootstelling aan de fobische prikkel veroorzaakt bijna zonder uitzondering een onmiddellijke angstreactie. Adolescenten die dit overkomt, realiseren zich dat de angst overdreven of onredelijk is. Bij kinderen kan dit kenmerk ontbreken. De fobische situatie(s) worden vermeden of doorstaan met intense angst of een ernstig lijden. Het leven wordt in significante mate belemmerd. Bij personen onder de achttien jaar is de duur ten minste zes maanden. Ook hier is de angst niet toe te schrijven aan een andere psychische stoornis. Een jongere van dertien jaar reageert fobisch als hij in aanraking komt met grote hoogte en zal tijdens de gym weigeren in de touwen te klimmen en zich terugtrekken in de kleedkamer.

13.5.3 Sociale-angststoornis

De sociale-angststoornis komt nauwelijks voor in de kindertijd en wordt met name gezien in de (late) adolescentie en vroege volwassenheid. De prevalentie gedurende het leven ligt rond de 13% (Kessler et al., 1994).
Bij een sociale fobie is er sprake van een duidelijke en aanhoudende angst voor één of meer situaties waarin iemand sociaal moet functioneren of iets moet presteren en waar-

bij men bloot wordt gesteld aan onbekenden of een mogelijk kritische beoordeling door anderen. Ook hier geldt dat de adolescent zich realiseert dat de angst overdreven of onredelijk is. De gevreesde situaties worden vermeden. Het leven wordt significant beperkt. De angst is niet het gevolg van een middel of een somatische aandoening.

De adolescent is bang niet goed over te komen. Dit kan tot gevolg hebben dat dit gepieker vooraf negatieve invloed heeft op de prestatie die geleverd moet worden, zoals een spreekbeurt. Bij een slechtere prestatie neemt de angst voor een volgende keer alleen maar toe. Er ontstaat een vicieuze cirkel. Sommige adolescenten overdekken hun verlegenheid met dwars en uitdagend gedrag, waardoor een sociale fobie de gedaante lijkt te hebben van een gedragsstoornis (Boer, 2006a). De sociale fobie komt tweemaal vaker voor bij meisjes dan jongens. Dat meisjes vanaf de adolescentie een groter risico lopen op een sociale fobie wordt wel toegeschreven aan het feit dat meisjes meer relationeel georiënteerd zijn dan jongens, waardoor zij gevoeliger zijn voor interpersoonlijke stressoren en daarmee voor het ontwikkelen van sociale angst (Kistner, 2009).

Ollendick en Benoit (2012) beschrijven een ouder-kindinteractiemodel voor de sociale-angststoornis voor adolescenten. Diverse factoren zijn van invloed op de ontwikkeling van deze problematiek. Kinderen met een 'behavioral inhibition', een remming in het gedrag in nieuwe omstandigheden, hebben een verhoogd risico. Dit karakteristieke temperament wordt gezien bij 10 tot 15% van de peuters en kleuters. Ouders die angstig zijn, zullen ook eerder angstig reageren op het kind waardoor de kans op angstproblemen bij het kind toenemen. Deels komt dit ook door een gedeelde genetische basis. Kinderen die onveilig gehecht zijn aan de ouders hebben een verhoogd risico op het ontwikkelen van een angststoornis. De opvoedingsstijl van ouders speelt ook een rol. Een overbeschermende, controlerende en kritische opvoeding houdt de gedragsinhibitie in stand en vergroot de kans op sociaal-angstige klachten. Daarentegen is een warme en responsieve opvoeding geassocieerd met minder inhibitie bij het kind en meer sociaal adaptief gedrag (zie ook hoofdstuk 10). Ook de informatieverwerking speelt een rol. Adolescenten die ambigue informatie sneller opvatten als negatief door deze bijvoorbeeld op zichzelf te betrekken, lopen het risico op angstklachten. Deze interpretatiebias is een mediator voor het ontstaan van angstproblemen (Creswell et al., 2010).

13.5.4 Obsessieve-compulsieve stoornis

De prevalentie van de obsessieve-compulsieve stoornis (OCD) tot de leeftijd van achttien jaar ligt rond de 1 tot 2%, waarbij OCD vooral bij adolescenten voorkomt. Dit is meestal rond de leeftijd van elf tot twaalf jaar, maar het kan ook voorkomen voor de leeftijd van acht jaar. Bij de helft tot twee derde van de volwassenen met OCD zijn de klachten al begonnen voor het achttiende jaar. OCD verdwijnt dus niet vanzelf.

Voor het stellen van de diagnose OCD zijn ofwel dwanggedachten, ofwel dwanghandelingen noodzakelijk. Dwanggedachten zijn steeds terugkomende en aanhoudende gedachten, impulsen of voorstellingen, die als opgedrongen en misplaatst worden beleefd, en die duidelijke angst of lijden veroorzaken. De gedachten komen niet voort uit overdreven bezorgdheid. Adolescenten met deze stoornis proberen hun dwanggedachten te neutraliseren met een andere gedachte of handeling. Dwanghandelingen zijn zich herhalende gedragingen die betrokkene uitvoert in reactie op een dwanggedachte. De gedragingen zijn gericht op het voorkomen of verminderen van het lijden. Dwanghandelingen kunnen bizarre vormen aannemen. Een verzamelwoede bij een student bijvoorbeeld kan ertoe leiden dat zijn hele kamer vol kranten staat. Het studeren wordt niet alleen bemoeilijkt door ruimtegebrek maar ook door tijdgebrek omdat de jongeman de hele dag en delen van de nacht bezig is met verzamelen. De betrokkenen realiseren zich dat de dwanggedachten en dwanghandelingen overdreven of onredelijk zijn. Vaak geven ze grif toe dat hun gedrag nergens op slaat en sommigen kunnen er zelfs om lachen. Dit betekent echter niet dat ze hun probleem kunnen relativeren of oplossen. De dwanggedachten of dwanghandelingen komen niet voort uit een andere psychische stoornis en zijn niet het gevolg van en middel of een lichamelijke aandoening.

In sommige families komt OCD vaker voor dan in andere families. Er is een duidelijke biologische en erfelijke bijdrage aan het ontstaan van OCD (Boer, 2011b). Het meest invloedrijke model voor de verklaring van de dwangstoornis is het cognitieve. Dit model gaat ervan uit dat het probleem begint met een verkeerde interpretatie van normaal voorkomende obsessies die daarmee de OCD initieert en in stand houdt (De Haan, 2006).

Het piekeren dat optreedt bij een depressie of gegeneraliseerde angststoornis heeft een ander karakter dan de obsessies bij OCD. Bij een depressie of een gegeneraliseerde angststoornis piekert een adolescent over problemen en bij een obsessie krijgt de adolescent akelige gedachten in zijn hoofd, die met dwanghandelingen worden bezweerd (De Haan, 2006).

13.5.5 Posttraumatische stressstoornis

Meer dan de helft van de jongeren maakt tot de leeftijd van achttien jaar een of meer ingrijpende gebeurtenissen mee, zoals een overval, verkrachting of verkeersongeval. Zij hebben zo'n gebeurtenis zelf ondervonden of zijn er getuige van geweest. Het gaat om een gebeurtenis die een feitelijke of dreigende dood of een ernstige verwonding met zich mee heeft gebracht, of die een bedreiging vormde voor de fysieke integriteit. De bekendste psychische stoornis is de posttraumatische stressstoornis (PTSS). Traumatische ervaringen kunnen overigens ook leiden tot andere psychische problematiek, zoals angst-, stemmings-, gedrags- en/of somatoforme stoornissen.

PTSS is te onderscheiden in drie symptoomclusters:
- het herbelevingscluster; minimaal één symptoom uit dit cluster moet aanwezig zijn om over PTSS te kunnen spreken:
    1. recidiverende en zich opdringende onaangename herinneringen aan de gebeurtenis;
    2. recidiverende akelige dromen over de gebeurtenis.
    3. handelen of voelen alsof de traumatische gebeurtenis opnieuw plaatsvindt;

4 intens psychisch lijden bij blootstelling aan traumagerelateerde stimuli;
5 fysiologische reacties bij blootstelling aan traumagerelateerde stimuli.
- Het vermijdingscluster; drie van de volgende symptomen zijn noodzakelijk:
  1 pogingen gedachten, gevoelens of gesprekken horend bij het trauma te vermijden;
  2 pogingen activiteiten, plaatsen of mensen die herinneringen oproepen aan het trauma te vermijden;
  3 onvermogen zich een belangrijk aspect van het trauma te herinneren;
  4 duidelijk verminderde belangstelling voor, of deelneming aan belangrijke activiteiten;
  5 gevoelens van onthechting of vervreemding van anderen;
  6 beperkt spectrum van gevoelens;
  7 gevoel een beperkte toekomst te hebben.
- Het verhoogde prikkelbaarheidscluster; twee van de volgende symptomen zijn noodzakelijk:
  1 moeite met inslapen of doorslapen;
  2 prikkelbaarheid of woede-uitbarstingen;
  3 moeite met concentreren;
  4 overmatige waakzaamheid;
  5 overdreven schrikreacties.

Om van PTSS te kunnen spreken, dient de duur van bovenstaande symptomen minimaal een maand te zijn. Er is significant lijden.

De meeste adolescenten, dit geldt ook voor volwassenen, hebben kort na de gebeurtenis PTSS-achtige klachten, maar 80 tot 90% krijgt geen PTSS. Voor hen geldt dat deze klachten in enkele dagen tot enkele weken zijn afgenomen of zelfs verdwenen. Het is nog niet zo lang geleden dat men meende dat men het beste zo vroeg mogelijk zou moeten interveniëren, liefst binnen enkele uren na de ingrijpende gebeurtenis. Inmiddels is uit de traumaliteratuur over volwassenen gebleken dat deze aanpak een averechts effect heeft. Het beleid is tegenwoordig 'watchful waiting'. Bij adolescenten is dit beleid niet anders. Meisjes hebben meer kans op de ontwikkeling van PTSS dan jongens. Dit kan overigens ook te maken hebben met het feit dat meisjes meer kans maken op het meemaken van interpersoonlijk trauma zoals seksueel misbruik. Het meemaken van interpersoonlijk trauma geeft een groter risico op het ontwikkelen van PTSS dan bij voorbeeld natuurrampen.

Het risico om PTSS te ontwikkelen is onder andere afhankelijk van het type trauma (interpersoonlijk trauma meer risico dan bij natuurrampen), de ernst van de gebeurtenis, het aantal traumatische ervaringen, appraisal (betekenis die gegeven wordt aan de gebeurtenis en de klachten) en copingstijl (passieve copingstijl is meer risicovol dan de actieve vorm) en sociale steun.

De aanwezigheid van comorbide psychische stoornissen naast PTSS is eerder regel dan uitzondering. Als PTSS een chronisch beloop heeft, ontstaan er stemmingsstoornissen.

Ook angststoornissen komen comorbide voor, zoals de gegeneraliseerde angststoornis (Lindauer & Boer, 2012).

13.5.6 Gegeneraliseerde angststoornis

De DSM-IV-TR-criteria geven aan dat er sprake moet zijn van buitensporige angst en bezorgdheid, gedurende zes maanden vaker wel dan niet voorkomend, over een aantal gebeurtenissen of activiteiten zoals schoolprestaties. Hierbij gaat de angst en bezorgdheid samen met drie van de zes symptomen:
1 rusteloosheid, opgewonden of geïrriteerd zijn;
2 snel vermoeid zijn;
3 zich moeilijk kunnen concentreren of zich niets herinneren;
4 prikkelbaarheid;
5 spierspanning;
6 slaapstoornis.

Het onderwerp van de angst en bezorgdheid is niet beperkt tot de kenmerken van een as- I stoornis. Er is sprake van significant lijden en de stoornis wordt niet veroorzaakt door een middel of een lichamelijke aandoening.
Adolescenten kunnen bijvoorbeeld piekeren over hun prestaties op school of bij sport. Bij de sociale fobie komt de angst voort uit het oordeel dat een ander heeft, terwijl bij de gegeneraliseerde angststoornis de angst en de zorgen meer een algeheel karakter hebben (Boer, 2006a).
De meest voorkomende angststoornissen zijn de specifieke fobie, sociale angststoornis en gegeneraliseerde angststoornis. Daarentegen komen de agorafobie en posttraumatische stressstoornis minder vaak voor. Zeldzamer zijn de paniekstoornis en obsessieve-compulsieve stoornis (Costello et al., 2004).

13.6 Stemmingsstoornissen

Depressie komt bij kinderen onder de vijf jaar bijna niet voor (Poznanski & Mokros, 1994). De prevalentiecijfers nemen tussen zes en twaalf jaar toe tot een kleine 6%. In de adolescentie krijgt 8% met deze stoornis te maken (Birmaher et al., 1996; Poznanski & Mokros, 1994).
Bij stemmingsstoornissen is er sprake van een abnormaal sombere (depressieve) of abnormaal vrolijke (manische) stemming. Naast de afwijking in stemming zijn er ook verschijnselen van lichamelijke en cognitieve aard.
Voor de ontwikkeling van een stemmingsstoornis geldt hetzelfde als voor een angststoornis, er zijn meerdere factoren van invloed op de ontwikkeling hiervan. Risico- en beschermende factoren, die te maken hebben met het kind zelf, de omgeving van het kind en gebeurtenissen of ervaringen in de levensloop, zijn van invloed (Braet & Timbremont, 2008). Enkele risicofactoren voor de ontwikkeling van een stemmings-

stoornis zijn: een genetische dispositie, verstoorde gehechtheid, negatieve cognitieve stijl, tekort aan sociale vaardigheden, lichamelijke ziekten en eerdere episodes van depressie (AACAP, 1998).

Stark en Smith (1995) hebben een transactioneel model van depressie ontwikkeld, waarbij de diverse factoren elkaar wederzijds beïnvloeden. Het gaat hierbij om stressvolle gebeurtenissen, disfunctionele gezinsomstandigheden, cognitieve vertekeningen, verstoring van de stemming, verstoring van de fysiologie en verstoring van het gedrag (Braet & Timbremont, 2008). Een meisje van zestien jaar raakt depressief. Haar moeder heeft meerdere depressieve perioden achter de rug. Het meisje heeft daarmee een genetische kwetsbaarheid en van moeder onvoldoende geleerd hoe zij met stressvolle omstandigheden kan omgaan. Op school heeft zij een drukke periode met allerlei tentamens. Haar vriendin die haar steun en toeverlaat is, is recent verhuisd. Het meisje raakt depressief.

13.6.1 Depressieve stoornis

De prevalentie van depressie in engere zin wordt geschat op 4 tot 8% in de adolescentiefase (Birmaher et al., 1996). Een depressie komt tweemaal vaker voor bij meisjes dan bij jongens. We bespraken bij de sociale fobie dat meisjes gevoeliger zijn voor interpersoonlijke stressoren dan jongens. Het zijn juist dit soort stressoren die bijdragen aan depressies (Kirstner, 2009).

Er is sprake van een depressieve stoornis als een adolescent ten minste twee weken aaneengesloten blijk heeft gegeven van een depressieve of prikkelbare stemming ofwel duidelijk verlies van plezier of belangstelling in activiteiten. Naast deze kernsymptomen van de afwijkende stemming zijn er ook lichamelijke verschijnselen, zoals gewichtsvermindering, afgenomen of toegenomen eetlust, moeite met slapen of juist te veel slapen, overmatige activiteit of juist verminderde activiteit en vermoeidheid. De cognitieve verschijnselen zijn gevoelens van waardeloosheid, onterechte schuldgevoelens, verminderd vermogen tot nadenken of concentreren en terugkerende gedachten aan de dood of suïcidale gedachten.

Adolescenten hebben naar schatting in 40 tot soms zelfs 90% kans op comorbide stoornissen naast de depressie. Hierbij gaat het om angststoornissen, gedragsstoornissen en middelenmisbruik (Angold & Costello, 2001).

13.6.2 Dysthyme stoornis

De prevalentie van de dysthyme stoornis bij adolescenten wordt geschat op 1,6 tot 8% (Lewinsohn et al., 1994). In vergelijking met de depressie is de stemmingsdaling bij de dysthymie minder uitgesproken, maar duurt deze wel langer dan bij een depressie. Bij de dysthymie gaat het om een depressieve stemming het grootste deel van de dag, meer dagen wel dan niet, gedurende ten minste twee jaar. Bij adolescenten is die duur één jaar. Twee van de volgende symptomen zijn aanwezig: slechte eetlust of te veel eten, slapeloosheid of juist heel veel slapen, gering gevoel van eigenwaarde, slechte concentratie of moeilijkheden om tot een besluit te komen en tot slot gevoelens van hopeloosheid.

13.6.3 Bipolaire stoornis

Over de prevalentie van de bipolaire stoornis zijn er minder gegevens bekend en ligt de schatting in de adolescentie op 1%.
Van een bipolaire stoornis is sprake als er naast een depressieve episode minimaal één manische (of de wat lichtere hypomane) episode is, of geweest is. Een manische of hypomane episode wordt gekenmerkt door een abnormaal verhoogde of prikkelbare stemming, waarbij een opgeblazen gevoel van eigenwaarde en een verhoogd activiteitenniveau met soms riskant gedrag aanwezig kan zijn.
De bipolaire stoornis is een stoornis waarbij de eerste verschijnselen zich meestal pas voordoen in de adolescentie. De comorbiditeit bij de bipolaire stoornis is bij adolescenten angststoornissen en middelmisbruik, maar vooral ook ADHD dat bij meer dan de helft voorkomt (Boer, 2006b).

13.7 Eetstoornissen

Naast de somatoforme stoornissen, die worden gekenmerkt door lichamelijke *klachten*, zijn er ook psychische stoornissen die in het lichamelijk *functioneren* tot uiting komen. Een voorbeeld hiervan zijn de eetstoornissen die in de adolescentie vooral de vorm aannemen van anorexia nervosa, en in de overgang naar de volwassenheid ook wel die van de boulimia nervosa. Maar liefst 90 tot 95% van de adolescenten met een eetstoornis zijn meisjes. In Nederland wordt geschat dat onder vijftien- of negentienjarige meisjes jaarlijks bijna tachtig per honderdduizend anorexia nervosa ontwikkelen (Van Elburg & Duyx, 2003).

13.7.1 Anorexia nervosa

Anorexia nervosa wordt gekenmerkt door de weigering van de jeugdige om het lichaamsgewicht te handhaven op een voor de leeftijd en lengte minimaal niveau, waarbij van een gewichtsverlies, ondergewicht of onvoldoende gewichtsgroei (minstens 15% onder de norm) sprake is. Bij één subtype wordt het eetpatroon gedomineerd door vasten in combinatie met grote lichamelijke activiteit – het zogenaamde *restrictieve type*. In andere gevallen is er sprake van vasten, afgewisseld met vreetbuien, braken en laxeren: het *purgerend type*. Anorexia nervosa gaat gepaard met een intense angst om dik te worden en een vertekend lichaamsbeeld. Meisjes hebben de stellige overtuiging (te) dik te zijn. Hierbij letten ze vooral op hun buik, billen en bovenbenen. Vaak vertellen ze dat daarover opmerkingen zijn gemaakt door ouders of andere volwassenen, zoals sportleraren en balletleraressen. Er zijn verder aanwijzingen voor een stoornis op hormonaal gebied die onder andere tot uiting komt in het wegblijven van de menstruatie. De piek van het ontstaan van de klachten ligt tussen de veertien en de achttien jaar (Van Elburg & Duyx, 2003).

Er is vaak sprake van een geleidelijk begin, lijnen samen met een vriendin of moeder, niet meer snoepen of meer aan sport doen. Daarna volgt een fase waarin werkelijk gevast wordt en het activiteitenniveau (bijvoorbeeld door trainen voor ballet, of door joggen) buitenproportioneel gaat stijgen. Het streefgewicht wordt steeds verder naar beneden bijgesteld en er worden meer voedingsmiddelen uit het dieet weggelaten.
Doordat meisjes aanbieden boodschappen te doen en te koken, kunnen zij er heimelijk op letten steeds meer vetten uit hun maaltijden weg te laten. Omdat het minder eten, vooral bij meisjes in het begin van de adolescentie, soms eerder tot een vertraagde groei dan tot duidelijk afvallen leidt, kan het lang duren voor ouders in de gaten hebben dat hun dochter aan anorexia nervosa lijdt (Van Elburg & Duyx, 2003).

13.7.2 Boulimia nervosa

Bij *boulimia nervosa* is eveneens sprake van een afwijkend eetpatroon, waarbij vreetbuien centraal staan. Bij een vreetbui heeft het meisje het gevoel de eetbui niet tegen te kunnen houden en als het zover is niet te kunnen stoppen (controleverlies). De eetbui kan worden uitgelokt door een stemmingsverandering (depressie, angst), maar ook door het ruiken van 'verboden' voedsel. Om een gewichtsstijging te voorkomen, wordt daarnaast gebruikgemaakt van vasten, braken, laxeermiddelen of excessief bewegen. Ook bij boulimia nervosa vindt een meisje zichzelf (te) dik, al ligt in werkelijkheid het gewicht meestal tussen een licht ondergewicht en een licht overgewicht. Boulimia nervosa ontstaat meestal wat later dan anorexia nervosa, in de tweede helft van de adolescentie, tussen de zestien en de vierentwintig jaar, en soms in aansluiting op anorexia nervosa.
Een Zweeds prospectief onderzoek bij 51 meisjes die in hun adolescentie anorexia nervosa hadden gehad en die tien jaar later opnieuw werden onderzocht, liet zien dat de helft van hen geen anorexia meer had, noch een andere psychische stoornis. Wel hadden sommigen van hen in de loop van de tien jaar nog vreetbuien gekend of weleens een depressie gehad. Een van de vier meisjes had tien jaar later nog steeds een eetstoornis, meestal boulimia nervosa, in drie gevallen anorexia nervosa. Maar liefst een derde van de oorspronkelijke groep toonde een opvallende rigiditeit die klinisch de vorm kon hebben van een dwangstoornis of een (lichte) stoornis in het autistisch spectrum (Råstam, Gillberg & Wentz, 2003).

13.7.3 Onduidelijk ontstaan van anorexia nervosa

Het is niet bekend hoe anorexia nervosa ontstaat. Vaak wordt het slankheidsideaal, dat vooral in het westen bestaat, ervoor verantwoordelijk gesteld. Een argument daarvoor is bijvoorbeeld dat Griekse meisjes die opgroeien in Duitsland, tweemaal zo vaak anorexia nervosa ontwikkelen als meisjes die in Griekenland zelf opgroeien, waar (in de tijd dat dit onderzoek werd gedaan – de jaren tachtig van de twintigste eeuw) minder nadruk op slank zijn wordt gelegd (Fichter et al.,1988). Ertegen pleit dat anorexia nervosa ook wordt gezien in landen waar geen slankheidsideaal bestaat en dat in het westen 95% van de vrouwen geen anorexia ontwikkelt, niettegenstaande het heersende ideaal (Jansen, 2003; Schmidt, 2003).

Wat ook de oorzaak moge zijn, wanneer anorexia nervosa eenmaal is begonnen, is het een zichzelf in standhoudende ziekte. Zelfs gezonde vrijwilligers, die, als alternatief voor militaire dienst, bereid waren zich gedurende zes maanden enigszins te laten uithongeren (waardoor ze gemiddeld 25% in lichaamsgewicht afnamen), vertoonden een aantal van de lichamelijke en psychologische kenmerken van anorexia nervosa (Garner, 1997).

Een belangrijke instandhoudende factor wordt gevormd door disfunctionele denkpatronen (Jansen, 2003). Meisjes met eetstoornissen kijken steeds naar zichzelf met de aandacht gefocust op hun lichaam; hun eigenwaarde hangt volledig van hun lichaamswaardering af. Het disfunctionele denken stimuleert het hardnekkige streven om alsmaar dunner te worden en houdt de angst om dikker te worden in stand. Volgens dit cognitief-leertheoretische model zijn de meeste andere kenmerken van eetstoornissen, zoals het gestoorde eetgedrag en de gewichtscontrolerende maatregelen, secundair aan de disfunctionele denkpatronen.

Ook wordt vaak gewezen op de extreme behoefte aan controle, zowel over het eten als andere aspecten van het leven (Jansen, 2003). Die behoefte zou te maken hebben met een gevoel van ineffectiviteit, in combinatie met een lage zelfwaardering en perfectionisme. De veronderstelling is dat de algemene behoefte aan zelfcontrole vooral in controle van het eetgedrag tot uiting komt, omdat dit zich nu eenmaal gemakkelijker laat controleren dan de meeste andere dingen in het leven. De succesvolle controle over het eten en een afname van het lichaamsgewicht verhogen de zelfwaardering, terwijl minder controle over het eten en gewichtstoename de zelfwaardering verminderen. Beide stimuleren de behoefte aan controle en houden zo de eetstoornis in stand (Jansen, 2003).

13.7.4 Gevolgen van vasten

Een van de gevolgen van vasten (dat kan beginnen als 'lijnen') is dat het verzadigingsgevoel niet langer overeenkomt met de werkelijk genoten hoeveelheid voedsel. Bij meisjes met anorexia nervosa zou te snel een gevoel van verzadiging optreden, bij meisjes met boulimia nervosa zou dit juist te langzaam gebeuren. Daarnaast zou de excessieve lichaamsactiviteit ook een vicieuze cirkel in gang zetten, waarbij men niet meer stoppen kan, tenzij de lichaamstemperatuur van buitenaf op peil gebracht wordt door verwarming. Op deze principes is de in Zweden ontwikkelde mandometermethode gebaseerd, waarbij met een gecomputeriseerde weegschaal (de 'mandometer') het verzadigingsgevoel wordt getraind en door opvoeren van de kamertemperatuur in de kliniek en het dragen van speciale jackets waarmee de meisjes extra worden opgewarmd. Interessant is dat deze methode uitgaat van de gedachte dat de eetstoornis primair is en dat de andere verschijnselen secundair zijn en verdwijnen wanneer de feedback van het verzadigingsgevoel weer hersteld is (Bergh & Södersen, 1996).

13.8 Besluit

Angst- en stemmingsstoornissen komen vaak voor in de adolescentie. Angststoornissen komen het meeste voor en dan met name de specifieke fobie, sociale angststoornis en gegeneraliseerde angststoornis.

Er zijn vele verschillende factoren die van invloed zijn op de ontwikkeling van een angststoornis, stemmingsstoornis of eetstoornis. Het gaat hierbij om kindfactoren, omgevingsfactoren en levensgebeurtenissen. Het transactionele model biedt de mogelijkheid om deze factoren en hun interactie te begrijpen vanuit een ontwikkelingsperspectief.

Gedurende de adolescentie blijven de angststoornissen redelijk stabiel. Het gaat om een kleine helft van het aantal adolescenten met een stoornis. In de loop van de adolescentie kunnen angststoornissen ook overgaan in andere angststoornissen of depressieve stoornissen. Bij ruim een kwart van de adolescenten verdwijnt hun diagnose en blijft soms een subklinisch beeld bestaan. Angststoornissen en stemmingsstoornissen kunnen dus een chronisch karakter krijgen, hetgeen ook blijkt uit onderzoek naar volwassenen met een angst- of stemmingsstoornis. Zij bleken ook al in hun adolescentieperiode klachten te hebben. Dit pleit voor goede diagnostiek en vroegtijdige behandeling, zodat erger kan worden voorkomen.

14 Crimineel gedrag en externaliserende stoornissen

Wim Slot

14.1 Inleiding

Dit hoofdstuk bespreekt crimineel gedrag en externaliserende stoornissen. Externaliserende problemen en stoornissen gaan gepaard met conflicten met andere mensen of met de maatschappij als geheel en zijn zichtbaar aan het uiterlijke gedrag. Er is een overlap met crimineel gedrag maar niet ieder crimineel gedrag is een stoornis en niet iedere stoornis brengt strafbaar handelen met zich mee. Ook besteedt het hoofdstuk aandacht aan druggebruik onder jongeren. Met name het risicovolle gebruik dat de gezondheid bedreigt en vaak samengaat met criminaliteit en externaliserende – en soms ook internaliserende – problematiek.

14.2 'Normale' jeugdcriminaliteit

Ongeveer de helft van de adolescenten pleegt jaarlijks een of meer strafbare feiten (Van der Laan & Blom, 2006). Driekwart hiervan is incidentele lichte criminaliteit. Een deel daarvan valt in de categorie die Rutter, Giller en Hagell (1998) 'normale' criminaliteit noemen. Dat kunnen kleine overtredingen zijn die iedereen, niet alleen jongeren, wel eens begaat zoals het fietsen zonder licht. Dan zijn er strafbare feiten die in een bepaalde cultuur of omgeving als redelijk aanvaardbaar worden beschouwd zoals het bij het vuilnis stoppen van restjes verf of milieuschadelijke stoffen. Weer andere uitingen van 'normale' (jeugd)criminaliteit zijn een vorm van burgerlijke ongehoorzaamheid en protest. Denk aan Greenpeaceactievoerders die een fabrieksschoorsteen beklimmen of hackers die laten zien dat het internetverkeer met een overheidsinstelling onvoldoende veilig is. Deze jongeren hebben vaak heel principiële meningen en kunnen zeker niet als antisociaal worden gezien. Criminaliteit is dus geen ongewoon verschijnsel, ook niet in de adolescentie. In onderzoek van Moffitt (2003) kwamen jongeren die nog nooit in hun leven een delict hadden gepleegd, zelfs als enigszins 'apart' naar voren. Naar eigen zeggen hadden ze een sterke drang tot controle, waren ze angstig en sociaal onhandig.

14.3 De omvang van jeugdcriminaliteit

Bij de vraag naar de omvang van de jeugdcriminaliteit zijn we aangewezen op cijfers van de justitie en gegevens uit zelfrapportageonderzoek. Beide soorten cijfers zijn minder hard dan men zou wensen. Politiecijfers zijn afhankelijk van het opsporingsbeleid van de politie en de bereidheid aangifte te doen (Van der Laan, 2002; OM Jaarbericht, 2011). Dan is er de paradox dat een strenger optreden tegen bepaalde delicten automatisch ertoe leidt dat deze delicten vaker worden geregistreerd. De laatste jaren wordt het beledigen van agenten bijvoorbeeld veel minder getolereerd en wordt er vaker verbaal opgemaakt. Zo kunnen er fluctuaties in de cijfers ontstaan die niet noodzakelijkerwijs op een daadwerkelijke verschuiving over een periode hoeven te wijzen. Zelfrapportageonderzoek leidt vaak tot geflatteerde cijfers, omdat informanten niet alles vertellen wat ze hebben gedaan. Kinderen jonger dan twaalf jaar zijn niet strafbaar. Vandalisme, diefstal en geweldpleging, gepleegd door deze zogeheten 'twaalfminners' worden daarom niet als zodanig geregistreerd. Genoemde factoren maken het moeilijk een exact beeld te krijgen van de omvang van de jeugdcriminaliteit. In een zelfrapportageonderzoek door het Wetenschappelijk Onderzoek en Documentatie Centrum (WODC) van het Ministerie van Justitie (Van der Laan & Blom, 2006) meldden vier op de tien van 1400 ondervraagde jongeren dat ze in de voorafgaande twaalf maanden minstens één delict hadden gepleegd. Daarbij zijn zwartrijden en illegaal vuurwerk afsteken niet meegerekend. In figuur 14.1 staan de delicten en bijbehorende percentages van plegers weergegeven. Daarbij valt op dat van de tien tot elfjarigen 9% rapporteerde iemand tijdens de voorafgaande twaalf maanden geslagen te hebben; daarbij meldde 6,2% dat dit tot verwonding van het slachtoffer had geleid. Een uitsplitsing naar sekse laat zien dat het bij jongens om respectievelijk 13,2% en 10,6% gaat en bij meisjes om 4,5% en 1,5% (Van der Laan & Blom, 2006).

Delicten gerapporteerd via zelfrapportage.	Leeftijd			
	10-11 jr (N=337)	12-13 jr (N=384)	14-15 jr (N=378)	16-17 jr (N=362)
Voertuig beschadigd of vernield	0.8	1.1	1.6	3.1**
Huis beschadigd of vernield	0.3	0.9	1.4	2.2
Bus, tram, metro of trein vernield	0.0	1.6	1.9	2.2*
Iets anders vernield	1.0	3.9	8.1	5.8
Muren, trams of bussen beklad	3.3	8.9	16.1	12.4
Iemand uitgescholden vanwege huidskleur	8.5	8.4	12.9**	15.0**
Iemand uitgescholden voor homo	0.7	3.3	6.9	4.4**
Prijsjes verwisseld	3.3*	4.3	7.5##	6.9
Winkeldiefstal minder dan €10	3.8	6.4	7.7	4.2
Winkeldiefstal €10 of meer	0.0	0.0	1.5	0.3
Gestolen op school of werk	6.9	10.2**	17.1*	13.4*
Fiets of scooter gestolen	0.0	0.5	2.4	5.5**
Zakkenrollen	0.7	0.0	1.3	0.3
Iets van de buitenkant auto gestolen	0.4	0.7	0.7	1.8*
Heling: iets gekocht	0.1	2.3*	9.0	8.8**
Heling: iets verkocht	0.0	0.4	4.1	3.6*
Iets uit auto gestolen	0.0	0.0	0.0	0.0
Ingebroken	0.0	1.7	0.8	0.8
Iemand bedreigd, bang gemaakt	4.3*	8.0	16.6	12.8
Iemand geslagen, persoon niet gewond	9.0**	14.1	19.3	16.7**
Iemand geslagen, persoon gewond	6.2**	6.4*	10.9	11.7**
Iemand bedreigd om te stelen	0.2	0.0	0.0	0.3
Geweld gebruikt om te stelen	0.0	0.0	0.0	0.0
Iemand met wapen verwond	0.0	0.7	0.7	0.7
Onvrijwillige seks	0.0	0.0	0.1	1.3*
Wapenbezit bij uitgaan	0.0	4.3	5.5	6.1
Softdrugs verhandeld	0.0	0.0	2.1	4.9
Partydrugs verhandeld	0.3	0.0	0.0	1.4
Harddrugs verhandeld	0.0	0.0	0.0	0.0
Virussen rondgestuurd	0.0	1.5	3.1	1.4*
Gepest of bang gemaakt via e-mail	2.0	4.4	7.6	8.0
Zwart gereden	3.2*	9.1	21.5#	31.0
Vuurwerk afgestoken	21.3**	40.0**	48.9**	41.8**
Eén van bovenstaande feiten	33.3**	55.0**	66.4**	66.3**
Idem, zonder zwartrijden of vuurwerk afsteken	23.0**	39.0**	47.6	48.9**

* p 0,05 ** p 0,01 (jongens meer delinquent) # p 0,05 ## p 0,01 (meisjes meer delinquent)

Figuur 14.1 Prevalentie van delicten in voorafgaande 12 maanden (%)
Bron: WODC (Van der Laan & Blom, 2006)

14.4 Wordt jeugdcriminaliteit een groter probleem?

Het aandeel minderjarige verdachten binnen het totale aantal geregistreerde verdachten nam af van 20% in 2005 naar 16% in 2010. Ruim de helft van de zaken werd door de officier van justitie afgedaan met een transactie; bij ruim twee derde daarvan ging het om een taakstraf. Ook de kinderrechter legt in de meeste gevallen een taakstraf op (Leertouwer, Meijer & Kalidien, 2012). Ook het aantal jongeren dat jaarlijks schuldig wordt bevonden door de kinderrechter is de laatste jaren gedaald (zie figuur 14.2). De kinderrechter straft dus minder vaak. Uit de cijfers komt echter ook naar voren dat de kinderrechter bij ernstiger delicten, waar een vrijheidsstraf aan de orde is, juist strenger is gaan straffen. De gemiddelde duur van jeugddetentie steeg van 75 dagen in 2008 naar 85 in 2010.

Figuur 14.2 Schuldig verklaarde minderjarigen 1995-2011

De geregistreerde gewelds- en seksuele misdrijven namen tot 2007 toe, en lieten vanaf 2008 een daling zien. In 2011 stabiliseerde het aantal geregistreerde misdrijven van dit type. Een soortgelijke ontwikkeling trad op bij de geregistreerde verdachten, al was de afname daarvan in 2009 en 2010 sterker. Het aantal door de politie gehoorde minderjarige verdachten van een geweldsmisdrijf steeg van 6500 in 1995 tot 15.800 in 2007 (Leertouwer & Kalidien, 2009). Daarna nemen ook de geweldscijfers af met uitzondering van geweld in combinatie met diefstal (OM Jaarbericht, 2011). De zorg dat jeugdcriminaliteit een steeds groter probleem zou worden, vindt geen bevestiging in de cijfers van de laatste jaren. Discussies over de omvang en ernst van jeugdcriminaliteit laaien vaak op bij zeer ernstige delicten zoals moord waarbij de dader een jeugdige is. De aantallen moord en doodslag nemen echter niet toe en liggen al jaren rond de tien per jaar. De zorg dat steeds meer kinderen onder de twaalf delicten plegen, kan evenmin bevestigd worden. Cijfers hierover ontbreken omdat de registratie van dit soort delicten en doorverwijzing van de jonge pleger naar het Bureau Jeugdzorg pas in 2011 op gang is gekomen.

Gaat het hier om een reële afname? Soms zijn het banale factoren die tot lagere cijfers leiden. Denk aan gebrekkige implementatie van nieuwe registratiesystemen of falende ICT bij de politie. Criminologen menen echter dat er wel degelijk sprake is van een afname. Deze wordt bevestigd door een internationaal geconstateerde criminaliteitsdaling, die ook in slachtofferenquêtes terug te vinden is. Dit laatste maakt het onwaarschijnlijk dat de betere cijfers het gevolg zijn van falende opsporing en registratie.

14.5 Deviante ontwikkelingstrajecten

Crimineel gedrag en stoornissen bij jongeren worden vrijwel altijd door verschillende factoren bepaald. De wijze waarop jongeren het criminele pad opgaan en eventueel vervolgen, kan daarom per individu behoorlijk verschillen. Toch is er wel een aantal patronen te onderscheiden bij het ontstaan en verloop van crimineel gedrag en stoornissen. Onderzoek heeft meer licht geworpen op zogeheten deviante ontwikkelingstrajecten.
Hieronder komen vier invalshoeken aan de orde bij het onderscheiden van een dergelijke traject:
- Loeber: trajecten waarlangs crimineel gedrag zich van kwaad tot erger ontwikkelt (14.5.1);
- Moffitt: trajecten als typology (14.5.2);
- Tremblay: trajecten als afwijking van de normale ontwikkeling (14.5.3);
- Patterson, Coie en collega's en Hirschi: trajecten die in elkaars verlengde liggen (14.5.4).

14.5.1 Loeber: trajecten waarlangs crimineel gedrag zich van kwaad tot erger ontwikkelt

Loeber (1997) stelde op grond van een groot en langdurig longitudinaal onderzoek in Pittsburgh (VS) vast, dat de weg naar de ernstige jeugdcriminaliteit zich bij jongens via drie deviante trajecten ('pathways') ontvouwt:
- een traject met toenemend gezag ontwijkend gedrag;
- een traject met toenemend openlijk probleemgedrag;
- een traject met toenemend heimelijk probleemgedrag.

Figuur 14.3 geeft deze trajecten weer.

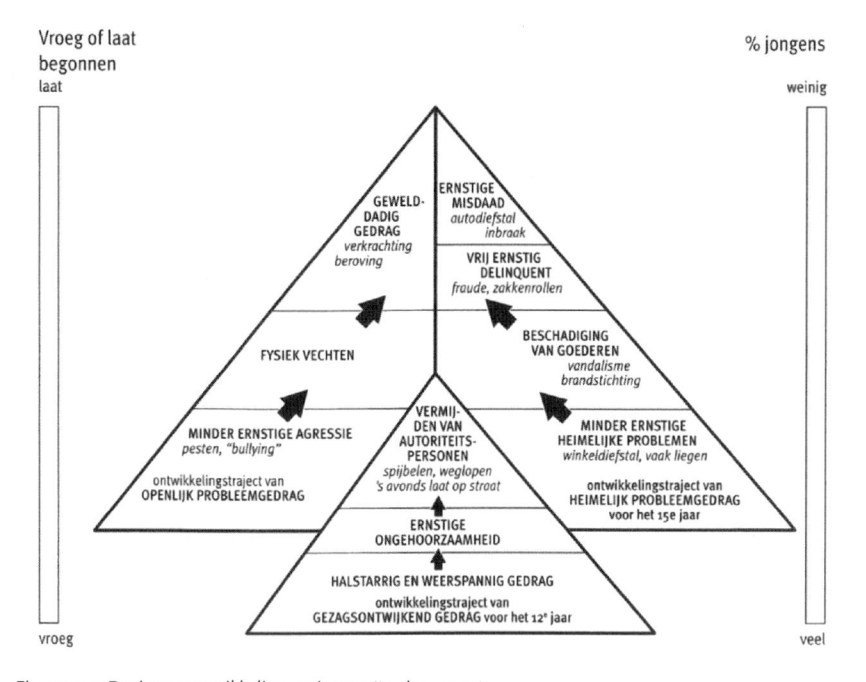

Figuur 14.3 Deviante ontwikkelingstrajecten (Loeber, 1997)

Loeber vond dat jongeren zelden lange tijd achtereen op hetzelfde niveau – qua ernst – delicten blijven plegen. Of ze stoppen ermee, of ze gaan door, maar dan worden de delicten ernstiger naarmate de tijd vordert. De schade die zij de samenleving met hun delicten berokkenen, wordt bij het voortschrijden in de trajecten groter. Jongeren kunnen in verschillende trajecten tegelijkertijd verblijven. Zij die zich in het openlijke traject ophouden, breiden hun delict-repertoire gemakkelijker uit met heimelijke delicten dan andersom. De driehoek duidt erop, dat de aantallen jongeren die zich op het deviante traject voortbewegen, kleiner worden als het om ernstiger delicten gaat die doorgaans op latere leeftijd worden gepleegd. Hoe hoger in de driehoek, hoe meer *desisters*, dat zijn jongeren die het deviante traject verlaten. Slechts een gering aantal jongeren doorloopt de trajecten tot de top. Zeer ernstige delicten, zoals moord, treft men niet aan in het schema, omdat het aantal moorden in vergelijking met de andere overtredingen en misdaden zeer klein is. Als een jongere in verschillende deviante trajecten tegelijkertijd verblijft, is de kans groot dat hij tot een zware crimineel uitgroeit. Jongeren die op zeer jonge leeftijd een bepaald traject aanvangen, hebben eveneens een zeer ongunstige prognose en hetzelfde geldt voor jongeren die deze trajecten sneller doorlopen dan hun collegajeugdcriminelen.

Het model van Loeber biedt zeer goede aanknopingspunten voor diagnostiek, gerechtelijke besluitvorming, behandeling en preventie. Door te kijken waar een jongere zich bevindt in de drie trajecten, door na te gaan hoe snel hij zijn repertoire verbreedt over verschillende trajecten en door te volgen hoe snel hij in de trajecten voortschrijdt, kan een inschatting worden gemaakt van de aard en de omvang van de criminele problematiek als ook van de prognose. Een voorbeeld: op verschillende basisscholen in Amsterdam wordt bij kinderen die bovenmatig probleemgedrag laten zien, nagegaan in hoeverre die problemen indicatief zijn voor een of meerdere trajecten. Vervolgens wordt een jaar later gekeken of er sprake is van een verergering. Kinderen die in meerdere trajecten 'opschuiven' of in één traject een zeer ernstige verergering laten zien, krijgen een interventie aangeboden. Ook de ouders krijgen een aanbod (Slot & Berends, 2009).

14.5.2 Moffitt: trajecten als typology

Terwijl Loeber de nadruk legt op de wijze waarop lichte vormen van crimineel gedrag zich ontwikkelen tot ernstige, is Moffitt juist geïnteresseerd in de vraag of er verschillende typen jongeren te onderscheiden zijn op basis van hun delictgedrag en de verschuivingen daarin bij het ouder worden. Moffitt (1993) onderscheidde twee typen jongeren: het *childhood onset*-type, dat zijn jongeren die op jonge leeftijd al ernstig probleemgedrag laten zien en het *adolescent onset*-type: jongeren bij wie de problemen zich pas in de adolescentie aandienen. De verwachting was dat het eerste type jongeren op de langere termijn ernstiger criminaliteit zou laten zien dan het tweede type. Longitudinaal onderzoek liet zien dat dit inderdaad het geval is. Bovendien bleek dat de problemen van het tweede type vaak beperkt blijven tot de adolescentie. Reden voor Moffitt om het tweede type om te dopen tot *adolescence limited*. Bij het eerste type tekende zich een tweedeling af: bij sommige van deze vroege starters houden de problemen op na de kinderentijd en bij anderen zetten ze zich voort, waarbij de problemen en delicten zich verergeren. Om die reden spreekt Moffitt voortaan van *childhood limited* en *life-course persistent* (Odgers et al., 2008).

Tien procent van de jonge mannen in Moffitts onderzoekscohort viel in de categorie 'life-course persistent'. Deze tien procent bleek echter verantwoordelijk voor meer dan de helft van de delicten die alle mannen in het cohort tezamen gepleegd hadden. Ook in andere categorieën van probleemgedrag zoals druggerelateerde delicten, psychische stoornissen en werkloosheid, waren deze jonge mannen buitenproportioneel vertegenwoordigd. Toen de Moffitt-groep in 2008 rapporteerde (Odgers et al., 2008), was de onderzochte groep 33 jaar oud en bleek het met de groep in het 'levenslange' traject nog slechter te gaan dan de jaren daarvoor. In dezelfde rapportage maakten de onderzoekers onderscheid tussen de trajecten van jongens en mannen en die van meisjes en vrouwen. Ook bij meisjes en vrouwen tekende zich een groep af die getypeerd kon worden met *life-course persistent*. Deze groep was kleiner dan bij de jongens en mannen.

Moffitts model heeft belangrijke implicaties voor preventie: als de problemen van de 'levenslangen' zich al zo vroeg aankondigen, zou dat een reden moeten zijn voor instanties, als basisscholen en de politie, om alert te zijn op kinderen die na hun kindertijd opvallen door herhaaldelijk probleemgedrag. Het model biedt ook mogelijkheden om gedifferentieerd naar de invloed van vrienden en leeftijdgenoten te kijken, zoals elders in dit hoofdstuk zal blijken. Er is ook kritiek op Moffitts model; deze betreft vooral de 'criminaliteit die tot de adolescentie beperkt blijft' (*adolescence limited*). In andere longitudinale studies wordt dit traject niet of slechts in beperkte mate teruggevonden (Wiesner, Capaldi & Kim, 2012). Ook is inmiddels gebleken dat een niet gering percentage delinquenten pas in de vroege volwassenheid met hun criminele activiteiten begint. Dit duidt op een traject dat door Moffitt niet is onderkend.

14.5.3 Tremblay: een traject als afwijking van de normale ontwikkeling

Loeber en Moffitt nemen allebei het probleemgedrag en de criminaliteit als uitgangspunt voor hun studies. De Canadees Tremblay (2009) werkt vanuit een andere invalshoek. Hij neemt de normale ontwikkeling van kinderen en adolescenten als uitgangspunt. Met name gaat het hem om de wijze waarop kinderen en adolescenten bij het ouder worden leren hun agressieve impulsen te beheersen of daar een sociaal acceptabele wending aan te geven. Het traject dat Tremblay onderscheidt, heeft betrekking op kinderen en jongeren bij wie dat niet lukt.

Uit observaties in peuterspeelzalen en crèches blijkt dat twee tot driejarigen elkaar zeer frequent slaan, schoppen en zelfs bijten. 'Als peuters over de spierkracht en de wapens van volwassenen zouden beschikken, zouden we de hel op aarde beleven', aldus Tremblay. Bij een normale ontwikkeling leren peuters gaandeweg hun fysieke agressie te beheersen en gaan ze meer gebruikmaken van indirecte agressie die vooral verbaal wordt geuit. Bij sommige kinderen komt dat aspect van de ontwikkeling echter onvoldoende op gang. Zij blijven als ze ouder worden terugvallen op fysieke agressie. Later heeft de Tremblay-groep door middel van tweelingenstudies onderzocht in hoeverre fysieke agressie op zeer jonge leeftijd genetisch bepaald lijkt. Genetische factoren verklaren bijna zestig procent van de agressie terwijl omgevingsfactoren de overige veertig procent verklaarden (Dionne et al., 2003).

Dit deviante ontwikkelingstraject verdient veel aandacht omdat agressieve jeugdcriminaliteit van een andere aard lijkt te zijn dan de nietagressieve. Dit blijkt bijvoorbeeld uit het feit dat preventieve acties en interventies die bij nietagressieve criminele jongeren wél werken, geen of minder effect sorteren bij agressieve criminelen (Tremblay, 1998). Verder blijkt het vasthouden aan fysiek agressieve reacties zoals dat vooral bij jongetjes optreedt, al op zeer jonge leeftijd zichtbaar. Dat betekent dat agressie in de adolescentie meestal niet uit de lucht komt vallen, maar vooraf is gegaan door agressief gedrag in de basisschoolleeftijd. Dat biedt mogelijkheden tot vroegsignalering en preventie. Het feit dat genetische factoren een belangrijke rol spelen bij – buitensporige – uitingen van vroegkinderlijke agressie mag geen hinderpaal voor preventie zijn. Het is een denkfout om te menen dat een verschijnsel dat voor een belangrijk deel genetisch wordt bepaald niet te veranderen of te compenseren zou zijn. Opvoeders kunnen kinderen helpen bij het herkennen van agressieve impulsen en kunnen hen leren daar beter mee om te gaan. Wanneer kinderen ouder worden en hun cognitieve vermogens toenemen, kunnen zij zichzelf leren om beter te anticiperen en te reageren op dergelijke impulsen. En als deze (zelf)opvoeding niet toereikend is, kunnen cognitieve gedragstherapeutische trainingen ingezet worden.

14.5.4 Patterson, Coie en collega's en Hirschi: een traject op basis van opeenvolgende modellen

In de ontwikkelingspsychologie en de criminologie zijn tal van modellen ontwikkeld die het ontstaan van probleemgedrag en criminaliteit kunnen verhelderen. In die modellen ontbreekt vaak de trajectgedachte. Dat komt omdat deze modellen niet zijn gebaseerd op longitudinaal onderzoek, maar op basis van verbanden zoals die in één levensfase zijn gebleken of worden verondersteld. Sommige van die modellen kunnen echter heel goed op elkaar aansluiten, waardoor er een traject zichtbaar wordt. Als illustratie hiervan worden drie modellen achterelkaar geplaatst. Ze hebben respectievelijk betrekking op de vroege kindertijd, de basisschoolleeftijd, de adolescentie en de volwassenheid. Het gaat om:
1 het coercivemodel (coercion = afdwingen) van Patterson (1982), in paragraaf 11.5 ook het Sociale Interactie Model genoemd;
2 het model over 'verwerping door leeftijdgenoten' van Coie et al. (1992);
3 Hirschi's model (1969) betreffende de sociale controle.

Pattersons coercivemodel beschrijft de gezinssituatie als uitgangspunt waarin het jonge nog niet schoolgaande kind leert om datgene wat het wenst, bij zijn ouders gedaan te krijgen door (tijdelijk) te stoppen met probleemgedrag zoals gillen, zeuren of het gooien met spullen. Het kind dreint, en pas als de moeder het gewenste koekje geeft, is het kind weer aardig. Meestal slechts voor korte tijd. Leertheoretisch gezien hanteert het kind het conditioneringsprincipe van 'negatieve versterking': gewenst gedrag van de ouders wordt door het kind beloond door negatieve stimulering tijdelijk op te schorten. De ouders zijn vaak nauwelijks meer tot positieve interacties in staat en ook zij gaan afdwingen via negatieve versterking. Ze schelden het kind bijvoorbeeld voortdurend uit, negeren pogingen tot toenadering van het kind en staken dat gedrag pas als het kind iets doet wat zij wensen. Beide partijen, ouder en kind, hebben elkaar in de tang via negatieve afdwingpatronen. Het kind leert niet op een positieve manier met anderen te communiceren en is thuis en in de directe omgeving niet geliefd. Voor de ouders zijn de wegen geblokkeerd om zich nieuwe opvoedingsstrategieën eigen te maken.

Als een kind met zo'n afdwingpatroon naar de basisschool gaat, ontstaan er grote problemen. Ook daar is het kind niet geliefd en wordt het verworpen door leeftijdgenoten. Het wordt een eenling of gaat deel uitmaken van een groepje deviante kinderen die door anderen worden gemeden. Ze spijbelen veel en verkleinen zo hun kansen om succesvol te functioneren in de maatschappij. Ook in de adolescentie kunnen deze patronen zich voortzetten. Coie et al. (1992) als ook Coie en Dodge (1998) hebben de gevolgen van het uitstoten door klasgenoten bestudeerd en vonden sterke verbanden met latere jeugdcriminaliteit.

Deze gemarginaliseerde kinderen en adolescenten zullen het als volwassene moeilijk vinden om aansluiting bij het maatschappelijk leven te vinden. Het is de socialecontroletheorie van Hirschi (1969) die stelt dat criminaliteit resulteert uit het ontbreken van bindingen met de maatschappij. Iemand die zich minder verbonden voelt met de maatschappij en die de maatschappelijke waarden en perspectieven niet navoelt noch deelt, gaat gemakkelijker over tot misdaden.

14.6 Afnemende criminaliteit na de adolescentie

De curve die het percentage delinquenten per leeftijdscategorie weergeeft, laat een piek zien na de adolescentie (Blokland & Palmen, 2012). Daarna neemt de criminaliteit af; in de vakliteratuur wordt dit *desistance* genoemd. Bij de minder ernstige delicten gaat die daling sneller dan bij de ernstige. En in termen van Moffitt zijn het jongeren van het *adolescent limited*-type die dan hun criminaliteit staken terwijl het *life-course-persistent*-type ermee doorgaat. In landen met een westerse cultuur komen de zogeheten age-crime curves redelijk met elkaar overeen (Piquero, Hawkins & Kazemian, 2012). De curve van meisjes en vrouwen lijkt op de curve van jongens en mannen, maar ligt ongeveer 75% lager.

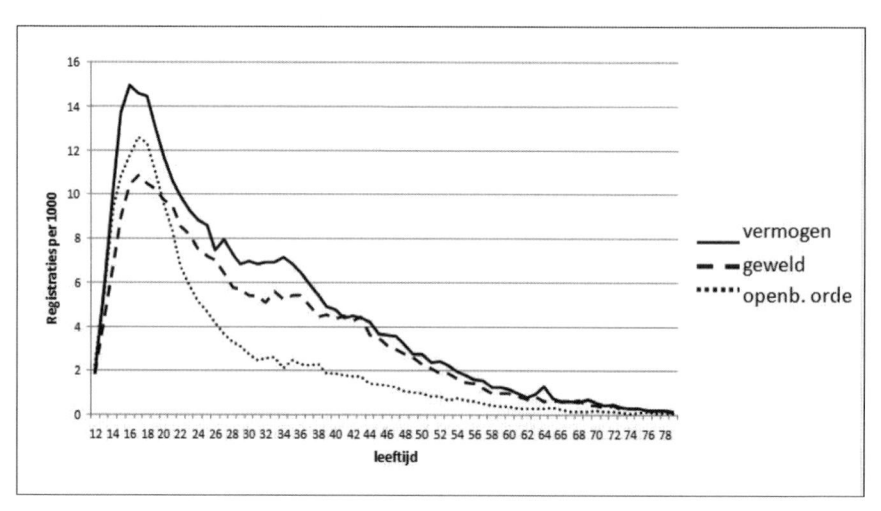

Figuur 14.4 Leeftijd-delictcurve voor Nederland in 2008 (Blokland & Palmen, 2012)

De leeftijd-delictcurve verdient om verschillende redenen aandacht.

Ten eerste valt op dat de daling niet tijdens de adolescentie intreedt maar daarna, in de jongvolwassenheid. Dit sluit aan op wat er in hoofdstuk 4 over de hersenontwikkeling werd gezegd. De ontwikkeling van de prefrontale hersenen die van belang zijn voor planning en impulsiviteitscontrole, is niet op achttienjarige leeftijd afgerond, maar loopt nog een aantal jaren door. Dit gegeven is voor de Nederlandse wetgever aanleiding geweest het jeugdstrafrecht te wijzigen. Jongvolwassenen tot de leeftijd van 23 jaar kunnen voortaan volgens het jeugdstrafrecht berecht worden als er aanwijzingen zijn dat zij in hun ontwikkeling achterlopen.

Ten tweede moet bedacht worden dat de curve de optelsom is van alle delinquenten op een bepaalde leeftijd. Als we de curve van al die delinquenten afzonderlijk zouden bekijken, zouden we zeer grote individuele verschillen zien. Veel plegers bijvoorbeeld beginnen *na* de adolescentie. Blokland en Palmen (2012) laten zien dat 65% van alle delinquenten die tussen hun 18ᵉ en 23ᵉ met justitie in aanraking kwamen, geen politiecontact had voor hun 18ᵉ. Het is natuurlijk mogelijk dat sommigen van hen als kind of adolescent wel degelijk delicten hebben gepleegd maar nooit zijn aangehouden. Hoe dan ook, het feit dat de jongvolwassenheid een periode is waarin aanzienlijke verschuivingen plaatsvinden in delinquent gedrag, zowel ten kwade als ten goede, maakt deze levensfase interessant voor iedereen die criminaliteit wil begrijpen en terugdringen.

Ten derde geeft de curve de aantallen weer van personen die op een bepaalde leeftijd met justitie in aanraking komen. Hij zegt niets over de ernst en de frequentie van de gepleegde delicten. Als we de schade, de overlast en het lijden dat deze delinquenten aanrichten in kaart zouden brengen, zou de figuur er anders uitzien. Bijvoorbeeld omdat de groep die zeer vele en zeer ernstige delicten pleegt pas tegen het veertigste levensjaar 'piekt' (Piquero, 2008).

Ten vierde moet bedacht worden dat de curve per etnische groepering behoorlijk kan verschillen. Bij mannen van Antilliaanse afkomst bijvoorbeeld is in veel mindere mate sprake van *desistance* na de adolescentie. Als twintigers, dertigers en veertigers laten zij meer criminaliteit zien dan autochtone Nederlanders. Pas na de leeftijd van vijftig jaar daalt de oververtegenwoordiging in de geregistreerde criminaliteitscijfers van mannen met een Antilliaanse afkomst (Jenissen, 2009).

14.7 Factoren die het stoppen met crimineel gedrag bevorderen

Een baan, een vaste relatie en een woning worden vaak genoemd als factoren die iemand ertoe kunnen brengen te stoppen met crimineel gedrag. Het zijn niet enkel de geleerden die dat zeggen (bijvoorbeeld Sampson, Laub & Wimer, 2006), maar ook praktijkwerkers zoals de groepsleider en de jongerenwerker die het belang naar voren brengen van de drie W's: werk, woning en wijf. Toch ligt het soms wat ingewikkelder. Sampson en zijn collega's vonden bijvoorbeeld dat een goed huwelijk aanvankelijk leidt tot meer antisociaal gedrag en na het dertigste levensjaar pas protectief gaat werken. Ook onderzoek onder Nederlandse jongeren laat zien dat het hebben van vaste verkering samen kan gaan met *meer* delinquentie. Veel hangt af van de kwaliteit van de relatie. Een vast vriend(inne)tje dat steun biedt op het punt van persoonlijke relaties, vrije tijd, school of werk, leidt tot minder delinquentie (Meeus, Branje & Overbeek, 2004). De invloed van de partner kan dus een positieve of een negatieve werking hebben, afhankelijk van de mate waarin de jongere pro-sociale steun van de partner ervaart. Rhule-Louie & McMahon (2007) concluderen op basis van een omvangrijk literatuuronderzoek dat jongeren met antisociaal gedrag vaak een partner hebben die ook probleemgedrag laat zien. Quinton et al. (1993) vonden in een onderzoek naar de ontwikkeling van tehuismeisjes dat het al of niet blijven plakken aan een verkeerd vriendje zeker geen toeval is. De meisjes die tijdens hun verblijf in het tehuis 'planningsvaardigheden' hadden laten zien, bleken beduidend vaker een partner te hebben met een positieve invloed. Die planningsvaardigheden waren van praktische aard: bedenken wat je het komende weekend gaat doen, geld opzij zetten, en dergelijke.

14.8 Meisjescriminaliteit

Meisjes plegen minder delicten dan jongens. Het verschil met jongens is in de loop der jaren wel kleiner geworden. Was in 1980 de verhouding delinquente jongens:meisjes nog 1 op 10, in 2012 was deze 1 op ruim 4. Deze verschuiving blijkt vooral te zijn veroorzaakt door een toename van meisjescriminaliteit bij lichtere delicten zoals winkeldiefstal en zwartrijden.

Het feit dat meisjes minder delinquentie en vooral minder agressie laten zien dan jongens kan begrepen worden tegen de achtergrond van de mannelijke en vrouwelijke genderrol. De genderrol is het beeld dat in een bepaalde cultuur aan mannen en vrouwen wordt toegeschreven. Sommige aspecten van de genderrol staan los van biologische verschillen tussen vrouw en man en komen voort uit culturele opvattingen en gebruiken. Lange tijd gold het bijvoorbeeld voor de vrouw als onbetamelijk om een broek te dragen. De genderrol kan echter ook betrekking hebben op biologische verschillen, die vervolgens binnen een culturele context een specifieke betekenis krijgen. Het gegeven dat mannen gemiddeld over meer spierkracht beschikken, heeft bijvoorbeeld in onze cultuur geleid tot de opvatting dat stoer gedrag 'mannelijk' is. Als gevolg hiervan wordt stoer gedrag bij jongens normaal gevonden en vaak zelfs aangemoedigd, terwijl hetzelfde gedrag bij meisjes wordt afgekeurd. In het traditionele denken wordt van meisjes verwacht dat ze zich op een verzorgende taak voorbereiden en hun maagdelijkheid tot het huwelijk bewaren. Voor de vrouwelijke genderrol betekent dit, dat een extraverte levensstijl niet echt passend wordt gevonden. Ouders die sterk hechten aan die genderrol zullen toezicht willen houden op het doen en laten van hun dochters buitenshuis, waarbij ze hun zonen vaak meer vrijheid toestaan. In een uitgebreide literatuurstudie vond Kroneman (2009) dat ouders hun dochters anders opvoeden dan hun zonen. De ouders tonen meer warmte, zijn minder bestraffend, hechten meer waarde aan persoonlijke relaties en leggen meer nadruk op het beheersen van boosheid en agressie. Zo bezien is het niet onbegrijpelijk dat meisjes minder delicten plegen en dat dit des te meer geldt voor zware en agressieve delicten. De genderrol kan ook een rol spelen bij de bejegening van delinquente meisjes en de gerechtelijke afdoening. Als van meisjes wordt verwacht dat ze in het gezin verzorgende taken op zich nemen, zal de rechter hen wellicht minder vaak of een kortere celstraf opleggen. Dit blijkt inderdaad het geval. Justitiecijfers laten zien dat meisjes milder gestraft worden dan jongens bij dezelfde delicten en ook minder vaak en minder lang in een justitiële instelling worden geplaatst (Slotboom et al., 2011). Opvattingen over hoe jongens en meisjes zich moeten gedragen, beïnvloeden vanaf de geboorte de wijze waarop agressie wordt geuit. Het eerdergenoemde onderzoek van Tremblay (2009) liet zien dat jongetjes en meisjes op vierjarige leeftijd veel agressie toonden. Meisjes uiten dit echter vaker op een indirecte wijze door te schreeuwen, een lelijk gezicht te trekken of een geliefd speeltje uit de handen van de ander te trekken. Jongetjes slaan er vaker op los. Op latere leeftijd leren meisjes veel eerder dan jongens verbale manieren om hun agressie te uiten. Hood (1996) spreekt over 'sociale sabotage': meisjes roddelen over de persoon die ze zwart willen maken en gebruiken allerlei tactieken om de ander uit de groep van populaire meisjes te werken.

Bij meisjes die wél delicten plegen, rijst de vraag of daar andere factoren spelen dan bij jongens. Er bestaat weinig onderzoek naar meisjescriminaliteit. Wong (2012) komt op basis van de literatuur tot een onderverdeling in drie soorten risico's die tot delinquentie kunnen leiden: risico's die zowel voor meisjes als voor jongens gelden, risico's die vooral voor jongens gelden en risico's die van toepassing zijn voor meisjes.
- Risico's voor beide seksen zijn: slachtoffer zijn van mishandeling, lage zelfcontrole, laag IQ, agressie, laag schuldgevoel, druggebruik, negatieve opvoeding, conflicten in het gezin, en riskante vrienden.
- De volgende risico's gelden met name voor jongens: complicaties bij de geboorte, problemen met psychisch welbevinden, een delinquente moeder, ouders die niets over de vrienden van de jongen weten en slechte schoolresultaten.
- Voor meisjes zijn de volgende factoren van toepassing: negatieve levensgebeurtenissen, ongehoorzaamheid, laag zelfwaarde gevoel, depressie en suïcidaal gedrag, slechte relatie met de moeder, ontbreken van vertrouwen en steun, fysieke mishandeling door ouders, slechte relatie met leerkrachten, en de ernst en omvang van delicten van een crimineel vriendje.

Onderzoekers die zich afvragen waarom bij meisjes andere risico's naar voren komen dan bij jongens noemen vaak de mogelijkheid dat meisjes en jongens op een verschillende manier kwetsbaar zijn voor risicofactoren (Hoeve et al., 2012).
Meisjes met ernstige criminaliteit lijken slechter af te zijn dan ernstig delinquente jongens. Hamerlynck (2008) onderzocht de achtergronden van meisjes in Nederlandse justitiële jeugdinrichtingen. Zij vond hoge niveaus van internaliserende problematiek bij alle meisjes terwijl er bij de meisjes met agressief gedrag bovendien sprake was van ernstige externaliserende problemen. Ongeveer 85% van de meisjes had een of meer traumatische gebeurtenissen meegemaakt. Het verschijnsel dat meisjes weliswaar minder vaak antisociaal gedrag laten zien maar dat hun problemen vaak ernstiger zijn dan die van jongens en mannen, staat in de literatuur bekend als de gender paradox.
Het eerder genoemde onderzoek van Moffitt wijst uit dat de problemen en de delinquentie bij meisjes en jongens van het type 'life-course persistent' tot het einde van de adolescentie redelijk overeenkomen. De problemen van de meisjes ontwikkelen zich vervolgens in een richting die minder goed met de DSM te typeren valt. Uiteindelijk zijn de 'levenslange' vrouwen op 33-jarige leeftijd op tal van aspecten nog slechter af dan de 'levenslange' mannen. Dit geldt voor psychische problemen maar ook voor agressie gericht op partners en kinderen. Daar staat tegenover dat de mannen meer drugsproblematiek laten zien en vaker een suïcidepoging ondernemen. De vrouwen zijn economisch nog slechter af dan de mannen (Odgers, 2008). Follow up onderzoek naar de ontwikkeling van mannen en vrouwen die in een Nederlandse Justitiële Inrichting opgenomen waren geweest, laat zien dat het met een derde van die groep rond het 36-jarige levensjaar slecht gaat. Een deel van deze groep leeft op straat (0.8%), zit in detentie (3.2%), of zit al jaren in TBS (2.4%) of in een psychiatrische inrichting (1.6%). Een deel leeft bij gebrek aan woonruimte afwisselend bij vrienden of familie (6.0%), een

deel (15.1%) leeft weliswaar in een reguliere woonsituatie, maar is verslaafd aan alcohol en/of drugs. Vier procent is gedurende de follow up periode overleden. Dit is aanmerkelijk meer dan wat men op basis van doorsnee sterftecijfers zou kunnen verwachten. Opvallend is ook dat de vrouwen in deze groep het zwaarder hebben. Zij hebben veel vaker dan de mannen alleen de zorg voor kinderen, en hebben meer het gevoel een zware last te dragen. Die last betreft niet alleen hun verleden in de instelling en de problemen die daaraan vooraf gingen, maar ook de zorg om het dagelijks bestaan. Waar mannen nogal eens in een mantelzorgconstructie terechtkomen, moeten vrouwen het veel vaker alleen doen (Van der Geest, Bijleveld & Verbruggen, 2013). Samenvattend kan worden gesteld dat externaliserende stoornissen en delinquentie bij meisjes weliswaar minder vaak voorkomen dan bij jongens, maar de impact ervan op de levensloop – en dus ook op de volgende generatie – ernstiger lijkt te zijn dan bij jongens.

14.9 Seksuele delicten

Ruim 18% van de seksuele delicten in Nederland wordt gepleegd door twaalf tot achttienjarigen (vrijwel allemaal jongens), terwijl dezelfde leeftijdsgroep verantwoordelijk is voor 13% van de nietseksuele delicten (Daalder & Essers, 2003). In de Verenigde Staten nemen jongeren 20% van alle verkrachtingen voor hun rekening; 95% van de daders is mannelijk. Slachtoffers zijn kinderen, leeftijdgenoten of volwassen vrouwen. Amerikaanse adolescente zedendelinquenten komen vaak uit een disharmonisch gezin waarin dikwijls ook sprake is van fysiek en seksueel geweld. Velen van hen hebben slechte sociale relaties. Jongeren die kinderen misbruiken, zijn weer een aparte categorie die zich kenmerkt door een nog slechter functioneren op sociaal gebied. Ze hebben geen of slechte contacten met leeftijdgenoten en leven geïsoleerd (Van Wijk et al., 2001). Onderzoek naar de achtergronden van Nederlandse jongeren die zedendelicten pleegden, suggereert dat jonge zedendelinquenten zich onderscheiden van 'gewone' jeugdige delinquenten. Ze zijn vaker van autochtone afkomst. Ze komen minder vaak uit gezinnen met een voor de buitenwereld zichtbare problematiek, wat blijkt uit het feit dat er voorafgaand aan het zedendelict minder vaak sprake was van een jeugdbeschermingsmaatregel. Ze wonen vaker in gezinsverband en spijbelen minder (Van Wijk et al., 2003). Nederlands onderzoek laat zien dat seksueel grensoverschrijdend gedrag ook bij meisjes voorkomt. Bij dit onderzoek waren zowel meisjes als jongens via een anonieme vragenlijst benaderd. Opvallend daarbij was het feit dat van de 229 jongeren op het vwo of de universiteit slechts één jongen dergelijk gedrag meldde. Dit in tegenstelling tot vmbo/mbo-jongeren waarvan rond de 10% van de jongens en meisjes aangaf dat ze wel eens iemand gedwongen hadden tot een seksuele handeling door bedreiging, mishandeling of verbaal geweld. De handelingen waar het om ging varieerden van zoenen/aanraken tot betastingen en seks (Verbruggen, 2008). Het feit dat slechts één van de 229 vwo- en universiteitsjongeren dergelijk gedrag toegaf, roept de vraag op of hier sprake is van onderrapportage.
Veel van de meisjes die seksueel grensoverschrijdend gedrag meldden, waren ooit zelf slachtoffer van (seksueel) misbruik. Amerikaans onderzoek naar de achtergronden van meisjes die waren veroordeeld vanwege seksueel misbruik laat zien dat de helft

van deze meisjes zelf misbruikt was. Opvallend was de keuze van hun slachtoffer. In de meeste gevallen was dit slachtoffer jonger dan het dader-meisje en meestal betrof het kinderen uit de naaste familie- of kennissenkring (Roe-Sepowitz & Krysik, 2008). In 2012 kwam een omvangrijke Nederlandse studie uit naar seksueel misbruik van jeugdigen in tehuizen. Vijftig procent van dit misbruik wordt door medebewoners van de jongeren gepleegd. Deze zelfrapportage-uitkomst staat in schril contrast met de schattingen van tehuismedewerkers en andere betrokken hulpverleners die in de studie aangaven onvoldoende oog te hebben gehad voor misbruik. Aangifte vond dan ook zelden plaats (Commissie Samson, 2012).

14.10 Externaliserende stoornissen

Externaliserende problemen en stoornissen gaan gepaard met conflicten met andere mensen of met de maatschappij. Men spreekt van een stoornis als het gaat om een binnen de geldende cultuur ongebruikelijk patroon van gedragingen dat gepaard gaat met leed (bijvoorbeeld in de vorm van angst, pijn of verdriet bij de persoon zelf of bij anderen), een minder goed functioneren of een functioneren dat in buitengewone mate het risico verhoogt om in aanraking te komen met lijden, de dood of vrijheidsverlies (American Psychiatric Association, 1994). We spreken van externaliserend omdat de stoornissen zich manifesteren in uiterlijk gedrag. Net als bij internaliserende problemen is er sprake van een glijdende schaal. Deze loopt van een normaal 'lastig gedrag' tot ernstig verstoord of zelfs misdadig gedrag. Niet iedere stoornis brengt strafbaar handelen met zich mee en evenmin is ieder crimineel gedrag een stoornis. Er is echter wel sprake van een overlap. Dit blijkt bijvoorbeeld uit het feit dat de problematiek van jeugdigen die via de Geestelijke Gezondheidszorg (Jeugd GGZ) in de hulpverlening terechtkomen veel overeenkomsten vertoont met de jeugdigen die via justitiële kanalen geplaatst worden (Jansen, 2011).

14.10.1 ODD en CD

In het vorige hoofdstuk kwam het onderscheid tussen categoriaal en dimensionaal aan de orde. Bij de categoriale benadering worden stoornissen gezien als duidelijk begrensde afzonderlijke eenheden (categorieën), terwijl de dimensionale benadering de mogelijkheid toelaat om in individueel wisselende combinaties aan te geven op welke gebieden (dimensies) sprake is van meer of minder problemen.
In de DSM-IV (American Psychiatric Association, 1994) – een categoriale benadering – worden twee externaliserende stoornissen beschreven die nauw aan de adolescentie zijn gerelateerd: de oppositioneelopstandige gedragsstoornis (afgekort ODD, naar de Engelse term 'Oppositional Defiant Disorder') en de antisociale gedragsstoornis (afgekort CD, naar 'Conduct Disorder'). Een ODD kan worden gekarakteriseerd als een terugkerend patroon van negativistisch, opstandig, ongehoorzaam en vijandig gedrag tegenover autoriteitsfiguren dat disfunctioneren tot gevolg heeft. Een CD uit zich in een zich herhalend en duurzaam gedragspatroon waarbij de grondrechten van ande-

ren en belangrijke, bij de leeftijd horende, sociale normen of regels worden overtreden (American Psychiatric Association, 1994).

De antisociale persoonlijkheidsstoornis (afgekort APD, naar 'Antisocial Personality Disorder') is een stoornis die pas op volwassen leeftijd kan worden geconstateerd. De symptomen komen in grote mate overeen met die van de CD.

De ODD is typerend voor kinderen en de CD is typerend voor de adolescentie. De stoornissen lijken in elkaars verlengde te liggen. De CD lijkt op een ODD waar op latere leeftijd agressie en diefstal bij zijn gekomen. Recente studies suggereren echter dat ODD en CD toch verschillende stoornissen zijn (Matthys, 2011).

Uit onderzoek van Rey blijkt dat 36% van een groep veertienjarige adolescenten met een CD op twintigjarige leeftijd een APD had (Rey et al., 1995). Over de vraag hoe het komt dat sommige jongeren wel de reeks opeenvolgende stoornissen doorlopen en andere niet, is nog niet genoeg bekend. Factoren zoals het wel of niet tegelijkertijd aanwezig zijn van een andere stoornis, zoals ADHD ('Attention Deficit Hyperactivity Disorder'), een angst of een depressieve stoornis, al of niet gepaard gaand met drugsgebruik, en de aanwezigheid van risicofactoren en protectieve factoren, spelen zeker een rol. Stoornissen als ODD, CD en APD worden door een psychiater of psycholoog vastgesteld in een interview of op basis van een dossier, als dit tenminste voldoende informatie daartoe bevat. Daarnaast zijn er vragenlijsten ontwikkeld voor ouders en jongeren waarin wordt gevraagd naar symptomen van de stoornis. Het voordeel van de laatste methode is het feit dat de ernst van de stoornis beter kan worden gekwantificeerd.

14.10.2 Kenmerken en prevalentie van ODD

Bij ODD-symptomen gaat het om gedragingen die bij alle kinderen en jongeren weleens voorkomen. Het verschil tussen kinderen met en zonder ODD is het aantal symptomen en de duur waarin deze optreden. Bij normale kinderen en jongeren die wel eens symptomen uit het rijtje laten zien, is er bovendien vaak sprake van een aanleiding die weliswaar geen excuus vormt, maar het gedrag wel begrijpelijk maakt. We spreken van ODD als het kind minimaal zes maanden vier van de volgende opstandige gedragingen vaak laat zien: driftbuien, ruzie met volwassenen, niet voldoen aan verzoeken of regels van volwassenen, met opzet ergeren van andere mensen, de schuld van fouten en ongepast gedrag bij anderen leggen, geïrriteerd raken door anderen, boosheid, wraakzuchtigheid. Loeber et al. (2003) noemen zeven bevolkingsonderzoeken naar de prevalentie van ODD. Voor jongens variëren de cijfers van 2,1% tot 15,4%. Bij meisjes lopen de cijfers uiteen van 1,5% tot 15,6%. Deze variatie geeft aan dat de diagnose ODD niet zonder meer als een hard gegeven kan worden beschouwd.

14.10.3 Kenmerken en prevalentie van CD

Het rijtje symptomen van de CD en de eis dat er langere tijd sprake moet zijn van verschillende symptomen, maakt duidelijk dat CD een stoornis is die ernstig probleemgedrag omvat.

De symptomen vallen uiteen in vier categorieën:
1 Agressie gericht op mensen en dieren: pesten, bedreigingen, vechtpartijen, toedienen van letsel met een voorwerp dat als wapen dient, mishandeling van dieren en mensen, diefstal door beroving, afpersing al dan niet met geweld en gebruik van wapens, afdwingen van seks.
2 Vernieling van eigendom: opzettelijk brand stichten om grote schade aan te richten, ernstige vernieling.
3 Leugenachtigheid of diefstal: inbraak in een woning, gebouw of auto, liegen om goederen of gunsten te verkrijgen of verplichtingen uit de weg te gaan, oplichting, diefstal zonder direct contact met gedupeerde, oplichting.
4 Ernstige schendingen van regels: vaak 's nachts van huis blijven, ten minste tweemaal van huis weglopen en 's nachts wegblijven, veel spijbelen. De eerste en de laatstgenoemde schending telt slechts als symptoom als deze voor het dertiende jaar begonnen is.

Categorie 4 komt overeen met het gezag ontwijkende traject in het model van Loeber (figuur 14.3), 2 en 3 komen overeen met het heimelijke traject met delicten waarbij de dader en het slachtoffer niet oog in oog met elkaar staan, in tegenstelling tot categorie 1 die dan ook overeenkomt met het openlijke traject.
In de literatuur worden prevalenties van CD genoemd die variëren van 1,8% tot 16% voor jongens en van 0,8% tot 9,2% voor meisjes. Dat geeft wel aan dat de omschrijvingen van ODD en CD op verschillende wijzen geïnterpreteerd en gewogen kunnen worden (Loeber et al., 2003). Zocolillo (1993) vond dat meisjes met CD met name hoog scoorden op de nietagressieve symptomen, terwijl jongens vaker op de agressieve symptomen scoren. Nederlands onderzoek van Verhulst, Donker en Hofstra (2001) toont een prevalentie van 5,6%. In dit onderzoek kregen jongens significant vaker de diagnose dan meisjes.

14.11 Risico's

In deze paragraaf worden risicofactoren beschreven die samenhangen met ernstig probleemgedrag en criminaliteit bij adolescenten. Het gaat om:
- biologische factoren als risico (14.11.2);
- riskante erfelijke invloeden (14.11.3);
- riskante individuele kenmerken (14.11.4);
- riskante invloeden van ouders (14.11.5);
- etniciteit en risico's (14.11.6);
- riskante vrienden (14.11.7).

Risico's die voortvloeien uit drank- en middelengebruik worden in 14.12 besproken.

14.11.1 Inleiding: risico's en bescherming

De verbanden tussen risicofactoren en criminaliteit zijn soms niet zo sterk als men zou verwachten (Piquero, Farrington & Blumstein, 2007). Dit kan worden verklaard door twee fenomenen. Ten eerste blijkt dat risicofactoren kunnen worden 'gedempt' door zogeheten beschermende of protectieve factoren. Dat zijn trekken van het kind of de jongere en aspecten in het gezin of de wijdere omgeving die de invloed van de risicofactoren kunnen neutraliseren. Denk hierbij aan zelfredzaamheid en competentie bij het kind, een goede ouder-kindrelatie, sociale ondersteuning door belangrijke derden, positief rolgedrag bij leeftijdgenoten, scholen die goed onderwijs en een positief klimaat bieden, positieve sociale normen en effectief sociaal beleid in de buurt (Spanjaard et al., 2012). Nederlands onderzoek bij ernstig criminele jongeren laat zien dat de kans op recidive kleiner is als er sprake is van beschermende factoren (Lodewijks, De Ruiter & Doreleijers, 2010).

In de literatuur komt men verschillende operationalisaties tegen van het begrip 'beschermende factor'. In de meest strikte benadering gaat het om een positief fenomeen dat de schadelijke invloed van een aantoonbaar risico neutraliseert. Dit houdt in dat men pas van protectieve factoren kan spreken als er sprake is van risico's. Bij een ruimere operationalisatie gaat het niet alleen om een fenomeen dat beschermt tegen risico's maar wordt ook de afwezigheid van een risico meegeteld. In dit verband spreekt men ook wel van 'promotive factors' (Loeber, Slot & Stouthamer-Loeber, 2008). Volgens Slot (2008) is de tweede benadering in de praktijk van de hulpverlening aan te bevelen omdat deze meer protectieve factoren oplevert en daarmee meer mogelijkheden biedt om jongeren en gezinnen te activeren en te motiveren.

Ten tweede blijkt één risicofactor op zichzelf zelden een directe relatie te hebben met criminaliteit of stoornissen. Het is het aantal risicofactoren en het aantal levensgebieden waarop die factoren zich manifesteren, die gezamenlijk de kans op latere criminaliteit bepalen. Dit wordt het multiple-risicomodel (Sameroff, 2000) of ook wel het cumulatieve risicomodel genoemd. Dit model impliceert dat de aanwezigheid van één of twee risicofactoren nog geen negatieve invloed op de ontwikkeling van een kind of adolescent hoeft te hebben. De ontwikkeling wordt negatief beïnvloed als verschillende risicofactoren zich opeen stapelen.

14.11.2 Biologische factoren als risico

De laatste jaren is er meer bekend over de biologische achtergrond van (jeugd)criminaliteit. Van een probleem als de aandachtstekortstoornis met hyperactiviteit (ADHD) – een risicofactor in relatie tot jeugdcriminaliteit, ODD en CD – is bekend dat dit voor een belangrijk deel erfelijk is bepaald (Samudra & Cantwell, 1999). Een van de kenmerken van ADHD is een gebrekkige inhibitie: kinderen kunnen hun impulsen niet beheersen. Een gebrekkige inhibitie is ook gerelateerd aan agressief gedrag (Matthys et al., 1998). Uit een meta-analyse op 45 studies die met elkaar betrekking hadden op bijna 6000 kinderen en adolescenten, blijkt een sterk verband tussen een lage hartslag en antisociaal gedrag (Ortiz & Raine, 2004). Deze uitkomst suggereert dat agressieve delinquenten 'under aroused' zijn. Dat wil zeggen dat ze meer prikkels nodig hebben. Ze zijn minder vatbaar voor beloning en daardoor minder goed opvoedbaar. De lage hartslag in rusttoestand die men vaak aantreft bij agressieve individuen, zou samenhangen met een geringe aanwezigheid van angst. De combinatie van een geringe angst en de honger naar prikkels zou weleens de bepalende factor kunnen zijn waardoor mensen gewelddadig worden. Nederlands longitudinaal onderzoek ondersteunt deze gedachte. Jongens bij wie op elfjarige leeftijd een lage hartslag werd geconstateerd blijken op zestienjarige leeftijd meer spanning op te zoeken en laten regelovertredend gedrag zien (Sijtsema et al., 2010).

Kinderen en jongeren die neigen tot gewelddadigheid en andere spanningsvolle situaties, beginnen de dag met een lagere spiegel van het stresshormoon cortisol en lijken minder onder de indruk van stressvolle situaties. Toename van testosteronspiegels in de puberteit bij jongens met dergelijke verlaagde cortisolspiegels lijkt gerelateerd te zijn aan het ontwikkelen van meer agressief gedrag. Popma (2006) deed onderzoek bij Nederlandse delinquente jongens en trof de verlaagde cortisolspiegels slechts aan bij jongens die delinquent waren en bovendien een gedragsstoornis hadden. Bij delinquenten zonder een gedragsstoornis werd geen lagere spiegel gevonden.

Inhibitie maakt deel uit van de zogeheten 'executieve functies' waarvan de organisatie in het frontale hersengebied plaatsvindt. Andere voorbeelden zijn 'plannen', vooruitzien en evalueren. Maar ook de gevoeligheid voor straf en beloning, en het benutten van informatie worden tot de executieve functies gerekend. In hoofdstuk 4 kwam aan de orde dat verdere rijping en reorganisatie van de frontale hersenen – die deze functies aansturen – relatief laat plaatsvindt en dat het eindpunt pas wordt bereikt rond 20-25 jaar. Blakemore en Choudhury (2006) gaan zelfs zover om de adolescentie te beschrijven als een 'gevoelige periode' waarin de ontwikkeling van de executieve functies gerealiseerd dient te worden. De ontwikkeling van deze functies op veel latere leeftijd zou veel moeilijker zijn. Deze aanname is door onderzoek nog niet bevestigd. Het onderscheiden van kritische periodes en scherp van elkaar afgegrensde ontwikkelingsfasen staat bovendien op gespannen voet met de visie die de menselijke ontwikkeling beschouwt als een continu proces waarin diverse 'herkansingen' mogelijk zijn (Weder & Kaufman, 2011).

14.11.3 Riskante erfelijke invloeden

De wetenschappelijke kennis over erfelijke invloeden op antisociaal gedrag is de laatste jaren enorm toegenomen. Onderzoekers bedienen zich daarbij van verschillende methoden. De meest simpele vorm is het observeren van verschillende opeenvolgende generaties, zowel retrospectief als prospectief om na te gaan welke vormen van probleemgedrag bij iedere generatie weer terugkomen. Een tweede benadering is het onderzoeken van gedrag bij kinderen die dezelfde biologische vader en moeder hebben maar die in verschillende omgevingen – bijvoorbeeld adoptiegezinnen – zijn opgegroeid. Als beiden onafhankelijk van de omgeving hetzelfde afwijkende gedrag laten zien, kan dat een aanwijzing zijn voor erfelijkheid. Bij alcoholisme bijvoorbeeld is op die manier gevonden dat genetische factoren een rol spelen (Maes et al., 1999). Een bijzondere variant van deze benadering is het onderzoeken van tweelingen die gescheiden zijn opgegroeid. Een derde benadering is dieronderzoek. Men gebruikt diertjes die zich heel snel voortplanten zodat het via selectie mogelijk is in korte tijd bepaalde eigenschappen in of uit te fokken om vervolgens te kijken met welke biologische factoren deze eigenschappen samengaan. Zo heeft men via het fokken van agressieve en niet-agressieve generaties muizen zicht gekregen op genetische kenmerken waarop beide generaties van elkaar verschilden. Zo is men te weten gekomen dat het Monoamine Oxidase – A gen (MAOA) van invloed is op de ontwikkeling van agressie bij muizen (Raine, 2008). Een invloed die later ook bij mensen is vastgesteld via een vierde benadering: die van de moleculaire genetica. Deze richt zich op de structuur en de functie van de afzonderlijke genen, en genen in samenhang. Bij zogeheten associatiestudies worden bij personen bepaalde gedragskenmerken in verband gebracht met genetische eigenschappen. Men zou bijvoorbeeld een groot aantal jongeren in een testsituatie kunnen brengen die gemakkelijk agressie oproept, zoals kritiek ontvangen tijdens een taak die onuitvoerbaar is. Stel dat er twee groepen naar voren komen: jongeren die overduidelijk agressief reageren en jongeren die kalm blijven, dan kan men vervolgens nagaan of deze jongeren ook verschillen qua genetische kenmerken. De genoemde benaderingen vullen elkaar aan. Als bij de eerste benadering gevonden wordt dat alcoholisme in twee of zelfs drie of meer opeenvolgende generaties voorkomt, of als uit adoptiestudies personen gevonden worden bij wie een erfelijke voorkeur voor alcohol blijkt, kan men vervolgens bij deze personen op moleculair niveau naar de aard van de genenstructuur kijken.

Als antisociaal gedrag van de ene generatie naar de volgende wordt doorgegeven, kunnen er zowel psychosociale als biologische factoren in het geding zijn. Jaffee (2009) onderscheidt in dit verband drie modellen: het psychosociale, het biologische en het biosociale model.

Het psychosociale model plaatst de focus op omgevingsfactoren die een negatieve invloed hebben op het psychische en gedragsmatige psychische functioneren van de ene generatie, waardoor deze minder goed in staat is om voor de volgende generatie een omgeving te creëren die een optimale ontwikkeling bevordert. Denk aan ouders met een voorgeschiedenis van antisociaal gedrag. Door dat gedrag hebben zij een groter risico gelopen op schooluitval, relaties met deviante leeftijdgenoten of partners, conflicten in het gezin, mishandeling, alcohol- en drugsgebruik of detentie. Als gevolg daarvan is er wellicht sprake van armoede, woont men in een risicobuurt, kan er sprake zijn van geweld in het gezin, en dergelijke. Als kinderen van deze ouders op hun beurt antisociaal gedrag laten zien, hoeven er dus geen genetische factoren in het spel te zijn, maar kunnen de gevolgen van bovengenoemde risico's daar de oorzaak van zijn.

Het biologische model zoomt in op strikt biologische invloeden. Het eerdergenoemde MAOA bijvoorbeeld wordt intensief bestudeerd. Gekeken wordt naar diverse verschij-

ningsvormen of varianten van dit gen en naar de mate waarin dit samen met andere 'verdachte' genen wordt aangetroffen. Andere genen die in de belangstelling staan als het gaat om antisociaal gedrag zijn serotonine transporteurs en receptoren.
Het biosociale model integreert de eerdere modellen. Twee mechanismen verdienen daarbij de aandacht. Het eerste betreft het feit dat biologische en sociale mechanismen elkaar versterken of juist afzwakken. Partnerkeuze bijvoorbeeld kan in dit opzicht van grote invloed zijn. Een sociale factor zoals het wonen in een risicobuurt kan er de oorzaak van zijn dat iemand een partner kiest met een forse hoeveelheid 'riskante' genen; daar zijn er immers zoveel van in deze buurt. Dit vergroot de kans op antisociaal gedrag bij de kinderen. Maar het omgekeerde is ook het geval: een bepaalde genetische aanleg kan de kans vergroten dat iemand een partner kiest met antisociaal gedrag (Rhule-Louie & McMahon, 2007). Een wisselwerking tussen biologische en sociale invloeden die veel aandacht heeft getrokken, is de uitkomst dat mishandelde kinderen een grotere kans lopen antisociaal gedrag te ontwikkelen als bij hen bovendien sprake is van verminderde MAOA-activiteit. Mishandelde kinderen met een normale MAOA-activiteit ontwikkelen zich beter (Caspi et al., 2002; Edwards et al., 2010). Men neemt aan dat dit MAOA een regulerend effect heeft op het neurotransmitter systeem. Verminderde MAOA zou dat systeem overgevoelig maken voor stress. Het tweede mechanisme in dit verband betreft het feit dat omgevingsinvloeden van invloed kunnen zijn op genetische structuren. Raine (2008) geeft als voorbeeld dat de genetische structuren en prefrontale hersenen van ratjes worden aangetast als deze binnen drie weken na de geboorte bij de moeder worden weggehaald. Studies die de samenhang tussen genetische invloeden en omgevingsfactoren tot onderwerp hebben, worden vaak aangeduid met GxE (Gene x Environment).

14.11.4 Riskante individuele kenmerken

Al lange tijd is bekend dat een bepaald temperament een risico kan zijn. Daarbij kan men denken aan een licht ontvlambaar humeur en een neiging om prikkelingen en uitdagingen op te zoeken zonder acht te slaan op gevaar (Lahey & Waldman, 2003). Dit levert gevaren op in de buitenwereld. Daarnaast kan het ook tot problemen leiden in het gezin, omdat ouders eerder naar strenge bestraffende opvoedingsmethoden grijpen bij kinderen met een moeilijk temperament (Van Aken, 2009).
Een risicofactor die betrekking heeft op het cognitieve functioneren is de zogeheten socialeinformatieverwerking, meestal aangeduid met SIP ('social information processing'). Het is al lange tijd bekend dat criminele jongeren de neiging hebben om sociale situaties met een neutraal karakter als bedreigend of crimineel in te schatten. Een voorbeeld: de situatie waarin twee jongens op de hoek van de straat met elkaar aan het praten zijn, wordt door een delinquente jongere als gevaarlijk ingeschat, omdat hij denkt dat de jongens op geweld uit zijn. Orobio de Castro (2000) wijst op de relatie tussen een afwijkende SIP en reactieve agressie. Daaronder wordt agressie verstaan die wordt opgeroe-

pen door gedrag van anderen. Minder duidelijk is de relatie van SIP met proactieve agressie, dat is agressie die een persoon uit zonder daartoe geprikkeld of geprovoceerd te zijn (Polman et al., 2007).

Een verstandelijke beperking geldt ook als een risicofactor. Men spreekt van een licht verstandelijke beperking (LVB) bij een IQ tussen de 55 en 85. Naar schatting geldt dat voor 13,6% van de Nederlandse jongeren. LVB-jongeren laten meer agressie en ander probleemgedrag zien en zijn oververtegenwoordigd in instellingen voor behandeling (Van Nieuwenhuijzen, 2012). Onderzoek laat zien dat een gebrekkige sociale-informatieverwerking (SIP) een mediërende factor is. Met andere woorden: de verstandelijke beperking leidt tot een gebrekkige SIP, dat op zijn beurt weer tot agressie leidt. LVB-jongeren zien er 'normaal' uit. Bovendien kunnen zij hun beperking vaak goed camoufleren (Van Nieuwenhuizen et al., 2009). Bij onhandig of problematisch gedrag denkt de buitenwereld daarom niet gauw aan een beperking en gaat men van opzet uit. Ook de justitiecijfers laten zien hoe kwetsbaar de LVB-jongeren zijn. Zo blijkt de karakteristieke steile daling in de eerder genoemde age-crime curve bij jongens met een IQ lager dan 85 veel later en minder steil in te zetten (Bijleveld et al., 2012).

Van een heel andere orde is de risicofactor vroegrijpheid. In hoofdstuk 3 kwam dit reeds ter sprake. Bij jongens is dit geen probleem, maar vroegrijpe meisjes lopen risico's: denk aan druggebruik, delinquentie, schooluitval en voortijdig moederschap. Het niet bij hun leeftijd passende 'volwassen' gedrag brengt niet alleen de opvoeders in verlegenheid, maar betekent ook een probleem voor die meisjes zelf omdat zij voor ontwikkelingstaken komen te staan waarvoor ze nog onvoldoende vaardigheden verworven hebben en zich in onvoldoende mate kunnen spiegelen aan rolmodellen (Alsaker, 1995). Het is niet moeilijk te bedenken hoeveel risico's LVB-meisjes lopen die vroegrijp zijn. Onderzoek van Graber (1995; Graber et al, 2004) suggereert dat vroegrijpheid het gevolg kan zijn van problemen bij meisjes. Met name slechte contacten met de ouders zouden ertoe leiden dat de lichamelijke volwassenwording bij meisjes versneld op gang komt. Uit ander onderzoek is bekend dat seksueel misbruik ook kan leiden tot versnelde rijpheid bij meisjes. De laatste jaren is er meer bekend over een risicofactor die wordt getypeerd als 'callousness': een ongevoeligheid voor het wel en wee van anderen. Vaak spreekt men van 'callous-unemotional'. Loeber et al. (2003a; 2003b) vonden bij jongens dat de afwezigheid van schuldgevoelens op jonge leeftijd criminaliteit op latere leeftijd voorspelde. Kroneman (2009) vond bij meisjes uit risicowijken in Pittsburgh een relatie tussen 'callousness' en gedragsproblemen. Door sommige onderzoekers wordt 'callousness' die zich op jonge leeftijd manifesteert als een mogelijke voorloper van psychopathie gezien (Frick & Viding, 2009). Onderzoek laat verschillende trajecten zien in de ontwikkeling van callousness. Fontaine et al. (2010) vonden dat bij jongens in het zogeheten 'stable-high' traject (vergelijkbaar met het 'levenslang traject' dat Moffitt onderscheidt) de callousness voor een aanzienlijk deel door erfelijke factoren wordt bepaald. Opvallend genoeg wordt bij meisjes in datzelfde traject de callousness niet door erfelijke maar door omgevingsfactoren bepaald. In de DSM-V wordt callous-unemotional als een nader criterium genoemd bij het onderscheiden van de conduct disorder

(Scheepers et al., 2011). Niet iedereen is daar positief over. Er is vooral kritiek op de wijze waarop callousness bij jongeren in verband wordt gebracht met psychopathie. Dit kan een negatieve etikettering met zich meebrengen en een beeldvorming waarbij de jongeren met callousness als onbehandelbaar worden gezien (Van der Helm, 2011).

14.11.5 Riskante invloeden van ouders

In hoofdstuk 10 kwam al naar voren dat gebrekkige opvoedingsvaardigheden van ouders en conflicten in het gezin het risico vergroten dat het kind externaliserend probleemgedrag gaat ontwikkelen. Criminaliteit van ouders, met name de vader, is eveneens een belangrijke risicofactor (Farrington, 2003). Wanneer een conduct disorder (CD) aan het begin van de adolescentie aanvangt, is er vaak een verband met antisociale gedragsstoornissen bij de ouders (Lahey, Loeber & Quay, 1998; Loeber et al., 2003a; 2003b). In Nederlands onderzoek bleek dat kinderen een grotere kans lopen in de adolescentie delinquent gedrag te ontwikkelen, als zij opgroeien in gezinnen met weinig orde en structuur en waar de ouders een verwaarlozende opvoedingsstijl hanteren (Hoeve, 2009).

In de opvoeding speelt ook het temperament van het kind een rol. We zagen al dat een licht ontvlambaar humeur en een neiging om prikkelingen en uitdagingen op te zoeken een risico blijkt te zijn. Kinderen met een moeilijk temperament lokken minder makkelijk adequaat opvoedersgedrag uit en doen ouders eerder naar strenge bestraffende opvoedingsmethoden grijpen (Van Aken, 2009). Wordt de ongunstige ontwikkeling nu door een kenmerk van het kind of het gedrag van de ouders of door beide bepaald? Rutter (1998) vraagt zich in dit verband af of het de persoon van de ouders is die een negatieve invloed heeft of dat het de risicofactoren zijn waarmee de ouder te maken heeft. Hij noemt als voorbeeld een onderzoek naar het functioneren van kinderen van tienermoeders. Daaruit blijkt dat de kinderen die als nummer twee worden geboren, wanneer de moeder al lang geen tiener meer is, toch minder goed functioneren. De risicofactor – een moeder in de tienerjaren – geldt voor hen niet meer, maar de persoon van de moeder is dezelfde.

Dunn et al. (2000) vonden een verdubbelingeffect als het gaat om de invloed van ouderlijke problematiek op de band met de kinderen. Volwassenen die narigheid ondervonden gedurende de levensloop, waren geneigd een partner te zoeken voor wie dat ook gold. Ouders met adequate opvoedingsvaardigheden en een goede band met hun kind kunnen dat kind tot op zekere hoogte voor ernstige problemen behoeden. Dornbusch et al. (2001) vonden dat een goede band tussen ouder en kind een positieve invloed had op de ontwikkeling van het kind. In de adolescentie gingen kinderen minder gemakkelijk over tot roken, drinken, drugsgebruik en delinquentie. En zelfs als jongeren wel crimineel gedrag gingen tonen, bleken de delicten qua aard en frequentie minder ernstig te zijn dan de delicten van jongeren die geen goede band hadden met de ouders. Daarbij viel op dat een goede band alleen positief werkt als het de ouder is die deze band ervaart. Als jongeren een goede band rapporteren en de ouders een minder goede, werkt dat niet positief door in de ontwikkeling van de zoon of dochter.

14.11.6 Etniciteit en risico's

Uit politiecijfers blijkt dat etnische minderheden oververtegenwoordigd zijn (Leertouwer, Meijer & Kalidien, 2012). In 2007 kwamen 107 Marokkaanse jongeren per 1000 inwoners van Marokkaanse afkomst met de politie in aanraking, gevolgd door 96 Antilliaanse, 82 Surinaamse en 30 Nederlandse jongeren per 1000 van de overeenkomstige etnische groepering (Van der Laan, 2012). In 2010 werd bijna een vijfde van de Marokkaanse 18- tot 24-jarige jongens van een delict verdacht. Twee derde van de Marokkaanse jongens is ooit in zijn jeugd verdachte geweest (Van Noije & Kessels, 2012). Blokland en Palmen (2012) laten zien dat deze verschillen tussen allochtoon en autochtoon nog markanter naar voren komen als men kijkt naar de delicten die tussen het 17e en 23e jaar gepleegd worden. Dit geldt ook voor allochtone en autochtone jonge vrouwen, met de aantekening dat zij minder delicten plegen dan de jonge mannen. Voor de eerste generatie jeugdige Antillianen, Arubanen en Marokkanen was de kans om als verdachte geregistreerd te staan vanwege het plegen van een misdrijf ruim drie keer zo groot als voor autochtonen. Bij geweldsdelicten is de kans dat zij verdacht worden 3,5 keer zo groot als voor de autochtonen (Bakker, Walberg & Blom, 2005).
Als het gaat om verklaringen zien we in het Nederlandse onderzoek verschillende invalshoeken.
De eerste stelt dat criminaliteit bij allochtonen niet een opzichzelfstaand verschijnsel is, maar deel uitmaakt van een cluster aan problemen. Marokkanen bijvoorbeeld hebben problemen op vele gebieden: gezin, werk, school en gezondheid (Tesser, 1999). Marokkaanse en Turkse kinderen zijn bijvoorbeeld ook vaker betrokken bij verkeersongelukken (Lamers, 1992).
De tweede invalshoek betreft het gezinsfunctioneren. Marokkaanse kinderen en jongeren brengen veel meer tijd door met leeftijdgenoten dan met volwassenen (Pels, 1991). Dit impliceert niet alleen een grotere kans om met 'slechte vrienden' in aanraking te komen, maar ook een geringere ouderlijke supervisie. Eichelsheim et al. (2010) vergeleken Marokkaanse en Nederlandse gezinnen om na te gaan of een warme en ondersteunende opvoedingsstijl die in westerse gezinnen samenhangt met een positieve ontwikkeling van de kinderen, in Marokkaanse gezinnen hetzelfde effect heeft. Dit blijkt inderdaad het geval, zowel bij jongens als bij meisjes. Omgekeerd leidt een negatieve opvoedingsstijl met conflicten en ruzies in beide soorten gezinnen tot agressie bij de zoon of de dochter. De mechanismen in beide soorten gezinnen zijn dus hetzelfde.
Een gebroken gezin is bij allochtone jongeren een minder grote risicofactor dan voor autochtone (Bakker et al., 2005). Onderzoek van Jennissen (2009) suggereert echter dat een gebroken gezin bij Antilliaanse jongeren wel een risicofactor is, naast betrokkenheid in druggerelateerde criminaliteit. Hij meent bovendien dat de hoge criminaliteit onder Antilliaanse meisjes terug te voeren is op solidariteit met criminele vriendjes en partners.
Een derde invalshoek betreft de mogelijkheid van discriminatie. De politie en de autoriteiten in het vervolg van de justitiële keten zouden veel eerder in actie komen en kritischer zijn als het om allochtonen gaat. Hiertegen pleiten de uitkomsten van zelfrappor-

tageonderzoek, waarin allochtone jongeren te kennen geven vaker bij delicten betrokken te zijn dan Nederlandse jongeren.

Een vierde invalshoek belicht de protectieve factoren die de kans verminderen dat allochtone jongeren crimineel worden. Bakker et al. signaleren dat jongeren die afkomstig zijn uit een volledig gezin, ouders hebben met een hoog huishoudinkomen, ten minste één werkende ouder hebben, een diploma in het voortgezet onderwijs hebben gehaald en wonen in een wijk met veel autochtonen, minder vaak verdachte zijn van een misdrijf dan hun leeftijdgenoten bij wie dat allemaal niet het geval is. Zij pleiten voor een benadering die uitgaat van het begrip sociaal kapitaal. Daarmee bedoelen zij sociale verbanden en relaties en de daar aanwezige gedeelde kennis, normen, regels en verwachtingen. Het ontbreken van sociale bindingen binnen de eigen etnische groep, van de sociale bruggen met leden van andere groepen, en van sociale verbanden met instituties als overheidsinstanties verkleint de kans een adequaat sociaal kapitaal op te bouwen en vergroot de kans op criminaliteit. Deze benadering biedt aanknopingspunten voor preventie en interventies. Immers, het terugdringen van criminaliteit heeft per definitie een repressief karakter terwijl het vergroten van sociaal kapitaal in de vorm van kennis, positieve verwachtingen en bindingen het karakter van competentievergroting heeft.

Tegen de achtergrond van het bovenstaande is het van belang om te signaleren dat opleidingsgraad onder allochtone jongeren stijgt. Uit een overzicht over de ontwikkelingen in 2011 blijkt dat de meeste winst in het voortgezet onderwijs wordt geboekt en in de lage vmbo-niveaus. Ook is er minder schooluitval (Gijsberts, Huijnk & Dagevos, 2012).

14.11.7 Riskante vrienden

In hoofdstuk 11 kwam naar voren dat deelname aan een delinquente jeugdcultuur als een risicofactor geldt. In dit verband zijn twee modellen over de invloed van vrienden van belang:
- het 'deviancy training'model van Dishion, McCord en Poulin (1999);
- het 'mixed model' van Vitaro, Tremblay en Bukowski (2001).

Het deviancy trainingmodel houdt in dat activiteiten – waaronder hulpverleningsinterventies en detentie – waarbij delinquente jongeren bijeen worden gebracht, het risico kennen dat de betrokken jongeren elkaar leren meer en ernstiger delinquent gedrag te tonen. Dishion kwam tot dit model toen bleek dat een socialevaardigheidstraining voor delinquente jongeren en risicojongeren die onder zijn supervisie plaatsvond, averechtse effecten had. Het bleek dat de deelnemers aan de training op subtiele wijze de deviante uitingen van hun groepsgenoten – denk aan negatieve opmerkingen, praten over delicten of agressie, pesten van groepsgenoten – versterkten met een goedkeurende blik, een positieve opmerking of gelach. Omgekeerd werd er op een positieve inbreng van de trainer of van groepsgenoten negatief gereageerd. In hoofdstuk 11 komt 'deviancy training' eveneens aan bod.

Omdat veel hulpverleningsinterventies en alle vormen van jeugddetentie van een groepsgewijze aanpak uitgaan, zal men tegenover de negatieve beïnvloeding in groepsverband een vorm van positieve onderlinge beïnvloeding moeten stellen. Ook zal men willen tegengaan dat de groepsgenoten nadien hechte contacten onderhouden.

Het 'mixed model' van Vitaro et al. (2001) is een synthese van verschillende modellen en opvattingen over de invloed van vrienden. Sommigen benadrukken dat inadequate opvoedingsstijlen van de ouders de kans vergroten dat hun kinderen in contact komen met deviante leeftijdgenoten. Binnen de subcultuur van vrienden met deviant gedrag worden symptomen van ODD, CD en crimineel gedrag op elkaar overgedragen via de principes van het sociaal leren. Anderen leggen meer nadruk op riskante individuele kenmerken die zowel leiden tot delinquent gedrag en externaliserende stoornissen als tot contacten met deviante leeftijdgenoten. Dan is er de opvatting dat deviante leeftijdgenoten geen noodzakelijke conditie zijn om tot crimineel gedrag of externaliserende stoornissen te komen. Leeftijdgenoten kunnen er wel voor zorgen dat de externaliserende problemen zich gemakkelijker en in ernstiger mate gaan ontwikkelen. Het startpunt van zo'n reeks ontwikkelingen is echter een kenmerk van het kind – bijvoorbeeld agressie – of het gezin.

Vitaro, Tremblay en Bukowski menen dat bovenstaande benaderingen elkaar kunnen aanvullen en zij gaan daarom uit van een 'mixed model'. Ze gaan er vanuit dat invloed van individuele kenmerken vooral geldt bij kinderen voor wie – in termen van de eerder aangehaalde Moffitt – de aanduiding 'levenslange criminaliteit' (life-course persistent) opgaat. Juist bij deze kinderen, die al op vroege leeftijd symptomen van externaliserend probleemgedrag tonen, zouden de individuele kenmerken van belang zijn. Daarentegen zouden bij adolescenten, bij wie de criminaliteit tot de adolescentie beperkt blijft (adolescence-limited), juist de invloeden van verkeerde vrienden van belang zijn. De schrijvers menen dat meisjes eerder in de tweede categorie vallen. Ten eerste omdat de prevalentie van externaliserende problemen bij meisjes in de adolescentie in de buurt komt van prevalentie cijfers die op jongens betrekking hebben, terwijl meisjes in de kindertijd drastisch minder externaliserend probleemgedrag laten zien dan jongens. Met andere woorden: de omslag vindt plaats in de adolescentie wanneer de invloed van leeftijdgenoten groot is. Ten tweede omdat vroegrijpe meisjes de neiging hebben om in de adolescentie contacten en relaties aan te gaan met oudere deviante jongens en mannen.

Het belang van dit 'mixed model' betreft de implicaties voor diagnostiek en behandeling. Als uit diagnostiek blijkt dat het om een jeugdige gaat bij wie zich al zeer vroeg problemen manifesteren, zou in de hulpverlening de nadruk meer op individuele aspecten moeten liggen, zoals het herkennen en het sturen van eigen emoties, waaronder agressie. Gaat het echter om jongeren bij wie de problemen pas in de adolescentie naar voren komen, dan ligt het voor de hand de hulpverlening toe te spitsen op vaardigheden om verkeerde vrienden uit de buurt te houden en om contacten aan te knopen met vrienden die een goede invloed kunnen hebben.

14.12 Alcohol-, tabak- en drugsgebruik in de adolescentie

14.12.1 Inleiding

Drugsgebruik staat in dit boek onder de 'externaliserende problemen' gerangschikt. Veel studies wijzen op een samenhang met criminaliteit (Rutter, 2002). Uit cijfers van de Nationale Drug Monitor (Van Laar et al., 2012) blijkt dat jongeren die met justitie in aanraking komen meer alcohol, drugs en tabak gebruiken dan de doorsnee jongere. Daarnaast blijkt echter regelmatig dat middelengebruik samengaat met depressieve problemen of met een combinatie van depressieve en antisociale problemen. Drugsproblematiek kan daarom ook niet los worden gezien van internaliserende problemen.

Drugsgebruik wordt vaak gezien als een typische uiting van adolescent gedrag. Sommigen denken dat de omvang van problematisch drugsgebruik onder jongeren aanzienlijk is en dat veel jongeren al vroeg beginnen met experimenteren. Deze veronderstellingen zijn slechts voor een deel gerechtvaardigd. De gemiddelde leeftijd van de eerste kennismaking met drugs ligt voor de meeste middelen hoger dan mensen verwachten. Daarnaast blijkt dat de overgrote meerderheid van de jeugdige gebruikers na een paar jaar stopt uit eigen wil, zonder dat zijzelf of hun omgeving al te veel negatieve effecten hebben ervaren. Dat neemt niet weg dat sommige jongeren op zeer jonge leeftijd beginnen met het gebruik van (hard)drugs en problematisch gedrag vertonen. Daarnaast komt drugsgebruik relatief vaak voor onder die groepen jongeren die toch al problemen kennen: jongeren in het bijzonder onderwijs, jongeren in spijbelprojecten, jongeren in justitiële inrichtingen, jongeren in de jeugdhulpverlening en zwerfjongeren. Bijna de helft van de jongeren in de Amsterdamse jeugdzorg blowt regelmatig.

14.12.2 Soorten drugs en cijfers over het gebruik

Er zijn verschillende Nederlandse websites die een uitstekend en actueel overzicht bieden over drugsgebruik door adolescenten inclusief cijfers en relevante onderzoeksresultaten. Onder andere zijn dat www.trimbos.nl, www.nji.nl, www.ivo.nl en www.jellinek.nl. Het Trimbos Instituut brengt regelmatig de eerder genoemde Nationale Drug Monitor (NDM) uit. Veel van de gegevens die hieronder staan vermeld, zijn afkomstig uit de NDM die over 2011 rapporteert en vergelijkingen maakt met voorgaande jaren.

Drugs kunnen op verschillende manieren in categorieën ingedeeld worden. De meest gebruikte indeling is die in soft- en harddrugs. De Opiumwet omvat twee lijsten: de eerste noemt de harddrugs, zoals xtc, amfetamine (speed), heroïne, cocaïne, opium en lsd. De tweede lijst omvat de softdrugs, zoals hasj, wiet, GHB (gamma-hydroxy-butyraat) en kalmeringsmiddelen.

Drugs kunnen ook worden ingedeeld aan de hand van hun werking. Stimulerende middelen zijn bijvoorbeeld cocaïne, amfetamine (speed) maar ook tabak en koffie.

Verdovende middelen bieden ontspanning en kalmering. Voorbeelden zijn heroïne en andere opiaten, alcohol en slaapmiddelen. Bewustzijnsveranderende middelen zoals lsd, hasj, weed, en paddo's zorgen voor een andere waarneming en ervaring, zowel van de omgeving als de innerlijke wereld.

Dan is er het onderscheid tussen drugs die veel op party's gebruikt worden en drugs waarvan het gebruik niet afhangt van een bepaalde gebeurtenis of sfeer. Bekende partydrugs zijn cocaïne, amfetamine en xtc. Gebruikers ervan vinden zichzelf meestal geen 'drugsgebruiker', omdat het gaat om middelen die in de trendy uitgaanswereld gemeengoed zijn. Op sexparty's worden bovendien soms poppers gebruikt die zorgen voor een betere doorbloeding van de gladde spieren en daarmee voor een diepere sensatie van seksuele prikkels. Soms worden daar middelen tegen erectiestoornissen gebruikt, niet omdat de bezoekers aan deze stoornis lijden, maar om de party langer te laten voortduren.

Tot slot het onderscheid tussen alcohol en drugs. In de literatuur wordt dit onderscheid steevast gehanteerd. Soms onderscheidt men alcohol en tabak als de middelen die vanouds in onze westerse cultuur voor verdoving en stimulering zorgen versus de drugs die meer met andere culturele werelden en de afgelopen halve eeuw geassocieerd worden.

De Nationale Drug Monitor laat zien dat Nederlandse jongeren de stevigste drinkers van Europa zijn. In 2011 had 20% van vijftien- en zestienjarige scholieren tien of meer keer gedronken in de afgelopen maand. Van de middelbare scholieren heeft 70% ervaring met alcohol. Veel jongeren beginnen vroeg: in groep acht van de basisschool heeft 11% van de jongens en maar liefst 22% van de meisjes weleens gedronken. Bij het ouder worden zijn het de jongens die meer drinken dan de meisjes. Er lijkt sprake te zijn van een kentering: tussen 2003 en 2011 is het alcoholgebruik onder scholieren van het voortgezet onderwijs wel wat afgenomen, dit geldt met name voor de jongste groep onder de veertien. Ook is het aantal jonge binge-drinkers afgenomen. Een binge-drinker is iemand die bij vlagen overmatig drinkt. Tegenover deze cijfers staat een toename van het aantal jongeren dat 'indrinkt' voor ze het uitgaansleven ingaan. In 2010 werden 924 jongeren van zestien of jonger in een ziekenhuis of dagklinische zorg opgenomen vanwege alcoholproblemen; dit is vier keer zoveel als in 2001. Er worden meer meisjes dan jongens opgenomen. Zowel jongens als meisjes in het speciaal onderwijs lopen een beduidende kans een zware drinker te worden. Jongeren van Turkse en Marokkaanse afkomst drinken beduidend minder dan Nederlandse jongeren

Het drugsgebruik is de laatste jaren gestabiliseerd. Van de twaalf- tot achttienjarigen zegt 7,7% cannabis te gebruiken. Jongens gebruiken meer dan meisjes. Het percentage cannabisgebruikers bij jongeren onder de veertien is de afgelopen acht jaar gedaald van 21% naar 13% bij jongens en van 16% naar 8% bij meisjes. Het percentage cannabisgebruikers is onder Marokkaanse scholieren het laagst, maar ook onder Turkse en Surinaamse scholieren is het percentage gebruikers lager dan onder autochtone leerlingen. Het cocaïnegebruik is de laatste jaren enigszins toegenomen. Van de jongens van zestien jaar en jonger heeft 2,2% ooit en 1,2% pas nog coke gebruikt. Bij meisjes is dit respectievelijk 1,1% en 0,5%. Onder scholieren van twaalf tot achttien jaar is het gebruik van ecstasy en amfetamines tussen 1996 en 1999 gedaald en vervolgens gestabiliseerd. In 2011 had 2,6 procent ervaring met ecstasy en 0,9 had de afgelopen maand nog gebruikt. Voor amfetamine gaat het respectievelijk om 1,8% en 0,6%. Ook in Vlaanderen (www.zorg-en-gezondheid.be) en Wallonië (SIPES, 2013) is gedurende de afgelopen jaren sprake van een daling van het cannabis gebruik.

14.12.3 Zorgen over problematisch gebruik

Alcoholgebruik is van alle tijden. In de bijbel en tal van antieke teksten kunnen we over drinkgelagen lezen. Shakespeare voert een man ten tonele die moppert dat drank de seksuele lust weliswaar aanwakkert maar de bevrediging ervan bemoeilijkt. Tabak kwam naar Europa in 1559, het jaar waarin Jean Nicot de Franse koning berichtte over dit bijzondere kruid dat aanvankelijk als een pijnstiller werd gebruikt. In 1919 kwam in Nederland de Opiumwet. Drugsgebruik kwam in die tijd hoofdzakelijk in elitaire kringen voor en in bevolkingsgroepen met een specifieke culturele achtergrond, zoals de Chinezen. Het gebruik van bepaalde stoffen die nu als drugs worden beschouwd werd in die tijd nog niet problematisch gevonden. Freud bijvoorbeeld gebruikte zo nu en dan cocaïne. Wat nu drugsgebruik wordt genoemd, kwam in de jaren zestig van de vorige eeuw op gang. Vanaf die tijd bestaat er een voortdurende zorg over drugsgebruik door jongeren. Die zorg kent verschillende invalshoeken: het risico van verslaving, schade voor de gezondheid, acute levensbedreigende gevolgen, een bedreiging van de ontwikkeling en criminalisering.

Verslaving
Het woord 'verslaving' wordt in het dagelijks spraakgebruik vaak ongenuanceerd en stigmatiserend gebruikt. Daarom gebruikt men in diagnostische systemen zoals de DSM-IV (American Psychiatric Association, 1994) liever de term 'afhankelijkheid' ('dependance' in plaats van 'addiction'). Bij het begrip afhankelijkheid zijn twee aspecten te onderscheiden: de lichamelijke en de psychische afhankelijkheid.
Bij lichamelijke afhankelijkheid kennen we twee soorten verschijnselen: gewenning en abstinentie. Gewenning houdt in dat jongeren bij regelmatig gebruik steeds meer van deze stof nodig hebben om hetzelfde gewenste effect te bereiken. Abstinentie betekent dat iemands lichaam door regelmatig gebruik zich zodanig op de aanwezigheid van de stof heeft ingesteld, dat de toediening ervan niet kan worden gestaakt zonder dat er functiestoornissen of ziekteverschijnselen optreden. De verschijnselen bij onthouding zijn in vele opzichten tegengesteld aan die bij het gebruik. Er treedt bijvoorbeeld gespannenheid, gejaagdheid en angst op, terwijl de stof die men gebruikte, rustgevend was.
Psychische afhankelijkheid is het verschijnsel dat iemand niet zonder psychisch onbehagen buiten het effect van een stof kan. Bij sommige jongeren neemt bij voortgezet gebruik de graad van psychische afhankelijkheid toe. De negatieve stemming (depressie, gevoelens van minderwaardigheid en falen) die kan optreden nadat de stof is uitgewerkt, staat in schril contrast met het prettige gevoel van daarvoor en kan daardoor leiden tot

voortzetting van het gebruik. Bij een zeer sterke psychische afhankelijkheid spreekt men wel van verslaving.

Adolescenten die vanwege een problematisch drugsgebruik met de hulpverlening in aanraking komen, zeggen vaak 'niet verslaafd' te zijn. Als argument wordt daarbij aangevoerd dat er geen jarenlange problematiek speelt en dat ze goed gezond zijn. Kennelijk roept de term verslaving associaties op met ongezonde, zichzelf verwaarlozende junks waarmee ze niet vergeleken willen worden.

Schade voor de gezondheid

De zorg dat het gebruik van een middel schadelijk kan zijn voor de gezondheid wordt vooral actueel als er sprake is van afhankelijkheid of verslaving. Om die reden is het argument dat het gebruik van een bepaald middel slecht voor je gezondheid is in de verslavingszorg voor adolescenten doorgaans geen goede motivering. De jongere vindt zichzelf immers niet verslaafd en dus lijkt er geen probleem. Er is vaak een forse omslag in het denken nodig om de mogelijke schade voor de gezondheid onder ogen te zien. Een voorbeeld is het denken over roken. De uitkomsten van onderzoek hebben steeds duidelijker laten zien hoe schadelijk roken is, niet alleen vanwege de nicotine, maar ook vanwege andere stoffen die men binnenkrijgt: teer, koolmonoxide en ammoniak. Roken kan leiden tot een slechte huid en tanden, longkanker, chronische bronchitis en longemfyseem. Ook kunnen de vaatwanden beschadigd raken, waardoor vet zich makkelijker kan afzetten en waardoor aderverkalking kan ontstaan.

Acute levensbedreigende gevolgen

Een overdosis van een bepaald middel kan acute levensbedreigende gevolgen hebben. Een overdosis kan ontstaan doordat de gebruiker te veel van het middel gebruikt of omdat het middel een onverwacht hoge concentratie van de werkzame stof bevat. Nederwiet bijvoorbeeld bevatte voorheen een vrij lage concentratie van de werkzame stof THC (tetrahydrocannabinol). Dat was de reden voor de wetgever om dit middel als softdrug in de Opiumwet op te nemen. Inmiddels is die concentratie zo hoog dat het gebruik tot acute problemen zoals psychosen kan leiden. Een psychose hoeft niet levensbedreigend te zijn, maar als deze niet onderkend wordt en zich manifesteert in een risicovolle omgeving zoals in agressief gezelschap of het verkeer kunnen de gevolgen zeer ernstig zijn. Ook vervuiling van een stof kan tot grote acute gezondheidsproblemen leiden. Om die reden kan men bij het Bureau voor alcohol en drugs zijn pillen laten controleren. En tot slot kan de onbekendheid met een drug leiden tot riskant gebruik, zoals te grote doses of een gevaarlijke combinatie met alcohol of andere middelen. Bij een te grote hoeveelheid van het middel GHB kan men acuut bewusteloos raken terwijl de combinatie van GHB met alcohol, slaap- en kalmeringsmiddelen kan leiden tot ernstige levensbedreigende ademhalingsstoornissen. Ook bij middelen waarvan de werking van oudsher bekend is, kunnen zich acute levensbedreigende situaties voordoen. Het aantal jongeren dat na overmatig drinken acuut in het ziekenhuis moet worden opgenomen, neemt jaarlijks toe.

Bedreiging van de ontwikkeling
Deze zorg wordt steeds vaker geuit als het gaat om middelengebruik door adolescenten. Daarbij gaat het niet om de directe schade of het risico van het middel, maar om de negatieve invloed die regelmatig gebruik op de ontwikkeling kan hebben. Die invloed kan eruit bestaan dat de adolescent zich een gedragspatroon eigen maakt dat verdere ontwikkeling belemmert. Een voorbeeld is softdruggebruik door scholieren. De vraag daarbij is niet zozeer of de joint schadelijk is of tot verslaving leidt, maar of de regelmatige gang naar de coffeeshop de motivatie wegneemt om de lessen bij te wonen en huiswerk te maken. De NDM (2012) noemt verschillende onderzoeken die laten zien dat scholieren die cannabis gebruiken vaker spijbelen, laag presteren en weinig gemotiveerd zijn. Soms tast het gebruik rechtstreeks de gezonde ontwikkeling aan. Een voorbeeld is regelmatig alcoholgebruik door jongeren. De toenemende kennis over de rijping van de hersenen tijdens de adolescentie (zie ook hoofdstuk 4) maakt steeds duidelijker dat alcoholgebruik een risicofactor is voor jonge mensen bij wie het brein nog volop in ontwikkeling is. Om die reden wordt door gezondheidsinstanties eenzelfde omslag in het denken als bij roken nagestreefd. Een probleem hierbij is het feit dat jongeren vaak drinken zonder dat er sprake is van toezicht door ouders of andere volwassenen. Er wordt stevig gedronken in het uitgaansleven en in zogeheten 'zuipketen'. Een tweede probleem is het voorbeeld dat ouders geven. Het andere denken over roken heeft ook volwassenen aangemoedigd te stoppen of te minderen omdat roken ook voor hen schadelijk is. Bij de zorg over alcoholgebruik door jongeren liggen de zaken anders: daar zullen ouders vaak denken dat zij niet hoeven te minderen maar dat het vooral hun kind is bij wie de hersenen nog in ontwikkeling zijn en bij wie het drinken dus ontmoedigd moet worden. Onderzoek laat zien dat duidelijke regels over alcoholgebruik en opbouwende gesprekken over de mogelijke risico's ervan een gunstige invloed hebben op het drinkgedrag van de kinderen. Wanneer ouders echter veel drank in huis hebben, is dat een risicofactor (Vet & Van den Eijnden, 2007).
Bovenstaande zorgen over problematisch gebruik benadrukken de ongewenste en eventueel gevaarlijke verschijnselen die met drugsgebruik kunnen samengaan. Daarbij moet worden bedacht dat drugsgebruik zeker geen wijdverspreid fenomeen onder adolescenten is en al jaren een stabiele omvang kent. Het alcoholgebruik daarentegen is fors en verdient daarom aandacht van opvoeders en beleidsinstanties. Als het erom gaat jongeren met een problematisch drugsgebruik te motiveren voor hulp, lijkt de zorg dat de ontwikkeling belemmerd kan worden de beste invalshoek. De overige zorgen appelleren immers aan narigheid waarvan jongeren gemakkelijk kunnen zeggen dat deze hen niet zal treffen 'omdat ze niet verslaafd zijn' of omdat ze er wel voor zullen zorgen dat zoiets hen niet zal overkomen. Een uitnodiging om naar de toekomst te kijken en na te gaan wat je ontwikkeling kan bevorderen en eventueel ook belemmeren biedt meer aanknopingspunten tot motivering.

14.12.4 Drugsgebruik in relatie tot antisociaal gedrag

Uit tal van studies blijkt een samenhang tussen drugsgebruik met antisociaal gedrag al of niet in combinatie met depressieve problemen. Rutter (2002) stelt naar aanleiding van deze studies twee vragen. De eerste ligt voor de hand: wat is oorzaak en gevolg? Worden adolescenten delinquent door drugsgebruik of leidt antisociaal gedrag tot drugsgebruik? De tweede vraag betreft de zogeheten 'zelfmedicatie'. Gebruiken jongeren met problemen vaker drugs – bewust of onbewust – om deze problemen te 'dempen'? Uit onderzoek blijkt dat gedragsproblemen op jonge leeftijd later drugsgebruik voorspellen. Depressieve problemen zijn ook gerelateerd aan drugsgebruik, maar verklaren niet het gecontinueerde of eventueel verergerde gebruik. Jongeren die vroeg beginnen met druggebruik hebben slechte relaties met gezinsleden (Flory, 2004). Dit ondersteunt voor een deel de zelfmedicatiehypothese. Tevens bleken de vroege starters minder opgewassen tegen negatieve beïnvloeding door leeftijdgenoten. Deze uitkomsten laten zien dat sociale aspecten ook van invloed zijn op het gebruik. Ook Weinberg, Harper en Brumback (2002) wijzen op gezinsinvloeden.

14.13 Besluit

Als mannelijke jongeren in de problemen komen, gaat het in zeer veel gevallen om externaliserende problematiek. De externaliserende stoornissen en de nietagressieve delinquentie zijn de laatste jaren niet in omvang toegenomen, ook al wordt dat soms gedacht. Drugsgebruik is stabiel en cannabisgebruik onder jongens neemt de laatste jaren af. De afgelopen tijd is er een grote hoeveelheid onderzoeksmateriaal beschikbaar gekomen over de wijze waarop externaliserend probleemgedrag zich ontwikkelt vanaf de kindertijd tot de jongvolwassenheid. Daarbij is duidelijk geworden dat een deel van de jongeren die in de adolescentie ernstig en gewelddadig delinquent gedrag laten zien, als kind al opviel door probleemgedrag. Daarnaast zijn er veel onderzoeksgegevens beschikbaar die iets kunnen zeggen over oorzaken van externaliserende stoornissen en factoren die ermee samenhangen. Het onderzoek naar biologische factoren krijgt veel aandacht, maar heeft nog weinig harde uitkomsten opgeleverd. De grote hoeveelheid research heeft echter vooral betrekking op buitenlands, en met name Angelsaksisch, onderzoek. Nederland loopt op dit gebied achter. Er ligt een grote uitdaging om de uitkomsten van de beschikbaar gekomen research te vertalen in methoden voor hulpverlening.

15 Hulpverlening aan adolescenten

Han Spanjaard

15.1 Inleiding

De Nederlandse en Vlaamse jeugd scoort hoog wat betreft persoonlijk welbevinden en gezondheid. In een vergelijking met meer dan dertig andere welvarende westerse landen staat de Nederlands jeugd bovenaan (World Health Organisation; Currie et al., 2012). Andere landen in de top zijn het Vlaamse deel van België, Finland en IJsland. Waar Nederland en Vlaanderen deze hoge notering aan te danken hebben, is niet helemaal duidelijk. Mogelijk spelen de relatief gunstige opvoed- en opgroeiomstandigheden voor jeugdigen en ook de beschikbaarheid en kwaliteit van preventie- en behandelprogramma's voor kinderen en jongeren hierin een rol.

Met de overgrote meerderheid van de jeugd in Nederland en Vlaanderen gaat het dus goed tot heel goed. Er is echter een groep jongeren die (soms ernstige) problemen ondervindt of waarbij zich een opeenstapeling van problemen voordoet.

In dit hoofdstuk staat de hulpverlening aan adolescenten centraal. Allereerst komen de volgende vragen aan de orde: wat zijn de ontwikkelingstaken en problemen waarmee jongeren in de adolescentie worden geconfronteerd? Waar zoeken jongeren hulp als ze problemen hebben? Wat is er aan professionele hulp voor jongeren beschikbaar? Wat vinden jongeren belangrijk wanneer ze hulp vragen? En wat werkt? Na de bespreking van deze vragen wordt stilgestaan bij de werkrelatie van een hulpverlener met een adolescent en bij motivatie, twee factoren die van invloed zijn op het effect van hulpverlening. Hulpverlening verloopt doorgaans volgens een bepaalde volgorde en een plan: informatieverzameling, analyse, hypotheses opstellen, doelen stellen, uitvoering en evaluatie. Voor zowel internaliserende als externaliserende problemen en voor andere problemen waarmee jongeren te maken kunnen krijgen (zie hoofdstuk 13 en 14), wordt in grote lijnen beschreven hoe hulpverlening en behandelprogramma's voor jongeren eruit zien.

Onder 'jeugdzorg' verstaan we in de hoofdstuk het brede palet aan hulp- en behandelvormen dat voor jongeren en ouders beschikbaar is. Daaronder vallen bijvoorbeeld:
- jeugd-geestelijke gezondheidszorg (jeugd-ggz);
- jeugd- en opvoedhulp (geïndiceerde provinciaal gefinancierde jeugdzorg);
- jeugdhulpverlening voor jongeren met een (verstandelijke) beperking;
- jeugdbescherming voor jongeren met een kinderbeschermingsmaatregel;
- jeugdreclassering en plaatsing in een jeugdinrichting voor jongeren met een justitiële maatregel.

Het verschil is, naast andere financiering, dat jeugd-ggz nadrukkelijker met een medisch model en met kinder- en jeugdpsychiaters werkt dan de andere vormen van jeugdzorg. Jeugdbescherming wordt opgelegd door een civielrechtelijke maatregel van de kinderrechter, terwijl jeugdreclassering en de plaatsing in een jeugdinrichting (PIJ) binnen het jeugdstrafrecht vallen.

Bovenstaande indeling heeft betrekking op de Nederlandse jeugdzorg. Zie voor meer informatie de website www.voordejeugd.nl. De jeugdzorg in Vlaanderen is in grote lijnen vergelijkbaar met die in Nederland, maar op sommige punten anders georganiseerd. Ook de terminologie verschilt. De website www.jeugdhulp.be geeft een goed overzicht.

15.2 Ontwikkelingstaken en problemen van jongeren

Problemen, twijfels en onzekerheden horen bij de normale ontwikkeling. De adolescentie is een periode waarin er voor jongeren veel verandert. Enerzijds maken zij zelf een aantal lichamelijke en neuropsychologische veranderingen door, waardoor hun mogelijkheden toenemen, anderzijds stelt de samenleving nieuwe taken en eisen. Alle adolescenten dienen een aantal aan de ontwikkelingsfase 'adolescentie' gebonden taken te doorlopen. Deze taken worden vaak 'ontwikkelingstaken' (Slot & Spanjaard, 1996; 2009) of 'ontwikkelingsopgaven' (Goudena, 1994) genoemd. Het adequaat vervullen van de ontwikkelingstaken die kenmerkend zijn voor een bepaalde leeftijd wordt als een voorwaarde gezien voor een goed verloop van de latere ontwikkeling. Als een kind of jongere erin slaagt zich vaardigheden eigen te maken om de actuele ontwikkelingstaken te volbrengen, is het beter voorbereid op de volgende levensfase. Kinderen die op de leeftijd van de basisschool bijvoorbeeld leren vriendjes te maken, gaan tijdens de adolescentie makkelijker vriendschappen en relaties aan dan jongeren die op de basisschool een geïsoleerde positie innamen. Voor de adolescentieperiode kunnen de volgende ontwikkelingstaken onderscheiden worden (Slot en Spanjaard, 1996; 2009):

- *positie ten opzichte van de ouders*: minder afhankelijk worden van de ouders en het bepalen van een eigen plaats binnen de veranderende relaties in het gezin en de familie;
- *onderwijs of werk*: kennis en vaardigheden opdoen om een beroep te kunnen uitoefenen en een keuze maken ten aanzien van werk;
- *vrije tijd*: ondernemen van activiteiten in de vrije tijd en het zinvol doorbrengen van de tijd waarin er geen verplichtingen zijn;
- *eigen woonsituatie*: zoeken of creëren van een plek waar je goed kunt wonen en leren omgaan met huisgenoten;
- *autoriteit en instanties*: accepteren dat er instanties en personen boven je gesteld zijn, binnen geldende regels en codes opkomen voor eigen belang;
- *gezondheid en uiterlijk*: zorgen voor gezonde voeding, goede lichamelijke conditie en een uiterlijk waar men zich prettig bij voelt en het vermijden van overmatige risico's;
- *sociale contacten en vriendschappen*: contacten leggen en onderhouden, oog hebben voor wat contacten met anderen kunnen opleveren, je openstellen voor vriendschap, vertrouwen geven en nemen, wederzijdse acceptatie;
- *intimiteit en seksualiteit*: ontdekken wat mogelijkheden, wensen en grenzen zijn in intieme en seksuele relaties en daar uiting aan geven.

Een indeling in ontwikkelingstaken is behulpzaam bij het verzamelen en analyseren van informatie, het opstellen van doelen en werkpunten en het leren van nieuwe vaardigheden. Het perspectief van de acht ontwikkelingstaken tijdens de adolescentie kan bovendien voorkomen dat een hulpverlener zich te veel of uitsluitend richt op problematische gedragingen van de jongere. Het kader van de acht ontwikkelingstaken dwingt de hulpverlener te kijken naar alle aspecten die tijdens de adolescentie van belang zijn, of het meest aan verandering onderhevig zijn. Het is mogelijk dat een jongere moeizaam functioneert ten aanzien van een aantal ontwikkelingstaken, terwijl de ontwikkeling zich op andere gebieden positief manifesteert. Positieve veranderingen op die gebieden kunnen als compensatie gelden voor problemen met andere ontwikkelingstaken.

Ontwikkelingstaken zijn redelijk universeel, maar de benodigde vaardigheden kunnen per cultuur verschillen. Jongeren die opgroeien in twee culturen, hebben het wat dit betreft lastiger: het is als het ware een 'extra ontwikkelingstaak' een eigen weg te vinden tussen de twee culturen en met de verschillen om te gaan. Het is belangrijk hiermee rekening te houden in de hulpverlening.

De adolescentie is niet per se een moeilijke periode. Veel adolescenten ontwikkelen zich op redelijk harmonieuze wijze. De veranderingen zoals die tijdens de adolescentie plaatsvinden, kunnen een bijzonder positieve invloed hebben op het functioneren van jongeren. Voor sommige jongeren verloopt de adolescentie echter niet harmonieus en probleemloos. Het gaat dan om jongeren die veel moeilijkheden en soms ook gedrags- en/of psychische problemen hebben. De moeilijkheden kunnen bijvoorbeeld te maken hebben met echtscheidingsproblematiek, gepest worden op school en/of in de buurt, conflicten tussen jongeren en ouder(s) of misbruik en/of geweld in de thuissituatie.

Wat betreft externaliserende problemen zien we, in vergelijking met de kinderleeftijd, in de adolescentieperiode wat minder de oppositioneel opstandige gedragsstoornis en juist wat meer de antisociale gedragsstoornis (zie hoofdstuk 14). Veel voorkomende internaliserende problemen tijdens de adolescentie zijn angst- en stemmingsstoornissen (zie hoofdstuk 14). Daarnaast zijn er jongeren (met name meisjes) met eetstoornissen en jongeren met verslavingsproblematiek.

Voor steeds meer moeilijkheden en stoornissen bestaan landelijke en internationale behandelrichtlijnen, vaak gebaseerd op een of meerdere 'evidence based' interventies (zie verder paragraaf 15.6 en 15.9 t/m 15.11).

15.3 Waar zoeken jongeren hulp?

Als jongeren ergens mee zitten of een probleem ervaren, zijn er verschillende manieren waarop zij hulp zoeken. Uiteraard kunnen ze een beroep doen op vrienden. Deze staan dichtbij. Maar uit schaamte of uit angst voor wat er gaat gebeuren als ze hun problemen en onzekerheden openbaren, kiezen veel jongeren vaak voor een andere weg. Voor ouders en volwassenen uit de omgeving van de adolescent geldt als zij hulp willen vragen feitelijk hetzelfde.

Laagdrempelig is een telefoontje naar de Kindertelefoon, een telefonische hulpdienst voor kinderen en jongeren tot achttien jaar. Zij kunnen gratis en anoniem bellen voor een gesprek over elk willekeurig onderwerp. Dit kan gewoon even 'babbelen' zijn, maar ook een gesprek over een serieus onderwerp of een probleem. Het meest bellen jongeren over onderwerpen als pesten, seksualiteit en relaties. Er bellen meer meisjes dan jongens en de leeftijdsgroep elf tot veertien jaar is ruim vertegenwoordigd. Indien gewenst, geeft de vrijwilliger van de Kindertelefoon informatie, advies of ondersteuning. Chatten en meedoen op digitale fora van de Kindertelefoon kan ook.

Veel jongeren doen een beroep op internet en sociale media. Voor tal van problemen zijn er websites en fora. Hier vinden jongeren informatie en advies en verhalen van lotgenoten; op diverse fora zijn er mogelijkheden tot lotgenotencontact. Daarnaast kunnen jongeren via mail en/of chat anoniem contact zoeken met hulpverleners, vragen stellen en eventueel een online-behandeling starten ('e-health').

De school is belangrijk als het gaat om het signaleren en ter sprake brengen van problemen. Leerlingen kunnen bij eventuele problemen zelf een beroep doen op hun mentor, de leerlingbegeleider of een schoolmaatschappelijk werker. Regelmatig gaat ook het initiatief van een leerkracht of mentor uit: hij/zij signaleert bepaalde problemen en/of veranderingen en gaat naar aanleiding daarvan met de leerling in gesprek. Eenvoudige adviezen en steun kunnen door de leerkracht of mentor zelf worden gegeven, zeker als de problemen met school te maken hebben. Bij meer ingewikkelde problemen zal de leerkracht of mentor de jongere doorverwijzen binnen de interne zorgstructuur van de school en/of naar instellingen daarbuiten. Afhankelijk van de leeftijd en de wensen van de jongere, gaat dit meer of minder in samenspraak met ouders.

Een kleiner gedeelte van de jeugdigen meldt zich – soms samen met de ouders – bij een huisarts of een instelling voor jeugdzorg. Voor instellingen voor jeugd- en opvoedhulp en jeugd-ggz is vaak een verwijzing nodig van een Bureau Jeugdzorg of huisarts. Dat is voor veel jeugdigen een hoge drempel. Als een huisarts een jeugdige verwijst naar bijvoorbeeld een instelling voor kinder- en jeugdpsychiatrie of een particuliere therapeut, zijn vaak de ouders betrokken. Zij zien dat het niet goed gaat met hun kind en doen – soms ten einde raad – een beroep op professionele zorg. De jongeren zijn in dit soort gevallen niet altijd even gemotiveerd; ze vinden dat er eigenlijk niet zoveel aan de hand is en/of willen geen hulp en bemoeienis van professionals.

Sommige jongeren komen in aanraking met jeugdzorg vanwege hun probleemgedrag en/of vanwege onveilige omstandigheden waarin zij verkeren. Jongeren die met politie en justitie in aanraking komen vanwege antisociaal en delinquent gedrag, vragen meestal niet zelf om hulp, maar krijgen deze aangeboden of opgelegd als instanties waarmee ze vervolgens te maken krijgen die nodig achten. Wanneer derden onveiligheid signaleren voor de jongere en na onderzoek blijkt dat de ontwikkeling van de jongere bedreigd wordt, kan via jeugdbeschermingsmaatregelen ook hulp opgelegd worden. Denk aan jongeren die thuis te maken hebben met verwaarlozing of huiselijk geweld en/of jongeren – meestal meisjes – die verstrikt raken in een circuit van 'loverboys'.

15.4 Hulp in verschillende soorten en maten

Niet elk probleem vraagt om intensieve hulp in de vorm van behandeling of therapie. Veel problemen worden met lichtere en kortere interventies opgelost. Soms is een luisterend oor voldoende: de jongere kan zijn verhaal kwijt en voelt zich gehoord en gesteund. Dit kan zowel plaatsvinden bij een vriend, ouders, een mentor van school, maar ook via de Kindertelefoon, sociale media en lotgenotencontacten.

In aanvulling daarop is het samen zoeken naar oplossingen en het eventueel geven van een advies soms afdoende voor het probleem waar de jongere mee zit. Dit kan plaatsvinden in een of meerdere gesprekken. Ook kan een jongere met behulp van informatie – meestal via internet, soms uit tijdschriften of boekjes – zichzelf verder helpen. Door te lezen of te horen hoe anderen bepaalde problemen oplossen, vindt hij/zij de juiste richting.

Wanneer de problemen ingewikkelder worden, is vaak meer nodig. Dan is professionele hulp vereist van een jeugdmaatschappelijk werker, sociotherapeut, kinder- en jeugdpsycholoog, (ortho)pedagoog en/of kinder- en jeugdpsychiater.

> **VERSCHILLENDE TAKEN EN VERANTWOORDELIJKHEDEN VAN PROFESSIONELE HULP-VERLENERS**
> Er zijn veel verschillende disciplines werkzaam binnen de jeugdzorg. Hieronder enkele voorbeelden.
> - Een *jeugdmaatschappelijk werker* heeft vaak een of enkele keren contact met een jongere en eventueel de ouders. Op basis van de hulpvraag of problemen waarmee de jongere (en de ouders) met de jeugdmaatschappelijk werker in contact komt, wordt gezocht naar oplossingen. Daartoe vinden diverse gesprekken plaats; sommige jeugdmaatschappelijk werkers maken ook gebruik van technieken om (cognitieve en sociale) vaardigheden te trainen.
> - Een *groepsleider of sociotherapeut* werkt in een centrum voor dag- of residentiële behandeling en is verantwoordelijk voor de dagelijkse verzorging, opvoeding en behandeling van de jongere. De professional is veel aanwezig in de omgeving van de jeugdige. Dagelijkse zorg, aandacht voor het leren van nieuwe praktische en sociale vaardigheden en gerichte aandacht voor het leren hanteren van emoties, het beïnvloeden van negatieve of storende cognities en/of leren van nieuwe gedragingen lopen in elkaar over.
> - Een *kinder- en jeugdpycholoog of orthopedagoog* voert, net als een jeugdmaatschappelijk werker, gesprekken om problemen op te lossen. Daarnaast kan deze professional diagnostisch onderzoek uitvoeren op basis waarvan meer specifieke behandelinterventies ingezet kunnen worden. Sommige kinder- en jeugdpsychologen en orthopedagogen hebben zich daarnaast gespecialiseerd in specifieke therapievormen, zoals systeemtherapie, cognitieve gedragstherapie of Eye Movement Desensitization and Reprocessing (EMDR), een interventie om angst en trauma te overwinnen.
> - Een *kinder- en jeugdpsychiater* doet ook diagnostische onderzoek, vaak in gevallen waarin er sprake is van (signalen van) psychische stoornissen. Anders dan een kinder- en jeugdpsycholoog of orthopedagoog kan een kinder- en jeugdpsychiater ook medicatie voorschrijven voor bepaalde problemen, zoals ADHD. Dit naast de eventuele uitvoering van niet-medicamenteuze behandeling.
>
> Tegenwoordig is het gebruikelijk dat deze disciplines samenwerken. Bijvoorbeeld: de kinder- en jeugdpsychiater of psycholoog doet diagnostisch onderzoek en is eindverantwoordelijk voor het behandelplan, een psychomotore therapeut geeft bewegingstherapie en een jeugdmaatschappelijk werker/ouderbegeleider voert gesprekken met de ouders en met de ouders en de jongere samen. In het geval van dag- of residentiële behandeling is intensieve uitwisseling en samenwerking met de groepsleiders/sociotherapeuten. Wie er precies betrokken is en welke invulling een hulptraject krijgt, is afhankelijk van de problemen van de jongere en de ouders en van de instelling die de hulp verleent. Bij een jeugd-ggz-instelling zal vaak een psychiater – zij het vaak op de achtergrond – betrokken zijn en vindt er bijna altijd diagnostisch onderzoek plaats. Bij instellingen voor jeugd- en opvoedhulp is dit veel minder het geval.

> Daar wordt de begeleiding vooral uitgevoerd door jeugdmaatschappelijk werkers en groepsleiders, begeleid en soms ook praktisch bijgestaan door een gedragsdeskundige (psycholoog of orthopedagoog).

Binnen de instellingen voor jeugdzorg zijn er wat betreft de *vorm* en *inhoud* van de hulp veel verschillende variaties:
- *duur*: korter of langer durend;
- *plaats waar de hulp plaatsvindt*: ambulante hulp in de leefomgeving (thuis, op school), ambulante hulp op kantoor, dagbehandeling, pleegzorg of (gesloten of open) residentiële hulp;
- *methode*: inzichtgevende/oplossingsgerichte gesprekken, (cognitief) gedragsmatige training of therapie, medicamenteuze behandeling, systeemgerichte therapie, psychodynamische therapie;
- *betrokkenen bij de hulp*: individueel of juist met ouders of zelfs het hele gezin;
- *individueel of groep*: individuele en/of groepstraining of -therapie;
- *kader*: vrijwillig of juist met dwang en drang via een jeugdbeschermingsmaatregel, rechterlijke machtiging of jeugdstrafrechterlijke maatregel;
- *vanuit pleegzorg of residentieel perspectief*: gericht op terugkeer naar het gezin versus gericht op zelfstandig wonen (begeleid wonen, kamertraining).

Bij een indeling op basis van *problematiek* kan men denken aan verschillende hulp- en behandelprogramma's voor jongeren met:
- emotionele problemen (stemming, depressies, angst);
- gedragsproblemen (hyperactiviteit, oppositioneel en antisociaal gedrag);
- cognitieve problemen (concentratie en leerproblemen);
- contactstoornissen (autisme);
- problemen in de thuissituatie (opvoedingsproblemen, verwaarlozing en (seksuele) mishandeling);
- problemen met eten (anorexia, boulimia);
- verslavingsproblematiek;
- beperkingen en handicaps.

Een dekkende indeling in verschillende hulpvormen is niet te maken, aangezien een groot aantal combinaties te maken is uit de hierboven genoemde variaties. Soms wordt de manier waarop hulp gefinancierd wordt en de sector waarbinnen een instelling valt, gebruikt als leidraad voor een indeling.
Jeugdigen in Nederland kunnen hulp krijgen via:
- de provinciale jeugdzorgsector (instellingen voor jeugd- en opvoedhulp, Bureaus Jeugdzorg en LWI's (Landelijk Werkende Instellingen (voor jeugdvoogdij));
- de gehandicaptenzorg vanwege een licht verstandelijke beperking (jeugd-LVB);
- de geestelijke gezondheidszorg (jeugd-ggz);
- het speciaal onderwijs vanwege leer- en/of gedragsproblemen;
- Justitiële Jeugdinrichtingen (JJI's) of Jeugdzorgplus instellingen.

Combinaties en onderlinge doorverwijzingen komen veel voor. Jeugdigen met een jeugdbeschermings- of jeugdreclasseringsmaatregel bijvoorbeeld of jeugdigen van het speciaal onderwijs kunnen ook hulp krijgen bij de jeugd-ggz, een instelling voor jeugd- en opvoedhulp of een orthopedagogisch behandelcentrum.

In discussies over de jeugdzorg in de media krijgen jongeren met een jeugdbeschermingsmaatregel of met een jeugdstrafrechtelijke maatregel verhoudingsgewijs veel aandacht. Het aantal jongeren voor wie vanuit een vrijwillig kader een beroep wordt gedaan op jeugdzorg is echter veel groter (zie figuur 15.1; Kuunders et al., 2011).

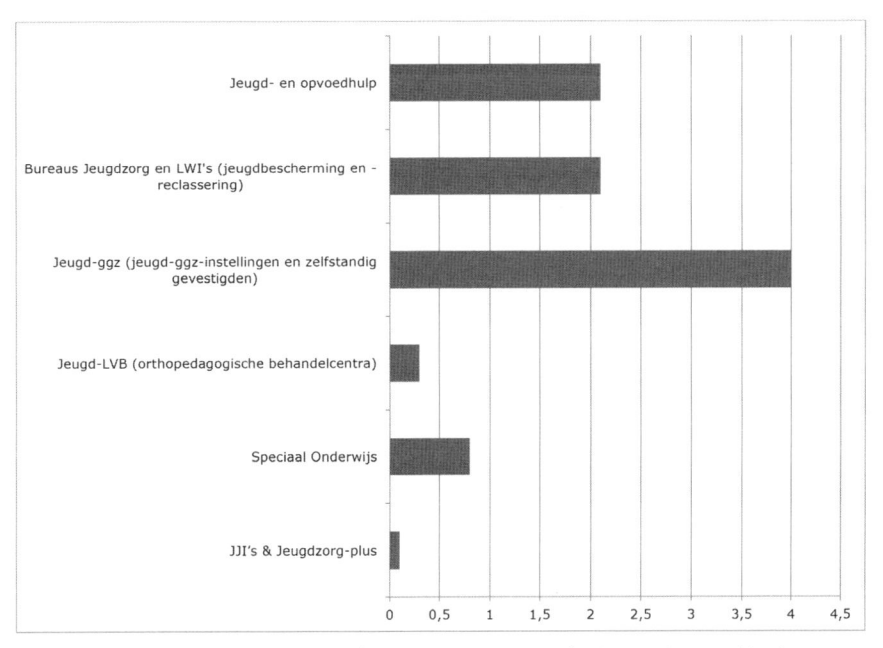

Figuur 15.1 Percentage Nederlandse jeugdigen t/m zeventien jaar dat in 2009 in aanraking kwam met de jeugdzorg. LWI's = Landelijk Werkende Instelling (voor jeugdvoogdij); LVB = Lichte Verstandelijke Beperking; JJI = Justitiële Jeugdinrichting). Bron: Kuunders et al., 2011

In 2009 werd door of voor ruim 4% van de Nederlandse jeugdigen tot en met zeventien jaar een beroep gedaan op de (jeugd)-ggz, door of voor ruim 2% op jeugd- en opvoedhulp. Ruim 2% had met een jeugdbeschermings- of jeugdreclasseringsmaatregel te maken. Daarnaast kreeg ongeveer 0,3% van de jeugdigen hulp in een orthopedagogisch behandelcentrum vanwege een licht verstandelijke beperking en 0,8% hulp op een school voor speciaal onderwijs. Tot slot verbleef 0,1% van de jeugdigen voor kortere of langere tijd in een Justitiële Jeugdinrichting of Jeugdzorgplus instelling. Van de jeugdigen waarvoor een beroep op jeugdzorg werd gedaan, kwam ruim de helft bij aanbieders van jeugd-ggz en iets meer dan een kwart bij instellingen voor jeugd- en opvoedhulp. Voor beantwoording van de vraag hoeveel procent van de jeugdigen in totaal van de jeugdzorg gebruik heeft gemaakt, kunnen de percentages niet eenvoudig bij elkaar opgeteld worden. Een aanzienlijk aantal jongeren heeft immers met verschillende sectoren te maken gehad.

15.5 Wat vinden jongeren belangrijk als ze hulp krijgen?

Als jongeren gevraagd wordt wat zij belangrijk vinden wanneer zij (professionele) hulp krijgen, komt uit meerdere enquêtes naar voren dat 'goed luisteren' cruciaal is. In een enquête van Defence for Children (2010) onder 230 jeugdige 'gebruikers' van de jeugdzorg kwam het vaakst naar voren: 'Er moet meer geluisterd worden naar kinderen" en 'Ik vind het belangrijk dat er goed naar mijn mening wordt geluisterd.' Voorts werd ook vaak genoemd: 'Ik wil goed geïnformeerd worden over wat er zou kunnen gebeuren' en 'Ik wil kunnen meedenken en meebeslissen over een oplossing voor mijn problemen.' In een onderzoek van Noom en De Winter (2001) zijn 190 thuisloze jongeren geïnterviewd door daartoe getrainde collega-thuisloze jongeren. Thuisloze jongeren hebben doorgaans vaak ruime ervaringen met jeugdzorg. Op de vraag wat zij van de hulpverlening vinden, geven de geïnterviewde jongeren een tweeslachtig antwoord. Enerzijds willen zij duidelijke betrokkenheid en ondersteuning van een hulpverlener: meer begeleid worden, niet het gevoel hebben dat ze aan hun lot overgelaten worden en een aanpak die meer gebaseerd is op een gezamenlijke inspanning, Anderzijds hebben ze behoefte aan vrijheid en zelfstandigheid en wijzen ze te veel betutteling en bemoeizucht af. Een deel van de jongeren vraagt meer zelfstandigheid en een ander deel wil juist meer hulp. Ook maken jongeren verschil tussen onderwerpen: op het ene moment of op een specifiek gebied wijzen ze bemoeienis af en op een ander moment of op een ander gebied willen ze juist meer ondersteuning.

15.6 Wat werkt?

Binnen de aanpak van jeugdcriminaliteit is de afgelopen jaren ingezet op twee speerpunten: persoonsgerichte aanpak en effectieve interventies. Dit heeft geresulteerd in het 'Landelijk Instrumentarium Jeugdstrafrechtketen' (Spanjaard et al., 2012b) en een twintigtal erkende interventies voor jeugdigen die met het jeugdstrafrecht in aanraking zijn gekomen. Leidend bij de ontwikkeling en de landelijke implementatie hiervan zijn de 'wat werkt-beginselen'. Deze beginselen gelden ook voor jeugdzorg in bredere zin, met alleen een kleine aanpassing van het eerste beginsel:

1 *Risicobeginsel*: stem de intensiteit van de hulp af op de risico's en bedreigingen ten aanzien van veiligheid en gezonde ontwikkeling. En in het geval er psychosociale problemen en/of een psychische stoornis bestaat, op de ernst van de problemen en/of stoornis.
2 *Behoeftebeginsel*: stem de inhoud van de interventie af op veranderbare beschermende en risicofactoren van de jeugdige en zijn omgeving.
3 *Responsiviteitsbeginsel*: kies een interventie die aansluit bij de motivatie, mogelijkheden, leerstijl van de jeugdige en zijn directe omgeving.
4 *Evidence based programma's*: kies een interventie die bewezen effectief is;
5 *Programma-integriteit*: voer de interventie uit zoals bedoeld.
6 *Professionaliteit*: laat de interventie uitvoeren door goed opgeleide en gesuperviseerde professionals.

Een aanpak die deze beginselen goed toepast, laat effecten zien in de vermindering van problemen, risico's en bedreigingen. Met andere woorden: hulp zal effectiever zijn als een jeugdige, gezien de risico's en bedreigingen en gezien de factoren die hiermee samenhangen, een passende effectieve interventie krijgt die uitgevoerd wordt zoals beoogd door een getrainde en gesuperviseerde professional.

Deze beginselen helpen ook om voor jeugdigen en gezinnen adequate hulp te vinden en wat betreft interventies 'kaf van koren' te scheiden. 'Baat het niet, dan schaadt het niet' is een onjuist uitgangspunt: goedbedoelde interventies kunnen schade berokkenen als ze worden ingezet voor jongeren waarvoor ze niet bedoeld zijn en/of onjuist worden uitgevoerd.

De programma's die erkend zijn door het ministerie van Veiligheid en Justitie zijn te vinden op de website www.erkenningscommissie.nl. Daarnaast is er een Databank Effectieve Jeugdinterventies: www.nji.nl/jeugdinterventies. In deze databank zijn ook niet-justitiële interventies opgenomen. De interventies zijn door een onafhankelijke erkenningscommissie erkend en beoordeeld als 'theoretisch goed onderbouwd', 'waarschijnlijk effectief' of 'bewezen effectief'.

Van Yperen et al. (2010) hebben enkele studies geanalyseerd naar werkzame elementen van interventies. Figuur 15.2 geeft weer welke elementen worden onderscheiden, met tussen haakjes hoeveel procent van de uitkomst van de hulp door de betreffende factor wordt bepaald volgens Lambert (1992) en Thomas (2006).

FACTOREN DIE VAN INVLOED ZIJN OP DE UITKOMST VAN HULP	LAMBERT (1992)	THOMAS (2006)
factoren buiten de therapie (cliënt- en omgevingsfactoren)	40 %	13 %
algemeen werkzame factoren (o.a. werkrelatie met cliënt)	30 %	29 %
placebo-effecten (o.a. hoop en verwachting)	15 %	30 %
specifieke methodiekaspecten	15 %	28 %

Figuur 15.2 De invloed van verschillende factoren op de uitkomst van hulp
Bron: Van Yperen et al., 2010

De algemeen werkzame factoren lijken verhoudingsgewijs een sterker effect te hebben dan de specifieke methodiekaspecten. De rol van specifieke methodieken is nog onvoldoende ontrafeld. Meer ontwikkelingswerk en onderzoek zijn nodig om specifieke werkzame componenten beter te identificeren en de potentie van specifieke methodieken beter te gaan benutten (Van Yperen et al., 2010). Daarnaast is niet altijd duidelijk welke kenmerken of aspecten van de hulp behoren tot de specifieke methodiek of tot de algemeen werkzame factoren. Een punten- of beloningssysteem in een residentieel behandelingsprogramma bijvoorbeeld lijkt op het eerste gezicht een specifieke methodiek te zijn. De werkzaamheid zou echter wel eens gebaseerd kunnen zijn op een algemeen werkzame factor, namelijk het feit dat de werkrelatie tussen groepsleider en jongere verbetert vanwege de gerichte aandacht voor positief gedrag.

'Evidence based' interventies zijn gebaseerd op deels dezelfde theoretische modellen en behandelvormen. Zo zijn bepaalde aspecten van de sociale leertheorie, de gedragstherapie, motiverende gespreksvoering, systeem- en netwerkversterking, oplossingsgericht en competentiegericht werken in meerdere interventies impliciet of expliciet terug te vinden. Aspecten die – in het verlengde hiervan – met de competentie van de hulpverlener te maken hebben, zouden weleens de doorslag kunnen geven of de hulp of een interventie effectief is of niet (Barnoski, 2004). Bij de kwaliteitsbeoordeling van 'evidence based' interventies wordt dan ook specifiek gelet op 'generieke' vaardigheden van de uitvoerende professional, zoals duidelijkheid, begrijpelijkheid en eenvoud (aansluiten bij niveau van cliënt, zonder onnodige ingewikkeldheid), tempo (niet te snel/langzaam) en betrokkenheid (motiverend, aansluiten bij kracht en veranderingswens van de jongere/de ouders) (zie bijvoorbeeld Spanjaard & Brown, 2010).

15.7 De basis: werkrelatie en motivatie

Een van de manieren om het effect van de 'algemeen werkzame factoren' te vergroten, is het gebruik van motiverende gespreksvoering (Miller & Rollnick, 2002). Deze methode, afkomstig uit de verslavingszorg, stimuleert jongeren (en andere cliënten) om hulp te zoeken voor hun problemen en/of hun ongezonde levenswijze aan te pakken. Motiverende gespreksvoering blijkt het effect van de behandeling van allerlei verslavingen te vergroten; voor de aanpak van andere problemen zoals depressie, angststoornissen en opvoedingsproblemen zijn hiervoor indicaties (zie bijvoorbeeld Lundahl & Burke, 2009).

Motiverende gespreksvoering bouwt voort op het veranderingsmodel van Prochaska en DiClemente (1984; zie ook Prochaska et al., 1992). Zij onderscheiden zes stadia in het veranderingsproces en de ontwikkeling die een persoon daarin doormaakt:

1 *voorstadium*: (nog) geen intentie om te veranderen; ontkenning of onbewust zijn van het probleem;
2 *overwegen*: bewustzijn of -wording van het probleem; overweging van wat verandering van gedrag kan opleveren;
3 *beslissen*: vertrouwen in mogelijkheden om te veranderen; het maken van een plan;
4 *uitvoeren*: actie om gedrag te veranderen (hier vindt de behandeling gericht op verandering plaats);
5 *volhouden*: integratie van het nieuwe gedrag in het dagelijks leven;
6 *terugvallen*: dit komt (vaak) voor; cliënt begint opnieuw in één van de vorige stadia.

15.7.1 Hoe werkt motiverende gespreksvoering?

De hulpverlener gebruikt een empathische en motiverende houding om jongeren actiever te betrekken bij de hulp. De intrinsieke motivatie van de jongere wordt groter als de hulpverlener erin slaagt de ambivalentie van de jongere te onderzoeken en op te lossen. Motivatie om te veranderen is dan iets wat de hulpverlener bij een jongere uitlokt in plaats van oplegt. De volgende principes staan daarbij centraal: empathie uitdrukken, ontwikkelen van discrepantie, vermijden van discussie, omgaan met weerstand en het ondersteunen van geloof in eigen kunnen ('self-efficacy'). Basistechnieken zijn reflectief luisteren, omgaan met weerstand ('meebewegen' met de cliënt om de cliënt te helpen weerstand te overwinnen en stappen te zetten in de richting van verandering), agenda bepalen en toestemming vragen ('de cliënt bepaalt') en het uitlokken van verandertaal ('de cliënt kiest'). Toepassing van deze technieken in een gedwongen kader vraagt enige aanpassing. Een taak van hulpverleners in justitiële jeugdinrichtingen en (jeugd)reclassering is immers het bewaken van grenzen en het stellen van regels. Dat staat soms haaks op de rol van accepterende meedenker en coach. Indien nodig treedt de hulpverlener duidelijk op en legt hij een sanctie op; daarna is het mogelijk om met motiverende technieken te onderzoeken wat er aan de hand was en hoe de jongere zelf over het voorval denkt (Bartelink, 2011).

Veel hulpverleners gebruiken elementen van motiverende gespreksvoering bij hun bestaande werkwijze. Diverse (protocollaire) behandelprogramma's maken expliciet melding van het gebruik van elementen uit motiverende gespreksvoering, vooral in de eerste fase van een hulptraject. Sommige hulpvormen gebruiken ook aanvullende technieken, zoals 'reframing' bij Functional Family Therapy (FFT; Spanjaard & Alexander, 2009). Dat is het veranderen van de *betekenis* van een bepaalde gebeurtenis of bepaald gedrag door de gebeurtenis of het gedrag in een ander kader (frame) te plaatsen, vanuit een ander perspectief te bekijken.

Voorbeeld
Een jongere, die bij FFT is aangemeld vanwege ernstige gedragsproblemen en problemen in het gezin, wil graag zelfstandiger zijn. Zijn vader is bezorgd en probeert zijn zoon te behoeden voor misstappen. Omdat de zoon niet laat merken dat hij vaders lessen hoort, gaat zijn vader ze steeds nadrukkelijker herhalen. Als reactie hierop gaat de zoon zijn eigen gang en wordt zijn vader kwaad. 'Reframen' zou in dit geval kunnen zijn: het erkennen van de vader in zijn boosheid en daarbij zeggen dat je als hulpverlener de boosheid ziet als uiting van bezorgdheid. Vervolgens kan, als de vader dit accepteert, een verbinding met de zoon gemaakt worden, door hem te vragen de boosheid en controle te zien als bezorgdheid (Spanjaard & Alexander, 2009).

15.7.2   Houding van de hulpverlener bij adolescenten

Hulpverlenen aan jongeren is anders dan aan kinderen of volwassenen. De Wit et al. (1995) wijzen op een aantal mechanismen of processen dat kenmerkend is voor de werkrelatie tussen adolescent en hulpverlener:
- *Ambivalentie tegenover het inroepen van hulp*: aan de ene kant ervaren jongeren de noodzaak ervan, aan de andere kant voelen zij zich bij inmenging van anderen (en dan met name volwassenen) in hun losmaking en zelfstandigheid bedreigd: 'Ik los mijn eigen problemen wel op.' Deze ambivalente houding kan vooral in het begin van een hulpverleningscontact leiden tot een wat aarzelende, onverschillige, onzekere en/of angstige opstelling van de jongere.
- *Wantrouwen tegenover de hulpverlener*: angst dat de hulpverlener hen niet serieus zal nemen en zal proberen hen in een bepaalde richting te manipuleren. Jongeren zijn er erg gevoelig voor, als ze als volwaardige gesprekspartner behandeld worden.

- *Persoonlijke stijl*: jongeren zijn erg bezig met wie ze zijn en hoe ze overkomen. Jongeren kunnen regels of gebruiken van de hulpverlener impliciet of expliciet ter discussie stellen, maar tegelijkertijd de hulpverlener meer als persoon dan als hulpverlener benaderen en allerlei persoonlijke vragen stellen.
- *Positie van ouders*, al dan niet lijfelijk aanwezig. Soms hebben ouders de jongere min of meer gestuurd, soms komt de jongere vanwege zijn/haar problemen met zijn ouders. Losmaking van, afzetten tegen en loyaliteit met de ouders spelen in veel hulpverleningscontacten een rol, wat de problemen ook zijn waarvoor de hulp is opgestart. En niet onbelangrijk: wat wordt er wel en niet besproken met de ouders van hetgeen de jongere met de hulpverlener bespreekt?

De volgende algemene tips voor de houding van de hulpverlener kunnen het werken met adolescenten vergemakkelijken:
- Sluit aan bij de houding en de wensen van de jongere.
- Wees flexibel, houd rekening met wisselende stemmingen, gedragingen en wensen.
- Toon interesse en begrip, sta open voor andere gewoontes, normen en waarden.
- Wees concreet, verhelder actuele problemen en werk toekomstgericht, sluit aan bij de ontwikkelingstaken waar de jongere voor staat.
- Doe 'gewoon' en 'blijf jezelf': vertel niet te veel over je eigen privéleven, refereer indien relevant aan wat je weet uit onderzoek, uit de media of wat je uit eigen ervaringen weet over 'andere jongeren'.
- Stimuleer jongeren na te denken over hun problemen en hun veranderingswensen en help hen hun eigen problemen op te lossen.
- Benader de jongere als zelfstandige en volwaardige gesprekspartner en wees helder over wat je wel en niet met ouders bespreekt of moet bespreken.

15.7.3 Sekse- en cultuurverschillen

Praten meisjes makkelijker met vrouwen en jongens met mannen? Vaak wel, maar zeker niet altijd. Bij gesprekken over ervaringen met seksueel misbruik door een man praat een meisje vaak makkelijker met een vrouwelijke hulpverlener dan met een mannelijke. Maar wat als de dader een vrouw is? Jongens praten over het algemeen wat minder makkelijk over hun problemen dan meisjes. En als ze dat doen, doen nogal wat jongens dat liever met iemand van de andere sekse. In de jeugdzorg werken veel meer vrouwen dan mannen; het is belangrijk om – als de sekse van de hulpverlener een belemmerende factor kan vormen – hiermee rekening te houden bij de toewijzing van een jongere aan een hulpverlener.

Hulpverleners met dezelfde culturele achtergrond als de jongere begrijpen sommige problemen wellicht makkelijker vanwege het gemeenschappelijke referentiekader en dezelfde taal. Daarentegen kan een hulpverlener juist door het behoren tot een specifieke culturele groep in een lastige situatie terechtkomen wanneer er conflicten zijn tussen ouders en jongere. Zowel ouders als jongere kunnen dan een grote claim op de hulpverlener leggen om 'hun kant' te kiezen. Ook kan het gebeuren dat de ouders of de jongere bang zijn dat de problemen in hun directe omgeving bekend worden als ze gaan praten met iemand uit 'de eigen cultuur'.

Kortom, de sekse en culturele achtergrond van de hulpverlener hoeft niet dezelfde te zijn als die van de jongere (en diens ouders). Soms juist liever niet. Wel is het voor hulpverleners altijd van belang zich bewust te zijn van en rekening te houden met sekse- en cultuurverschillen. Jongens reageren, denken en doen – gemiddeld genomen – anders dan meisjes. Deze verschillen worden in de puberteit, als gevolg van alle lichamelijke en psychosociale veranderingen, soms zelfs nog wat groter. Met meisjes kun je vaak langer en geconcentreerder praten, bij jongens is wat eerder actie nodig: een plan maken en dat oefenen en uitproberen. Om een Marokkaans of Antilliaans gezin te motiveren voor een aantal gezamenlijke gesprekken over gezinsconflicten, zal een hulpverlener soms wat andere wegen bewandelen dan wanneer het gaat om een Nederlands gezin.

15.8 Informatie verzamelen en analyseren en doelen stellen

Een hulpverlener doorloopt bij het verzamelen en analyseren van informatie en het stellen van doelen doorgaans een aantal stappen. Daarbij wordt, zeker bij de iets langer durende trajecten, gewerkt met een hulpverlenings- of behandelplan. Het opstellen hiervan is een goede mogelijkheid om jongeren en ouders bij de hulp te betrekken. Jongeren en ouders vinden het belangrijk dat er rekening wordt gehouden met hun ervaringen en wensen.

Het werken met een hulpverleningsplan heeft een cyclisch karakter: het plan geeft richting aan de doelen en werkpunten en de wijze waarop deze bereikt kunnen worden; de evaluatie van de resultaten levert nieuwe informatie op die vervolgens weer kan leiden tot bijstelling van het plan (zie figuur 15.3)

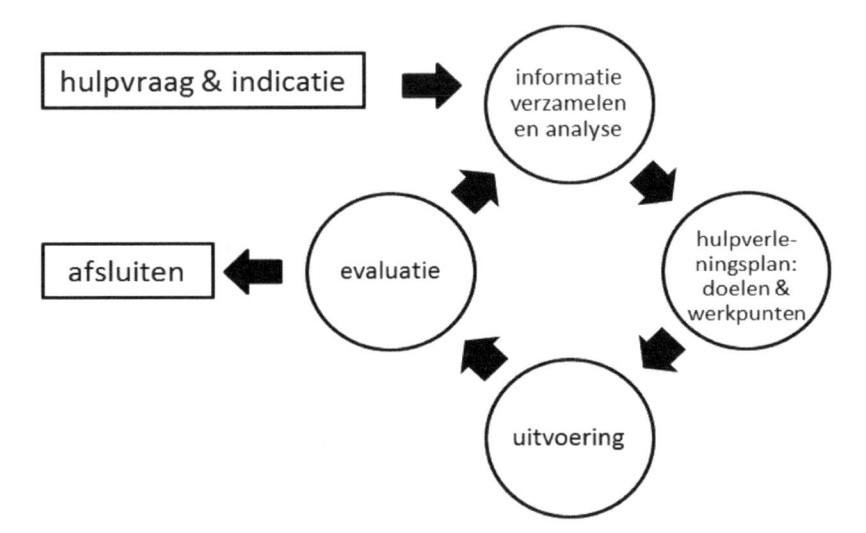

Figuur 15.3 Het cyclische karakter van werken aan doelen in de jeugdzorg

Bij 'competentiegerichte' hulp- en behandelvormen en bij 'oplossingsgericht werken' kijkt men in de informatieverzamelingsfase naar de sterke kanten en hulpbronnen van de cliënt en diens gezin en netwerk. Oplossingsgericht werken is gericht op het versterken van de autonomie van cliënten, waarbij de aandacht vooral uitgaat naar de oplossing in plaats van naar het probleem. Competentiegericht werken is gericht op het versterken en uitbreiden van cognitieve en sociale vaardigheden en het sociale netwerk en het verminderen van risicofactoren. Samen met de hulpverlener onderzoekt de jongere welke sterke kanten van hem/haarzelf of zijn/haar omgeving kunnen helpen om problemen aan te pakken.

15.8.1 Hulpmiddelen

Ambulant werkers en groepsleiders verzamelen bij jongeren en ouders informatie over hun dagelijks functioneren, hun sterke en zwakke punten en hun wensen tot verandering. Hiervoor worden vaak praktische hulpmiddelen gebruikt, waardoor samen met de cliënt op papier de situatie of de veranderwensen opgeschreven en gevisualiseerd worden. Deze hulpmiddelen werken motiverend en maken de situatie concreet. Ze stimuleren jongeren na te denken over waar ze last van hebben, maar ook waarover ze tevreden zijn, waar ze goed in zijn, wat ze (zouden) willen veranderen en wie hen daarbij kan steunen.

Voorbeeld
Bij de aanpak van kindermishandeling maakt de methode 'Signs of Safety' gebruik van het hulpmiddel de 'drie huizen'. De jongere tekent drie huizen: het huis van de 'goede dingen', het huis van 'de zorgen' en het huis van 'de dromen'. De hulpverlener vraagt wat er goed gaat, wat niet zo goed gaat en wat de jongere anders zou willen. De punten die naar voren komen, worden in het betreffende huis getekend en opgeschreven. Deze huizen worden later, bij het opstellen van het 'veiligheidsplan', gebruikt om met ouders te praten over wat er goed gaat, wat de zorgen zijn en wat er moet veranderen om de situatie weer veilig te maken.

15.8.2 Vragenlijsten

Sommige hulpverleners en hulpprogramma's maken gebruik van gestandaardiseerde vragenlijsten. Dit heeft een aantal voordelen. Ten eerste is het een effectieve en efficiënte manier om informatie te verzamelen. Via het invullen van vragenlijsten blijken jongeren en ouders vaak informatie te geven die op ze een andere manier niet of niet zo makkelijk geven. Ten tweede helpt het invullen van een vragenlijst jongeren en ouders om dingen op een rij te zetten. Het schept overzicht en brengt orde in de chaos die ze soms ervaren. Ten derde voorkomt het dat de hulpverlener belangrijke informatie mist. Ten vierde maakt het gebruik van gestandaardiseerde vragenlijsten vergelijking mogelijk met ouders of kinderen uit andere gezinnen, waardoor de ernst van een probleem beter kan worden beoordeeld. Ook kan de situatie van een ouder of jongere op twee verschillende tijdstippen worden vergeleken door de vragenlijst niet alleen bij de start van de hulpverlening, maar ook tussentijds of bij afsluiting af te nemen. Tot slot maakt het gebruik van vragenlijsten onderzoek mogelijk naar de doelgroep en uitkomsten van de hulpverlening.

Voorbeelden van vragenlijsten die in dit verband veel gebruikt worden, zijn:
- SDQ (Strengths and Difficulties Questionnaire (in Nederland ook bekend onder de naam 'Sterke kanten en moeilijkheden'; www.sdqinfo.org; Goedhart et al., 2003);
- CBCL (Child Behavior Checklist), met een versie voor ouders (CBCL; Verhulst et al., 1996a), jongeren (YSR; Verhulst et al., 1996b) en leerkrachten (TRF; Verhulst et al., 1996c);
- NOSI (Nijmeegse Ouderlijke Stress Index; De Brock et al., 1992);
- TVA (vragenlijst Taken en Vaardigheden van Adolescenten; Van der Knaap, 2002);
- HID (Hoe Ik Denk-vragenlijst, Brugman et al., 2011).

15.8.3 Diagnostisch onderzoek

In de jeugd-ggz is de fase van informatieverzameling en analyse vaak uitgebreider dan hierboven beschreven: er vindt (multidisciplinaire) diagnostiek plaats. Aanvullende vragen, afhankelijk van het probleem waarmee de jongere/ouders zijn doorverwezen, zijn dan bijvoorbeeld:
- In hoeverre is er sprake van bepaalde psychische stoornissen?
- Wat zijn mogelijke verklaringen voor het ontstaan en voortbestaan van deze stoornissen/de problematiek van de jongere?
- Welke, liefst 'evidence based' en protocollaire behandeling, is het meest geschikt om het probleem aan te pakken/de risicofactoren te verminderen en de beschermende factoren te vergroten?

Met antwoorden op deze vragen kan men veelal een diagnose stellen. Een diagnose bestaat uit:
- een identificatie of classificatie van een stoornis, bijvoorbeeld ADHD (Attention Deficit Hyperactivity Disorder) of ODD (Oppositional Defiant Disorder) op basis van optredende symptomen (zie ook hoofdstuk 13 en 14);
- een hypothese ten aanzien van de oorzaak en de in standhoudende factoren, alsmede een inschatting van het te verwachten effect van een bepaalde aanpak/behandeling.

De mate waarin in de jeugdzorg het werken met diagnoses de afgelopen jaren een vlucht heeft genomen, is overigens niet onomstreden. Diverse vertegenwoordigers uit de politiek, de jeugdzorg, de samenleving en ook de wetenschap waarschuwen voor 'overdiagnose' en de negatieve effecten van stigmatisering, 'selffulfilling' en het onnodig inzetten van te zware behandeling.

15.9 Programma's voor jongeren met externaliserende problemen

Bartels et al. (2001) hebben diverse onderzoekpublicaties over effectieve interventies voor jongeren met (ernstig) gewelddadig gedrag op een rijtje gezet. Zij komen tot de conclusie

dat interventies beter scoren naarmate meer aan de volgende criteria voldaan wordt:
1 nadruk op het leren van concrete vaardigheden;
2 concreet (vaak gedragstherapeutisch) van opzet;
3 aandacht voor cognities (planning) en emoties;
4 betrekking op meerdere contexten/systemen: jeugdige én ouder(s);
5 outreachend (het gezin in);
6 gericht op individuele risico- en beschermende factoren;
7 aansluiten op (on)mogelijkheden van de jongere.

Er zijn veel programma's beschikbaar voor het verminderen van externaliserende problemen. In veel van deze programma's vinden we de hierboven genoemde elementen terug. De meeste interventies zijn gebaseerd op de operante en sociale leertheorie, waaruit de gedragstherapie is voortgekomen. In deze interventies neemt het leren van sociale en cognitieve vaardigheden een belangrijke plaats in. Daarnaast zijn er interventies gebaseerd op systeemtheorieën, theorieën over morele ontwikkeling en op het sociale informatieverwerkingsmodel.

Cognitief gedragstherapeutische programma's en technieken leiden – in combinatie met systeeminterventies – overwegend tot de beste resultaten om gedrag bij delinquente jongeren te veranderen. Lipsey (1995) komt op basis van een meta-analyse van onderzoek naar interventies voor delinquente jeugdigen tot de conclusie dat programma's die aandacht besteden aan het leren van cognitieve én sociale vaardigheden leiden tot gedragsverandering en verlaging van de kans op recidive. Latere overzichtsstudies komen met dezelfde conclusies (Beenakkers, 2001; Bartels et al., 2001; Van der Laan, 2004).

In deze programma's worden vaardigheden veelal getraind door een combinatie van instructie (uitleg), voordoen (modeling), oefening (in de trainingsruimte en in het leven van alledag) en feedback. De grootste uitdaging voor deze interventies is de generalisatie van het geleerde naar het leven van alle dag. De oplossing hiervoor wordt gezocht in huiswerkopdrachten en het betrekken van een of meerdere personen uit het netwerk van een jongere bij de (inhoud van de) training of therapie.

De verschillen tussen de programma's en interventies hebben betrekking op:
- de context waarin getraind wordt (in een trainingsruimte versus in het leven van alle dag);
- individueel of groepsgewijs;
- met of zonder intensieve betrokkenheid van ouders en andere netwerkpersonen;
- op maat (inhoud is afhankelijk van de geconstateerde vaardigheidstekorten) of meer volgens een vast curriculum.

Bij *systeemgerichte interventies* wordt gewerkt met gezinsgesprekken waarin aandacht is voor problematische relatiepatronen in het gezin. Problemen die op het eerste gezicht betrekking lijken te hebben op de jongere, worden in een breder gezinsperspectief geplaatst. Een voorbeeld: de vader die tijdens de eerste bijeenkomsten uitsluitend negatief over zijn zoon praat, vertelt een paar sessies later over zijn verdriet en zijn schaamte omdat hij vindt dat hij niet echt trots op zijn gezin kan zijn. Sommige interventies leggen de nadruk meer op de versterking en beïnvloeding van het netwerk. Er zijn ook systeemgerichte interventies die de nadruk leggen op het leren van opvoedingsvaardigheden. Ouders worden dan ondersteund in het vormgeven van een leeftijdsadequate manier van regels stellen en hanteren, monitoring (toezicht houden) en onderhandelen. Het netwerk wordt benut om sociale ondersteuning te activeren voor zowel de jongere als de ouders.

Voorbeeld
Het doel van multisysteemtherapie (MST; Henggeler et al., 2010) is het terugdringen van gedragsproblemen, zoals delinquent gedrag. Daarnaast is MST gericht op het verbeteren van het functioneren van het gezin. Daarom richt de interventie zich op de volgende doelen:

- verbeteren van het stellen van regels en de handhaving van regels;
- een betere monitoring van de jeugdige door de ouders (weten waar hij is, wat hij doet en met wie);
- verbeteren van de sfeer in het gezin en hoe er met elkaar wordt omgegaan;
- verminderen van de omgang met deviante leeftijdgenoten ('verkeerde' vrienden);
- versterken van de omgang met pro-sociale leeftijdgenoten ('goede' vrienden);
- verbeteren van prestaties op school of werk;
- verbeteren van de relaties tussen het gezin en personen uit het sociale netwerk van het gezin;
- de jeugdige betrekken bij positieve vrijetijdsbesteding;
- versterken van het probleemoplossend vermogen van het gezin.

Versterking van het moreel redeneren staat centraal in interventies zoals Equip (Gibbs et al., 1995), de Aggression Replacement Training (ART; Goldstein et al., 1998) en de Training Agressie Controle (TACt; Spanjaard et al., 2012a). Moreel redeneren van antisociale en delinquente jeugdigen wordt gekenmerkt door het egocentrisch perspectief van het zelfgerichte 'preconventionele niveau'. Dit is het eerste niveau uit het model van Kohlberg (1969) dat gekenmerkt wordt door het ontlopen van straf en het bereiken van persoonlijk voordeel (zie ook hoofdstuk 9). De trainingen beogen een ontwikkeling naar het 'conventionele niveau', dat als een beter perspectief geldt in risicovolle situaties.

Jongeren discussiëren met elkaar over morele kwesties. De begeleider/trainer laat jongeren elkaar bevragen op achterliggende argumenten en eventuele 'denkfouten'. Gezamenlijk komen zij tot keuzes van een hoger niveau met, nog belangrijker, moreel verantwoorde argumenten. Door de manier van werken worden cognitieve vervormingen ('kronkelredeneringen' of 'denkfouten') ontmaskerd en omgebogen. Doel is dat jongeren op een hoger moreel niveau leren redeneren en oordelen. Zij leren beter onderscheid te maken tussen het individuele, egocentrische perspectief en de behoeften en interesses van anderen.

In een individuele training of therapie is directe discussie met andere jongeren niet mogelijk. Ter vervanging zijn binnen TACt-individueel methoden ontwikkeld waarin jongeren reflecteren op en in contact komen met keuzes en afwegingen van derden (zoals jongeren in een trainingsfilmpje of geïnterviewde personen uit het eigen netwerk). Door eigen keuzes en argumenten hier tegen af te zetten, kan de trainer de jongeren uitdagen te komen tot morele argumenten van een hoger niveau (Spanjaard et al., 2012a).

Een belangrijk onderdeel in verschillende programma's is het vergroten van zelfcontrole. Hiervoor wordt aangesloten bij inzichten uit het *sociale informatieverwerkingsmodel* ('Social Information Processing model') van Dodge (1986). Dit model beschrijft via welke cognitieve stappen het gedrag van individuen in sociale situaties tot stand komt. Het sociale informatieverwerkingsmodel stelt dat om adequaat te kunnen reageren, informatie over de sociale situatie op een geordende wijze verwerkt moet worden. Een individu ontvangt sociale signalen middels sensorische waarneming, geeft betekenis aan de signalen, bedenkt mogelijke reacties, kiest een reactie en voert deze vervolgens uit.

Het ontwikkelen van zelfcontrolevaardigheden is een belangrijke taak voor alle adolescenten. Jongeren met een (licht) verstandelijke beperking en/of een autisme spectrum stoornis (ASS) hebben door hun beperking of stoornis meer moeite om zich deze vaardigheden eigen te maken. Agressieve en niet-agressieve kinderen en jongeren verschillen van elkaar in het coderen en interpreteren van informatie, het genereren van mogelijke reacties en het kiezen van de uiteindelijke reactie (zie bijvoorbeeld Orobio de Castro, 2000).

Het trainen van zelfcontrole omvat in diverse interventies het trainen van vaardigheden uit het sociale informatieverwerkingsmodel: het waarnemen en interpreteren van gebeurtenissen om je heen, welke gedachten en emoties (inclusief lichamelijke reacties) die bij je oproepen, wat je kunt doen om jezelf te kalmeren, nadenken over mogelijk alternatieven en gevolgen, het kiezen van de beste optie, het uitvoeren daarvan en zelfevaluatie (zie bijvoorbeeld Goldstein et al., 1998; Spanjaard et al., 2012a).

15.10 Programma's voor jongeren met internaliserende problemen

Jongeren met internaliserende problemen vallen minder op en zijn de samenleving (ogenschijnlijk) minder tot last. Het gaat bij internaliserende problemen onder jongeren vooral om angststoornissen, stemmingsstoornissen en posttraumatische stressstoornissen (zie hoofdstuk 13 van dit boek). Ook met betrekking tot internaliserende problemen van jeugdigen bevat de Databank Effectieve Jeugdinterventies (www.nji.nl/jeugdinterventies) een overzicht van interventies.

Ondanks dat de problematiek van een andere orde is dan bij externaliserende stoornissen, zijn er overeenkomsten in de aanpak: de meeste interventies maken gebruik van principes uit de leertheorieën en de cognitieve gedragstherapie. Een belangrijk uitgangspunt in de cognitieve gedragstherapie is dat gevoel en gedrag van individuen bepaald wordt door wat zij denken. Dit wordt gedemonstreerd in het model van Beck (1999; zie figuur 15.4).

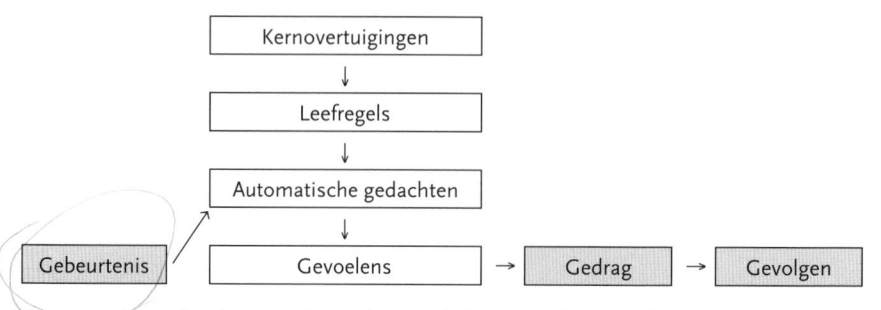

Kernovertuigingen
↓
Leefregels
↓
Automatische gedachten
↓
Gebeurtenis → Gevoelens → Gedrag → Gevolgen

Figuur 15.4 Het verband tussen gebeurtenissen, gedachten, gevoelens en gedrag volgens het cognitieve model van Beck (1999), bewerkt door Bartels (2001)

Een en dezelfde gebeurtenis roept bij verschillende personen verschillende gedachten en gevoelens op. Dit komt omdat iemands gedachten beïnvloed worden door iemands 'kernovertuigingen'. Kernovertuigingen zijn gedachten en ideeën die iemand heeft over zichzelf, andere mensen en de wereld (Beck, 1999). Veel kernovertuigingen ontwikkelen zich in de kinderjaren en worden gaandeweg als 'absoluut waar' ervaren. Veel jongeren met probleemgedrag hebben negatieve kernovertuigingen ontwikkeld, zoals: 'Niemand houdt van mij', 'Ik kan niets' of 'Ik kan niemand vertrouwen'.

Het cognitieve model van Beck laat niet alleen zien hoe het komt dat mensen verschillend reageren in een situatie. Het maakt ook inzichtelijk dat gedragsbeïnvloeding kan lopen via drie wegen: via het beïnvloeden van gedachten, via het beïnvloeden van (het omgaan met) gevoelens en (direct) door het beïnvloeden van het gedrag zelf.

Voorbeeld
Wanneer een jongere snel angstig wordt en zich in reactie op gebeurtenissen vaak teruggetrokken gedraagt, kan vanuit drie invalshoeken gewerkt worden aan vermindering van de angst en het teruggetrokken gedrag:

1 direct, door alternatief gedrag te oefenen waardoor de jongere leert wat hij in bepaalde situaties kan doen;

2 via het leren herkennen en hanteren van gevoelens, bijvoorbeeld door cognitieve, fysiologische en gedragsmatige tekenen van angst te leren herkennen waardoor hij zich bewuster wordt van de opbouw van zijn angst. Hierdoor kan hij eerder reageren en wordt het makkelijker om teruggetrokken gedrag te voorkomen;

3 via het beïnvloeden van zijn gedachten, bijvoorbeeld door met hem te oefenen in het beter waarnemen en realistischer interpreteren van gebeurtenissen en door negatieve 'storende' gedachten te vervangen door meer positieve 'helpende' gedachten. Hierdoor zal hij minder snel angstig worden en zich minder vaak terugtrekken.

In een cognitief-gedragstherapeutische aanpak worden irrationele cognities uitgedaagd en leren jeugdigen vanuit een ander perspectief naar dezelfde situatie te kijken en leren ze op een andere manier te reageren. Uit onderzoek naar de behandeling van angststoornissen blijkt dat geleidelijke blootstelling aan angstige situaties, gecombineerd met ontspanningstechnieken, kinderen kan helpen om te gaan met spanning. Cognitieve technieken kunnen het kind daarnaast helpen om een gevoel van controle over de situatie te krijgen. In de behandeling van stemmingsstoornissen staat meestal het aanpakken van negatieve gedachten of denkfouten centraal. Daarnaast leert het kind vaak probleemoplossende en sociale vaardigheden en wordt er aandacht besteed aan sociale steun (Van Rooijen & Ince, 2012).

Voorbeeld
Het van oorsprong Australische programma FRIENDS, in Nederland bekend als het VRIENDEN-programma, wordt ingezet als preventieprogramma en behandelprogramma. Het programma richt zich op het voorkomen en verminderen van angstproblemen en -stoornissen bij jeugdigen. De letters van FRIENDS staan voor: 'Feeling worried, Relax and feel good, Inner helpful thoughts, Explore plans, Nice work, Reward yourself, Don't forget to practice, Stay calm for life'.

Het programma is gericht op kinderen van zeven tot en met elf jaar en jongeren van twaalf tot en met zestien jaar. Het programma bestaat uit tien sessies van ongeveer een uur. Het programma werkt met cognitieve gedragstherapeutische technieken, zoals het herkennen van het verband tussen denken en voelen en het vervangen van angstige gedachten door helpende gedachten. Deze technieken worden gecombineerd met systeemgerichte technieken. Het programma bevat vier sessies voor ouders. Zij krijgen informatie over de ontwikkeling van kinderen, de ontwikkeling van normale angsten en risico- en beschermende factoren. Ook leren ouders beter om te gaan met hun angstige kind en negatieve opvoedstrategieën te veranderen (Barrett & Turner, 2004, aangehaald in Van Rooijen & Ince, 2012).

Een ander behandelingsprogramma voor de behandeling van jongeren met angststoornissen, dat met succes op effectiviteit is onderzocht, is: 'Denken + Doen = Durven'. Dit betreft een cognitief-gedragstherapeutisch protocol voor de behandeling van angststoornissen bij kinderen en jongeren van acht tot achttien jaar (Bögels, 2008; Peijnenburg & Bögels, 2008). Het programma bestaat uit een groepstherapie van acht sessies van anderhalf uur, drie sessies voor ouders en een werkboek met allerlei thuisopdrachten.

Een Posttraumatische stressstoornis (PTSS) kan het gevolg zijn van een levensbedreigende ervaring of ernstige bedreiging, zoals een ernstig ongeluk of ernstig (seksueel) misbruik of mishandeling. De jeugdige reageert daarop met intense angst, hulpeloosheid of afschuw, dan wel verward of opgewonden gedrag (zie ook hoofdstuk 13.)

Twee behandelingen zijn de laatste jaren naar voren gekomen als het meest effectief in de behandeling van PTSS: cognitieve gedragstherapie en EMDR (Eye Movement Desensitization and Reprocessing). Bij *cognitieve gedragstherapie* ligt het accent op 'exposure' (blootstelling) en 'cognitieve herstructurering'. De therapeut stelt de jongere bloot aan de schokkende ervaring die tot de posttraumatische stress heeft geleid: de jongere wordt mee teruggenomen naar de gebeurtenis en de gevoelens en gedachten die toen loskwamen. Vervolgens wordt besproken waarom de ervaring zo schokkend was. De jongere leert dat de ervaring nu voorbij is en dat er geen reden is om bang te zijn voor herhaling (cognitieve herstructurering). De stress en pijn die aan de herinneringen verbonden is, zal verdwijnen of minder heftig worden.

EMDR (Eye Movement Desensitization and Reprocessing) is een methode waarbij de jongere eerst een pijnlijke ervaring en de beleving daarvan in gedachten moet nemen. Vervolgens moet de jongere een beeld van zichzelf in gedachten nemen. Hoe zou hij/zij zich graag willen voelen tegengesteld aan wat hij tijdens de schokkende ervaring voelde? Wanneer bijvoorbeeld de jeugdige zich tijdens de vervelende ervaring schuldig en zwak voelde, zal hij/zij als tegenstelling zichzelf als integer en sterk willen zien. De pijnlijke gedachten worden door middel van ritmisch gestuurde oogbewegingen als het ware gewist; de prettige en positieve gedachten worden 'geprogrammeerd'. Mogelijk is de EMDR-methode sneller en minder pijnlijk en belastend voor de jongere dan de exposure uit de cognitieve gedragstherapie. (Voor meer informatie over EMDR: zie www.emdr.nl.)

15.11 Andere vormen van hulp

Voor jongeren met verslavings-, eet- of seksuele problemen zijn diverse hulpvormen en programma's beschikbaar (zie ook de eerder genoemde Databank Effectieve Jeugdinterventies). Dit zijn ook bij uitstek problemen waarvoor jongeren via internet informatie, advies en hulp zoeken. Soms is informatie op een website of een enkel chat- of e-mailcontact al voldoende, soms is intensievere (online) hulp nodig. Ernstige verslavingsproblematiek of ernstige vormen van anorexia nervosa vragen zelfs om klinische opname en behandeling.

Voordelen van online hulp of 'e-health' zijn de flexibiliteit, laagdrempeligheid en besparing in kosten. De jongere kan op elk moment, op elke plaats en in eigen tempo ondersteuning krijgen. Ook is het vaak mogelijk eerdere informatie of eerdere uitwisseling met een hulpverlener nog eens na te lezen. Wat voor jongeren juist bij deze problemen en de bijbehorende gevoelens van schaamte of angst prettig is aan online hulp, is de mogelijkheid anoniem te blijven. Dat maakt dat via online hulp jongeren bereikt worden die niet op een andere manier hulp vragen of vinden.

Voor de hulpverlener heeft online hulp ook een aantal voordelen, zoals flexibiliteit en het kunnen teruglezen van eerdere communicatie. Bij behandelingen die zijn ondergebracht in applicaties kan ook 'modeltrouw' een voordeel zijn: de applicatie dwingt de hulpverlener zich aan de richtlijnen van de methodiek te houden.

Een nadeel van online hulp is het ontbreken van non-verbale signalen. Dit kan deels worden gecompenseerd door in de geschreven communicatie wat vaker door te vragen en samen te vatten. Ook kan men communiceren via een webcam, maar dit gebeurt nog niet veel en zal ook niet elke jongere willen. Een ander nadeel is dat jongeren – als ze zich anoniem hebben gemeld – niet meer achterhaald kunnen worden wanneer ze uitvallen. Een laatste nadeel is dat de inhoud van met name discussiefora niet altijd (direct) te beïnvloeden is en daardoor ongezonde tendensen kan bevatten. Ook zijn er rond sommige problemen 'ongezondheidsbevorderende websites ontstaan.

Voorbeeld
Anorexia nervosa is een ernstig en soms levensbedreigend probleem. Er is online hulp beschikbaar om jongeren te helpen of op weg te helpen naar echte hulp. Er zijn echter ook 'pro-anorexiawebsites', veelal onderhouden door adolescente meisjes of jonge vrouwen met een eetstoornis. Op deze websites en fora wordt anorexia voorgesteld als een gezonde manier van leven. Er staan afbeeldingen van extreem dunne vrouwelijke beroemdheden en tips en trucs die helpen te voorkomen dat anderen merken dat je maaltijden overslaat of dat je laxeert of overgeeft (Martijn et al., 2009).

Voor jongeren en ouders die grote problemen ervaren in de gezinssituatie zijn er systeemgerichte programma's beschikbaar. Bij een aantal van deze programma's, zoals Families First (Spanjaard & Haspels, 2005), Spoedhulp (www.ambulantespoedhulp.nl) en Intensieve Orthopedagogische Gezinsbehandeling (IOG; Berger et al., 2006), vindt de hulp vooral thuis in het gezin plaats.

Voorbeeld
Het doel van Intensieve Orthopedagogische Gezinsbehandeling (IOG) is het verbeteren van het gezinsklimaat zodat de jongere er veilig kan opgroeien en zich kan ontwikkelen. Verder richt IOG zich op het leren van vaardigheden waardoor gezinsleden beter gebruik maken van hun sociale netwerk. De behandeling duurt gemiddeld vijf maanden, de hulpverlener bezoekt het gezin twee keer per week maximaal anderhalf uur. In de eerste zes weken bouwt de hulpverlener een werkrelatie op met het gezin, stelt samen met de gezinsleden de doelen op en gaat waar mogelijk reeds aan de slag. In de periode tot vier maanden gaat de hulpverlener met de jongere en het gezin gericht aan

de slag om de gewenste veranderingen te bereiken. De laatste maand staat in het teken van de afbouw van de hulpverlening. IOG kent daarnaast vormen van nazorg. De hulpverlener werkt competentiegericht: hij sluit aan bij de vragen en wensen van het gezin, versterkt dat wat goed gaat en de aanwezige krachten en richt zich op het concreet aanleren van vaardigheden.

Van geheel andere orde zijn de trainingen 'mindfulness'. De ontwikkelaar Kabat-Zinn definieert mindfulness als 'bewust aanwezig zijn in het hier en nu, zonder te oordelen' (Van Dijk et al., 2010). De mindfulnesstraining is aanvankelijk ontwikkeld als stressreductietraining voor volwassenen, maar wordt inmiddels – ook voor jongeren – voor meerdere problemen ingezet, waaronder depressieve klachten en agressieproblemen (Bögels et al., 2008). De training bestaat uit acht groepsbijeenkomsten van tweeëneenhalf uur. Het doel van de training is om 'van moment tot moment bewust aanwezig te zijn' en lichamelijke sensaties, emoties en gedachten te observeren zonder daar een oordeel over te hebben. Mindfulness is geworteld in boeddhistische tradities en is gericht op het vergroten van het inzicht in de eigen mentale processen, zoals de vicieuze cirkel tussen piekeren en depressieve gevoelens. Tijdens de training worden meditatie- en yoga-oefeningen gedaan. Deze oefeningen worden afgewisseld met psycho-educatie: uitleg over hoe gedachten je emoties en gedrag beïnvloeden. Huiswerk bestaat uit meditatie- en yoga-oefeningen en (registratie)opdrachten ten aanzien van eigen gedachten en gevoelens.

Tot slot mag de Eigen Kracht-conferentie niet onvermeld blijven. Een Eigen Krachtconferentie heeft als doel dat gezinnen zelf de verantwoordelijkheid nemen om problemen op te lossen met behulp van hun familie en sociale netwerk (Van Pagée, 2003). De jongere en ouders worden gestimuleerd samen met hun netwerk te onderzoeken hoe zij de problemen willen en kunnen aanpakken tijdens een bijeenkomst met het gezin, familieleden, vrienden en eventueel andere betrokkenen. De conferentie wordt samengeroepen en begeleid door een speciaal daartoe getraind persoon die geen hulpverlener is. Doel is de problemen op te lossen, te verminderen of draaglijker te maken. De conferentie mondt uit in een gezamenlijk plan van aanpak. De ervaring leert dat de betrokken hulpverleners of jeugdbeschermers dit plan doorgaans accepteren. Acceptatie is echter geen automatisme, in sommige gevallen zijn aanpassingen noodzakelijk. Meestal hebben die betrekking op betere garanties voor de veiligheid van de jongere. De aanpak is eind jaren negentig vanuit Nieuw-Zeeland (Maori-cultuur) en de Verenigde Staten (Family Group Conference) in de Nederlandse jeugdzorg geïntroduceerd. Eigen Kracht-conferenties worden bij uiteenlopende problemen ingezet, zoals bij ouders met psychische en verslavingsproblematiek, bij echtscheidingsproblemen, gedragsproblemen van de jongere, pedagogische onmacht, ziekte/dood, huiselijke geweld, en combinaties hiervan.

De Eigen Kracht-conferentie blijkt een geschikt middel te zijn voor kinderen en jongeren met een ondertoezichtstelling (Wijnen-Lunenburg et al., 2008). De conferenties helpen om hulp op gang te brengen samen met het netwerk, de sociale cohesie te versterken en de veiligheid van de jongere te vergroten. Voor jongeren biedt de Eigen Kracht-conferentie een aantal voordelen: zij kunnen meepraten over de oplossing van problemen en zich daarbij gesteund voelen door personen uit het sociale netwerk. De uitdaging is wel dat jongeren voldoende hun zegje kunnen doen, zich voldoende gehoord voelen en ook echt mogen meebeslissen. Goede voorbereiding van de jongere en aanwezigheid van voldoende ondersteunende personen voor de jongere kunnen hieraan bijdragen.

15.12 Besluit

De adolescentie brengt specifieke vragen en problemen met zich mee. De meeste jongeren lossen deze heel goed op, op eigen kracht en met hulp van hun eigen sociale netwerk en sociale media. Een kleine groep adolescenten heeft professionele hulp nodig, soms kort en eenvoudig, soms intensiever, complexer en langduriger. Het beschikbare palet aan hulpvormen en behandelingsprogramma's voor jongeren is divers en omvangrijk. Jongeren – en ook hun ouders – zoeken daarbinnen ook hun eigen weg. Ondanks alle nieuwe digitale ontwikkelingen, lijken bepaalde aspecten in de houding van hulpverleners die met adolescenten werken tijdloos: sluit aan bij hun ontwikkelingstaken, houd rekening met de onzekerheden en problemen die de adolescentie met zich meebrengt en neem de ideeën, meningen, twijfels, wensen en eigen oplossingen van jongeren heel serieus.

Literatuur

AACAP (1998). Practice parameters for the assessment and treatment of children and adolescents with depressive disorders. *Journal of the American Academy of Child and Adolescent Psychiatry, 37*, 63S-83S.

Abela, J.R.Z., & Hankin, B.L. (2008). *Handbook of Child and Adolescent Depression.* Guilford Press.

Abraham, M.D., Kaal, H.L., & Cohen P.D.A. (2002). *Licit and illicit drug use in the Netherlands, 2001.* Amsterdam: Mets & Schilt.

Achenbach, Th.M. (1990). Conceptualization of developmental psychopathology. In M. Lewis & S.M. Miller (Eds.), *Handbook of developmental psychopathology* (pp. 3-14). New York: Plenum Press.

Ackerman, N.W. (1968). *Treating the troubled family.* New York: Basic Books.

Adelson, J., & Doehrman, M.J. (1980). The psychodynamic approach to adolescence. In J. Adelson (Ed.), *Handbook of adolescent psychology* (pp. 99-116). New York: Wiley.

Adleman, N.E., Menon, V., Blasey, C.M., White, C.D., Warsofsky, I.S., Glover, G.H., & Reiss, A.L. (2002). A developmental fMRI study of the Stroop color-word task. *Neuroimage, 16*, 61-75.

Adolphs, R. (2003). Cognitive neuroscience of human social behavior. *Nature Reviews, 4*, 165-178.

Ahmed, L.M., Ong, K.K., & Dunger, D.B. (2009). Childhood obesity and the timing of puberty. *Trends in Endocrinology and Metabolism, 20*, 237-242.

Aken, M. van (2004). Het samenspel van persoon en omgeving in de ontwikkeling van jonge kinderen. In G.M. van der Aalsvoort (Ed.), *Een kind, een plan* (pp. 25-40). Leuven: Acco.

Aken, M.A.G. van (2002). *Ontwikkeling in relaties.* Utrecht: Quickprint.

Aken, M.A.G. van (2009). Personality in children and adolescents. In: R.E. Tremblay, M.A.G. van Aken, & W. Koops (Eds.) *Development and Prevention of Behaviour Problems. From Genes to Social Policy* (pp. 131-143). New York: Psychology Press.

Akker, A.L. van den, Dekovic', M., & Prinzie, P. (2010). Transitioning to adolescence: How changes in child personality and overreactive parenting predict adolescent adjustment problems. *Development and Psychopathology, 22*, 151-163.

Aksglaede, L., Sorensen, K., Petersen, J.H., Skakkebaek, N.E., & Juul, A. (2009). Recent decline in age at breast development: the Copenhagen Puberty Study. *Pediatrics, 123*, 932-939.

Al-Owidha, A., Green, K.E., & Kroger, J. (2009). On the question of an identity status category order: Rasch model step and scale statistics used to identify category order. *International Journal of Behavioral Development, 33*, 88-96.

Al-Sahab, B., Ardern, C.I., Hamadeh, M.J., & a Tamim, H. (2012). Age at menarche and current substance use among Canadian adolescent girls: Results of a cross-sectional study. *BMC Public Health, 12*, 195.

Alink, L.R., IJzendoorn, M.H. van, Bakermans-Kranenburg, M.J., Mesman, J., Juffer, F., & Koot, H.M. (2008). Cortisol and externalizing behavior in children and adolescents: mixed meta-analytic evidence for the inverse relation of basal cortisol and cortisol reactivity with externalizing behavior. *Developmental Psychobiology, 50*, 427-450.

Allen, J.P., Moore, M., Kuperminc, G., & Bell, K. (1998). Attachment and adolescent psychosocial functioning. *Child Development, 69*, 1406-1419.

Alois-Young, P.A., Graham, J.W., & Hansen, W.B. (1994). Peer influence on smoking initiation during early adolescence: A comparison of group members and group outsiders. *Journal of Applied Psychology, 79*, 281-287.

Alsaker, F.D. (1992). Pubertal timing, overweight, and psychological adjustment. *Journal of Early Adolescence, 12*, 396-419.

Alsaker, F.D. (1995). Timing of puberty and reactions to pubertal changes. In M. Rutter (Ed.), *Psychosocial disturbances in young people. Challenges for prevention* (pp. 37-82). New York: Cambridge University Press.

Alsaker, F.D. (1996). The impact of puberty. *Journal of Child Psychology and Psychiatry, 37,* 249-258.

Altschul, I., Oyserman, D., & Bybee, D. (2006). Racial-ethnic identity in mid-adolescence: Content and change as predictors of academic achievement. *Child Development, 77,* 1155- 1169.

Amato, P.R., & Beattie, B. (2011). Does the unemployment rate affect the divorce rate? An analysis of state data 1960-2005. *Social Science Research, 40,* 705-715.

Amelsvoort, T. van (2013). *Transitiepsychiatrie: Bridging the gap.* Oratie Universiteit Maastricht.

American Academy of Child and Adolescent Psychiatry (2001). Practice Parameters for the Assessment and Treatment of Children and Adolescents With Suicidal Behavior. *Journal of the American Academy of Child and Adolescent Psychiatry, 40,* 24S-51S.

American Psychiatric Association (1987). *Diagnostic and statistical manual of mental disorders* (3rd ed., rev.). Washington, DC: Author.

American Psychiatric Association (1994). *Diagnostic and Statistical Manual of Mental Disorders* (4th ed.). Washington DC: American Psychiatric Association.

American Psychiatric Association (2000). *Diagnostic and Statistical Manual of Mental Disorders* (4th ed.- Text Revision) (DSM-IV-TR). Washington, DC: American Psychiatric Association.

Andersson, T., & Magnusson, D. (1990). Biological maturation and the development of drinking habits and alcohol abuse among young males. A prospective longitudinal study. *Journal of Youth and Adolescence, 19,* 33-41.

Angold, A. & Costello, E.J. (2001). The epidemiology of depression in children and adolescents. In I.M. Goodyer (Reds.). *The depressed child and adolescent.* Cambridge: Cambridge University Press.

Angold, A., Costello, E.J., Erkanli, A., & Worthman, C.M. (1999). Pubertal changes and hormone levels and depression in girls. *Psychological Medicine, 29,* 1043–1053.

Angold, A., Costello, E.J., & Worthman, C.M. (1998). Puberty and depression: The role of age, pubertal status, and pubertal timing. *Psychological Medicine, 28,* 51–61.

Apter, T. (1990). *Altered loves: Mothers and daughters during adolescence.* New York: St. Martins Press.

Apter, D., & Hermanson, E. (2002). Update on female pubertal development. *Current Opinions on Obstetric Gynaecology, 14,* 475-481.

Archer, S.L. (Ed.) (1994). *Interventions for adolescent identity formation.* Thousand Oaks, CA: Sage.

Archibald, A.B., Graber, J.A., & Brooks-Gunn, J. (1999). Associations among parent-adolescent relationships, pubertal growth, dieting, and body image in young adolescent girls: A short-term longitudinal study. *Journal of Research on Adolescence, 9,* 395-415.

Arim, R.G., Tramonte, L., Shapka, J.D., Dahinten, V.S., & Willms, J.D. (2011). The Family Antecedents and the Subsequent Outcomes of Early Puberty. *Journal of Youth and Adolescence, 40,* 1423-1435.

Arnett, J.J. (1999). Adolescent storm and stress, reconsidered. *American Psychologist, 54,* 317-326.

Arnett, J.J. (2000). Emerging adulthood. A theory of development from the late teens through the twenties. *American Psychologist, 55,* 469-480.

Arnett, J.J. (2004). *Adolescence and emerging adulthood: A cultural approach.* Boston: Prentice Hall.

Arnett, J.J. (2007). Emerging adulthood: what is it, and what is it good for. *Child Development Perspectives, 1,* 68-73.

Arnett, J.J., & Cravens, H. (Eds.) (2006). G. Stanley Hall's Adolescence: A centennial reappraisal. *History of Psychology, 9,* 165-171.

Aro, H., & Taipale, V. (1987). The timing of puberty on psychosomatic symptoms among fourteen- to sixteen-year-old Finnish girls. *Child Development, 58,* 261–268.

Arseneault, L., Bowes, L., & Shakoor, S. (2010). Bullying victimization in youths and mental health problems: 'Much ado about nothing'? *Psychological Medicine, 40,* 717-729.

As, N.M.C. van (1999) *Family functioning and child behavior problems.* Academisch proefschrift. Nijmegen: Universiteitsdrukkerij.

Atkinson, R., & Shiffrin, R. (1968). Human memory: A proposed system and its control processes. In K. Spence & J. Spence (Red.), *The psychology of learning and motivation: Advances in research and theory* (Vol. 2, pp. 89-195). New York: Academic Press.

Aunola, K., & Nurmi, J.E. (2005). The role of parenting styles in children's problem behavior. *Child Development, 76,* 114-1159.

Bagwell, C.L., Bender, S.E., Andreassi, C.L., Kinoshita, T.L., Montarello, S.A., & Muller, J.G. (2005). Friendship quality and perceived relationship changes predict psychosocial adjustment in early adulthood. *Journal of Social and Personal Relationships, 22,* 235-254.

Baird, A.A. (2008). Moral reasoning in adolescence: The integration of emotion and cognition. In W. Sinnott-Armstrong (Ed.), *Moral Psychology* (pp. 323-342). The MIT Press.

Bakker, B.F.M., Walberg, A., & Blom, M. (2005). Jeugdige verdachten. In M. Blom, J. Oudhof, R.V. Bijl & B.F.M. Bakker (Red.), *Verdacht van criminaliteit. Allochtonen en autochtonen nader bekeken* (pp. 45–58). Cahier 2005-2. Den Haag: Ministerie van Justitie, Wetenschappelijk Onderzoek- en Documentatie Centrum.

Bakker, F., & Vanwesenbeeck, I. (2006). *Seksuele gezondheid in Nederland 2006.* Delft: Eburon.

Baldwin, A.L., Baldwin, C., & Cole, R.E. (1990). Stress-resistant children. In J. Rolf, A. Masten, D. Cicchetti, K.H. Neucherlein & S. Weintraub, (Eds.), *Risk and protective factors in the development of psychopathology* (pp. 257-280). New York: Cambridge University Press.

Baldwin, M.W., & Baccus, J.R. (2004). Maintaining a focus on the social goals underlying self-conscious emotions. *Psychological Inquiry, 15,* 139-144.

Baldwin, S.A., & Hoffmann, J.P. (2002). The dynamics of self-esteem: a growth-curve analysis. *Journal of Youth and Adolescence, 21,* 101-113.

Baltes, P.B., Reese, H.W., & Lipsitt, L.P. (1980). Life-span developmental psychology. *Annual Review of Psychology, 31,* 65-110.

Baltes, P.B., Smith, J., & Staudinger, U.M. (1992). Wisdom and succesful aging. In T. Sonderegger (red.), *Nebraska Symposium on Motivation* (vol 39, pp. 123-167). Lincoln NB: University of Nebraska Press.

Bancroft, J. (1989). *Human sexuality and its problems.* 2nd Ed. Edinburgh: Churchill Livingstone.

Bancroft, J. (2009). *Human sexuality and its problems,* 3rd edition.Elsevier.

Bancroft, J., Herbenick, D., & Reynolds, M. (2003). Masturbation as a marker of sexual development. In: J. Bancroft (Ed.). *Sexual Development in Childhood* (pp. 156-185). Bloomington: Indiana University Press.

Bandura, A. (1977a). Self-efficay: toward a unifying theory of behavioral change. *Psychological Review, 84,* 191-215.

Bandura, A. (1977b). *Social learning theory.* Englewood Cliffs, NJ: Prentice-Hall.

Banerjee, M. (1997). Hidden emotions: Preschoolers' knowledge of appearance-reality and emotion display rules. *Social Development, 15,* 107-132.

Bank, L., Burraston, B., & Snyder, J. (2004). Sibling conflict and ineffective parenting as predictors of adolescent boys' antisocial behavior and peer difficulties: Additive and interactional effects. *Journal of Research on Adolescence, 14,* 99-125.

Barber, B.K. (2002). *Intrusive parenting. How psychological control affects children and adolescents.* Washington, DC: American Psychological Association.

Barber, B.K., & Olsen, J.A. (1997). Socialization in context: Connection, regulation, and autonomy in the family, school, and neighborhood, and with peers. *Journal of Adolescent Research, 12,* 287-315.

Barber, J.G. & Delfabbro, P. (2000). Predictors of adolescent adjustment: Parent-peer relationships and parent-child conflict. *Child and Adolescent Social Work Journal, 17*, 275-288.

Bariaud, F., Rodriguez-Tome, H., Cohen-Zardi, M.F., Delmas, C., & Janvoi, B. (1999). Effects of puberty on the self-concepts of adolescents. *Archives de Pédiatrie, 9*, 952-957.

Barnes, G.M., & Farrell, M.P. (1992). Parental support and control as predictors of adolescent drinking, delinquency, and related problem behavior. *Journal of Marriage and the Family, 54*, 763-776.

Barnoski, R. (2004). *Outcome Evaluation of Washington State Research-Based Programs for Juvenile Offenders* (Document No. 04-01-1201). Olympia: Washington State Institute for Public Policy.

Barrett, K.C. (1995). A functionalist approach to shame and guilt. In J.P. Tangney & K.W. Fischer (Eds.), *Self-conscious emotions: Shame, guilt, embarrassment and pride* (pp. 25-63). New York: Guilford.

Bartelink, C. (2011). *Motiverende gespreksvoering*. Utrecht: Nederlands Jeugdinstituut.

Bartels, A.A.J. (2001a). Behandeling van jeugdige delinquenten volgens het competentiemodel. *Kind en Adolescent, 22*, 211-226.

Bartels, A.A.J. (2001b). Het sociale-competentiemodel in forensische jeugdpsychiatrie: verdieping en verbreding. In H.P.M. van Leeuwen, N.W. Slot & M. Uijterwijk, (red.). *Antisociaal gedrag bij jeugdigen. Determinanten en interventies* (pp. 95-124). Lisse: Swets & Zeitlinger.

Bartels, A.A.J., Schuursma, S. & Slot, N.W. (2001). Interventies. In R. Loeber, N.W. Slot & J.A. Sergeant (red.). *Ernstige en gewelddadige jeugddelinquentie. Omvang, oorzaken en interventies* (pp. 291-318). Houten/Diegem: Bohn Stafleu Van Loghum.

Bates, E.A., & Elman, J.L. (1993). Connectionism and the study of change. In M.H. Johnson (red.) *Brain development and cognition: A reader* (pp. 623-642). Cambridge, MA: Blackwell.

Baumeister, R.F., & Blackhart, G.C. (2007). Three perspectives on gender differences in adolescent sexual development. In R. Engels, M. Kerr, H. Stattin (Eds.), *Friends, lovers and groups: key relationships in adolescence* (pp. 93-104). Chichester: John Wiley & Sons, Ltd.

Baumeister, R.F., Boden, J.M., & Smart, L. (1996). Relation of threatened egotism to violence and agression: the dark side of high self-esteem. *Psychological review, 103*, 5-33.

Baumeister, R.F., & Leary, M.R. (1995). The need to belong: Desire for interpersonal attachments as a fundamental human motivation. *Psychological Bulletin, 117*, 497-529.

Baumeister, R.F., Smart, L., & Boden, J.M. (1996). Relation of threatened egotism to violence and aggression: The dark side of high self-esteem. *Psychological Review, 103*, 5-33.

Baumrind, D. (1991). Parenting styles and adolescent development. In: J. Brooks-Gun, R. Lerner & A.C. Peterson (Eds.), *The encyclopedia of adolescence* (pp. 746-758). New York: Garland.

Bayley, N. (1970). Development of mental abilities. In P. Mussen (red.), *Carmichael's manual of child psychology* (pp.1163-1209). Vol 1. New York: Wiley.

Beam, M.R., Gil-Rivas, V., Greenberger, E., & Chen, C, (2002). Adolescent problem behavior and depressed mood: Risk and protection within and across social contexts. *Journal of Youth and Adolescence, 31*, 343-357.

Beck, J.S. (1995). *Cognitive therapy*. New York: The Guilford Press.

Beck, J.S. (1999). *Basisboek cognitieve therapie*. Baarn: Uitgeverij Intro.

Beenakkers, E.M.Th. (2001). *Effectiviteit van sanctieprogramma's: op zoek naar interventies die werken: met name bij zeden- en gewelddelinquenten met cognitieve tekorten: een literatuuronderzoek*. Den Haag: WODC.

Beidel, D.C., & Alfano, C.A. (2011). *Child anxiety disorders*. Routledge: London.

Belsky, J., & Pluess, M. (2009). Beyond diathesis-stress: Differential susceptibility to environmental influence. *Psychological Bulletin, 135*, 885-908.

Belsky, J., Steinberg, L.D., Houts, R.M., Friedman, S.L., DeHart, G., Cauffman, E., et al. (2007). Family rearing antecedents of pubertal timing. *Child Development, 78*, 1302-1321.

Benson, P.L., Scales, P.C., Hamilton, S.F,. & Sesma Jr., A. (2006). Positive youth development: Theory, research, and applications. In W. Damon (Series Ed.) & R.M. Lerner (Vol. Ed.), *Handbook of child psychology. Vol. 1. Theoretical models of human development* (6th ed., pp. 894-941). New York: Wiley.

Berg, P.A. van den, Mond, J., Eisenberg, M., Ackard, D., & Neumark-Sztainer, D. (2010). The link between body dissatisfaction and self-esteem in adolescents: Similarities across gender, age, weight status, race/ethnicity, and socioeconomic status. *Journal of Adolescent Health, 47,* 290-296.

Berger, M., Bierling, I., Dam, C. van, & Wijgergangs, H. (2006). *IOG-Erger voorkomen: De methodiekhandleiding.* Lichtenvoorde: Forum.

Bergh, C., & Södersen, P. (1996). A new treatment of anorexia nervosa. *The Lancet, 348,* 611-612.

Bergh, H.S.P. van den, Keet, I.P.M., Hoek, J.A.R. van den, & Sandfort, Th.G.M. (1993). *First experiences with anal intercourse: Specific risks for young gay men.* IX International Conference on AIDS, Berlijn: 6-11 juni.

Berman, S.L., Montgomery, M.J., & Kurtines, W.M. (2004). The development and validation of a measure of identity distress. *Identity: an International Journal of Theory and Reseach, 4,* 1-8.

Berzonsky, M.D. (2000). Theories of adolescence. In G. Adams (Ed.), *Adolescent development: The essential readings* (pp. 11-27). Oxford, UK: Blackwell.

Berzonsky, M.D. (2003). Identity style and well-being: Does commitment matter? *Identity. An International Journal of Theory and Research, 3,* 131-142.

Berzonsky, M.D. (2004). Identity processing style, self-construction, and personal epistemic assumptions: a social-cognitive perspective. *European Journal of Developmental Psychology, 1,* 303-315.

Beyers, W. (2001). *The detachment debate: The separation-adjustment link in adolescence.* Doctoraatsproefschrift, Katholieke Universiteit Leuven, België.

Beyers, W. (2004). Emotioneel loskomen van de ouders tijdens de adolescentie. In L. Goossens, D. Hutsebaut & K. Verschueren (Reds.), *Ontwikkeling en levensloop.* Liber amicorum Alfons Marcoen (pp. 171-190). Leuven: Universitaire Pers.

Beyers, W., & Goossens, L. (1999). Emotional autonomy, psychosocial adjustment, and parenting: Interactions, moderating, and mediating effects. *Journal of Adolescence, 22,* 753-769.

Beyers, W., & Goossens, L. (2008). Dynamics of percieved parenting and identity formation in late adolescence. *Journal of Adolescence, 31,* 165-184.

Beyers, W., Goossens, L., Vansant, I., & Moors, E. (2003). A structural model of autonomy in middle and late adolescence: Connectedness, Separation, Detachment, and Agency. *Journal of Youth and Adolescence, 32,* 351-365.

Bijleveld, C.C.J.H., Geest, V. van der, & Hendriks, J. (2012). Vulnerable youth in pathways to adulthood. In R. Loeber, M. Hoeve, N.W. Slot & P. van der Laan (Red.), *Persisters and Desisters in Crime from Adolescence into Adulthood. Explanation, Prevention and Punishment* (pp. 105-127). Farnam: Ashgate.

Birmaher, B., Ryan, N., Williamson, D., Brent, D., & Kaufman, J. (1996). Childhood and adolescent depression: a review of the past 10 years. Part II. *Journal of the American Academy of Child and Adolescent Psychiatry, 35,* 1575-1583.

Biro, F.M., Galvez, M.P., Greenspan, L.C., Succop, P.A., Vangeepuram, N., Pinney, S.M., Teitelbaum, S., Windham, G.C., Kushi, L.H., & Wolff, M.S. (2010). Pubertal assessment method and baseline characteristics in a mixed longitudinal study of girls. *Pediatrics, 126,* e583–e590.

Blakemore, S., & Choudhury, S. (2006). Development of the adolescent brain: implications for executive function and social cognition. *Journal of Child Psychology and Psychiatry, 47,* 296–312.

Blakemore, S. J. (2008). The social brain in adolescence. *Nature Reviews, 9,* 267-277.

Blasi, A. (1983). Moral cognition and moral action: A theoretical perspective. *Developmental Review 3,* 178-210.

Blokland, A.A.J., & Palmen, H. (2012). Criminal Career Patterns. In: R. Loeber, M. Hoeve, N.W. Slot & P. van der Laan (Red.), *Persisters and Desisters in Crime from Adolescence into Adulthood. Explanation, Prevention and Punishment* (pp. 13-51). Farnam: Ashgate

Blom, M., Oudhof, J., Bijl, R.V., & Bakker, B.F.M. (2005). *Verdacht van criminaliteit: Allochtonen en autochtonen nader bekeken.* Den Haag: WODC/CBS. Cahier 2005-2.

Blos, J. (1979). *The adolescent passage. Developmental issues.* New York: International University Press.

Blos, P. (1962). *On adolescence: A psychoanalytic interpretation.* New York: Free Press.

Blos, P. (1967). The second individuation process of adolescence. *Psychoanalytic Study of the Child, 29,* 107-157.

Blyth, D.A., Simmons, J.K., & Zakin, D.F. (1985). Satisfaction with body image for early adolescent females: the impact of pubertal timing within different school environments. *Journal of Youth and Adolescence, 14,* 207–225.

Blyth, D.A., Simmons, R.G., & Cartlon-Ford, S. (1983). The adjustment of early adolescents to school transitions. *Journal of Early Adolescence, 3,* 105-120.

Boden, J.M., Fergusson, D.M., & Horwood, L.J. (2008). Does adolescent self-esteem predict later life outcomes? A test of the causal role of self-esteem. *Development and psychopathology, 20,* 319-339.

Boendermaker, L., Veldt, M.C. van der, & Booy, Y. (2003). *Nederlandse studies naar de effecten van jeugdzorg.* Utrecht: NIZW.

Boer, F. (1994). *Een gegeven relatie.* Amsterdam: Prometheus.

Boer, F. (1997). *Elk kind maakt zijn eigen vader en moeder.* Leiden: Rijksuniversiteit Leiden.

Boer, F. (2006a). Angststoornissen. In Th. Doreleijers, F. Boer, J. Huisman, R. Vermeiren & E. de Haan (red.), *Leerboek Psychiatrie Kinderen en Adolescenten* (pp. 301-310). Utrecht: De Tijdstroom.

Boer, F. (2006b). Stemmingsstoornissen. In Th. Doreleijers, F. Boer, J. Huisman, R. Vermeiren & E. de Haan (red.), *Leerboek Psychiatrie Kinderen en Adolescenten* (pp. 333-343). Utrecht: De Tijdstroom.

Boer, F. (2011a). Wat maakt dat sommige kinderen hun angst niet kunnen bedwingen? In A.J.L.M. van Balkom, D. Oosterbaan, S. Visser, & I.M. van Vliet (red.). *Handboek Angststoornissen* (pp. 267 - 278). Utrecht: De Tijdstroom.

Boer, F. (2011b). Dwangfenomenen bij kinderen en adolescenten: een ontwikkelingsperspectief. In A.J.L.M. van Balkom, D. Oosterbaan, S. Visser, & I.M. van Vliet (red.). *Handboek Angststoornissen* (pp. 279 - 286). Utrecht: De Tijdstroom.

Boer, F., & Bögels, S. (2002). Angststoornissen bij kinderen – genetische en gezinsinvloeden. *Kind en Adolescent, 23,* 266-284.

Boer, F., & Lindhout, I. (2001). Family and genetic influences: Is anxiety all in the family? In: W.K. Silverman & Ph.D.A. Treffers (Eds.), *Anxiety disorders in children and adolescents: Research, assessment and intervention* (pp. 235-254). Cambridge: Cambridge University Press.

Bögels, S.M. (2008). *Behandeling van angststoornissen bij kinderen en adolescenten. Met het cognitief-gedragstherapeutisch protocol Denken + Doen = Durven.* Houten: Bohn Stafleu Van Loghum.

Bögels, S., Hoogstad, B., & Dun, L. van (2008). Mindfulness Training for Adolescents with Externalizing Disorders and their Parents. *Behavioural and cognitive psychotherapy, 36,* 193-209.

Bohrnstedt, G.W., & Felson, R.B. (1983). Explaining the relations among children's actual and perceived performances and self-esteem: A comparison of several causal models. *Journal of Personality and Social Psychology, 45,* 43–56.

Bol, M.W., Terlouw, G. J., Blees, L.W., & Verwers, C. (1998). *Jong en gewelddadig. Ontwikkeling en achtergronden van de geweldscriminaliteit onder jeugdigen.* Den Haag: Wetenschappelijk Onderzoek- en Documentatiecentrum.

Boom, J., & Olthof, T.(1994). Kohlbergs theorie over de ontogenese van rechtvaardigheidsoordelen. In T. Olthof & D. Brugman (red.), *Het ontstaan van moreel besef* (pp. 39-65). Lisse: Swets & Zeitlinger.

Booth, J. R., Burman, D.D., Meyer, J.R., Lei, Z., Trommer, B.L., Davenport, N.D., & Mesulam, M. M. (2003). Neural development of selective attention and response inhibition. *Neuroimage, 20,* 737-751.

Bordini, B. & Rosenfield, R.L. (2011). Normal pubertal development: Part I: The endocrine basis of puberty. *Pediatrics in Review, 32,* 223-229.

Borst, S.R., & Noam, G.G. (1993). Developmental psychopathology in suicidal and non-suicidal girls. *Journal of the American Academy of Child and Adolescent Psychiatry, 32,* 501-508.

Bos, W. van den, Dijk, E. van, Westenberg, M., Rombouts, S.A., & Crone, E.A. (2011). Changing brains, changing perspectives: the neurocognitive development of reciprocity. *Psychological Science, 22,* 60-70.

Bosch, J.D., & Seys, J.M. (1998). Mediatietherapie en operante technieken bij ouders, leerkrachten en in de residentiële setting. In: P.J.M. Prins & J.D. Bosch (Red.), *Methoden en technieken van gedragstherapie bij kinderen en jeugdigen* (pp. 51-88). Houten/Diegem: Bohn Stafleu Van Loghum.

Bosch, J.D., & Slot, W. (1998). Cognitie en emotionele stoornissen bij kinderen. In: J.D. Bosch, H.A. Bosma, R.J. van der Gaag, A.J.J.M. Ruijssenaars & A. Vyt (Red.), *Jaarboek Ontwikkelingspsychologie, orthopedagogiek en kinderpsychiatrie 3 (1998-1999)* (pp. 123-148). Houten: Bohn Stafleu van Loghum.

Bosma, H.A. (1985). *Identity development in adolescence: Coping with commitments.* Groningen: Rijksuniversiteit, Dissertatie.

Bosma, H.A., & Nijholt, S. (1986). Identiteit in de adolescentie: Verschillen tussen hoog en laag opgeleide jongeren van 14-15 en 19-20 jaar oud. In M. du Bois-Reymond, J. Hazekamp & M. Matthijssen (red.), *Jeugd onderzocht* (pp.55-74). Amersfoort: Giordano Bruno.

Bosma, H.A., Jackson, S.E., Zijsling, D.H., Zani, B., Cicognani, E., Xerri, M.L., Honess, T.M., & Charman, L. (1996). Who has the final say? Decisions on adolescent behavior within the family. *Journal of Adolescence, 19,* 277-291.

Bosma, H.A., & Kunnen, E.S (2008). Identity-in-context is not yet identity development-in-context. *Journal of Adolescence, 31,* 281-189.

Boszormenyi-Nagy, I. (1987). *Foundation of contextual therapy.* New York: Brunner / Mazel.

Bouwmeester, M., Dekovic´, M., & Groenendaal, H. (1998). *Opvoeding in Somalische vluchtelingengezinnen in Nederland.* Assen: Van Gorcum.

Bowlby, J. (1980). *Attachment and loss: Vol. 3. Loss, sadness and depression.* London: The Hogarth Press and the Institute of Psycho-Analysis.

Bowlby, J. (1982). *Attachment and loss: Vol. 1. Attachment* (2nd edition). New York: Basic Books.

Bowlby, J. (1988). *A secure base: Parent-child attachment and healthy human development.* New York: Basic Books.

Bradley, R.H. & Corwyn, R.F. (2002). Socioeconomic status and child development. *Annual Review of Psychology, 53,* 371-399.

Braet, C. (2000). Cognitieve gedragstherapie voor depressieve kinderen. In C. de Wit, C. Braet & T. Snaterse (Red.), *Behandeling van depressie bij kinderen en adolescenten* (pp. 39-63). Lisse: Swets & Zeitlinger.

Braet, C., & Bögels, S.M. (2008). *Protocollaire behandelingen voor kinderen met psychische klachten.* Amsterdam: Boom.

Braet, C., & Timbremont, B. (2008). Stemmingsproblemen en depressie. In P. Prins & C. Braet (Red.). *Handboek klinische ontwikkelingspsychologie* (pp. 377-402). Houten: Bohn Stafleu van Loghum.

Branch, C.W., Tayal, P., & Triplett, C. (2000). The relationship of ethnic identity and ego identity status among adolescents and young adults. *International Journal of Intercultural Relations, 24,* 777-790.

Bratberg, G.H., Nilsen, T.I.L., Holmen, T.L., & Vatten, L.J. (2007). Early sexual maturation, central adiposity and subsequent overweight in late adolescence. A four-year follow-up of 1605 adolescent Norwegian boys and girls: the Young HUNT study. *BMC Public Health, 7,* 54.

Brendgen, M., Vitaro, F., & Bukowksi, W.B. (2000). Stability and variability of adolescents' affiliation with delinquent friends: Predictors and consequences. *Social Development, 9*, 205-225.

Brenner, E.M., & Salovey, P. (1997). Emotion regulation during childhood: Developmental, interpersonal and individual considerations. In P. Salovey & D.J. Sluyter (Eds.), *Emotional development and emotional intelligence* (pp. 168-195). New York: Basic Books.

Bretherton, I., & Beegly, M. (1982). Talking about internal states of mind: The acquisition of an explicit theory of mind. *Developmental Psychology, 18*, 906-921.

Brim, O.G., & Ryff, C.D. (1980). On the properties of life events. In P.B. Baltes & O.G. Brim, Jr. (Eds.), *Life-span development and behavior* (Vol. 3, pp. 367-388). New York: Academic Press.

Brock, A.J.L.L. de, Vermulst, A.A., Gerris, J.R.M., & Abidin, R.R. (1992). *NOSI / Nijmeegse Ouderlijke Stress Index. Handleiding experimentele versie.* Amsterdam: Pearson.

Brody, G. (1998). Sibling relationship quality: Its causes and consequences. *Annual Review of Psychology, 49*, 1-24.

Brody, G.H., Stoneman, Z., & McCoy, J.K. (1994). Contributions of family relationships and child temperaments to longitudinal variations in sibling relationship quality and sibling relationship styles. *Journal of Family Psychology, 8*, 274-286.

Bronfenbrenner, U. (1986). Ecology of the family as a context for human development: Research perspectives. *Developmental Psychology, 22*, 723-742.

Bronfenbrenner, U. (1995). Developmental ecology through space and time: A future perspective. In P. Moen, G.H. Elder Jr. & K. Lüscher (Eds.), *Examining lives in context: Perspectives on the ecology of human development* (pp. 619-647). Washington, DC: American Psychological Association.

Bronfenbrenner, U. (Ed.) (2005). *Making human beings human: Bioecological perspectives on human development.* Thousand Oaks, CA: Sage.

Bronfenbrenner, U., & Morris, P.A. (1998). The ecology of developmental processes. In: W. Damon & R.M. Lerner (Eds.). *Handbook of child psychology. Vol. 1: Theoretical models of human development.* 5th edition (pp. 993-1028). Hoboken: John Wiley & Sons Inc.

Bronfenbrenner, U., & Morris, P.A. (2006). The bioecological model of human development. In W. Damon (Series Ed.) & R.M. Lerner (Vol. Ed.), *Handbook of child psychology: Vol. 1. Theoretical models of human development* (6th ed., pp. 793-828). New York: Wiley.

Brooks-Gunn, J., & Reiter, E.O. (1990). The role of pubertal processes. In: S.S. Feldman & G.R. Elliott (Eds.), *At the threshold. The developing adolescent* (pp. 16-54). Cambridge: Harvard University Press.

Brosnan, S.F., & Waal, F.B.M. de (2003). Monkeys reject unequal pay. *Nature, 425*, 297–299.

Brown, B.B. (1990). Peer groups and peer cultures. In: S.S. Feldman & G. R. Elliott (red.) At the threshold, the developing adolescent. (171 – 197). Cambridge: Harvard University Press.

Brown, B.B., Dolcini, M.M., & Leventhal, A. (1997). Transformations in peer relationships at adolescence: Implications for health-related behavior. In J. Schulenberg, J.L. Maggs, & K. Hurrelmann (Eds.), *Health risk and developmental transitions during adolescence* (pp. 161-189). Cambridge, MA: Cambridge University Press.

Brown, B.B., Von Bank, H., & Steinberg, L. (2008). Smoke in the looking glass: effects of discordance between self- and peer related crowd affiliation on adolescent anxiety, depression and self-feeling. *Journal of Youth and Adolescence, 37*, 1163-1177.

Brown, J.D., Halpern, C.T., & L'Engle, K.L. (2005). Mass media as a sexual super peer for early maturing girls. *Journal of Adolescent Health, 36*, 420-427.

Brugman, D., Nas, C.N., Velden, F. van der, Barriga, A.Q., Gibbs, J.C., Potter G.B., & Liau, A.K. (2011). *Hoe Ik Denk Vragenlijst (HID). Handleiding.* Amsterdam: Boom test uitgevers.

Brugman, E., Goedhart, H., Vogels, T., & Zessen, G. van (1995). *Jeugd en Seks: Resultaten van het nationale scholierenonderzoek*. Utrecht: SWP.

Bruyn, E.E.J. de, Ruijssenaars, A.J.J.M., Pameijer, N.K., & Aarle, E.J.M. van (2003). *De diagnostische cyclus*. Leuven/Leusden: Acco.

Buchanan, C.M., Eccles, J.S., & Becker, J.B. (1992). Are adolescents the victims of raging hormones? Evidence for activational effects of hormones on moods and behavior at adolescence. *Psychological Bulletin, 111*, 62-107.

Buhrmester, D. (1990). Intimacy of friendship, interpersonal competence, and adjustment during preadolescence and adolescence. *Child Development, 61*, 1101-1111.

Buhrmester, D. (1996). Need fulfilment, interpersonal competence, and the developmental contexts of early adolescent friendship. In: W.M. Bukowski, A. Newcomb, & W. Hartup (Eds.), *The company they keep: Friendship in childhood and adolescence* (pp. 158–185). New York: Cambridge University Press.

Buist, K.L. (2010). Sibling relationship quality and adolescent delinquency: A latent growth curve approach. *Journal of Family Psychology, 24*, 400–410.

Buist, K.L., Deković, M., & Gerris, J.R.M. (2011). Dyadic family relationships and adolescent internalizing and externalizing problem behavior: Effects of positive and negative affect. *Family Science, 2*, 34–42.

Buist, K.L., Deković, M., Meeus, W., & Aken, M.A.G. van (2002). Developmental patterns in adolescent attachment to mother, father and sibling. *Journal of Youth and Adolescence, 31*, 167-176.

Buist, K.L., Deković, M., Meeus, W., & Aken, M.A.G. van (2004). The reciprocal relationship between early adolescent attachment and internalizing and externalizing problem behaviour. *Journal of Adolescence, 27*, 251-266.

Bukowski, W.M., Adams, R.E., & Santo, J.B. (2006). Recent advances in the study of development, social and personal experience, and psychopathology. *International Journal of Behavioral Development, 30*, 26-30.

Burnett, S., Bird, G., Moll, J., Frith, C., & Blakemore, S.J. (2009). Development during adolescence of the neural processing of social emotion. *Journal of Cognitive Neuroscience, 21*, 1736-1750.

Burnett, S., Sebastian, C., Cohen Kadosh, K., & Blakemore, S.J. (2010). The social brain in adolescence: Evidence from functional magnetic resonance imaging and behavioural studies. *Neuroscience & Biobehavioral Reviews, 35*, 1554-1564.

Burt, S.A., Krueger, R.F., McGue, M., & Iacono, W. (2003). Parent-child conflict and the comorbiditiy among childhood externalizing disorders. *Archives of General Psychiatry, 60*, 505-513.

Busch, L. (1998). Gruppenkultur als Indikator für eine deviante Orientierung von Cliquen im Jugendalter: Entwicklung einer Skala zur Erfassung der Gruppenkultur [Group culture as an indicator of deviant clique orientation in adolescence: Development of a scale to assess group culture]. *Gruppendynamik, 29*, 421-432.

Busseri, M.A., Rose-Krasnor, L., Willoughby, T., & Chalmers, H. (2006). A longitudinal examination of breadth and intensity of youth activity involvement and successful development. *Developmental Psychology, 42*, 1313-1326.

Campos, J.J., Frankel, C.B., & Camras, L. (2004). On the nature of emotion regulation. *Child Development, 75*, 377-394.

Card, N.A., & Little, T.D. (2006). Proactive and reactive aggression in childhood and adolescence: A meta-analysis of differential relations with psychosocial adjustment. *International Journal of Behavioral Development, 30*, 466-480.

Carskadon, M.A., & Acebo, C. (1993). A self-administered rating scale for pubertal development. *Journal of Adolescent Health Care, 14*, 190-195.

Carskadon, M.A., Acebo, C., Richardson, G.S., Tate, B.A., & Seifer, R. (1997). Long nights protocol: Access to circadian parameters in adolescents. *Journal of Biological Rythms, 12*, 178-289.

Cartensen, L.L., Charles, S.T., Isaacowitz, D.M., & Kennedy, Q. (2003). Emotion and life span development. In R.J. Richardson, K.R. Scherer & H.H. Goldsmith (Eds.), *Handbook of affective sciences* (pp. 726-744). Oxford: Oxford University Press.

Carter, B., & McGoldrick, M. (1989). *The Changing Family Life Cycle*. Second Edition. Boston: Allyn and Bacon.

Casey, B.J., Tottenham, N., Liston, C., & Durston, S. (2005). Imaging the developing brain: What have we learned about cognitive development? *Trends in Cognitive Science, 9*, 104-110.

Casey, B.J., S. Getz, & A. Galvan (2008). The adolescent brain. *Developmental Review, 28*, 62-77.

Caspi, A. (1995). Puberty and the gender organization of schools. In L.J. Crocket & A.C. Crouter (ed.), *Pathways through adolescence; individual development in relation to social contexts* (pp. 57-75). Mahwah (NJ): Lawrence Erlbaum.

Caspi, A. (1998). Personality development across the life course. In N. Eisenberg (Ed.), *Handbook of child psychology: Vol.3. Social, emotional, and personality development* (5th ed., pp. 311-388). New York: Wiley.

Caspi, A., Lynam, D., Moffitt, T.E., & Silva, P.A. (1993). Unraveling girls' delinquency: Biological, dispositional, and contextual contributions to adolescent misbehavior. *Developmental Psychology, 32*, 631–635.

Caspi, A., McClay, J., Moffitt, T.E., Jonathan Mill, J., Martin, J., Craig, I.W., Taylor, A., & Poulton, R. (2002). Role of genotype in the cycle of violence in maltreated children. *Science, 297*, 851-854.

Caspi, A., & Moffit, T.E. (1991). Individual differences are accentuated during periods of social change: The sample case of girls at puberty. *Journal of Personality and Social Psychology, 61*, 157-168.

Caspi, A., & Shiner, R.L. (2006). Personality development. In W. Damon, R.M. Lerner & N. Eisenberg (Eds.), *Handbook of Child Psychology, Volume 3, Social, Emotional, and Personality Development* (6th Edition, pp. 300-366). New York: Wiley.

Centraal Bureau voor de Statistiek (2006). *Statline, Regionale kerncijfers Nederland*. Gedownload, 11 februari 2007, van http://statline.cbs.nl/StatWeb/start.asp?lp=Carto

Centraal Bureau voor de Statistiek (2012). *Regionale kerncijfers Nederland*. Gedownload, 3 april 2012, van http://www.cbs.nl/nl-NL/menu/themas/dossiers/allochtonen/cijfers/bevolking/grote-gemeenten-sl.htm

Chandler, C.L., & Connell, J.P. (1987). Children's intrinsic, extrinsic and internalized motivation: A developmental study of children's reasons for liked and disliked behaviours. *British Journal of Developmental Psychology, 5*, 357-365.

Chandler, M.J. (1975). Relativism and the problem of epistemological loneliness. *Human Development, 18*, 171-180.

Chang, L., McBride-Chang, C., Stewart, S.M., & Au, E. (2003). Life satisfaction, self-concept and family relations in Chinese adolescents and children. *International Journal of Behavioral Development, 27*, 182-189.

Chein, J., Albert, D., O'Brien, L., Uckert, K., & Steinberg, L. (2011). Peers increase adolescent risk taking by enhancing activity in the brain's reward circuitry. *Developmental Science, 14*, F1-F10.

Chen, Z., & Dornbusch, S.M. (1998). Relating aspects of adolescent emotional autonomy to academic achievement and deviant behavior. *Journal of Adolescent Research, 13*, 293-319.

Chirkov, V., Ryan, R.M., Kim, Y., & Kaplan U. (2003). Differentiating autonomy from individualism and independence: A self-determination theory perspective on internalization of cultural orientations and well-being. *Journal of Personality and Social Psychology, 84*, 97-110.

Chorpita, B.F., & Barlow, D.H. (1998). The development of anxiety: the role of control in the early environment. *Psychological Bulletin, 124*, 3-21.

Chugani, H.T. (1994). Development of regional brain glucose metabolism in relation to behavior and plasticity. In G. Dawson & K.W. Fischer (Eds.), *Human behavior and the developing brain* (pp. 153-175). New York: Guilford.

Ciarrochi, J., Heaven, P.C.L., & Supavadeeprasit, S. (2008). The link between emotion identification skills and socio-emotional functioning in early adolescence: A 1-year longitudinal study. *Journal of adolescence, 31*, 565-582.

Cicchetti, D., & Garmezy, N. (1993). Prospects and promises in the study of resilience. Editorial. *Development and psychopathology, 5*, 497-502.

Cillessen, A.H.N., Bukowski, W.M., & Haselager, G.J.T. (2000). Stability of sociometric categories. In A.H.N. Cillessen & W.M. Bukowski (Eds.), *Recent advances in the measurement of acceptance and rejection in the peer system* (pp. 75-93), San Francisco: Jossey-Bass.

Clark, R.D., & Hatfield, E. (1989). Gender differences in receptivity to sexual offers. *Journal of Psychology and Human Sexuality, 2*, 39-55.

Cohen-Kettenis, P.T. (1995). Genderrolontwikkeling in de basisschoolleeftijd: implicaties voor de hulpverlening. *Kinder & Jeugdpsychotherapie, 22*, 78-87.

Cohen-Kettenis, P.T., & Sandfort, Th. (1996). Seksueel gedrag van kinderen: een kwantitatief onderzoek onder moeders. *Tijdschrift voor Seksuologie, 20*, 254-265.

Coie, J.D., & Dodge, K.A. (1998). The development of aggression and antisocial behavior. In N. Eisenberg (Red.), *Handbook of Child Psychology, Vol 3: Social, Emotional and Personality Development* (pp. 779-861). New York: Wiley.

Coie, J.D., Lochman, J.E., Terry, R., & Hyman, C. (1992). Predicting early adolescent disorder from childhood aggression and peer rejection. *Journal of Consulting and Clinical Psychology, 60*, 783-792.

Çok, F. (1990). Body image satisfaction in Turkish adolescents. *Adolescence, 25*, 409-413.

Colby, A., Kohlberg, L., Gibbs, J., & Lieberman, M. (1983). A longitudinal study of moral judgment. *Monographs of the Society for Research in Child Development, 48* (1-2, Serial No. 200).

Cole, P.M., & Kaslow, N.J. (1988). Interactional and cognitive strategies for affect regulation: Developmental perspective on childhood depression. In L.B. Alloy (Ed.), *Cognitive processes in depression* (pp. 310-345). New York: Guilford Press.

Cole, P.M., Michel, M.K., & O'Donnell Teti, L. (1994). The development of emotion regulation and dysregulation: A clinical perspective. In N.A. Fox (Ed.), *The development of emotion regulation: Biological and behavioral considerations. Monographs of the Society for Research in Child Development*, vol. 59, no. 2/3 (pp. 73-100). Malden: Blackwell Publishing.

Coleman, J.C. (1974). *Relationships in adolescence*. London: Routledge & Kegan Paul.

Coleman, J.C. (2011). *The nature of adolescence* (4th ed.). London: Routledge.

Coleman, J.S. (1961). *The adolescent society*. New York: Free Press.

Collins, W.A. (2004). Meer dan een mythe: de ontwikkelingspsychologische betekenis van liefdesrelaties in de adolescentie. *Kind en Adolescent Review, 11*, 1, 82-107.

Collins, W.A., Gleason, T., & Sesma, A. (1997). Internalization, autonomy, and relationships: Development during adolescence. In J.E. Grusec & L. Kuczynski (Eds.), *Parenting and children's internalization of values: A handbook of contemporary theory* (pp. 78-99). New York: Wiley.

Commissie Samson (2012). *Omringd door zorg, toch niet veilig. Seksueel misbruik van door de overheid uit huis geplaatste kinderen, 1945 tot heden*. Amsterdam: Boom.

Compas, B.E., Davis, G.E., & Forsythe, C.J. (1985). Characteristics of life events during adolescence. *American journal of community psychology, 13*, 677-691.

Compernolle, T. (1991). De structurele stroming. In: J. Hendrickx et al. (Red.), *Handboek gezinstherapie*. Houten: Bohn Stafleu Van Loghum.

Connor, D.F. (2002). *Aggression & Antisocial Behavior in Children and Adolescents. Research and Treatment*. New York: The Guilford Press.

Connor-Smith, J.K., Compas, B.E., Wadsworth, M.E., Thomsen, A.H., & Saltzman, H. (2001) Responses to stress in adolescence: Measurement of coping and involuntary stress responses. *Journal of Consulting and Clinical Psychology, 68,* 976-992.

Cooley, C.H. (1902). *Human nature and the social order.* New York: Scribners.

Cosmides, L., & Tooby, J. (2000). Evolutionary psychology and the emotions. In M. Lewis & J. M. Haviland-Jones (Eds.), *Handbook of Emotions, 2nd Edition.* (pp. 91-115.) NY: Guilford Press.

Costello, E.J., Copeland, W., & Angold, A. (2011). Trends in psychopathology across the adolescent years: What changes when children become adolescents, and when adolescents become adults? *Journal of Child Psychology and Psychiatry, 52,* 1015-1025.

Costello,. E.J., Egger, H.L., & Angold, A. (2004). Developmental epidemiology of anxiety disorders. In T.H. Ollendick & J.S. March (Eds.). *Phobic and anxiety disorders in children and adolescents. A clinical's guide to effective psychosocial and pharmacological interventions* (pp. 61-91). New York: Oxford University Press.

Costello, E.J., Mustillo, S., Erkanli, A., Keeler, G., & Angold, A. (2003). Prevalence and development of psychiatric disorders in childhood and adolescence. *Archives of General Psychiatry, 60,* 837-844.

Costello, E.J., Sung, M., Worthman, C., & Angold, A. (2007). Pubertal maturation and the development of alcohol use and abuse. *Drug and Alcohol Dependence, 88 Suppl 1,* S50-59.

Côté, J. (Ed.) (2000). The Mead-Freeman controversy in review [Special issue]. *Journal of Youth and Adolescence 29*(5).

Côté, J.E. (1994). *Adolescent storm and stress: An evaluation of the Mead/Freeman controversy.* Hillsdale, NJ: Erlbaum.

Côté, J. E. (2006). Identity studies: how close are we to developing a social science of identity? – An appraisal of the field. *Identity: An international journal of theory and research, 6,* 3-25.

Côté, J.E., & Levine, C.G. (1988). A critical examination of the ego identity status paradigm. *Developmental Review, 8,* 147-184.

Côté, J.E., & Levine, C.G. (2002). *Identity formation, agency, and culture: a social psychological synthesis.* Mahwah, NJ: Lawrence Erlbaum Associates, Inc.

Côté, J.E., & Schwartz, S.J. (2002). Comparing psychological and sociological approaches to identity: identity status, identity capital, and the individualization process. *Journal of Adolescence, 25,* 571-586.

Cowan, N. (2010). The magical mystery four : how is working memory capacity limited, and why? *Current Directions in Psychological Science, 19,* 51-57.

Cowan, N., Nugent, L.D., Elliott, E.M., Ponomarev, I., & Saults, J.S. (1999). The role of attention in the development of short-term memory: Age differences in the verbal span of apprehension. *Child Development, 70,* 1082-1097.

Cox, M.J., & Paley, B. (1997). Families as systems. *Annual Review of Psychology 48,* 243-267.

Crain, W. (2010). *Theories of development: Concepts and applications* (6th ed.). Upper Saddle River, NJ: Prentice Hall.

Creswell, C., Cooper, P., & Murray, L. (2010). Intergenerational transmission of anxious information processing bias. In J.A. Hadwin & A.P. Field (Eds.). *Information processing biases and anxiety: A developmental persepctive* (pp. 279-296). Chichester: Wiley.

Crick, N.R., & Dodge, K.A. (1994). A review and reformulation of social information-processing mechanisms in children's social adjustment. *Psychological Bulletin, 115,* 74-101.

Crick, N.R., & Zahn-Waxler, C. (2003). The development of psychopathology in females and males: Current progress and future challenges. *Development and Psychopathology, 15,* 719-742.

Crocetti, E., Rubini, M., & Meeus, W. (2008). Capturing the dynamics of identity formation in various ethnic groups: Development and validation of a three-dimensional model. *Journal of Adolescence, 31,* 207-222.

Crockett, L.J. & Petersen, A.C. (1987). Pubertal status and psychosocial development: Findings from the Early Adolescence Study. In R.M. Lerner & T. T. Foch (Eds.), *Biological-psychosocial interactions in early adolescence* (pp. 173-188). Erlbaum: Hillsdale, NJ.

Crone, E.A. (2009). Executive functions in adolescence: inferences from brain and behavior. *Developmental Science, 12*, 825–830.

Crone, E.A., Wendelken, C., Donohue, S., Leijenhorst, L. van, & Bunge, S.A. (2006). Neurocognitive development of the ability to manipulate information in working memory. *Proceedings of the National Academy of Sciences USA, 103*, 9315-9320.

Crowe, S.L., & Blaur, R.J.R. (2008). The development of antisocial behavior: what can we learn from functional neuroimaging studies? *Development and Psychopathology, 20*, 1145-1159.

Csikszentmihalyi, M., & Csikszentmihalyi, I.S. (Eds.) (2007). *A life worth living: Contributions to positive psychology*. Oxford: Oxford University Press.

Cummings, E.M., & Davies, P.T. (2002). Effects of marital conflict on children: Recent advances and emerging themes in process-oriented research. *Journal of Child Psychology and Psychiatry, 43*, 31-63.

Cunningham, W.A., Raye, C.L., & Johnson, M.K. (2004). Implicit and explicit evaluation: FMRI correlates of valence, emotional intensity, and control in the processing of attitudes. *Journal of Cognitive Neuroscience, 16*, 1717-1729.

Currie, C., Zanotti, C., Morgan, A., Currie, D., Looze, M. de, Roberts, C., Samdal, O., Smith, O.R.F., & Barnekow, V. (eds.) (2012). *Social determinants of health and well-being among young people. Health Behaviour in School-aged Children (HBSC) study: international report from the 2009/2010 survey*. Copenhagen: WHO Regional Office for Europe (Health Policy for Children and Adolescents, No. 6).

Daalder, A., & Essers, A. (2003). Seksuele delicten in Nederland. *Tijdschrift voor Criminologie, 45*, 330-338.

Dahl, R.E. (2004) Adolescent brain development: A period of vulnerabilities and opportunities. *Annals of the New York Acedemy of Sciences, 1021*, 1-22.

Darling, N., & Steinberg, L. (1993). Parenting style as context: An integrative model. *Psychological Bulletin, 113*, 487-496.

Davis, K. (2010). Coming of age online: The developmental underpinnings of girls' blogs. *Journal of Adolescent Research, 25*, 145-171.

Deater-Deckard, K., Dunn, J., & Lussier, G. (2002). Sibling relationships and social-emotional adjustment in different family contexts. *Social Development, 11*, 571-590.

De Bellis, M.D., Keshavan, M.S., Beers, S.R., Hall, J., Frustaci, K., Masalehdan, A., & Boring, A.M. (2001). Sex differences in brain maturation during childhood and adolescence. *Cerebral Cortex, 11*, 552-557.

Deci, E.L. (1975). *Intrinsic motivation*. New York: Plenum.

Deci, E.L., la Guardia, J.G., Moller, A.C., Scheiner, M.J., & Ryan, R.M. (2006). On the benefits of giving as well as receiving autonomy support: Mutuality in close friendships. *Personality and Social Psychology Bulletin, 32*, 313-327.

Deci, E.L., & Ryan, R.M. (1985). *Intrinsic motivation and self-determination in human behavior*. New York: Plenum.

Deci, E.L., & Ryan, R.M. (2000). The 'what' and 'why' of goal pursuits: Human needs and the self-determination of behavior. *Psychological Inquiry, 11*, 227-268.

Defence for Children (2010). *'Dat ze je naam kennen'. Een onderzoek naar de mening van jongeren die te maken hebben met jeugdzorg in Nederland*. Leiden: Defence for Children.

Deković, M. (1999). Parent-adolescent conflict: Possible determinants and consequences. *International Journal of Behavioral Development, 23*, 977-1000.

Deković, M. (2000). Opvoedingproblemen in (pre)adolescentie. Implicaties voor onderzoek en hulpverlening. *Kind en Adolescent, 21*, 193-210.

Deković, M., & Buist, K.L. (2005). Multiple perspectives within the family: Family relationship patterns. *Journal of Family Issues, 24*, 467-490.

Deković, M., & Meeus, W. (1997). Peer relations in adolescence: effects of parenting and adolescents' self-concept. *Journal of Adolescence, 20*, 163-176.

Deković, M., Noom, M.J., & Meeus, W. (1997). Expectations regarding development during adolescence: Parental and adolescent perception. *Journal of Youth and Adolescence, 26*, 253–272.

Deković, M., Pels, T., & Model, S. (Eds.) (2006). *Child rearing in six ethnic families. The multi-cultural Dutch experience.* Lewiston, NY: The Edwin Mellen Press.

Deković, M., Reitz, E., & Prinzie, P. (2008). Ouderlijke controle: Wat doen ouders, met welk resultaat, en waarom? *Kinder- & Jeugdpsychotherapie, 35*, 5-21.

Delgado, M. R. (2007). Reward-related responses in the human striatum. [Review]. *Annals of the New York Academy of Sciences, 1104*, 70-88. doi: 10.1196/annals.1390.002

Delsing, M.J.M.H., Aken, M.A.G. van, Oud, J.H.L., Bruyn, E.E.J. de, & Scholte, R.H.J. (2005). Family loyalty and adolescent problem behavior: The validity of the family group effect. *Journal of Research on Adolescence, 15*, 127-150.

Denham, S., & Kochanof, A. (2002). Why is she crying: Children's understanding of emotion from preschool to preadolescence. In L. Feldman Barrett & P. Salovey (Eds.), *The wisdom in feeling: Psychological processes in emotional intelligence* (pp. 239-270). New York: Guilford Press.

Denison Redmore, C., & Loevinger, J. (1979). Ego development in adolescence longitudinal studies. *Journal of Youth and Adolescence, 8*, 1-20.

Denissen, J.J.A., Asendorpf, J.B., & Aken, M.A.G. van (2008). Childhood personality predicts long-term trajectories of shyness and aggressiveness in the context of demographic transitions in emerging adulthood. *Journal of Personality, 76*, 67-99.

DeRose, L.M., Shiyko, M.P., Foster, H., & Brooks-Gunn, J. (2011). Associations between menarcheal timing and behavioral developmental trajectories for girls from age 6 to age 15. *Journal of Youth and Adolescence, 40*, 1329-1342.

De Rubeis, S., & Hollenstein, T. (2009). Individual differences in shame and depressive symptoms during early adolescence. *Personality and Individual Differences, 46*, 477-482.

Dhossche, D. (2004). Suïcidale gedachten, suïcidepogingen en suïcide. In F.C. Verhulst, F. Verheij & R.F. Ferdinand (Red.), *Kinder- en jeugdpsychiatrie - psychopathologie* (pp. 370-381). Assen: Van Gorcum.

Dhossche, D., Ferdinand, R., Ende, J. van der, Hofstra, M., & Verhulst, F. (2002). Diagnostic outcome of adolescent self-reported suicidal ideation at 8-year follow-up. *Journal of Affective Disorders, 72*, 273-279.

Diamantopoulou, S., Rydell, A.-M., & Henricsson, L. (2008). Can both low and high self-esteem be related to aggression in children? *Social Development, 17*, 682-698.

Diamond, L.M. (2003). Was it a phase? Young women's relinquishment of lesbian/bisexual identities over a 5-year period. *Journal of Personality and Social Psychology, 84*, 352-364.

Diamond, L.M. (2008). Female bisexuality from adolescence to adulthood: Results from a 10-year longitudinal study. *Developmental Psychology, 24*, 5-14.

Dijk, I. van, Ravesteijn, H.J. van, & Speckens, A.E.M. (2010). Mindfulness. *Bijblijven, 26*, 8-14.

Dionne, G., Tremblay, R.E., Boivin, M., Laplante, D., & Pérusse, D. (2003). Physical aggression and expressive vocabulary in 19 month-old twins. *Developmental Psychology, 39*, 261-273.

Dishion, T.J., McCord, J., & Poulin, F. (1999a). Iatrogenic effects in early adolescent interventions that aggregate peers. *American Psychologist, 54*, 1-10.

Dishion, T.J., McCord, J., & Poulin, F. (1999b). When interventions harm. *American Psychologist, 54*, 755-764.

Dishion, T.J., Patterson, G.R., Stoolmiller, M., & Skinner, M.L. (1991). Family, school, and behavioral antecedents to early adolescent involvement with antisocial peers. *Developmental Psychology, 27*, 172-180.

Distelbrink, M. (1998). *Opvoeding in Surinaams-Creoolse gezinnen in Nederland*. Assen: Van Gorcum.

Dixon, R.A., & Baltes, P.B. (1986). Toward life-span research on the functions and pragmatics of intelligence. In: R.J. Sternberg & R.K. Wagner (red.), *Practical intelligence: nature and origins of competence in the everyday world*. Cambridge: Cambridge University Press.

Dodge, K.A. (1986). A social information processing model of social competence in children. In M. Perlmutter (ed.), *The Minnesota Symposium on Child Psychology* (pp. 77-125). Hillsdal, NJ: Lawrence Erlbaum.

Dodge, K.A. (2003). Do social information-processing patterns mediate aggressive behavior? In B.B. Lahey, T.E. Moffitt and A. Caspi (Red.) *Causes of Conduct Disorder and Juvenile Delinquency*. (pp. 245-277). New York: The Guilford Press.

Donnellan, M.B., Trzesniewski, K.H., Robins, R.W., Moffitt, T.E., & Caspi, A. (2005). Low self-esteem is related to aggression, antisocial behavior, and delinquency. *Psychological Science, 16*, 328-335.

Doorn, M. van (2008). *Conflict resolution in adolescent relationships*. Enschede, The Netherlands: Print Partners Ipskamp.

Doreleijers, T., Crone, E.A., & Jansen, L. (2010). Biologische ontwikkeling. In: W. Slot & M. van Aken (Eds.), *Psychologie van de Adolescentie* (pp. 39-49). Utrecht: ThiemeMeulenhoff.

Dorn, L.D., & Biro, F.M. (2011). Puberty and its measurement: A decade in review. *Journal of Research on Adolescence, 21*, 180-195.

Dorn, L.D., Crockett, L.J., & Petersen, A.C. (1988). The relations of pubertal status to intrapersonal changes in young adolescents. *Journal of Early Adolescence, 8*, 405–419.

Dorn, L.D., Hitt, S.F., & Rotenstein, D. (1999). Biopsychological and cognitive diferences in children with premature vs. ontime adrenarche. *Archives of Pediatric and Adolescent Medicine, 153*, 137-146.

Dornbusch, S.M., Erickson, K.G., Laird, J., & Wong, C.A. (2001). The relation of family and school attachment to adolescent deviance in diverse groups and communities. *Journal of Adolescent Research, 16*, 396-42.

Dornbusch, S.M., Ritter, P.L., Mont-Reynaud, R., & Chen, Z. (1990). Family decision-making and academic performance in a diverse high school population. *Journal of Adolescent Research, 5*, 143–160.

Downing, J. & Bellis, M.A. (2009). Early pubertal onset and its relationship with sexual risk taking, substance use and anti-social behavior: A preliminary cross-sectional study. *BMC Public Health, 9*, 446.

Dubas, J.S., Graber, J.A., & Petersen, A.C. (1991a). A longitudinal investigation of adolescents' changing perceptions of pubertal timing. *Developmental Psychology, 27*, 580-586.

Dubas, J.S., Graber, J.A., & Petersen, A.C. (1991b). The effects of pubertal development on achievement during adolescence. *American Journal of Education, 99*, 444-460.

Duits, N. (2004). Jeugdstrafrecht en forensische jeugdpsychiatrie. In N. Duits, J.A.C. Bartels & W.B. Gunning (Red), *Jeugdpsychiatrie en Recht* (pp. 65-91). Assen: Van Gorcum.

Duke, P. Carlsmith, J., Jennings, D., Martin, J. Dornbusch, S., Gross, R., & Siegel-Gorelick, B. (1982). Educational correlates of early and late sexual maturation in adolescence. *Journal of Pediatrics, 100*, 633-637.

Dunn, J., & Brown, J. (1994). Affect expression in the family, children's understanding of emotions and their interaction with others. *Merrill Palmer Quarterly, 40*, 120-138.

Dunn, J., Davies, L.C., O'Connor, T.G., & Sturgess, W. (2000). Parents' and partners' life course and family experiences: Links with parent-child relationships in different family settings. *Journal of Child Psychology and Psychiatry. 41*, 955-968.

Durlak, J.A. (1998). *School-based Prevention Programs for Children and Adolescents*. Thousand Oaks: Sage.

Durston, S., & Casey, B.J. (2006). A shift from diffuse to focal cortical activity with development: the authors' reply. *Developmental Science, 9*, 18-20

Durston, S., Davidson, M. C., Tottenham, N., Galvan, A., Spicer, J., Fossella, J.A., & Casey, B.J. (2006). A shift from diffuse to focal cortical activity with development. *Developmental Science, 9*, 1-8.

Dusek, J.B., & McIntyre, J.G. (2003). Self-concept and self-esteem development.In G.A. Adams & M.D. Berzonsky (Eds.), *Blackwell Handbook of Adolescence* (pp. 290-309). Blackwell Publishing Ltd.

East, P.L. (1991). The parent-child relationships of withdrawn, aggressive, and sociable children: Child and parent perspectives. *Merrill-Palmer Quarterly, 37*, 425-444.

Ebling, F. (2003). Puberty: mind and body. *Journal of Neuroendocrinology, 15*, 323-324.

Eccles, J.S., Lord, S., & Buchanan, C.M. (1996). School transitions in early adolescence: What are we doing to our young people? In J. A. Graber, J. Brooks-Gunn & A. C. Petersen (Eds.), *Transitions through adolescence: Interpersonal domains and context* (pp. 251-284). Mahwah, NJ: Erlbaum.

Eccles, J.S., Early, D., Frasier, K., Belansky, E., & McCarthy, K. (1997). The relation of connection, regulation, and support for autonomy to adolescents' functioning. *Journal of Adolescent Research, 12*, 263-286.

Edwards, A.C., Dodge, K.A., Latendresse, S.J., Lansford, J.E., Bates, J.E., Pettit, G.S., Budde, J.P., Goate, A.M., & Dick, D.M. (2010). MAOA-uVNTR and early physical discipline interact to influence delinquent behavior. *Journal of Child Psychology and Psychiatry, 51*, 679-687.

Eichelsheim, V.I., Buist, K.L., Dekovic´, M., Wissink, I.B., Frijns, T., Lier, P.A.C. van, Koot, H.M., & Meeus, W.H.J. (2010). Associations among the parent-adolescent relationship, aggression and delinquency in different ethnic groups: A replication across two Dutch samples. *Social Psychiatry and Psychiatric Epidemiology, 45*, 293-300.

Eisenberg, N. (2000). Emotion, regulation, and moral development. *Annual Review of Psychology, 51*, 665-697.

Eisenberg, N., Spinrad, T., & Sadovsky, A. (2006). Empathy-related responding in children. In M. Killen & Smetana, J.G. (Eds.) *Handbook of Moral Development* (pp. 517–549). Mahwah, NJ: Erlbaum.

Eland, J., Roos, C. de, & Kleber, R. (2000). Protocol diagnostiek en opvang van kinderen na acute traumatisering. In P. Prins & N. Pameijer (Red.), *Protocollen in de jeugdzorg* (pp. 207-225). Lisse: Swets & Zeitlinger.

Elburg, A.A. van, & Duyx, J.H.M. (2003). Anorexia en boulimia nervosa. In: F.C. Verhulst, F. Verheij & R.F. Ferdinand (Red.). *Kinder- en jeugdpsychiatrie – psychopathologie.* (pp. 198-212). Assen: Van Gorcum.

Elder, G.H. Jr. (1998). The life course as developmental theory. *Child Development, 69*, 1-12.

Elder, G.H. Jr. (1999). *Children of the great depression: Social change in life experience* (25th anniversary edition). Boulder, CO: Westview Press. (Oorspronkelijk gepubliceerd 1974)

Elder, G.H. Jr. & Conger, R.D. (2000). *Children of the land: Adversity and success in rural America.* Chicago: University of Chicago Press.

Elder, G.H. Jr., & Shanahan, M.J. (2006). The life course and human development. In W. Damon (Series Ed.) & R.M. Lerner (Vol. Ed.), *Handbook of child psychology: Vol. 1. Theoretical models of human development* (6th ed., pp. 665-715). New York: Wiley.

Eldering, L. (2002). *Cultuur en opvoeding.* Rotterdam: Lemniscaat.

Eley, T.C., Bolton, D., O'Connor, T.G., Perrin, S., Smith, P., & Plomin, R. (2003). A twin study of anxiety-related behaviours in pre-school children. *Journal of Child Psychology and Psychiatry, 44*, 945-960.

Eley, T.C., & Stevenson, J. (1999). Exploring the covariation between anxiety and depression symptoms: a genetic analysis of the effects of age and sex. *Journal of Child Psychology and Psychiatry, 40*, 1273-1282.

Elgar, F.J., Knight, J., Worrall, G.J., & Sherman, G. (2003). Attachment characteristics and behavioural problems in rural and urban juvenile delinquents. *Child Psychiatry and Human Development, 34*, 35-48.

Elison, J., Lennon, R., & Pulos, S. (2006). Investigating the Compass of Shame: The development of the Compass of Shame Scale. *Social Behavior and Personality, 34*, 221–238.

Elkind, D. (1967). Egocentrism in adolescence. *Child Development, 38*, 1025-1034.

Elkind, D., & Bowen, R. (1979). Imaginary audience behavior in children and adolescents. *Developmental Psychology, 15*, 38-44.

Elmen, J., & Offer, D. (1993). Normality, turmoil and adolescence. In: P.H. Tolan, & B.J. Cohler (Eds.), *Clinical research & practice with adolescents* (pp. 5-19). New York: John Wiley & Sons.

Engels, R.C.M.E. (2003). *Big family*. Nijmegen: Janssen Print.

Erel, O., & Burman, B. (1995). Interrelatedness of marital relations and parent-child relations: A meta-analytic review. *Psychological Bulletin, 118*, 108-132.

Erikson, E.H. (1950). *Childhood and society*. New York: Norton. Vertaald als: *Het kind en de samenleving*. Utrecht: Het Spectrum, 1968 (Aula 181).

Erikson, E.H. (1968). *Identity: Youth and crisis*. New York: Norton. Vertaald als: *Identiteit, Jeugd en Crisis*. Utrecht: Het Spectrum, 1971. Aula 454.

Ernst, M., & Fudge, J.L. (2008). A developmental neurobiological model of motivated behavior: Anatomy, connectivity, and ontogeny of the triadic nodes. *Neuroscience and Biobehavioral Reviews, 33*, 367-382.

Ernst, M., Nelson, E.E., Jazbec, S., McClure, E.B., Monk, C.S., & Leibenluft, E. (2005). Amygdala and nucleus accumbens in responses to receipt and omission of gains in adults and adolescents. *Neuroimage, 25*, 1279-1291.

Erol, R.Y., & Orth, U. (2011). Self-esteem development from age 14-30 years: a longitudinal study. *Journal of Personality and Social Psychology, 101*, 607-619.

Eslea, M., Menesini, E., Morita, Y., O'Moore, M., Mora-Merchán, J.A., Pereira, B., & Smith Harris, J.R. (1995). Where is the child's environment? A group socialization theory of development. *Psychological Review, 102*, 458-489.

Essau, C.A., Conradt, J., & Petermann, F. (2002). Course and outcome of anxiety disorders in adolescents. *Journal of Anxiety Disorders, 16*, 67-81.

Essau, C.A., Sasagawa, S., & Frick, P.J. (2006). Callous-unemotional traits in a community sample of adolescents. *Assessment, 20*, 1-16.

Euling, S.Y., Herman-Giddens, M.E., Lee, P.A., Selevan, S.G., Juul, A., Sorensen, T.I., Dunkel, L., Himes, J.H., Teilmann, G., & Swan, S.H. (2008). Examination of US puberty-timing data from 1940 to 1994 for secular trends: panel findings. *Pediatrics, 121(suppl 3)*, S172–S191.

Fagot, B.I. (1995). Psychosocial and cognitive determinants of early gender-role development. *Annual Review of Sex Research, 6*, 1-31.

Farrington, D.P. (2003). Key results from the first forty years of the Cambridge Study in Delinquent Development. In T.P. Thornberry & M.D. Krohn (red.), *Taking Stock of Delinquency. An Overview of Findings from Contemporary Longitudinal Studies* (pp. 137-185). New York / Dordrecht: Kluwer.

Farrington, D.P., Loeber, R., & Kammen, W.B. van (1990). Long term criminal outcomes of hyperactivity – impulsivity – attention deficit and conduct disorders. In L.N. Robins & M. Rutter (Eds.), *Straight and devious pathways from childhood to adulthood* (pp. 62-81). Cambridge: Cambridge University Press.

Farrington, D.P., & Ttofi, M.M. (2009). School-based programs to reduce bullying and victimization. Campbell Systematic Reviews, 2009:6. Verkregen via http://www.d300.org/files/School-based%20Anti-Bullying%20Programs%20v2_R.pdf

Farrugia, S.P., Chen, C., Greenberger, E., & Dmitrieva, J. (2004). Adolescent self-esteem in cross-cultural perspective. *Journal of Cross-Cultural Psychology, 35*, 719-733.

Feinberg, M., & Hetherington, E.M. (2000). Sibling differentiation in adolescence: Implications for behavioral genetic theory. *Child Development, 71*, 1512-1524.

Feldman Barrett, L., Gross, J., Christensen, T.C., & Benvenuto, M. (2001). Knowing what you're feeling and knowing what to do about it: Mapping the relation between emotion differentiation and emotion regulation. *Cognition and Emotion, 15*, 713-724.

Feldman Barrett, L., Mesquita, B., Ochsner, K.N., & Gross, J. (2007). The experience of emotion. *Annual Review of Psychology, 58,* 373-403.

Feng, X., Keenan, K., Hipwell, A.E., Henneberger, A.K., Rischall, M.S., Butch, J., Coyne, C., Boeldt, D., & Hinze, A.K. (2009). Longitudinal associations between emotion regulation and depression in preadolescent girls: moderation by the caregiving environment. *Developmental Psychology, 45,* 798-808.

Ferguson, T.J., & Rule, B.G. (1983). An attributional perspective on anger and aggression. In R.G. Geen & E.I. Donnerstein (red.), *Aggression: Theoretical and empirical reviews. Vol 1* (pp. 41-74). New York: Academic Press.

Ferguson, T.J., & Stegge, H. (1995). Emotional states and traits in children: The case of guilt and shame. In J.P. Tangney, & K.W. Fischer (Eds.), *Self-conscious emotions* (pp. 174-197). New York: Guilford Press.

Ferguson, T.J., & Stegge, H. (1998). Assessing guilt in children: A rose by any other name still has thorns. In J.A. Bybee (Ed.), *Guilt and children* (pp. 19-74). New York: Academic Press.

Ferguson, T.J., Stegge, H., & Damhuis, I. (1991). Children's understanding of guilt and shame. *Child Development, 62,* 827-839.

Ferguson, T.J., Stegge, H., Eyre, H.L., Vollmer, R., & Ashbaker, M. (2000). Context effects and the (mal)adaptive nature of guilt and shame in children. *Genetic, Social, and General Psychology Monographs, 126,* 319-345.

Ferguson, T.J., Stegge, H., Miller, E.R., & Olsen, M.E. (1999). Guilt, shame and symptoms in children. *Developmental Psychology, 35,* 347-357.

Ferwerda, H.B., & Versteegh, P. (1999). *Jongerencriminaliteit in de regio Haaglanden. Een trendanalyse (1988-1997) van de omvang, aard, en achtergronden.* Arnhem: Advies- en Onderzoeksgroep Beke/Politie Haaglanden (Informatieknooppunt).

Fichter, M.M., Elton, M., Sourdi, L., Weyerer, S., & Koptagel-Ilal, G. (1988). Anorexia nervosa in Greek and Turkish adolescents. *European Archives of Psychiatry and Neurological Sciences, 237,* 200-208.

Figner, B., Mackinlay, R.J., Wilkening, F., & Weber, E.U. (2009). Affective and deliberative processes in risky choice: age differences in risk taking in the Columbia Card Task. *Journal of Experimental Psychology Learning Memory andCognition, 35,* 709-730.

Fisher, M., Rosenfeld, W.D., & Burk, R.D. (1991). Cervicovaginal human papillomavirus infection in suburban adolescents and young adults. *Journal of Pediatrics, 119,* 821–825.

Flannery, D.J., Rowe, D.C., & Gulley, B.L. (1993). Impact of pubertal status, timing, and age on adolescent sexual experience and delinquency. *Journal of Adolescent Research, 8,* 21-40.

Flavell, J.H. (1963). *The developmental psychology of Jean Piaget.* New York: Van Nostrand Reinhold.

Flory, K., Lynham, D., Milich, R., Leukefeld, C., & Clayton, R. (2004). Early adolescent through young adult alcohol and marijuana use trajectories: Early predictors, young adult outcomes, and predictive utility. *Development and Psychopathology, 16,* 193-213.

Fontaine, N.M.G., Rijsdijk, F.G., McCrory, E.J.P., & Viding, E. (2010). Etiology of different developmental trajectories of callous-unemotional traits. *Journal of the American Academy for Child and Adolescent Psychiatry, 49,* 656–664.

Forbes, E.E., & Dahl, R.E. (2010). Pubertal development and behavior: hormonal activation of social and motivational tendencies. *Brain and Cognition, 72,* 66-72.

Freedman, B.J., Rosenthal, L., Donahoe, C.P., Schlundt, D.G., & McFall, R.M. (1978). A social-behavioral analysis of skill deficits in delinquent an nondelinquent adolescent boys. *Journal of Consulting and Clinical Psychology 46,* 1448 - 1462.

Freeman, D. (1983). *Margaret Mead and Samoa: The making and unmaking of an anthropological myth.* Cambridge, MA: Harvard University Press.

Freeman, D. (1999). *The fateful hoaxing of Margaret Mead: A historical analysis of her Samoan research.* Boulder, CO: Westview Press.

Frenken, J. (2003). Seksueel misbruik van kinderen. Den Haag: Ministerie van Justitie.

Freud, A. (1958). Adolescence. In A. Freud (Ed.), *The writings of Anna Freud: Research at the Hampstead child-therapy clinic and other papers (1956-1965)* (Vol. 5, pp. 136-166). New York: International Universities Press.

Freud, A. (1965). *Normality and pathology in childhood.* New York: International Universities Press.

Freud, A. (1966). The ego and the mechanisms of defense. In *The writings of Anna Freud* (Vol. 2). New York: International Universities Press. (Oorspronkelijk gepubliceerd 1936)

Freud, A. (1969). Adolescence. In *The writings of Anna Freud* (Vol. 5, pp. 136-166). New York: International Universities Press. (Oorspronkelijk gepubliceerd 1958)

Freud, A. (1971). Adolescence as a developmental disturbance. In *The writings of Anna Freud* (Vol. 7, pp. 39-47). New York: International Universities Press. (Oorspronkelijk gepubliceerd 1969)

Freud, S. (1905). *Drei Abhandlungen zur Sexualtheorie, Gesammelte Werke 5.* Frankfurt: Fischer Verlag.

Freud, S. (1953). Three essays on the theory of sexuality. In J. Strachey (Ed. and Trans.), *The standard edition of the complete psychological works of Sigmund Freud* (Vol. 7, pp. 135-243). London: Hogarth Press. (Oorspronkelijk gepubliceerd 1905)

Frick, P.A., & White, S.F. (2008). Research Review: The importance of callous unemotional traits for developmental models of aggressive and antisocial behavior. *Journal of Child Psychology and Psychiatry, 49,* 359–375.

Frick P.J., & Moffitt, T.E. (2010). A proposal to the DSM-V Childhood Disorders and the ADHD and Disruptive Behavior Disorders Work Groups to include a specifier to the Diagnosis of Conduct Disorder based on the presence of Callous–unemotional Traits. *American Psychiatric Association,* 1–36.

Frick, P.J. & Viding, E. (2009) Antisocial behavior from a developmental psychopathology perspective. *Development and Psychopathology 21,* 1111–1131.

Frijda, N. (1986) *The emotions. Studies in emotion and social interaction.* New York: Cambridge University Press.

Frijda, N.H. (2008). *De wetten der emoties.* Amsterdam: Bert Bakker.

Friman, P.C., & Lucas, C.P. (1996). Social phobia obscured by disruptive behavior disorder: a case study. *Clinical Child Psychology and Psychiatry, 1,* 399-407.

Frisch, R.E. (1991). Puberty and body fat. In R.M. Lerner, A.C. Petersen, & J. Brooks-Gunn (Eds.) *Encyclopedia of adolescence* (Vol. 2, pp. 884-892). New York: Garland.

Frith, U., & Frith, C.D. (2003). Development and neurophysiology of mentalizing. *Philosophical transactions of the Royal Society of London. Series B, Biological sciences, 358*(1431), 459-473.

Fritz, G.K., & Campo, J.V. (2002). Somatoform disorders. In: M. Lewis (Ed.), *Child and Adolescent Psychiatry – A comprehensive textbook* (pp. 847-858). Philadelphia: Lippincott, Williams & Wilkins.

Fulpen, M. van, Bakker, F., Breeman, L., Poelman, J., Schaatsma, H., & Vanwesenbeeck, I. (2002). *Vmbo-scholieren, seksualiteit en seksuele vorming: een effectonderzoek naar de vernieuwde versie van het lespakket 'Lang leve de liefde'.* Utrecht: Rutgers Nisso Groep.

Furman, W., Ho, M.J., & Low, S.M. (2007). The rocky road of adolescent romantic experience: dating and adjustment. In R. Engels, M. Kerr & H. Stattin (Eds.), *Friends, lovers and groups: key relationships in adolescence* (pp. 61-80). Chichester: John Wiley & Sons, Ltd.

Furman, W., & Shaffer, L. (2003). The role of romantic relationships in adolescent development. In P. Florsheim (Ed.), *Adolescent romantic relations and sexual behavior: Theory, research, and practical implications* (pp. 3–22). Mahwah, NJ: Erlbaum.

Furr, J.M., Tiwari, S., Suveg, C., & Kendall, P.C. (2009). Anxiety disorders in children and adolescents. In M.M. Athony & M.B. Stein (Reds.). *Oxford Handbook of Anxiety and Related Disorders* (pp. 636-656). Oxford University Press: New York.

Galenson, E. (1990). Observation of early infantile sexual and erotic development. In M.E. Perry (ed.), *Handbook of Sexology, 7: Childhood and Adolescent Sexuology* (pp. 169-178). Amsterdam: Elsevier.

Gallatin, J.E. (1975). *Adolescence and individuality: A conceptual approach to adolescent psychology*. New York: Harper and Row.

Galvan, A., Hare, T.A., Davidson, M., Spicer, J., Glover, G., & Casey, B.J. (2005). The role of ventral frontostriatal circuitry in reward-based learning in humans. *Journal of Neuroscience, 25*, 8650-8656.

Galvan, A., Hare, T.A., Parra, C.E., Penn, J., Voss, H., Glover, G., et al. (2006). Earlier development of the accumbens relative to orbitofrontal cortex might underlie risk-taking behavior in adolescents. *Journal of Neuroscience, 26*, 6885-6892.

Garber, J., Braafladt, N., & Weiss, B. (1995). Affect regulation in depressed and nondepressed children and young adolescents. *Development and Psychopathology, 7*, 93-115.

Gardner, H. (1983). *Frames of mind: The theory of multiple intelligences*. New York: Basic Books.

Gardner, M., & Steinberg, L. (2005). Risktaking among adolescents, young adults, and adults: The role of peer influence. *Developmental Psychology, 41*, 625-635.

Garmezy, N. (1987). Stressresistente kinderen: op zoek naar protectieve factoren. In H. Groenendaal, R. Meijer, J.W. Veerman & J. de Wit (red.), *Protectieve factoren in de ontwikkeling van kinderen en adolescenten*. Lisse: Swets & Zeitlinger.

Garnefski, N., & Arends, E. (1998). Sexual abuse and adolescent maladjustment: Differences between male and female victims. *Journal of Adolescence, 21*, 99-107.

Garnefski, N., & Kraaij, V. (2002). Relationships between cognitive emotion regulation strategies and depressive symptoms: A comparative study of five specific samples. *Personality and Individual differences, 40*, 1659-1669.

Garner, D.M. (1997). Psychoeducational principles in the treatment of eating disorders. In D.M. Garner & P.E. Garfinkel (Eds.), *Handbook for Treatment of Eating Disorders* (pp. 145-177). New York: Guilford Press.

Gass, K., Jenkins, J., & Dunn, J. (2007). Are sibling relationships protective? A longitudinal study. *Journal of Child Psychology and Psychiatry, 48*, 167-175.

Gaudineau, A., Ehlinger, V., Vayssiere, C., Jouret, B., Arnaud, C., & Godeau, E. (2010). Factros associated with early menarche: Results from the the French Health Behavior in School-aged Children (HBSC) study. *BMC Public Health, 10*, 175.

Gault-Sherman, M. (2012). It's a two-way street: The bidirectional relationship between parenting and delinquency. *Journal of Youth and Adolescence, 41*, 121-145.

Ge, X, Brody, G.H., Conger, R.D., Simons, R.L., & Murry, V.M. (2002). Contextual amplification of pubertal transition effects on delinquent peer affiliation and externalizing behavior among African American children. *Developmental Psychology, 38*, 42–54.

Ge, X., & Natsuaki, M.N. (2009). In search of explanations for early pubertal timing effects on developmental psychopathology. *Current Directions in Psychological Science, 18*, 327-331.

Ge, X., Brody, G.H., Conger, R.D., & Simons, R.L. (2006). Pubertal maturation and African American children's internalizing and externalizing symptoms. *Journal of Youth and Adolescence, 35*, 531–540.

Ge, X., Conger, R.D., & Elder, G.H. (1996). Coming of age too early: pubertal influences on girls' vulnerability to psychological distress. *Child Development, 67*, 3386–3400.

Ge, X., Jin, R., Nishimura, M., Gibbons, F. X., Brody, G. H., Cutrona, C., & Simons, R. (2006). Pubertal maturation and early substance use risks among African American children. *Psychology of Addictive Behaviors, 20*, 404-414.

Ge, X., Kim, I.J., Brody, G.H., Conger, R.D., Simons, R.L., Gibbons, F.X., & Cutrona, C.E. (2003). It's about timing and change: Pubertal transition effects on symptoms of major depression among African American youths. *Developmental Psychology, 39*, 430–439.

Geense, P. (1998). *Opvoeding in Chinese gezinnen in Nederland*. Assen: Van Gorcum.

Geest, V. van der, Bijleveld, C., & Verbruggen, J. (2013), *Vallen en opstaan. Mannen en vrouwen 7 jaar na vertrek uit een justitiële jeugdinrichting*. Amsterdam: Vrije Universiteit & Nederlands Studiecentrum Criminaliteit en Rechtshandhaving (NSCR).

Gentile, B., Grabe, S., Dolan-Pascoe, B., Twenge, J.M., & Wells, B.E. (2009). Gender differences in domain-specific self-esteem: a meta-analysis. *Review of General Psychology, 13*, 34-45.

Gerrits, L.A.W., Deković, M., Groenendaal, J.H.A., & Noom, M.J. (1996). Opvoedingsgedrag. In J. Rispens, J.M.A. Hermanns & W.H.J. Meeus (red.), *Opvoeden in Nederland* (pp. 41-69). Assen: Van Gorcum.

Gibbs, J.C. (2003). *Moral development and reality: Beyond the theories of Kohlberg and Hoffman*. Thousand Oaks, CA: Sage.

Gibbs, J.C., Basinger, K.S., Grime, R.L., & Snarey, J.R. (2007). Moral judgment development across cultures: Revisiting Kohlberg's universality claims. *Developmental Review, 27*, 443-500.

Gibbs, J.C., Potter, G.B., & Goldstein, A.P. (1995). *The Equip Program: Teaching Youth to Think and Act Responsibly Through a Peer-Helping Approach*. Champaign: Research Press.

Giedd, J.N. (1999). Brain Development, IX. Human Brain Growth. *American Journal of Psychiatry, 156*, 4.

Giedd, J.N., Blumenthal, J., O'Jeffries, N., Castellanos, F.X., Liu, H., Zijdenbos, A., Paus, T., Evans, A.C., & Rapoport, J.L. (1999). Brain development during childhood and adolescence: a longitudinal MRI study. *Nature Neuroscience, 2*, 861-863.

Gijsberts, M., Huijnk, W., & Dagevos, J. (2012). *Jaarrapport integratie 2011*. Den Haag: Sociaal Cultureel Planbureau.

Gilbert, P. (1998). What is shame? Some core issues and controversies. In P. Gilbert & B. Andrews (Eds.), *Shame: Interpersonal behavior, psychopathology and culture* (pp. 3-38). Oxford: Oxford University Press.

Giletta, M., Scholte, R.H.J., Burk, W.J., Engels, R.C.M.E., Larsen, J.K., Prinstein, M.J., & Ciairano, S. (2011). Similarity in depressive symptoms in adolescents' friendship dyads: Selection or socialization? *Developmental Psychology, 47*, 1804-1814.

Giletta, M., Scholte, R.H.J., Prinstein, M.J., Engels, R.C.M.E., Rabaglietti, E., & Burk, W.J. (2012). Friendship context matters: Examining the domain specificity of alcohol and depression socialization among adolescents. *Journal of Abnormal Child Psychology, 40*, 1027-1043.

Gilligan, C. (1982). *In a different voice: Psychological theory and women's development*. Cambridge MA: Harvard University Press.

Gnepp, J. (1989). Children's use of personal information to understand other people's feelings. In C. Saarni & P.L. Harris (Eds.), *Children's understanding of emotion* (pp. 151-180). New York: Cambridge University Press.

Godeau, E., Nic Gabhainn, S., Vignes, C., Ross, J., Boyce, W., & Todd, J. (2008). Contraceptive use by 15-year-old students at their last sexual intercourse. *Archives of Pediatrics and Adolescent Medicine, 62*, 66-73.

Goede, I.H.A. de, Branje, S.J.T., & Meeus, W.H.J. (2009). Developmental changes in adolescents' perceptions of relationships with their parents. *Journal of Youth and Adolescence, 38*, 75-88.

Goedhart, A., Treffers, F., & Widenfelt, B. (2003). Vragen naar psychische problemen bij kinderen en adolescenten: de Strengths and Difficulties Questionnaire. *Maandblad Geestelijke Volksgezondheid, 58*, 1018-1035.

Gogtay, N., Giedd, J.N., Lusk, L., Hayashi, K.M., Greenstein, D., Vaituzis, A.C., et al. (2004). Dynamic mapping of human cortical development during childhood through early adulthood. *Proceedings of the National Academy of Sciences USA, 101*, 8174-8179.

Goldstein, A.P., Glick, B., & Gibbs, J.C. (1998). *Aggression Replacement Training: A Comprehensive Intervention for Aggressive Youth*. Champaign, IL: Research Press.

Goleman, D. (1995). *Emotional intelligence*. New York: Bantam Books.

Goodman, R. (1997). The Strengths and Difficulties Questionnaire: a research note. *Journal of Child Psychology and Psychiatry, 38*, 581-586.

Goossens, L. (1995). Identity status development and students' perception of the university environment: a cohort-sequential study. In A. Oosterwegel & R. Wicklund (Eds.), *The self in European and North American culture: development and processes* (pp 19-32). Dordrecht: Kluwer.

Goossens, L. (2006a). Theories of adolescence. In S. Jackson & L. Goossens (Eds.), *Handbook of adolescent development* (pp. 11-29). Hove, UK: Psychology Press.

Goossens, L. (2006b). The many faces of adolescent autonomy: Parent-adolesent conflict, behavioral decision making, and emotional autonomy. In S. Jackson & L. Goossens (Eds.), *Handbook of adolescent development* (pp. 135-153). Hove, UK: Psychology Press.

Goossens, L., Beyers, W., Emmen, M., & Aken, M.A.G. van (2002). The imaginary audience and personal fable: Factor analyses and concurrent validity of the "New Look" measures. *Journal of Research on Adolescence, 12*, 193-215.

Gort, A. (2011). *Elk kind is anders*. Amsterdam/Utrecht: FWOS/VU Medisch Centrum.

Gottfried, A.E., Marcoulides, G.A., Gottfried, A.W., Oliver, P.H., & Guerin, D.W. (2007). Multivariate latent change modeling of developmental decline in academic intrinsic math motivation and achievement: Childhood through adolescence. *International Journal of Behavioral Development, 31*, 317-327.

Goudena, P.P. (1994). Ontwikkelingsopgaven en opvoedingsopgaven. In J. Rispens, P.P. Goudena & J.J.M. Groenendaal (Red.), *Preventie van psychosociale problemen bij kinderen en jeugdigen* (pp. 59-70). Houten/Zaventem: Bohn Stafleu Van Loghum.

Goudena, P.P., & Prins, P.J.M. (2003). Identificatieprocessen en model-leren. In: W. Trijsburg, S. Colijn, E. Columbien & G. Lietaer (Red.), *Handboek integratieve psychotherapie* (pp. III 5-1/III 5-16). Den Haag: Elsevier/De Tijdstroom.

Goudena, P.P., Prins, P.J.M., & Wit, C.A.M. de (1994). Ontwikkelingstrajecten. In: J.D. Bosch, H.A. Bosma, D.N. Oudshoorn, J. Rispens & A. Vyt (Red.), *Jaarboek Ontwikkelingspsychologie, orthopedagogiek en kinderpsychiatrie 1* (pp. 93-110). Houten/Zaventhem: Bohn Stafleu Van Loghum.

Graaf, H., Kruijer, H., Acker, J. van, & Meijer, S. (2012). *Seks onder je 25e: Seksuele gezondheid van jongeren in Nederland anno 2012*. Delft: Eburon.

Graaf, H., Meijer, S., Poelman, J., & Vanwesenbeeck, I. (2005). *Seks onder je 25e: Seksuele gezondheid van jongeren in Nederland anno 2005*. Delft: Eburon.

Graber, J., & Petersen, A. (1991). Cognitive changes at adolescence: Biological perspectives. In K. Gibson & Petersen, A. (Eds.), *Brain maturation and cognitive development* (pp. 253-280). New York: Aldine de Gruyter.

Graber, J.A., Brooks-Gunn, J., & Petersen, A. (1996). *Transitions through adolescence: interpersonal domains and context*. Mahwah, N.J.: Lawrence Erlbaum.

Graber, J.A., Brooks-Gunn, J., Paikoff, R.L., & Warren, M.P. (1994). Prediction of eating problems: An 8-year study of adolescent girls. *Developmental Psychology, 30*, 823-834.

Graber, J.A., Brooks-Gunn, J., & Warren, M.P. (1995). The antecedents of mencheal age: Heredity, family environment, and stressful life events. *Child Development, 66*, 346-359.

Graber, J.A., Brooks-Gunn, J., & Warren, M.P. (2006). Pubertal effects on adjustment in girls: Moving from demonstrating effects to identifying pathways. *Journal of Youth & Adolescence, 35,* 413-423.

Graber, J.A., Lewinsohn, P.M., Seeley, J.R., & Brooks-Gunn, J. (1997). Is psychopathology associated with the timing of pubertal development? *Journal of the American Academy of Child and Adolescent Psychiatry, 36,* 1768-1776.

Graber, J.A., Seeley, J.R., Brooks-Gunn, J., & Lewinsohn, P.M. (2004). Is pubertal timing associated with psychopathology in young adulthood? *Journal of the American Academy of Child and Adolescent Psychiatry, 43,* 718-726.

Graham, J., Haidt, J., & Nosek, B.A. (2009). Liberals and conservatives rely on different sets of moral foundations. *Journal of Personality and Social Psychology, 96,* 1029–1046.

Gray, M.R., & Steinberg, L. (1999). Unpacking authoritative parenting: Reassessing a multidimensional construct. *Journal of Marriage and the Family, 61,* 574–587.

Greenberg, L.S., & Paivio, S.C. (1997). *Working with emotions in psychotherapy.* New York: The Guilford Press.

Grolnick, W.S. (2003). *The psychology of parental control: How wellmeant parenting backfires.* Mahwah, NJ: Erlbaum.

Gross, J.J., & Munoz, R.F. (1995). Emotion regulation and mental health. *Clinical Psychology: Science and Practice, 2,* 151-164.

Gross, J.J., & Thompson, R.A. (2007). Emotion regulation: Conceptual foundations. In J. Gross (Ed.), *Handbook of emotion regulation* (pp. 3–27). New York: Guilford Press.

Grotevant, H.D. (1987). Toward a process model of identity formation. *Journal of Adolescent Research, 2,* 203-222.

Grotevant, H.D., & Cooper, C.R. (1986). Individuation in family relationships. *Human Development, 29,* 82-100.

Guilford, J.P. (1976). *The nature of human intelligence.* New York: McGraw-Hill.

Güldner, M., & Stegge, H. (2007). Zelfbeeld, zelfwaardering en zelfregulatie in de klinische praktijk. *Kinder- & Jeugdpsychotherapie, 34,* 38-50.

Güldner, M., Stegge, H., Smits, M., & Thomaes, S.C.E. (2010). De kwetsbaarheid van de narcistische zelfwaardering. *Kind en Adolescent, 31,* 1-15.

Gunnar, M.R. (2001). The role of glucocorticoids in anxiety disorders: a criticical analysis. In: M.W. Vasey & M.R. Dadds (Eds.), *The Developmental Psychopathology of Anxiety* (pp. 143-159). Oxford: Oxford University Press.

Gunnar, M.R., Wewerka, S., Frenn, K., Long, J.D., & Griggs, C. (2009). Developmental changes in hypothalamus–pituitary–adrenal activity over the transition to adolescence: Normative changes and associations with puberty. *Development and Psychopathology, 21*(1), 69-85.

Gunther Moor, B.G., van Leijenhorst, L., Rombouts, S.A., Crone, E.A., & Molen, M.W. van der (2010). Do you like me? Neural correlates of social evaluation and developmental trajectories. *Social Neuroscience, 5,* 461-482.

Guroglu, B., van den Bos, W., van Dijk, E., Rombouts, S.A., & Crone, E.A. (2011). Dissociable brain networks involved in development of fairness considerations: Understanding intentionality behind unfairness. *Neuroimage, 57,* 634-641.

Haan, A.D. de, Prinzie, P., & Dekovic´, M. (2012). Change and reciprocity in adolescent aggressive and rule-breaking behaviors and parental support and dysfunctional discipline. *Development and Psychopathology, 24,* 301-315.

Haan, E. de (2000). De dwangstoornis. In F.C. Verhulst & F. Verheij (Red.), *Adolescentenpsychiatrie* (pp. 68-81). Assen: Van Gorcum.

Haan, E. de (2006). Dwangstoornis. In Th. Doreleijers, F. Boer, J. Huisman, R. Vermeiren & E. de Haan (red.), *Leerboek Psychiatrie Kinderen en Adolescenten* (pp. 323-329). Utrecht: De Tijdstroom.

Haidt, J. (2001). The emotional dog and its rational tail: A social intuitionist approach to moral judgment. *Psychological Review, 108,* 814-834.

Haidt, J., Koller, S.H., & Dias, M.G. (1993). Affect, culture, and morality, or is it wrong to eat your dog? *Journal of Personality and Social Psychology, 65,* 613-628.

Haley, J. (1980). *Leaving home: The therapy of disturbed young people.* New York, N.J., McGraw-Hill.

Hall, S. (1904). *Adolescence.* Englewood Cliffs: Prentice Hall.

Halpern, C.T., & Udry, J.R.(1992). Variations in adolescent hormones measures and implications for behavioral research. *Journal of Research on Adolescence, 2,* 103-122.

Halpern, C.T., Udry, J.R., Campbell, B., & Suchindran, C. (1993). Testosterone and pubertal development as predictors of sexual activity: A panel analysis of adolescent males. *Psychosomatic Medicine, 55,* 436-447.

Halpern, C.T., Udry, J.R., & Suchindran, C.M. (1998). Monthly measures of salivary testosterone predict sexual activity in adolescent males. *Archives of Sexual Behavior, 27,* 445-465.

Hamerlynck, S.M.J.J. (2008). *Girls in Juvenile Justice Institutions. Psychopathology and Sexual Risk Behavior.* Academisch proefschrift. Amsterdam: Vrije Universiteit.

Hardy, S.A., & Carlo, G. (2005). Identity as a source of moral motivation. *Human Development, 48,* 232-256.

Hardy, S.A., Praatt, M.W., Pancer, M., Olsen, J.A., & Lawford, H.L. (2010). Community and religious involvement as contexts of identity change across late adolescence and emerging adulthood. *International Journal of Behavioral Development, 35,* 125-135.

Hayward, C., Killen, J.D., Wilson, D., Hammer, L.D., Litt, I., Wilson, D.M., Simmonds, B., & Taylor, C.B. (1992). Pubertal stage and panic attack history in sixth- and seventh-grade girls. *American Journal of Psychiatry, 149,* 1239–1243.

Hare, T.A., Tottenham, N., Galvan, A., Voss, H.U., Glover, G.H., & Casey, B.J. (2008). Biological substrates of emotional reactivity and regulation in adolescence during an emotional go-nogo task. *Biological Psychiatry, 63,* 927-934.

Harris, J.R. (1995). Where is the child's environment? A group socialization theory of development. *Psychological Review, 102,* 458-489.

Harris, P.L. (2000). Understanding emotion. In M. Lewis & J.M. Haviland-Jones (Eds.), *Handbook of emotions* (2nd ed.) (pp. 281-292). New York: Guilford Press.

Harris, P.L., Olthof, T., Meerum Terwogt, M., & Hardman, C.E. (1987). Children's knowledge of the situations that provoke emotion. *International Journal of Behavioral Development, 10,* 319-343.

Hart, D. (2005). The development of moral identity. In G. Carlo & C.P. Edwards (Eds.), *Nebraska Symposium on Motivation: Vol. 51. Moral motivation through the lifespan* (pp. 165-196). Lincoln: University of Nebraska Press.

Hart, D., & Fegley, S. (1995). Prosocial behavior and caring in adolescence: Relations to self understanding and social judgment. *Child Development, 66,* 1346-1359.

Harter, S. (1990a). Developmental differences in the nature of self-representations: implications for the understanding, assessment, and treatment of maladaptive behavior. *Cognitive Therapy and Research, 14,* 113-142.

Harter, S. (1990b). Self and identity development. In S.S. Feldman & G.R. Elliot (Eds.), *At the threshold. The developing adolescent* (pp. 352-387). Cambridge: Harvard University Press.

Harter, S. (1998/2006). The self. In W. Damon & R. Lerner (Editors-in-Chief) & N. Eisenberg (Vol. Ed.), *Handbook of child psychology: Vol. 3. Social, emotional, and personality development* (pp. 505-570). New York: Wiley.

Harter, S., & Buddin, B. (1987). Children's understanding of the simultaneity of two emotions: A five stage developmental acquisition sequence. *Developmental Psychology, 23*, 388-399.

Harter, S. & Pike, R. (1984). The pictorial scale of perceived competence and social acceptance in young children. *Child Development, 55*, 1969-1982.

Hartup, W.W. (1983). Peer relations. In P.H. Mussen (Series Ed.) & E.M. Hetherington (Vol. Ed.), *Handbook of child psychology: Vol. 4. Socialization, personality, and social development* (4th ed., pp. 103-196). New York: Wiley.

Hartup, W.W. (1993). Adolescents and their friends. In B. Laursen (Ed.), *Close friendships in adolescence* (pp. 3-22). San Francisco: Jossey-Bass.

Hartup, W.W. (1996). The company they keep: Friendships and their developmental significance. *Child Development, 67*, 1-13.

Hass, A. (1981). *Tieners en seks*. Amsterdam: Meulenhoff.

Hauser, S.T. (1976). Loevinger's model and measure of ego development: a critical review. *Psychological Bulletin 8* (5), 928-955.

Havighurst, R.J. (1967). *Developmental tasks and education* (2nd ed.). New York: MacKay.

Haviland, J.M., & Kahlbaugh, P.E. (2000). Emotion and identity. In M. Lewis & J.M. Haviland (eds.). *Handbook of emotion* (2nd edition). (pp. 293-305). New York: Guilford.

Hawker, D.S.J., & Boulton, M.J. (2000). Twenty years' research on peer victimization and psychosocial maladjustment: A meta-analytic review of cross-sectional studies. *Journal of Child Psychology and Psychiatry, 41*, 441-455.

Hawkins, J.D., Catalano, R.F., & Miller, J.Y. (1992). Risk and protective factors for alcohol and other drug problems in adolescence and early adulthood: implications for substance abuse prevention. *Psychological Bulletin, 112*, 64-105.

Helwig, C.C. (2006). The development of personal autonomy throughout cultures. *Cognitive Development, 21*, 458-473.

Helm, P. van der (2011). Voorzichtig met het label 'psychopathie' bij adolescenten. *Kind en Adolescent Review, 18*, 436-439.

Hendriks, J., & C. Bijleveld (2004). *Recidive van jeugdige zedendelinquenten: Een onderzoek naar de algemene-, zeden- en geweldsrecidive van in JJI Harreveld behandelde jeugdige zedendelinquenten*. Leiden: NSCR.

Henggeler, S.W., Schoenwald, S.K., Borduin, C.M., Rowland, M.D., & Cunningham, P.B. (1998). *Multisystemic Treatment of Antisocial Behavior in Children and Adolescents*. New York: The Guilford Press.

Herman-Giddens, M.E., Wang, L., & Koch G., (2001). Secondary sexual characteristics in boys: estimates from the national health and nutrition examination survey III, 1988–1994. *Archives of Pediatric Adolescent Medicine, 155*, 1022–1028.

Hernandez, L., Montgomery, M.J., & Kurtines, W.M. (2006). Identity distress and adjustment problems in at-risk adolescents. *Identity: an International Journal of Theory and Research, 6*, 27-33.

Hetherington, E.M. (1999). Chapter I: Family functioning and the adjustment of adolescent siblings in diverse types of families. *Monographs of the Society for Research on Child Development, 64*, 1-25.

Hetherington, E.M., Henderson, S.H., Reiss, D., Anderson, E.R., Bridges, M., Chan, R.W., ..., Taylor, L.C. (1999). Adolescent siblings in stepfamilies: Family functioning and adolescent adjustment. *Monographs of the Society for Research in Child Development, 64*, 1-222.

Higgins, E.T. (2006). Continuities and discontinuities in self-regulatory and self-evaluative processes: A developmental theory relating self and affect. *Journal of Personality, 57*, 407-444.

Hilgard, E.R. (1962). *Introduction to psychology*. New York: Harcourt, Brace & World.

Hill, J. (2002). Biological, psychological and social processes in the conduct disorders. *Journal of Child Psychology and Psychiatry, 43*, 133-164.

Hill, J.P., & Holmbeck, G.N. (1986). Attachment and autonomy during adolescence. In G. Whitehurst (Ed.), *Annals of child development* (Vol. 3, pp. 145-189). Greenwich, CT: JAI Press.

Hirsch, M., Lunenfeld, B., Modan, M., Ovadia, J., & Shemesh, J. (1985). Spermarche the age of onset of sperm emission. *Journal of Adolescent Health Care, 6*, 35-39.

Hirschi, T. (1972). *Causes of Delinquency.* Berkeley: Univ. of California Press.

Hirschi, T., & Gottfredson, M. (1983). Age and the explanation of crime. *American Journal of Sociology, 89*, 552-584.

Hmel, B.A., & Pincus, A.L. (2002). The meaning of autonomy: On and beyond the interpersonal circumplex. *Journal of Personality, 70*, 277-310.

Hodgins, H.S., Koestner, R., & Duncan, N. (1996). On the compatibility of autonomy and relatedness. *Personality and Social Psychology Bulletin, 22*, 227-237.

Hoeve, M. (2008). *Parenting and juvenile delinquency.* Nijmegen: Radboud Universiteit

Hoeve, M., Vogelvang, L., Wong, T., & Kruithof, B. (2012). Het mysterie van de criminele vrouw. Theorieën over criminaliteit door meisjes en vrouwen. In A. Slotboom, M. Hoeve, M. Ezinga & P. van der Helm (Red.), *Criminele meisjes en vrouwen. Achtergronden en aanpak* (pp. 69-95). Den Haag: Boom Lemma.

Hoff-Ginsberg, E., & Tardif, T. (1995). Socioeconomic status and parenting. In: M.H. Bornstein (Ed.), *Handbook of parenting. Vol. 3. Status and social conditions of parenting* (pp. 161-188). New York, NJ: Erlbaum.

Hoffman, M.L. (2000). *Empathy and moral development.* New York: Cambridge University Press.

Holmbeck, G.N., & Hill, J.P. (1991). Conflictive engagement, positive affect, and menarche in families with seventh-grade girls. *Child Development, 62*, 1030-1048.

Holmbeck, G.N., Johnson, S.Z., Wills, K.E., McKernon, W., Rose, B., Erklin, S., & Kemper, T. (2002). Observed and perceived parental overprotection in relation to psychosocial adjustment in preadolescents with a physical disability: The mediational role of behavioral autonomy. *Journal of Consulting and Clinical Psychology, 70*, 96-110.

Hood, K.E. (1996). Intractable tangles of sex and gender in women's' aggressive development: An optimistic view. In: D.M. Stoff & R.B. Cairns (Red.) *Aggression and Violence. Genetic, Neurobiological, and Biosocial Perspectives* (pp. 309-337). Mahwah: Lawrence Erlbaum.

Hoof, A. van (1999). The identity status field re-reviewed: An update of unresolved and neglected issues with a view on some alternative approaches. *Developmental Review, 19*, 497-565.

Hosper, K., Konijn, C., & Vollebergh, W. (2001). *Jonge allochtonen en hulp bij psychische problemen.* Utrecht: Trimbos-instituut.

Huisman, J. (2006). De normale ontwikkeling van het individuele kind, opvoeding en het normaal functionerende gezin. In Th. Doreleijers, F. Boer, J. Huisman, R. Vermeiren & E. de Haan (red.), *Leerboek Psychiatrie Kinderen en Adolescenten* (pp. 29-59). Utrecht: De Tijdstroom.

Huizinga, M., Dolan, C.V., & van der Molen, M.W. (2006). Age-related change in executive function: developmental trends and a latent variable analysis. *Neuropsychologia, 44*, 2017-2036.

Huttenlocher, P.R. (1994). Synaptogenesis, synaps elimination, and neural plasticity in the human cerebral cortex. In: C.A. Nelson (Ed.), *Minnesota Symposia on Child Psychology: Vol. 27. Threats to optimal development: Integrating biological, psychological and social risk factors* (pp. 35-54). Hilldale, NJ: Erlbaum.

Inhelder, B., & Piaget, J. (1958). *The growth of logical thinking from childhood to adolescence: An essay on the construction of formal operational structures* (A. Parsons & S. Milgram, Trans.). London: Routledge and Kegan Paul. (Oorspronkelijk gepubliceerd 1955)

Ivanova, K., Veenstra, R., & Mills, M. (2012). Who dates? The effects of temperament, puberty and parenting on early adolescent experience with dating: The TRAILS Study. *Journal of Early Adolescence, 32*, 340-363.

Izard, C.E. (2009). Emotion theory and research: Highlights, unanswered questions, and emerging issues. *Annual Review of Psychology, 60*, 1-25.

Jaccard, J., Blanton, H., & Dodge, T. (2005). Peer influences on risk behavior: An analysis of the effects of a close friend. *Developmental Psychology, 41*, 135-147.

Jackson, L.A.., Eye, A. von, Fitzgerald, H.E., Zhao, Y., & Witt, E.A. (2010). Self-concept, self-esteem, gender, race and information technology use. *Computers in Human Behavior, 26*, 323-328.

Jackson, S., Bosma, H., & Zijsling, D. (1997). Beslissen jongeren zelf over alles? Grenzen voor ouders en opvoeders. In J.R.M. Gerris (Red.), *Jongerenproblematiek: Hulpverlening en gezinsonderzoek* (pp. 77-91). Assen: Van Gorcum.

Jackson, S., Jacob, M.N., Landman-Peters, K., & Lanting, A. (2001). Cognitive strategies employed in trying to arrange a first date. *Journal of Adolescence, 24*, 267-279.

Jaffee, S. (2009). Intergenerational transmission of risk for antisocial behavior. In: R.E. Tremblay, M.A.G. van Aken & W. Koops (Red.) *Development and Prevention of Behaviour Problems. From Genes to Social Policy.* (pp. 165-180). New York: Psychology Press.

Jagers, J.D. (1992). *Sociale competentie: een model met implicaties voor hulpverlening.* Amsterdam/ Duivendrecht: Paedologisch Instituut, afdeling GT-Projecten.

James, W. (1890). *The principles of psychology* (Vol. 1). New York: Holt.

Jang, S.J., & Smith, C.A. (1997). A test of reciprocal causal relationships among parental supervision, affective ties, and delinquency. *Journal of Research in Crime and Delinquency, 34*, 307-336.

Jansen, A. (2003). Eetstoornissen: diagnostiek en behandeling. In: A.H. Schene, F. Boer,T.J. Heeren, H.W.J. Henselmans, B. Sabbe, & J. van Weeghel (red.), *Jaarboek voor psychiatrie en psychotherapie, 2003-2004* (pp. 103-117). Houten: Bohn Stafleu van Loghum.

Jansen, E.R. (2011). *DSM-classificaties in Jeugdzorg[plus]. Verschillen en Overeenkomsten tussen YSR en DISC-IV.* Masterthese Ontwikkelingspedagogiek. Amsterdam: Vrije Universiteit.

Janssens, J.M.A.M., & As, N.M.C. van (1994). Negatieve communicatie in gezinnen. *Tijdschrift voor Orthopedagogiek, 33*, 432-442.

Janssens, J.M.A.M, Pels, T., Dekovic´, M., & Nijsten, C. (1999). Opvoedingsdoelen van autochtone en allochtone ouders. *Tijdschrift voor Orthopedagogiek, 38*, 318-329.

Jelicic, H., Bobek, D.L., Phelps, E., Lerner, R.M., & Lerner, J.V. (2007). Using positive youth development to predict contribution and risk behaviors in early adolescence : Findings from the first two waves of the 4-H study of positive youth development. *International Journal of Behavioral Development, 31*, 263-273.

Jennissen, R.P.W. (2009). *Criminaliteit, leeftijd en etniciteit. Over de afwijkende leeftijdsspecifieke criminaliteitscijfers van in Nederland verblijvende Antillianen en Marokkanen.* Den Haag: WODC. Meppel: Boom.

Jobes, D.A., Berman, A.L., O'Carroll, P.W., Eastgard, S., & Knickmeyer, S. (1996) The Kurt Cobain suicide crisis: Perspectives from research, public health and news media. *Suicide and Life-threatening Behavior, 26*, 260-272.

Johnson, J.S., & Newport, J.L. (1989). Critical period effects in second language learning: The influence of maturational state on the acquisition of English as a second language. *Cognitive Psychology, 21*, 60-99.

Junger, M. (1989). Discrepancies between police and self-report data for Dutch racial minorities. *British Journal of Criminology, 29*, 273-283.

Junger, M., Wittebrood, K., & Timman, R. (2001). Etniciteit en ernstig en gewelddadig crimineel gedrag. In R. Loeber, N.W. Slot & J.A. Sergeant (red.), *Ernstige en gewelddadige jeugddelinquentie: omvang, oorzaken, en interventies* (pp. 97-129). Houten: Bohn Stafleu en Van Loghum.

Junger-Tas, J., Steketee, M., & Moll, M. (2008). *Achtergronden van jeugddelinquentie en middelengebruik.* Utrecht: Verwey-Jonker Instituut.

Junger-Tas, J.J., & Slot, N.W. (2001). Preventie. In R. Loeber, N.W. Slot & J.A. Sergeant (red.), *Ernstige en gewelddadige jeugddelinquentie: omvang, oorzaken, en interventies* (pp. 265-291). Houten: Bohn Stafleu en Van Loghum.

Kagan, J. (1984). *The nature of the child*. New York: Basic Books.

Kagitçibasi, C. (1996). The autonomous-relational self: A new synthesis. *European Psychologies, 1*, 180-186.

Kagitçibasi, C. (2005). Autonomy and relatedness in cultural context: Implications for self and family. *Journal of Cross-Cultural Psychology, 36*, 403-422.

Kahn, J.S., & Meier, S.T. (2001). Children's definitions of family power and cohesion affect scores on the Family System Test. *The American Journal of Family Therapy, 29*, 141-154.

Kail, R. (1991). Processing time declines exponentially during childhood and adolescence. *Developmental Psychology, 27*, 259-266.

Kalidien, S.N., & Eggen, A.Th.J. (2009). *Criminaliteit en rechtshandhaving 2008, Ontwikkelingen en samenhangen*. Den Haag: WODC. Meppel: Boom.

Kaltiala-Heino, R., Kosunen, E., & Rimpela, M. (2003). Pubertal timing, sexual behavior and self-reported depression in middle adolescence. *Journal of Adolescence, 26*, 531–545.

Karna, A., Voeten, M., Little, T.D., Poskiparta, E., Alanen, E., & Salmivalli, C. (2011). Going to scale: A nonrandomized nationwide trial of the KiVa antibullying program for grades 1-9. *Journal of Consulting and Clinical Psychology, 79*, 796-805.

Kazdin, A.E., & Nock, M.K. (2003). Delineating mechanisms of change in child and adolescent therapy: Methodological issues and research recommendations. *Journal of Child Psychology and Psychiatry, 44*, 1116-1129.

Kazdin, A.E., & Weisz, J.R. (2003). *Evidence-based psychotherapies for children and adolescents*. New York: The Guilford Press.

Kedde, H. (2012). Seksuele disfuncties in Nederland: prevalentie en samenhangende factoren. *Tijdschrift voor Seksuologie, 36*, 98-108.

Keel, P.K., Fulkerson, J.A., & Leon, G.R. (1997). Disordered eating precursors in pre- and early adolescent girls and boys. *Journal of Youth and Adolescence, 26*, 203–216.

Keenan, K., & Hipwell, A. (2005). Preadolescent clues to understanding depression in girls. *Clinical Child and Family Psychology Review, 8*, 89-105.

Kegan, R. (1994). *In over our heads. The mental demands of modern life*. Cambridge MA.: Harvard University Press.

Keltner, D., & Bushwell, D.N. (1997). Embarrassment: its distinct form and appeasement functions. *Psychological Bulletin, 122*, 250-70.

Kernis, M.H. (2003). Toward a conceptualization of optimal self-esteem. *Psychological Inquiry, 14*, 1-26.

Kerr, M., & Stattin, H.(2000). What parents know, how they know it, and several forms of adolescent adjustment: Further support for a reinterpretation of monitoring. *Developmental Psychology, 36*, 366-380.

Kerr, M., & Stattin, H.(2003). Parenting of adolescents: Action or reaction? In A.C. Crouter & A. Booth, *Children's influence on family dynamics. The neglected side of family relationships* (pp.121-152). Mahwah, NJ: Lawrence Erlbaum Associates.

Kersten J., & Sandfort, Th. (1994). *Lesbische en homoseksuele adolescenten in de schoolsituatie: een inventarisatie van knelpunten, problemen en oplossingen*. Utrecht: Interfacultaire Werkgroep Homostudies.

Kessler, R.C., Berglund, P., Demler, O., Jin, R., Merikangas, K.R., & Wlater, E.E. (2005). Lifetime prevalence ang ange-of-onset distributions of DSM-IV disorders in the national comorbidity survey replication. *Archives of General Psychiatry, 62*, 593-602.

Kessler, R.C., McGonagle, K.A., Shanyang, Z., Nelson, C.B., Hughes, M., Eshleman, S., et al. (1994). Lifetime and 12-month prevalence of DSM-III-R psychiatric disorders in the United States. *Archives of General Psychiatry, 51,* 8-19.

Ketner, S. (2008). *Marokkaanse wortels, Nederlandse grond. Exploratie, bindingen en identiteitsstrategieën van jongeren van Marokkaanse afkomst.* Groningen: Rijksuniversiteit, Dissertatie.

Kidd, S., & Shahar, S. (2008). Resilience in homeless youth: The key role of self-esteem. *American Journal of Orthopsychiatry, 78,* 163-172.

Killgore, W.D.S., Oki, M., & Yurgelun-Todd, D.A.(2001). Sex-specific developmental changes in amygdala response to affective faces. *Neuroreport, 12,* 427-433.

Kim, J-Y., McHale, S.M., Osgood, D.W., & Crouter, A.C. (2006). Longitudinal course and family correlates of sibling relationships from childhood through adolescence. *Child Development, 77,* 1746-1761.

Kim, J-Y., McHale, S.M., Crouter, A.C., & Osgood, D.W. (2007). Longitudinal linkages between sibling relationships and adjustment from middle childhood through adolescence. *Developmental Psychology, 43,* 960-973.

Kim, K., & Smith, P.K. (1999). Family relations in early childhood and reproductive development. *Journal of Reproductive and Infant Psychology, 17,* 133-148.

Kingma, J., & Koops, W. (1988). De structureel-cognitieve ontwikkeling. In W. Koops & J.J. van der Werff (red.), *Overzicht van de empirische ontwikkelingspsychologie. Deel 2.* Groningen: Wolters-Noordhoff.

Kins, E., Beyers, W., Soenens, B. (2012). When the separation-individuation process goes awry: Distinguishing between dysfunctional dependence and dysfunctional independence. *International Journal of Behavioral Development, 37,* 1-12.

Kins, E., Beyers, W., Soenens, B., & Vansteenkiste, M. (2009). Patterns of home leaving and subjective well-being in emerging adulthood: The role of motivational processes and parental autonomy support. *Developmental Psychology, 45,* 1416-1429.

Kinsey, A., Pomeroy, W.B., & Martin, C.F. (1948). *Sexual behaviour in the human male.* Philadelphia: Saunders.

Kinsey, A., Pomeroy, W.B., Martin, C.F., & Gebhard, P.H. (1953). *Sexual behaviour in the human female.* Philadelphia: Saunders.

Kistner, J.A. (2009). Sex differences in child and adolescent psychopathology: An introduction to the special section. *Journal of clinical Child and Adolescent Psychology, 38,* 453-459.

Kling, K.C., Hyde, J.S., Showers, C.J., & Buswell, B.N. (1999). Gender differences in self-esteem: a meta-analysis. *Psychological Bulletin, 125,* 470-500.

Klingberg, T., Forssberg, H., & Westerberg, H. (2002). Increased brain activity in frontal and parietal cortex underlies the development of visuospatial working memory capacity during childhood. *Journal of Cognitive Neuroscience, 14,* 1-10.

Knaap, L.M. van der (2002). *Vragenlijst Taken en Vaardigheden van Adolescenten (TVA).* Amsterdam/Duivendrecht: PI Research.

Knoth, R., Boyd, K., & Singer, B. (1988). Empirical tests of sexual selection theory: Predictions of sex differences in onset, intensity, and time course of sexual arousal. *Journal of Sex Research, 24,* 73-89.

Kochanska, G., & Aksan, N. (2006). Children's conscience and self-regulation. *Journal of Personality, 74,* 1587-1617.

Kohlberg, L. (1958). *The development of modes of moral thinking and choice in the years 10 to 16.* Chicago: University of Chicago Press.

Kohlberg, L. (1969). Stage and sequence: The cognitive developmental approach to socialization. In D.A. Goslin (red.) *Handbook of socialization theory and research* (pp. 347-480). Chicago: Rand McNally.

Konijn, C. (2003). *Internationaal overzicht effectieve interventies in de jeugdzorg.* Utrecht: NIZW.

Korf, D.J. (2009). *Coke bij de vis. Misdaad en moraal.* Inaugurele rede. Amsterdam: Vossiuspers UvA.

Korrelboom, K., & Broeke, E. ten (2004). *Geïntegreerde cognitieve gedragstherapie*. Bussum: Coutinho.

Kovacs, M., Obrosky, D.S., & Sherrill, J. (2003). Developmental changes in the phenomenology of depression in girls compared to boys from childhood onward. *Journal of Affective Disorders, 74*, 33-48.

Kowal, A., & Kramer, L. (1997). Children's understanding of parental differential treatment. *Child Development, 68*, 113-126.

Kroger, J. (1996). Identity, regression, and development. *Journal of Adolescence, 19*, 203–222.

Kroger, J. (1997). Gender and identity: The intersection of structure, content, and context. *Sex Roles, 36*, 747-770.

Kroger, J. (2000). *Identity development. Adolescence through adulthood*. Thousand Oaks, CA: Sage.

Kroger, J. (2003). What transits in an identity status transition. *Identity. An International Journal of Theory and Research, 3*, 197-220.

Kroger, J. (2007). Why is identity achievement so elusive? *Identity: An International Journal of Theory and Research, 7*, 331-348.

Kroger, J., & Haslett, S.J. (1991). A comparison of ego identity status transition pathways and change rates across five identity domains. *International Journal of Aging and Human Development, 32*, 303–330.

Kroger, J., Martinussen, M., & Marcia, J.E. (2010). Identity status change during adolescence and young adulthood: A meta-analysis. *Journal of Adolescence, 33*, 683-698.

Kroneman, L.M. (2009). *Girls' disruptive behavior: A study of explanatory factors*. Amsterdam: Vrije Universiteit.

Kruijer, H., Lee, L. van, & Wijsen, C. (2009). *Landelijke abortusregistratie 2008*. Utrecht: Rutgers Nisso groep.

Kuhn, D. (2008). Formal operations from a twenty-first century perspective. *Human Development, 51*, 48–55.

Kuhn, D., & Franklin, S. (2006). The second decade: What develops (and how)? In D. Kuhn & R. Siegler (Red.), *Handbook of child psychology. Vol. 2: Cognition, perception, and language* (6th ed., pp. 953–994). New York: Wiley.

Kunnen, E.S. (2009). Qualitative and quantitative aspects of commitment development in psychology students. *Journal of Adolescence, 32*, 567-584.

Kunnen, S., Holwerda, N., & Bosma, H.A. (2008). Studiekeuze bij adolescenten en jongvolwassenen. *De Psycholoog, 43*, 6-11.

Kuperminc, G.P., Blatt, S.J., Shahar, G., Henrich, C., & Leadbeater, B.J. (2004). Cultural equivalence and cultural variance in longitudinal associations of young adolescent self-definition and interpersonal relatedness to psychological and school adjustment. *Journal of Youth and Adolescence, 33*, 13-30.

Kuunders, M., Wilde, E.J. de, & Zwikker, N. (2011). *Hoeveel jeugdigen krijgen zorgen in de Jeugdzorg*. Utrecht: Nederlands Jeugdinstituut.

Kwon, H., Reiss, A.L., & Menon, V. (2002). Neural basis of protracted developmental changes in visuospatial working memory. *Proceedings of the National Academy of Sciences of the United States of America, 99*, 13336-13341.

Laan, A.M. van der, & Blom, M. (2006). *Jeugddelinquentie: risico's en bescherming. Bevindingen uit de WODC Monitor Zelfgerapporteerde Jeugdcriminaliteit 2005*. Meppel: Boom.

Laan, P. van der, Laan, A.M. van der, Hoeve, M., Blom, M., Lamet, W.H., & Loeber, R. (2012). Offending and justice response at the juvenile – adult interface. In R. Loeber, M. Hoeve, N.W. Slot & P. van der Laan (Red.), *Persisters and Desisters in Crime from Adolescence into Adulthood. Explanation, Prevention and Punishment* (pp. 159-201). Farnam: Ashgate.

Laan, P.H. van der (2002). Antisociaal gedrag en jeugdcriminaliteit. Aard, omvang en ontwikkeling. *Kind en Adolescent, 22*, 192-210.

Laan, P.H. van der (2004). Over straffen, effectiviteit en erkenning. De wetenschappelijke onderbouwing van preventie en strafrechtelijke interventie. *Justitiële verkenningen, 30*(5), 31-48.

Laar, M.W. van, Cruts, A.A.N., Ooyen-Houben, M.M.J. van, Meijer, R.F., Croes, E.A., & Ketelaars, A.P.M. (2012). *Nationale Drug Monitor. Jaarbericht 2011.* Utrecht/Den Haag: Trimbos Instituut/WODC.

Labouvie-Vief, G. (2008). When differentiation and negative affect lead to integration and growth. *The American Psychologist, 63,* 564.

Labouvie-Vief, G., DeVoe, M., & Bulka, D. (1989). Speaking about feelings: Conceptions of emotions across the life span. *Psychology and aging, 1,* 425-437.

Labouvie-Vief, G., Diehl, M., Jain, E., & Zhang, F. (2007). Six-year change in affect optimization and affect complexity across the adult life span: A further examination. *Psychology and aging, 22,* 738-751.

Ladouceur, C.D., Peper, J.S., Crone, E.A., & Dahl, R.E. (2012). White matter development in adolescence: The influence of puberty and implications for affective disorders. *Developmental Cognitive Neuroscience, 2,* 36-54.

Lahey, B.B., Loeber, R., & Quay, H.C. (1998). Validity of DSM-IV subtypes of conduct disorder based on age of onset. *Journal of the American Academy for Child and Adolescent Psychiatry, 37,* 435 – 442.

Lahey, B.B., & Waldman, I.D. (2003). A developmental propensity model of the origins of conduct problems during childhood and adolescence. In B.B. Lahey, T.E. Moffitt & A.Caspi (Eds.), *Causes of conduct disorder and serious delinquency*(pp. 76-117). New York: Guilford Press.

Laible, D.J., Carlo, G., & Rafaelli, M.(2000). The differential relations of parent and peer attachment to adolescent adjustment. *Journal of Youth and Adolescence, 29,* 45-59.

Laitinen-Krispijn, S., Ende, J. van der, & Hazebroek-Kampschreur, A.A.J.M. (1999). Pubertal maturation and the development of behavioural and emotional problems in early adolescence. *Acta Psychiatrica Scandinavica, 99,* 16-25.

Lambert, M.J. (1992). Psychotherapy outcome research: Implications for integrative and eclectic therapists. In J.C. Norcross & M.R. Goldfield, (Eds.), *Handbook of psychotherapy integration* (pp. 94-129). New York: Basic Books.

Lamborn, S.D., & Steinberg, L. (1993). Emotional autonomy redux: Revisiting Ryan and Lynch. *Child Development, 64,* 483-499.

Lamborn, S.D., Dornbusch, S.M., & Steinberg, L. (1996). Ethnicity and community context as moderators of the relations between family decision making and adolescent adjustment. *Child Development, 67,* 283-301.

Lamers, L.M. (1992). *De gezondheid van migranten in Rotterdam.* Rotterdam: GGD-Rotterdam.

Lamers-Winkelman, F., Slot, N.W., Bijl, B., & Vijlbrief, A.C. (2007). *Scholieren Over Mishandeling. Resultaten van een landelijk onderzoek naar de omvang van kindermishandeling onder leerlingen van het voortgezet onderwijs.* Amsterdam: Vrije Universiteit. PI Research.

Lane, R.D., & Pollerman, Z. (2002). Complexity of emotion representations. In Feldman Barrett & P. Salovey (Eds.), *The wisdom in feeling: Psychological Processes in Emotional Intelligence* (pp. 271-293). New York: The Guilford Press.

Lane, R.D., Quinlan, D.M., Schwartz, G.E., & Walker, P.A. (1990). The levels of emotional awareness scale: A cognitive-developmental measure of emotion. *Journal of Personality Assessment, 55,* 124-134.

Lange, A. (1998). Gedragsgeoriënteerde gezinsbehandeling. In P.J.M. Prins & J.D. Bosch (red.), *Methoden en technieken van gedragstherapie bij kinderen en jeugdigen* (pp. 176-197). Houten/Diegem: Bohn Stafleu Van Loghum.

Lange, A. (2000). *Gedragsverandering in gezinnen.* Groningen: Wolters-Noordhoff.

Lapsley, D.K. (1993). Toward an integrated theory of adolescent ego development: The 'new look' at adolescent egocentrism. *American Journal of Orthopsychiatry, 63,* 562-571.

Larson, L., Csikszentmihalyi, M., & Graef, R. (1980) Mood variability and the psychosocial adjustment of adolescents. *Journal of Youth and Adolescence, 9,* 469-490.

Larson, R. (2000). Toward a psychology of positive youth development. *American Psychologist, 55*, 170-183.

Larson, R., & Ham, M. (1993). Stress and 'storm and stress' in early adolescence: The relationship of negative events with dysphoric affect. *Developmental Psychology, 29*, 130-140.

Larson, R., & Lampman-Petrais, C. (1989). Daily emotional states reported by children and adolescents. *Child Development, 60*, 1250-1260.

Larson, R., Moneta, G., Richards, M., & Wilson, S. (2002). Continuity, stability and change in daily emotional experience across adolescence. *Child Development, 73*, 1151-1165.

Larson, R.W., Richards, M.H., Moneta, G., Holmbeck, G., & Duckett, E. (1996). Changes in adolescents' daily interaction with their families from ages 10 to 18: Disengagement and transformation. *Developmental Psychology, 32*, 744-754.

Latendresse, S.J., Bates, J.E., Goodnight, J.A., Lansford, J.E., Budde, J.P., Goate, A., Dick, D.M. (2011). Differential susceptibility to adolescent externalizing trajectories: Examining the interplay between CHRM2 and peer group antisocial behavior. *Child Development, 82*, 1797-1814.

Laursen, B., & Collins, W.A. (1994). Interpersonal conflict during adolescence. *Psychological Bulletin, 115*, 197-209.

Laursen, B., Coy, K.C., & Collins, W.A. (1998). Reconsidering changes in parent-child conflict across adolescence: A meta-analysis. *Child Development, 69*, 817-832.

Laursen, B., & Mooney, K.S. (2007). The rocky road of adolescent romantic experience: dating and adjustment. In: R. Engels, M. Kerr & H. Stattin (Eds.), *Friends, lovers and groups: key relationships in adolescence* (pp 81-92). Chichester: John Wiley & Sons, Ltd.

Lavers, C.A., & Sonuga-Barke, E.J.S. (1997). Annotation: On the Grandmothers' Role in the Adjustment and Maladjustment of Grandchildren. *J. Child. Psychol. Psychiat, 18, 7*, 747 - 753.

Lazarus, R.S. (1991). *Emotion and adaptation*. New York: Oxford University Press.

Lazarus, R.S. (1999). The cognition-emotion debate: A bit of history. In T. Dalgleish & M. Power (Eds.), *Handbook of cognition and emotion*. (pp. 3-19). New York: Wiley.

Le Blanc, M., & Fréchette, M. (1989). *Male criminal activity from childhood through youth: Multilevel and developmental perspectives*. New York: Springer Verlag.

Leary, M.R. (2007). Motivational and emotional aspects of the self. *Annual Review of Psychology, 58*, 317-344.

LeDoux, J. (1996). *The Emotional Brain*. New York: Simon & Schuster.

LeDoux, J. (2002). *Synaptic Self*. New York: Macmillan.

Lee, L. van, & Wijsen, C. (2007). *Landelijke Abortus Registratie 2006*. Utrecht: Rutgers Nisso Groep.

Leech, R., Mareschal, D., & Cooper, R.P. (2008). Analogy as relational priming: A developmental and computational perspective on the origins of a complex cognitive skill. *Behavioral and Brain Sciences, 31*, 357–414.

Leertouwer, E.C., & Kalidien, S.N. (2009). De strafrechtsketen in samenhang. In: S.N. Kalidien & A.Th.J. Eggen (Red.), *Criminaliteit en rechtshandhaving 2008. Ontwikkelingen en samenhangen* (pp. 201–238). Den Haag: WODC. Meppel: Boom.

Leertouwer, E.C., Meijer, R.F., & Kalidien, S.N. (2012). De strafrechtsketen in samenhang. In M.M. van Rosmalen, S.N. Kalidien & N.E. de Heer-de Lange (Red.), *Criminaliteit en Rechtshandhaving 2011* (pp. 215-250). Meppel: Boom.

Leijenhorst, L. van, Moor, B.G., Op de Macks, Z.A., Rombouts, S.A., Westenberg, P.M., & Crone, E.A. (2010). Adolescent risky decision-making: neurocognitive development of reward and control regions. *Neuroimage, 51*(1), 345-355.

Lenroot, R.K., & Giedd, J. N. (2010). Sex differences in the adolescent brain. *Brain and Cognition, 72*, 46-55.

Lens, W., & Rand, P.(1997). Combining intrinsic goal orientations with professional instrumentality/utility in student motivation. *Polish Psychological Bulletin, 28*, 103-123.

Lerner, H. (1987). Psychodynamic models. In V.B. van Hasselt & M. Hersen (Eds.), *Handbook of adolescent psychology* (pp. 53-76). New York: Pergamon.

Lerner, J.V., Phelps, E., Forman, Y., & Bowers, E.P. (2009). Positive youth development. In R.M. Lerner & L. Steinberg (Eds.), *Handbook of adolescent psychology* (3rd ed., Vol. 1, pp. 524-558). Hoboken, NJ: Wiley.

Lerner, R., Lerner, J.V., & Benson, J.B. (2011). *Positive youth development* (Advances in Child Behavior and Development, Vol. 41). San Diego, CA: Academic Press.

Lerner, R.M. (2002). *Concepts and theories of human development* (3rd ed.). Mahwah, NJ: Erlbaum.

Lerner, R.M., & Castellino, D.R. (2002). Contemporary developmental theory and adolescence: Developmental systems and applied developmental science. *Journal of Adolescent Health Care, 31*, 122-135.

Lerner, R.M., & Steinberg, L. (2009). The scientific study of adolescence: Historical and contemporary perspectives. In R. M Lerner & L. Steinberg (Eds.), *Handbook of adolescent psychology* (3rd ed., Vol. 1, pp. 3-14). Hoboken, NJ: Wiley.

Levenson, R.W. (1999). The intrapersonal functions of emotion. *Cognition and Emotion, 13*, 481-504.

Levpuscek, M.P. (2006). Adolescent individuation in relation to parents and friends: Age and gender differences. *European Journal of Developmental Psychology, 3*, 238-264.

Levy-Warren, M.H. (1999). I am, you are, and so are we: A current perspective on adolescent separation-individuation theory. In A.H. Esman, L.T. Flaherty & H.A. Horowitz (Eds.), *Adolescent psychiatry: Developmental and clinical studies* (Vol. 24, pp. 3-24). Hillsdale, NJ: Analytic Press.

Lewinsohn, P.M., Clarke, G.N., Seeley, J.R., & Rohde, P. (1994). Major depression in community adolescents: age at onset, episode duration, and time to recurrence. *Journal of the American Academy of Child and Adolescent Psychiatry, 33*, 809-818.

Lichtwarck-Aschoff, A., Geert, P. van, Bosma, H., & Kunnen, S.(2008). Time and identity: A framework for research and theory formation. *Developmental Review, 28*, 370-400.

Lien, L., Dalgard, F., Heyerdahl, S., Thoresen, M.,& Bjertness, E. (2006). The relationship between age of menarche and mental distress in Norwegian adolescent girls and girls from different immigrant groups in Norway: results from an urban city cross-sectional survey. *Social Science and Medicine, 63*, 285-295.

Lindauer, R.J.L., & Boer, F. (2012). *Trauma bij kinderen*. Utrecht: Lannoo Campus.

Lipsey, M.W. (1995). What do we learn from 400 research studies on the effectiveness of treatment with juvenile delinquents? In J. McGuire (ed.). *What Works: Reducing Reoffending – Guidelines from Research and Practice* (pp. 63-78). Chichester: John Wiley & Sons.

Litovsky, V.G., & Dusek, J.B. (1985). Perceptions of child rearing and self-concept development during the early adolescent years. *Journal of Youth and Adolescence, 14*, 373-387.

Lodewijks, H.P.B., Ruiter, C. de, & Doreleijers, Th.A.H. (2010). The impact of protective factors in desistance from violent reoffending: A study in three samples of adolescent offenders. *Journal of Interpersonal Violence, 25*, 568-588.

Loeber, R. (1997). *Ontwikkelingspaden en risicopatronen voor ernstige jeugddelinquentie en hun relevantie voor interventies: Nooit te vroeg en nooit te laat*. Amsterdam: Vrije Universiteit, Faculteit der Psychologie en Pedagogiek.

Loeber, R., Burke, J.D., Lahey, B.B., Winters, A., & Zera, M. (2003a). Oppositioneel-opstandige en antisociale gedragsstoornis: een overzicht over de laatste tien jaar, deel I. *Kind en adolescent review, 10*, 123–160.

Loeber, R., Burke, J.D., Lahey, B.B., Winters, A., & Zera, M. (2003b). Oppositioneel-opstandige en antisociale gedragsstoornis: een overzicht over de laatste tien jaar, deel II. *Kind en adolescent review, 10*, 259–303.

Loeber, R., Farrington, D.P., Stouthamer-Loeber, M., & White, H.R. (2008). *Violence and Serious Theft: Development and Prediction from Childhood to Adulthood*. New York: Routledge.

Loeber, R., Farrington, D.P., & Washbush, D.A. (1998). Serious and violent juvenile offenders. In: R. Loeber & D.P. Farrington (Eds.), *Serious and Violent Juvenile Offenders* (pp. 13-29). Thousand Oakes: Sage.

Loeber, R., & Slot, N.W. (2007). Serious and violent juvenile delinquency: An update. In M. Tonry & C. Bijleveld (Eds.), *Crime and Justice in the Netherlands* (vol. 35, pp. 503-592). Chicago: The University of Chicago Press.

Loeber, R., Slot, N.W., Laan, P. van der, & Hoeve, M. (2008). Conclusions and recommendations. In R. Loeber, N.W. Slot, P. van der Laan & M. Hoeve (Red.), *Tomorrows Criminals. The Development of Child Delinquency and Effective Interventions* (pp. 261-285). Farnam: Ashgate.

Loeber, R., Slot, N.W., & Stouthamer-Loeber, M. (2008). A cumulative developmental model of risk and promotive factors. In: R. Loeber, N.W. Slot, P. van der Laan & M. Hoeve (2008), *Tomorrow's Criminals: The Development of Child Delinquency and Effective Interventions* (pp. 133-161). Aldershot: Ashgate

Loeber, R., Stouthamer-Loeber, M., Kammen, W. van, & Farrington, D. (1991). Initiation, escalation and desistance in juvenile offending and their correlates. *The Journal of Criminal Law & Criminology, 82*, 36-54.

Loevinger, J. (1976). *Ego Development*. San Francisco: Jossey-Bass.

Luna, B., & Sweeney, J. A. (2004). The emergence of collaborative brain function: FMRI studies of the development of response inhibition. *Annuals of the New York Academy of Sciences, 1021*, 296-309.

Lundahl, B., & Burke, B.L. (2009). The effectiveness and applicability of motivational interviewing: A practice-friendly review of four meta-analyses. *Journal of Clinical Psychology, 65*, 1232-1245.

Luyckx, K., Goossens, L. et al. (2005). Identity statuses based upon four rather than two identity dimensions: extending and refining Marcia's paradigm. *Journal of Youth and Adolescence, 34*, 605-618.

Luyckx, K., Goossens, L., & Soenens, B. (2006). A developmental contextual perspective on identity construction in emerging adulthood: change dynamics in commitment formation and commitment evaluation. *Developmental Psychology, 42*, 366-380.

Luyckx, K., Goossens, L., Soenens, B., & Beyers, W. (2006). Unpacking commitment and exploration: Validation of an integrative model of adolescent identity formation. *Journal of Adolescence, 29*, 361-378.

Luyckx, K., Schwartz, S.J. et al. (2008). Capturing ruminative exploration: Extending the four-dimensional model of identity formation in late adolescence. *Journal of Research in Personality, 42*, 58-82.

Luyckx, K., Schwartz, S.J., Goossens, L. et al. (2008). Developmental typologies of identity formation and adjustment in female emerging adults: A latent class growth analysis approach. *Journal of Research on Adolescence, 18*, 595-619.

Lynne, S.D., Graber, J.A., Nichols, T.R., Brooks-Gunn, J., & Botvin, G.J. (2007). Links between pubertal timing, peer influences, and externalizing behaviors among urban students followed through middle school. *Journal of Adolescent Health, 40*, 181.e7-181.e13.

Maccoby, E.E. (1990). Different reproductive strategies in males and females. *Child Development, 62*, 676-681.

Maccoby, E.E. (1992). The role of parents in the socialization of children: An historical overview. *Developmental Psychology, 28*, 1006-1017.

Maccoby, E.E. (2000). Parenting and its effects on children: On reading and misreading behavior genetics. *Annual Review of Psychology, 51*, 1-27.

Maccoby, E.E., & Martin, J.A. (1983). Socialization in the context of the family: Parent-child interaction. In P.H. Mussen (Ed.) & E.M. Hetherington (Eds.), *Handbook of child psychology: Vol. 4. Socialization, personality, and social development* (4th ed., pp. 1-101). New York: Wiley.

Maes, H.H., Woodard, C.E., Murrelle, L., Meyer, J.M., Silberg, J.L., Hewitt, J.K., Rutter, M., Simonoff, E., Pickles, A., Carbonneau, R., Neale, M.C., & Eaves, L.J. (1999). Tobacco, alcohol and drug use in eight- to sixteen-year-old twins: The Virginia twin study of adolescent behavioral development. *Journal of Studies on Alcohol, 60*, 293-305.

Magnusson, D. (1990). Personality development from an interactional perspective. In L. Pervin (Ed.), *Handbook of personality: Theory and measurement* (pp.193-222). New York: Guilford Press.

Magnusson, D., Stattin, H., & Allen, V.L. (1986). Differential maturation among girls and its relevance to social adjustment: A longitudinal perspective. In D.L. Featherman & R.M. Lerner (Eds.), *Life-span development and behavior* (Vol. 7, pp. 134-172). New York: Academic Press.

Mahler, M. (1972). On the first three phases of the separation-individuation process. *International Journal of Psychoanalysis, 53*, 333-338.

Mahler, M., Pine, F., & Bergman, A. (1975). *The psychological birth of the human infant.* New York: International Universities Press.

Marceau, K., Ram, N., Houts, R.M., Grimm, K.J. & Susman, E. J. (2011). Individual differences in boys' and girls' timing and tempo of puberty: Modeling development with nonlinear growth models. *Developmental Psychology, 47*, 1389-1409.

Marcia, J.E. (1966). Development and validation of ego-identity status. *Journal of Personality and Social Psychology, 3*, 551-558.

Marcia, J.E. (1980). Identity in Adolescence. In: J. Abelson (Ed.), *Handbook of adolescent psychology* (pp. 159-186). New York: Wiley.

Marcia, J.E. (1982). Identiteitsstatus in de late adolescentie: beschrijving en enkele clinische implicaties. In H.A.Bosma & T.L.G.Graafsma (red.), *De ontwikkeling van identiteit in de adolescentie* (pp. 50-64). Nijmegen: Dekker & van de Vegt.

Marcia, J.E. (1993). The status of the statuses: Research review. In J.E. Marcia, A.S. Waterman, D.R. Matteson, S.L. Archer & J.L. Orlofsky (Eds.), *Ego identity. A handbook for psychosocial research* (pp. 22-41). New York: Springer Verlag.

Marcus, R.F., & Betzer, P.D.S. (1996). Attachment and antisocial behavior in early adolescence. *Journal of Early Adolescence, 16*, 229-248.

Marshall, W.A., & Tanner, J.M. (1969). Variations in the pattern of pubertal changes in girls. *Archives of the Diseases in Childhood, 44*, 291–303.

Marshall, W.A., & Tanner, J.M. (1970). Variations in the pattern of pubertal changes in boys. *Archives of Diseases in Childhood, 45*,13–23.

Martijn, C., Muijres, C., Tonnard, J., Jansen, A., & Schoemaker, C. (2009). Pro-anorexia op het internet. *De Psycholoog*, 618-627.

Martin, C.L. (1993). New directions of investigating children's gender knowledge. *Developmental Review, 13*, 184-204.

Martin, G., Bergen, H.A., Richardson, A.S., Roeger, L., & Allison, S. (2004). Sexual abuse and suicidality: Gender differences in a large community sample of adolescents. *Child Abuse and Neglect, 28*, 491-503.

Marwit, S.J., & Carusa, S.S. (1998). Communicated support following loss: Examining the experiences of parental death and parental divorce in adolescence. *Death Studies, 22*, 237-255.

Mascolo, M.F., & Fischer, K.W. (1995). Developmental transformations in appraisals for pride, shame and guilt. In J.P. Tangney & K.W. Fischer (Eds.), *Self-conscious emotions: The psychology of shame, guilt, embarrassment and pride* (pp. 64-113). New York: Guilford Press.

Masten, A.S. (1994). Resilience in individual development: successful adaptation despite risk and adversity. In M.C. Wang & E.W. Gordon (Eds.), *Educational resilience in inner-city America: Challenges and prospects.* Hillsdale, NJ: Lawrence Erlbaum Associates.

Masten, A.S., Best, K.M., & Garmezy, N. (1990). Resilience and development: contributions from the study of children who overcome adversity. *Development and psychopathology, 2*, 425-444.

Masten, C.L., Telzer, E.H., Fuligni, A.J., Lieberman, M.D., & Eisenberger, N.I. (2012). Time spent with friends in adolescence relates to less neural sensitivity to later peer rejection. *Social, Cognitive, and Affective Neuroscience, 7*, 106-114.

Matteson, D.R. (1975). *Adolescence today: sex roles and the search for identity*. Homewood, Ill.: Dorsey Press.

Matteson, D.R. (1977). Exploration and commitment: Sex differences and methodological problems in the use of identity status categories. *Journal of Youth and Adolescence, 6*, 353-374.

Matthys, W. (2011). Nieuwe inzichten in ODD. *Kind en adolescent review, 18*, 222-225.

Matthys, W., Goozen, S.H.M. van, Vries, H. de, Cohen-Kettenis, P.T.C., & Engeland, H. van (1998). The dominance of behavioral activation over behavioral inhibition in conduct disordered boys with or without attention deficit hyperactivity disorder. *Journal of Child Psychology and Psychiary, 39*, 643-651.

Mayer, J.D., Roberts, R.D., & Barsade, S.G. (2008). Human abilities: Emotional intelligence. *Annual Review of Psychology, 59*, 507–36.

Mayer, J.D., & Salovey, P. (1997). What is emotional intelligence? In P. Salovey & D.J. Sluyter (Eds), *Emotional development and emotional intelligence* (pp. 3-34). New York: Basic Books.

McDermott, R. (2001). A century of Margaret Mead. *Teachers College Record, 103*, 843-867.

Mead, M. (1928) *Coming of age in Samoa: A psychological study of primitive youth for Western civilization*. New York: Morton.

Meeks, J.E., & Bernet, W. (2001). *The fragile alliance* (5th ed.). Malabar, FL: Krieger.

Meerum Terwogt, M., & Olthof, T. (1989). Awareness and self-regulation of emotion in young children. In C. Saarni & P.L. Harris (Eds.), *Children's understanding of emotion.* (pp. 209-239). New York: Cambridge University Press.

Meerum Terwogt, M., & Stegge, H. (1995). Children's understanding of the strategic control of negative emotions. In J.A. Russell (Ed.), *Everyday conceptions of emotion. NATO ASI Series.* (pp. 373-390). Dordrecht: Kluwer.

Meerum Terwogt, M., & Stegge, H.(2002). The development of emotional intelligence. In I.M. Goodyer (Ed.), *The depressed child and adolescent.* (pp. 24-45). Cambridge: Cambridge University Press.

Meeus, W. (1996). Studies on identity development in adolescence: an overview of research and some new data. *Journal of Youth and Adolescence, 25*, 269-598.

Meeus, W. (2010). The study of adolescent identity formation 2000-2010: A review of longitudinal Research. *Journal of Research on Adolescence, 21*, 75-94.

Meeus, W., Branje, S., & Overbeek, G. (2004). Ouders, partner en criminaliteit. Longitudinale studie naar veranderingen in relationele steun en criminaliteit in adolescentie en jonge volwassenheid. *Tijdschrift voor Criminologie, 46*, 37-55.

Meeus, W., Iedema, J., Helsen, M., & Vollebergh, W. (1999). Patterns of adolescent identity development: Review of literature and longitudinal analysis. *Developmental Review, 19*, 419-461.

Meeus, W., Iedema, J., Maassen, G., & Engels, R. (2005). Separation-individuation revisited: On the interplay of parent-adolescent relations, identity and emotional adjustment in adolescence. *Journal of Adolescence, 28*, 89-106.

Meeus, W., Rie, S. de la, Luijpers, E., & Wilde, E. (2001). De harde kern; ernstige gewelddadige en persistente jeugdcriminaliteit in Nederland. In: R. Loeber, N.W. Slot en J.A. Sergeant. (red.), *Ernstig gewelddadige jeugddelinquentie. Omvang, oorzaken en interventies* (pp. 51-73). Houten, Bohn, Stafleu, Van Loghum.

Meeus, W., Schoot, R. van de, Keijsers, L., Schwartz, S.J., & Branje, S. (2010). On the progression and stability of adolescent identity formation: a five-wave longitudinal study in early-to-middle and middle-to-late adolescence. *Child Development, 81*, 1565-1581.

Meeus, W., Schoot, R. van der, Keijsers, L., & Branje, S. (2012). *Identity statuses as developmental trajectories: a five-wave longitudinal study in early-to-middle and middle-to-late adolescents. Journal of Youth and Adolescence, 41*, 1008-1021..

Mendle, J., & Ferrero, J. (2012). Detrimental psychological outcomes associated with pubertal timing in adolescent boys. *Developmental Review, 32*, 49-66.

Mendle, J., Hardem, K.P., Brooks-Gunn, J., & Graber, J.A. (2010). Development's tortoise and hare: Pubertal timing, pubertal tempo and depressive symptoms in boys and girls. *Developmental Psychology, 46*, 1341-1353.

Mendle, J., Turkheimer, E., & Emery, R.E. (2007). Detrimental psychological outcomes associated with early pubertal timing in girls. *Developmental Review, 27*, 151-171.

Menesini, E., & Camodeca, M. (2008). Shame and guilt as behaviour regulators: Relationships with bullying, victimization and prosocial behaviour. *British Journal of Developmental Psychology, 26*, 183-196.

Menesini, E., Sanchez, V., Fonzi, A., Ortega, R., Costabile, A. & Feudo, L.F. (2003). Moral emotions and bullying: A cross-national comparison of differences between bullies, victims and outsiders. *Aggressive Behavior, 29*, 515-530.

Michaud, P.A., Suris, J.C. & Deppen, A. (2006). Gender-related psychological and behavioural correlates of pubertal timing in a national sample of Swiss adolescents. *Molecular and Cellular Endocrinology, 25*, 172-178.

Miller, D.T. (2001). Disrespect and the experience of injustice. *Annual Review of Psychology, 52*, 527–553.

Miller, E.K., & Cohen, J.D. (2001). An integrative theory of prefrontal cortex functioning. *Annual Review of Neuroscience, 24*, 167-202.

Miller, G.A. (1956). The magical number seven, plus or minus two: Some limits on our capacity for processing information. *Psychological Review, 63*, 81-97.

Miller, P.H. (1989). Theories of adolescent development. In J. Worell & F. Danner (Eds.), *The adolescent as decisionmaker: Applications to development and education* (pp. 13-46). San Diego, CA: Academic Press.

Miller, P.H. (2009). *Theories of developmental psychology* (5th ed.). New York: Worth.

Miller, W.R., & Rollnick, S. (2002). *Motivational interviewing: preparing people to change.* New York/London: The Guilford Press.

Mills, R.S.L. (2005). Taking stock of the developmental literature on shame. *Developmental Review, 25*, 26-63.

Minuchin, S. (1974). *Families and family therapy.* Cambridge, Mass.: Harvard University Press.

Minuchin, S., & Fishman, H.C. (1981). *Family therapy techniques.* Cambridge, MA: Harvard University Press.

Minuchin, S., & Fishman, H.C. (1983). *Gezinsstructuur en therapeutische technieken.* Deventer: Van Loghum Slaterus.

Miyake, A., Friedman, N.P., Emerson, M.J., Witzki, A.H., Howerter, A., & Wager, T.D. (2000). The unity and diversity of executive functions and their contributions to complex "Frontal Lobe" tasks: a latent variable analysis. *Cognitive Psychology, 41*, 49-100.

Moffitt, T.E. (1993). Adolescence-limited and life-cycle-persistent antisocial behavior: A developmental taxonomy. *Psychological Review, 100*, 674-701.

Moffitt, T.E. (2003). Life-course persistent and adolescence-limited antisocial behavior: A 10-year research review and a research agenda. In B.B. Lahey, T.E. Moffitt & A. Caspi (red.), *Causes of Conduct Disorder and Juvenile Delinquency* (pp. 49–76). New York: The Guilford Press.

Moffitt, T.E., Caspi, A., Belsky, J., & Silva, P.A. (1992). Childhood experience and the onset of menarche; A test of a sociobiological model. *Child Development, 63*, 47-58.

Moffitt, T.E., Caspi, A., Harrington, H., & Milne, B.J. (2002). Males on the life-course-persistent and adolescencelimited pathways: Follow-up at age 26 years. *Development and Psychopathology, 14*, 179-201.

Moll, J., Oliveira-Souza, R. de, & Zahn, R. (2008). The neural basis of moral cognition sentiments, concepts, and values. *Annals of the New York Academy of Science, 1124*, 161-180.

Moll, J., Zahn, R., Oliveira-Souza, R. de, Krueger, F., & Grafman, J. (2005). The neural basis of human moral cognition. *Nature Reviews, 6*, 799-809.

Moreau, D., & Weissman, M.M. (1992). Panic disorder in children and adolescents: a review. *American Journal of Psychiatry, 149*, 1306-1314.

Morf, C.C., & Rhodewalt, F. (2001). Unraveling the paradoxes of narcissism: A dynamic self-regulatory processing model. *Psychological Inquiry, 12*, 177–196.

Morrow, J., & Nolen-Hoeksema, S. (1990). Effects of responses to depression on the remediation of depressive affect. *Journal of Personality and Social Psychology, 58*, 519–527.

Moshman, D. (2009). Adolescence. In U. Müller, J.I.M. Carpendale & L. Smith (Eds.), *The Cambridge companion to Piaget* (pp. 255-269). New York: Cambridge University Press.

Müllges, S. (1987). *Identiteitsontwikkeling: integratie van bindingen in een 'algemeen principe'*. Groningen: Rijksuniversiteit, Ongepubliceerde scriptie Ontwikkelingspsychologie.

Murad, S.D., Joung, I.M.A., Lenthe, F.J. van, Bengi-Arslan, L., & Crijnen, A.A.M. (2003). Predictors of self-reported problem behaviours in Turkish immigrant and Dutch adolescents in the Netherlands. *Journal of Child Psychology and Psychiatry, 44*, 412-423.

Muris, P. (2007). *Normal and abormal fear and anxiety in children and adolescents*. Oxford: Elsevier.

Muris, P. (2010). *Angststoornissen bij kinderen*. Hogrefe: Amsterdam.

Muris, P., Meesters, C., Blom, W. van de, & Mayer, B. (2005). Biological, psychological, and sociocultural correlates of body change strategies and eating problems in adolescent boys and girls. *Eating Behaviors, 6*, 11-22.

Mussen, P.H., & Jones, M.C. (1957). Selfconceptions, motivations, and interpersonal attitudes of late- and early-maturing boys. *Child Development, 28*, 243-256.

Muuss, R.E. (1996). *Theories of adolescence* (6th edition). New York: McGraw-Hill.

Naber, P. (2004). *Vriendschap en sociale cohesie: De rol van leeftijdgenoten in de opvoeding van jeugd*. Den Haag: Hogeschool INHOLLAND.

Narvaez, D., & Vaydich, J.L. (2008). Moral development and behaviour under the spotlight of the neurobiological sciences. *Journal of Moral Education, 37*, 289–312.

Nathalie, M.G., Fontaine, N.M.G, Rijsdijk, F.V., McCrory, E.J.P, & Viding, E. (2010). Etiology of different developmental trajectories of callous-unemotional traits. *Journal of the American Academy of Child & Adolescent Psychiatry, 49*, 656-664.

NDM (2002). *Nationale Drug Monitor. Jaarbericht 2002*. Utrecht: Bureau NDM.

NDM (2008). *Nationale Drug Monitor. Jaarbericht 2007*. Utrecht: Bureau NDM.

Negriff, S., Susman, E.J., & Trickett, P.K. (2011). The developmental pathway from pubertal timing to delinquency and sexual activity from early to late adolescence. *Journal of Youth and Adolescence, 40*, 1343-1356.

Nelson, E., Leibenluft, E., McClure, E., & Pine, D. (2005). The social re-orientation of adolescence: a neuroscience perspective on the process and its relation to psychopathology. *Psychological Medicine, 35*, 163-174.

Neugarten, B.L., Moore, J.W., & Lowe, J.C. (1965). Age norms, age constraints, and adult socialization. *American Journal of Sociology, 70*, 710–717.

Newcomb, A.F., & Bagwell, C.L. (1995). Children's friendship reactions: A meta-analyic review. *Psychological Bulletin, 117*, 306-347.

Newcomb, A.F., & Bukowski, W.M. (1983). Social impact and social preference as determinants of children's peer group status. *Developmental Psychology, 19*, 856-867.

Newman, B.M., & Newman, P.R. (2007). *Theories of human development*. Mahwah, NJ: Erlbaum.

Nieuwenhuijzen, M. van (2012). De (h)erkenning van jongeren met een lichte verstandelijke beperking. Een overzicht van de stand van zaken. *Nederlands Tijdschrift voor Zorg, 3,* 168-178.

Nieuwenhuijzen, M. van, Orobio de Castro, B., Aken, M.A.G. van, & Matthys, W. (2009). Impulse control and aggressive response generation as predictors of aggressive behaviour in children with mild intellectual disabilities and borderline intelligence. *Journal of Intellectual Disability Research, 53,* 233-242.

Nijsten, C. (1998). *Opvoeding in Turkse gezinnen in Nederland*. Assen: Van Gorcum.

Noije, L. van, & Kessels, R. (2012). Verdachten, slachtoffers en onveiligheidsgevoelens. In: M. Gijsberts, W. Huijnk & J. Dagevos (Red.) *Jaarrapport integratie 2011* (pp. 203-227). Den Haag: Sociaal Cultureel Planbureau.

Nolen-Hoeksema, S. (1998). The other end of the continuum: The costs of rumination. *Psychological Inquiry, 9,* 216-219.

Nolen-Hoeksema, S., Girgus, J.S., & Seligman, M.E. (1986). Learned helplessness in children: a longitudinal study of depression, achievement and explanatory style. *Journal of Personality and Social Psychology, 51,* 435-442.

Noller, P. (1995). Parent-adolescent relationships. In M.A. Fitzpatrick & A.L. Vangelisti (Eds.), *Explaining family interactions* (pp. 77-111). Thousand Oaks, CA: Sage Publications.

Noller, P. (2005). Sibling relationships in adolescence: Learning and growing together. *Personal Relationships, 12,* 1-22.

Noom, M., & Winter, M. de. (2001). *Op zoek naar verbondenheid. Zwerfjongeren aan het woord over de verbetering van de hulpverlening*. Utrecht: Nederlands Platform Zwerfjongeren /Universiteit Utrecht.

Nunner-Winkler, G., & Sodian, B. (1988). Children's understanding of moral emotions. *Child Development, 59,* 1323-1383.

O'Connor, T.G. (2002). The 'effects' of parenting reconsidered: findings, challenges, and applications. *Journal of Child Psychology and Psychiatry, 43,* 555-572.

O'Dea, J.A., & Abraham, S. (1999). Associations between self-concept and body weight, gender and pubertal development among male and female adolescents. *Adolescence, 34,* 69-79.

O'Sullivan, L.F., & Meyer-Bahlberg, H.F.L. (2003). African American and Latina inner-city girls' reports of romantic and sexual development. *Journal of Social and Personal Relationships, 20,* 221-238.

Odgers, C.L., Moffitt, T.E., Broadbent, J.M., Dickson, N., Hancox, R.J., Harrington, H., Poulton, R., Sears, M.R., Thomson, W.M., & Caspi, A. (2008). Female and male antisocial trajectories: From childhood origins to adult outcomes. *Development and Psychopathology, 20,* 673-716.

Oldehinkel, A. J., Verhulst, F.C., & Ormel, J. (2011). Mental health problems during puberty: Tanner stage-related differences in specific symptoms. The TRAILS study. *Journal of Adolescence, 34,* 73-85.

Ollendick, T.H., & Benoit, K.E. (2012). A parent-child interactional model of social anxiety disorder in youth. *Clinical Child and Family Psychology Review, 15,* 81-91.

Olthof, T. (1990). *Blame, anger, and aggression in children: A social cognitive approach*. Dissertatie KUN Nijmegen.

Olthof, T. (2010). Conscience in the classroom: Early adolescents' moral emotions, moral judgments, and moral identity as predictors of their interpersonal behaviour. In: W. Koops, D. Brugman, T.J. Ferguson, A.F. Sanders (Red.), *The Development and Structure of Conscience* (pp. 327–341) .New York: Psychology Press.

Olthof, T. (in druk). Anticipated feelings of guilt and shame as predictors of early adolescents' antisocial and prosocial interpersonal behaviour. *European Journal of Developmental Psychology*.

Olthof, T., & Brugman, D. (1994). Moraliteit in ontwikkeling: Een inleiding. In T. Olthof & D. Brugman (Red.), *Het ontstaan van moreel besef* (pp. 938). Lisse: Swets & Zeitlinger.

Olthof, T., Ferguson, T.J., & Luiten, A. (1989). Personal responsibility antecedents of anger and blame reactions in children. *Child Development, 60*, 13281336.

Olthof, T., Schouten, A., Kuiper, H., Stegge, H., & Jennekens-Schinkel, A. (2000). Shame and guilt in children: Differential situational antecedents and experiential correlates. *British Journal of Developmental Psychology, 18*, 51-64.

Olweus, D. (1991). Bully/victim problems among school children: basic facts and effects of a school based intervention program. In: D. Pepler & K. Rubin (Eds.), *The development and treatment of childhood aggression* (pp. 411-448). Hillsdale, NJ: Erlbaum.

Op de Macks, Z., Gunther Moor, B., Overgaauw, S., Guroglu, B., Dahl, R.E., & Crone, E.A. (2011). Testosterone levels correspond with increased ventral striatum activation in response to monetary rewards in adolescents. *Developmental Cognitive Neuroscience, 1*, 506-512.

Openbaar Ministerie (2012). *Jaarbericht 2011. Cijfers en Trends*. http://www.jaarberichtom.nl/

Orobio de Castro, B. (2000). *Social information processing and emotion in aggressive boys*. Dissertatie Vrije Universiteit Amsterdam: Paedologisch Instituut.

Orobio de Castro, B., Veerman, J.W., Koops, W., Bosch, J.D., & Monshouwer, H.J. (2002) Hostile attribution of intent and aggressive behavior: a Meta analysis. *Child Development, 73*, 916-934.

Orobio de Castro, B., Verhulp, E.E., & Runions, K. (2012). Rage and revenge: Highly aggressive boys' explanations for their responses to ambiguous provocation. *European Journal of Developmental Psychology, 9*, 331-350.

Orth, U., Robins, R.W., & Roberts, B.W. (2008). Low self-esteem prospectively predicts depression in adolescence and young adulthood. *Journal of Personality and Social Psychology, 95*, 695-708.

Ortiz, J., & Raine, A. (2004). Heart rate level and antisocial behavior in children and adolescents: A meta-analysis. *Journal of the American Acadamy of Child and Adolescent Psychiatry, 43*, 154-162.

Ostby, Y., Tamnes, C.K., Fjell, A.M., Westlye, L.T., Due-Tonnessen, P., & Walhovd, K.B. (2009). Heterogeneity in subcortical brain development: A structural magnetic resonance imaging study of brain maturation from 8 to 30 years. *Journal of Neuroscience, 29*, 11772-11782.

Ottenbreit, N. D., & Dobson, K. S. (2004). Avoidance and depression: The construction of the Cognitive-Behavioral Avoidance Scale. *Behaviour Research and Therapy, 42*, 293–313.

Pagée, R. van (2003). *Eigen Kracht. Family Group Conference in Nederland. Van model naar invoering*. Amsterdam: SWP.

Paikoff, R.L. (Ed.) (1991). *Shared views in the family during adolescence*. San Francisco: Jossey-Bass Publishers.

Papadakis, A.A., Prince, R.P., Jones, N.P., & Strauman, T.J.(2006). Self-regulation, rumination, and vulnerability to depression in adolescent girls. *Development and Psychopathology, 18*, 815-829.

Papini, D.R., & Roggman, L.A. (1992). Adolescent perceived attachment to parents in relation to competence, depression, and anxiety: A longitudinal study. *Journal of Early Adolescence, 12*, 420-440.

Pardini, D.A., Lochman, J.E., & Frick, P.J. (2003). Callous/unemotional traits and social-cognitive processes in adjudicated youths. *Journal of the American Academy of Child and Adolescent Psychiatry, 42*, 364-371.

Parent, A.S., Teilmann, G., Juul, A., Skakkebaek, N., Toppari, J., & Bourguignon, J.P. (2003). The timing of normal puberty and the age limits of sexual precocity: variations around the world, secular trends, and changes after migration. *Endocrine Reviews, 24*, 668–693.

Parrott, W.G. (2001). Implications of dysfunctional emotions for understanding how emotions function. *Review of General Psychology, 5*, 180-186.

Pasupathi, M., Staudinger, U.M., & Baltes, P.B. (2001). Seeds of wisdom: Adolescents' knowledge and judgment about difficult life problems. *Developmental Psychology, 37*, 351-361.

Patterson, G.R. (1982). *Coercive Family Process*. Eugene OR: Castalia.

Patterson, G.R., Reid, J., & Dishion, T. (1992). *Antisocial boys*. Eugene, OR: Castaglia.

Paus, T. (2010). Growth of white matter in the adolescent brain: myelin or axon? *Brain and Cognition, 72*, 26-35.

Paus, T., Collins, D.L., Evans, A.C., Leonard, G., Pike, B., & Zijdenbos, A. (2001). Maturation of white matter in the human brain: a review of magnetic resonance studies. *Brain Research Bulletin, 54*, 255-266.

Paus, T., Keshavan, M., & Giedd, J.N. (2008). Why do many psychiatric disorders emerge during adolescence? *Nature Reviews Neuroscience, 9*, 947-957.

Peijnenburg, D., & Bögels, S. (2008). Protocollaire groepsbehandeling voor kinderen en jongeren met angststoornissen: Denken + Doen = Durven. In: C. Braet & S.M. Bögels, *Protocollaire behandelingen voor kinderen met psychische klachten* (pp. 325-350). Amsterdam: Boom.

Pellegrini, A.D., & Long, J.A. (2002). A longitudinal study of bullying, dominance, and victimization during the transition from primary to secondary school. *British Journal of Developmental Psychology, 20*, 259-2280.

Pelletier, L.G., Fortier, S., Vallerand, R.J., & Brière, N.M. (2001). Associations among perceived autonomy support, forms of self-regulation, and persistence: A prospective study. *Motivation and Emotion, 25*, 279-306.

Pels, T. (1991). Sociale controle in de Marokkaanse gezinscultuur. *Tijdschrift voor Criminologie, 33*, 142-153.

Pels, T. (1998). *Opvoeding in Marokkaanse gezinnen in Nederland*. Assen: Van Gorcum.

Pels, T. (Ed.) (2000). *Opvoeding en integratie*. Assen: Van Gorcum.

Pels, T., Dekovic´, M. & Model, S. (2006). Cultural diversity and its impact on child rearing and family support. In M. Dekovic´, T. Pels & S. Model (Eds.), *Child rearing in six ethnic families. The multi-cultural Dutch experience* (pp. 3-22). Lewiston, NY: The Edwin Mellen Press.

Peper, J.S., Brouwer, R.M., Schnack, H.G., Baal, G.C. van, Leeuwen, M. van, Berg, S.M. van den, & Hulshoff Pol, H.E. (2008). Cerebral white matter in early puberty is associated with luteinizing hormone concentrations. *Psychoneuroendocrinology, 33*(7), 909-915.

Perrin, J.S., Leonard, G., Perron, M., Pike, G.B., Pitiot, A., Richer, L., & Paus, T. (2009). Sex differences in the growth of white matter during adolescence. *Neuroimage, 45*, 1055-1066.

Petegem, S. van, Beyers, W., Vansteenkiste, M., & Soenens, B. (2012). On the association between adolescent autonomy and psychosocial functioning: Examining decisional independence from a self-determination theory perspective. *Developmental Psychology, 48*, 76-88.

Petersen, A.C., Sarigiani, P.A., & Kennedy, R.E. (1991). Adolescent depression: why more girls than boys? *Journal of Youth and Adolescence, 20*, 191–215.

Phillips, T.M., & Pittman, J.F. (2003). Identity processes in poor adolescents: exploring linkages between economic disadvantage and the primary task as adolescence. *Identity: an International Journal of Theory and Research, 3*, 115-129.

Phinney, J.S. (1992). The multigroup ethnic identity measure: A new scale for use with diverse groups. *Journal of Adolescent Research, 7*, 156-176.

Piaget, J. (1932). *The moral judgment of the child*. London: Routledge & Kegan Paul. (Oorspronkelijk verschenen in 1932 als *Le jugement moral chez l'enfant*).

Pike, A., Coldwell, J., & Dunn, J.F. (2005). Sibling relationships in early/middle childhood: Links with individual adjustment. *Journal of Family Psychology, 19*, 523-532.

Piquero, A.R. (2008). Taking stock of developmental trajectories of criminal activity over the life course. In A.M. Liberman (Ed.), *The Long View of Crime: A Synthesis of Longitudinal Research* (pp. 23–78). New York, NY: Springer.

Piquero, A.R., Farrington, D.P., & Blumstein, A. (2007). *Key issues in criminal career research.* Cambridge: Cambridge University Press.

Piquero, A.R., Hawkins, J.D., & Kazemian, L. (2012). Criminal career patterns between adolescence and young adulthood. In R. Loeber & D. Farrington (Red.), *Transitions from Juvenile Delinquency to Adult Crime: Criminal Careers, Justice Policy and Prevention.*(pp. 14-46). New York: Oxford University Press.

Ploegmakers, M. (1988). De adolescentiefase: de ontwikkeling van de adolescent binnen de levenscyclus van het gezin; een kader voor indicatiestelling. In: A.C. Driessen & H. de Hoogh (red.), *Psychotherapie met adolescenten* (pp. 47-62). Deventer: Van Loghum Slaterus.

Poldrack, R.A. (2011). Inferring mental states from neuroimaging data: from reverse inference to large-scale decoding. *Neuron, 72,* 692-697.

Polman, H., Orobio de Castro, B., Koops, W., Boxtel, H.W. van, & Merk, W.W. (2007). A meta-analysis of the distinction between reactive and proactive aggression in children and adolescents. *Journal of Abnormal Child Psychology, 35,* 522-535.

Popma, A. (2006). *Neurobiological factors of antisocial behavior in delinquent male adolescents.* Amsterdam: VU medical center en De Bascule.

Popma, A., Doreleijers, Th.A.H., Engeland, H..van, Goozen, S. van, & Vermeiren, R. (2002). *Jongens met politiecontacten; beloop van de cortisolreactie in de puberteit.* Onderzoeksvoorstel. Amsterdam: VUmc.

Popma, A., Vermeiren, R., Geluk, C.A.M.L., Rinne, T., van den Brink, W., Knol, D.L., Jansen, L.M.C., Engeland, H. van, & Doreleijers, Th.A.H. (2007). Cortisol moderates the relationship between testosterone and aggression in delinquent male adolescents. *Biological psychiatry, 61,* 405-411.

Power, M.J., & Dalgleish, T. (1997). *Cognition and Emotion: From order to disorder.* Hove: Psychology Press.

Poznanski, E.O. & Mokros, H.B. (1994). Phenomenology and epidemiology of mood disorders in children and adolescents. In W.M. Reynolds & H.F. Johnston (Eds.). *Handbook of depression in children and adolescents* (pp. 19-39). New York: Plenum Press.

Prins, P. (1998). Cognitie en emotionele stoornissen bij kinderen. In: J.D. Bosch, H.A. Bosma, R.J. van der Gaag, A.J.J.M. Ruijssenaars & A. Vyt (red.), *Jaarboek Ontwikkelingspsychologie, orthopedagogiek en kinderpsychiatrie 3 (1998-1999)* (pp. 149-169). Houten: Bohn Stafleu van Loghum.

Prins, P., & Pameijer, N. (2000). *Protocollen in de jeugdzorg.* Lisse: Swets & Zeitlinger.

Prins, P.J.M. (2002). De dynamiek van cognitie en emotie in de ontwikkeling van angststoornissen bij kinderen. *Kind en Adolescent, 23,* 250-265.

Prochaska, J.O., & DiClemente, C.C. (1984). *The Transtheoretical Approach: Towards a Systematic Eclectic Framework.* Homewood IL: Dow Jones Irwin.

Prochaska, J.O., DiClemente, C.C., & Norcross, J.C. (1992). In search of how people change: Applications to addictive behaviors. *American Psychologist, 47,* 1102-1114.

Quiggle, N.L., Garber, J., Panak, W.F., & Dodge, K.A. (1992). Social information processing in aggressive and depressed children. *Child Development, 63,* 1305-1320.

Quinton, D., Pickles, A., Maugham, B., & Rutter, M. (1993). Partners, peers and pathways: assortative parenting and continuities in conduct disorder. *Development and psychopathology, 5,* 763-783.

Rademakers, J., & Straver, C. (1986). *Van fascinatie naar relatie: Het leren omgaan met relaties en sexualiteit in de jeugdperiode.* Zeist: NISSO.

Rademakers, J. (1991). *Anticonceptie en interactie: De preventie van ongewenste zwangerschap door jongeren in Nederland.* Leiden: IDC BV.

Raine, A. (2008). From genes to brain to antisocial behavior. *Current Directions in Psychological Science, 17,* 323–328.

Raja, S.N., McGee, R., & Stanton, W.R. (1992). Perceived attachment to parents and peers and psychological well-being in adolescence. *Journal of Youth and Adolescence, 21,* 471-485.

Rapee, R.M., Schniering, C.A., & Hudson, J.L. (2009). Anxiety disorders during childhood and adolescnece: Origins and treatment. *Annual Review of Clinical Psychology, 5*, 311-541.

Rapoport, J.L., Swedo, S., & Leonard, H. (1994). Obsessive-Compulsive Disorder. In M. Rutter, E. Taylor & L. Hersov (Eds.), *Child and Adolescent Psychiatry – Modern Approaches*. 3rd Ed (pp. 441-454). Oxford: Blackwell Scientific Publications.

Råstam, M., Gillberg, C., & Wentz, E. (2003). Outcome of teenage-onset anorexia nervosa in a Swedish communitybased sample. *European Child and Adolescent Psychiatry (Suppl. 1), 12*, 78-90.

Reardon, L.E., Leen-Feldner, E.W., & Hayward, C. (2009). A critical review of the empirical literature on the relation between anxiety and puberty. *Clinical Psychology Review, 29*, 1-23.

Reichart, C.G. (2000). Stemmingsstoornissen. In: F.C. Verhulst & F. Verheij (red.), *Adolescentenpsychiatrie* (pp. 22-44). Assen: Van Gorcum.

Reid, J.B., Patterson, G.R., & Snyder, J. (2002). Antisocial behavior in children and adolescents: A developmental analysis and model for intervention. Washington, DC: American Psychological Association.

Reijntjes, A., Stegge, H., & Meerum Terwogt, M. (2006). Children's coping with peer rejection: The role of depressive symptoms, social competence and gender. *Infant and Child Development, 15*, 89- 107.

Reijntjes, A., Stegge, H., Meerum Terwogt, M., Kamphuis, J.H., & Telch, M.J. (2006a). Emotion regulation and its effects on mood improvement in response to in vivo peer rejection challenge. *Emotion, 6*, 543-552.

Reijntjes, A., Stegge, H., Meerum Terwogt, M., Kamphuis, J.H., & Telch, M.J. (2006b). Children's coping with in vivo peer rejection: An experimental investigation. *Journal of Abnormal Child Psychology, 34*, 877-889.

Reijntjes, A.H.A., Stegge, H., Meerum Terwogt, M., & Hurkens, E. (2007). Children's depressive symptoms and their regulation of negative affect in response to vignette depicted emotion-eliciting events. *International Journal of Behavioral Development, 31*, 49-58.

Reimer, M.S. (1996). "Sinking into the ground": The development and consequences of shame in adolescence. *Developmental Review, 16*, 321-363.

Reinders, H., Sieler, V., & Varadi, E. (2008). Individuation of adolescents of German and Turkish origin: Longitudinal results. *Zeitschrift für Soziologie der Erziehung und Sozialisation, 28*, 429-444.

Reiss, D. (1995). Genetic influence on family systems: Implication for development. *Journal of Marriage and the Family, 57*, 543-560.

Reitz, E., Deković, M., & Meijer, A.M. (2006). Relations between parenting and externalizing and internalizing problem behavior in early adolescence: Child behavior as moderator and predictor. *Journal of Adolescence, 29*, 419-436.

Rest, J. (1979). *Development in judging moral issues*. Minneapolis: University of Minnesota Press.

Rest, J. (1983). Morality. In P. Mussen (red.), *Handbook of child psychology*: Vol. 3. Cognitive development (4ᵉ ed.; J. Flavell & E. Markman, Vol.Eds., pp.556-628). New York: Wiley.

Rey, J.M., Morris-Yates, A., Singh, M., Andrews, G., & Stewart, G.W. (1995). Continuities between psychiatric disorders in adolescents and personality disorders in young adults. *The American Journal of Psychiatry, 152*, 895-900.

Reynolds, B.M., & Juvonen, J. (2012). Pubertal fluctuations across middle school: Implications for girls'- psychological health. *Journal of Youth and Adolescence, 41*, 677-690.

Reynolds, M.A., Herbenick, D.L., & Bancroft, J.H. (2003). The nature of childhood sexual experiences: Two studies 50 years apart. In: J. Bancroft (Ed.). *Sexual Development in Childhood*. Bloomington: Indiana University Press.

Rhule-Louie, D.M. & McMahon, R.J. (2007). Problem behaviour and romantic relationships: Assortative mating, behaviour contagion, and desistance. *Clinical Child and Family Psychology Review, 10*, 53-99.

Richters, A. (2002). Het lijdende lichaam in een gestoorde wereld. Cultuurverschillen in de beleving en interpretatie van medisch onverklaarbare lichamelijke symptomen. In: E. van Meekeren, A. Limburg-Okken & R. May (Red.)., *Culturen binnen psychiatriemuren – geestelijke gezondheidszorg in een multiculturele samenleving*. Amsterdam: Boom.

Rieder, J., & Coupey, S.N. (1999). Update on pubertal development. *Current Opinion in Obstetrics and Gynecology, 11*: 457-462.

Rierdan, J., & Koff, E. (1991). Depressive symptomatology among very early maturing girls. *Journal of Youth and Adolescence, 20*, 415–425.

Rilling, J.K., & Sanfey, A.G. (2011). The neuroscience of social decision-making. *Annual Review of Psychology, 62*, 23-48.

Robins, R.W., Trzesniewski, K.H., Tracy, J.L., Gosling, S.D., & Potter, F. (2002). Global self-esteem across the life span. *Psychology and Aging, 17*, 423-434.

Robinson, M.D., & Clore, G.L. (2002). Belief and feeling: Evidence for an accessibility model of emotional self-report. *Psychological Bulletin, 128*, 934-960.

Rockhill, C.M., Fan, M., Katon, W.J., McCauley, E., Crick, N.R., & Pleck, J.H. (2007). Friendship interactions in children with and without depressive symptoms: Observation of emotion during game-playing interactions and post-game evaluations. *Journal of Abnormal Child Psychology, 35*, 429-441.

Roe-Sepowitz, D., & Krysik, J. (2008). Examining the sexual offenses of female juveniles: The relevance of childhood maltreatment. *American Journal of Orthopsychiatry, 78*, 405-412.

Rogal, A.D., Roemmich, J.N., & Clark, P.A. (2002). Growth at puberty. *Journal of Adolescent Health, 31*, 192-200.

Rogers, C.R. (1961). *On becoming a person: A therapist's view of psychotherapy*. Boston: Houghton Mifflin.

Rohall, D.E., Cotten, S.R., & Morgan, C. (2002). Internet use and the self concept: linking specific uses to global self-esteem. *Current Research in Social Psychology, 8*(1). Retrieved May 29, 2012, from http://www.uiowa.edu/~grpproc/crisp/crisp.8.1.html

Romeo, R.D. (2003). Puberty: A period of both organizational and activational effects of steroid hormones on neurobehavioural development. *Journal of Neuroendocrinology, 15*, 1185-1192.

Romeo, R.D., Richardson, H.N., & Sisk, C.L. (2002). Puberty and the maturatrion of the male brain and sexual behavior: recasting a berhavioural potential. *Neuroscience and Biobehavioural Reviews, 26*, 381-391.

Rooijen, K. van, & Ince, D. (2012). *Wat werkt bij angst- en stemmingsproblemen*. Utrecht: Nederlands Jeugdinstituut.

Rose, A.J. (2002). Co-rumination in the friendships of girls and boys. *Child Development, 73*, 1830-1843.

Rose, A.J. & Rudolph, K.D. (2006). A review of sex differences in peer relationship processes: Potential trade-offs for the emotional and behavioral development of girls and boys. *Psychological Bulletin, 132*, 98-131

Rosenberg, M. (1986). Self-concept from middle childhood through adolescence. In J. Suls & A.G. Greenwald (Eds.), *Psychological perspectives of the self* (Vol. 3, pp. 107-136). Hillsdale, NJ: Erlbaum.

Rowe, R., Maughan, B., Worthman, C.M., Costello, E.J., & Angold, A. (2004). Testosterone, antisocial behavior and social dominance in boys: pubertal development and biosocial interaction. *Biological Psychiatry, 55*, 546-552.

Rubia, K., Smith, A.B., Taylor, E., & Brammer, M. (2007). Linear age-correlated functional development of right inferior fronto-striato-cerebellar networks during response inhibition and anterior cingulate during error-related processes. *Human Brain Mapping, 28*, 1163-1177.

Rubin, K.H., Bukowski, W.M., & Parker, J.G. (2006). Peer interactions, relationships, and groups. In W. Damon & R.M. Lerner (Series Eds.) & N. Eisenberg (Vol. Ed.), *Handbook of child psychology: Vol. 3. Social, emotional, and personality development* (pp. 571-645). New York: Wiley.

Rubin, K.H., Coplan, R., Chen, X., Buskirk, A., & Wojslawowicz, J.C. (2005). Peer relationships in childhood. In M.H. Bornstein & M.E. Lamb (red.), *Developmental Science: An advanced textbook* (pp. 469-512). Hillsdale, NJ: Erlbaum.

Ruble, D.N., Martin, C.L., & Berenbaum, S.A. (2006). Gender development. In: N. Eisenberg, W. Damon, & R.M. Lerner (Eds.). *Handbook of child psychology: Vol. 3, Social, emotional, and personality development (6th ed.)* (pp. 858-932). Hoboken, US: John Wiley & Sons Inc.

Rueter, M.A., & Conger, R.D. (1998). Reciprocal influences between parenting and adolescent problem-solving behavior. *Developmental Psychology, 34*, 1470-1482.

Rutter, M. (1989). Pathways from childhood to adult life. *Journal of Child Psychology and Psychiatry, 30*, 23-51.

Rutter, M. (1990). Changing patterns of psychiatric disorders during adolescence. In J. Bancroft & J.M. Reinisch (Eds.), *Adolescence and puberty* (pp. 124-146). New York: Oxford University Press.

Rutter, M. (1998). Some research considerations on intergenerational continuities and discontinuities. *Developmental Psychology, 34*, 1269-1273.

Rutter, M. (2002). Substance use and abuse: Causal pathways considerations. In M. Rutter & E. Taylor (red.), *Child and Adolescent Psychiatry* (pp. 455-463). Oxford: Blackwell.

Rutter, M., Caspi, A., & Moffitt, T.E. (2003). Using sex differences in psychopathology to study causal mechanisms: unifying issues and research strategies. *Journal of Child Psychology and Psychiatry, 44*, 1092-1115.

Rutter, M., Giller, H., & Hagell, A. (1998). *Antisocial behavior by young people*. New York: Cambridge University Press.

Rutter, M., & Rutter, M. (1993). *Developing minds: change and continuity across the life span*. London: Penguin Books.

Rutter, P.A., & Soucar, E. (2002). Youth suicide risk and sexual orientation. *Adolescence, 146*, 289-299.

Ryan, R.M., Connell, J.P. & Deci, E.L. (1985). A motivational analysis of self-determination and self-regulation in education. In C. Ames & R.E. Ames (Eds.), Research on motivation in education: The classroom in milieu (pp. 13-51). New York: Academic Press.

Ryan, R.M., & Deci, E.L. (2000). Self-determination theory and the facilitation of intrinsic motivation, social development, and well-being. *American Psychologist, 55*, 68-78.

Ryan, R.M., Deci, E.L., & Grolnick, W.S. (1995). Autonomy, relatedness, and the self: Their relation to development and psychopathology. In D. Cicchetti & D. J. Cohen (Eds.), *Developmental psychopathology: Theory and methods* (pp. 618-655). New York: Wiley.

Ryan, R.M., & Lynch, J.H. (1989). Emotional autonomy versus detachment: Revisiting the vicissitudes of adolescence and young adulthood. *Child Development, 60*, 340-356.

Saarni, C. (1999). *The development of emotional competence*. New York: The Guilford Press.

Salovey, P., Mayer, J.D., & Caruso, D. (2002). The positive psychology of emotional intelligence. In C.R. Snyder & S.J. Lopez (Eds.), *The handbook of positive psychology* (pp. 159–171). New York: Oxford University Press.

Salovey, P., Woolery, A., & Mayer, J.D. (2001). Emotional intelligence: Conceptualization and measurement. In G.J.O. Fletcher & M.S. Clark (red.), *Blackwell handbook of social psychology: Interpersonal processes* (pp. 279-307). Malden, MA: Blackwell.

Sameroff, A. (2000). Developmental systems and psychopathology. *Development and Psychopathology, 12*, 297-312.

Sameroff, A. (2010). A unified theory of development: A dialectic integration of nature and nurture. *Child Development, 81*, 6-22.

Sameroff, A.J. (1983). Developmental systems: Contexts and evolution. In W. Kessen (Ed.), *Handbook of child psychology: Vol.1. History, theory, and methods* (4th ed.) (pp. 237-294). New York: Wiley.

Sampson, R.H., Laub, J.H., & Wimer, C. (2006). Does marriage reduce crime? A counterfactual approach to within-individual causal effects. *Criminology, 33,* 465–507.

Samsom, R.J., & Laub, J.H. (1993). *Crime in the making: Pathways and turning points through life.* Cambridge, MA: Harvard University Press.

Samudra, K., & Cantwell, D.P. (1999). Risk Factors for Attention-Deficit/Hyperactivity Disorder. In H.C. Quay & A.E. Hogan (Eds.), *Handbook of disruptive behavior disorders* (pp. 199–221). New York: Kluwer Academic / Plenum Publishers.

Sanders, M.R., Shepherd, R.W., Cleghorn, G., & Woolford, H. (1994). The treatment of recurrent abdominal pain in children: A controlled comparison of cognitive-behavioural family intervention and standard pediatric care. *Journal of Consulting and Clinical Psychology, 62,* 306-314.

Sanders, R. (2004). *Sibling relationships: Theory and issues for practice.* Basingstoke: Palgrave Macmillan.

Schaie, K.W., & Strother, C.R. (1968). A cross-sectional study of age changes in cognitive behavior. *Psychological Bulletin, 70,* 671-680.

Schachter, E.P. (2005). Context and identity formation: a theoretical analysis and case study. *Journal of Adolescent Research, 20,* 375-395.

Schalet, A. (2005). Raging hormones, regulated love: adolescent sexuality and the constitution of the modern individual in the United States and the Netherlands. *Body and society, 6,* 75-105.

Schalet, A.T. (2011). *Not under my roof: Parents, teens, and the culture of sex.* Chicago: University of Chicago.

Scheepers, F.E, Buitelaar, J.K., Matthys, W. (2011). Conduct Disorder and the specifier callous and unemotional traits in the DSM-5. *European Child and Adolescent Psychiatry. 20,* 89-93.

Schelleman-Offermans, K., Knibbe, R.A., Engles, R.C. M.E., & Burk, W.J. (2011). The effect of pubertal and psychosocial timing on adolescents'alcohol use: What role does alcohol-specific parenting play? *Journal of Youth and Adolescence, 40,* 1302-1314.

Scherer, K. (2003). *Introduction: Cognitive Components of Emotion.* In R.J. Davidson, K.R. Scherer & H.H. Goldsmith (Eds.), Handbook of Affective Sciences (pp. 563-572). New York: Oxford Press.

Scherf, K.S., Behrmann, M., & Dahl, R.E. (2012). Facing changes and changing faces in adolescence: A new model for investigating adolescent-specific interactions between pubertal, brain, and behavioral development. *Developmental Cognitive Neuroscience, 2,* 199-219.

Scherf, K.S., Luna, B., Avidan, G., & Behrmann, M. (2011). "What" precedes "Which": Developmental neural tuning in face- and place-related cortex. *Cerebral Cortex, 21,* 1963-1980.

Schmidt, U. (2003). Aetiology of eating disorders in the 21st century. *European Child and Adolescent Psychiatry, 12,* 78-90.

Schneider, W., & Bjorklund, D.F. (1998). Memory. In D. Kuhn & R.S. Siegler (red.) *Handbook of child psychology: Vol 2. Cognition, perception, and language* (5ᵉ ed. pp. 467-521). New York: Wiley.

Scholing, A. (2002). Gedragstherapeutische en cognitieve interventies bij kinderen met angststoornissen. *Kind en Adolescent, 23,* 313-336.

Scholte, R.H.J., Lieshout, C.F.M. van, & Aken, M.A.G. van (2001). Perceived relational support in adolescence: Dimensions, configurations, and adolescent adjustment. *Journal of Research on Adolescence, 11,* 71-94.

Schreck, C.J., Burek, M.W., Stewart, E.A., & Miller, J.M. (2007). Distress and violent victimization among Young adolescents: Early pubertal and the social interactionist perspective. *Journal of Research in Crime and Delinquency, 44,* 381-406.

Schwartz, S.J. (2001). The evolution of Eriksonian and Neo-Eriksonian identity theory and research: a review and integration. *Identity: An International Journal of Theory and Research, 1,* 7-58.

Schwartz, S.J. (2007). The structure of identity consolidation: multiple correlated construcs or one superordinate construct? *Identity: An International Journal of Theory and Research, 7,* 27-49.

Schwartz, S.J., Zamboanga, B.L., & Weisskirch, R.S. (2008). Broadening the study of the self: integrating the study of personal identity and cultural identity. *Social and Personality Psychology Compass, 2,* 635-651.

Schwartz, S.J., Mason, C.A., Pantin, H., & Szapocznik, J. (2009). Longitudinal relationships between family functioning and identity development in Hispanic adolescents. *Journal of Early Adolescence, 29,* 177-211.

Scourfield, J., Rice, F., Thapar, A., Harold, G.T., Martin, N., & McGuffin, P. (2003). Depressive symptoms in children and adolescents: changing aetiological influences with development. *Journal of Child Psychology and Psychiatry, 44,* 968-976.

Sebastian, C., Burnett, S., & Blakemore, S.-J. (2008). Development of the self-concept during adolescence. *Trends in Cognitive Sciences, 12,* 441-446.

Sebastian, C., Viding, E., Williams, K.D., & Blakemore, S.J. (2010). Social brain development and the affective consequences of ostracism in adolescence. *Brain and cognition, 72,* 134-145.

Selman, R.L. (1980). *The growth of interpersonal understanding. Developmental and clinical analyses.* New York: Academic Press.

Sergeant, J.A., & Vente, W. de (2001). Neuropsychologische factoren bij gewelddadig gedrag. In: R. Loeber, N.W. Slot & J.A. Sergeant (Red.), *Ernstige en gewelddadige jeugddelinquentie: omvang, oorzaken, en interventies* (pp. 171–184). Houten: Bohn Stafleu en Van Loghum.

Sessa, F.M., & Steinberg, L. (1991). Family structure and the development of autonomy during adolescence. *Journal of Early Adolescence, 11,* 38-55.

Shanahan, M.J. (Ed.). (2008). Glen H. Elder Jr. and the importance of lived experience [Themanummer]. *Research in Human Development, 5.*

Shanahan, M.J., Erickson, L.D., & Bauer, D. J. (2005). One hundred years of knowing: The changing science of adolescence, 1904 and 2004. *Journal of Research on Adolescence, 15,* 383-394.

Shankman, P. (2006). Virginity and veracity: Rereading historical sources in the Mead-Freeman controversy. *Ethnohistory, 52,* 479-505.

Shankman, P. (2009). *The trashing of Margaret Mead: Anatomy of an anthropological controversy.* Madison, WI: University of Wisconsin Press.

Shaw, L.H., & Gant, L.M (2002). In defense of the internet: The relationship between internet communication and depression, loneliness, self-esteem, and perceived social support. *CyberPsychology and Behavior, 5,* 157-171.

Shaw, P., Greenstein, D., et al. (2006). Intellectual ability and cortical development in children and adolescents. *Nature, 440,* 676-679.

Sheldon, K.M., Kasser, T., Houser-Marko, L., Jones, T., & Turban, D. (2005). Doing one's duty: Chronological age, felt autonomy, and subjective well-being. *European Journal of Personality, 19,* 97-115.

Sherrod, L.R., Busch-Rossnagel, N.A., & Fisher, C.B. (2006). Applying developmental science: Methods, vision, and values. In R.M. Lerner & L. Steinberg (Eds.), *Handbook of adolescent psychology* (2nd ed., pp. 747-780). Hoboken, NJ: Wiley.

Shipstead, Z., Redick, T.S., & Engle, R.W. (2012). Is working memory training effective? *Psychological bulletin, 138,* 628-654.

Shweder, R.A., Much, N.C., Mahapatra, M., & Park, L. (1997). The "Big Three" of Morality (Autonomy, Community, Divinity), and the "Big Three" Explanations of Suffering. In: P. Rozin & A. Brandt (red.), *Morality and Health.* New York: Routledge.

Siegel, J.M., Yancey, A.K., Aneshensel, C.S., & Schuler, R. (1999). Body image, perceived pubertal timing, and adolescent mental health. *Journal of Adolescent Health, 25,* 155-165.

Sijtsema, J.J., Veenstra, R., Lindenberg, S., Roon, A.M. van, Verhulst, F.C., Ormel, J., & Riese, H. (2010). Mediation of sensation seeking and behavioral inhibition on the longitudinal relationship between heart rate and antisocial behavior. The TRAILS Study. *Journal of the American Academy of Child and Adolescent Psychiatry, 49*, 493-502.

Silbereisen, R.K., & Kracke, B. (1997). Self-reported maturational timing and adaptation in adolescence. In J. Schulenberg, J.L. Maggs, & K. Hurrelman (Eds.), *Health risks and developmental transitions during adolescence* (pp. 85–109). Cambridge: Cambridge University Press.

Silbereisen, R.K., & Lerner, R.M. (Eds.) (2007). *Approaches to positive youth development*. Thousand Oaks, CA: Sage.

Silberg, J., Pickles, A., Rutter, M., Hewitt, J., Simonoff, E., Maes, H., Carbonnea, R., Murrelle, L., Foley, D., & Eaves, L. (1999). The influence of genetic factors and life stress on depression among adolescent girls. *Archives of General Psychiatry, 56*, 225-232.

Silk, J.S., Morris, A.S., Kanaya, T., & Steinberg, L. (2003). Psychological control and autonomy granting: Opposite ends of a continuum or distinct constructs? *Journal of Research on Adolescence, 13*, 113–128.

Silk, J.S., Siegle, G.J., Whalen, D.J., Ostapenko, L.I., Ladouceur, C.D., & Dahl, R.E. (2009). Pubertal changes in emotional information processing: Pupillary, behavioral, and subjective evidence during emotional word identification. *Development and Psychopathology, 21*, 7-26.

Silk, J.S., Steinberg, L., & Morris, A.S. (2003). Adolescents' emotion regulation in daily life: Links to depressive symptoms and problem behavior. *Child Development, 74*, 1869–1880.

Silverberg, S., & Steinberg, L. (1990). Psychosocial well-being of parents at midlife: The impact of early adolescent children. *Developmental Psychology, 26*, 658-666.

Silverberg, S.B., & Gondoli, D.M. (1996). Autonomy in adolescence: A contextualized perspective. In G.R. Adams, R. Montemayor & T. P. Gullotta (Eds.), *Psychosocial development during adolescence* (pp. 12-61). Thousand Oaks, CA: Sage.

Simmons, R.G.,& Blyth, D.A. (1987). *Moving into adolescence*. Hawthorne; New York.

Simon, W., & Gagnon, J. (1986). Sexual scripts: permanence and change. *Archives of Sexual Behavior, 15*, 97-119.

SIPES (2013) *La sante des élèves de l'enseignement secondaire*. Service d'Information Promotion Éducation Santé – SIPES Avec le soutien de la Fédération Wallonie-Bruxelles.

Sisk, C.L., & Zehr, J.L. (2005). Pubertal hormones organize the adolescent brain and behavior. *Frontiers in Neuroendocrinology, 26*, 163-74.

Skinner, E.A., & Zimmer-Gembeck, M.J. (2007). The development of coping. *Annual Review of Psychology, 58*, 119-144.

Skogbrott Birkeland, M., Melkevik, O., Holsen, I., & Wold, B. (2012). Trajectories of global self-esteem development during adolescence. *Journal of Adolescence, 35*, 43-54.

Skoog, T., Stattin, H., & Kerr, M. (2009). The role of pubertal timing in what adolescent boys do online. *Journal of Research on Adolescence, 19*, 1-7.

Slomkowski, C., Rende, R., Conger, K.J., Simons, R.L., & Conger, R.D. (2001). Sisters, brothers, and delinquency : Evaluating social influence during early and middel adolescence. *Child Development, 72*, 271-283.

Slot, N.W. (1994). Competentiegerichte behandelingsprogramma's voor jongeren met gedragsstoornissen. *Gedragstherapie, 27*, 233-250.

Slot, N.W. (1999). Competentievergroting bij straf, behandeling en preventie. In A. Collot d'Escury-Koenigs, A. van der Linden & T. Snaterse (red.), *Van preventie tot straf: Naar meer sociale vaardigheden bij jongeren* (pp. 47-69). Lisse: Swets en Zeitlinger.

Slot, N.W. (2008). Beschermend of bevorderend? In E.J. Knorth, H. Nakken, C.E. Oenema-Mostert, A.J.J.M. Ruijssenaars & J. Strijker (red.), *De ontwikkeling van kinderen met problemen, gewoon anders* (pp. 95-111). Apeldoorn: Garant.

Slot, N.W., & Spanjaard, H.J.M. (2008). *Competentievergroting in de residentiële jeugdzorg.* Utrecht: ThiemeMeulenhoff.

Slot, W., & Berends, I. (2009). SPRINT: preventieve interventie voor kinderen met riskant probleemgedrag. In: D. Graas, T. Liefaard, C. Schuengel, W. Slot & H. Stegge (Red.), *De wet op de jeugdzorg in de dagelijkse praktijk* (pp. 205-219). Houten: Bohn, Stafleu, Van Loghum.

Slot, W., & Spanjaard, H. (1996). Ontwikkelingstaken voor ouders van jonge kinderen. Het competentiemodel en gezinsgerichte hulpverlening. *Jeugd en samenleving, 1,* 3-19.

Slotboom, A., Wong, T.M.L., Swier, C., & Broek, T.C. van der (2011). *Delinquente meisjes, Achtergronden, risicofactoren en interventies.* Den Haag: WODC, Amsterdam: Vrije Universiteit.

Smetana, J., & Asquith, P. (1994). Adolescents' and parents' conceptions of parental authority and personal autonomy. *Child Development, 65,* 1147-1162.

Smetana, J., Campione-Barr, N., & Daddis, C. (2004). Longitudinal development of family decision making: Defining healthy behavioral autonomy for middle-class African American adolescents. *Child Development, 75,* 1418-1434.

Smetana, J.G. (1995). Parenting styles and conceptions of parental authority during adolescence. *Child Development, 66,* 299-316.

Smetana, J.G., Campione-Barr, N., & Metzger, A. (2006). Adolescent development in interpersonal and societal contexts. *Annual Review of Psychology, 57,* 255-284.

Smetana, J.G., Metzger, A., & Campione-Barr, N. (2004). African American late adolescents' relationships with parents: Developmental transitions and longitudinal patterns. *Child Development, 75*(3), 932-947.

Smith, E.E., & Jonides, J. (1999). Storage and executive processes in the frontal lobes. *Science, 283,* 1657-1661.

Smith, P.K. (2003). Friendship and loneliness among bullies and victims: Data from seven countries. *Aggressive Behavior, 30,* 71-83.

Smith, P.K., Morita, Y., Junger-Tas, J., Olweus, D., Catalano, R., & Slee, P. (1999). *The nature of school bullying: a cross-national perspective.* London, UK: Routledge.

Smith, P.K., Pepler, D., & Rigby, K. (2004). *Bullying in schools: how succesful can interventions be?* Cambridge, Cambridge University Press.

Smith, R.H., Webster, J.M., Parrott, W.G., & Eyre, H.L. (2002). The role of public exposure in moral and nonmoral shame and guilt. *Journal of Personality and Social Psychology, 83,* 138-159.

Smits, I. (2009). *Identity styles in adolescence. Measurement and associations with perceived parenting, personal well-being, and interpersonal functioning.* Leuven: Katholieke Universiteit, Dissertatie.

Soenens, B., & Vansteenkiste, M. (2005). Antecedents and outcomes of self-determination in 3 life domains: The role of parents' and teachers' autonomy support. *Journal of Youth and Adolescence, 34,* 589-604.

Soenens, B., Vansteenkiste, M., Lens,W., Luyckx, K., Goossens, L., Beyers, W., & Ryan, R.M. (2007). Conceptualizing parental autonomy support: Adolescent perceptions of promotion of independence versus promotion of volitional functioning. *Developmental Psychology, 43,* 633-646.

Soenens, B., Vansteenkiste, M., Luyten, P., Duriez, B., & Goossens, L. (2005). Maladaptive perfectionistic selfrepresentations: The mediational link between psychological control and adjustment. *Personality and Individual Differences, 38,* 487-498.

Sokol, D.K., & Edwards-Brown, M. (2004). Neuroimaging in autistic spectrum disorder. *Journal of Neuroimaging, 14,* 8-15.

Solomontos-Kountouri, O.S., & Hurry, J. (2008). Political, religious and occupational identities in context: placing identity status paradigm in context. *Journal of Adolescence, 31*, 241-258.

Somerville, L.H., Hare, T., & Casey, B.J. (2011). Frontostriatal maturation predicts cognitive control failure to appetitive cues in adolescents. *Joural of Cognitive Neuroscience, 23*, 2123-2134.

Somerville, L.H., Jones, R.M., & Casey, B.J. (2010). A time of change: behavioral and neural correlates of adolescent sensitivity to appetitive and aversive environmental cues. *Brain and Cognition, 72*, 124-133.

Sorell, G.T., & Montgomery, M.J. (2001). Feminist perspectives on Erikson's theory: Their relevance for contemporary identity development research. *Identity. An International Journal of Theory and Research, 1*, 97-128.

Sorensen, K., Aksglaede, L., Petersen, J.H., & Juul A. (2010). Recent changes in pubertal timing in healthy Danish boys: associations with body mass index. *Journal of Clinical Endocrinology and Metabolism, 95*, 263–270.

Sørensen, K., Mouritsen, A., Aksglaede, L., Hagen, C.P., Mogensen, S.S., & Juul, A. (2012). Recent secular trends in pubertal timing: Implications for evaluation and diagnosis of precocious puberty. *Hormone Research in Paediatrics, 77*, 137-145.

Sowell, E.R., Levitt, J., Thompson, P.M., Holmes, C.J., Blanton, R.E., Kornsak, D.S., Caplan, R., McCracken, J., Asranow, R., & Toga, A.W. (2000). Brain abnormalities in early-onset schizophrenia spectrum disorder observed with statistical parametric mapping of structural magnetic resonance images. *American Journal of Psychiatry, 157*, 1475-1484.

Sowell, E.R., Thompson, P.M., Leonard, C.M., Welcome, S.E., Kan, E., & Toga, A.W. (2004). Longitudinal mapping of cortical thickness and brain growth in normal children. *Journal of Neuroscience, 24*, 8223-8231.

Spanjaard, H. (1998). *Jongens, het kan ook anders. Het voorkomen van seksueel geweld van jongens tegenover meisjes*. Utrecht: Nederlands Instituut voor Zorg en Welzijn.

Spanjaard, H., & Haspels, M. (2005). *Families First. Handleiding voor gezinsmedewerkers*. Utrecht/Amsterdam: NIZW Jeugd/Uitgeverij SWP.

Spanjaard, H., Polak, S., Put, C. van der, Maes, M., Persoon, A., Vogelvang, B., Walsarie Wolff, M. & Diest, H. van (2012). *Handleiding Landelijk Instrumentarium Jeugdstrafrechtketen (versie 3.2)*. Den Haag: Ministerie van Veiligheid en Justitie.

Spanjaard, H.J.M., & Alexander, J.F. (2009). *Functionele gezinstherapie: handleiding voor FFT-therapeuten*. Amsterdam: FFT Nederland/De Bascule.

Spanjaard, H.J.M., & Brown, B.D. (2010). *Kwaliteitsprotocol Washington State Aggression Replacement training als gedragsinterventie voor jeugdigen. Criteria en procedures voor kwaliteitsbewaking*. Duivendrecht/Amsterdam: PI Research/De Bascule.

Spanjaard, H.J.M., Brown, B.D., & Polak, S.S. (2010). *Washington State Aggression Replacement Training als gedragsinterventie voor jeugdigen. Handleiding voor trainers*. Amsterdam: PI Research/De Bascule.

Spanjaard, H.J.M., Brown, B.D., Polak, S.S., Tjaden, J.B.D., & Breg, A.C. (2012a). *Training Agressie Controle Individueel. Handleiding voor trainers*. Amsterdam: PI Research/De Bascule.

Spanjaard, H.J.M., Knaap, L.M. van der, Put, C.E. van der, & Stams, G.J.J.M. (2012). Risk assessment and the impact of risk and protective factors. In R. Loeber, M. Hoeve, N.W. Slot & P. van der Laan (Red.), *Persisters and Desisters in Crime from Adolescence into Adulthood. Explanation, Prevention and Punishment* (pp. 127-157). Farnam: Ashgate.

Spear, L.P. (2009). Heightened stress responsivity and emotional reactivity during pubertal maturation: Implications for psychopathology. *Development and Psychopathology, 21*, 87-97.

Spear, L.P. (2011). Rewards, aversions and affect in adolescence: Emerging convergences across laboratory animal and human data. *Developmental Cognitive Neuroscience, 1*, 390-403.

Spearman, C. (1927). *The abilities of man: Their nature and measurement*. New York: Macmillan.

Spiering, H. (2003). Ik wil geen ruzie maken; dat doen mijn hersenen. *NRC Handelsblad/Thema Puberteit.* Bijlage 28 juni 2003.

Stams, G. J., Brugman, D., Dekovic, M., Rosmalen, L. van, van der Laan, P., & Gibbs, J.C. (2006). The moral judgment of juvenile delinquents: A meta-analysis. *Journal of Abnormal Child Psychology, 34*, 697–713.

Stark, K.D., & Smith, A. (1995). Cognitive and behavioral treatment of childhood Depression. In H.P.J.G. van Bilsen, P. Kendall & J.H. Slavenbrug (Red.). *Behavioral approaches for children and adolescents* (pp. 113-143). New York: Plenum Press.

Stattin, H., & Magnusson, D. (1990). *Pubertal maturation in female development.* Hillsdale, NJ: Erlbaum.

Steenderen, B. van (1987). *Homo worden, homo zijn.* Utrecht: Interfacultaire Werkgroep Homostudies Utrecht.

Stegge, H., & Ferguson, T.J. (2000). Schuld en schaamte bij kinderen: Adaptieve en problematische aspecten. In J.D. Bosch, H.A. Bosma, R.J. van der Gaag, A.J.J.M. Ruijssenaars & A. Vyt (Eds.) *Jaarboek Ontwikkelingspsychologie, orthopedagogiek en kinderpsychiatrie 4* (pp. 119-147). Houten: Bohn Stafleu Van Loghum.

Stegge, H., Ferguson, T.J., & Braet, C. (1999). Gevoelens van schuld en schaamte: Nuttig of problematisch? *Gedragstherapie, 32*, 271-95.

Stegge, H., & Meerum Terwogt, M. (2007). Awareness and regulation of emotion in typical and atypical development. In J. Gross (Ed.), *Handbook of emotion regulation* (pp. 269-286). New York: Guilford.

Stegge, H., Meerum Terwogt, M., Reijntjes, A.H.A., & Tijen, N. van (2004). Children's conception of the emotion process: consequences for emotion regulation. In I. Nyklicek, L. Temoshok & A. Vingerhoets (Eds.), *Emotional expression and health: Advances in theory, assessment and clinical applications* (pp. 240-254). New York: Brunner-Routledge.

Stegge, H., Reijntjes, A., & Meerum Terwogt, M. (1997). De ontwikkeling van het inzicht in emotieregulatie. *Tijdschrift voor Ontwikkelingspsychologie, 23*, 129-140.

Stegge, H., & Thomaes, S.C.E. (2007). Korte lontjes en opgeblazen ego's: over schaamte, zelfbeeld en agressie. *Kinder- en Jeugdpsychotherapie, 34*, 5- 10.

Stein, N.L., & Levine, L.J. (1989). The causal organization of emotion knowledge: A developmental study. *Cognition and Emotion, 3*, 343-378.

Steinberg, L. (1987). Impact of puberty on family relations: Effects of pubertal status and pubertal timing. *Developmental Psychology, 23*, 451-460.

Steinberg, L. (1988). Reciprocal relation between parent-child distance and pubertal maturation. *Developmental Psychology, 24*, 122-128.

Steinberg, L. (1993). *Adolescence.* Third edition. New York: McGraw-Hill.

Steinberg, L. (2001). We know some things: Parent-adolescent relationships in retrospect and prospect. *Journal of Research on Adolescence, 11*, 1-19.

Steinberg, L. (2002). *Adolescence* (6th ed.). Boston, MA: McGraw Hill.

Steinberg, L. (2004). Risk taking in adolescence: what changes, and why? [Review]. *Annals of the New York Academy of Sciences, 1021*, 51-58.

Steinberg, L. (2005). Cognitive and affective development in adolescence. *Trends in Cognitive Science, 9*, 69-74.

Steinberg, L. (2007). Risk taking in adolescence: New perspectives from brain and behavioral science. *Current Directions in Psychological Science, 16*, 55-58.

Steinberg, L. (2008a). *Adolescence.* New York: McGraw-Hill.

Steinberg, L. (2008b). A social neuroscience perspective on adolescent risk-taking. *Developmental Review, 28*, 78-106.

Steinberg, L., Albert, D., Cauffman, E., Banich, M., Graham, S., & Woolard, J. (2008). Age differences in sensation seeking and impulsivity as indexed by behavior and self-report: evidence for a dual systems model. *Developmental Psychology, 44*, 1764-1778.

Steinberg, L., Elmen, J.D., & Mounts, N.S. (1989). Authoritative parenting, psychosocial maturity, and academic success among adolescents. *Child Development, 60*, 1424-1436.

Steinberg, L., & Lerner, R.M. (2004). The scientific study of adolescence: A brief history. *Journal of Early Adolescence, 24*, 45-54.

Steinberg, L., & Monahan, K.C. (2007). Age differences in the resistance to peer influence. *Developmental Psychology, 43*, 1531-1543.

Steinberg, L., & Morris, A.S. (2001). Adolescent development. *Annual Review of Psychology, 52*, 83-110.

Steinberg, L., & Silk, J.S. (2002). Parenting adolescents. In M. H. Bornstein (Ed.), *Handbook of parenting: Vol. 1. Children and parenting* (2nd ed., pp. 103–133). Mahwah, NJ: Erlbaum.

Steinberg, L., & Silverberg, S.B. (1986). The vicissitudes of autonomy in early adolescence. *Child Development, 57*, 841-851.

Steinberg, L.D., Lamborn, S.D., Dornbusch, S.M., & Darling, N. (1992). Impact of parenting practices on adolescent achievement: Authoritative parenting, school involvement, and encouragement to succeed. *Child Development, 63*, 1266–1281.

Stephen, J., Fraser, E., & Marcia, J.E. (1992). Moratorium–achievement (Mama) cycles in lifespan identity development: Value orientations and reasoning system correlates. *Journal of Adolescence, 15*, 283–300.

Steppe, A.O.P., & Ferdinand, R.F. (2002). Medicamenteuze behandeling van angststoornissen bij kinderen en adolescenten. *Kind en Adolescent, 23*, 285-299.

Sternberg, R.J. (1985). *Beyond IQ: A triarchic theory of human intelligence*. New York: Cambridge University Press.

Sternberg, R.J., & Powell, J.S. (1982). Theories of intelligence. In R. J. Sternberg (red.), *Handbook of human intelligence* (pp. 975–1005). New York: Cambridge University Press.

Stevens, G.W.J.M., & Vollebergh, W.A.M. (2008). Mental health in migrant children. *Journal of Child Psychology and Psychiatry, 49*, 276-294.

Stice, E. (2003). Puberty and body image. In C. Hayward (Ed.), *Gender differences at puberty* (pp. 61–76). Cambridge, UK: Cambridge University Press.

Stice, E., & Barrera Jr., M. (1995). A longitudinal examination of the reciprocal relations between perceived parenting and adolescents' substance use and externalizing behaviors. *Developmental Psychology, 31*, 322-334.

Stice, E., Presnell, K., & Bearman, S.K. (2001). Relation of early menarche to depression, eating disorders, substance abuse and comorbid psychopathology among adolescent girls. *Developmental Psychology, 37*, 608-619.

Straver, C.J. (1980). *Jong zijn en contact zoeken*. Deventer: Van Loghum Slaterus.

Sullivan, H.S. (1953). *The interpersonal theory of psychiatry*. New York: Norton.

Sun, S.S., Schubert, C.M., Chumlea, W.C., Roche, A.F., Kulin, H.E., Lee, P.A., Himes, J.H., & Ryan, A.S. (2002). National estimates of the timing of sexual maturation and racial differences among US children. *Pediatrics, 110*, 911–919.

Susman, E.J., Dockray, S., Schiefelbein, Herwehe, S., Heaton, J.A., & Dorn, L.D. (2007). Morningness/eveningness, morning to afternoon cortisol ratio, and anti-social behavior problems during puberty. *Developmental Psychology, 43*, 811-822.

Susman, E.J., & Dorn, L. D. (2009). Puberty: Its role in development. In R. Lerner & L. Steinberg, (Eds.), *Handbook of Adolescent Psychology*, (3rd ed., pp. 116-151). New York, NY, USA: Wiley.

Swann, W.B., Wenzlaff, R.M., & Tafarodi, R.W. (1992). Depression and the search for negative evaluations: More evidence on the role of self verification strivings. *Journal of Abnormal Psychology, 101*, 314–317.

Swanson, H.L. (1999). What develops in working memory? A life span perspective. *Developmental Psychology, 35*, 986-1000.

Taga, K.A., Markey, C.N., & Friedman, H.S. (2006). A longitudinal investigation of associations between boys' pubertal timing and adult behavioral health and well-being. *Journal of Youth and Adolescence, 35*, 401-411.

Tangney, J.P., & Dearing, R.L. (2002). *Shame and guilt*. New York: Guilford.

Tangney, J.P., Stuewig, J., & Mashek, D.J. (2007). Moral emotions and moral behavior. *Annual Review of Psychology, 58*, 345–372.

Tanner, J.M. (1962). *Growth at adolescence*. New York: Lippincott.

Tanner, J.M. (1970). Physical Growth. In P. Mussen (Ed.), *Carmichael's Manual of Child Psychology, vol. 1.*, 3rd. Ed. New York: Wiley.

Tanner, J.M. (1973). Trend towards earlier menarche in London, Olso, Copenhagen, the Netherlands and Hungary. *Nature, 243*, 95–96.

Tesser, P.T.M., Praag, C.S. van, Dugteren, F.A. van, Herweijer, L.J., & Wouden, H.C. van der (1995). *Rapportage minderheden 1995. Concentratie en segregatie*. Rijswijk: Sociaal en Cultureel Planbureau.

Tesser, P.T.M., Merens, J.G.F., & Praag, C.S. van (1999). *Rapportage minderheden 1999: positie in het onderwijs en op de arbeidsmarkt*. Rijswijk: SCP.

Thapar, A. & McGuffin, P. (1995). Are anxiety symptoms in childhood heritable? *Journal of Child Psychology and Psychiatry, 36*, 439-447.

Thomaes, S., Bushman, B.J., Orobio de Castro, B., & Stegge, H. (2009). What makes narcissists bloom? A framework for research on the etiology and development of narcissism. *Development and Psychopathology, 21*, 1233-1247.

Thomaes, S., Stegge, H., Bushman, B.J., Olthof, T., & Dennissen, J.J.A. (2008). Development and validation of the Childhood Narcissism Scale. *Journal of Personality Assessment, 90*, 382-391.

Thomaes, S.C.E., Bushman, B., Stegge, H., & Olthof, T. (2008). Trumping shame by blasts of noise. *Child Development, 79*, 1792-1801.

Thomaes, S.C.E., Stegge, H., & Olthof, T.J. (2007). Externalizing Shame Responses in children: the Role of Fragile Positive Self-Esteem. *British Journal of Developmental Psychology, 25*, 559-577.

Thomaes, S.C.E., Stegge, H., Olthof, T.J., Bushman, B.J., & Nezlek, J.B. (submitted). Turning shame inside-out: On humiliated fury in early adolescence. *Emotion*.

Thomas, M.L. (2006). The contributing factors of change in a therapeutic process. *Contemporary Family Therapy: An international journal, 28*(2), 201-210.

Thompson, R.A. (1989). Causal attributions and children's emotional understanding. In C. Saarni & P.L. Harris (Eds.), *Children's understanding of emotion* (pp. 117-150). New York: Cambridge University Press.

Thorne, B., & Luria, Z. (1986). Sexuality and Gender in Children's Daily Worlds. *Social Problems, 33*, 176-190.

Timmermans, M. (2009). *Antisocial behaviors: courses and consequences from toddlerhood to late adolescence*. Academisch Proefschrift. Amsterdam: Vrije Universiteit Faculteit der Psychologie en Pedagogiek.

Timmermans, M., Lier, P.A. van, & Koot, H.M. (2008). Which forms of child/adolescent externalizing behaviors account for late adolescent risky sexual behavior and substance use? *Journal of Child Psychology and Psychiatry, 49*, 386-394.

Toman, W. (1994, orig. 1961). *Family constellation: Its effects on personality and social behavior*. London: Jason Aronson.

Treffers, Ph.D.A. (2003). Somatoforme stoornissen. In F.C. Verhulst, F. Verheij & R. Ferdinand (red.), *Kinder- en jeugdpsychiatrie – psychopathologie* (pp. 167-185). Assen: Van Gorcum.

Tremblay, R.E. (1998). De ontwikkeling en preventie van fysieke agressie. In W. Koops & N.W. Slot (red.), *Van Lastig tot Misdadig* (pp. 33-52). Houten: Bohn, Stafleu en Van Loghum.

Tremblay, R.E. (2009). The development of chronic physical aggression: Genes and environments matter from the beginning. In R.E. Tremblay, M.A.G. van Aken & W. Koops (red.), *Development and Prevention of Behaviour Problems. From Genes to Social Policy* (pp. 113–131). New York: Psychology Press.

Trickett, P.K., & Putnam, F.W. (1993). Impact of child sexual abuse on females: Toward a developmental, psychobiological integration. *Psychological Science, 4*, 81-87.

Trimbos-instituut (2004). *Cannabisgebruik onder jongens daalt, actuele zaken rond cannabis op een rij gezet op congres Trimbos-instituut* (persbericht). www.trimbos.nl

Troiden, R.R. (1988). Homosexual identity development. *Journal of Adolescent Health Care, 9*, 105-113.

Trzesniewski, K.H., et al. (2006). Low self-esteem during adolescence predicts poor health, criminal behavior, and limited economic prospects during adulthood. *Developmental Psychology, 42*, 381-390.

Trzesniewski, K.H., Donnellan, M.B., & Robins, R.W. (2003). Stability of self esteem across the life-span. *Journal of Personality and Social Psychology, 84*, 205-220.

Turkheimer, E., & Waldron, M. (2000). Nonshared environment: A theoretical, methodological and quantitative review. *Psychological Bulletin, 126*, 78-108.

Turner, R.A., Irwin, C.E., & Millstein, S.G. (1991). Family structure, family processes, and experimenting with substances during adolescence. *Journal of Research on Adolescence, 1*, 93-106.

Turner, R.A., Irwin, C.E., Tschann, J.M., & Millstein, S.G. (1993). Autonomy, relatedness, and the initiation of health risk behaviors in early adolescence. *Health Psychology, 12*, 200-208.

Twenge, J.M., & Campbell, W.K. (2002). Self-esteem and socioeconomic status: a meta-analytic review. *Personality and Social Psychology Review, 6*, 59-71.

Tyson-Rawson, K.J. (1996). Adolescent responses to the death of a parent. In: C.A. Corr & D.E. Balk (Eds.), *Handbook of adolescent death and bereavement* (pp. 155-172). New York: Springer Publishing.

Udry, J.R. (1979). Age at menarche, at first intercourse, and at first pregnancy. *Journal of Biological Sciences, 11*, 411-433.

Udry, J.R., & Billy, J. (1987). Initiation of coitus in early adolescence. *American sociological review, 52*, 841-855.

Udry, J.R., & Talbert, J.M. (1988). Sex hormone effects on personality at puberty. *Journal of Personality and Social Psychology, 54*, 291-295.

Urberg, K.A., Degirmencioglu, S.M., & Pilgrim, C. (1997). Close friend and group influence on adolescent cigarette smoking and alcohol use. *Developmental Psychology, 33*, 834-844.

Valk, I. van der, Spruijt, E., De Goede, M., Maas, C., & Meeus, W. (2005). Family structure and problem behavior of adolescents and young adults: A growth-curve study. *Journal of Youth and Adolescence, 34*, 533-546.

Valkenburg, P.M., Peter, J., & Schouten, A.P. (2006). Friends networking sites and their relationship to adolescent's well-being and social self-esteem. *CyberPsychology and Behavior, 9*, 584-590.

Vallerand, R.J., Fortier, M.S., & Guay, F. (1997). Self-determination and persistence in a real-life setting: Toward a motivational model of high-school drop out. *Journal of Personality and Social Psychology, 72*, 1161-1176.

Vansteenkiste, M., Simons, J., Soenens, B., & Lens, W. (2004). How to become a persevering exerciser? The importance of providing a clear, future intrinsic goal in an autonomy-supportive manner. *Journal of Sport and Exercise Psychology, 26*, 232-249.

Vansteenkiste, M., & Soenens, B. (2007). *Ontwikkelingspsychologie Deel II*. Leuven: Acco.

Vansteenkiste, M., Soenens, B., Beyers, W., & Lens, W. (2008). Waarom we doen wat we niet graag doen: Het internalisatieproces toegelicht. *Kind en Adolescent, 29*, 64-79.

Vanwesenbeeck, I., Zessen, G. van, Ingham, R., Jaramazovic, E., & Stevens, D. (1999). Factors and processes in heterosexual competence and risk: An integrated review of the evidence. *Psychology and Health, 14,* 25-50.

Veer, G. van der (1992). *Counselling and therapy with refugees.* New York: Wiley.

Verbruggen, J. (2008). *Doen meisjes dat ook? Over seksueel grensoverschrijdend gedrag van jongens en meisjes.* Amsterdam: Vrije universiteit, faculteit der rechtsgeleerdheid.

Verhoeven, J.S., Cock, P. de, Lagae, L., & Sunaert, S. (2009). Neuroimaging of autism. *Neuroradiology,* published online: 15 September 2009.

Verhulst, F.C. (2000). Inleiding en epidemiologie. In F.C. Verhulst & F. Verheij (Red.), *Adolescentenpsychiatrie* (pp. 1-21). Assen: Van Gorcum.

Verhulst, F.C. (2000). Principes. In F.C. Verhulst & F. Verheij (Red.), *Kinder- en jeugdpsychiatrie – Onderzoek en diagnostiek* (pp. 22-82). Assen: Van Gorcum.

Verhulst, F.C., Donker, A.G., & Hofstra, M.B. (2001). De ontwikkeling van antisociaal gedrag. In R. Loeber, N.W. Slot & J.A. Sergeant (Red.) *Ernstige en gewelddadige jeugddelinquentie: omvang, oorzaken, en interventies* (pp. 155-171). Houten: Bohn Stafleu en Van Loghum.

Verhulst, F.C., Ende, J. van der, Ferdinand, R., & Kasius, M.C. (1997). The prevalence of DSM-III-R diagnoses in a national sample of Dutch adolescents. *Archives of General Psychiatry, 54,* 329-336.

Verhulst, F.C., Ende, J. van der, & Koot, H.M. (1996a). *Handleiding voor de CBCL / 4-18.* Rotterdam: Department of Child and Adolescent Psychiatry, Sophia Childrens Hospital, Erasmus University.

Verhulst, F.C., Ende, J. van der, & Koot, H.M. (1996b). *Handleiding voor de TRF.* Rotterdam: Department of Child and Adolescent Psychiatry, Sophia Childrens Hospital, Erasmus University.

Verhulst, F.C., Ende, J. van der, & Koot, H.M. (1997). *Handleiding voor de Youth Self-Report (YSR).* Rotterdam: Department of Child and Adolescent Psychiatry, Sophia Childrens Hospital, Erasmus University.

Verkuyten, M. (2001). Global self-esteem, ethnic self-esteem, and family integrity: Turkish and Dutch early adolescents in the Netherlands. *International Journal of Behavioral Development, 25,* 357-366.

Vet, R., & Eijnden, R. van den (2007). *Het gebruik van alcohol door jongeren en de rol van ouders: resultaten van twee metingen.* Rotterdam: IVO

Viau, V. (2002). Functional cross-talk between the hypothalamic-pituitary-gonadal and -adrenal axis. *Journal of Neuroendocrinology, 14,* 506-513.

Vitaro, F., Tremblay, R.E., & Bukowski, W.M. (2001). Friends, friendships and conduct disorders. In: J. Hill & B. Maughan (Red.). *Conduct disorders in childhood and adolescence* (pp. 346–379). Cambridge: University Press.

Vogels, T., & Vliet, R. van der (1990). *Jeugd en seks. Gedrag en gezondheidsrisico's bij scholieren.* 's-Gravenhage: SDU.

Vollebergh, W. (2002). *Gemiste kansen.* Oratie. Nijmegen: Radboud Universiteit.

Voortgangsrapportage Beleidskader Jeugdzorg 2003 - 2006 (2002). Den Haag: Ministerie van Volksgezondheid, Welzijn en Sport, Ministerie van Justitie.

Vreeman, R.C. & Carroll, A.E. (2007). A systematic review of school-based interventions to prevent bullying. *Archives of Pediatrics and Adolescent Medicine, 161,* 78-88.

Vriend, H.J., Koedijk, F.D.H., Broek, I.V.F. van den, Veen, M.G. van, Coul, E.L.M. op de, Sighem, A.I. van, Verheij, R.A., & Sande, M.A.B. van der (2011). *Sexually transmitted infections, including HIV, in the Netherlands in 2010.* Bilthoven: RIVM.

Vroege, J., Nicolaï, L., & Wiel, H. van de (2001). *Seksualiteitshulpverlening in Nederland.* Delft: Eburon.

Waal, F. de (1996). *Good natured: The origins of right and wrong in humans and other animals.* Cambridge: Harvard University Press

Wagner, R.K., & Sternberg, R.J. (1986). Tacit knowledge and intelligence in the everyday world. In R.J. Sternberg & R.K. Wagner (red.), *Practical intelligence: Nature and origins of competence in the everyday world* (pp. 51-83). New York: Cambridge University Press.

Walker, L.J. (1984). Sex differences in the development of moral reasoning: A critical review. *Child Development, 55*, 677-691.

Walper, S. (1995). Familienbeziehungen und Sozialentwicklung Jugendlicher in Kern-, Ein-Eltern-und Stieffamilien. *Zeitschrift für Entwicklungspsychologie und Pädagogische Psychologie, 27*(2), 93-121.

Warren, M.P. (1983). Physical and biological aspects of puberty. In J. Brooks-Gunn & A.C. Petersen (Eds.), *Girls at puberty* (pp. 3-28). New York: Plenum Press.

Warren, M.P., & Brooks-Gunn, J. (1989). Mood and behavior at adolescence: Evidence for hormonal factors. *Journal of Clinical Endocrinology and Metabolism, 69*, 77-83.

Wartna, B.S.J., & Tollenaar, N. (2004). *Bekenden van Justitie. Een verkennend onderzoek naar de 'veelplegers' in de populatie van vervolgde daders*. Den Haag: Wetenschappelijk Onderzoek- en Documentatiecentrum.

Waterman, A.S. (1982). Identity Development from adolescence to adulthood: An extension of theory and a review of research. *Developmental Psychology, 18*, 341-358.

Watson, L.F., Taft, A.J., & Lee, C. (2007). Associations of self-reported violence with age at menarche, first intercourse, and first birth among a national population sample of young Australian women. *Women's health Issues, 17*, 281-289.

Watzlawick, P., Beavin, J., & Jackson, D.D. (1970). *Pragmatische aspecten van de menselijke communicatie*. Deventer: Van Loghum.

Wechsler, D. (1944). *The measurement of adult intelligence*. Baltimore: Williams & Wilkins.

Wechsler, D. (1952). *Wechsler intelligence scale for children*. New York: The Psychological Corporation.

Weder, N., & Kaufman, J. (2011). Critical periods revisited: Implications for intervention with traumatized children. *Journal of the American Academy of Child and Adolescent Psychiatry, 50*, 1087-1089.

Weinberg, W.A., Harper, C.R., & Brumback, R.A. (2002). Substance use and abuse: Epidemiology, pharmacological considerations, identification and suggestions towards management. In M. Rutter & E. Taylor (eds.), *Child and Adolescent Psychiatry* (pp. 437-455). Oxford: Blackwell.

Weinraub, M., Horvath, D.L., & Gringlas, M.B. (2002). Single parenthood. In M.H. Bornstein, (Ed.), *Handbook of Parenting: Vol. 3: Being and Becoming a Parent* (2nd ed.) (pp.109-140). Mahwah, NJ: Lawrence Erlbaum Associates.

Weinstein, S.M., Mermelstein, R.J., Hankin, B.L., Hedeker, D., & Flay, B.R. (2007). Longitudinal patterns of daily affect and global mood during adolescence. *Journal of Research on Adolescence, 17*, 587-600.

Wenar, C., & Kerig, P. (2000). *Developmental psychopathology* (4th ed.). Boston, MA: McGraw-Hill.

Werdmölder, H., & Meel, P. (1993). Jeugdigen allochtonen en criminaliteit. Een vergelijkend onderzoek onder Marokkaanse, Turkse, Surinaamse en Antilliaanse jongens. *Tijdschrift voor Criminologie, 35*, 252-276.

Werff, J.J. van der (1985). *Identiteitsproblemen. Zelfbeschouwing in de psychologie*. Muiderberg: Coutinho.

Werner, E.E. (1993). Risk, resilience and recovery: perspectives from de Kauai longitudinal study. *Development and psychopathology, 5*, 503-515.

Westenberg, P.M. (2002). Zinnenaanvullijst Curium (ZALC). Psychodiagnostisch gereedschap. *De Psycholoog, 37*, 316-322.

Westenberg, P.M. (2008). *De jeugd van tegenwoordig*. Diesoratie 8 februari 2008 Universiteit Leiden.

Westenberg, P.M., & Gjerder, P.F. (1999). Ego development during the transition from adolescence to young adulthood: A nine-year longitudinal study. *Journal of Research in Personality, 33*, 233-252.

Westenberg, P.M., Drewes, M.J., Siebelink, B.M., Treffers, Ph.D.A., Jonckheer, J., & Goedhart, A.W. (2000). *Zinnenaanvullijst Curium (ZALC): Een instrument voor het meten van ego-ontwikkeling.* Lisse: Swets Test Publishers.

Wheems, C.F. (2008). Developmental trajectories of childhood anxiety: Identifying continuity and change in anxious emotion. *Developmental Review, 28,* 488-502.

Whiteman, S.D., & Buchanan, C.M. (2002). Mothers' and children's expectations for adolescence: The impact of perceptions of older sibling's experience. *Journal of Family Psychology, 16,* 157-171.

WHO (2006). *Defining sexual health: Report of a technical consultation on sexual health, 28–31 January 2002.* Geneva, World Health Organization.

WHO regional office for Europe, Bundeszentrale für gesundheitliche Aufklärung (2010). *Standards for sexuality education in Europe: a framework for policymakers, educational and health authorities and specialists.* Cologne: Federal Centre for Health Education (BZgA).

Wiesner, M., & Ittel, A. (2002). Relations of pubertal timing and depressive symptoms to substance use in early adolescence. *The Journal of Early Adolescence, 22,* 5-23.

Wiesner, M., Capaldi, D.M., & Kim, H.K. (2012). General versus specific predictors of male arrest trajectories: A test of the Moffitt and Patterson Theories. *Journal of Youth and Adolescence, 41,* 217-228.

Wiggins, J.S. (1997). Circumnavigating Dodge Morgan's interpersonal style. *Journal of Personality, 65,* 1069-1086.

Wijk, A. van, Horn, J. van, Bullens, R., & Hendriks, J. (2003). Jeugdige zedendelinquenten: een aparte groep? *Tijdschrift voor Criminologie, 45*(4), 391-401.

Wijk, A.P. van, Doreleijers, T.A.H., Bullens, R.A.R., & Ferweda, H.B. (2001). Kenmerken en achtergronden van jeugdige zedendelinquenten. In R. Loeber, N.W. Slot & J.A. Sergeant (red.), *Ernstige en gewelddadige jeugddelinquentie: omvang, oorzaken, en interventies* (pp. 73-97). Houten: Bohn Stafleu en Van Loghum.

Wijnen-Lunenburg, P., Beek, F. van, Bijl, B., Gramberg, P., & Slot, W. (2008). *De familie aan zet: De uitkomsten van Eigen Kracht-conferenties in de jeugdbescherming met betrekking tot veiligheid, sociale cohesie en regie.* Duivendrecht/Voorhout: PI Research/WESP Jeugdzorg.

Williams, C. (1998). Guilt in the Classroom. In J. Bybee (red.) *Guilt and children* (pp. 233-243). San Diego, CA: Academic Press.

Wissink, I.B. (2006). *Parenting, friendship relations, and adolescent functioning in different ethnic groups.* Amsterdam: SCO-Kohnstamm Instituut van de Faculteit der Maatschappij- en Gedragswetenschappen, Universiteit van Amsterdam.

Wissink, I.B., Dekovic´, M., & Meijer, A.M. (2006). Parenting behavior, quality of the parent-adolescent relationship, and adolescent functioning in four ethnic groups. *Journal of Early Adolescence, 26,* 133-159.

Wissink, I.B., Dekovic´, M., & Meijer, A.M. (2008). Opvoeding en vriendschapsrelaties en het functioneren van adolescenten uit verschillende etnische groepen. *Kind en Adolescent, 29,* 147-161.

Wissink, I.B., Dekovic´, M., Yag˘mur, S., Stams, G.J., & de Haan, M. (2008). Ethnic Identity, externalizing problem behaviour and the mediating role of self-esteem among Dutch, Turkish-Dutch and Moroccan-Dutch adolescents. *Journal of Adolescence, 31,* 223-240.

Wit, C. de, & Wit-Grouls, H. de (2000). Richtlijnen voor diagnostiek en behandeling van depressies bij kinderen en adolescenten. In: P. Prins & N. Pameijer (Red.), *Protocollen in de jeugdzorg* (pp. 173-189). Lisse: Swets & Zeitlinger.

Wit, J. de (1994). Honderd jaar paedologie. Overwegingen bij een eeuwwisseling. Afscheidsrede VU. 28-4-1993. *De Psycholoog, 29,* 8-12.

Wit, J. de, Veer, G. van der, & Slot, N.W. (1995). *Psychologie van de adolescentie.* Nijkerk: Intro.

Wittchen, H.U., Reed, V., & Kessler, R.C. (1998). The relationship of agoraphobia and panic in a community sample of adolescents and young adults. *Archives of General Psychiatry, 55,* 1017-1024.

Wolfson, A.R., & Carskadon, M.A. (1998). Sleep schedules and daytime functioning in adolescents. *Child Development, 69*, 875-887.

Wong, T.M.L. (2012). *Girl delinquency. A study on sex differences in (risk factors for) delinquency.* Academisch proefschrift. Amsterdam: Vrije Universiteit.

Wong, T.M.L., Branje, S.J.T., Van der Valk, I.E., Hawk, S.T., Meeus, W.H.J. (2010). The role of siblings in identity development in adolescence and emerging adulthood. *Journal of Adolescence, 33*, 673-682.

World Professional Association for Transgender Health (WPATH) (2011). *Standards of care for the health of transsexual, transgender, and gender nonconforming people.* Gevonden op http://www.wpath.org/documents/Standards%20 of%20Care_FullBook _1g-1-1.pdf

Yakar, S., LeRoith, D., & Brodt, P. (2005). The role of the growth hormone/insulin-like growth factor axis in tumor growth and progression: Lessons from animal models. *Cytokine & Growth Factor Reviews, 16*, 407-420.

Yeh, H., & Lempers, J.D. (2004). Perceived sibling relationships and adolescent development. *Journal of Youth and Adolescence, 33*, 133-147.

Yeung, K.-T., & Martin, J.L (2003). The looking glass self: an empirical test and elaboration. *Social Forces, 81*(3), 843-879.

Yoder, A.E. (2000). Barriers to ego identity status formation: a contextual qualification of Marcia's identity status paradigm. *Journal of Adolescence, 23*, 95-106.

Youniss, J., McLellan, J.A., & Strouse, D. (1994). "We're popular, but we're not snobs": Adolescents describe their crowds. In: R. Montemayor, G.R. Adams & T.P. Gullotta (Eds.), *Advances in adolescent development, Vol.6: Personal relationships during adolescence* (pp. 101-122), Thousand Oaks, CA: Sage.

Yperen, T. van, Booy, Y., & Veldt, M.C. van der (2003). *Vraaggerichte hulp, motivatie en effectiviteit jeugdzorg.* Utrecht: NIZW.

Yperen, T. van, Steege, M. van der, Addink, A., & Boendermaker, L. (2010). *Algemeen en specifiek werkzame factoren in de jeugdzorg. Stand van de discussie.* Utrecht: Nederlands Jeugdinstituut.

Zahn-Waxler, C., Klimes-Dougan, B., & Slattery, M.J. (2000). Internalizing problems of childhood and adolescence: Prospects, pitfalls, and progress in understanding the development of anxiety and depression. *Development and Psychopathology, 12*, 443-466.

Zani, B., Bosma, H.A., Zijsling, D.H. & Honess, T.M. (2001). Family context and the development of adolescent decision making. In J.E. Nurmi (Ed.), *Navigating through adolescence: European perspectives* (pp. 199-225). New York: Routledge.

Zehr, J.L., Culbert, K.M., Sisk, C.L., & Klump, K.L. (2007). An association of early puberty with disordered eating and anxiety in a population of undergraduate women and men. *Hormones and Behavior, 52*, 427-435.

Zeijl, E., Crone, M., Wiefferink, K., Keuzenkamp, S., & Reijneveld, M. (2005). *Kinderen in Nederland.* Leiden: SCP/TNO.

Zeman, J., & Garber, J. (1996). Display rules for anger, sadness, and pain. It depends on who is watching. *Child Development, 67*, 957-973.

Zeman, J., & Shipman, K. (1997). Social-contextual influences on expectancies for managing anger and sadness: The transition from middle childhood to adolescence. *Developmental Psychology, 33*, 917-924.

Zessen, G. van, & Sandfort, Th. (1991). *Seksualiteit in Nederland: Seksueel gedrag, risico en preventie van aids.* Lisse: Swets & Zeitlinger.

Zimmer-Gembeck, M.J., & Collins, W.A. (2003). Autonomy development during adolescence. In G.R. Adams & M. Berzonsky (Eds.), *Blackwell handbook of adolescence* (pp. 175-204). Oxford: Blackwell.

Zoccolillo, M. (1993). Gender and the development of conduct disorder. *Development and Psychopathology, 5*, 65-78.

Persoonsregister

Achenbach, Th.M. 259
Arnett, J.J. 17, 20, 31, 35, 146
Baumeister, R.F. 119, 125, 137, 236, 242
Beck, J.S. 320, 321
Blos, P. 36, 37, 149, 150, 151, 155, 156, 161, 162, 187
Boom, J. 177
Bowlby, J. 143, 193, 229
Brendgen, M. 221, 230
Bronfenbrenner, U. 41, 67, 234, 235
Brown, B.B. , 67, 113, 135, 218, 218
Buhrmester, D. 117, 217, 230
Caspi, A. 27, 59, 71, 72, 291
Coie, J.D. 275, 279
Colby, A. 178, 179
Coleman, J.S. 35, 155, 218, 228
Crick, N.R. 102, 103, 124
DiClemente, C.C. 312
Dishion, T.J. 215, 220, 230, 295
Dodge, K.A. 102, 103, 319, 102, 215, 279
Elder, G.H. 43, 44, 45
Elkind, D. 39, 95, 96, 97, 120, 132
Erikson, E.H. 16, 40, 44, 130, 131, 139, 141, 142, 145, 146, 212
Freeman, D. 38
Freud, A. 35, 36, 40, 150, 187, 299
Freud, S. 234

Frijda, N. 102, 109, 114, 116
Gardner, H. 106, 119
Gibbs, J. , 175, 179, 180, 183, 185, 175
Gilligan, C. 179, 180
Haidt, J. 173, 175, 181
Hall, S. 19, 117
Harris, J.R. 112, 113, 115, 228
Havighurst, R.J. 32, 33, 40, 44
Hirschi, T. 275, 279
Hoffman, M.L. 173, 174, 175
Inhelder, B. 38, 92, 93
Kagitçibasi, C. 154, 155, 156
Kinsey, A. 234
Kohlberg, L. , 175, 176, 177, 179, 180, 183, 185, 175
Kuhn, D. 91, 93, 94, 101
Lane, R.D. 115
LeDoux, J. 255
Levy-Warren, M.H. 156, 161, 162
Loeber, R. 26, 275, 276, 277, 278, 286, 287, 288, 292, 293
Loevinger, J. 137, 138, 139
Mahler, M. 36, 37, 150
Marcia, J.E. 131, 139, 141, 142, 144, 146
Mead, M. 37, 38
Miller, G.A. , 32, 35, 36, 39, 31, 81, 80, 103, 98
Moffitt, T.E. 16, 17, 59, 72, 271, 275, 277, 278, 280, 283, 292, 296

Olthof, T. 103, 113, 120, 126, 171, 172, 176, 177, 183, 184
Olweus, D. 226, 228
Patterson, G.R. 275, 279
Piaget, J. 38, 88, 89, 90, 91, 92, 93, 94, 95, 96, 175, 176
Prochaska, J.O. 312
Rest, J. 177, 182, 183, 184
Selman, R.L. 95, 96, 97, 212
Silk, J.S. 124, 165
Steinberg, L. 20, 21, 28, 31, 58, 69, 75, 79, 82, 118, 119, 124, 133, 134, 135, 150, 151, 155, 156, 158, 161, 165, 188, 190, 191, 196, 197, 198, 204
Sternberg, R.J. 105, 106, 107
Sullivan, H.S. 212, 216, 229, 238
Tanner, J.M. 54, 55, 56, 57, 58, 60, 63, 68
Tremblay, R.E. 275, 278, 282, 295, 296
Troiden, R.R. 242
Verhulst, F.C. , 259, 60, 68, 259, 257, 287
Vitaro, F. 221, 295, 296
Waal, F. de 172
Wechsler, D. 103, 105
Werner, E.E. 25, 26

Zakenregister

accentueringshypothese 72
accommodatie 89
achievement 139, 140, 142, 144, 145
ADHD , 267, 257, 258, 286, 288
agency 152, 155
Aggression Replacement Training 319
agressie 61, 63, 66, 103, 111, 122, 125, 126, 127, 128, 190, 196, 202, 212, 214, 218, 220, 223, 224, 225, 227, 278, 282, 283, 286, 290, 291, 292, 294, 295, 296
alcohol 20, 59, 65, 107, 182, 207, 214, 217, 221, 284, 290, 297, 298, 300
allochtoon 294
amygdala 78, 83, 85, 255
angst 116, 253, 255, 270
angststoornis 63, 253, 257, 260, 261, 262, 263, 265, 270
anorexia , 268, 269, 65, 323, 253, 267, 268
antisociaal gedrag 23, 28, 137, 188, 215, 283, 289, 290, 291, 302, 281
ascetisme 36
assimilatie 89
autonome moraliteit 176, 177

autonomie 19, 22, 29, 42, 45, 46, 48, 39, 149, 150, 151, 152, 153, 154, 155, 156, 159, 119, 160, 161, 163, 164, 165, 166, 168, 169, 170, 149, 181, 184, 188, 189, 191, 192, 195, 181, 199, 203, 206, 187, 243, 229, 235
autoritair 189, 190, 195, 199, 207

basale ganglia 77
beslissingsonafhankelijkheid 162, 165
binding 139, 140, 141, 145
biologische ontwikkeling 159
bipolaire stoornis 267
boulimia 267, 268, 269, 253
broer-zusrelatie 196, 197
Bullying Prevention Programme 228

callousness 292
categoriale benadering 258, 259, 285
CD 285, 286, 287, 288, 293, 296
Child Behavior Checklist 259
cognitie 29, 84, 76, 116, 95, 216, 235, 216
cognitieve gedragstherapie 320, 322, 323

cognitieve theorie 35, 38, 39, 40
contextueel ontwikkelingsmodel 141
contextuele theorie 31, 40, 41, 46, 48
contextuele versterkingshypothese 71
controle 47, 321, 36, 45, 69, 80, 57, 85, 60, 77, 75, 115, 189, 152, 191, 192, 193, 195, 199, 202, 165, 207, 189, 189, 261, 269, 231, 257, 260, 271, 279
cortex 69, 77, 78, 81, 84, 85, 99, 119, 173, 184, 255, 256
cortisol 289
criminaliteit 271, 277, 278, 279, 280, 281, 283, 287, 288, 292, 294, 295, 296, 297
crimineel gedrag 58, 227, 271, 275, 277, 281, 285, 293, 296

Databank Effectieve Jeugdinterventies 320, 322, 323
delinquent , 71, 191, 193, 221, 226, 217, 220, 289, 293, 295, 296, 302, 273, 281

depressie 20, 43, 47, 43, 63, 72, 60, 123, 124, 136, 137, 121, 136, 164, 151, 202, 188, 217, 214, 258, 260, 263, 266, 268, 257, 299, 283
deviantietraining 220
diagnostiek 23, 138, 270, 296, 276
diffusion 140, 142, 145
dimensionale benadering 193, 258, 259, 285
drift 35, 36, 37, 39, 40
drug 20, 65, 107, 151, 158, 217, 284, 297, 298, 299, 300, 302
DSM-IV 126, 146, 258, 265, 285, 299
dynamisch interactionisme 27
dysthyme stoornis 253, 266

ecologische theorie 41, 46, 67
eenoudergezin 203
eetstoornis 20, 268, 269, 270, 267
egocentrisme 39, 91, 95, 96, 97, 120
ego-ontwikkeling 138
EMDR 307, 322
emerging adulthood 17, 20
emotioneel bewustzijn 115
emotionele competentie 109, 111, 112, 118, 123
emotionele intelligentie 106, 107
emotionele onrust 20, 21, 25, 35, 37, 39
emotionele ontwikkeling 103, 109, 111, 156, 216

Equip 319
etnische verschillen 57, 64
executieve functie 69, 75, 80, 81, 82, 85, 94, 99, 101, 289
experimenteren 17, 20, 65, 75, 82, 118, 206, 254, 297
exploratie 116, 139, 140, 141, 143, 156, 194
externaliseren 59, 109, 121, 127, 205, 208, 224, 230, 285, 293, 296, 302
extrinsieke motivatie 152

foreclosure 140, 142, 145
formele denken 38, 39, 93, 94, 97
Functional Family Therapy 313

gegeneraliseerde angststoornis 253, 263, 265, 270
gehechtheidstheorie 143, 193, 229
gender 236, 246, 283
genderidentiteit 233, 236, 243, 247
geslachtsrijp 17, 49, 50, 53, 78
gezin 23, 25, 27, 28, 29, 37, 40, 41, 42, 44, 45, 78, 61, 67, 71, 143, 149, 158, 164, 165, 169, 187, 188, 192, 193, 194, 195, 196, 197, 198, 199, 200, 201, 202, 203, 204, 205, 206, 207, 209, 222, 228, 262, 282, 283, 284, 288, 290, 291, 293, 294, 295, 296, 318, 323

groeihormoon 51, 53

heteronome moraliteit 176, 177, 178
Hoe Ik Denk-vragenlijst 317
hormonen 18, 51, 52, 53, 59, 60, 62, 68, 69, 70, 78, 83, 237, 249, 254
hormoonhuishouding 15, 18
hulpverlening 23, 26, 29, 316, 125, 285, 288, 296, 300, 302
hypothalamus 51, 52, 53
hypothese van de afwijkende timing 70
hypothese van de stressvolle verandering 68

identificatie , 146, 153, 160, 141, 162, 163, 164, 166, 153, 219
identiteit 16, 18, 19, 22, 26, 29, 34, 40, 48, 79, 84, 116, 119, 120, 129, 130, 131, 135, 139, 140, 141, 142, 143, 144, 145, 146, 147, 156, 160, 183, 185, 187, 188, 194, 212, 215, 219, 229, 234, 235, 243
identiteitsontwikkeling 116, 119, 139, 140, 141, 142, 143, 144, 145, 146, 159
identiteitsstatus 140
identiteitsstoornis 146
Identiteit Status Paradigma 139, 141
individuatie 149, 150, 151, 154, 155, 161, 162, 164, 165, 187

informatieverwerkingsbe-
    nadering 97, 99, 100,
    102, 103, 106, 107
informatieverwerkings-
    model , 103, 319, 97,
    98, 103
informatieverwerkings-
    stap 102
intellectualisering 36
intelligentie 28, 87, 90,
    103, 104, 105, 106, 107,
    214
internalisatie 152, 153, 154,
    159, 174
internaliseren 151, 163
internaliserend probleem
    259
interpersoonlijke theorie
    van ontwikkeling 212
intrinsieke motivatie 153,
    154, 312, 160, 152
introjectie 153, 160, 163
IQ 283, 292

jeugdbescherming 303
jeugdcriminaliteit , 274,
    275, 278, 279, 288, 271
jeugd-ggz 303, 306, 307,
    308, 309, 317
jeugdstrafrecht 16, 17,
    310, 280
jeugdzorg , 253, 132, 306,
    307, 308, 309, 310, 314,
    317, 318, 324, 325, 297
justitiële maatregel 303

kinderbeschermingsmaat-
    regel 303

leeftijdgenoot 126, 154,
    216

leeftijdsgrens 16, 17, 245
life history theory 57
losmaking , 194, 200,
    203, 187

masturbatie 50, 53, 235,
    237, 238, 245
menarche 50, 53, 56, 60,
    63, 67
metacognitie 94, 98, 100
moratorium 140, 145
moreel oordeel 172, 173,
    175
morele code 181, 184
morele identiteit 183
morele ontwikkeling 29,
    171, 173, 174, 175, 176,
    180, 159, 182, 184, 185,
    171
motiverende gespreks-
    voering 312, 313
MRI 76, 80

narcisme 126, 127, 128
Nijmeegse Ouderlijke
    Stress Index 317

obsessieve-compulsieve
    stoornis 253, 262, 265
OCD 262, 263
ODD , 286, 287, 288,
    296, 285
onafhankelijkheid 97,
    149, 150, 151, 154, 155,
    156, 157, 158, 159, 161,
    162, 164, 165, 166, 167,
    168, 170, 251
onderworpen-verworpen
    225
ontluikende volwassen-
    heid 17, 146

ontwikkelingsfase , 146,
    146, 206, 212, 255
ontwikkelingsniveau 22
ontwikkelingspsychologie
    31, 46, 47, 48, 170, 279
ontwikkelingspsychopa-
    thologie 26
ontwikkelingstaak 16, 23,
    28, 40, 42, 34, 35, 39,
    33, 34, 33, 32, 33, 32, 32,
    128, 211, 188, 150, 255,
    215, 194, 159, 119, 251,
    292
ontwikkelingstheorie 32,
    139
opstandigheid 19, 47, 187
opvoeding 28, 29, 44,
    168, 170, 149, 188, 190,
    192, 193, 198, 199, 202,
    203, 206, 207, 208,
    187, 230, 234, 262, 257,
    283, 293, 278
opvoedingsstijl 147, 164,
    231, 251, 260, 262, 293,
    294
ouder-kindrelatie 154, 155,
    156, 189, 195, 196, 229,
    288

paniekstoornis 253, 257,
    261, 265
perspectief nemen 77, 84,
    91, 97, 176, 212
pesten , 66, 182, 63, 171,
    225, 226, 227, 228, 211,
    295
Piagetiaanse benadering
    107
plasticiteit 46
positieve psychologie 47,
    48

posttraumatische stress-
stoornis 253, 263, 265
probleemgedrag 16, 21, 47,
59, 63, 70, 71, 72, 109,
122, 161, 162, 165, 191,
193, 194, 196, 197, 199,
201, 202, 205, 208, 220,
224, 226, 227, 230, 259,
277, 278, 279, 281, 286,
287, 289, 292, 293,
296, 302, 275
protectieve factor 25, 26,
27, 286, 288, 295
psychoanalytische theorie
36
psychometrische benade-
ring 107
psychoseksuele ontwikke-
ling 15, 233, 234
psychosociale ontwikke-
ling 41, 95, 107, 119,
187
PTSS , 263, 264, 263
puberteit 15, 17, 18, 21, 35,
36, 37, 39, 46, 50, 33, 54,
55, 56, 57, 58, 59, 60, 61,
62, 63, 67, 68, 69, 70,
71, 72, 73, 49, 78, 79, 82,
83, 76, 124, 135, 117, 144,
134, 159, 188, 156, 199,
187, 236, 237, 242, 246,
253, 233, 253, 289

regulatie 110, 113, 119, 123,
153, 160
rijpingsdichtheidhypothe-
se 72

schaamte , 54, 115, 117,
119, 120, 121, 122, 318,
126, 127, 128, 112, 110,
109, 174, 153

sekseverschil 19, 135, 144,
157, 158, 180, 212, 229
seksualiteit 23, 29, 39,
38, 35, 233, 234, 235,
236, 237, 217, 241, 195,
242, 243, 249, 250,
251, 233
seksueel geweld 67, 227,
245, 246, 252, 284
selectie 214
separatie 36, 37, 149,
150, 154, 155, 156, 158,
161, 162, 164, 165, 187,
209
separatie-individuatie 161,
165
SIP 291, 292
SIT 149, 161, 162, 166
soa 235, 243, 244, 250
sociaal-culturele theorie
39, 40
sociale context 29, 37, 44,
45, 68, 72, 73, 114, 192,
219, 222
sociale fobie 261, 262,
265, 266
Sociale Interactie Model
230, 279
sociale status 29, 121, 126,
135, 211, 222, 224, 238
sociale verwerping 211,
222, 224, 225, 226
socialisatie 214, 215, 218,
219, 220, 221, 228
stemmingsstoornis 265,
270
Storm and Stress 19, 35,
36, 37, 38, 39, 46, 47,
48, 188
Strengths and Difficulties
Questionnaire 317
systeembenadering 198

Taken en Vaardigheden
van Adolescenten 317
testosteron 52, 60, 62, 82
theorie van de levensloop
41, 42, 43, 45
Training Agressie Controle
319
transactie 46

veranderingsmodel 312
verdriet 256
vragenlijst , 316, 259, 316,
286
vriendschap 25, 212, 213,
215, 217, 94, 231, 211,
247

werkgeheugen 80, 81, 98,
99, 100, 101

ZDT 150, 151, 153, 154, 155,
159, 163, 164, 170
zelfbeeld 18, 25, 49, 58,
62, 63, 64, 84, 120,
125, 126, 127, 129, 165,
191, 192, 197, 215, 219,
226, 233, 237, 243, 254
zelfconcept 130, 131, 133,
134, 135, 147
zelfwaardering 63, 127,
130, 131, 132, 133, 134,
135, 136, 137, 147, 196,
208, 214, 215, 220, 222,
269
zinnenaanvullijst 138

Personalia

Dr. Wim Slot is adviseur in de jeugdzorg. Voorheen bijzonder hoogleraar Jeugdbescherming op de afdeling ontwikkelingspedagogiek van de Vrije Universiteit in Amsterdam en directeur van PI Research, een centrum dat zich richt op innovatie en onderzoek in de jeugdzorg en het speciaal onderwijs.

Prof. dr. Marcel van Aken is hoogleraar Ontwikkelingspsychologie aan de Universiteit Utrecht. Hij doet onderzoek naar de ontwikkeling van persoonlijkheidskenmerken en sociale relaties van kinderen en adolescenten.

Prof. dr. Frits Boer is emeritus-hoogleraar Kinder- en jeugdpsychiatrie bij het AMC. Zijn belangstelling als onderzoeker gaat vooral uit naar angststoornissen, traumagerelateerde problemen, slaapproblemen en gezinsrelaties, in het bijzonder die van broers en zussen.

Prof. dr. Wim Beyers is hoofddocent Ontwikkelingspsychologie aan de Universiteit Gent. Hij doet vooral onderzoek naar de sociaal-emotionele ontwikkeling van jongeren en focust daarbij op autonomie, separatie-individuatie en de seksuele ontwikkeling van jongeren.

Dr. Kirsten Buist is universitair docent Orthopedagogiek aan de Universiteit Utrecht. Zij doet onderzoek naar gezinsrelaties van kinderen en jongeren, en de samenhang hiervan met psychosociale ontwikkeling en probleemgedrag.

Prof. dr. Eveline Crone is hoogleraar Neurocognitieve ontwikkelingspsychologie aan de Universiteit Leiden en bijzonder hoogleraar Neurocognitieve en affectieve ontwikkeling in de adolescentie aan de UvA. Zij relateert in haar onderzoek de ontwikkeling van menselijke cognitie en gedrag aan de ontwikkeling van het brein.

Prof. dr. Maja Deković is hoogleraar Orthopedagogiek aan de Universiteit Utrecht. Zij doet onderzoek naar opvoedingsprocessen en de ontwikkeling van probleemgedrag bij kinderen en adolescenten, alsmede naar effecten van gezinsgerichte interventies.

Prof. dr. Judith Dubas is bijzonder hoogleraar Ontwikkelingspsychologische aspecten van prosociaal gedrag. Zij doet onder andere onderzoek naar de rol van de lichamelijke puberteit op psychosociale ontwikkeling, gezinsrelaties en probleemgedrag.

Prof. dr. Rutger Engels is hoogleraar Orthopedagogiek: opvoedings- en gedragsproblemen van kinderen en adolescenten aan de Radboud Universiteit Nijmegen. Hij houdt zich met name bezig met onderzoek naar de rol van de sociale omgeving op de ontwikkeling van verslavingsgedrag van adolescenten en jongvolwassenen.

Dr. Hanneke de Graaf is senior-onderzoeker bij Rutgers WPF te Utrecht. Zij doet onderzoek op het gebied van de seksualiteit bij kinderen en jongeren.

Prof. dr. Luc Goossens is gewoon hoogleraar aan de onderzoeksgroep Schoolpsychologie en Ontwikkeling van Kind en Adolescent (SOKA) van de KU Leuven. Hij doet vooral onderzoek naar de psychologische ontwikkeling tijdens de adolescentieperiode, meer specifiek naar de ontwikkeling van identiteit, gevoelens van eenzaamheid en gen-omgevingsinteracties.

Prof. dr. Lydia Krabbendam is hoogleraar onderwijsneuropsychologie aan de Vrije Universiteit Amsterdam. Zij doet onderzoek naar de ontwikkeling van sociale cognitie en zelfregulatie in de adolescentie en vroege volwassenheid, en hoe deze ontwikkeling verband houdt met de sociale omgeving.

Dr. Ramón Lindauer is kinder- en jeugdpsychiater/systeemtherapeut bij de Bascule, Academisch Centrum voor Kinder- en Jeugdpsychiatrie, en afdelingshoofd van de Kinder- en Jeugdpsychiatrie bij het AMC.

Prof. dr. Koen Luyckx is tenure track onderzoeksprofessor aan de onderzoeksgroep Schoolpsychologie en Ontwikkeling van Kind en Adolescent (SOKA) van de KU Leuven (België). Hij doet vooral longitudinaal onderzoek naar identiteitsontwikkeling tijdens de adolescentie en jongvolwassenheid. Tevens onderzoekt hij psychosociale aanpassing bij adolescenten en jongvolwassenen met een chronische ziekte.

Anna van der Meulen (MSc) is als promovendus werkzaam binnen de afdeling Onderwijsneurowetenschap van de Vrije Universiteit Amsterdam. Zij doet onderzoek naar sociale cognitie in relatie tot culturele diversiteit bij kinderen en adolescenten.

Dr. Tjeert Olthof is als universitair docent verbonden aan de afdeling Ontwikkelingspsychologie van de Vrije Universiteit. Hij geeft onderwijs over verschillende aspecten van de ontwikkeling van kinderen en adolescenten. Zijn onderzoek is gericht op de sociale, emotionele en morele ontwikkeling, en op de vraag hoe aspecten van deze ontwikkeling verband houden met pro- en antisociaal gedrag.

Dr. Ron Scholte is als universitair hoofddocent werkzaam bij de vakgroep Orthopedagogiek: Gezin en Gedrag van de Radboud Universiteit Nijmegen. Zijn onderzoeksinteresse gaat uit naar ouder-kindrelaties en relaties met leeftijdgenoten tijdens de adolescentie. Ook doet hij onderzoek naar de wijze waarop deze verschillende relaties samenhangen met het functioneren van adolescenten.

Dr. Hedy Stegge is tot 2012 werkzaam geweest als bijzonder hoogleraar Ontwikkelingspsychopathologie aan de Vrije Universiteit Amsterdam en als programmaleider Ontwikkelingspsychopathologie bij PI Research. Zij heeft jarenlang onderzoek verricht naar de normale en deviante emotionele ontwikkeling. Momenteel werkt zij als GZ-psycholoog bij De Waag in Amsterdam en verzorgt zij postdoctoraal onderwijs met als kernthema's de relatie tussen emotie en psychopathologie, zelfbeeld en zelfregulatie en de gewetensontwikkeling.

Prof. dr. Bart Soenens is docent Ontwikkelingspsychologie aan de Universiteit Gent. Zijn onderzoek richt zich voornamelijk op de ouder-kindrelaties en ouderlijke opvoedingsstijl tijdens de adolescentie. Andere onderzoeksinteresses zijn identiteitsontwikkeling, eetstoornissen en ontwikkeling van sociaal-politieke houdingen.

Drs. Han Spanjaard is hoofd innovatie bij PI Research in Duivendrecht. Hij ontwikkelt, evalueert en implementeert preventie- en hulpprogramma's, gedragsinterventies en risicotaxatie-instrumenten voor jeugdigen en gezinnen.

Prof. dr. Maarten Vansteenkiste is werkzaam als hoofddocent aan de vakgroep Ontwikkelings-, Persoonlijkheids- en Sociale Psychologie aan de Universiteit Gent. Gebruikmakend van de Zelf-determinatie theorie onderzoekt hij de rol van motivatie en autonomie in het bevorderen van de prestaties, volharding en het welbevinden van kinderen, jongeren en volwassenen in diverse levensdomeinen. Denk daarbij aan opvoeding, sport en beweging, psychotherapie, werk(loosheid) en scholing.